内蒙古自治区地方志丛书

内蒙古自治区志

邮政志

（1991—2010）

内蒙古自治区邮政管理局 编

方志出版社
Publishing House of Local Records

图书在版编目（CIP）数据

内蒙古自治区志. 邮政志：1991—2010 / 内蒙古自治区邮政管理局编.—北京：方志出版社, 2022.12

ISBN 978-7-5144-4696-8

Ⅰ. ①内… Ⅱ. ①内… Ⅲ. ①内蒙古 – 地方志②邮政 – 概况 – 内蒙古 – 1991–2010 Ⅳ. ①K292.6②F632.726

中国版本图书馆CIP数据核字(2022)第252595号

责任编辑：冯松
责任校对：刘玉霞
责任印制：梅中英
出 版 者：方志出版社
地 址：北京市朝阳区潘家园东里 9 号（国家方志馆4层）
邮 编：100021
网 址：http://www.zgfzcb.cn
发 行：方志出版社图书营销中心（010-67110500）
印 刷：深圳市祥龙印刷有限公司
开 本：787毫米×1092毫米 1/16
印 张：32
字 数：579千字
版 次：2022年12月第1版
印 次：2022年12月第1次印刷
定 价：360.00元

1992年8月19日，锡林郭勒盟牧民接收特快专递邮件

领导调研

■1995年8月，邮电部部长吴基传（右一）考察呼伦贝尔盟满洲里市邮电局

■1996年元旦，自治区党委书记刘明祖（前右）慰问呼和浩特市邮政、电信两局职工。图为刘明祖在呼和浩特市邮政局新城分局向分局长张金凤了解生产经营情况

1996年春节，自治区主席乌力吉（左二）到呼和浩特市邮政局新城邮电分局慰问职工

1994年5月，邮电部副部长刘平源（右三）考察呼和浩特市邮政局

■1995年4月，邮电部副部长周德强（左二）在自治区考察

■1994年2月，自治区人大常委会副主任刘作会（左三）到呼和浩特市邮政局考察

1998年7月23日，信息产业部副部长林金泉（左一）在满洲里市考察

1998年1月27日，自治区党委副书记王占（左三）、自治区副主席周维德（右一）等领导看望在邮电通信生产第一线的职工，代表自治区党委和政府向全区邮电职工拜年

■2007年12月26日，内蒙古自治区副主席余德辉（右三）到呼和浩特市邮政局调研

■2008年4月9日，内蒙古自治区副主席赵双连（左三）到呼和浩特市邮政局调研

■2008年11月6日，国家邮政局局长马军胜（右二）到赤峰市邮政局调研指导工作

1998年12月31日，内蒙古自治区邮政局成立暨挂牌仪式会场

1998年12月31日，内蒙古邮电管理局局长张晨霜（右二）与内蒙古邮政局副局长苏和签署有关移交文件后，相互致贺

1998年12月31日，内蒙古自治区邮政局举行揭牌仪式

2001年12月26日，内蒙古自治区邮政快递物流公司成立庆典

2006年9月7日，内蒙古自治区邮政管理局宣告成立大会

2006年10月，内蒙古直邮协会成立暨第一次会员大会

■1995年1月，第三十五次全区邮电工作会议在呼和浩特市召开

■1998年，全区报刊发行工作会议召开

1997年，乌兰察布盟邮电局举办音像租赁业务开业座谈会

1999年，全区邮政工作会议召开

局所建设

■金宇大厦从1997年5月6日起开始成为内蒙古自治区邮电管理局办公楼

■1993年建成的沙海绿洲上的额济纳旗邮电局

■1974年11月至1997年5月，内蒙古邮电管理局的办公楼

窗口服务

■1991年，呼和浩特市邮政局麻花板支局繁忙的邮政储蓄

■1993年，呼和浩特市邮政局集邮柜台前的集邮爱好者

1993年投产使用的巴彦淖尔盟邮电营业大厅

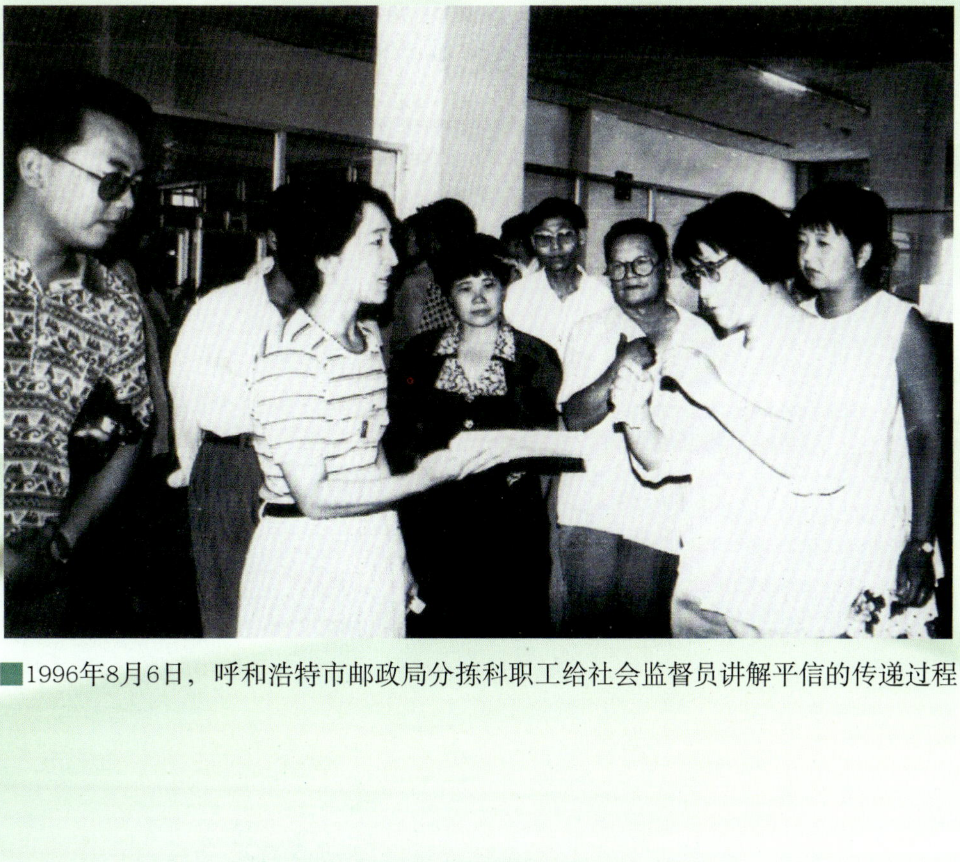

1996年8月6日，呼和浩特市邮政局分拣科职工给社会监督员讲解平信的传递过程

1996年10月16日，呼和浩特市邮政局成立的报刊批销中心营业厅一角

1996年8月16日，新开业的呼和浩特市邮政局储汇营业大厅一角

■1997年，包头市邮电局开展多种礼仪服务活动

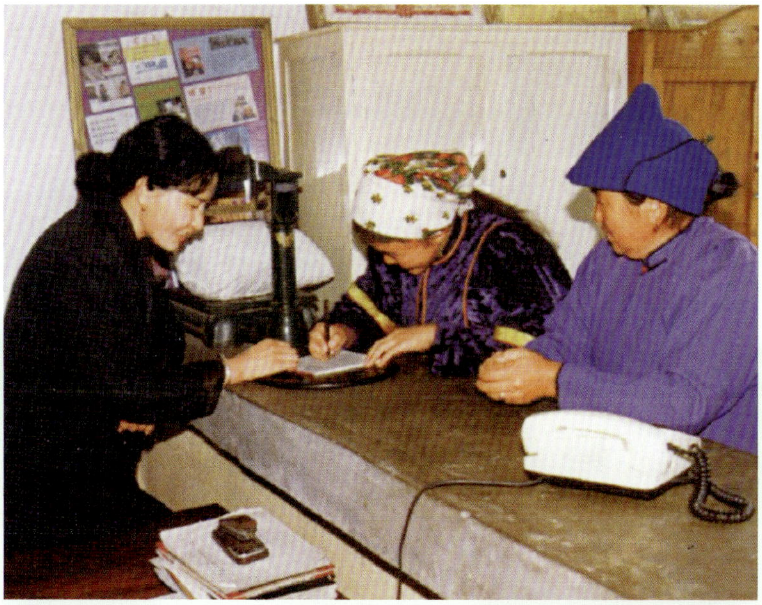

■1992年6月，锡林郭勒盟牧区邮电支局营业员为用户提供服务

■2010年8月9日，呼伦贝尔市邮政营业员为用户提供服务

投递服务

1994年5月20日，乌兰察布市邮政女子投递班

1995月4月19日，伊克昭盟邮政投递特快专递及时送达

■2001年，巴彦淖尔盟牧区邮政投递员投递邮件途中

■1996年6月，哲里木盟牧区邮政投递员投递邮件

邮件运输

2009年5月5日，内蒙古自治区邮政冷链物流业务工作人员进行装车作业

2009年8月8日，内蒙古自治区邮政职业技能比赛现场

1993年5月，满洲里国际邮件交换站国际邮件正在交换中

邮车正在通过国门

1997年3月，呼和浩特市邮政邮件转运中

邮件正在装火车

1998年7月，阿拉善盟沙海邮车

1998年秋季，内蒙古东部四盟市连续集中降雨，嫩江、辽河流域山洪倾泻，有10多个市县遇到百年不遇的特大洪水，邮电职工不畏艰险团结奋战，保证了邮电通信畅通。图为在大洪水中抢运邮件

重要活动

■1994年8月25日，自治区人民政府在呼和浩特市举行《昭君出塞》特种邮票首发式

■1994年8月25日，发行《昭君出塞》邮票全套2枚

■1994年8月25日，发行《昭君出塞》小型张

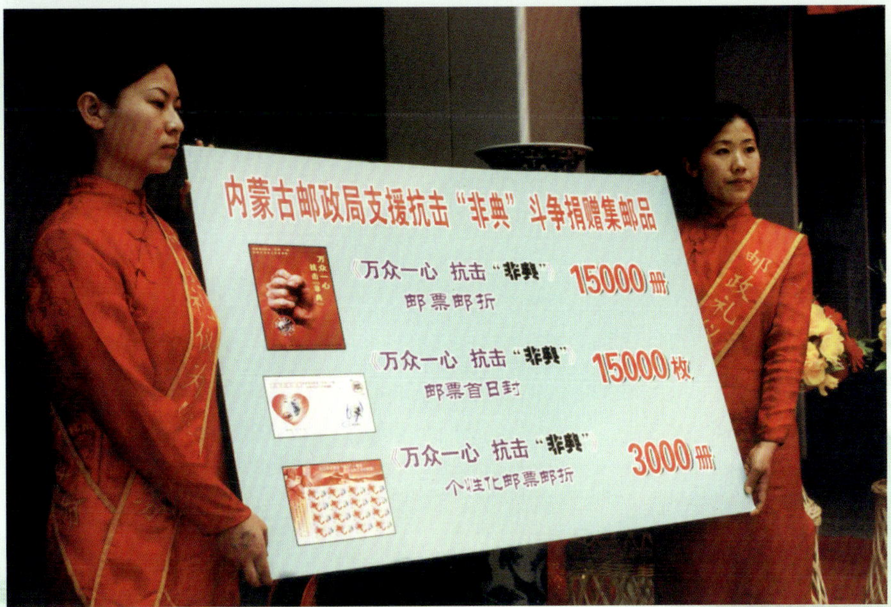

2003年5月19日，内蒙古自治区邮政局支援抗击“非典”斗争捐赠集邮品

■1997年5月1日，自治区党委书记刘明祖（右一），第22届万国邮联大会筹委会秘书长、邮电部原副部长刘平源（左一）在呼和浩特市参加《庆祝内蒙古自治区成立50周年》纪念邮票首发式，为纪念邮票揭幕

■2007年5月1日，呼和浩特市举行《内蒙古自治区成立六十周年》纪念邮票发行剪彩仪式

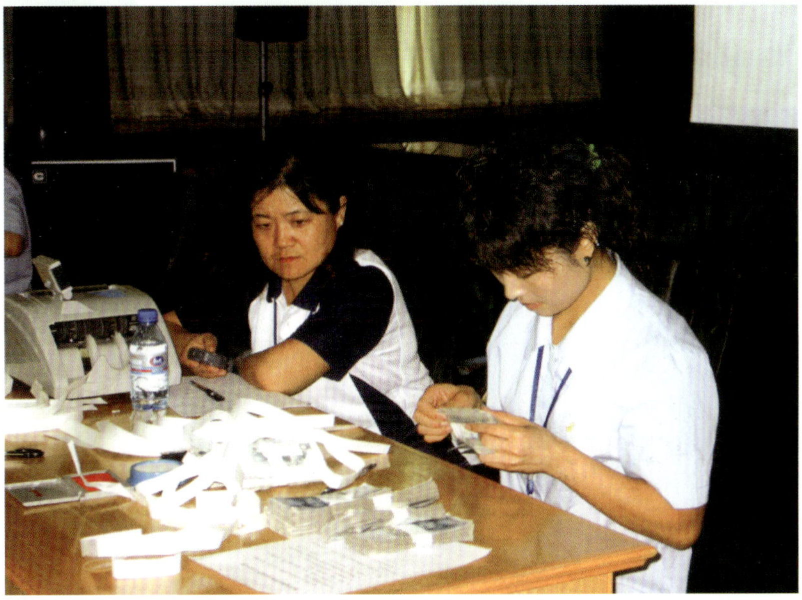

■2007年，内蒙古自治区邮政职工职业技能比赛现场

■2007年，内蒙古自治区邮政职工职业技能大赛闭幕式

拓展业务

■1997年5月，包头市邮政礼仪专送服务

■1997年5月1日，包头市邮电局与包头市总工会在阿尔丁广场联合举办“五一”鲜花送劳模活动。特快专递彩车上的横幅写着“心会跟爱一起走，鲜花送劳模”。图为16辆邮政特快专递彩车和邮电礼仪人员正在准备出发

■1998年8月，额济纳旗邮电局在纪念额济纳土尔扈特部回归祖国300周年活动。现场开办临时邮局

■2002年，内蒙古自治区邮政局举行广告媒体展示推介会

技术进步

■1993年，呼和浩特市邮政局投产使用的邮件自动化处理控制监视系统

■1997年，设在大型商场的邮政储蓄自动取款机

■1997年，用户正在呼和浩特市邮政局营业厅使用多媒体设备

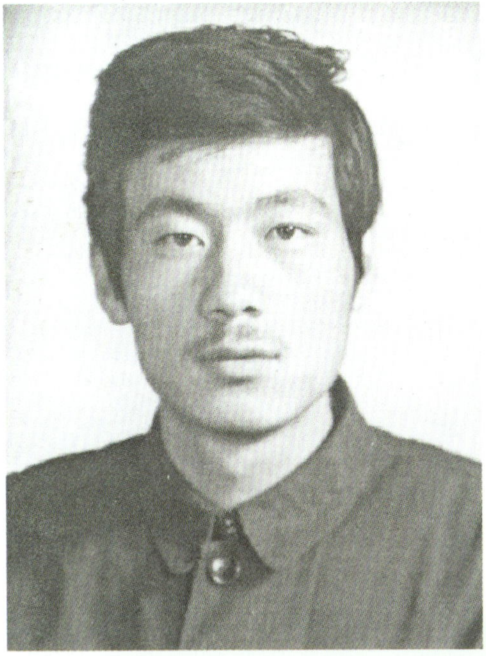

1995年3月12日，为保护乘客生命安全和邮车邮件而牺牲的革命烈士——伊克昭盟邮电局邮车司机杨伊平

1995年，被授予全国劳动模范称号的哲里木盟科左后旗衙门营邮电支局乡邮员色音德力格

2007年9月21日，内蒙古自治区邮政公司领导与获得全国邮政先进集体代表合影

2002年9月，国家邮政工会主席盛汇萍（前排左五）率领全国邮政先进模范事迹报告团到内蒙古自治区，图为报告团与内蒙古邮政局领导合影

2002年9月，全国邮政先进模范事迹报告团在包头市邮政局作先进事迹报告

2007年8月31日至9月2日，内蒙古自治区邮政公司举办邮政特有工种职业技能选拔赛。图为获奖人员

2007年7月11日，赤峰市邮政局召开社会监督员座谈会

2007年10月，内蒙古快递协会成立，图为首届会员大会合影

2009年9月23日，内蒙古自治区邮政管理局举办的全区快递企业负责人培训班合影

志书评审

■2020年12月9日，《内蒙古自治区志·邮政志（1991—2010）》评审会召开

■2020年12月9日，《内蒙古自治区志·邮政志（1991—2010）》编纂委员会成员和评审委员会成员合影

《内蒙古自治区志》编纂人员

总　　纂： 贺　彪

副 总 纂： 查干浪涛　孟秀芳

责任编辑： 张晓虹　孟国荣　芙　蓉　何晓伟

编　　辑： 赵在旺　姚思泰　冰　霜　韩　泽

赵海渊　徐媛英　郝文强　齐迎春

李　洋　吴斯日古楞　李向兵

秦倩倩　玉　红　赵　婧　董丽娜

乔佳宏

《内蒙古自治区志·邮政志（1991—2010）》编纂委员会

主　任：钟奇志

副主任：蔡明辉　胡建国　王　鹰　王　莉　索聪明

委　员：张树旺　崔一俊　樊　敏　于巧玲　李　埃
胡占龙　王继文　南　笛

《内蒙古自治区志·邮政志（1991—2010）》编纂委员会办公室

主　　编：王　鹰

执行主编：张树旺

编纂办公室主任：崔一俊

成　　员：张树旺　胡占龙　王继文　南　笛

《内蒙古自治区志·邮政志（1991—2010）》评审委员会

主 任 委 员： 贺　彪　自治区地方志办公室主任

钟奇志　自治区邮政管理局局长

副主任委员： 孟秀芳　自治区地方志办公室副主任

王　鹰　自治区邮政管理局副局长

委　　　员： 张晓虹　自治区地方志办公室自治区志业务处处长

孟国荣　自治区地方志办公室自治区志业务处副处长

芙　蓉　自治区地方志办公室自治区志业务处副编审

何晓伟　自治区地方志办公室自治区志业务处主任科员

李向兵　自治区地方志办公室综合处主任科员

赵　婧　自治区地方志办公室地情资料处科员

崔一俊　自治区邮政管理局办公室主任

王继文　自治区邮储银行办公室主任

康建军　自治区邮储银行高级副经理

南　笛　自治区邮政管理局办公室副主任

邸新宇　自治区邮政分公司办公室副主任

赫小华　自治区邮政分公司办公室科员

编 辑 人 员： 姜春岩　张　辉　苏永胜　任　巍　邸新宇　孙晨然　王继文

李凯红　许晓红　鲍秀英　赫小华　李　岩　牛慧莲　于巧玲

徐东莱　樊　敏　王凤兰

凡　例

一、第二轮《内蒙古自治区志》，以马克思列宁主义、毛泽东思想、邓小平理论、“三个代表”重要思想、科学发展观、习近平新时代中国特色社会主义思想为指导，坚持辩证唯物主义和历史唯物主义的立场、观点、方法，严格遵守国家的有关法律、法规。

二、上限原则上以首轮志书下限为起点，下限原则上断至2010年；志书编纂坚持越界不书原则。涉及外地或国外的业务时，只记述与业务有关部分，其他不作记述。

三、以各专业为记述对象，坚持详独略同的原则。篇目根据“以类系事、事以类从、类为一志”的原则编排。除概述、大事记、人物、附录，志书主体内容按照章、节、目层次设置。

四、行文坚持横排竖写的体例，用现代语体文，采用述、记、志、传、图、表、录7种基本体裁，以志为主。坚持述而不论，客观真实地反映事物的本来面目，符合《内蒙古自治区地方志书行文规则》。

五、大事记以编年体为主，辅以纪事本末体。各大事的记述要素要齐备。

六、人物坚持生不立传的原则。人物名录以表格为宜，严格录入标准。

七、资料要反映本行业的工作特色，突出工作亮点。资料要真实、准确，具有代表性、权威性，注重使用原始资料。所用资料，不随文注明出处，难以记入正文的重要内容，可集中在附录中记述。

八、语言文字、标点符号、数字、计量单位等均按照国家有关部门现行规定执行。志文所引用数据，均以统计部门或专业部门的权威数据为准。

九、各种组织机构、法律法规、文件、会议等专用名称使用全称，出现频率较高的名称在章内首次出现用全称，括注简称，再次出现时用简称，简称概念准确规范。

十、历史地名、机构、职官一律使用原名，在历史地名后括注今地名。对国名、地名、人名的译名，以新华社译名为准。

十一、历史纪年，清代以前采用帝王纪年或年号纪年，民国时期采用民国纪年，中华人民共和国成立后采用公元纪年。帝王纪年、年号纪年、民国纪年均括注公元纪年。

十二、各专业志封面、格式、开本由内蒙古自治区地方志办公室统一设计。

编纂说明

一、《内蒙古自治区志·邮政志（1991—2010）》以马克思列宁主义、毛泽东思想、邓小平理论、“三个代表”重要思想、科学发展观、习近平新时代中国特色社会主义思想为指导，坚持辩证唯物主义和历史唯物主义的立场、观点和方法，严格遵守国家的有关法律、法规。

二、《内蒙古自治区志·邮政志（1991—2010）》是由内蒙古自治区邮政管理局编写的专业志，是《内蒙古自治区志》的组成部分，是全面记述内蒙古自治区邮政事业发展历史与现状的资料性文献。

三、《内蒙古自治区志·邮政志（1991—2010）》是《内蒙古自治区志·邮电志》的续志，上限为1991年，下限为2010年。为了反映事件的完整性，个别内容记述至2011年或2012年。在记述1991—1998年邮电合一体制时期的史实时，机构设置、企业管理等章节，基本延续了《内蒙古自治区志·邮电志》的篇章内容，对于资料中具有邮政专业特性的统计数据亦特别予以记述。在保持《内蒙古自治区志·邮电志》延续性的基础上，亦注意反映时代特点，记述内蒙古自治区邮政事业发展变化情况，增加了邮政行政管理和快递企业内容的篇目。

四、《内蒙古自治区志·邮政志（1991—2010）》资料主要来源于1991—1995年的《邮电概览》、1996—1998年《邮电年鉴》、1999—2010年的《邮政年鉴》、2006—2010年邮政管理局档案。

五、《内蒙古自治区志·邮政志（1991—2010）》所采用的数据主要来源于1991—1998年《邮电综合统计年报》，历年企业负责人的工作报告，相关业务部门的工作总结；业务部门的数据与统计部门的数据不一致时，采用统计部门数据。

随着邮政事业的改革和发展，邮政企业的统计指标相应进行增减和变更，因此，《内蒙古自治区志·邮政志（1991—2010）》有的章节内容统计指标亦有调整。

六、按照《中华人民共和国保守国家秘密法》的规定，邮政机要通信工作在《内蒙古自治区志·邮政志（1991—2010）》中不记述。

七、民营、外资快递企业提供资料极少，多以采集企业负责人口述资料整理，同时辅以快递企业网站资料。

八、数字用法、标点符号用法分别采用国家标准《出版物上数字用法》(GB/T 15835—2011)、《标点符号用法》(GB/T 15834—2011)，计量单位采用国家技术监督局1993年12月发布的《量和单位》系列国家标准。

目 录

概 述

1991—2010年，随着国家改革、开放和发展的步伐，内蒙古自治区邮政行业也发生了巨大的变化。

管理体制方面。1994年，邮电部开始进行内部管理体制的改革。3月1日，国务院批准邮电部机构改革方案。1995年10月4日，邮政总局在国家工商行政管理局注册了企业法人营业执照，获得法人资格，企业名称为“中国邮电邮政总局”，简称“中国邮政”。内蒙古自治区邮电管理局（简称：自治区邮电管理局）邮政业务经营开始使用“中国邮政”标识。1998年，根据国务院机构改革方案的决定，成立国家邮政局；12月31日，内蒙古自治区邮政局（简称自治区邮政局）成立，隶属于国家邮政局。1999年1月1日按新的管理体制运行，结束了内蒙古自治区邮政、电信部门合一的经营管理体制。2005年8月19日，国务院发布《邮政体制改革方案》，邮政部门实行政企分开。2006年8月24日，内蒙古自治区邮政管理局（简称自治区邮政管理局）成立。2007年2月28日，内蒙古自治区邮政管理局、内蒙古自治区邮政（简称自治区邮政公司）公司共同举行揭牌仪式。2008年1月17日，中国邮政储蓄银行内蒙古自治区分行（简称自治区邮政储蓄银行）成立。2009年1月1日，内蒙古自治区邮政速递物流公司（简称自治区邮政速递物流公司）成立。

邮政业发展方面。1991年后，邮政传统业务日渐萎缩，而新型业务则显现出勃勃生机。在机遇与挑战面前，邮政企业获得快速发展。邮政储蓄业务：1991年自治区邮政储蓄余额5.9亿元，邮政储蓄收入1407万元。1996年邮政储蓄余额达到40多亿元，邮政储蓄收入首次突破亿元大关，达到1.08亿元。2001年，邮政储蓄存款余额突破100亿元，邮政储蓄收入3.03亿元，占邮政业务收入的36.16%。2005年邮储余额达到213.7亿元，邮储收入实现4.81亿元。2008年成立储蓄银行后，邮政储蓄余额达到297亿元，储蓄收入完成6.18亿元。2009年，邮储余额达到331亿元，全年实现金融业务总收入8.85亿元。2010年，各项存款累计达417亿元，各盟市邮政金融完成收入12.18亿元，其中，邮储银行自营收入5.83亿元。邮政速递业务：1991年，国内特快专递业务量2.9万件，业务收入35.7万元。1993年，国内特快专递业务量27.6万件，业务收入260万元。1996年，国内特快专递业务量151.5万件，业务收入2032万元。2001年，特快专递业务收入5424.82万元。2008年，速递业务实现收入1.27亿元。2009年，速递业务收入1.59亿元。2010年，速递业务完成收入1.82亿元。邮政业务总收入：1991年邮政业务收入为6945.5万元，1999年邮政业务收入5.97亿元，2010年邮政业务收入达到11.75亿元。

技术进步方面。以信息网络为代表的技术进步对促进邮政企业的发展起到至关重要的作用。绿卡工程：1993年邮电部确定实施绿卡工程建设，并将呼和浩特市中心网络建设列为邮电部试点。1995年“绿卡”一期工程启动；1996年呼和浩特投产试运行，旗县以上城市邮政储蓄微机联网实现通存通兑；二期工程于1999年启动，至年底，完成了7个盟市局的273个网点的联网工作；2000年底，入网营业网点达438处，实现与全国51个城市中心间的异地通存通取；2002年，“绿卡”省中心系统共有517处储蓄网点、114台ATM（自动取款机）、87台POS（销售终端）联网运行；绿卡中心工程的完成，实现了与内蒙古自治区所有联网储蓄网点的通存通兑；2003年底，代收网通、联通、移动、铁通话费，代收电费、代发工资等业务全部在电子信息系统上线运行；2007年，中间业务省集中系统一期工程全区上线运行；2010年，邮政储蓄个人网上银行系统上线运行，实现邮政转账汇款、外汇通、投资理财、信用卡、网上支付、个人贷款、客户服务、申请开办等功能，“缴费一站通”项目在呼和浩特上线，中间业务系统代收蒙东电力、代扣烟草款项目、代收福利彩票款、代收联通话费、代理财政国库集中支付业务、代理财政非税收入收缴业务上线运行。邮政综合网工程：1996年，邮政综合计算机网在呼和浩特进行试点，邮政营业网点实现了电子化多功能服务，转运、分拣登单、制单等生产环节全部实行微机处理；1997年，呼和浩特开通40个营业网点、20台ATM；随后至2010年间，大客户营销管理系统、邮政投递信息系统、电子化支局系统、量收管理系统、邮资机管理系统、电子商务平台、183网站、185工程、11185省中心、报刊发行系统、邮区中心局生产作业和邮运指挥调度系统、代理保险暨代理开放式基金系统、集邮报刊储汇安全认证系统、速递揽收系统、银联POS签字系统工程、电子汇兑大集中、Voip（网络电话）工程、设备管理信息系统相继上线运行。

快递企业发展方面。1995年，内蒙古自治区开始有从事物流业务的企业兼做快递业务。在2000年以前，快递企业除邮政EMS外，还有民航快递、中铁快运、中外运、鼎力通、德美等8家从事快递业务的企业。2000年以后，一些民营快递企业纷纷进入内蒙古自治区，如：申通、中通、宅急送等。以世界四大快递巨头为代表的外资企业也通过代理商和收购民营企业设置分支机构等方式陆续进入内蒙古自治区，这时，规模较大的快递企业或兼做快递业务的企业为数不多，多数快递企业规模小，有的只有夫妻二人，设备简陋，有的是租用民房作为快件处理场地。2003年以后，快递企业进入一个快速发展期，2006年底，内蒙古自治区快递企业已经达到85家。自2008年开始，对规模以上快递企业（不包括邮政速递）业务发展情况进行统计。当年，纳入统计的规模以上快递企业有民航快递等10家，业务量达到1061万件，业务收入达到2.78亿元。2009年，新修订的《中华人民共和国邮政法》（简称《邮政法》）颁布后，办理备案的快递企业达到101家，员工总数3004人。当年，纳入统计的规模以上快递企业17家，业务量达到1196.43万件，业务收入达到3.35亿元。2010年，纳入统计的规模以上快递企业达到27家，快递业务总量为1432.11万件，实现收入3.73亿元。2010年，按照《快递业务经营许可管理办法》规定，有68家快递企业依法获得经营许可。

邮政行业管理方面。1992年2月29日，内蒙古自治区第七届人民代表大会常务委员会第二十五次会议审议通过《内蒙古自治区邮电通信管理条例》，把发展邮政事业的优惠政策、社会保障条件法制化，使内蒙古邮政行业管理有法可依。1995年3月，邮政行业管理工作正式纳入邮电管理局通信行业管理处。1998年8月27日，《呼和浩特市邮政通信管理条例》由呼和浩特市第十届人民代表大会常务委员会第三十一次会议通过，是自治区第一部规范地区邮政通信管理的地方性法规。1999年4月，邮政行业管理行政职能和行政执法主体进行变更，自治区邮电管理局将邮政行政管理职能移交自治区邮政局，自治区邮政局根据国家邮政局的授权行使辖区内邮政行政管理的政府职能。2001年5月13日，经内蒙古自治区第九届人民代表大会常务委员会第二十二次会议批准，《包头市邮政管理条例》正式颁布实施，是自治区第二部邮政地方性法规，也是邮政独立运营后颁布的首部邮政地方性法规。2002年8月23日，《内蒙古自治区邮政管理办法》（简称《邮政管理办法》）经内蒙古自治区人民政府第九次常务会议审议通过，9 月 1 日以内蒙古自治区人民政府第 122 号政府令予以发布，自 10 月 1 日起实施。《邮政管理办法》体现了维护国家信息安全，保护公民通信自由和秘密，保障邮政通信畅通，规范邮政市场秩序，维护广大邮政用户的合法权益，促进邮政事业健康发展的立法宗旨，强化了全区邮政行业管理部门的职能和法律地位。2006 年 8 月，自治区邮政管理局成立，依法行使邮政普遍服务和邮政市场的监督管理职责。2007 年，自治区邮政管理局与自治区人大财经委员会组成邮政地方立法调研考察组，进行《内蒙古自治区邮政条例》可行性立法调研。2010 年，内蒙古自治区人大常委会正式将《内蒙古自治区邮政条例》列为立法计划项目。2011 年 11 月 16 日，内蒙古自治区第十一届人民代表大会常务委员会第二十五次会议审议通过《内蒙古自治区邮政条例》，2012 年 1 月 1 日起施行。

大事记

1991 年

1 月 1 日　呼伦贝尔盟、乌兰察布盟、锡林郭勒盟实行盟邮电局和盟所在地市邮电局分设。海拉尔市邮电局和集宁市邮电局为准处级建制，锡林浩特市邮电局为科级建制。

1 月 2 日　丰镇县邮电局变更为丰镇市邮电局。

3 月 17—21 日　由自治区邮电管理局田利民、何卫东、李燕平、闫朝晖组成的内蒙古代表队，在“全国民族知识电视大奖赛”中获得优秀团体奖。

4 月 29 日　哲里木盟（今通辽市）吉尔嘎郎邮电支局局长拉斯嘎被邮电部授予“全国邮电特等劳模”称号。

6 月 20 日　内蒙古自治区主席布赫在全区邮政储蓄开办 5 周年暨邮储余额突破 4 亿元之际，为自治区邮电题词：“发展邮储事业，支援经济建设”。

6 月 28 日　在上海举行的《光辉的 70 年——纪念中国共产党成立 70 周年》全国集邮展览中，内蒙古自治区 5 部参展邮集全部获奖。其中，呼和浩特市钟恕的《勿忘国难，爱我中华》邮集荣获金奖，呼伦贝尔盟麻然信的《党和各族人民心连心》邮集获银奖。

9 月 2 日　《人民邮电报》内蒙古自治区记者站在呼和浩特市成立。

同年　自治区邮电管理局被自治区政府评为 1991 年度经济效益先进部门，并获得金奖；赤峰市元宝山区邮电局被评为自治区经济效益先进企业。

1992 年

1 月 1 日　全区建立以自治区邮电管理局办公室为中心，与各盟市局（不包括呼和浩特市邮政局、呼和浩特市电信局）相通的 909 中文桌面印刷系统远程通信网，实现了管理公文的远程传输和同版异地印刷。

2 月 29 日　自治区第一部地方性通信法规《内蒙古自治区邮电通信管理条例》经内蒙古自治区第七届人民代表大会常务委员会第二十五次会议通过，自 5 月 1 日起实施。

4 月 13 日　赤峰市邮电局 3 个市内邮政储蓄营业点台前、台后全部使用微机系统处理业务，在自治区邮电部门尚属首家。

7 月 1 日　邮电部指定首批开办国际邮政汇兑业务通汇局之一的呼和浩特市邮政局火车站分局与美国互开汇兑业务，每张汇票最高限额为 700 美元。

同日　呼和浩特市邮政局火车站分局与全国各大省会城市之间开办国内邮政电子信函业务。

8 月 1 日　华北邮电满洲里办事处正式开业。该处是为适应对外开放和为邮电工业企业对俄罗斯出口产品提供服务设立的。

同日　呼和浩特市邮政局与日本互开国际邮政汇兑业务。由中国汇往日本的汇票，每张汇票最高限额 20 万日元；由日本汇往中国的汇票，每张汇票最高限额 2000 美元。

8 月 16—22 日　由中国邮电体育协会主办、内蒙古邮电体协承办的“全国邮电职工女子篮球周口通信电缆杯”赛在内蒙古体育馆举行，7 支邮电代表队参加比赛，河南队获得冠军，内蒙古队获得第四名。

9 月 1 日　在马来西亚吉隆坡的“92 第五届亚洲国际集邮展览”中，内蒙古自治区参展邮集《绥远邮政史》获得大银奖。

9 月 24 日　巴黎—莫斯科—北京国际汽车拉力赛车队通过“大漠驼乡”阿拉善盟，阿拉善盟邮电局设置纪念封销售点，当天售出“92 巴黎—莫斯科—北京汽车拉力赛”纪念封 6000 枚。

10 月 18 日　以全国劳动模范、“五一劳动奖章”获得者、全国邮电特等劳模、哲里木盟科左后旗吉尔嘎郎邮电支局局长拉斯嘎事迹为主要素材，由自治区邮电管理局、哲里木盟邮电局、北京青年电影制片厂电视剧部联合拍摄的 3 集电视连续剧《遥远的驿站》在科左后旗开拍。该剧是中国第一部民族地区邮电题材的电视剧。1993 年 6 月 3 日，在中央电视台第一套播出。1994 年 6 月 4—6 日再次于中央电视台第二套播出。1994 年 7 月 9 日，该剧荣获中宣部颁发的“1993 年度全国精神文明建设‘五个一工程’奖”。

10 月　自治区邮政储汇发行局“汇兑稽核微机处理系统”、呼和浩特市邮政局“邮政业务档案管理查询系统”“邮政储蓄事后监督微机处理系统”、包头市邮电局“订销局报刊发行微机处理系统”4 个邮政科技项目参加在北京召开的全国首届邮政新技术、新设备展示会。

12 月 28 日　自治区邮电管理局对部分处室进行调整：撤销企业管理处和法规室，成立内蒙古自治区邮电管理局政策法规室，并与内蒙古邮电企业管理协会秘书处合署办公；机要处并入邮政处，原机要通信管理业务由邮政处负责；劳动工资处、人事处和老干部处合并，成立内蒙古自治区邮电管理局劳动人事处；撤销史志办公室，成立内蒙古自治区邮电管理局邮电文史中心，同时，将自治区邮电管理局档案馆从办公室划归文史中心管理；中共内蒙古自治区邮电管理局机关委员会、中共内蒙古自治区邮电管理局党组办公室合署办公，“一个机构、两块牌子”；自治区邮电工会设立直属工作部（准处级）；武装部划归邮电公安处，保留原武装部机构名称。

1993 年

2 月 20 日　“野骆驼原地封”首发式在素有“驼乡”之称的阿拉善盟巴彦浩特市举行。阿拉善盟邮票公司制作的野骆驼特种邮票原地封吸引了国内外的集邮爱好者，发行销售第一天，通过邮购售出“野骆驼原地封”18363 枚、极限片 18571 套，该套邮品还获自治区自制邮品一等奖。

2 月　由自治区邮电管理局承担的《华北解放区交通邮政史料汇编》（晋绥边区卷）正式出版发行。该书记述了抗日战争和解放战争时期晋绥边区交通邮政的历史史实，主编由陶宏明担任，副主编陈振卿、刘宗训，中共中央顾问委员会委员、原晋绥边区行署领导武新宇为该书题词。

3 月 2 日　全国干线邮路文明竞赛委员会在海南省召开 1991 年、“1992 年文明转运站、文明邮车站评比会”，满洲里国际邮件交换站、呼和浩特市邮政局邮件转运站被评为全国文明转运站。

3 月　自治区邮电管理局邮政处、科技处及区内邮政技术人员在原有包头市邮电局报刊发行微机处理系统基础上，研发成功全区报刊发行微机处理系统（BKFX），并予以推广。

4月24日　呼和浩特市邮车站改为呼和浩特市邮政运输总公司，实行独立核算，除邮政运输外，同时兼营货物运输和其他多种经营。年内，伊克昭盟邮车站、锡林郭勒盟邮车站也变更为邮政运输公司。

4月　自治区邮电管理局文史中心从乌兰察布盟地区征集到的两枚清代驿站腰牌——“乌兰察布盟长贝子在您境内普遍提供乘驿马之牌”“乌兰察布盟副盟长贝子之使者乘驿马之牌”被送到中国邮电博物馆珍藏，此文物填补了中国邮电博物馆馆藏的一项空白。10月10日，中央电视台在《正大综艺》“纪念世界邮政日”特别节目中展示这两枚腰牌。

5月1日　四子王旗邮电局李有弟获得全国“五一劳动奖章”。

5月5日　阿拉善盟遭受历史罕见的特大沙尘暴袭击，邮电直接经济损失29.7万元。

5月28日　邮电部“八五”重点建设项目“呼和浩特市邮政枢纽工程”正式通过邮电部组织的验收。该项工程总投资2963万元，建筑面积13069平方米，内部安装了推式悬挂分拣机、包裹分拣机等邮政分拣设备，形成了机械化流水作业线。

5月　邮政汇兑“绿条子问题”在部分盟市出现。待兑汇款最高时达300多万元，严重影响了全区汇兑业务的开展。

7月1日　自治区邮电系统开始试行“岗位技能工资制”。

7月　内蒙古自治区集邮展览团应邀在蒙古国首都乌兰巴托举办“中国内蒙古集邮展览”。

8月15—17日　首次参加全国第七届运动会的自治区邮电代表团在自由式摔跤项目中，队员宝音图、敦德格分获48公斤级、52公斤级银、铜牌，实现了自治区邮电行业在全运会上“零”的突破。

9月1日　呼和浩特市邮政局开办与芬兰国际邮政汇兑业务。

9月4—7日　自治区对外友协、自治区邮电管理局和集邮协会邀请蒙古国《蒙古邮政史》《列宁邮票》《珍稀鸟类》等5部邮集到呼和浩特展览。

9月25—29日　由中共内蒙古自治区委员会宣传部、自治区精神文明建设委员会、内蒙古自治区总工会、共青团内蒙古自治区委员会、内蒙古自治区妇女联合会、自治区邮电管理局和集邮协会在呼和浩特市联合举办“纪念毛泽东诞辰100周年集邮展览”，全区25部邮集参加展览。

10月1日　呼和浩特市邮政局开办“邮政礼仪专递”业务，这在自治区邮电行业尚属首家。

10月8日　土默特左旗、托克托县邮电局隶属关系由呼和浩特市邮政局改划呼和浩特市电信局管理；呼和浩特市郊区邮电局撤销，所辖农村电话部分划归呼和浩特市电信局管理。

11月1日　由乌海市邮电局主办的《狮城邮报》创刊号与读者见面，这是经自治区新闻出版局正式批准、自治区邮电系统公开发行的第一张综合性报纸。

11月7日　邮电部副部长林金泉、自治区副主席沈淑济考察呼和浩特市邮政局和电信局。

11月15日　自治区邮电管理局决定取消“大件商品包裹及印刷品搬运费”“通邮服务费”“查询邮政业务档案资料费”“电话选号费”“移动电话代维手续费”“长途自动电话有权用户入网费”6项收费项目。

11月22日　在为纪念毛泽东诞辰100周年举办的“93中华全国集邮展览”中，自治区参展的6部邮集全部获奖。其中：《冲破黎明前的黑暗》获得镀金奖；《现代奥运百年》《新中国普通邮票》获得大银奖；《月球探测简史》《中华邮政孙中山像邮票》获得银奖；《巴塞罗那奥运会》获镀银奖。由自治区集邮协会推荐的《文革邮票史话》《内蒙古集邮》同时获得了文献类铜奖。

12月8日　呼和浩特市新城邮电分局营业窗口函件、包件、汇款、发行、长途电话处理全部采用微机操作，函、包、汇出口分发、进口处理全部实现微机联网，成为自治区第一个电脑化邮电支局。

1994年

1月1日　自治区邮电管理局决定从1994年开始全区专业技术职务评聘工作经常化。

1月4日　二连浩特市与蒙古国扎门乌德国际边境汽车邮路开通试运行。班期暂定周2班，每星期二、六运行，当日往返。

2月21日　自治区邮电管理局决定将锡林浩特市邮电局升格为准处级建制。

3月1日　中国与韩国间开办国际邮政汇票互换业务，内蒙古地区由呼和浩特市邮政局受理该项业务。

4月1日　即日推行使用标准信封。自治区邮电管理局会同自治区技术监督局、自治区工商局联合颁发《内蒙古自治区信封生产监制管理办法实施细则》。

同日　自治区境内第一条首府到盟市所在地的快速干线邮路，呼和浩特市至锡林浩特市快速干线自办汽车邮路投入试运行，5月1日正式开通。邮路全长665公里，途经武川、四子王旗、苏尼特右旗、苏尼特左旗、阿巴嘎旗等地。邮车班期为逐日班，双向对开。

5月　自治区教育厅、人民教育基金会和自治区邮电管理局联合发起“中国邮政尊师重教明信片”征集活动，9月揭晓并发行，每套4组20枚，售价2元。该活动在全国尚属首次。

6月2日　乌海市海南区邮电局被中共内蒙古自治区党委、自治区人民政府、内蒙古自治区军区命名为1992—1993年度内蒙古自治区级文明单位。

7月12—13日　哲里木盟大部分地区连降大雨、暴雨，盟内河水猛涨，由于京通线和平齐线铁路中断，93/94次列车停运一周，赤峰邮件全部由通辽经转。

7月30日至8月3日　15省、市、自治区邮电文史工作研讨会在呼和浩特市召开。

7月31日　自治区有通信历史以来公开出版的第一部史志书籍《内蒙古邮电大事记》由内蒙古人民出版社出版发行。

7月　呼和浩特市邮政局组建点对点运输车队，办理点对点专车专送大宗邮件业务，形成呼和浩特市至北京、包头至北京等货运业务。点对点运输每2至3天就有车发往北京。

8月19—25日　为配合邮电部《昭君出塞》邮票首发式及5个省区少数民族集邮邀请展在呼和浩特市举办，自治区邮电管理局和自治区邮电工会联合举办首届全区邮电职工文艺会演。

8月24日　由自治区邮电管理局主办的《内蒙古邮电报》试刊第1期出版发行。

8月25日　邮电部发行《昭君出塞》特种邮票1套2枚、小型张1枚，这是中华人民共和国成立后，首次以邮票形式表现昭君出塞的历史故事和涉及自治区题材的特种邮票。

9月5日　自治区邮电管理局成立邮政市场部和电信市场部，两部分别挂靠邮政处、电信处，为准处级。

9月24日　东胜市举行全区第一部公开出版发行的盟市邮电志《伊克昭盟邮电志》首发式。自治区邮电管理局和自治区邮电志编纂委员会奖励伊克昭盟邮电局编写人员1万元。

10月1日　呼和浩特市、乌兰察布盟、锡林郭勒盟邮政部门与河北省石家庄市邮政部门建立的省间点对点快速专递专送直投邮运网开始运行。

11 月 14 日　额尔古纳左旗邮电局撤销，设立根河市邮电局；额尔古纳右旗邮电局撤销，设立额尔古纳市邮电局，两局建制和内设机构不变。

12 月 9 日　由自治区邮电系统 3 名职工组成的代表队在全国《中华人民共和国劳动法》知识竞赛内蒙古赛区的决赛中夺得第一名，于 12 月 22 日代表自治区赴北京参加全国比赛，获“全国优秀奖”。

1995 年

1 月 1 日　《内蒙古邮电报》正式创刊发行。

同日　自治区邮电管理局决定在各盟市邮电局开办邮购商包业务，邮购名优土特产品，并与辽宁、河北、福建等 7 个省市邮政部门联手开办邮购业务，以优惠价格邮购异地名优土特产品。

3 月 1 日　呼和浩特市邮政局北门外分局发展居委会邮政代办点聘任业务代办员，并对其进行业务培训，还与 34 个居委会签订了代办合同。

3 月 4 日　呼和浩特市电信局 184 邮政编码查询台正式开通使用。

3 月 8 日　哲里木盟邮电局女职工委员会被中华全国总工会女职工委员会授予“先进女职工集体”称号。

同日　呼和浩特市郊区邮电局南地邮电所邮储余额累计 1017 万元，成为全区邮电系统第一个突破 1000 万元大关的农村分支机构。

3 月 12 日　伊克昭盟邮电局司机、共产党员杨伊平驾驶的邮客车从薛家湾返回东胜时，距沙圪堵镇 20 公里路段，突然汽车右刹车管断裂，制动失灵，为保护群众生命和邮件安全，杨伊平献出了年仅 37 岁的宝贵生命。中共伊克昭盟委员会授予他优秀共产党员称号，并号召人民向他学习。伊克昭盟组织部、宣传部多次召开杨伊平事迹报告会，介绍杨伊平的英雄事迹。东胜市人民政府追认其为烈士。

3 月 23 日　呼和浩特市邮政局在全区首家推出电话预约订阅报刊服务项目。

4 月 10 日　自治区邮电管理局文史中心被中国邮电博物馆评为 1994 年度邮电文物普查征集工作成果突出单位，并颁发荣誉证书和奖杯。

4 月 18 日　在江苏省南京市举办的第二届全国企业舞蹈比赛中，巴彦淖尔盟邮电局职工自编自演的舞蹈节目《草原鸿雁》获得三等奖。

4 月 26 日　在内蒙古自治区劳动模范表彰大会上，哲里木盟邮电局色音德力格，呼和浩特市邮政局史桂娟，呼和浩特市电信局章素珍，赤峰市邮电局齐志国、郑杰，呼伦贝尔盟扎兰屯市邮电局邵霁坤，兴安盟邮电局周友盟，乌兰察布四子王旗邮电局李有弟，巴彦淖尔邮电局郭春玲，巴彦淖尔线务局田福祥 10 名邮电职工被自治区政府授予劳动模范称号，并受到表彰，色音德力格同时被评为全国劳动模范。

4 月 28 日　呼和浩特市海关驻呼和浩特市邮政局办事处正式成立，并开始办理邮递物品报送验关业务。

6 月 1 日　自治区邮电管理局决定，从 6 月 1 日起正式将原乌盟邮电局所属和林格尔县邮电局划归呼和浩特市电信局管辖。

6 月 6 日　内蒙古邮电岱海温泉度假村正式开业，该度假村位于凉城县三苏木乡中水塘村内。

6 月 15 日　包头市昆区邮电局邮储余额突破 1 亿元，成为自治区第一个超 1 亿元的旗县区局。

6 月 22—24 日　中国邮电工会内蒙古自治区第十次代表大会在呼和浩特市召开。大会选举产生了中国邮电工会内蒙古自治区第十届委员会及经费审查委员会和内蒙古邮电工会第二届女职工委员会，会上表彰了一批基层工会先进集体和个人。参加此次会议的正式代表171名，特邀代表7名，列席代表3名。

6月28日　自治区第一条跨省区快速长途汽车邮路（通辽—沈阳）开通，单程为273公里，当日抵达。

7月1日　经过呼和浩特市邮政局工程技术人员近半年时间的研制开发，集邮预订取票卡在呼和浩特市启用。

7月5日　“95荣冠杯中国围棋名人邀请赛”在呼和浩特市举行，内蒙古集邮公司为此发行纪念信封一枚，并在开幕式现场进行销售活动。

7月10日　乌兰浩特至吉林省白城快速邮路开通。

7月17日　呼和浩特至北京快速长途干线汽车邮路试开通。其单程全长585公里，邮运班期为逐日班，邮车双向对开，沿途只在集宁短暂停留交接邮件。

7月20日　自治区第一家牧民集邮协会在哲里木盟珠日河牧场草原旅游区成立。

7月27日　蒙古国邮政代表团到呼和浩特市邮政局、新城区支局和邮政枢纽楼及团结住宅小区考察，并与呼市邮政局领导就双方邮政业务合作与交流进行研讨。

8月1日　自治区邮电管理局与北京市邮政管理局经协商决定：正式开通呼和浩特—北京快速干线汽车邮路，全长630公里，邮运班期为逐日班。

8月　在“中国工人歌曲新作征歌”全国大赛活动中，巴彦淖尔盟邮电局选送的局歌《绿衣使者之歌》获得了由中国音乐家协会、音乐周报社、江苏省电视台等5家单位颁发的中国工人歌曲新作征歌金奖。该歌曲由巴彦淖尔盟邮电局局长李文奎和巴彦淖尔盟电视台段祥武作词，巴彦淖尔盟电视台温永定作曲。

9月22日　云南省红河州集邮协会与内蒙古自治区伊克昭盟邮电局、伊克昭盟集邮协会联合举办的《云南红河州·内蒙古自治区伊克昭盟民族团结集邮联展》在东胜开幕。

9月23日　“95呼和浩特邮品拍卖会”在内蒙古邮电宾馆举行。由呼和浩特市集邮公司、呼和浩特市集邮协会、北京邮星贸易公司联合主办的拍卖会投拍邮品共有230项，总底价70万元。此次拍卖会持续近4个小时，共拍卖邮品173项，总成交额达52万元，创自治区历次邮品拍卖的最高纪录。

9月25日　呼和浩特市—包头—东胜快速干线汽车邮路开通，邮路全长312公里单程。

10月1日　自治区各地邮政局开办邮政计息汇款业务。

10月12日　乌蓝察布盟察右后旗邮电局被内蒙古自治区经济贸易委员会、内蒙古自治区质量管理协会授予“全区十佳用户满意单位”称号。

11月　赤峰市邮电局工会被全国总工会评为“全国模范职工之家”。哲里木盟邮电局六家子支局、锡林郭勒盟正蓝旗邮电局营业班工会小组被全国总工会评为“全国模范小家”。

12月18日　自治区首笔邮政特快汇款业务在兴安盟与阿拉善盟之间进行。

12月29日　自治区邮电管理局副局级领导，呼和浩特市邮政局、电信局及自治区邮电管理局直属单位的正职领导与自治区邮电管理局法定代表人、局长张春生签订劳动合同，以法律形式确定了双方的劳动关系，标志着自治区邮电部门劳动用工制度改革正式启动。

1996年

1月1日　经自治区邮电管理局研究决定：将乌兰察布邮电局所属清水河县、武川县邮电局成建制划归呼和浩特市电信局，将达尔罕茂明安联合旗邮电局成建制划归包头市邮电局。

1月15日　根据自治区邮电管理局机构编制委员会文件，呼伦贝尔、乌兰察布、锡林郭勒盟与所在市邮电局实行盟邮电局和盟所在地市邮电局合并的体制。合并后局名定为“内蒙古自治区 ×××× 盟邮电局”。

1 月 20 日　赤峰市松山区崔家营希望小学举行更名换牌仪式。该所希望小学原由松山区邮电局、医药公司和外贸公司 3 家联合建成。自 1996 年开始，松山区邮电局决定独家捐资办学，并已捐款 8 万元，且将校名更名为“松山区邮电局崔家营子村希望小学”，局长王久思被聘为名誉校长。

2 月 3 日　呼伦贝尔盟、兴安盟、赤峰市、乌海市、包头市所辖各旗县区及哲里木盟通辽市邮政储蓄计算机联网运行，实现邮政储蓄款的通存通兑。

2 月 10 日　内蒙古自治区卫生厅下发《全区医院分级管理第二评审期 1995 年度评审结果的通知》，批准呼和浩特邮电医院为国家二级乙等医院。

3 月 5 日　呼和浩特—大同—太原快速干线汽车邮路开通。

4 月 12 日　18 时 50 分，呼和浩特市邮政局派员押运的呼和浩特—海拉尔 96 次列车邮政车厢，在海拉尔铁路车辆分段库外 6 线停靠时前仓及工作间发生重大火灾，邮车装载的 57 袋邮件遭到损毁。此次火灾事故是由邮车上的人员随意抛掷香烟头而引起的。

同日　呼和浩特市邮政局第一个邮政储汇中心开业，地点设在中山东路。

4 月 26 日　内蒙古自治区民政厅追认因保护车上乘客生命和国家财产安全而光荣牺牲的伊克昭盟邮电局邮政运输公司原汽车驾驶员杨伊平为革命烈士。7 月 23 日，中共伊克昭盟委员会、伊克昭盟行政公署组织召开“为杨伊平烈士颁发‘烈士证’暨向杨伊平烈士学习”动员大会。

4 月 29 日　兴安盟邮电局局长于显洋获“全国五一劳动奖章”，并出席在呼和浩特市召开的自治区庆祝“五一”国际劳动节暨全国五一劳动奖章颁奖大会。

5 月 3 日　上午 11 时 32 分，包头地区发生 6.4 级强烈破坏性地震，震源深度 24 公里，震中距包头市区仅 10 多公里。极震区 90% 在包头市区。邮电部门主要受灾区为包头、巴彦淖尔盟乌拉特前旗及伊克昭盟达拉特旗、杭锦旗。5 月 21—24 日，自治区邮电管理局局长张春生、自治区邮电工会主席孙希强等一行对包头、乌拉特前旗、达拉特旗等地震灾区坚守岗位的邮电局职工进行慰问，同时向包头市政府捐赠人民币 20 万元救灾款。

5 月 18—24 日　在北京举办的第九届亚洲国际集邮展览中，自治区唯一参展邮集钟恕的《绥远邮政史》获镀金奖。自治区 5 家集邮公司（呼和浩特市、包头市、伊克昭盟、乌兰察布盟、乌海市）参加邮品展销活动，7 天创收 211 万元，销售收入达到 490 万元。

6 月 21 日　哲里木盟邮电局与吉林省长春邮电学院联合举办首届邮电通信管理专业大学专科自学考试助学班开学典礼在哲里木盟邮电局举行。哲里木盟邮电局与长春邮电学院就联合办学签订协议。

6 月 25 日　呼和浩特市邮政“绿卡”网正式投入运行。

7 月 1 日　包头市邮电局推出特快专送驾驶员新考“驾驶证”新业务，扩大了邮政新业务的市场。

同日　呼和浩特市至清水河县快速汽车邮路开通。

7 月 8 日　呼和浩特市邮政局邮政综合网建成并投入运行。

7 月 16—17 日　内蒙古自治区集邮协会第四次代表大会在呼和浩特市召开。为纪念此次大会召开，内蒙古自治区集邮公司特印制发行了纪念封一枚。

7 月 18 日　内蒙古自治区人民政府授权自治区通信行业管理办公室在各盟市派驻特派员。挂靠在全区各盟市邮电局的 29 名特派员全部到位。

8月2日　撤销集宁—凉城邮路，开通集宁—察右前旗—丰镇—凉城自办汽车环形邮路，全长290公里。

8月6日　呼和浩特市邮政局召开社会监督岗会议，通过了《社会监督岗管理办法》，并组织与会人员参观了部分生产作业场地。

8月20日　原集宁—太仆寺旗区内干线邮路延伸到锡林浩特市，单程590公里，由乌兰察布盟、锡林郭勒盟两盟对开。

9月　自治区邮电管理局与北京北大方正集团公司合作建设邮政综合网络系统合同签字仪式在呼和浩特市举行。

10月16日　呼和浩特市邮政局报刊批销中心正式开业。

10月16—20日　“中国·内蒙古—蒙古国邮票展”在呼和浩特市内蒙古总工会大厦举行。内蒙古自治区人民政府外办主任及蒙古国有关部门的负责人参加了开幕式。

10月31日　呼和浩特市邮政局与中保财产保险有限公司呼和浩特市分公司联合在内蒙古自治区政府礼堂举行了保险代理业务协议签字仪式暨新闻发布会，宣布从1996年11月1日起在呼和浩特市邮政局所属的39个邮政储蓄网点为保险公司代办家庭财产定额保险等4个险种的保险业务。

11月12—13日　内蒙古自治区通信学会第四次会员代表大会在呼和浩特市自治区政府礼堂召开。

11月13日　根据邮电部给内蒙古自治区邮电部门下达销毁邮票的品种、数量，内蒙古自治区集邮公司在自治区邮电管理局邮政运营部、财务处、审计处、公安处等有关部门共同监督下销毁邮票达20.14万元。

11月25日　邮电部在《人民日报》公布了全国33个文明服务示范窗口，自治区呼和浩特市邮政局麻花板发投部榜上有名。

11月26日　自治区邮电管理局与金宇集团公司产权交换签字仪式在呼和浩特市金宇大厦举行。

11月28日　内蒙古自治区物价局、自治区邮电管理局联合发文，决定自1996年12月1日起，与全国同步调整改革自治区邮政和电信服务价格（资费）。这是继1990年邮电资费调整以来又一次大的资费改革。

12月1日　呼和浩特市邮政局向社会公布了邮政窗口五项服务承诺，并开始执行。

12月8日　呼和浩特市邮政局速递局开办驾驶执照同城特快业务。

12月20日　根据《内蒙古自治区公民献血条例》，兴安盟邮电局成立献血基金会，开展义务献血活动，兴安盟邮电局机关的共产党员、共青团员、入党积极分子和青年职工31人到兴安盟中心血站义务献血。

12月24日　在北京召开的全国邮电先进集体、劳动模范表彰大会上，赤峰市元宝山矿区邮电局、阿拉善盟吉兰泰邮电支局被评为全国邮电先进集体；呼伦贝尔扎兰屯市库堤河邮电所乡邮员宋立成、乌兰察布邮电局营业员袁桂君、锡林郭勒盟阿巴嘎旗邮电局长话班班长裴金花、阿拉善盟长途线务员潘生诸、伊克昭盟邮电局乡邮员郝档柱、自治区邮电管理局机关车队副队长吉凤鸣被评为全国邮电劳动模范。

12月31日　内蒙古自治区旗县以上城市邮政储蓄实现通存通兑。

1997 年

1 月 1 日　内蒙古自治区 12 个盟市全部开通“185”电话特快服务专号。

1 月 2 日　内蒙古自治区邮政广告总公司成立，对全区邮政广告业务实行集团式专业化经营。

2 月 12—16 日　在香港举行的第 11 届亚洲国际集邮展览会上，自治区集邮公司与呼和浩特市、包头市、伊克昭盟集邮公司联合参加了展销。

3 月 13 日　蒙古国南戈壁省邮政局局长伊西茨德吉日格勒一行三人到阿拉善盟额济纳旗邮电局进行了为期 4 天的友好访问。

3 月 24 日　呼和浩特市邮政礼仪局被指定为自治区成立五十周年大庆活动礼仪服务单位。

3 月 30 日　以伊克昭盟邮电局职工杨伊平烈士事迹为原型的 3 集电视连续剧《鄂尔多斯鸿雁》在东胜正式开机拍摄，次年 3 月 28 日首播。

4 月 15 日　赤峰市邮电局在松山区电视台开播“邮电天地”专题节目。

4 月 16 日　自治区首期邮电通信行政执法人员培训班在赤峰邮电培训中心圆满结束，来自全区邮电系统的 84 名执法人员接受了培训。

4 月 29 日　赤峰市松山区邮电局获全国“五一”劳动奖状。

4 月　乌兰察布邮电局在全区邮电部门首家开办音像租赁、销售业务，相继开办此项业务的还有呼伦贝尔牙克石市邮电局和阿拉善盟阿左旗邮电局。呼和浩特、包头、赤峰、呼伦贝尔、伊克昭等盟市邮电局筹备开办此项业务。

5 月 1 日　《内蒙古自治区成立五十周年》纪念邮票首发式暨邮票展览在呼和浩特市举行。

5 月 13 日　内蒙古自治区邮电管理局决定设立内蒙古自治区兴安盟阿尔山市邮电局（县级局）。6 月 18 日正式挂牌成立。

5 月 18 日　河北省、内蒙古自治区邮政部门决定，联手开办邮政特快汇款业务。

6 月 10 日　呼和浩特信函自动分拣系统开通。

6 月　内蒙古自治区首家家庭集邮协会在通辽市成立。

7 月 1 日　《人民日报》和《内蒙古日报》分别在呼和浩特市和通辽市分印。

7 月 10 日　呼和浩特市中山路第一家标准化邮电营业厅经过装修改造重新开业。

7 月 22—26 日　自治区邮电管理局邀请国内外宾客 120 多人参加内蒙古自治区成立 50 周年庆祝活动。内蒙古自治区邮电管理局局长张春生分别会见应邀参加庆祝活动的俄罗斯、蒙古国及中国香港等 9 批境内外客人。

9 月 24 日　乌兰察布盟邮电局与乌兰察布盟司法处协商成立了内蒙古自治区第一家邮电法律服务机构——华信法律事务所。

11 月 14 日　自治区邮电管理局下发《关于做好内蒙古自治区邮电系统报刊治理工作的通知》。自 1998 年 1 月 1 日起，《内蒙古邮电信息报》《内蒙古集邮报》《呼伦贝尔邮电报》《赤峰邮电报》《狮城邮报》《通辽信息报》6 种持有内部准印证的报纸和《乌兰察布邮电报》《松山邮电报》《绿衣使者》3 种无证出版的报纸，以及《内蒙古通信科技》《内蒙古邮政邮购指南》《通信工作参考》3 种持有内部准印证的期刊一律停办。

12 月 29 日　自治区邮电部门 5 个单位被中共内蒙古自治区委员会、自治区人民政府、内蒙古军区评为 1996 至 1997 年度自治区级文明企业。这 5 个文明企业是：乌海市邮电局、赤峰市松山区邮电局、呼伦贝尔盟满洲里市邮电局、哲里木盟开鲁县邮电局和巴彦淖尔盟杭锦后旗邮电局。

1998 年

1 月 13 日　兴安盟邮电局计划建设部主任、高级工程师周友盟，在内蒙古自治区政协八届一次会议上被选为内蒙古自治区政协常委（1993 年为自治区七届政协委员）。1 月 26 日，邮电部人事司给周友盟发去贺电，表示热烈祝贺。

1 月 18 日　在呼和浩特市召开的内蒙古自治区第九届人民代表大会第一次会议的选举会上，内蒙古自治区邮电管理局局长张春生被选为内蒙古自治区第九届人民代表大会常务委员会委员。

2 月 15 日　内蒙古自治区邮电管理局领导班子调整：张晨霜任内蒙古自治区邮电管理局党组副书记、局长，李华任内蒙古自治区邮电管理局党组成员、副局长，免去张春生内蒙古自治区邮电管理局局长职务。

3 月 9 日　内蒙古自治区邮电管理局在全区各级邮电部门和各盟市局所在地选聘了 39 名企业内部服务督查员和 29 名社会监督员。社会监督员由人大、政协、精神文明办、纠风办、消费者协会、新闻界、学校等社会各界人士组成。

3 月 27 日　内蒙古邮电网球协会正式成立，并于当天举行了第一次理事会会议。

4 月 30 日　哲里木盟邮电局邮政音像、书刊、邮购、广告、鲜花礼品批销中心正式开业。

7 月 24 日　《锡林郭勒草原》特种邮票首发式在呼和浩特市展览馆举行。

8 月 11—12 日　内蒙古自治区邮电分营试点旗县——呼伦贝尔盟陈巴尔虎旗、巴彦淖尔盟五原县分别在当地挂牌成立邮政局和电信局，由此拉开了邮电分营的帷幕。

8 月 27 日　《呼和浩特市邮政通信管理条例》由呼和浩特市第十届人民代表大会常务委员会第三十一次会议通过，11 月 27 日内蒙古自治区第九届人民代表大会常务委员会第六次会议批准。该条例共 7 章 40 条，是内蒙古自治区第一部规范地区邮政通信管理的地方性法规。

9 月 30 日　全区旗县邮电分营工作结束。

同日　内蒙古自治区邮电部门为广大用户提供一项新业务——中秋节期间特快专递“月饼”。

10 月 19—23 日　内蒙古自治区邮电管理局在北京邮电宾馆召开各盟市邮电局邮电分营预案会审会议，对各局分营预案进行了集中会审。

10 月 30 日　内蒙古自治区 11 个盟市邮电局邮电分营工作顺利完成。盟市邮政局和电信局正式挂牌运营。

12 月 25 日　国家邮政局党组、国家邮政局任命苏和为内蒙古自治区邮政局党组副书记、副局长（主持工作）；任命鞠德鸿为党组成员、副局长；任命肖庆宝为党组成员、纪律检查组组长和工会代主席。

12 月 31 日　内蒙古自治区邮政局举行挂牌仪式。内蒙古邮政局为公用企业，实行国家邮政局和内蒙古自治区人民政府双重领导、以国家邮政局为主的管理体制，比照正局级单位管理，内设办公室等 12 个处室。

1999 年

1 月 1 日　呼和浩特市至银川干线汽车邮路正式开通。同时撤销呼和浩特市至兰州 501 次和兰州至呼和浩特市 502 次火车邮路。

同日　内蒙古自治区与罗马尼亚开通国际邮政汇兑业务。

1月5日　中共内蒙古自治区邮政局机关委员会成立。

1月14日　内蒙古自治区邮政局机关第一次党员代表大会在呼和浩特市召开，中国共产党内蒙古自治区直属机关工作委员会负责人及内蒙古自治区邮政局和直属单位51名代表出席了会议。会议选举产生了7名机关党委委员和3名纪律检查委员会委员。

1月25—28日　内蒙古自治区邮政独立运营后的首次工作会议在呼和浩特市内蒙古邮电宾馆召开。全区12个盟（市）邮政局副局长（主持工作）、分管经营副局长、办公室主任、财务科科长、旗（县）邮政局局长和自治区邮政局机关各处室的负责人，以及直属单位的负责人共155人参加了会议。

3月1日　即日起，内蒙古自治区邮政企业收取的邮政附加费一律取消。

3月3日　内蒙古自治区邮政局与中保人寿保险有限公司签订由内蒙古邮政局代销“中保人寿保险有限公司改建邮资明信片纪念册”的协议。

3月23日　内蒙古自治区集邮公司经理座谈会在呼和浩特市召开。会上讨论制定了《内蒙古自治区邮政局集邮业务专业化经营管理办法》和《内蒙古自治区邮资票品管理办法》。

4月1日　内蒙古自治区邮政局从即日起撤销呼和浩特—锡林浩特、清水河—呼和浩特、托克托—呼和浩特3条快速汽车邮路，并将集宁—凉城等6条汽车邮路合并为3条，并对部分邮路在运行时间、接发频次等方面做了相应调整。

4月6—7日　中国邮电工会内蒙古自治区邮政第一次代表大会在呼和浩特市召开。会议选举产生了中国邮电工会内蒙古自治区邮政第一届委员会、常务委员会和经费审查委员会。肖庆宝当选工会主席，张紫英当选工会副主席。

4月24日—5月1日　内蒙古自治区“绿卡”二期工程主机设备进行安装调试。该工程全面启动。

5月1日　内蒙古自治区邮政局正式执行邮政储蓄异地存取款收取手续费的规定。

5月12—20日　内蒙古自治区邮政局与内蒙古自治区人民政府法制局在赤峰市联合举办行管法律人员培训班，全区30多名邮政执法人员获得内蒙古自治区人民政府核发的执法证。

5月18—19日　呼和浩特“绿卡”一期工程通过终验。

5月20日　在内蒙古自治区邮政“绿卡”二期工程建设中，技术人员在呼和浩特中心的配合下调节包头局网点的X.25线路设置，并模拟测试C3级网点联通成功。至此，包头局城市服务器与呼和浩特市主机及下联网点通信线路调测通过验收。

5月21日　内蒙古邮电印刷厂与德国海德堡公司正式签订四色胶印机引进合同。设备总价值1686668马克。海德堡CD-102-4型四色胶印机的生产规模可达2500色令，印刷速度为每小时15000张，能够承担高质量的彩色印刷业务。

6月20日　内蒙古自治区邮政储蓄开通“绿卡”二期异地存取款业务，同时“绿卡”二期清算系统正式运行。

7月6日　内蒙古自治区邮政局与内蒙古公安厅联合发出通知，决定在全区范围内开办居民身份证（快证）特快专递业务。

7月8日　内蒙古自治区邮政局撤销乌兰浩特—白城快速干线汽车邮路。

7月9日　内蒙古自治区邮政局印发《自治区邮政局对盟市邮政局经营责任制考核办法》。

7月12日　国家邮政局党组、国家邮政局任命苏和为内蒙古自治区邮政局党组书记、局长；任命刘晓兵为内蒙古自治区邮政局党组成员、副局长（列鞠德鸿后）。

7月22日　内蒙古自治区开办电报入账汇款业务。

8月6日　内蒙古自治区邮政局第6次局长办公会议决定在哲盟邮政局进行结构性减员增效试点。

8月12日　内蒙古自治区邮政局与中国联通内蒙古分公司签订合作协议书。

8月　内蒙古自治区邮政局首次为全区邮政部门54名视察、稽查人员颁发了“视察证”。

内蒙古自治区邮政局对破获杭锦旗“3·14”盗窃案有功的单位和个人予以通报表彰。奖励杭锦旗值班经警胜利、郭俊河人民币各1000元，奖励杭锦旗邮政局、伊盟邮政局安保办人民币各2000元。

9月7日　根据国务院撤销哲里木盟设立地级通辽市的批复，内蒙古自治区邮政局同意撤销哲里木盟邮政局，成立通辽市邮政局。

9月18日　内蒙古自治区邮政局就巴彦淖尔乌前旗邮政局强行向用户收取录取通知书礼仪专送费一事发出通报批评，对相关人员做了相应的处理。

10月13日　内蒙古自治区邮政局聘任王兆林等15人为邮政服务监督员。

10月18日　呼和浩特邮件处理中心奠基开工。该中心建在金川开发区，建筑面积19300平方米，投资4890万元。

11月1日　内蒙古自治区邮政局开通海拉尔—根河汽车邮路。这条邮路途经额尔古纳市，全长270公里，每天1班，由呼伦贝尔盟邮政局长运科派押。

11月5日　内蒙古自治区与越南、哈萨克斯坦开通国际汇兑业务。

11月18日　巴彦淖尔盟邮政三级处理中心奠基开工，巴彦淖尔盟盟长胡毅峰到场祝贺。该中心建筑面积11370平方米，总投资2900万元。

11月27日　内蒙古自治区邮政局与内蒙古自治区邮电管理局签订代收电话费、代发工资、代办广告和租用电路等方面的友好合作协议。

12月1日　内蒙古自治区邮政局与自治区移动通信公司签订代理、安装、礼仪业务服务和速递等方面的友好合作协议。

12月8日　内蒙古自治区邮政局与中国人寿保险公司内蒙古分公司协商，决定由内蒙古自治区邮政局所属寿险兼业代理机构为中国人寿保险公司代理人身保险业务。

12月10日　内蒙古自治区邮政局与内蒙古国信通信有限公司签订友好合作框架协议书。

2000年

1月1日　内蒙古自治区邮政局在通辽和集宁邮区试行报刊集中邮区中心局分发。

1月6日　内蒙古自治区邮政报刊发行局正式成立，为正处级建制，隶属自治区邮政局。

同日　内蒙古自治区邮政储汇发行局更名为内蒙古自治区邮政储汇局。内蒙古邮政广告有限责任公司更名为内蒙古邮政广告总公司，隶属自治区邮政局。

2月28日　国家邮政局决定：因工作调动，免去鞠德鸿的内蒙古自治区邮政局副局长职务。

3月15日　撤销东胜—杭锦旗干线汽车邮路。调整东胜—乌审旗邮路，由对开改为当日往返。调整东胜—鄂托克前旗、乌海—鄂托克旗干线汽车邮路的邮运时间，使2条邮路在同时间实行对接。

3月17—22日　呼伦贝尔盟和兴安盟连遭暴风雪袭击，风力8级以上，积雪厚度30至50厘米，致使2个盟内的城乡邮路全部受阻，损毁邮运车辆7台、局房61处、广告牌67块，损失达210万元。为恢复通信生产，破雪开道，费用支出75万元。

3 月 17 日　呼和浩特、包头、乌海、赤峰、通辽、集宁、临河、东胜、海拉尔、锡林浩特 10 个城市开办寄往新加坡的 EMS 限时递业务。

3—4 月　阿拉善、乌海、伊克昭、巴彦淖尔、包头、呼和浩特、乌兰察布的大部分地区连续多次出现暴风扬沙天气，风力有时达到 8 至 9 级。风暴造成邮政支局所屋顶损毁 500 余处，邮政报刊零售亭、户外广告牌及灯箱半数以上遭到破坏，直接损失累计达 400 多万元。

4 月 2 日　内蒙古自治区邮政局职工思想政治工作研究会成立。肖庆宝任会长，孙志安、乔宝骥任副会长。

4 月 5 日　呼和浩特邮政电视电话会议室配套部分完成主机设备安装，并与国家邮政电视电话会议中心联调获得成功。6 月 9 日，该设备经过 50 多天的试运行，经有关部门领导和工程技术人员的评审通过验收。

4 月 20 日　内蒙古自治区邮政局与内蒙古农科院签订代销种子长期合作框架协议。

同日　乌兰察布盟商都县邮政局财务室被盗，丢失面值为 81320．20 元的邮票，犯罪嫌疑人被抓获。

4 月 26 日　通辽市邮政局邮运中心局司机温利平和赤峰市邮政局昭乌达路支局营业班班长王素霞被内蒙古自治区人民政府评为劳动模范，并出席内蒙古自治区劳动模范表彰大会。27 日，内蒙古自治区邮政局领导班子全体成员接见了王素霞和温利平，并奖励 2 人各 5000 元。

5 月 1 日　呼和浩特邮区中心局与海拉尔、赤峰、通辽邮区中心局之间互寄的平常信封使用纸制信封盒封发运输。

5 月 26 日　呼和浩特邮区中心局成立，为正处级建制，隶属自治区邮政局。

5 月 28 日　内蒙古自治区邮政综合网包头试点工程通过验收。该工程于 1996 年 9 月启动，建设完成综合网 9 大系统中的支局生产作业处理、报刊收订和中心局生产作业 3 个主要系统。

5 月 30 日　内蒙古自治区邮政局按照国家邮政局的统一部署，即日起对部分邮资票品进行销毁处理。范围是全区各级邮政局邮资票品库存中不适应现行邮政资费标准的普通邮票、纪特零枚邮票、邮资信封、邮资明信片，以及从 1992 年至 1999 年超过库存标准的成套纪特邮票。此次全区销毁的邮资票品总价值达 2300 多万元。由国家邮政局邮资票品监销组进行监销。

6 月 1 日　内蒙古自治区各盟市所在地及二连浩特、满洲里、牙克石、扎兰屯、丰镇市局开办中国速递出口国际快件业务。

6 月 8 日　为配合西部大开发战略的实施，内蒙古自治区邮政局决定投资 2 亿元，新上 3 个工程项目。一是投资 1 亿元建设全区中小城镇邮政网点工程，新增网点 300 处，用于开办邮政业务和提供电子信息服务。当年将投资 2000 万元建设 42 个网点。二是投资 7000 万元建设邮政综合计算机网工程，在 2002 年完成区内各盟市邮政局所间联网并与全国各省区市邮政局联网，实现网上收订报刊、汇兑结算、储蓄、查询等邮政服务。三是投资 3000 万元建设邮政电子商务工程，包括建设邮政电子接入平台、业务平台、电子支付、安全认证体系，形成邮政电子商务系统，实现网上邮市等服务项目。

6 月 14 日　内蒙古自治区邮政局与平安保险股份有限公司内蒙古办事处签订财产保险代理协议书。代理范围包括：家庭财产、机动车辆、企业财产、进出口货物保险和建筑工程、安装工程一切险。

6 月 27 日　内蒙古自治区邮政企业管理协会成立大会在包头召开。选举产生协会领导，同时通过《内蒙古自治区邮政企业管理协会章程》。

7 月 29 日　国家邮政局发行《内蒙古风情》特种邮资明信片。内蒙古自治区党委宣传部与内蒙古自治区邮政局在呼伦贝尔海拉尔市联合举办首发式活动。

7月　经国家邮政局批准，内蒙古自治区邮政增设呼和浩特国际账务输入局，负责呼和浩特、二连浩特、满洲里互换局和交换站的国际账务数据的采集、录入、报送等工作。

8月1日　内蒙古自治区停止办理收寄出口安邦快件业务。

同日　经国家邮政局批准，内蒙古自治区邮政局从即日起开通包头至北京一级干线航空邮路。

9月1日　内蒙古自治区邮政局全面调整各类邮件内部作业处理时间，使各类普通邮件的全程运递时限缩短1—3天。

10月12日　内蒙古自治区邮政局与中国工商银行内蒙古分行签订信用卡账单寄递服务框架协议书。

同日　内蒙古自治区邮政报刊发行局与内蒙古日报社签订买断包销协议，这是内蒙古自治区党报党刊发行历史上的第一次。

10月25日　石家庄邮政高等专科学校内蒙古函授总站正式挂牌成立，并举行揭牌仪式。

10月　内蒙古自治区邮政局结合火车和航班改点调整邮件作业计划和邮运网路，加快了党报党刊、特快邮件及畅销期刊的传递速度。呼和浩特市、包头市所属各旗县所在地和赤峰、通辽、东胜、集宁、临河市内实现主要报纸当日投递。

11月2日　内蒙古自治区邮政“绿卡”二期工程通过初验。

11月25日至12月30日　内蒙古自治区邮政局组织开展全区首次行业管理联合大检查活动。检查分东、中、西3个区域进行，主要以信封质量为主，兼顾集邮市场、速递市场和邮政经营等行业管理方面的内容。

11月29日　依照《中华人民共和国工会法》和《内蒙古自治区基层工会法人资格确认办法》，内蒙古自治区邮政工会对19个基层工会的法人资格进行确认，并颁发“工会法人资格证书”及副本。

12月1日　内蒙古自治区邮政储蓄正式启用国家邮政储蓄新的存款利息清单。

12月5日　内蒙古自治区邮政局与内蒙古工商行政管理局签订合作协议，决定利用邮资明信片宣传内蒙古地区的“驰名”“著名”和“知名”商标。

12月18日　内蒙古自治区邮政183网站开通。

12月21日　内蒙古自治区邮政局决定：撤销邮购直递部，成立内蒙古邮购直递公司。

2001年

1月1日　国家邮政局将原来的236个邮区中心局调整为201个。调整后，内蒙古地区设置呼和浩特、海拉尔2个二级中心局；赤峰、通辽、集宁、包头、临河5个三级中心局。

1月3日　呼和浩特市邮政局与日本东京、大阪及中国香港特别行政区邮政部门正式建立航空包裹和特快专递总包直封关系，使内蒙古地区送达这些地方的国际邮件提速1—2天。

1月22日　中国邮电工会全委会发来慰问电，对内蒙古自治区东中部遭受暴风雪灾害，邮政部门受到严重损失表示亲切慰问，并拨3万元救济款用于救济受灾职工。

1月22—24日　国家邮政局局长刘立清一行10人在农历腊月二十八至正月初一，慰问乌兰察布、呼和浩特市等地邮政职工。

2月16日　内蒙古自治区邮政局与联通内蒙古分公司就寻呼业务签订了框架合作协议。

3月8日　在全国总工会开展的“女职工双文明建功立业”竞赛活动中，伊克昭盟邮政局安建兰被授予“全国先进女职工”称号。

同日　在全国妇联开展的创建“巾帼文明示范岗”活动中，呼和浩特市邮政局中山路支局和阿拉善盟邮政局阿右旗储蓄营业班被授予“全国巾帼文明示范岗”称号。

3月30日　22：00，内蒙古自治区303处邮政储蓄网点开始切入省中心网，次日5：30切换正式完成。该303处储蓄网点实现了全国通存通兑。

4月7—9日　阿拉善盟地区再次遭受特大沙尘暴，这是入春以来第6次。连续的大风扬沙、沙尘暴使阿盟邮政通信设施遭到严重破坏，造成直接经济损失140万元。

4月8日　内蒙古自治区邮政部门开始代售内蒙古风采电脑福利彩票。

4月30日　在内蒙古自治区团委、通信管理局、邮政局、电信公司等6家单位联合开展的评选“2000年度自治区级青年文明号”优秀青年先进集体活动中，呼和浩特市邮政局中山路邮政支局、包头市青山区呼德木林邮政所等11个集体被新命名为先进集体；巴彦淖尔邮政局投递班和呼和浩特市邮政局麻花板发投部被继续认定为先进集体。

5月28日　内蒙古自治区邮政局、工商行政管理局、公安厅、安全厅、保密局5个单位联合发布《清理整顿寄递市场联合通告》。通告明确了经营寄递业务的企业和个人，必须履行有关批准登记手续，合法经营；信件类寄递业务由邮政企业专营。

5月31日　当日凌晨，邮政“绿卡”一期呼和浩特城市中心145处网点顺利切入省中心，实现了并网。至此，内蒙古自治区邮政448处计算机联网作业邮储网点全部进入新的“绿卡”省中心，实现了全国范围内的通存通兑。

6月1日　全国统一规划部署的特快邮件大提速即日开始实施。呼和浩特市、海拉尔市送达特快邮件次日递率达到60%；其他局送达特快邮件传递速度普遍加快1天。

同日　海拉尔至北京航空邮路恢复开通，比照一级航空干线邮路管理，使海拉尔送达省际特快邮件传递速度加快2天以上。

6月15日　内蒙古自治区邮政行业管理办公室成立。

6月22日　《庆祝中国共产党建党80周年》邮资明信片首发式在内蒙古政府礼堂举行。明信片发行30万册，共300万枚。

6月30日至7月3日　内蒙古自治区党委组织部、宣传部、精神文明办公室、总工会等9家单位在呼和浩特市联合举办“庆祝中国共产党成立80周年”集邮展览。

7月1日　呼和浩特市邮政局正式开办邮政电子汇款业务。该局为全国首批开办城市之一。

7月2日　国家邮政局党组、国家邮政局决定任命黄以群为内蒙古自治区邮政局党组成员、内蒙古自治区邮政局副局长（列刘晓兵之后）。

同月　在内蒙古邮购直递公司的统一运作下，全区9个盟市局为青岛朗讯公司提供电信设备配送服务，第一批140套设备运达目的地，创收10多万元。

8月1日　内蒙古自治区邮政在全区范围内开办快递包裹业务。

同日　内蒙古自治区邮政局研究决定：撤销“邮电幼儿园”，组织成立幼儿园清理小组，负责清理债权债务、人员安置、办理注销等事务。

8月　随着包头EMS站点改造工作的顺利结束，内蒙古自治区邮政8个EMS新站点建设及4个旧站点改造工作全部完成。新系统的开通实现了速递业务的数据录入、路单生成、数据上传下载及查询功能。

9月22—23日　国家邮政局与蒙古国邮政总公司在二连浩特市就两国邮件交换过程中存在的问题进行友好协商，并就中蒙邮政的区域合作问题交换了意见，同时双方签署会谈备忘录。

9月28日　由内蒙古自治区邮政局开发的反映内蒙古人文景观的《成吉思汗陵》专用邮资封正式在全国发行，发行量500万枚。

9月　内蒙古自治区邮政局继续实施报刊提速战略，在原来40种畅销报刊的基础上，又有36种畅销报刊提高了传递速度。

11月1日　内蒙古自治区邮政在全区试办邮政混合信函业务。邮政混合信函（英文简称HM）业务，又称电脑寄信业务。它是用户利用计算机发信并通过因特网传输，由专用设备打印、封装，按平信进行投递的新型信函业务。开办当日，全区共接收进口混合信函95件。

12月10日　内蒙古自治区邮政通信职业技能鉴定中心成立。

12月26日　内蒙古自治区邮政快递物流有限责任公司成立。

12月28日　呼和浩特邮件处理中心工程通过初验。该工程为国家邮政局局管项目，于1999年11月开工。该中心占地面积2.6万平方米，工程全部投资约1.1亿元。

2002年

1月13日　全区970个手工办理邮政汇兑业务的网点全部完成新旧体制转换工作，并全部上线运行，日处理量达到2万笔。邮政汇兑新旧体制转换即取消传统的实物汇票的传递，所有汇票信息通过计算机网络进行传递。

2月28日　内蒙古自治区内开通邮政储蓄跨省无折续存业务。

3月12日　内蒙古自治区邮政局以内邮计财〔2002〕26号文印发《盟市局财务核算一体化指导性意见》和《盟市收支两条线财务核算办法》。决定：自2002年4月1日起，内蒙古自治区邮政局对2001年度已扭亏为盈的呼和浩特市、包头市、乌海市邮政局实行收支两条线财务管理，对其他支差局在维持现有收支差额管理办法的基础上，逐步推行收支两条线财务管理；各盟市局取消所有旗县邮政局财务核算，旗县局一律改为备用金报账单位，盟市局对旗县局统一实行财务核算一体化管理。

同日　内蒙古自治区邮政局与北京中邮绿卡公司签订《呼和浩特市邮政185客户服务中心系统工程项目》协议。

4月23日　国家邮政局、国家邮政局党组决定：因工作调动，免去黄以群的内蒙古自治区邮政局副局长和内蒙古邮政局党组成员职务。

4月25日　在国家邮政局召开的"全国邮政系统先进集体和先进个人"表彰大会上，呼和浩特市邮政局王莉、赤峰市邮政局刘春萍、阿拉善盟邮政局李军远、内蒙古邮政信息技术局谢爱军被授予全国邮政系统先进个人称号；鄂尔多斯市邮政储汇局、呼和浩特邮区中心局分拣科被授予全国邮政系统先进集体称号。

4月30日　内蒙古自治区邮政局研究决定：撤销呼伦贝尔盟邮政局，成立呼伦贝尔市邮政局。

5月1日　内蒙古自治区新增包头、赤峰、乌海、通辽、鄂尔多斯、海拉尔、乌兰浩特、锡林浩特、集宁、临河、阿左旗、二连浩特、满洲里、牙克石、扎兰屯、额尔古纳、根河、阿尔山、霍林郭勒、丰镇20个城市为国内特快专递代收货款业务开办局。

6月20日　为加快邮件传递速度，根据国家邮政局关于邮区中心局体制下对邮件处理功能定位的要求，内蒙古自治区邮政局决定：将呼和浩特市邮政局从事进口报刊分发20人划归呼和浩特邮区中心局，并将呼和浩特邮区内的报刊直封到所有农村分支机构投递局及呼和浩特市市内全部投递道段。

6月21日　内蒙古自治区邮政储蓄银联卡业务正式开通。

7月1日　内蒙古自治区内停止使用“邮资已付”戳记。

7月18日　由内蒙古自治区邮政局主办的“2002年内蒙古邮政广告媒体展示推荐会”在内蒙古昭君大酒店会议厅举行。内蒙古自治区政府办公厅、自治区党委宣传部、自治区政法委、自治区广告协会、自治区公益协会、自治区质量协会、中国邮政广告公司及来自区内外的46家企事业单位客户代表和42家广告公司参加了展示会。

同日　内蒙古自治区邮政储蓄资金清算／网管中心工程通过内蒙古自治区邮政局组织的初验。

7月30日　内蒙古自治区邮政局以内邮运〔2002〕15号文印发《关于改革邮件处理模式推行邮件“三状化”封发的通知》。通知明确对各级中心局分拣封发体制进行改革调整，实施邮件“三状化”封发，对三级中心局出口邮件实施集中处理，取消和削弱旗县市局分拣封发功能。

7月31日　内蒙古自治区邮政局代收联通话费系统开始在呼和浩特市邮政局上线试运行。

8月2日　内蒙古自治区邮政局核准大通国际运输有限公司内蒙古分公司、大通国际运输有限公司包头分公司、内蒙古德美多式联运有限责任公司、包头鼎力通国际货物运输代理有限公司、包头鼎力通国际货物运输代理有限公司鄂尔多斯市分公司5家国际货物运输代理企业办理邮政委托业务，同时颁发“邮政委托证书”。

8月28日　《中国邮政报》内蒙古记者站成立。记者站设在内蒙古自治区邮电管理局办公室。

9月6日　内蒙古自治区教育厅批准：西安邮电学院内蒙古自治区邮政高等学历教育函授总站成立。函授站设在内蒙古邮政职工培训中心。

9月16—18日　国家邮政局党组成员、纪检组组长、工会主席盛汇萍和国家邮政工会副主席林治建带领全国邮政先进模范事迹报告团10人，分别在呼和浩特市、包头市进行事迹报告会。

10月1日　《内蒙古自治区邮政管理办法》正式实施。

同日　内蒙古自治区邮政局公布“特快专递和信函全程运递时限标准”。

同日　满洲里、海拉尔、赤峰、包头市等邮政局正式开办国际汇兑业务。

同日　内蒙古自治区开办中国人民银行系统会计凭证使用邮政特快专递寄送业务。

10月25日　内蒙古自治区邮政开通区内2小时电子汇款业务。

10月30日　包头市、鄂尔多斯市、巴彦淖尔盟、乌海市等邮政局的综合网三级中心局局域网工程设备通过内蒙古自治区邮政局组织的初验。

11月15日　由乌海市邮政局立项开发的“电信业务管理系统”通过内蒙古自治区邮政局组织的验收。

11月22日　内蒙古自治区邮政储蓄清算／网管中心系统改造工程的配套工程——乌兰察布盟城市服务器设备安装工程通过内蒙古自治区邮政局组织的初验。

11月29日　由呼和浩特市邮政局立项开发的“邮政大客户管理系统”通过内蒙古自治区邮政局组织的验收。

12月5日　内蒙古自治区邮政开通省际间2小时电子汇款业务。

12月17日　呼和浩特市邮政局185电话银行业务软件上线试运行。

12月18日　内蒙古自治区邮政局对申请办理邮政业务的国际货代企业进行重新审核，同意委托内蒙古德美多式联运有限责任公司、包头鼎力通国际货物运输代理有限公司及内蒙古大田国际货运有限公司3家企业办理邮政委托业务，并重新签订《委托书》，换发“邮政委托证书”。

12月19日　内蒙古自治区邮政中间业务平台系统升级顺利完成。

12月27日　将内蒙古自治区邮政直递公司划归内蒙古邮政快递物流有限责任公司。

12月31日　全区新增邮政电子汇兑联网网点190个，累计完成341个，联网率达到27.17%。

2003年

1月24日　内蒙古邮电印刷厂获得北京中大华远认证中心颁发的ISO 9001：2000质量体系认证证书。

2月19日　内蒙古自治区政府副主席赵双连一行4人到内蒙古自治区邮政局调研。

3月21日　内蒙古自治区中邮物流有限责任公司成立。

同日　内蒙古自治区邮政保险代理有限责任公司成立。

4月1日　内蒙古自治区开办邮政电子汇兑手工回执汇款业务。

4月1—20日　内蒙古自治区邮政局举办首期全区邮政处级干部工商管理培训班。

4月10日　内蒙古自治区邮政电子汇兑实现系统自动办理回执汇款业务。

4月22日　内蒙古自治区邮政局局长苏和先后到呼和浩特市邮政局、内蒙古自治区邮政信息技术局、呼和浩特邮区中心局等生产一线进行“非典型肺炎”预防控制工作的检查指导。

4月25日　内蒙古自治区邮政储蓄网点开办免填单业务。

5月12日　国家邮政局党组决定：任命凌志为中共内蒙古自治区邮政局党组成员、纪检组组长、工会代主席；免去肖庆宝的中共内蒙古自治区邮政局党组纪检组组长、工会主席职务。

5月15日　内蒙古自治区在全国31个省（区、市）开办实时电子汇款业务。该业务在营业网点自受理完客户汇款时开始，35分钟后即可到达兑付。

5月17日　内蒙古自治区邮政局发行“抗击非典疫情”纪念封、个性化邮票和纪念邮折。

5月19日　内蒙古自治区邮政局在呼和浩特市举行《万众一心抗击“非典”》邮票首发式，并向全区医务工作者捐赠价值32.1万元的抗击“非典”斗争系列集邮品。

5月22日　国家邮政局决定：任命肖庆宝为内蒙古自治区邮政局副局长（列刘晓兵之后）。

5月27日　内蒙古自治区邮政局机构设置和人员编制进行调整。调整为办公室、行管法规处、人事教育处、公众服务处、邮资票品处、安保视察处、网路运行处、计划财务处、纪检组、监察审计处、机关党委及邮政工会，人员编制为91人。撤销工程建设处、科学技术处，其职能分别划入计划财务处与信息技术局。撤销离退休人员管理处，其职能分别划入人事教育处与机关服务中心。安全保卫处与业务视察室合并，纪检组、监察室与审计室合并。以机关事务服务中心为主的行政后勤服务机构与人员剥离，成立内蒙古邮政机关服务中心。

6月24日　内蒙古自治区邮政局将呼和浩特市至鄂尔多斯市沙圪堵汽车邮路调整为呼和浩特市至薛家湾（准格尔旗）汽车邮路。

6月27日　内蒙古自治区邮政局与内蒙古电力集团有限责任公司签订“电费代收合作框架协议”。

7月15日　内蒙古自治区邮政报刊发行局与《中国剪报》社签订“分地印刷合同”，该合同明确在呼和浩特市设立分印点。

7月20日　内蒙古自治区12个盟市邮政局的待毁集邮票品在呼和浩特市全部销毁处理。

7月21日　内蒙古自治区在全区范围内利用中间业务平台系统开办邮政储蓄卡折缴费业务。

8月10日　内蒙古自治区邮政局与中国联通内蒙古分公司签订“发展C网手机用户和无线商务电话用户合作协议”。

8月13日　内蒙古邮政综合计算机网工程通过内蒙古自治区邮政局组织的验收。

8月16日　赤峰市巴林左旗和阿鲁科尔沁旗发生5.9级地震，内蒙古自治区邮政工会拨款2.15万元援助33名受灾邮政职工家庭。

8月18日　内蒙古自治区电子化支局系统工程建设试点设在鄂尔多斯市邮政局和呼和浩特市邮政局。

8月20日　内蒙古自治区邮政保险代理有限责任公司与中国平安人寿保险公司呼和浩特分公司签订“委托代理协议”。

8月30日　内蒙古自治区邮政局发行“全区抗击非典先进集体、先进个人”表彰大会纪念封、个性化邮票、纪念邮折。内蒙古自治区副主席连辑为邮品题字“万众一心抗击非典”。

9月1日　内蒙古自治区邮政局在全区范围内开办身份证专递业务。

9月25日　内蒙古自治区邮政局副局长肖庆宝率中国内蒙古自治区邮政访问团赴蒙古国乌兰巴托进行为期5天的工作访问。

10月1日　内蒙古自治区邮政局在全区范围内开办台湾小包收寄业务。

10月15日　内蒙古自治区邮政局发行“神舟五号”成功着陆纪念封、纪念邮折。

10月16日　内蒙古自治区邮政局发行“中国首次载人航天飞行成功”纪念封、“神舟飞天”专题纪念册。

10月17日　内蒙古自治区邮政储蓄资金清算/网管中心工程通过验收。

10月28日　内蒙古自治区邮政综合网电子汇兑系统工程通过自治区邮政局组织的验收。

11月5日　呼和浩特邮区中心局“邮政综合计算机网生产作业”和“邮运生产指挥调度”两个子系统正式上线运行。

11月6日　内蒙古自治区邮政保险代理有限责任公司在包头市设立第一家分支机构。

11月10日　内蒙古自治区邮政局与内蒙古移动通信公司签订由邮政全面代理制作、寄递移动账单的合作协议。

11月24日　在由中华全国集邮联合会和国家邮政局主办、四川省绵阳市承办的“第16届亚洲国际邮展”活动中，内蒙古自治区邮政参展邮集分别获镀金奖、大银奖及镀银奖各1部，镀金奖5部，镀银文献奖1部。

12月3日　内蒙古自治区邮政局与中国卫通内蒙古分公司签订“全面业务合作协议”。

2004年

1月10日　呼和浩特邮区中心局与内蒙古邮政快递物流公司正式办理签约手续，将呼和浩特市—银川汽车邮路划拨内蒙古邮政快递物流公司。中心局负责邮路的组织管理、监督检查考核工作，物流公司负责邮件的运输，初步实现网运分离。

1月15日　国家邮政局党组决定：张少波任中共内蒙古自治区邮政局党组成员。

同日　国家邮政局决定：任命张少波为内蒙古自治区邮政局副局长（列肖庆宝之后）。

2月19日　国家邮政局党组决定：免去苏和内蒙古自治区邮政局党组书记职务。

同日　国家邮政局决定：免去苏和内蒙古自治区邮政局局长职务。

2月23日　内蒙古自治区邮政局将集邮业务从盟市邮政局剥离，实行全区集邮业务专业化经营，人、财、物统一由内蒙古集邮公司垂直管理。

同日　内蒙古自治区邮政局决定：撤销邮资票品处，职能划归内蒙古集邮公司。

2月25日　全区第四个信封生产监制期复审换证工作全部结束，共有35家信封生产企业经批准取得信封生产资格。

3月1日　内蒙古自治区通信管理局向内蒙古自治区邮政局颁发增值电信业务经营许可证，这标志着内蒙古自治区邮政已由基础电信业务代理商跨入增值电信业务经营商的行列。

3月10日　呼和浩特市邮政局正式开通邮政国际电子汇款系统。该系统可承办国际邮政电子汇款、国际特快电子汇款（西联汇款）和国际银邮电子汇款业务。

3月15—16日　内蒙古自治区邮政工会第二次代表大会在呼和浩特市召开，选举产生区邮政工会第二届委员会和经费审查委员会，凌志当选为内蒙古自治区邮政工会第二届委员会主席。

同日　内蒙古自治区邮政工会第二次女职工代表大会在呼和浩特市召开，女职工代表26人参加会议。

3月24日　锡林郭勒盟境内发生里氏5.9级地震，邮政通信设施损失近60万元。

3月29日　内蒙古自治区邮政报刊零售公司成立，属区局直属单位，实行独立经营核算。

3月30日　中国共产党内蒙古自治区邮政局机关第二次代表大会在呼和浩特市召开。大会审议并通过中共内蒙古自治区邮政局机关第一届委员会和纪律检查委员会的工作报告。选举产生中共内蒙古自治区邮政局机关第二届委员会和纪律检查委员会。

4月15日　国家邮政局党组决定：凌志任中国邮电工会内蒙古自治区邮政委员会主席。

4月22日　内蒙古自治区邮政局与内蒙古自治区工商局联合召开全区商标宣传工作会议，对企业商标进行宣传展示，旨在利用邮资广告信封、邮资广告明信片等媒体，由此来扩大企业对商标的宣传、保护力度和认知程度。

5月1日　内蒙古自治区邮政保险代理公司与内蒙古平安寿险公司联合开发推出“邮保通”意外伤害保险。此保险以千元一年存款的税后利息作为保费，较适用邮政柜台销售。

6月7日　由信息产业部、共青团中央联合组织的2003年度全国青年文明号评选活动中，内蒙古自治区邮政系统被新命名的是：呼和浩特市邮政局新城支局，继续认定的是：通辽市邮政局营业班、乌兰察布盟邮政局发投局投递组、呼伦贝尔市邮政局海拉尔市中央街邮政支局。

6月9日　内蒙古自治区在全区邮政储蓄中间业务平台上正式开通代发养老金系统。

6月10日　海拉尔二级邮区中心局生产作业系统正式上线运行。

6月21日　内蒙古自治区邮政局批复同意“乌兰察布盟邮政局”更名为“乌兰察布市邮政局”，原职责不变。丰镇市邮政局的隶属关系不变。

7月6日　国家邮政局党组决定：刘晓兵任中共内蒙古自治区邮政局党组书记、内蒙古自治区邮政局局长；沙迪任内蒙古自治区邮政局党组成员、内蒙古自治区邮政局副局长（列张少波之后）。

7月20日　内蒙古自治区邮政局应销毁的1992—2001年度纪特邮票全部安全运抵国家邮政局指定的销毁地点，并实施销毁。

8月3日　内蒙古自治区邮政局批复同意“巴彦淖尔盟邮政局”更名为“巴彦淖尔市邮政局”，原职能不变。

8月6日　内蒙古自治区邮政客户服务中心电话185升位为11185。

8月6—8日　作为“中国·内蒙古自治区首届国际草原文化节暨呼和浩特第五届昭君文化节”系列活动项目之一，以“颂草原文化、展集邮风采”为主题的“集邮文化展”在内蒙古自治区人民政府礼堂举行。

8月15日　包头、通辽、赤峰、集宁、临河三级邮区中心局生产作业系统正式上线运行。

8月18日　中国邮政EMS“全夜航”全面开通。此次开通的“全夜航”是以上海为中心辐射北京、广州、厦门、沈阳、成都、武汉、西安等城市覆盖范围的集散网，通过邮航飞机凌晨1点至上午10点之间实现“全夜航”达到全国27个省（区、市）136个大中城市。呼和浩特、包头、鄂尔多斯、集宁、赤峰、通辽、乌海、临河、锡林浩特9个盟市所在地城市部分截邮时间收寄的特快邮件纳入“全夜航”范围。

8月20日　共青团内蒙古自治区邮政局机关团员大会在呼和浩特市召开。大会审议并通过共青团内蒙古自治区邮政局机关第一届委员会的工作报告，选举产生共青团内蒙古邮政局自治区机关第二届委员会。

8月24日　国家邮政局决定：任命麻勇为内蒙古自治区邮政局助理巡视员。

9月17—19日　2005年全区邮政报刊业务经营工作会议在呼和浩特市召开。会议分析全区邮政报刊业务市场出现的新变化，对报刊发行、报刊投递体制改革意见进行讨论。《新闻周刊》等12家报刊社发行部的负责人应邀参加会议。

9月30日　内蒙古鸿诚邮政电子信息有限责任公司成立。

10月1日　《祖国边陲风光》特种邮票之《兴安林海》《呼伦贝尔草原》首发式在呼伦贝尔市举行。《祖国边陲风光》特种邮票之《巴丹吉林沙漠》在阿拉善盟举行首发式。

10月29日　内蒙古自治区邮政局与中国人民银行呼和浩特支行签订全面业务合作协议，明确人民银行“金三角”银行电子结算中心区域票据交换递送业务由邮政负责递送。

10月26日　内蒙古自治区邮政电子信息业务局与呼和浩特海尔工贸有限公司签订6盟市邮政局与海尔利用11185和11183开展城市物流配送业务协议。根据协议，邮政将利用海尔产品的美誉度提升11185客服中心和11183网站的知名度，海尔将借助邮政的营销网推广低成本的“无店铺”销售，扩大市场占有率，这在全国尚属首家。

11月6日　内蒙古自治区邮政储蓄统一版本核心系统正式切换上线。当天停业一天。

11月7日　内蒙古自治区750个邮政储蓄网点全部开始使用新系统正式对外营业。国家邮政局统版领导小组副组长武士雄参加内蒙古邮储统版上线切换仪式。

12月4日　内蒙古自治区发展和改革委员会为内蒙古自治区邮政局提供边境邮政基础设施建设预算内投资60万元。

12月13日　内蒙古自治区邮政速递物流局成立，属区局直属单位，与内蒙古中邮物流公司合署办公。

12月29日　内蒙古自治区邮政局在全区开通内地邮政与香港间的电子汇款业务。

同日　内蒙古自治区邮政函件广告局成立（副处级建制），属区局直属单位，与内蒙古邮政广告公司合署办公，实行“两块牌子，一个机构”。

12月15日　内蒙古自治区邮政局决定：调整内蒙古邮政保险代理公司职能，取消其经营现业职能，并将其所经营的现业邮政保险代理业务纳入相关盟市邮政局经营管理。

12月17日　内蒙古自治区西联汇款业务新增为到美国的非移民学生和交换学者提供交纳办理签证费用的服务项目。

12月18日　内蒙古自治区邮政储蓄事后监督系统上线。

2005年

1月1日　即日起，将内蒙古自治区邮政快递物流公司派押的呼和浩特至银川汽车邮路整建制划归呼和浩特邮区中心局。

1月6—9日　呼和浩特市站点卡哈拉项目速递系统新版软件上线运行。

3月3日　国家邮政局决定（局任〔2005〕12号）：任命张子旗为内蒙古自治区邮政局助理巡视员。

3月24日　内蒙古自治区邮政储蓄统一版本工程、邮政报刊发行系统升级改造工程、邮政视频会议系统工程、邮政短信平台工程和邮政中间业务剥离改造工程通过自治区邮政局组织初验；内蒙古自治区邮政185客服系统工程、邮政储蓄中间业务平台系统工程通过内蒙古自治区邮政局组织的终验。

4月20日　内蒙古自治区邮政局与海南航空股份有限公司在内蒙古自治区邮政职工培训中心举行国内航空客票销售合作签约仪式。

4月21日　呼和浩特市邮政局11185中心开办海航机票订送业务。

4月26日　通辽市开鲁县邮政局马瑞发、呼伦贝尔市新巴尔虎右旗邮政局张凤岚、呼伦贝尔市鄂伦春旗邮政局柯长青、呼和浩特市邮政信息技术局王宏伟、包头市邮政局吕歆5人被内蒙古自治区人民政府授予“内蒙古自治区劳动模范”称号。

4月28日　通辽市开鲁县邮政局马瑞发被国务院授予“全国劳动模范”称号。

5月1日　内蒙古自治区高级人民法院和内蒙古自治区邮政局决定，从即日起在全区范围内开办法院文书特快专递业务。

5月30日　呼和浩特、包头、乌海、乌兰察布、巴彦淖尔和鄂尔多斯6个市所在地城市和部分旗县间开办互寄特快邮件的“次晨达”业务。该业务的开办将使上述6个城市及所属的25个旗县当日收寄的互寄EMS邮件在次日11：00前投交给收件人。

6月10日　赤峰市喀喇沁旗邮政局楼子店支局贡瑞平、乌兰察布市四子王旗邮政局杨根魁、巴彦淖尔市邮政局刘文元3名投递员被国家邮政局授予“全国邮政系统模范投递员”称号。

6月15日　内蒙古自治区邮政局与新华人寿保险股份有限公司呼和浩特分公司签订“邮保通出单业务合作协议”。

6月16日　呼和浩特市至锡林浩特市干线火车邮路开通。该邮路采取包租吨位的方式，利用中铁行包快递有限责任公司呼和浩特分公司的行李车运邮，邮件押运由中铁行包公司负责，此种方式在国内运邮尚属新尝试。该邮路的开通使通过呼和浩特市和锡林浩特市互寄的特快邮件达到“次晨达”，比原来加快1天。

同日　内蒙古自治区电信公司与内蒙古自治区邮政局签订“公话超市／有人值守公话业务代办协议”。

6月22日　内蒙古自治区邮政储蓄系统与电子汇兑系统互通工程正式切换上线运行。两网互通实现了绿卡网和综合网的网络及业务对接；储蓄和汇兑资金的合并使用，开办了账户汇款业务。

7月1日　开通呼和浩特市至鄂尔多斯市快速汽车干线邮路。

同日　内蒙古自治区邮政储蓄网点柜员制监控系统新建和改造项目在呼和浩特市正式签约。

同日　内蒙古自治区邮政局与中华联合财产保险公司内蒙古分公司签订“邮件险合作协议”。

7月11日　呼和浩特至乌兰察布市快速汽车干线邮路开通。

8月10日　内蒙古自治区邮政快递物流公司开通北京市至乌兰察布市、呼和浩特市、包头市零担货运专线。

8月15日　内蒙古自治区邮政局与中国电信内蒙古分公司签订“联机实时代收费业务合作协议”。

8月18日　内蒙古自治区邮政储蓄统一版本、邮政中心局生产作业系统/邮运调度指挥系统、邮政代理保险（开放式基金）系统工程通过内蒙古邮政局组织的验收。

9月1日　内蒙古自治区邮政局在全区范围内开办“包裹、特快专递邮件保险”业务。

12月21日　内蒙古自治区邮政电子化支局升级改造工程、网络视频会议系统、大客户管理系统工程通过验收，内蒙古邮政报刊零售系统通过初验。

2006年

3月1日　从即日起，内蒙古自治区开办邮政储蓄短信业务。

同日　阿拉善盟邮政局代售机票终端系统正式运行，该局成为内蒙古自治区首家开办异地代理飞机票业务的盟市局。

3月19日　内蒙古自治区邮政局在呼和浩特市中山路举行《犬》特种邮票首发式。内蒙古自治区政协主席、内蒙古自治区集邮协会名誉会长王占，内蒙古自治区党委副书记、党委常委、集邮协会名誉会长杨利民，国家邮政局邮票设计室《犬》特种邮票设计师尚予及区邮政局领导参加首发式。

4月12—14日　中、俄邮政部门员工在内蒙古自治区满洲里举办“中国俄罗斯年”两国邮政职工联谊活动。俄罗斯邮政副总裁那帝克·托夫，国家邮政局国际合作司副司长赵玉刚，内蒙古自治区邮政局局长刘晓兵、副局长肖庆宝等领导参加此次活动。

5月12日　内蒙古自治区邮资票品管理系统推广项目、邮政报刊零售系统、邮政报刊发行系统改造工程、邮政储蓄银联卡2.0版本改造工程通过自治区邮政局组织的验收；内蒙古自治区邮政综合网广域网扩容改造工程通过自治区邮政局组织初步验收。

6月5日　25型G系列邮政车厢正式编挂在呼和浩特至海拉尔的火车上。

6月10日　内蒙古自治区邮政储蓄主机系统扩容改造正式切换。

6月13日　内蒙古自治区邮政局与内蒙古移动公司联合召开战略合作深度推进电视电话会议。会上签订“战略合作框架协议”。

6月20日　呼和浩特市邮政局开发寄递“交通安全执法告知单”业务。

7月7—9日　“中国·内蒙古第三届草原文化节暨首届鄂尔多斯国际文化节集邮文化展”新闻发布会在鄂尔多斯市举办。

7月16日　内蒙古自治区邮政局召开新闻发布会，向社会隆重推出EMS优+服务。

7月1日　内蒙古自治区邮政首批通过考试择优录用的91名劳务工正式转为企业聘用工。

8月24日　国家邮政局印发《关于成立内蒙古自治区邮政管理局的通知》，决定成立内蒙古自治区邮政管理局。为副厅级单位，人员编制为15人，局领导按1正1副配备，内设机构为综合处、市场监管处、普遍服务处。

8 月 28 日　国家邮政局党组任命孙志安为中共内蒙古自治区邮政管理局党组书记，张子旗、吴邦柱为党组成员。同日，国家邮政局任命孙志安为内蒙古自治区邮政管理局局长，张子旗为内蒙古自治区邮政管理局副局长。

9 月 1—2 日　内蒙古自治区邮政局、邮政工会在包头市邮政局举办全区邮政职工技能大赛。全区 12 个盟市邮政局的 48 名选手参加比赛。

9 月 11 日　根据国家邮政局安排，呼和浩特市邮政局作为全区第一批试点局，自即日起正式代销“中邮核心优选基金”。

9 月 28 日　内蒙古自治区邮政金融客户管理系统切换上线。

9 月　中共内蒙古自治区邮政管理局机关总支委员会成立，下设综合处、普遍服务处、市场监管处 3 个党支部，有党员 15 人。

10 月 9 日　内蒙古自治区直邮协会成立暨第一次会员大会在内蒙古饭店召开。

10 月 15 日　包头市邮政局买断《内蒙古晨报》在包头市的发行投递权。

10 月 24 日　内蒙古自治区邮政综合网广域网扩容改造工程通过自治区邮政局组织的验收；内蒙古自治区邮政绿卡处理中心扩容改造工程、邮政储汇电子稽查系统工程通过自治区邮政局组织的初步验收。

10 月 26 日　国家邮政局决定：免去沙迪的内蒙古自治区邮政局副局长职务。

11 月 1 日　根据储蓄利率调整等因素影响，内蒙古自治区邮政局决定将储蓄定期存款及代理保险业务营销积分标准予以调整。代理财险（按保费额）5 分 /100 元；代理寿险（按保费额）1 分 / 100 元；储蓄一年定期 0.2 分 /100 元。此标准 2006 年 11 月 1 日起执行。

同日　中国邮政报刊发行信息系统正式启用。该系统的启用将实现对全国读者报刊订阅数据的网络化集中处理。

11 月 5—7 日　呼和浩特邮区中心局“三化”改革通过国家邮政局组织的验收。

11 月 8 日　即日起，按照国家邮政局的统一部署，内蒙古自治区邮政局再次对各省会城市及副省会城市间互发的 640 种及自治区邮政局确定的 17 种畅销报刊进行提速。通过畅销报刊提速，使呼和浩特市分印当日上午交邮发的出口畅销报刊在 16 个省会城市实现“当日递”“次日递”或“隔日递”。

同日　内蒙古自治区邮政代理保险工程通过自治区邮政局组织的验收。

11 月 10 日　国家邮政局党组任命张子旗为中共内蒙古自治区邮政管理局党组纪律检查组组长。

11 月 15 日　即日起，执行新的国内信函和明信片资费标准。信函资费：首重 100 克以内，由每重 20 克或其零数本埠（县）0.6 元、外埠 0.8 元调整为本埠（县）0.8、外埠 1.2 元；100 克以上的续重资费不变。明信片资费：由每件 0.6 元调整为 0.8 元。

11 月 20 日　执行在全国范围内将现行邮政入账汇款的单笔汇款最高额 20 万元（含）调整为 5 万元（含）标准。

11 月 21 日　内蒙古自治区邮政局决定：内蒙古自治区邮政函件广告局（副处级建制）变更为内蒙古自治区邮政函件局（正处级建制），与内蒙古自治区邮政广告公司合署办公，实行两块牌子，一套人马，原人员编制和内设机构不变。

11 月 22 日、24 日　内蒙古自治区邮政储蓄智能令牌身份认证系统分别在全区 12 个盟市邮政局上线。

11 月 25 日　由内蒙古自治区邮政局网路运行处自主开发的“内蒙古自治区邮政邮运指挥信息管理系统”开始在全区 12 个盟市邮政局网运部门和呼和浩特邮区中心局应用。

12月6日　内蒙古自治区邮政远程教育网二级中心工程、自治区邮政量收管理系统通过内蒙古自治区邮政局组织的验收。

12月23日　内蒙古自治区党委办公厅、宣传部和内蒙古自治区邮政局在呼和浩特市新城宾馆举办《乌兰夫同志诞生一百周年》纪念邮票首发式。

2007年

1月5日　内蒙古自治区邮政管理局决定，设纪检监察室，与综合处合署办公。

1月10日　中国邮政集团公司决定：任命刘晓兵为内蒙古自治区邮政公司总经理（集团任〔2007〕4号）。

1月14日　内蒙古自治区邮政局与自治区地方税务局联合下发《内蒙古自治区地方税务局关于进一步做好开具寄送个人所得税完税证明有关问题的通知》。

1月29日　呼和浩特市出口区内7个盟市局的特快邮件实现了“次晨达”和“次日递”。

2月1日　中国邮政集团公司党组决定：刘晓兵任中共内蒙古自治区邮政公司党组书记。

同日　中国邮政集团公司党组、中国邮政集团公司决定：肖庆宝任中共内蒙古自治区邮政公司党组成员、纪检组组长，内蒙古自治区邮政公司副总经理；张少波任中共内蒙古自治区邮政公司党组成员，内蒙古自治区邮政公司副总经理；凌志任中共内蒙古自治区邮政公司党组成员、工会主席，内蒙古自治区邮政公司副总经理。

2月14日　内蒙古自治区首个邮政直复营销中心在呼和浩特市函件广告局挂牌运行。

2月28日　内蒙古自治区邮政管理局、内蒙古自治区邮政公司共同举行揭牌仪式。国家邮政局副局长徐建洲出席揭牌仪式并讲话，自治区政府副主席余德辉、自治区党委宣传部副部长董树君、自治区政府副秘书长李春光、自治区发改委副主任包满达、自治区通信管理局副局长刘宝钧等出席揭牌仪式。

3月1日　按照内蒙古自治区邮政公司的统一部署，呼和浩特市局6个储蓄网点正式开办小额质押贷款业务。

5月1日　《内蒙古自治区成立60周年》纪念邮票首发仪式在呼和浩特、乌兰浩特举行。

6月7日　国家邮政局批复，同意聘请王德彬等30人为内蒙古自治区邮政管理局特邀监督员。

7月10日　内蒙古自治区邮政公司开发的“草原特色游”包裹获得内蒙古自治区成立60周年大庆标志特许使用权。

7月21日　巴彦淖尔市乌拉特前旗小佘太镇邮政所所长兼乡邮员全二平入选内蒙古自治区首届感动内蒙古人物。

8月13日　中国邮政集团公司党组、中国邮政集团公司决定：廉福臣任中共内蒙古自治区邮政公司党组成员、内蒙古自治区邮政公司副总经理。

8月17—24日　国家邮政局副局长王渝次到呼伦贝尔、鄂尔多斯、包头和巴彦淖尔市邮政局及农牧区服务网点进行调研。

9月8日　内蒙古自治区邮政电子汇兑大集中系统顺利上线。

9月11日　内蒙古自治区邮政管理局决定，成立机要通信处，与普遍服务处为一个机构两块牌子。

10月18日　内蒙古自治区快递协会第一届一次会员大会召开。出席第一届会员大会的会员单位44个，个人会员15名。第一届一次理事会选举刘怀北为会长，孙志安（兼秘书长）、廉福臣为副会长；

聘请王占、哈斯巴根、包俊臣为名誉会长。

10月19日　内蒙古自治区邮政公司举办了全国道德模范全二平先进事迹报告会。

11月4日　内蒙古自治区中邮物流公司与张裕葡萄酿酒股份有限公司正式签订合作协议，标志着区内酒类产品经销商物流成功启动。

11月6日　内蒙古自治区邮政服务中小企业工程启动仪式在呼和浩特新城国宾馆举行。

11月23日　内蒙古自治区邮政储蓄中间业务新系统在全区范围内全面切换上线。

2008年

1月1日　中国建设银行内蒙古分行银企对账单邮政专递业务正式运行。

同日　内蒙古自治区邮政专用车辆养路费获优惠政策。全区各盟市的邮政机要和农村牧区通信专用车辆的养路费，享受全年按照9个月包缴的优惠政策，全区邮政每年可节约费用38万元左右。

1月17日 中国邮政储蓄银行内蒙古分行成立。

2月14日　内蒙古自治区人民政府下发《内蒙古自治区人民政府关于同意免征邮政企业房产税的批复》，同意免征内蒙古自治区邮政公司以及所属单位和各盟市局、旗县邮政局及其所属分支机构2008年用于邮政服务房产的房产税，并要求邮政对免征的税款统一使用。

同日　长篇报告文学《咱们的全二平》由作家出版社出版。

3月14日　内蒙古自治区邮政管理局、国家安全厅就保障“两会”“奥运”期间邮政、快递寄递渠道安全和信息安全等，共同制定了联合安全监管方案。双方组成检查组对呼和浩特市部分邮政、快递企业进行信息安全监管方面的执法检查。对快递公司在快件收寄环节上不执行验视制度的问题，当场提出了限期整改的处理意见。

3月28日　内蒙古自治区12个盟市邮储二级分行全部挂牌成立。

4月1日　内蒙古自治区报刊零售公司与内蒙古移动公司签署合作协议书，内蒙古移动公司将利用全区邮政两百余处报刊亭的充足广告资源优势，发布中国移动2008年新一轮业务宣传广告。

4月2日　内蒙古自治区邮政举办邮政数据库商函服务中小企业发展促进会，共有近百家中小企业代表参会。

4月9日　内蒙古自治区政府副主席赵双连听取自治区邮政管理局的工作汇报，针对汇报中反映的问题，赵双连指示由政府相关部门牵头，组织开展《内蒙古邮政管理办法》的执法检查，把办法中给予邮政企业的政策落到实处，为促进邮政事业又好又快发展提供良好的政策支持和发展环境。

4月16—17日　内蒙古自治区邮政管理局连续2天在内蒙古人民广播电台主办的《行风热线》栏目直播间，对与自治区工商局联合开展的“规范快递服务行为、促进快递行业发展”执法检查活动进行了宣传。自治区邮政管理局新闻发言人张树旺就执法检查的目的和意义、检查中发现的主要问题、解决问题的具体措施以及《快递服务》标准和《邮政业消费者申诉处理办法》的主要内容、快递消费者如何维权等问题回答了主持人的提问。同时，现场答复了呼和浩特、呼伦贝尔和锡林浩特的听众热线电话咨询的相关问题。

4月21日　内蒙古自治区政府副主席赵双连一行到自治区邮政管理局考察指导工作，了解自治区快递企业的规模、邮政储蓄银行改革、邮政服务“三农”的情况。针对邮政企业汇报中反映的邮政业税费减免、邮政设施划拨用地纳入各级城市总体规划等问题，指示要通过落实《内蒙古邮政管理办法》开展执法检查等多种方式逐项予以解决。

4月23日　内蒙古自治区邮政公司与自治区商务厅联合下发《关于利用邮政国际数据库商业信函加快我区招商引资和加强合作的通知》。

4月　内蒙古自治区邮政管理局历时10天，行程近2000公里，对包头、鄂尔多斯、巴彦淖尔、乌海、阿拉善5个盟市的35家邮政、快递企业进行了执法检查，对个别快递企业存在收寄物品不验视的情况，现场提出警告批评、责令改正，并下发5份行政处罚决定书。

同月　内蒙古自治区邮政业消费者申诉中心开始运行，同时开通了“12305”专用申诉电话和申诉网站。

5月8日　内蒙古自治区邮政公司邮政国际邮件24小时通关项目正式启动，内蒙古自治区西部盟市经呼和浩特市出口的国际邮件时限将比以前提前1天左右，并可为大客户提供“无障碍”通关的便利。

5月12日　中国集邮总公司、中粮酒业有限公司以及内蒙古自治区邮政公司、内蒙古集邮协会联合举办“为奥运干杯”大型集邮品首发式。编号为0001号的邮品捐赠给内蒙古博物馆作为永久藏品。

5月16日　内蒙古自治区邮政公司举行向四川地震灾区捐助活动，共收到捐助112380元，其中离退休老同志捐助9800余元。此前，内蒙古自治区邮政公司已向四川地震灾区捐款20万元，内蒙古自治区邮政工会捐款2万元。各盟市局及邮储分行也开展向灾区捐款活动。截至5月21日，自治区邮政部门合计收到捐助共110.6万元。

6月4日　中国共产党内蒙古自治区邮政公司机关第一次代表大会召开，自治区邮政公司机关及直属单位的62名代表参加了会议。

6月6日　呼和浩特至东胜的夜间快速汽车邮路开通。呼和浩特市和鄂尔多斯市之间实现了双频次的干线汽车邮路。

6月10日　14时05分11秒，在呼伦贝尔市鄂伦春族自治旗、莫力达瓦达斡尔族自治旗和阿荣旗交界处发生里氏5.2级地震。地震波及呼伦贝尔市鄂伦春、阿荣、莫力达瓦、根河、额尔古纳、扎兰屯、牙克石、海拉尔8个旗市区。呼伦贝尔邮政各个分局房、围墙、地面供电及供暖线路、生产设备受到不同程度损坏，经济损失约293万元，无职工人员伤亡。地震发生后，中国邮政集团公司总经理刘安东打电话了解灾情并进行慰问，自治区邮政公司总经理刘晓兵指示呼伦贝尔局在第一时间部署防震减灾、恢复生产经营工作。

6月16日　针对快递业务营业税缴纳标准不统一的现状，为了使邮政业的所有从业企业能够同步享受到国家赋予服务业的优惠政策，扶持自治区快递企业又好又快发展，内蒙古自治区邮政管理局积极与自治区地方税务局协调，下发《内蒙古自治区地方税务局关于加强全区快递业务营业税征管工作的通知》。通知中明确规定单位和个人从事快递业务，取得的快递业务收入按“邮电通信业”税目3%的税率申报纳税。

8月5日　“全区财政补贴农牧民资金管理和支付方式改革工作现场会”在赤峰市召开。

8月12日　内蒙古自治区邮政与内蒙古电力联网代收电费项目顺利续签，内蒙古自治区邮政公司全面代收内蒙古电力公司所有类别的客户电费。

8月26日　呼和浩特至广州和呼和浩特至上海航空邮路开通。

9月5日　中国人寿保险股份有限公司内蒙古分公司与内蒙古自治区邮政公司举行“战略合作签字仪式”。

10月　下旬开始，呼伦贝尔市部分地区由于受贝加尔湖强冷空气影响，连续受到强低温天气和暴风雪袭击，给全市邮政通信生产和邮件运输传递造成了严重的影响。呼伦贝尔市邮政局成立“抗冰雪、保安全、保畅通”领导小组，在保证车辆运输安全的前提下，将积压的邮件全部抢运完毕，保证了党报、党刊以及特快邮件的传递速度。

11 月 5—7 日　国家邮政局局长马军胜一行考察赤峰市喀喇沁旗旺业甸邮政支局、锦山大街邮政支局、宝山路邮政支局、昭乌达路邮政支局、松山区碱场邮政支局、赤峰邮政函件广告局直复营销中心以及内蒙古邮政快递物流赤峰分公司营业部，了解基层邮政企业的改革发展情况和邮政普遍服务的落实情况，同基层邮政企业干部职工进行了座谈，并与赤峰当地党委、政府领导就促进邮政行业发展交换意见。

11 月 6 日　内蒙古自治区政府办公厅发文通知，建立由自治区经委、金融办、邮政公司组成的服务中小企业协调联动机制，内蒙古自治区邮政“数据库商函促销工程、速递物流畅通工程、金融保障工程、营销文化提升工程、营销培训工程”五项服务工程全面启动。

11 月 28 日　内蒙古自治区政府副主席赵双连召集自治区发改委、财政厅、国土资源厅等相关单位负责人，听取内蒙古自治区邮政管理局、邮政公司、邮储银行工作汇报，并就如何在新的宏观经济形势下实现内蒙古邮政又好又快发展做出指示。

12 月 9 日　中国邮政代表团和蒙古国邮政代表团，在内蒙古呼和浩特市就中蒙两国开展边境国际包裹业务合作事宜举行会谈。

2009 年

1 月 12 日　通辽—沈阳夜间快速干线汽车邮路开通。

1 月 22 日　内蒙古自治区政府办公厅下发《内蒙古自治区人民政府办公厅关于印发全区 2008 年民生工作总结和 2009 年民生工作安排及任务分解的通知》，将全区农村牧区邮政基础设施建设纳入 2009 年重点实施的“十项民生工程”，投资 5277 万元用于农村邮政牧区投递网点、邮政营业、邮路设施改造和建设，这是内蒙古自治区政府首次将邮政基础设施建设纳入自治区民生工程。

2 月 9 日　内蒙古自治区邮政公司与自治区消协正式签订通过邮政信函形式组织开展“城镇农村消费问卷调查”活动协议。

2 月 26 日　上午，内蒙古自治区邮政公司在呼和浩特市、通辽市、呼伦贝尔市同时举行新闻发布会，推出邮政 EMS 国内特快专递时限承诺服务。自治区交通厅运输管理局、邮政管理局、消费者协会、快递协会应邀出席新闻发布会。

3 月 24 日　内蒙古自治区邮政公司、邮储银行、速递物流公司三方协调领导小组召开首次例会，讨论《关于建立健全邮政公司、邮储银行、速递物流公司三方协调发展机制的指导意见》，建立内蒙古邮政三方协调发展机制。

4 月 1 日　经中国集邮总公司批准，《我与祖国共成长》个性化邮票专题营销活动在内蒙古自治区启动。

4 月 15 日　内蒙古自治区邮政管理局、工商局、消费者协会联合发文，将全区各盟市“12315”消费者申诉举报中心（以下简称盟市“12315”中心），消费者协会受理邮政、快递企业的申诉、投诉以及咨询业务等相关信息，由各盟市“12315”中心或消费者协会直接转交“12305”处理。三方就申诉、投诉的工作处理流程以及相关事宜做了进一步明确。“12305”与“12315”实现信息共享，为维护消费者权益提供便利。

4月28日　内蒙古自治区邮政储蓄系统2.0版本切换上线运行。

5月25日　内蒙古自治区政府下发《关于加快自治区电信和邮政业发展的意见》。明确要加强邮政业发展的领导和协调服务，统筹规划邮政基础设施建设，进一步落实邮政企业税收优惠政策和车辆通行优惠政策，切实解决邮政业发展用地和服务场地问题。

7月7日　内蒙古自治区人民政府新闻办在新城宾馆隆重举行了《草原文化》邮票珍藏册新闻发布会，珍藏册即日起在全区发行。

7月22日　内蒙古自治区人民政府转发自治区发改委、财政厅和邮政管理局等7个厅局出台的《关于推动农村牧区邮政物流发展的意见》。提出加强农村牧区邮政基础设施建设，鼓励发展连锁经营模式；支持邮政企业进入农资市场，给予办理相关经营资质；完善政策扶持和引导机制，提升邮政服务“三农”的能力和水平等3项措施。

7月24日　内蒙古自治区人民政府在赤峰召开了全区农村牧区邮政物流现场会。自治区政府主席助理黄阿拉腾别立格出席会议并讲话。自治区政府办公厅领导、各盟市分管副盟市长，自治区发改委、财政厅、商务厅、农牧业厅、交通厅、邮政管理局负责人，自治区邮政公司、邮政储蓄银行、邮政速递物流公司负责人、各盟市邮政局负责人参加会议。

7月31日　内蒙古自治区邮政公司和自治区邮政储蓄银行举行全区邮政金融业务委托代理协议签订工作布置电视电话会暨签字仪式。自治区邮政公司、邮政储蓄银行领导班子全体成员出席签字仪式。

8月11日　内蒙古自治区邮政管理局下发《内蒙古自治区邮政特邀监督员管理办法》，明确邮政特邀监督员的聘请范围，聘请、续聘、解聘条件和程序，邮政特邀监督员的权利和义务。

8月18日　中国邮政集团公司批准，首家中国集邮专卖店“中国集邮专卖店呼和浩特市锡林北路店”开业。

8月20日　《内蒙古日报》蒙文版全文刊登新修订的《中华人民共和国邮政法》。

9月9日　内蒙古自治区邮政管理局召开“建国60周年邮路安全工作会议”，部署内蒙古自治区邮政业国庆期间的安全保卫工作。

9月11日和9月13日　内蒙古电视台对新《中华人民共和国邮政法》进行宣传报道。内蒙古自治区邮政管理局新闻发言人张树旺接受电视台的专访，就新《中华人民共和国邮政法》中保障邮政普遍服务的制度设计、住宅信报箱建设、快递企业的法律地位和邮件损失赔偿等用户关心的问题进行解答。

9月23日　内蒙古自治区邮政管理局举办全区快递企业负责人培训班，来自全区70家快递企业负责人参加了培训。培训班对《中华人民共和国邮政法》和《快递业务经营许可管理办法》进行了宣贯，并组织了禁毒知识培训。

9月25—26日　内蒙古自治区邮政管理局举办全区邮政企业贯彻实施《邮政法》培训座谈会，自治区邮政公司和各盟市邮政企业负责人参加培训。

10月9日　内蒙古自治区团委、自治区邮政公司、自治区青少年发展基金会和希望工程内蒙古自治区捐助中心在呼和浩特市举行2010年邮政贺卡首发式暨爱心贺卡启动仪式。

10月18日　内蒙古自治区邮政管理局与自治区公安厅联合下发《关于加强邮政快递业治安案件处置工作的通知》，要求对辖区内邮政业报案或公民、法人和其他组织控告、举报的邮政业治安案件，公安机关应当及时受理、及时查处。

10月19日　晚8点，内蒙古自治区邮政11185客户服务中心新系统正式切换上线。

10 月 25 日　内蒙古自治区邮政管理局与工商局联合下发了《关于做好全区快递业务经营许可和工商注册登记有关工作的通知》，建立快递业务经营许可等事项联合执法协作机制。

11 月 4 日　内蒙古自治区邮政管理局下发《关于做好内蒙古自治区邮政行业“十二五”规划编制工作的通知》，成立以张子旗为组长，吴邦柱为副组长，机关各处长为成员的规划编制领导小组和办公室，明确领导小组和办公室的工作职责。

11 月 16—17 日　内蒙古自治区邮政储蓄物理大集中系统上线运行。

11 月 18 日　中国邮政集团公司决定：任命王克俭为内蒙古自治区邮政公司总经理，免去刘晓兵的内蒙古自治区邮政公司总经理职务。

11 月 19 日　即日起，内蒙古自治区邮政管理局开展全区邮政营业网点情况调查。调查历时 5 个月，共涉及邮政营业网点名称、地址、邮编、从业人数、服务面积和人口、营业时间、业务范围、经营方式、设置地点、地形地貌等 21 项内容，受调查网点被标注在地图上，调查数据汇总成表后，以邮政营业网点图册的形式发布。

11 月 21 日　内蒙古自治区部分地区出现中到大雪天气情况，内蒙古自治区邮政管理局向邮政公司和各快递企业下发了《关于做好全区邮政业强降雪冰冻天气防范工作的紧急通知》。自治区邮政管理局实行了 24 小时值班制度，要求各单位降雪冰冻天气防范情况随时报告。

11 月 25 日　国家邮政局批准成立内蒙古自治区邮政行业职业技能鉴定中心。

12 月 17—19 日　内蒙古自治区邮政公司网运信息系统上线。

2010 年

1 月 12 日　内蒙古自治区邮政管理局、公安厅、交通运输厅、住房和城乡建设厅、工商局联合下发《关于保障快递企业运输车辆便捷通行的通知》，对快递专用汽车通过禁行路段运输快件和禁停路段装卸快件作出规定。

1 月 14 日　2010 年全区邮政工作会议在呼和浩特市召开，自治区副主席赵双连、政府副秘书长张院忠出席。

1 月 23 日　内蒙古自治区人民代表大会常务委员会下发《关于印发内蒙古自治区人大常委会 2010 年立法计划的通知》，将《内蒙古自治区邮政条例》列入立法计划。

1 月　内蒙古自治区邮政储蓄银行实现理财业务零的突破。

同月　内蒙古自治区邮政储蓄银行同华夏银行达成 4 亿元资产转让业务合作项目合同。

3 月 6 日　内蒙古自治区政府副主席赵双连要求自治区邮政管理局协同自治区有关部门，对全区邮政局所空白乡镇做出专项规划，之后由自治区政府牵头，协调自治区发改委、财政厅等部门，用 3 年左右时间，逐步完成所有空白乡镇邮政局所补建工作。

3 月 16 日　内蒙古自治区邮政固定 POS 省集中接入系统上线运行。

同日　内蒙古自治区邮政储蓄系统 2.0 版本第二阶段改造工程于当晚切换上线。

3 月 21 日　内蒙古自治区邮政管理局制定上海世博会期间全区邮路安保工作十项措施。

3 月 28 日　内蒙古自治区邮政储蓄银行行长张少波获“内蒙古十大经济人物”称号。

3 月 29 日　内蒙古自治区邮政管理局编制《自治区邮政基础设施空白乡镇邮政局所补建规划》。

4 月 6 日　内蒙古自治区邮政储蓄个人网上银行系统上线运行。

4月13日　中国邮政储蓄银行内蒙古分行被授予“2009年度内蒙古百姓口碑金奖单位”荣誉称号。

4月26日　内蒙古自治区邮政公司与中国平安人寿内蒙古分公司举行账单信函合作项目签约仪式，自治区邮政公司总经理王克俭和平安保险内蒙古分公司总经理廖志坚分别代表双方签署合作协议。

4月27日　在2010年全国劳动模范和先进工作者表彰大会上，巴彦淖尔市局乌拉特前旗小佘太邮政支局乡邮员全二平获得“全国劳动模范”荣誉称号。

4月28日　内蒙古自治区邮政公司举办“迎世博盛会　展集邮风采”大型集邮活动，在包头市、鄂尔多斯市、呼伦贝尔市等10个盟市同时举行了中国集邮专卖连锁店开业庆典仪式并同步运营。

5月18日　内蒙古自治区集邮协会第七次代表大会在呼和浩特市召开。

6月23日　内蒙古自治区邮政电子化支局航空客票销售系统进行升级，顺利完成与中航信分销平台的实时对接。新系统上线后，自治区邮政电子化支局具备了机票业务实时查询、订座、打印行程单以及退改签等操作功能。

7月6日　内蒙古自治区邮政公司与开联信息技术有限公司联合举行邮政“缴费一站通”项目合作签约仪式。

7月11日　根据《中华人民共和国邮政法》和《快递业务经营许可管理办法》规定，经过材料审核、征求意见、网站公示等审批程序，内蒙古自治区邮政管理局向6家符合条件的快递企业颁发了内蒙古自治区首批快递业务经营许可证。

7月22—24日　国家邮政局局长马军胜在参加全国快递企业发展座谈会后，到满洲里市邮政局、满洲里满圆速递有限责任公司调研。

8月5日　呼和浩特邮区中心局环状平刷粗分机顺利上线运行，平刷车间的职工由以往的站立粗分改为可坐在操作台旁分拣。

8月10日—9月3日　内蒙古自治区邮政管理局推进快递业务经营许可工作，在全区设立4个联系点，开展快递企业“一对一”服务指导，快递企业就近提交许可申请材料，经过初审，有25家企业获得许可证。

8月12日　内蒙古自治区发改委批复内蒙古自治区邮政管理局审定的《空白乡镇邮政局所补建可行性研究报告》，第一批116个补建邮政局所计划上报国家发展改革委审批。

8月30日　历时36天的2010年内蒙古自治区邮政通信特有工种职业技能鉴定技能考评工作结束，完成了12个盟市局及呼和浩特邮区中心局、14个工种2400多人的技能考评工作。

9月27日　内蒙古自治区邮政“缴费一站通”EPOS合作项目系统上线。

10月13日　内蒙古自治区邮政储蓄银行获“2009年—2010年银行卡受理市场建设最佳受理环境建设奖”第一名。

10月13—15日　中央电视台《购物街》栏目组到呼和浩特、包头两地，分别为平安、人寿电销、呼和浩特市蒙绒和小尾羊餐饮4家邮政“幸运邮天下”客户举办企业专场选手选拔活动，最终选出50多位选手赴京参加《购物街》节目现场录制。

10月　内蒙古自治区邮政储蓄银行顺利完成内蒙古自治区邮政公司现金管理系统的上线工作。

11月2日　内蒙古自治区经济与信息化委员会与内蒙古自治区邮政公司战略合作签约并启动直邮服务中小企业“双千工程”，内蒙古自治区副主席赵双连和中国邮政集团公司邮政业务局副总经理李永明出席签约和启动仪式。

11月16日　根据内蒙古巴彦淖尔市乌拉特前旗小佘太乡邮政所所长兼乡邮员全二平事迹改编的电

影《全二平的马拉松》在呼和浩特开机。

11月20—27日　锡林郭勒盟出现多次降雪天气，范围广、时间长、强度大，为50年罕见，最低气温达-40℃。锡林郭勒盟邮政局及时启动车辆应急、救援预案和邮件保畅通预案，确保了邮件正常接发和邮运网路的安全畅通。

11月30日　内蒙古自治区邮政储蓄银行成为非税收入收缴业务代理银行。

12月9—15日　内蒙古自治区邮政管理局组织“规范市场秩序，维护用户权益”专项执法检查活动，成立了执法检查活动领导小组，检查快递企业32家，查处违法行为19起，下发整改通知书13份、行政处罚通知书6份，依法取缔6家违法经营快递业务的企业，并在自治区邮政行业通报检查情况。

12月10日　2010年中华全国集邮展览在杭州开幕，内蒙古自治区集邮协会选送的4部邮集分别获得大镀金奖、镀金奖和银奖。

同日　在中华全国集邮联合会六届四次理事会上，增选王克俭为中华全国集邮联合会理事、常务理事。

同日　自治区邮政中间业务平台代收福利彩票款系统正式上线运行。

12月22日　内蒙古自治区党委宣传部、住房和城乡建设厅、公安厅、工商行政管理局、新闻出版局、邮政管理局联合下发《关于加强全区邮政报刊亭建设管理的通知》，支持邮政企业有计划地投资兴建式样美观、服务多样、相对稳定的邮政报刊亭。

12月23日　内蒙古自治区邮政管理局组织召开内蒙古自治区邮政行业“十二五”规划专家评审会。自治区党委政研室、政府调研室、发展改革委、交通运输厅、快递协会，以及邮政公司和部分快递企业的负责人及专家参加评审会。

第一章
机构设置

第一节 体制改革

一、邮电沿革

1991年，邮电系统仍然实行邮电部和省区市政府双重领导、以邮电部为主的管理体制。1993年8月，国家放开经营部分电信业务。向社会放开经营无线寻呼、800兆赫集群电话、450兆赫无线移动通信、国内通信、电话信息服务、计算机信息服务、电子信箱、电子数据交换、可视图文等业务。1993年12月，国务院批准组建中国联合通信有限公司，国内电信市场的局面开始改变，竞争使基本电信服务市场效率得到改进，入网费和资费大幅降低，但电信市场的有效竞争并未形成。为了适应市场经济发展的要求，1994年，邮电部开始进行内部管理体制的改革。3月1日，国务院批准邮电部机构改革方案。1995年4月27日，邮电部电信总局在国家工商行政管理局正式进行了企业法人注册登记，经其核准的名称为中国邮电电信总局（英文名称为Directorate General of Telecommunications, P&T,China），简称“中国电信”（英文简称为CHINA TELECOM）。电信总局成为邮电部单独核算的企业局，统一经营全国电信通信网，负责公用电信业务的经营管理、网路运行维护和发展建设工作，并承担普遍服务的义务。内蒙古邮电管理局电信业务经营开始使用“中国电信”标识。同年10月4日，邮政总局在国家工商行政管理局注册了企业法人营业执照，获得法人资格，企业名称为中国邮电邮政总局，简称“中国邮政”。内蒙古邮电管理局邮政业务经营开始使用“中国邮政”标识。1998年3月，九届全国人大一次会议批准，在邮电部和电子工业部的基础上组建信息产业部。3月10日九届人大一次会议第三次全体会议表决通过《关于国务院机构改革方案的决定》，决定成立国家邮政局，由信息产业部管理。原邮电部职能由信息产业部与国家邮政局承担。至此，内蒙古邮电管理局接受信息产业部、国家邮政局和自治区政府双重领导，以信息产业部、国家邮政局为主的管理体制。

二、寻呼剥离

1998年4月9日，内蒙古邮电管理局根据邮电部《关于印发全国无线寻呼股份制改造实施方案的通知》要求，决定成立全区无线寻呼改制工作机构。领导小组组长孙学博，成员鞠德鸿、王伴锁、杨全贵、郝智荣、王毅荣、苏利平；联合工作组组长鞠德鸿，副组长王伴锁、杨全贵、王毅荣。5月19日，自治区邮电管理局制定下发《中国电信内蒙古无线寻呼改制人员剥离实施意见》《中国电信内蒙古无线寻呼改制财务工作实施意见》《中国电信内蒙古无线寻呼改制业务剥离实施意见》《中国电信内蒙古无线寻呼改制法律法规工作实施意见》。7 月 15 日，自治区邮电管理局确定各局无线寻呼改制剥离人数为 850 人。7 月 17 日，呼和浩特市电信局，各盟市、旗县邮电局开始无线寻呼财务交接工作。8 月 11 日，内蒙古国信寻呼有限责任公司确定需招聘各类管理人员共 10 人。9 月 7 日，自治区邮电管理局下发《各盟市寻呼分公司机构设置、管理人员编制的指导意见》，任命各盟市国信寻呼分公司负责人，并明确待内蒙古国信寻呼有限责任公司注册后，由公司正式任命。同日，自治区邮电管理局印发《寻呼运营工作交接实施意见》，明确无线寻呼运营交接工作由各级无线寻呼改制领导小组负责，各级无线寻呼改制联合工作组组织实施并负责监交。各局建立由财务、计建、电维、电经、档案等部门组成的移交组，寻呼公司建立接收组。9 月 15 日前，各局完成交接工作。11 月 2 日，内蒙古自治区国信寻呼有限责任公司在呼和浩特市新城宾馆举行公司成立记者招待会。11 月 12 日，内蒙古自治区国信寻呼有限责任公司在呼和浩特市新城宾馆举行开业庆典。

三、邮电分营

1998 年 4 月，信息产业部下发信部〔1998〕96 号文件，自治区邮电管理局在组织学习领会文件精神的基础上，于 5 月初成立了邮电分营工作领导小组和工作班子，并召开了全区盟市局长座谈会，对邮电分营中的一些全局性问题进行了研讨。会后，分营工作组赴呼盟、赤峰市进行调查研究，搜集全区邮电分营的基础资料，进行测算，在此基础上草拟了《内蒙古自治区邮电分营实施方案》。6 月初，分营工作组将分营实施方案（草案）提请局长办公会议讨论，会后在进一步核实基础数据并几经修改后提交局党组会通过，并于 7 月初报信息产业部审批。7 月底，信息产业部以信部〔1998〕374 号文批复分营实施方案。7 月下旬自治区邮电管理局选择呼伦贝尔的陈巴尔虎旗和巴彦淖尔的五原县进行分营试点工作。试点工作结束后，自治区邮电管理局召开全区邮电分营工作座谈会，对全区邮电分营工作进行布置。为了保证旗县局的稳定和分营工作质量，自治区邮电管理局组织了 6 个分营工作指导组，由局级领导带队分片负责旗县邮电分营的指导工作。指导组参与分营过程中重大问题的研究解决，审定分营操作预案，审查旗县局领导班子配备方案，督促分营工作的组织实施，保证了旗县邮电分营工作的质量和进度。9 月 23 日，土默特右旗邮政局、电信局挂牌成立；9 月 24—25 日，包头市固阳县、达尔罕茂明安联合旗、石拐矿区、白云鄂博矿区等旗县区邮政局、电信局也陆续挂牌运行。至此，包头市局所辖 5 个旗县区邮电分营工作圆满结束。9 月 30 日，兴安盟各旗县市邮电局分营工作结束。同日成立科尔沁右翼中旗、扎赉特旗、突泉县、阿尔山市邮政局、电信局，并挂牌运行。同日，随着呼伦贝尔扎兰屯市邮政局、电信局正式挂牌成立，全区旗县邮电分营工作顺利结束。9 月 30 日，自治区邮电管理局发出《关于盟市邮电分营工作有关问题的通知》。10 月初开始了盟市局的分营工作。按照制定的邮电分营实施方案，自治区邮电管理局派出 5 个分营工作组会同盟市局共同制定了各盟市的邮电分营预案。10 月 19—21 日，自治区邮电管理局在北京内蒙古邮电宾馆组织召开了各盟市邮电分营预案会审会议，对各局分营预案进行了集中会审，最后经局长办公会议讨论通过。10 月 21 日，自治区邮电管理局分别对包头市、乌海市、赤峰市、呼伦贝尔盟、兴安盟、哲里木盟、乌兰察布盟、锡林郭勒盟、巴彦淖尔盟、伊克昭盟、阿拉善盟邮电分营操作预案批复执行。随后自治区邮电管理局派出 8 个分营小组，赴各盟市局组织分营。10 月底完成盟市局分营工作。分营后设盟市邮政局、电信局各 12 个（含省会局），旗县邮政局、电信局各 81 个。分营后仍然实行盟市局管理旗县局的经营管理体制，即：各盟市邮政局、电信局分别对所辖各旗县（市）邮政局、电信局实行直接管理。

12月3日，自治区邮电管理局向信息产业部上报《内蒙古自治区邮电管理局邮电分营与机构调整实施方案》的请示。12月31日，内蒙古自治区邮政局正式挂牌成立，隶属于信息产业部的国家邮政局。新组建的内蒙古自治区邮政局负责自治区境内邮政网的规划、建设、运行管理与经营服务工作，同时根据国家邮政局的授权行使内蒙古自治区境内的邮政行政管理职能。内蒙古自治区邮电管理局隶属于信息产业部，接受信息产业部电信管理局的业务指导，负责内蒙古自治区境内电信网的建设、运行管理与经营服务工作，并履行行业行政管理职能。

内蒙古自治区邮政局正式挂牌运营，自治区邮政和电信分别纳入国家邮政局和中国电信系统，实行垂直管理，结束了内蒙古自治区邮政、电信部门合一的经营管理体制。从1999年1月1日开始，邮政、电信按新的管理体制运行。

四、政企分开

2005年8月19日，国务院发布《关于印发〈邮政体制改革方案〉的通知》（国发〔2005〕27号），方案明确：（一）重组邮政监管机构。在剥离国家邮政局的企业职能、资产和人员的基础上重组国家邮政局，为国家邮政监管机构。设立省（区、市）邮政管理局，为省（区、市）邮政监管机构，受国家邮政局垂直领导。其主要职能是：贯彻执行国家关于邮政行业管理的法律法规、方针政策和邮政服务标准，监督管理本地区邮政市场，组织协调本地区邮政普遍服务、机要通信等特殊服务的实施。

（二）组建中国邮政集团公司。将国家邮政局的企业职能、经营性资产和人员分离出来，组建中国邮政集团公司。将各省（区、市）邮政局的企业职能、经营性资产和相关人员分离出来，组建中国邮政集团公司的全资子公司或控股公司。

2006年8月24日，国家邮政局印发《关于成立内蒙古自治区邮政管理局的通知》（国邮〔2006〕420号），决定成立内蒙古自治区邮政管理局。自治区邮政管理局为副厅级单位，局领导职数按1正1副配备。核定邮政管理局内设机构为综合处、市场监管处、普遍服务处，内设机构为正处级；核定邮政管理局人员编制为15名。随邮政管理局组建，原邮政局撤销。邮政管理局的主要职责：（一）贯彻执行国家关于邮政业管理的法律法规、方针政策和邮政服务标准。（二）监督管理所在地区邮政市场。（三）组织协调所在地区邮政普遍服务以及机要通信、义务兵通信、党报党刊发行、盲人读物寄递等特殊服务的实施。（四）办理国家邮政局交办的其他事项。

2007年2月28日，内蒙古自治区邮政管理局、内蒙古自治区邮政公司共同举行揭牌仪式。国家邮政局副局长徐建洲和中国邮政集团公司副总经理出席揭牌仪式并讲话，自治区副主席余德辉、自治区党委宣传部副部长董树君、自治区政府副秘书长李春光、自治区发改委副主任包满达、自治区通信管理局副局长刘宝钧等领导出席了揭牌仪式。

五、银行分立

2008 年 1 月 17 日，中国邮政储蓄银行内蒙古自治区分行正式成立。邮储银行内蒙古分行是经中国邮政储蓄银行总行和内蒙古银监局批准成立的一家全功能商业银行。分行承继原内蒙古自治区邮政局和内蒙古自治区邮政公司经营的邮政金融业务，业务上受中国人民银行呼和浩特中心支行、中国银行业监督管理委员会内蒙古监管局的监督和管理，并接受中国邮政集团公司、中国邮政储蓄银行的领导。注册地址：呼和浩特市新城区锡林北路 38 号。内蒙古自治区人民政府副主席郭子明，中国邮政集团公司副总经理张亚非，内蒙古自治区金融工作办公室主任宋亮，中国邮政储蓄银行副行长姚红，中国银行业监督管理委员会内蒙古监管局副局长陈志韬，自治区邮政公司总经理刘晓兵，中国邮政储蓄银行内蒙古自治区分行行长张少波等出席成立庆典仪式。

3 月 28 日，全区 12 个盟市邮储二级分行全部挂牌成立。自治区邮储分行下设 1 个直属支行和 12 个二级（盟市）分行，各盟市分行下辖 20 个一级支行（旗县和区）、377 个二级支行（含一类网点 82 个和二类网点 295 个）和 336 个代理网点。完成了邮政企业和邮储分行的分账核算。

六、速递分立

2008 年 12 月 26 日，内蒙古自治区邮政公司机构编制委员会发布《关于成立内蒙古自治区邮政速递物流公司的通知》（内邮机编〔2008〕1 号）：按照集团公司《关于〈内蒙古邮政速递物流省市县一体化专业经营实施方案〉的批复》（中国邮政〔2008〕582 号），决定成立内蒙古自治区邮政速递物流公司。2009 年 1 月 1 日内蒙古自治区邮政速递物流公司成立，并在呼和浩特、包头、鄂尔多斯、呼伦贝尔、赤峰、通辽以及所属 17 个旗县（市）局开始推行速递物流省市县一体化专业经营改革，完成资产重组、网络重组、人员重组、业务和客户资源重组。2010 年 1 月 1 日，公司实施了分账核算、预算分立，正式开始独立运行；6 月 18 日完成了内蒙古自治区邮政速递物流有限公司的工商注册登记。同年 6 月 29 日，内蒙古自治区邮政速递物流有限公司正式揭牌成立并完成二期注资工作。7 月，全区速递物流专业按新体制运行。对呼市地区的 4 个速递经营生产机构进行了整合，划归呼市速递物流分公司管理。对冷链物流实行专业化经营，成立冷链物流公司。

第二节 邮电管理局

一、内蒙古自治区邮电管理局机关

（一）处室设置

1991 年 1 月 2 日，成立内蒙古自治区邮电管理局法规室，挂靠自治区邮电管理局企业管理处，人员编制暂定 2 名。2 月，成立内蒙古自治区邮电管理局通信行业管理处。3 月 4 日，成立内蒙古自治区长途电话自动交换网路管理中心（科级建制），隶属自治区邮电管理局电信处管理，人员编制暂定 3 人。3 月 5 日，成立内蒙古自治区邮电管理局重点工程办公室。5 月 6 日，成立内蒙古自治区邮电管理局机关离、退休职工管理科，隶属管理局行政处管理，人员编制 3 人。9 月 28 日，成立内蒙古自治区邮电企业管理协会。

1992 年 1 月 27 日，将内蒙古自治区邮电管理局邮电志编纂室改称为内蒙古自治区邮电管理局史志办公室，人员编制 6 人。3 月 30 日，将内蒙古自治区邮电管理局科技情报室更名为内蒙古自治区邮电科技情报中心站，隶自治区邮电属管理局科技工业处管理。5 月 20 日，撤销内蒙古自治区机要通信局，成立内蒙古自治区邮电管理局机要通信处，编制 5 人。7 月 15 日，将自治区邮电管理局原科技工业处改为科学技术处。8 月 19 日，内蒙古自治区人民政府决定：成立内蒙古自治区通信行业管理办公室，并委托邮电管理局代管。8 月 28 日，成立内蒙古自治区科通贸易实业公司。10 月，成立内蒙古自治区邮电管理局长途通信干线工程办公室。12 月 28 日，自治区邮电管理局对机关部分处室进行调整：撤销企业管理处和法规室，成立内蒙古自治区邮电管理局政策法规室；撤销劳动工资处、人事处和老干部处，成立内蒙古自治区邮电管理局劳动人事处；撤销史志办公室，成立内蒙古自治区邮电管理局邮电文史中心。

1993 年 2 月 5 日，成立内蒙古自治区邮电管理局养老保险基金办公室，隶属管理局劳动人事处，编制暂定 4 人。同时，撤销内蒙古邮电企业离退休费用统筹办公室。3 月 11 日，成立内蒙古自治区通信计量检测站。6 月 4 日，成立内蒙古邮电审计事务所，人员编制暂定 3 人，该事务所隶属自治区邮电管理局，业务管理和业务指导机关为自治区审计局。

1994 年 2 月 16 日，内蒙古邮电管理局招待所更名为内蒙古邮电宾馆更名后原建制不变，其人员不列入自治区邮电管理局机关编制。同日，成立呼和浩特市地区邮电治安办公室，治安办公室设在公安处，为科级建制。同日，将内蒙古邮电建筑工程公司隶属内蒙古邮电房地产公司。8 月 26 日，自治区邮电管理局经营计划财务处内设内蒙古邮电企业财务监督检查办公室，该机构为准处级建制，编制配备财会检查人员 3 人。同日，成立内蒙古自治区邮电管理局多种经营处，编制暂定 3 人。9 月 2 日，成立内蒙古邮电报社，该机构为准处级，挂靠自治区邮电管理局办公室，编制暂定 5 人。9 月 5 日，成立内蒙古自治区邮电管理局邮政市场部和内蒙古自治区邮电管理局电信市场部，两部分别挂靠邮政处、电信处，该机构为准处级，电信处增编2人。9月26日，成立内蒙古自治区磁卡电话公司，归自治区邮电管理局电信处管理，同时将原科通贸易实业公司管理的内蒙古自治区电话号簿公司划归电信处管理；以上两公司的机构为一套人马两块牌子。11月28日，合署办公的自治区邮电管理局机关党委、党组办公室，其机构从即日起分设。

1995年1月10日，成立内蒙古自治区邮购广告速递局，准处级建制，编制7人，隶属自治区邮电管理局邮政处领导。同时，成立内蒙古自治区数据移动通信局，准处级建制，编制6人，隶属自治区邮电管理局电信处领导。6月14日，内蒙古邮电房地产公司所属内蒙古邮电建筑工程公司划归自治区邮电管理局行政处管理。11月9日，成立内蒙古自治区邮电资金调度中心，准处级建制，编制5人，隶属自治区邮电管理局经营计划财务处。11月20日，成立内蒙古自治区邮电职工交流服务中心，准处级建制，编制暂定5人，隶属管理局劳动人事处领导。

1996年4月18日，依照“转变职能、理顺关系、精兵简政、提高效率”的原则，自治区邮电管理局调整机关部分机构设置：撤销政策法规室，成立内蒙古自治区邮电管理局政策法规处，邮电企业管理协会机构单列；通信行业管理处更名为内蒙古自治区邮电管理局通信政务处，对外称内蒙古自治区通信行业管理办公室；撤销邮政处，成立内蒙古自治区邮电管理局邮政运营部，邮购广告速递局为挂靠该部的准处级单位；撤销电信处，成立内蒙古自治区邮电管理局电信经营服务部和电信运行维护部，磁卡、号簿公司为挂靠电信经营服务部的科级单位，数据移动通信局为挂靠电信运行维护部的准处级单位；撤销基本建设处，成立内蒙古自治区邮电管理局计划建设处；撤销经营计划财务处，成立内蒙古自治区邮电管理局财务处；撤销劳动人事处，分别成立内蒙古邮电管理局人事处、劳动工资教育处、离退休人员管理处；撤销教育处，成立内蒙古自治区邮电职工培训中心；内蒙古邮电重点工程办公室更名为内蒙古邮电引进工程办公室；成立内蒙古邮电工程建设监理公司，挂靠计划建设处；自治区邮电管理局其他机构设置及职责范围不变。10月21日，成立内蒙古自治区SIM卡管理中心，负责全区SIM卡的组织管理等工作，挂靠电信运行维护部数据移动通信局，编制暂定3人，列企业编制。11月4日，成立内蒙古自治区邮政通信技术中心，挂靠自治区邮电管理局邮政运营部，编制暂定5人，列企业编制，负责全区邮政通信技术发展规划、技术政策、技术标准的拟定和组织实施及邮政通信设备的维护与技术管理等工作。12月18日，根据全国邮电部门新闻宣传工作会议精神，自治区邮电管理局决定：成立内蒙古邮电新闻宣传中心，并将内蒙古邮电报社、《人民邮电报》驻内蒙古记者站合并，该中心为准处级建制，挂靠管理局办公室，人员编制在原两机构核定人数基础上增编3人，列企业编制，实行“一套人马几块牌子”，兼有人民邮电报社、内蒙古日报社、内蒙古广播电台、内蒙古电视台驻内蒙古邮电记者站4家新闻单位职能，中心内部工作人员合理兼职，统一调配。

1997年3月5日，为适应社会保险工作内容不断增加的需要，做好邮电系统各项社会保险工作，管理局决定将“内蒙古自治区邮电企业养老保险基金办公室”更名为内蒙古自治区邮电社会保险办公室，为准处级建制，挂靠自治区邮电管理局劳资教育处，是主管全区邮电养老、失业、医疗、工伤、生育等社会保险制度改革及管理工作的机构，配备管理人员3—5人，人员编制不包括在部核定的管理人员编制内。6月25日，根据邮电部和邮电工会全委会的部署，为使邮电通信系统“树邮电新风，创优质服务”活动作为一项长期的、经常性的工作来抓，形成完整的、有效的管理体系，自治区邮电管理局机构编制委员会决定：成立内蒙古自治区邮电管理局树邮电新风创优质服务办公室，列行政系列，正处级，人员编制4人。“树创”办公室在开展工作时，可在全区邮电部门聘请督察员。6月26日，成立内蒙古自治区邮电通信职业技能鉴定中心，该中心为处级事业单位，人员暂定2—3人，与劳动工资教育处合署办公。该中心的职责是：根据国家和邮电部的有关政策具体承担并组织实施自治区和本部门邮电通信行业特有职业（工种）的职业技能鉴定工作。7月4日，经邮电部批准，成立内蒙古自治区机动通信局，是全国邮电系统第12个成立的机动通信局，准处级建制，设在呼和浩特市电信局，业务上受自治区邮电管理局电信运行维护部领导。它的成立标志着内蒙古机动通信开始步入正规化、现代化的发展阶段。1998年7月18日，内蒙古机动通信局成立。

（二）非常设机构及人员变动

1991年3月27日，对原有23个临时性机构，决定撤销9个，并对保留的14个临时性机构的组成人员进行了调整。内蒙古自治区邮电管理局机构编制委员会主任张春生，副主任鲍晓英，办公室设在劳动工资处。内蒙古自治区邮电管理局专业技术职务评定工作领导小组组长张春生，副组长王文珊，办公室设在人事处。内蒙古自治区邮电管理局保密委员会主任张春生，副主任鲍晓英，办公室设在党组办公室。内蒙古自治区邮电管理局国家安全领导小组组长鲍晓英，办公室设在公安处。内蒙古自治区邮电社会主义劳动竞赛委员会主任孙希强，副主任鲍晓英，办公室设在区邮电工会生产部。内蒙古自治区邮电管理局合理化建议和技术改进工作评审委员会主任张传惠，副主任孙希强，办公室设在科技工业处。内蒙古自治区邮电管理局战备通信工作领导小组组长王文珊，办公室设在电信处。内蒙古自治区邮电志编纂委员会主任张春生，副主任王文珊、达瓦。内蒙古自治区邮电管理局人事调动审批小组组长鲍晓英。内蒙古自治区邮电管理局信访工作组长鲍晓英，副组长孙希强，办事机构设在办公室。内蒙古自治区邮电管理局财务税收物价大检查领导小组组长张传惠，办公室设在经营计划财务处。内蒙古自治区邮电管理局机关精神文明建设领导小组组长肖庆宝，副组长赵珍。内蒙古自治区邮电管理局机关计划生育领导小组组长肖庆宝，副组长陈茂水，办事机构设在办公室。内蒙古自治区邮电管理局机关房屋管理小组组长赵珍。5月6日，成立全区邮电局风建设领导小组，组长张春生，副组长王文珊、鲍晓英、达瓦，办事机构设在办公室。

1993年10月7日，自治区邮电管理局党组对局机关临时性机构的设置作如下决定：撤销原内蒙古自治区邮电管理局专业技术职务评定工作领导小组，其具体工作由劳动人事处负责办理；撤销内蒙古自治区邮电管理局执法检查领导小组，其具体工作由政策法规室负责办理；撤销内蒙古自治区邮电管理局精神文明建设领导小组，其具体工作由全区邮电局风建设办公室负责办理；撤销内蒙古自治区邮电管理局信访工作领导小组，其具体工作由办公室负责办理；同时，成立内蒙古自治区邮电管理局局风建设办公室，主任荣建华，副主任肖庆宝，办事机构设在监察室；成立内蒙古自治区邮电管理局安全生产、劳动鉴定委员会，主任鲍晓英，副主任孙希强，办公室设在劳动人事处。对保留的12个临时性机构的组成人员作如下调整：内蒙古自治区邮电管理局国家安全领导小组组长达瓦，办公室设在公安处。内蒙古自治区邮电管理局保密委员会主任张春生，副主任鲍晓英，办公室设在党组办公室。内蒙古自治区邮电社会主义劳动竞赛委员会主任孙希强，副主任鲍晓英，办公室设在区邮电工会生产部。内蒙古自治区邮电管理局合理化建议和技术改进工作评审委员会主任孙学博，副主任孙希强，办公室设在科技处。内蒙古自治区邮电管理局战备通信领导小组组长鲍晓英，办公室设在电信处。内蒙古自治区邮电志编纂委员会主任张传惠。内蒙古自治区邮电管理局人事调动审批小组组长鲍晓英。内蒙古自治区邮电管理局财务税收物价大检查领导小组组长张传惠，办公室设在经营计划财务处。内蒙古自治区邮电管理局重点工程办公室主任郝智荣。内蒙古自治区邮电管理局抗震救灾领导小组组长孙学博，办公室设在基建处。内蒙古自治区邮电管理局机关计划生育领导小组组长肖庆宝，办事机构设在办公室。内蒙古自治区邮电管理局机关房屋管理小组组长达瓦，办公室设在行政处。11月23日，邮电部同意自治区邮电管理局高级经济（统计、会计）师、高级工程师和高级政工师任职资格评审委员会分别由下列人员组成：高级经济（统计、会计）师任职资格评审委员会主任张传惠，副主任索炳瑞；高级工程师任职资格评审委员会主任孙学博，副主任陈道玲；高级政工师任职资格评审委员会主任孙希强，副主任荣建华。

1994 年 7 月 4 日，成立内蒙古自治区邮电管理局计算机安全管理领导小组，组长孙学博，副组长王可江、凌志。

1996 年 6 月 4 日，成立内蒙古自治区邮电管理局有突出贡献专业技术人员评审委员会，主任委员达瓦，副主任委员孙学博。11 月 20 日，内蒙古自治区邮电志编纂委员会更名为内蒙古自治区邮电志、内蒙古自治区邮电年鉴编辑委员会，成员 12 人，主任张传惠，文史中心主任张树旺兼主编。

1997 年 4 月 15 日，中共内蒙古自治区邮电管理局保密委员会成员进行调整，主任张春生，副主任孙学博。6 月 9 日，内蒙古自治区邮电管理局国家安全小组进行调整，组长张春生，副组长孙学博、苏和，国家安全小组设在公安处。6 月 17 日，内蒙古自治区邮电治安综合治理领导小组组成人员进行调整，组长苏和，副组长肖庆宝，领导小组办公室设在公安处。

1991 年内蒙古自治区邮电管理局党政机构人员编制表

表 1-1　　**单位：人**

单位	编制人数	其中		备　注
		机关编制	企业编制	
局领导	6	6		党组书记、局长、副局长、总经济师等
办公室	22	14	8	机关编制含翻译科 2 人，企业编制：档案馆 7 人，记者站 1 人
邮政处	23	23		邮运总调度室，无着邮件管理，邮政视察室编制
电信处	27	21	6	机关编制含电信值班室 5 人，企业编制：电话号簿公司 3 人，电信网路管理中心 3 人
通信行业管理处	3	3		
企业管理处	8	6	2	企业编制系企业管理协会编制
经营、计划、财务处	29	20	9	企业编制：规划室 4 人，计算机室 5 人
审计处	8	8		
监察室	5	5		
人事处	7	7		
劳动工资处	9	9		含离退休统筹编制
教育处	6	6		
科技工业处	15	4	11	企业编制：计量站 7 人，科技情报室 4 人
基本建设处	12	9	3	企业编制：通信工程质量监督站 3 人
老干部处	3	3		
行政处	101	9	92	机关编制含离、退休管理科 1 人。企业编制：机关劳动服务公司 1 人，招待所 48 人，幼儿园 43 人
纪律检查组	3	3		
党组办公室	4	4		
机关党委	7	7		暂编 7 人
公安处	7		7	

续表 1-1

单位	编制人数	其中		备　注
		机关编制	企业编制	
史志办公室	6		6	
通信学会	2		2	
服务人员	28	28		含外收发 1 人，武装部值班人员 1 人，离退休管理科 2 人，车队、医务室、技工、传达等
区邮电工会	18		18	含体协编制
合　计	313	167	146	邮电部邮部编〔1991〕11 号通知，核批管理局机关人员编制 170 人

1998 年内蒙古自治区邮电管理局党政机构人员编制表

表 1-2　　单位：人

机构名称	编制人数	其中		备　注
		机关编制	企业编制	
局领导	6	6		
办公室	22	15	7	翻译科 2 人，邮电报社 6 人，记者站 1 人
政策法规处	4	4		
通信政务处	7	7		对外称：内蒙古自治区通信行业管理办公室
邮政运营部	21	15	6	邮政视察室 6 人，邮运总调度室 4 人，市场部 6 人
邮购广告速递局	18		18	挂靠邮政运营部
电信经营服务部	8	8		
磁卡、号簿公司	7		7	挂靠电信经营服务部
电信运行维护部	19	11	8	网管中心 8 人，战备办公室 1 人
数据移动通信局	6		6	挂靠电信运行维护部
计划建设处	29	16	13	质监站，引进工程办，干线工程办，工程建设监理公司
财务处	26	17	9	资金调度中心 5 人，财务监督检查办 3 人
人事处	7	7		
劳动工资教育处	18	13	5	区邮电社会保险办公室 3 人，职工交流中心 3 人，职业技能鉴定中心 2 人
离退休人员管理处	7	3	4	机关离退休职工管理科
科学技术处	13	3	10	计量站 7 人，情报中心站 3 人
多种经营处	4	4		
审计处	8	8		
纪检组、监察室	8	8		
党组办公室	3	3		
机关党委	4	4		团委 1 人
区邮电工会	18	17	1	主席 1 人、副主席 1 人、办公室 5 人、经济工作部 3 人、组宣部 3 人、女工生活部 2 人、直属部 2 人、体协 1 人为企业编制
“树创”办公室	4	4		
公安处	10		10	治安办公室，武装部

续表 1-2

机构名称	编制人数	其中		备　注
		机关编制	企业编制	
文史中心	11		11	档案馆 6 人
邮电职工培训中心	4		4	
行政处	35		35	管理人员 11 人，服务人员 24 人
附设机构	101		101	宾馆 17 人，幼儿园 44 人，科通公司 17 人，建筑工程公司 23 人
农话局	10		10	
附设机构	9		9	地方通信技术开发公司 9 人
通信学会	6		6	通信科技编辑部 3 人
企业管理协会	3		3	
集邮协会	3		3	
审计事务所	5		5	
远通贸易公司	4		4	
合计	468	173	295	企业编制中含多种经营从业人员 75 人

二、直属单位

1991 年，自治区邮电管理局的直属单位有：内蒙古自治区党政专用电信局、内蒙古邮电学校、内蒙古邮电职工中等专业学校、内蒙古自治区农村电话局、内蒙古自治区长途电信线务局、内蒙古邮电勘察规划设计院、内蒙古邮电器材公司、内蒙古邮电工业公司、内蒙古通信设备厂、内蒙古邮电机械厂、内蒙古通信建设工程局、内蒙古邮电房地产公司、内蒙古远通贸易有限公司、内蒙古天马通信设备有限公司、中国电信内蒙古长城移动通信有限公司、北京内蒙古邮电宾馆、内蒙古自治区邮电技术服务中心、电话号簿公司、科通贸易公司、内蒙古储汇发行局、内蒙古集邮公司、内蒙古邮购速递局、内蒙古邮政广告总公司、内蒙古自治区邮政运输局、内蒙古邮电技工学校、内蒙古邮电宾馆、内蒙古邮电印刷厂、呼和浩特邮电医院。

1991 年 12 月 25 日，内蒙古邮电印刷厂由科级建制改为准处级建制。

1992 年，内蒙古自治区邮票公司名称变更为内蒙古自治区集邮公司，既是直属单位，又是对全区集邮业务实行专业化管理的职能部门。负责全区集邮业务的专业化经营组织工作，负责全区邮资票品的保管、供应和发放工作。

1995 年 1 月 10 日　成立内蒙古自治区邮政运输局，准处级建制。1998 年 1 月 23 日，成立呼和浩特邮区中心局，准处级建制，挂靠呼和浩特市邮政局。呼和浩特邮区中心局由原内蒙古邮政运输局和呼和浩特市邮政局部分生产科室组成。为了保持原内蒙古自治区邮政运输局建立起来的业务关系和今后对外经营工作的需要，保留内蒙古自治区邮政运输局的机构名称，实行两个机构、一套人马。在财务核算上隶属于呼和浩特市邮政局。

1995 年初，成立内蒙古邮购广告速递局，准处级建制，编制 7 人，隶属内蒙古自治区邮电管理局邮政处领导。负责全区邮购、信函广告、特快专递等邮政业务的专业化经营管理工作。1996 年 7 月单独设立机构，成立内蒙古邮政广告有限责任公司。内蒙古邮购广告速递局的名称随即改为内蒙古邮购速递局，内设邮购、速递部。1997 年 2 月 28 日，自治区邮电管理局机构编制委员会决定，因职能的转移，内蒙古邮购广告速递局更名为内蒙古邮购速递局。

1997 年 1 月 2 日，成立内蒙古邮政广告总公司，对全区邮政广告业务实行集团式专业化经营。各盟市邮电局也相应成立盟市邮政广告分公司。内蒙古邮政广告总公司与盟市邮政广告分公司为具有法人资格的邮电通信企业，分别为自治区邮电管理局与各盟市邮电局的直属单位，执行邮电通信企业财务会计制度。6 月 25 日，成立内蒙古邮政广告经营集团，集团成员单位由各盟市邮政广告公司、内蒙古邮政广告有限责任公司组成。集团为松散型集团化经营组织，日常管理挂靠内蒙古邮政广告有限责任公司。集团实行董事会领导下的总经理负责制。董事长由自治区邮电管理局邮政运营部主任兼任；副董事长由呼和浩特市邮政局副局长、内蒙古邮政广告有限责任公司经理兼任；总经理由内蒙古邮政广告有限责任公司经理兼任；集团日常管理、经营范围、广告发布运作、媒体资源开发建设、广告策划、设计、制作、财务结算及利益分配等具体事项，按照集团化经营章程和利益分配方案有关管理办法执行。集团常设机构设在内蒙古邮政广告有限责任公司。其主要职责是：按照自治区邮电管理局制定的工作计划及目标，负责组织、协调全区邮政广告业务的经营及联网媒体运作，数据库交换和新业务及市场开发工作，负责跨省区广告业务的联络、财务结算等工作。

1999 年 1 月 1 日邮电分营，划归内蒙古邮政局的直属单位有：内蒙古储汇发行局、内蒙古集邮公司、内蒙古邮购速递局、内蒙古邮政广告总公司、内蒙古自治区邮政运输局、内蒙古邮电技工学校、内蒙古邮电印刷厂。 由自治区邮电管理局和自治区邮政局共同管理的单位有：呼和浩特邮电医院。

三、盟市旗县邮电局

1991 年 1 月 2 日，将丰镇县邮电局改设为丰镇市邮电局。改设后，原建制、人员编制不变。

1992 年 6 月 12 日，内蒙古自治区邮电管理局机构编制委员会批复呼和浩特市邮政局：同意成立呼和浩特机要通信局（科级建制）。12 月 4 日，内蒙古自治区经济委员会批复同意成立内蒙古鸿运邮购广告公司，隶属呼和浩特市邮政局管理。12 月 28 日，成立薛家湾矿区邮电局，为科级建制，隶属伊克昭盟邮电局管理。

1993 年 10 月 8 日，将呼和浩特市邮政局管辖的土左旗、托县邮电局整建制划归呼和浩特市电信局管理。同时，撤销呼和浩特市郊区邮电局，所辖农村电话部分划归呼和浩特市电信局管理。12 月 11 日，成立呼和浩特市邮政局郊区邮电分局。

1994 年 2 月 16 日，将锡林浩特市邮电局升格为准处级建制。11 月 14 日，撤销额尔古纳左旗邮电局，设立根河市邮电局，撤销额尔古纳右旗邮电局，设立额尔古纳市邮电局。原 2 局改设后，建制和内部机构不变。

1995 年 1 月 10 日，成立内蒙古自治区邮政运输局（准处级建制），挂靠呼和浩特市邮政局。5 月 23 日，将原乌兰察布盟邮电局所属和林格尔县邮电局自 6 月 1 日起，成建制划归呼和浩特市电信局。12 月 29 日，将乌兰察布盟邮电局所属清水河县邮电局自 1996 年 1 月 1 日起，成建制划归呼和浩特市电信局。

1996 年 1 月 1 日，自治区邮电管理局决定将乌兰察布盟邮电局所属武川县邮电局成建制划归呼市电信局，将包头市达尔罕茂明安联合旗邮电局成建制划归包头市邮电局；原县、旗邮电局机构名称、建制、经济核算方式不变；2局的固定资产、财会账务、债权债务、人事、劳动工资的移交事宜由自治区邮电管理局劳动人事处、计财处、审计处协同交接双方按有关政策规定办理；双方交接工作于3月15日前进行完毕。1月15日，自治区邮电管理局决定：盟市邮电局机构分设的单位，实行盟邮电局和盟所在地市邮电局合并的体制，盟市邮电局合并后局名定为“内蒙古自治区××××盟邮电局”。呼伦贝尔盟邮电局和海拉尔邮电局合并为呼伦贝尔盟邮电局，锡林郭勒盟邮电局和锡林浩特市邮电局合并为锡林郭勒盟邮电局，乌兰察布盟邮电局和集宁市邮电局合并为乌兰察布盟邮电局，该项工作于2月19日前结束。7月12日，兴安盟邮电局将内蒙古农村电话局乌兰浩特电杆厂更名为内蒙古兴安盟邮电电杆厂。

1997年5月13日，自治区邮电管理局机构编制委员会报经邮电部编制委员会审批同意，设立内蒙古自治区阿尔山市邮电局（县级局）。6月18日，兴安盟阿尔山市邮电局成立大会暨挂牌揭匾仪式在原阿尔山邮电支局举行。中共阿尔山市委、兴安盟邮电局领导及各界人士200多人参加了成立挂牌仪式。根据乌海市人民政府办公室乌海政办发〔1997〕18号文件《乌海市人民政府办公室关于乌海市与伊克昭盟行政区域界线划定后接收工作的通知》的精神，伊克昭盟鄂托克旗巴音陶亥乡整建制划归由乌海市海南区接收。自治区邮电经管理局研究决定，6月12日以内邮机编字〔1997〕9号文件印发《关于鄂托克旗巴音陶亥乡邮电支局整建制划归乌海市邮电局管理的通知》，并以1997年5月31日在册人数和现有资产存量，协商办理交接事宜。1997年5月底前的业务收入归伊克昭盟邮电局所有，成本费用由伊克昭盟邮电局承担。7月3日，伊克昭盟邮电局与乌海市邮电局办理了交接手续。

1998年8月1日起，遵照邮电部《关于在呼和浩特设立国际邮件互换局兼交换站的通知》要求，呼和浩特开始履行国际邮件互换局兼交换站的职能，同时建立与蒙古国乌兰巴托互相封发水陆路函件、包裹、邮件总包及航空函件、包裹和特快专递邮件总包关系。呼和浩特市国际邮件互换局兼交换站与呼和浩特市速递局是一个机构，两块牌子，一班人马。局内有员工65人，分4个班组，即国贸大厦营业班组、揽投班组、分拣封发班组、直递业务班组，共有管理人员5名，即局长、综合员、统计、业务员、报关员兼业务员各1名。

1998年9月4日，自治区邮电管理局向信息产业部上报撤销盟市、旗县邮电局及设立盟市、旗县邮政局、电信局的意见：鉴于元宝山区政府及所属部门已迁往平庄镇，所以，分营后拟设立元宝山区邮政局和电信局，不再设立平庄矿区邮政局和电信局。撤销呼和浩特市郊区、包头市郊区、包头市青山区、包头市东河区、乌海市乌达区、乌海市海南区、赤峰市松山区邮电局后，不再设立邮政和电信机构。

1998年内蒙古自治区邮电管理局撤销所属盟市、旗县邮电局及设立邮政局、电信局明细表

表1-3

撤销机构	设立机构一	设立机构二
呼和浩特市郊区邮电局		
土默特左旗邮电局	土默特左旗邮政局	土默特左旗电信局
托克托县邮电局	托克托县邮政局	托克托县电信局
和林格尔县邮电局	和林格尔县邮政局	和林格尔县电信局
清水河县邮电局	清水河县邮政局	清水河县电信局
武川县邮电局	武川县邮政局	武川县电信局
包头市邮电局	包头市邮政局	包头市电信局

续表 1-3

撤销机构	设立机构一	设立机构二
包头市青山区邮电局		
包头市东河区邮电局		
包头市郊区邮电局		
包头市石拐矿区邮电局	包头市石拐矿区邮政局	包头市石拐矿区电信局
包头市白云鄂博矿区邮电局	包头市白云鄂博矿区邮政局	包头市白云鄂博矿区电信局
土默特右旗邮电局	土默特右旗邮政局	土默特右旗电信局
达尔罕茂明安联合旗邮电局	达尔罕茂明安联合旗邮政局	达尔罕茂明安联合旗电信局
固阳县邮电局	固阳县邮政局	固阳县电信局
乌海市邮电局	乌海市邮政局	乌海市电信局
乌海市乌达区邮电局		
乌海市海南区邮电局		
赤峰市邮电局	赤峰市邮政局	赤峰市电信局
赤峰市元宝山区邮电局	赤峰市元宝山区邮政局	赤峰市元宝山区电信局
赤峰市松山区邮电局		
赤峰市平庄矿区邮电局		
巴林左旗邮电局	巴林左旗邮政局	巴林左旗电信局
巴林右旗邮电局	巴林右旗邮政局	巴林右旗电信局
敖汉旗邮电局	敖汉旗邮政局	敖汉旗电信局
克什克腾旗邮电局	克什克腾旗邮政局	克什克腾旗电信局
翁牛特旗邮电局	翁牛特旗邮政局	翁牛特旗电信局
阿鲁科尔沁旗邮电局	阿鲁科尔沁旗邮政局	阿鲁科尔沁旗电信局
喀喇沁旗邮电局	喀喇沁旗邮政局	喀喇沁旗电信局
宁城县邮电局	宁城县邮政局	宁城县电信局
林西县邮电局	林西县邮政局	林西县电信局
呼伦贝尔盟邮电局	呼伦贝尔盟邮政局	呼伦贝尔盟电信局
满洲里市邮电局	满洲里市邮政局	满洲里市电信局
扎兰屯市邮电局	扎兰屯市邮政局	扎兰屯市电信局
牙克石市邮电局	牙克石市邮政局	牙克石市电信局
阿荣旗邮电局	阿荣旗邮政局	阿荣旗电信局
莫力达瓦达斡尔族自治旗邮电局	莫力达瓦达斡尔族自治旗邮政局	莫力达瓦达斡尔族自治旗电信局
额尔古纳市邮电局	额尔古纳市邮政局	额尔古纳市电信局
根河市邮电局	根河市邮政局	根河市电信局
鄂伦春族自治旗邮电局	鄂伦春族自治旗邮政局	鄂伦春族自治旗电信局
鄂温克族自治旗邮电局	鄂温克族自治旗邮政局	鄂温克族自治旗电信局
新巴尔虎右旗邮电局	新巴尔虎右旗邮政局	新巴尔虎右旗电信局
新巴尔虎左旗邮电局	新巴尔虎左旗邮政局	新巴尔虎左旗电信局
陈巴尔虎旗邮电局	陈巴尔虎旗邮政局	陈巴尔虎旗电信局
伊敏河邮电局	伊敏河邮政局	伊敏河电信局
兴安盟邮电局	兴安盟邮政局	兴安盟电信局
科尔沁右翼中旗邮电局	科尔沁右翼中旗邮政局	科尔沁右翼中旗电信局
扎赉特旗邮电局	扎赉特旗邮政局	扎赉特旗电信局
突泉县邮电局	突泉县邮政局	突泉县电信局

续表 1-3

撤销机构	设立机构一	设立机构二
阿尔山市邮电局	阿尔山市邮政局	阿尔山市电信局
哲里木盟邮电局	哲里木盟邮政局	哲里木盟电信局
科尔沁左翼中旗邮电局	科尔沁左翼中旗邮政局	科尔沁左翼中旗电信局
扎鲁特旗邮电局	扎鲁特旗邮政局	扎鲁特旗电信局
科尔沁左翼后旗邮电局	科尔沁左翼后旗邮政局	科尔沁左翼后旗电信局
库伦旗邮电局	库伦旗邮政局	库伦旗电信局
奈曼旗邮电局	奈曼旗邮政局	奈曼旗电信局
霍林郭勒市邮电局	霍林郭勒市邮政局	霍林郭勒市电信局
开鲁县邮电局	开鲁县邮政局	开鲁县电信局
锡林郭勒盟邮电局	锡林郭勒盟邮政局	锡林郭勒盟电信局
二连浩特市邮电局	二连浩特市邮政局	二连浩特市电信局
苏尼特左旗邮电局	苏尼特左旗邮政局	苏尼特左旗电信局
苏尼特右旗邮电局	苏尼特右旗邮政局	苏尼特右旗电信局
西乌珠穆沁旗邮电局	西乌珠穆沁旗邮政局	西乌珠穆沁旗电信局
正镶白旗邮电局	正镶白旗邮政局	正镶白旗电信局
太仆寺旗邮电局	太仆寺旗邮政局	太仆寺旗电信局
阿巴嘎旗邮电局	阿巴嘎旗邮政局	阿巴嘎旗电信局
东乌珠穆沁旗邮电局	东乌珠穆沁旗邮政局	东乌珠穆沁旗电信局
镶黄旗邮电局	镶黄旗邮政局	镶黄旗电信局
正蓝旗邮电局	正蓝旗邮政局	正蓝旗电信局
多伦县邮电局	多伦县邮政局	多伦县电信局
乌兰察布盟邮电局	乌兰察布盟邮政局	乌兰察布盟电信局
丰镇市邮电局	丰镇市邮政局	丰镇市电信局
四子王旗邮电局	四子王旗邮政局	四子王旗电信局
察哈尔右翼中旗邮电局	察哈尔右翼中旗邮政局	察哈尔右翼中旗电信局
察哈尔右翼后旗邮电局	察哈尔右翼后旗邮政局	察哈尔右翼后旗电信局
察哈尔右翼前旗邮电局	察哈尔右翼前旗邮政局	察哈尔右翼前旗电信局
凉城县邮电局	凉城县邮政局	凉城县电信局
商都县邮电局	商都县邮政局	商都县电信局
兴和县邮电局	兴和县邮政局	兴和县电信局
卓资县邮电局	卓资县邮政局	卓资县电信局
化德县邮电局	化德县邮政局	化德县电信局
伊克昭盟邮电局	伊克昭盟邮政局	伊克昭盟电信局
鄂托克旗邮电局	鄂托克旗邮政局	鄂托克旗电信局
达拉特旗邮电局	达拉特旗邮政局	达拉特旗电信局
准格尔旗邮电局	准格尔旗邮政局	准格尔旗电信局
乌审旗邮电局	乌审旗邮政局	乌审旗电信局
杭锦旗邮电局	杭锦旗邮政局	杭锦旗电信局
伊金霍洛旗邮电局	伊金霍洛旗邮政局	伊金霍洛旗电信局
鄂托克前旗邮电局	鄂托克前旗邮政局	鄂托克前旗电信局
薛家湾矿区邮电局	薛家湾矿区邮政局	薛家湾矿区电信局
巴彦淖尔盟邮电局	巴彦淖尔盟邮政局	巴彦淖尔盟电信局

续表 1-3

撤销机构	设立机构一	设立机构二
乌拉特前旗邮电局	乌拉特前旗邮政局	乌拉特前旗电信局
乌拉特中旗邮电局	乌拉特中旗邮政局	乌拉特中旗电信局
乌拉特后旗邮电局	乌拉特后旗邮政局	乌拉特后旗电信局
杭锦后旗邮电局	杭锦后旗邮政局	杭锦后旗电信局
五原县邮电局	五原县邮政局	五原县电信局
磴口县邮电局	磴口县邮政局	磴口县电信局
阿拉善盟邮电局	阿拉善盟邮政局	阿拉善盟电信局
阿拉善右旗邮电局	阿拉善右旗邮政局	阿拉善右旗电信局
额济纳旗邮电局	额济纳旗邮政局	额济纳旗电信局

1998 年 10 月 7 日，自治区邮电管理局通知：被撤销建制的区邮电局（含包头市昆区邮电局、兴安盟科右前旗邮电办公室、哲盟通辽市农村邮电局），在分营中纳入盟市局现业统一划分，在计算盟市局划分比例时将上述单位的人财物并入盟市局合并计算，并以此作为划分的比例依据。

四、邮电局所

1991 年增加的邮电支局所有：呼和浩特市邮政局所属呼哈路邮政所、小南街邮电支局、昭君大酒店邮电所；呼伦贝尔盟邮电局所属阿乌泥林场邮政代办所、卧罗河邮政代办所；巴彦淖尔盟邮电局所属沙金套海邮政代办所。撤销的支局所有：伊克昭盟邮电局所属渡口邮电所、马家塔代办所；呼和浩特市邮政局所属大召邮电支局。支局所名称变动的有：伊克昭盟邮电局所属上湾邮政代办所改邮电所。

1992 年增加的邮电支局所有：包头邮电局所属三间房邮政代办所、桥北镇邮电支局；赤峰邮电局所属：东沙布台邮政代办所、上瓦电信代办所、察布嘎图邮政代办所；哲里木盟邮电局所属太平山邮政代办所、罕山乡邮政代办所；巴彦淖尔盟邮电局所属小关井邮政代办所。撤销的支局所有：呼和浩特市电信局所属小南街电信支局；呼和浩特市邮政局所属昭君大酒店邮电所、百什户邮电所；包头邮电局所属黑脑包邮电所。

1993 年增加的邮电支局所有：呼和浩特市邮政局所属内蒙古工学院邮政所、内蒙古医学院邮政所、牛滩乡农村邮电所、塔布赛农村邮电代办所；呼伦贝尔盟邮电局所属：西大街邮电支局；哲里木盟邮电局所属胜利路邮电支局、双宝农村邮政代办所；赤峰邮电局所属同兴市场邮电代办所、红庙子农村邮电代办所；乌兰察布盟邮电局所属文化小区城市邮电支局；伊克昭盟邮电局所属西园新村城市邮电所、商城城市邮电所、乌兰木伦农村邮政代办所；巴彦淖尔盟邮电局所属：乌梁素太农村邮电代办所、宏丰农村邮电代办所、红旗邮政代办所、南渠邮政代办所、红星邮政代办所；阿拉善盟邮电局所属雅布赖城市邮电所。支局所名称变动的有：呼和浩特市邮政局所属铁帽农村邮政所改代办；呼伦贝尔盟邮电局所属齐奇岭农村邮政所改代办、索图罕农村邮电所改代办、上护林农村邮电所改代办、太平农村邮电所改代办；哲里木盟邮电局所属北兴邮电所改代办、三棵树邮电所改代办、巴彦茫哈农村邮电所改代办、红庙子由城市邮电支局改为农村邮电支局；赤峰邮电局所属大城子农村邮电支局改为邮电所、四龙农村邮电所改为邮政所、木头营子农村邮电代办所改为自办邮电所、朝格温都农村邮电所改为代办所、玉田皋农村邮电所改代办所；锡林郭勒盟邮电局所属巴彦锡勒牧场农村邮政所改代办、巴彦呼热农村邮政所改代办；乌兰察布盟邮电局所属章毛勿素农村邮电所改代办、八股地农村邮电所改代办、“三瑞里”农村邮电所改电信代办所、礼拜寺农村邮电所改代办、曹克文都农村邮政所改代办、刘家窑农村邮电所改代办、六苏木农村邮政代办所改自办；伊克昭盟邮电局所属王爱召农村邮电所改代办、马场壕农村邮电所改代办、呼斯梁农村邮电所改代办、稽亥图农村邮电所改代办、图古日格农村邮电所改代办、巴音恩格尔农村邮电所改代办、浩绕柴达木农村邮电所改代办、巴音布拉格农村邮电所改代办、巴彦柴达木农村邮电所改代办、呼吉尔特农村邮电所改代办、卡拉库尔羊场农村邮电所改代办、苏米图农村邮电所改代办；巴彦淖尔盟邮电局所属：建丰农村邮电所改代办、渡口农村邮电所改代办、沙德格农村邮电所改代办、部北农村邮电所改代办、中滩农村邮政所改代办、石敖包农村邮政所改代办、太阳庙农村邮政所改代办、查干农村邮电所改代办。12 月 8 日，全区首家呼和浩特市新城邮电支局全功能电子化邮电支局开业。

1995 年增加的邮电支局所有：呼和浩特市邮政局所属林业中专代办所、乌兰小区邮电支局、锡林南路邮电代办所、动力小区邮电支局、财经学院邮电代办所、飞机场邮电代办所、内蒙古大学东路邮电支局；包头邮电局所属西北门邮电所、矿机小区邮电所、毛其赖邮电所、西巴彦邮政所、机械工业学院邮政代办所、包钢厂区邮电代办所、繁荣路邮电代办所；乌海市邮电局所属鄂尔多斯东街邮电所、新兴商城邮电所、海勃湾电厂邮电所；呼伦贝尔盟邮电局所属合作区邮电支局、学府邮电支局、工森路邮电支局、光明邮电代办所、河西邮电代办所、市场邮电代办所、敖依木沟邮电所、石桥子邮电所；赤峰邮电局所属迎宾桥邮电支局、哈达街邮电支局、三宝山邮电所、新中街邮电所、铁西邮电支局、八里罕邮电二支局、桥东邮电支局、岗台邮电代办所、平安地邮电代办所、南桥邮电代办所、铁路所邮电所、四方城邮电所、三山邮电代办所；哲里木盟邮电局所属鸿雁邮电代办所、保康西郊邮电支局、茂道邮政代办所；乌兰察布盟邮电局所属东街邮电支局、西街邮电局支局、峰山路邮电支局、白海子邮电支局、温泉邮电支局、红召邮电支局；兴安盟邮电局所属都林邮电分局、新桥邮电支局、山城邮电支局；巴彦淖尔盟邮电局所属北环邮电支局、市场邮电支局；锡林郭勒盟邮电局所属黄羊街邮电所、恩和宝力勒邮电所、沙春邮电所、乌尼特邮电代办所、新浩特邮电所；伊克昭盟邮电局所属师范邮政代办所、巴彦淖尔化工厂邮政代办所。撤销的局所有：呼和浩特市邮政局所属呼和浩特市管理干部学院邮政代办所、农牧学院邮政代办所、文化宫街邮政代办所、昭乌达路邮电代办所、什拉门更邮电所、兴安北路邮政代办所、巴彦路邮政代办所、新华街邮政代办所；包头市邮电局所属：干校邮政代办所；乌海市邮电局所属凤凰岭邮政代办所、公园南路邮政代办所、海拉路邮政代办所、皇冠路邮政代办所、住宅路邮政代办所；兴安盟邮电局所属溪柳邮电所；巴彦淖尔盟邮电局所属向阳邮电代办所、兴隆市场邮电所；伊克昭盟邮电局所属二道川邮电代办所。支局所名称变动的有：呼和浩特市邮政局所属广播电视厅代办改自办；呼伦贝尔盟邮电局所属古里邮政所改代办、库布春邮政所改代办、宜里邮政代办所改自办、乌尔科电信代办所改自办；赤峰邮电局所属浩来呼热电信代办所改自办、宇宙地电信代办所改自办；乌兰察布盟邮电局所属红召邮政所改代办、保安邮政所改代办、大榆树邮政所改代办、印堂子邮政所改代办；兴安盟邮电局所属：呼和马场邮政所改代办、索伦马场邮政所改代办、图牧吉牧场邮政所改代办；锡林郭勒盟邮电局所属乌兰淖电信代办所改邮电代办所、宝音图敖包电信代办所改邮电代办所、松根乌拉电信代办所改邮电代办所、巴彦锡勒牧场邮政所改邮电所。年底，全区建立电子化支局所 163 个，电子化支局所全部采用微机管理，可办理信函、储蓄、汇兑、电信等所有邮电业务。

1996 年新增邮电支局所有：呼和浩特市邮政局所属县府街邮电支局、呼伦南路邮电支局、中专路邮电支局、经贸外语学院邮电代办所；包头市邮电局所属：张家营子邮电支局、光彩街邮电所、站南邮电支局、工业路邮电支局、卜塔亥邮电代办所、下湿壕邮电代办所、兴顺西邮电代办所、白灵淖邮电代办所、大庙邮电代办所；呼伦贝尔盟邮电局所属新开路邮电支局、石桥西街邮电支局、河北邮电代办所、纳文西大街邮电支局；哲里木盟邮电局所属阿日昆都楞邮电代办所；赤峰邮电局所属商城邮电支局、北环邮电支局、纺织路邮电支局、古山邮电支局；锡林郭勒盟邮电局所属迎宾路邮电支局、正镶白旗火车站邮电所、满达拉街邮电支局；乌兰察布盟邮电局所属光明街虎山邮电支局、榆树湾邮电支局、花园路电厂邮电支局、白音路邮电所、西街邮电支局、鄂尔东邮电委办所；巴彦淖尔盟邮电局所属奋斗邮电支局、赛东邮电支局；乌海市邮电局所属火车站邮政支局、巴音陶亥邮电所、拉僧庙火车站邮电支局。年底，邮电局所总数1831处，1396个乡（镇）设有邮电局所，其中，自办局所1467处，代办所364处（邮政133处）；农村局所1407处；提供邮政全功能服务的219处，新建电子化支局所93处，累计电子化支局、所256处。

1997年新增邮电支局所有：包头市邮电局所属：乌兰道邮电支局、团结大街邮电支局、少先路邮电一支局、西巴彦邮电支局、赛音道邮电支局；呼伦贝尔盟邮电局所属扎赉诺尔中央街邮电支局、乌尔其汉邮电代办所、诺敏河邮电代办所、欧垦河邮电代办所、古里农场邮电代办所；兴安盟邮电局所属：王爷庙邮电支局、扎木钦邮电代办所；哲里木盟邮电局所属哲北农场邮电代办所；赤峰邮电局所属西城邮电支局、全宁路邮电支局；锡林郭勒盟邮电局所属：那达慕街邮电支局、达青宝力格邮电代办所、诺尔路邮电支局；乌兰察布盟邮电局所属六马路邮电支局；伊克昭盟邮电局所属卧龙岗邮政所；巴彦淖尔盟邮电局所属乌拉特前旗火车站邮电支局、海流图街邮电支局、国道邮电支局。年底，旗县以上城市邮电局所邮政业务处理基本实现微机化，全区邮电局所总数达1837处，其中：自办局所1469处，代办所368处；提供邮政全功能服务的292处，电子化支局、所298处，其中新建电子化局所45处。

1998年，全区邮电局所共有2815处，其中：农牧区邮电局所有2401处；自办邮电局所2514处，代办邮电局所有301处。邮电分营后，全区邮政局所1761处，其中电子化支局所324处，邮汇计算机网点517处，储汇中心120处。

1991—1998年自治区邮电支局所统计表

表1-4

年份	邮电支局所（处）	其中：农牧区邮电支局所（处）	自办邮电局所（个）	邮电代办所（个）	自办邮政局所（个）	邮政代办所（个）
1991	1645	1415	1427	218	126	85
1992	1648	1420	1412	236	127	93
1993	1651	1418	1362	289	114	106
1994	1765		1317	197	84	129
1995	1804	1385	1352	208	73	136
1996	1831	1407	1467	364	86	133
1997	1837	1430	1469	368		135
1998	2815	2401	2514	301	1761	216

第三节　邮政局

一、机关

（一）处室设置

1998 年 12 月 31 日，内蒙古自治区邮政局正式成立。局机关下设：办公室（原文史中心归办公室管理）、行业管理和法律事务处、人事教育处、公众服务处（下属邮购速递局）、网路运行处（下属技术支援中心）、工程建设处、计划财务处、安全保卫处、审计室、纪检监察室、精神文明办公室、离退休人员管理处。

1999 年 4 月 9 日，成立内蒙古自治区邮政局社会保险办公室，挂靠人事教育处。主要管理全区邮政养老、失业、医疗、工伤、生育等社会保险制度改革及管理工作。同日，成立内蒙古自治区邮政局机关事务服务中心，挂靠办公室，负责机关各项事务服务工作。6 月 8 日，成立内蒙古自治区邮政局驻北京联络处。主要职责：代表内蒙古自治区邮政局在北京联系处理有关经营方面的业务；为各盟市局提供直递业务及其他业务的信息服务并负责业务方面的组织安排和调度；根据工作需要逐步扩展其他服务功能。10 月 18 日，成立内蒙古自治区邮政局档案馆（副处级建制），挂靠办公室。

2000 年 1 月 6 日，内蒙古自治区邮政局机构编制委员会决定：成立内蒙古自治区邮政局邮政业务视察室（处级建制），负责对邮政企业通信质量、服务质量、业务资金管理、资费标准和执行通信纪律、规章制度等情况进行监督检查。2 月 17 日，将内蒙古自治区邮政局行业管理和法律事务处更名为行业管理处、法律事务室，实行两块牌子一套人马。9 月 14 日，自治区邮政局机构编制委员会决定：将邮购部更名为邮购直递部，挂靠公众服务部。12 月 18 日，自治区邮政局机构编制委员会决定：设立内蒙古自治区邮政局邮资票品处，内蒙古集邮公司不再行使全区邮资票品的管理职能。12 月 21 日，撤销精神文明建设办公室，其职责暂归机关党委。同日，成立内蒙古邮购直递公司，直属区邮政局管理，同时，撤销邮购直递部，保留邮购部，挂靠内蒙古自治区邮政局公众服务处，负责全区邮购业务的经营管理工作。9 月 14 日，内蒙古自治区邮政局决定将邮购部更名为邮购直递部。

2000年内蒙古自治区邮政局机关机构设置、人员编制一览表

表1-5　　单位：人

机构类别	机构名称	编制人数	备注
行政机构	局级领导	4	
	办公室	27	含档案馆3人，机关事务服务中心12人
	行业管理处	4	两块牌子，一套人马
	法律事务室		
	人事教育处	10	含社会保险办公室3人
	公众服务处	8	
	邮政业务视察室	6	
	邮资票品处	3	
	网路运行处	6	
	工程建设处	7	
	计划财务处	15	
	安全保卫处	3	
	审计室	5	
	监察室	4	与纪检组合署办公，两块牌子，一套人马
	离退休人员管理处	3	
	合　计	105	
党群社团机构	纪检组		与监察室合署办公
	自治区邮政工会	6	
	机关党委	4	
	自治区邮政企业管理协会	1	
	自治区集邮协会	4	
	合　计	15	
附属机构	区邮政局驻北京联络处	3	
	邮电宾馆	12	
	邮电幼儿园	20	编制33人，分营后邮、电两家合管，邮政20人、电信13人
	邮电医院	41	分营后邮、电两家合管，邮政划分41人
	合　计	76	
总　计		196	

2001年3月14日，自治区邮政局决定在公众服务处内设业务发展部（科级建制）。6月7日，成立自治区邮政局科学技术处（正处级建制），与工程建设处合署办公，实行两块牌子一套人马。

2002年12月27日，自治区邮政局决定 内蒙古自治区邮政机关财务中心划归计划财务处（科级建制）。

2003年5月23日，根据国家邮政局《关于核定省（区、市）邮政局机关机构编制的通知》精神以及主辅、主附分离要求，自治区邮政局机构编制委员会印发《关于内蒙古邮政局机关设置和人员编制的通知》。机构编制委员会决定：撤销工程处、科学技术处，其职能分别划入计划财务处与信息技术局；撤销离退休人员管理处，其职能划入人事教育处与机关服务中心；安全保卫处与业务视察室合并，纪检组、监察室与审计处合并。同时，明确局机关机构设置和人员编制。

2003 年自治区邮政局机关机构设置和人员编制核定表

表 1-6　　　　单位：人

机构名称	人员编制	备　注
办公室	12	档案馆
行管法规处	4	
人事教育处	10	职鉴中心、社保办
公众服务处	10	电信业务发展部
邮资票品处	3	
安保视察处	6	
网路运行处	6	邮运总调度室
计划财务处	17	机关财务中心
纪检组、监察审计处	7	
机关党委	3	机关团委、企业协会、政治思想研讨会
邮政工会	6	两部一室

2004 年 2 月 23 日，自治区邮政局机构编制委员会决定：将集邮业务从盟市邮政局剥离，实行全区集邮业务专业化经营，人、财、物统一由内蒙古集邮公司垂直管理；同时，撤销邮资票品处，职能和人员划归内蒙古集邮公司。3 月 5 日，自治区邮政局机构编制委员会决定：成立大客户服务部（副处级建制），挂靠公众服务处；成立速递业务部（科级建制），挂靠公众服务处。6 月 21 日，自治区邮政局机构编制委员会决定：成立自治区邮政局邮政用户投诉受理中心，挂靠安保视察处，主要负责受理用户投诉及答复用户的业务咨询等工作。12 月 13 日，自治区邮政局机构编制委员会决定：成立审计处、监察处，同时，撤销监察审计处，其职能分别划归监察处、审计处。

2005 年 8 月 31 日，自治区邮政局机构编制委员会印发《关于调整机构的通知》（内邮机编〔2005〕2 号）：撤销行管法规处，成立行业管理处、政策法规处，行业管理处、政策法规处合署办公，实行两块牌子，一套人马，履行各自职责；成立机要通信处，处级建制，挂靠安保视察处，两块牌子，一套人马，其主要职责是负责全区机要通信管理工作的安全防范、日常综合管理工作等。

（二）非常设机构

1999 年 1 月 21 日，成立自治区邮政局保密委员会，主任苏和，副主任肖庆宝，保密委员会下设办公室，凌志兼办公室主任。2 月 11 日，成立自治区邮政局机构编制委员会，主任苏和，副主任鞠德鸿，办公室设在人事教育处，负责内蒙古邮政系统机构编制日常工作。3 月 11 日，成立自治区邮政局国家安全小组，组长苏和，副组长鞠德鸿、肖庆宝，国家安全小组办公室设在安全保卫处，联络员由云金元兼任。同日，成立自治区邮政局社会治安综合治理领导小组，组长苏和，副组长肖庆宝，领导小组办公室设在安全保卫处，办公室主任由云金元兼任。3 月 29 日，成立自治区邮政局计算机领导小组，组长鞠德鸿，副组长张少波、张铎。5 月 10 日，成立自治区邮政局计划生育领导小组，组长肖庆宝，副组长凌志。6 月 23 日，成立自治区邮政局防汛工作领导小组，组长鞠德鸿，副组长凌志、张铎，领导小组下设办公室，张铎兼办公室主任。9 月 17 日，成立自治区邮政系统劳动竞赛委员会，主任苏和，副主任肖庆宝，办事机构设在自治区邮政工会基层工作部。12 月 3 日，自治区邮政局组建经济（统计、会计）系列高级专业技术任职资格评审委员会，主任鞠德鸿，副主任刘晓兵。12 月 8 日，成立自治区邮政局安全生产委员会，主任苏和，副主任刘晓兵、肖庆宝，办公室设在人事教育处。

2001 年 12 月 10 日，成立自治区邮政通信职业技能鉴定中心，挂靠人事教育处，处级单位，按事业单位注册登记。人员编制 2 人，由人教处内部调剂。

2002 年 4 月 15 日，自治区邮政局决定调整离退休干部工作领导小组组成人员，组长苏和，副组长肖庆宝，成员孙志安、凌志、王伴锁、吕守山、郭秀德。5 月 23 日，自治区邮政局成立“邮政服务形象”工程领导小组，组长刘晓兵，副组长肖庆宝、孙志安，小组成员由相关部门负责人组成，领导小组办公室设在区局业务视察室。9 月 29 日，自治区邮政局成立“中国共产党第十六次全国代表大会”集邮活动组委会，组长刘晓兵，办公室设在区集邮公司。11 月 15 日，自治区邮政局成立邮政标准化工作小组，组长刘晓兵，副组长孙志安。

2003 年 6 月，自治区邮政局成立由刘晓兵长任组长，孙志安任副组长，网路运行处、公众服务处、计划财务处、安保视察室、信息技术局、报刊发行局、呼和浩特邮区中心局、呼和浩特市邮政局组成的自治区邮政局推进网路信息化工程建设领导小组。6 月 16 日，自治区邮政储汇资金安全专项整治领导小组成立，组长苏和，副组长肖庆宝。12 月 25 日，自治区邮政局调整邮政通信设备选型和集中采购领导小组和办公室组成单位及人员，领导小组组长刘晓兵；领导小组办公室主任王伴锁，副主任张铎、牧仁。

2004 年 1 月 30 日，成立集邮专业化经营改革工作指导小组。组长刘晓兵。2 月 23 日，自治区邮政局成立内蒙古邮政局主辅分离领导小组，组长肖庆宝；主辅分离改制工作办公室主任兰利厚，副主任邢光亮、王伴锁。3 月 5 日，成立自治区邮政通信职业技能鉴定站（科级建制），挂靠邮政通信职业技能鉴定中心。8 月 9 日，自治区邮政局党组对该局局务公开领导小组及其办公室组成人员进行调整，组长刘晓兵，副组长凌志，办公室设在自治区邮政工会。12 月 30 日，成立自治区邮政局预算管理委员会，主任刘晓兵，副主任肖庆宝、张少波、沙迪、凌志、孙志安、麻勇，办公室设在计划财务处。

2005 年 3 月 3 日，内蒙古自治区邮政通信设备选型和集中采购领导小组办公室组成单位及工作人员进行调整，组长张少波；办公室主任兰利厚，副主任王宏斌、牧仁。各专业设备专家组名单：信息系统设备（计算机、网络、打印设备等软硬件）专家组组长谢爱军，副组长赵景兰；通用与专用设备（邮政专用、通用专用、电源、空调、小型机电设备等）专家组组长王宏斌，副组长郭永杰；运输设备（汽车、摩托车、牵引车、拖车、集装箱等）专家组组长王宏斌。3 月 4 日，自治区邮政局和中华联合财产保险公司自治区分公司双方全面合作业务推进方案确定：成立内蒙古邮政局邮政保险代理业务合作领导小组，组长张少波；成立中华联合财产保险公司内蒙古分公司邮政保险代理业务合作领导小组，组长关春生。3 月 9 日，对自治区邮政局保密委员会成员进行调整，主任刘晓兵、副主任肖庆宝；保密委员会下设办公室，主任张子旗。10 月 10 日，自治区邮政局成立资产盘活督导组，组长吴邦柱，副组长兰利厚。

2006 年 4 月 21 日，内蒙古邮政金融内控和风险管理委员会成立，刘晓兵任主任；肖庆宝、张少波任副主任。

二、直属单位

1999 年 1 月 1 日，邮政独立运营，自治区邮政局直属单位有：内蒙古邮政储汇发行局、内蒙古集邮公司、内蒙古邮购速递局、内蒙古邮政广告总公司、内蒙古邮政运输局、内蒙古邮电技工学校、内蒙古邮电宾馆、内蒙古邮电印刷厂。内蒙古自治区邮政局与自治区邮电管理局共同管理的直属单位有：呼和浩特邮电医院、呼和浩特邮电幼儿园。

1999年1月1日，撤销内蒙古邮电技工学校。同日，成立内蒙古邮政职工培训中心，为处级建制。培训中心是内蒙古邮政唯一的一所省级培训基地和会议中心，办公地点为原内蒙古邮电技工学校校址。3月3日，内蒙古自治区邮政局、自治区邮电管理局双方组建邮电幼儿园管理委员会。10月28日，内蒙古邮政信息技术局成立，负责全区邮政通信计算机网络的规划、管理、运营和维护以及新技术、新业务的开发应用等工作。

2000年1月6日，自治区邮政局机构编制委员会决定：内蒙古自治区邮政储汇发行局更名为内蒙古自治区邮政储汇局，负责内蒙古地区邮政金融业务的经营管理，业务上受中国人民银行天津分行呼和浩特中心支行与信息产业部邮政储汇局的领导。同日，将自治区邮政储汇发行局的发行业务职能分离，成立内蒙古自治区邮政报刊发行局，负责报刊发行、订阅、零售以及图书、音像经营管理工作。5月26日，成立呼和浩特邮区中心局，为国家二级邮区中心局，是自治区中西部地区的邮件集散中心、传递枢纽，位于呼和浩特市金川开发区，6月6日呼和浩特邮区中心局正式挂牌开始独立运营。

2001年，内蒙古邮电宾馆停业，资产整体出租给蒙达宾馆。自治区邮政局与自治区电信公司（原自治区邮电管理局产权承继者）协议将呼和浩特邮电医院与邮电幼儿园进行产权置换，自治区电信公司拥有呼和浩特邮电医院全部产权，自治区邮政局拥有呼和浩特邮电幼儿园全部产权。8月1日，自治区邮政局研究决定：撤销邮电幼儿园，成立邮电幼儿园清理小组，负责清理债权债务、人员安置，办理公告、注销等事务。邮电幼儿园在岗职工中3人划入呼市邮政局，1人划入呼和浩特邮区中心局，其余28人办理企业内退手续。12月26日，内蒙古邮政快递物流有限责任公司正式挂牌成立，专业从事邮政直递物流的经营工作。

2003年3月21日，内蒙古邮政保险代理有限责任公司成立（内蒙古鸿安保险代理公司），并在包头、鄂尔多斯、海拉尔、赤峰市设立分支机构，公司注册资本60万元，在全区开展代理销售保险产品、代理收取保险费、受保险公司委托代理损失勘查和理赔等业务。5月，国家邮政局批复同意内蒙古自治区邮政局与中邮物流有限责任公司共同出资组建内蒙古中邮物流公司，注册资金为300万元，其中中邮物流有限责任公司出资153万元，占51%的股份；内蒙古自治区邮政局出资147万元，占49%的股份。5月23日，自治区邮政局决定成立内蒙古自治区邮政机关服务中心，将原离退处机关离退休人员管理职能和原办公室机关事务中心职能合并，统一划归服务中心。

2004年3月5日，自治区邮政局决定成立内蒙古邮政电子信息业务局。3月29日，邮政局决定：成立内蒙古邮政报刊零售公司，实行独立经营核算，同时将邮政报刊发行局调拨中心4人、呼和浩特市邮政局报刊零售公司14人划入内蒙古邮政报刊零售公司。核定公司人员编制19人。其主要职责：负责全区报刊零售业务经营和管理工作。9月30日，成立内蒙古鸿诚邮政电子信息有限责任公司。12月13日，成立内蒙古邮政速递物流局，与内蒙古中邮物流公司合署办公，实行“两块牌子，一个机构”。同日，成立内蒙古邮政函件广告局，为副处级建制，与内蒙古邮政广告公司合署办公，实行“两块牌子，一个机构”，人员编制15人。其主要职责：负责全区邮政函件、广告业务专业经营管理工作。公司内部下设综合部、市场部、设计制作部和信息部，员工18人。

2006年11月21日，内蒙古邮政局研究决定：内蒙古邮政函件广告局（副处级建制）变更为内蒙古邮政函件局（正处级建制），与内蒙古邮政广告公司合署办公，实行“两块牌子，一个机构”，原人员编制和内设机构不变。

2010年11月9日，自治区邮政广告公司与内蒙古邮政函件局合署办公模式改为独立运营模式。

三、盟市旗县邮政局

1999年10月18日，经自治区邮政局编制委员会研究，同意准格尔旗邮政局迁至薛家湾，同时，撤销薛家湾矿区邮政局；迁址后的准格尔旗邮政局为科级建制，仍隶属伊克昭盟邮政局管理。10月21日，经自治区邮政局机构编制委员会决定，成立沙圪堵经济技术开发区邮政局，为科级建制，隶属于伊克昭盟邮政局管理。12月22日，自治区邮政局机构编制委员会同意包头市石拐矿区邮政局更名为包头市石拐区邮政局。

2000年9月14日，成立乌拉盖开发区邮政局，隶属锡林郭勒盟邮政局管理。

2001年9月26日，经自治区邮政局机构编制委员会决定，同意撤销伊克昭盟邮政局，同时成立鄂尔多斯市邮政局。

2002年4月30日，自治区邮政局按照国家行政体制改革的要求，对呼伦贝尔盟局撤盟设市的请示给予批复：同意撤销呼伦贝尔盟邮政局，成立呼伦贝尔市邮政局。

2004年6月21日，乌兰察布盟邮政局更名为乌兰察布市邮政局，丰镇市邮政局隶属乌兰察布市邮政局的关系不变。

2004年8月3日，巴彦淖尔盟邮政局更名为巴彦淖尔市邮政局。

四、邮政局所

1999年初，内蒙古自治区邮政局全面展开农牧区邮政分支机构的改制工作：结合邮电分营后的特点，引进多元化主体，优化农牧区邮政服务网点；对农牧区邮政分支机构的经营和内部管理采取效益挂钩、收支全额包干，严格控制建设规模和管理费用；打破1人1岗的传统用人体制，采取合理交叉的满负荷工作方法，实行定岗定员，对富余人员采取转岗、分流、下岗等多种形式精简。12月22日，内蒙古自治区邮政局决定：将自治区集邮公司所属呼伦南路集邮门市部、公园东路集邮门市部、锡林北路集邮门市部、金川集邮门市部整建制划归呼和浩特市邮政局经营管理。年底，全区邮政局所1739处，其中：设在农村的局所1326处，提供邮政全功能服务的748处，电子化局所354处。全区邮政局所中：93处、邮政支局485处、自办邮政所739处、代办邮政所405处、其他局所17处。

2000年9月，结合分营后和改制情况，制定《农村牧区邮政支局所经营等级与管理类别评定考核办法》，划分农村牧区邮政支局所经营等级标准。

2000 年农村牧区邮政支局所经营等级划分标准表

表 1-7

支局所经营等级	开办业务	全员劳动生产率	年业务收入
一等支局	邮政各类业务	＞ 4.5 万元 / 人	＞ 50 万元
二等支局	邮政各类业务	4 万（含）—4.5 万元 / 人	20 万（含）50 万元
三等支局	邮政各类业务	2.5 万（含）—4 万元 / 人	5 万（含）—20 万元
邮政所	邮政基本业务		1 万（含）—5 万元

对管理类别实行 500 分制考核，标准如下：考核得分在 450 分（含）以上为一类支局所；考核得分在 400（含）万 450 分为二类支局所；考核得分在 380（含）至 400 分为三类支局所。年底，全区邮政局所 1728 处，其中：设在农村的局所 1311 处，提供邮政全功能服务的 820 处，电子化局所 388 处。全区邮政所中：邮政局 96 处、邮政支局 457 处、自办邮政所 541 处、代办邮政所 600 处、其他局所 34 处。

2001 年，继续进行农牧区邮政分支机构改制工作。制定全区农牧区邮政通信服务同类名称（属性）及经办业务种类的确定目录。执行国家邮政局《关于邮政委代办管理办法的通知》，制定《内蒙古邮政委代办办法的补充规定》。

2001 年内蒙古邮政规范化服务示范窗口名单

表 1-8

盟市局名称	示范窗口	盟市局名称	示范窗口
呼和浩特市邮政局	中山路邮政支局、麻花板投递部、新城邮政支局	兴安盟邮政局	乌兰街邮政支局、都林邮政支局
包头市邮政局	达尔罕茂明安联合旗百灵庙邮政一支局、九原区铁西邮政一支局、青山区富强路邮政支局	乌兰察布盟邮政局	集宁市恩和路邮政支局、凉城县胜利路邮政支局、商都县新安街邮政支局
乌海市邮政局	乌达区梁家沟邮政支局、海河北路邮政支局	锡林郭勒盟邮政局	锡林大街邮政支局、苏尼特右旗赛汗街邮政支局
赤峰市邮政局	红山区昭乌达路邮政储汇中心、赤峰市邮政局发行投递公司、喀喇沁旗东街邮政支局	鄂尔多斯市邮政局	东胜区准格尔北路邮政支局、鄂托克旗乌仁都西北街邮政支局
通辽市邮政局	和平路邮政储汇中心、和平路邮政支局、西门邮政储蓄所	巴彦淖尔盟邮政局	临河市胜利路邮政储汇中心、临河市车站邮政支局
呼伦贝尔盟邮政局	海拉尔市中央街邮政支局、海拉尔市河东邮政支局、满洲里市海关路邮政支局	阿拉善盟邮政局	阿拉善左旗广场邮政支局、额济纳旗居延路邮政支局
全区数量（个）		30	

2002 年，推进营业局所的规范化服务，呼和浩特市达到 95% 以上；其他盟市所在地城市达到 90% 以上，旗县城市达到 85% 以上。农村邮政通信管理存在以包代管、以委代管的问题。年底，全区邮政局所 1671 处，其中：城市邮政支局所 521 处、设在农村的局所 1150 处，电子化局所 400 处；代办邮政所 596 处。

2003 年，邮政营销网点总数 1686 处；邮政局所 1678 处，电子化局所 401 处，农村邮政支局所 1127 处，委代办 580 处。

2004年6月14日，依据《呼和浩特市报刊零售专业改革实施方案》，呼和浩特市邮政局39个市区报刊零售亭按专业属性全部划归内蒙古报刊零售公司管理和使用，并按规定办理产权和财务划转手续。呼和浩特市邮政局市内报刊、图书、音像零售门市部5处，中山路等16处营业网点内报刊零售业务占用的台席及呼和浩特市邮政局报刊零售业务占用的火车站报刊零售门市部、北门图书音像门市部、火车站报刊零售门市部、火车站报刊批发门市部、乌兰察布路支局报刊门市部、中山路门市部及办公场地、火车站零售报刊封发场地、火车站零售报刊办公场地、动力机厂支局二楼库房等9处划归内蒙古报刊零售公司无偿使用。7月30日，撤销乌拉特中旗川井邮政支局、乌加河邮政支局、石哈河邮政支局，五原县银定邮政支局，乌拉特前旗新安邮政支局，磴口县协成邮政支局；成立临河区团结路邮政支局、利民街邮政支局，乌拉特后旗东升庙镇金山路邮政支局，五原县隆兴昌镇前进路邮政支局，乌拉特前旗坝头镇梁素海邮政支局，磴口县巴彦高勒镇朝霞路邮政支局。10月11日，撤销乌拉特前旗新安邮政支局，成立临河区临陕路邮政支局。年底，全区有邮政局所、服务网点总数1691处；其中电子化局所450处，农村邮政支局所1113处，委代办590处。

2005年，全区新增25个邮政局（所），其中，呼和浩特市邮政局新增局（所）有如意小区邮政支局、中山东路邮政支局、石东路邮政支局、内蒙古党委小区邮政代办所、亚辰大厦邮政支局、石化路邮政支局、邮政速递局大客户服务四部、邮政速递局大客户服务五部、邮政速递货运部、营业一分局大客户服务部、营业二分局大客户服务部、营业三分局大客户服务部、和林县邮政局大客户服务部、清水河县邮政局大客户服务部、托克托县邮政局大客户服务部、武川县邮政局大客户服务部、土默特左旗邮政局大客户服务部；鄂尔多斯市邮政局新增局（所）有准格尔南路邮政支局、鄂尔多斯大街邮政支局、鄂托克东街邮政支局；乌海市邮政局所属蒙西邮政支局划归鄂尔多斯市邮政局；呼伦贝尔市邮政局新增局（所）有：呼伦贝尔学院邮政支局；兴安盟邮政局新增乌兰东街邮政支局，恢复巴达仍贵邮政代办所；乌海市邮政局新增局（所）有先锋路邮政支局；乌海市邮政局所属乌斯太邮政代办所划归阿盟邮政局。年底，全区邮政局所1743处，电子化局所539处，农村邮政支局所1143处，委代办637处。

2006年1月25日，全区评选出24个“内蒙古邮政储蓄形象网点”。

2006年“内蒙古邮政储蓄形象网点”统计表

表1-9

局名	网点名称	详细地址
呼和浩特市邮政局	新城邮政支局	呼和浩特市新城西街4号
	北门邮政支局	呼和浩特市北门广场
	亚辰邮政支局	呼和浩特市大学东路
包头市邮政局	钢铁大街邮政支局	包头市昆区钢铁大街64号
	沼谭邮政支局	包头市昆区沼谭火车站对面
	东河区长胜街邮政所	包头市东河区长胜街
	东河区车站邮政支局	包头市东河区站北路
	固阳阿拉塔南街支局	包头市固阳县阿拉塔南街
乌海市邮政局	乌达区解放东路邮政支局	乌海市乌达区巴音东街
	卡布其邮政支局	乌海市卡布其镇
赤峰市邮政局	红山分局昭乌达路邮政储汇中心	赤峰市红山区昭乌达路中段
	松山分局木兰街邮政支局	赤峰市松山区木兰街中段

续表 1-9

局名	网点名称	详细地址
呼伦贝尔市邮政局	海拉尔中央街邮政支局	呼伦贝尔海拉尔市中央街 44 号
	满洲里海关邮政支局	呼伦贝尔满洲里海关路 16 号
兴安盟邮政局	兴安盟邮政局王爷庙邮政支局	乌兰浩特市罕山中街 37 号
通辽市邮政局	和平路储汇中心	通辽市科尔沁区向阳大街 53 号
	科尔沁邮政支局	通辽市科尔沁区和平路 32 号
锡林郭勒盟邮政局	锡林街邮政邮政支局	锡林浩特市锡林街 26 号
乌兰察布市邮政局	集宁区恩和路营业厅	集宁市恩和路 7 号
鄂尔多斯市邮政局	伊金霍洛东街支局	东胜区伊金霍洛东街
	达旗锡尼路支局	达旗林召镇锡尼路 223 号
巴彦淖尔市邮政局	胜利北路支局	临河市胜利北路
	东升庙宝音图路支局	乌拉特后旗东升庙宝音图路
阿拉善盟邮政局	阿拉善左旗广场邮政支局	阿拉善盟阿左旗新世纪广场

2006 年底，全区有邮政局所、服务网点 1748 处，电子化局所 635 处，农村邮政支局所 1096 处，委代办 595 处。

2007 年 9 月 12 日，完成电子化支局系统“省集中”系统切换上线工作。9 月 15 日，完成全区邮政营业网与网运网“两网互通”系统切换上线工作。年内，改造手工网点 71 处，电子化支局达到 726 处，全区电子化支局占自办网点的比率达到 73%。

2008 年，全区建成直复营销中心 16 处，装修改造营业网点 260 余处，新增电子化局所 60 多处。通过农村牧区邮政局所建设、邮政营业旗舰店建设等工作，提升了对外窗口的服务环境、服务设施和服务管理水平。

2009 年，全区新增营业网点 5 处，装修改造 317 处，对 40 处网点进行了电子化支局改造，使电子化支局达到 795 处，占自办网点比重达到 81%。

2007—2010 年内蒙古自治区邮政局所统计表

表 1-10　　**单位：个**

	2007 年	2008 年	2009 年	2010 年
邮政支局所总数	1702	1570	1526	1527
其中：农村支局所	1085	1054	1038	1039
电子化支局所	743	751	727	786

第四节　邮政管理局

一、机关处室设置

2006 年 8 月 24 日，国家邮政局印发《关于成立内蒙古自治区邮政管理局的通知》，决定成立内蒙古自治区邮政管理局，为副厅级单位。局领导职数按 1 正 1 副配备；核定邮政管理局内设机构为综合处、市场监管处、普遍服务处；邮政管理局内设机构为正处级，核定邮政管理局人员编制为 15 名。内蒙古邮政管理局的主要职责：贯彻执行国家关于邮政业管理的法律法规、方针政策和邮政服务标准；监督管理所在地区邮政市场；组织协调所在地区邮政普遍服务以及机要通信、义务兵通信、党报党刊发行、盲人读物寄递等特殊服务的实施；办理国家邮政局交办的其他事项。

2007 年 1 月 5 日，自治区邮政管理局决定，设纪检监察室，与综合处合署办公。9 月 11 日，自治区邮政管理局决定，成立机要通信处，与普遍服务处为一个机构。

二、直属单位

（一）职业技能鉴定中心

2009 年 11 月 25 日，国家邮政局批准成立内蒙古自治区邮政行业职业技能鉴定中心。内蒙古自治区邮政行业职业技能鉴定中心的主要职责为：贯彻实施国家和自治区职业技能鉴定的有关方针政策；组织开展全区邮政行业特有职业（工种）职业技能鉴定工作；负责全区考评人员管理工作；负责推荐和建立全区邮政行业特有职业（工种）职业技能鉴定站；负责全区邮政行业特有职业（工种）“职业资格证书”的管理与核发工作；推动开展全区邮政行业特有职业（工种）技能竞赛活动；参与邮政行业特有职业（工种）国家职业标准拟定和试题库建设工作；开展全区有关邮政行业特有职业（工种）技能鉴定的咨询、宣传服务和相关交流活动；完成区邮政管理局、国家邮政局职业技能鉴定指导中心交办的相关工作。

2010 年，鉴定中心按照国家局职业技能鉴定中心的总体安排，组织各盟市进行了职业技能鉴定考试。全区快递业务员应考人数 2100 人，实际参考 893 人，占应考总数的 42.5%。在实际参考人员中，合格人员 638 人，合格率为 71.4%，合格人数占应考人数的 30.4%。同时指导海南局完成了 4 批次 421 人的职业技能鉴定考试，合格 251 人，合格率为 59.6%。

（二）12305 消费者申诉中心

2008 年 4 月，内蒙古邮政业消费者申诉中心开始运行，同时开通了“12305”专用申诉电话和申诉网站。

消费者可以拨打“12305”申诉专用电话进行申诉，也可以随时登录内蒙古自治区邮政管理局网站进行申诉。本年共受理34位用户投诉。

2009年4月15日，内蒙古自治区邮政管理局、工商局、消费者协会联合发文，内蒙古邮政业消费者申诉受理实现“12305”与“12315”信息共享，自治区各盟市“12315”消费者申诉举报中心、消费者协会受理邮政、快递企业的申诉、投诉以及咨询业务等相关信息，由各盟市“12315”中心或消费者协会直接转交“12305”处理。三方就申诉、投诉的工作处理流程以及相关事宜均作出明确规定。

2010年，继续实行“12305”消费者申诉受理情况按月通报制度，解决快件延误、丢失、损毁以及赔偿纠纷等热点难点问题，加强意见反馈，维护消费者合法权益。申诉受理中心收到申述103件，国家邮政局转办申述91件，共受理申诉194件。所有服务申诉均得以落实。

2010年消费者申诉统计表

表1-11　　**单位：件**

序号	申诉问题	申诉件数
1	快件延误	111
2	丢失及短少	31
3	快件损毁	7
4	服务态度差	32
5	违规收费	5
6	代收货款	—
7	其他	8
合计		194

（三）内蒙古邮政特邀监督组织

2007年5月，在全区各盟市乡镇以上行政区域聘请政府机关、新闻单位、消费者协会、院校、街道办事处等在职或离退休人员30人为内蒙古邮政特邀监督员。6月7日，国家邮政局批复，同意聘请王德彬等30人为内蒙古自治区邮政管理局特邀监督员。6月10日，举办首期社会监督员培训班。7月上旬分别对中部、东部、西部地区分3批对监督员进行培训。10月12日，在呼和浩特市召开社会监督员培训座谈会。

2008年，对已聘特邀监督员进行了调整，国家邮政局批准增加30名特邀监督员，使内蒙古邮政特邀监督员达到60名，分布在全区的12个盟市和15个旗县。7—8月在东部区和西部区分别召开2次邮政特邀监督员培训座谈会。为便于特邀监督员开展工作，编制了《内蒙古邮政特邀监督员营业网点检查项目月报表》《内蒙古邮政特邀监督员投递业务检查项目月报表》《内蒙古邮政特邀监督员服务质量检查项目月报表》《内蒙古邮政特邀监督员检查工作报告单》。监督内容包括开办业务种类、资费标准执行情况、信筒信箱开取时间频次、邮件投递深度、投递频次、投递时限以及邮件查询答复时限和补偿落实执行情况等。当年监督检查的邮政服务网点45个，反映问题25条，提出建议20条。存在问题主要集中在农村牧区分支机构、代办点邮政设施破旧，室外邮政服务标识不统一等。

2009年8月11日，自治区邮政管局制定下发了《内蒙古邮政特邀监督员管理办法》以下简称《办法》。该办法共分总则、聘请办法、职责和工作任务、考核奖励、附则5个部分。《办法》规定了邮政特邀监督员的聘请范围、聘请、续聘、解聘条件、程序和邮政特邀监督员的权利和义务，明确了邮政特邀监督员工作内容、工作要求和考核奖励标准。本年，邮政特邀监督员监督检查网点501处，走访用户1561人（次），反馈问题总数775条，提出建议123条。

2010年，全区邮政特邀监督员队伍进行扩大和调整，国家邮政局再批准增加15名，内蒙古共聘请特邀监督员达到75名，分布在全区的12个盟市的53个旗县区。

第五节　邮政企业

一、内蒙古自治区邮政公司

2006年，根据国务院《邮政体制改革方案》精神，中国邮政实行政企分开改革。2007年1月22日内蒙古自治区邮政公司完成工商登记注册。2007年2月28日，内蒙古自治区邮政公司与内蒙古自治区邮政管理局共同举行揭牌仪式。

（一）内设机构

2006年内设机构有：办公室、市场经营部、网络运维部、计划财务部、企业发展和科技部、人力资源部、安全部（服务质量监督监察部）、审计部、监察室、党群工作部。

2008年设法律事务室，属办公室二级部门。

2010年1月8日，撤销自治区邮政公司代理金融业务部，成立代理金融业务局，三级正建制。10月25日，成立内蒙古邮政市场营销研发中心，三级正建制，整合区公司大客户部，对外实行两块牌子。该部门属于区公司计划单列部门，区公司每年下达预算营销计划，纳入业绩责任制考核及激励范畴。同日，区公司市场经营部设名址中心，区函件局名址数据库的各项职能划入名址中心。12月15日，成立自治区邮政公司离退休人员管理办公室，作为区公司党群工作部的二级部，三级副建制。

（二）直属单位

2006年，自治区邮政公司直属单位有：内蒙古邮政储汇局、内蒙古集邮公司、内蒙古邮电印刷厂、邮政职工培训中心、内蒙古邮政信息技术局、内蒙古邮政报刊发行局、呼和浩特邮区中心局、内蒙古邮政速递物流局、内蒙古邮政函件局（内蒙古邮政广告公司）、内蒙古邮政快递物流有限责任公司、内蒙古邮政保险代理有限责任公司（内蒙古鸿安保险代理公司）、内蒙古邮政机关服务中心、内蒙古邮政电子信息业务局（内蒙古鸿诚邮政电子信息有限责任公司）、内蒙古邮政报刊零售公司。

2007年3月，内蒙古邮政电子信息业务局更名为内蒙古邮政电子商务局。

2008年1月27日，内蒙古自治区邮政储蓄银行成立。内蒙古自治区邮政储汇局撤销。5月，内蒙古邮电印刷厂改制为内蒙古邮电印务有限责任公司。

2009年1月1日，内蒙古邮政速递物流有限责任公司成立，内蒙古快递物流有限责任公司划归内蒙古邮政速递物流有限责任公司管理。内蒙古邮政速递物流局撤销。同年12月，内蒙古集邮公司更名为内蒙古自治区邮政公司集邮业务局。

2010年1月8日，成立内蒙古邮政代理金融业务局。10月19日，内蒙古邮政广告有限责任公司从内蒙古邮政函件局分离，各自独立运行。内蒙古邮政广告有限责任公司为三级副建制，实行实体化运作。10月25日，成立内蒙古普斯特邮政图书报刊发行股份有限公司，注册资金2000万元，其中：内蒙古邮政公司出资1400万元，占股份公司股份总数的70%。股份公司自主经营、自负盈亏，股东共同出资、共享利润、共担风险。股份公司在全区12个盟市所在地设立独立的直属分公司和北京分公司，直接隶属股份公司。各盟市邮政局提供设立本地“普斯特邮政图书报刊专卖店”的条件，受托经销股份公司的产品。各旗县邮政局设立图书营销部，隶属各盟市邮政局，实行受托经销。

（三）盟市旗县邮政局

2006年，邮政实行政企分开改革，仍然保留盟市旗县邮政局名称至2010年未变。

二、邮政储蓄银行

（一）内设机构

2008年1月17日，中国邮政储蓄银行内蒙古自治区分行成立，机构设置：办公室、人力资源部、计划财务部、公司业务部、个人业务部、信贷业务部、风险合规部、渠道管理部、审计部、会计结算部、科技发展部、直属支行。2009年，增设工会筹备办。2010年，设立区分行票据中心，渠道科技部仍与计划财务部合设；设立区分行机关车队；设立区分行业务会计稽核中心。

（二）所属机构

2008年3月25日，中国邮政储蓄银行呼伦贝尔市分行、乌兰察布市分行、乌海市分行成立。3月26日，中国邮政储蓄银行锡林郭勒盟分行、兴安盟分行、阿拉善盟分行成立。3月28日，中国邮政储蓄银行呼和浩特市分行、赤峰市分行成立。3月25日—28日，中国邮政储蓄银行包头市分行、通辽市分行、鄂尔多斯市分行、巴彦淖尔市分行等盟市分行以及直属支行相继挂牌营业，并在二级分行的基础下，建设一级支行和二级支行。至7月，邮储银行内蒙古分行基本完成了分支机构的组建，建立起自上而下、运行平稳的邮储银行组织管理体系，自治区邮储分行下设1个直属支行和12个二级（盟市）分行，各盟市分行下辖20个一级支行（旗县和区）、377个二级支行（含一类网点82个和二类网点295个）和336个代理网点。完成了企业和邮储分行的分账核算。2009年下辖12个盟市二级分行、1个自治区直属支行、20个旗县一级支行，724个营业网点。营业网点中一类网点93个、二类网点295个、代理网点336个。

三、邮政速递物流公司

（一）内设机构

2009年1月，内蒙古邮政速递物流公司机关成立综合部、计财部、速递物流部、网运部。3月，速递物流部拆分成为速递部和物流部。2010年10月，成立人力资源部。2011年3月，成立质量监控部，速递部和物流部合并成为市场部。同年11月，质量监控部撤销；成立党群部。2014年6月，党群部合并到综合部。

（二）所属机构

2009 年 1 月 1 日内蒙古邮政速递物流公司成立，并在呼和浩特、包头、鄂尔多斯、呼伦贝尔、赤峰、通辽以及所属 17 个旗县（市）局开始推行速递物流省市县一体化专业经营改革，完成资产重组、网络重组、人员重组、业务和客户资源重组。

2010 年，公司下设的 6 个盟市分公司及 17 个旗县（市区）分公司、营业部先后完成了工商注册登记。对呼和浩特市地区原呼和浩特市速递局、呼和浩特市国际业务局、呼和浩特市速递邮件处理中心、呼和浩特市速递投递中心 4 个经营生产机构进行了整合，划归呼市速递物流分公司管理。对冷链物流实行了专业化经营，成立了冷链物流公司。

第六节 快递企业

一、国有企业

（一）中铁快运呼和浩特分公司

中铁快运呼和浩特分公司成立于 2002 年 1 月。2005 年底与原中铁行包快递有限责任公司呼和浩特分公司合并重组，2006 年 1 月 1 日合并重组后的中铁快运呼和浩特分公司正式运作。分公司机关共有员工 39 人，其中本科学历 12 人、专科学历 23 人，机关人员中具有技术职务的 23 人，占机关人员总数的 59%。分公司管辖 3 个直管站营业部、3 个非直管站、1 个无轨站营业部和 5 个经营网点。营业部人员总计 347 人，分别由路内职工、社会聘用合同工、劳务协议工、集体劳务输入人员构成，其中路内职工 13 人、社会聘用 38 人、劳务协议 23 人、集体劳务输入 273 人。分公司担负着 6 个城市（呼和浩特、包头、鄂尔多斯、集宁、巴彦淖尔、乌海市）的快运工作。

（二）民航快递内蒙古分公司

2001 年，民航快递内蒙古分公司成立，是民航快递在内蒙古设置的唯一一家分公司，内设机构有办公室、市场部、财务部、运管部。2001—2010 年，员工人数基本维持在 20 人左右。

二、民营企业

（一）“一统”公司

2002 年，“一统”公司在呼和浩特设置加盟企业。2007 年“一统”公司被鑫飞鸿收购。原“一统”公司在呼和浩特加盟企业转而加盟传志公司，名称为：呼和浩特回民区传志快运服务部。

（二）申通快递

2003 年，申通快递在呼和浩特市设置的加盟企业为内蒙古一函申通有限责任公司，为独立法人。2006 年，成立鄂尔多斯东胜区申通快递服务部。2009 年 5 月，在包头东河区成立包头市申通快递服务有限责任公司。随后逐步在赤峰市、乌海市、呼伦贝尔市、通辽市、乌兰浩特市、集宁市、巴彦淖尔市成立机构，均为加盟企业。

（三）天天快递

2004 年，天天快递在包头设置加盟企业，随后逐步设置海拉尔、通辽、赤峰、巴彦淖尔 4 个加盟公司和鄂尔多斯、呼和浩特、乌海 3 个办事处。

（四）全一快递

2005 年 3 月，全一快递设置包头市全一物流有限公司，为加盟公司，注册资金 50 万元。同年 9 月 7 日，包头市全一物流有限公司在呼和浩特设置了分公司。两家加盟企业直接归上海总部管理。2007 年，鄂尔多斯东胜区如风快递有限责任公司成立，注册资金 30 万元，公司以物流为主，兼做快递，经营全一品牌快递业务。2009 年 3 月 20 日，上海总部通知全一与中外运 E 速的快递业务合并。随后中外运 E 速把快递业务的客户移交给全一公司，包括中外运 E 速的部分员工。

（五）中通快递

2005 年 4 月，中通快递设置呼和浩特中通物流有限责任公司，为一级加盟企业。2006 年，鄂尔多斯市鑫运通物流有限公司成立。2007 年，呼和浩特中通物流有限责任公司开始发展二级加盟企业，到 2009 年，呼和浩特下属的二级加盟企业达到 14 个，分别在海拉尔、满洲里、通辽、乌兰浩特、赤峰、锡林浩特、乌兰察布、包头、巴彦淖尔、鄂尔多斯、乌海、阿拉善、二连、丰镇。

（六）上海 DDS 速递、北京飞豹快递

2006 年 5 月，上海 DDS 速递、北京飞豹快递在呼和浩特设置的加盟企业为呼和浩特顺一通物流服务部，属于民营个体加盟企业。呼和浩特顺一通物流服务部负责管辖 7 个加盟网点，这 7 个加盟网点有做物流业务的，也有做快递业务的。具体是：巴彦淖尔临河吉瑞通物流 、鄂尔多斯东胜吉瑞通物流、二连吉瑞通物流 、包头鹿邦公司、锡林浩特鑫飞鸿快递、海拉尔吉瑞通物流、赤峰吉瑞通物流。

（七）圆通快递

2006 年，圆通快递设置呼和浩特分公司，为自营公司。随后逐步设置包头、鄂尔多斯、乌海、巴彦淖尔、乌兰察布、通辽、赤峰、乌兰浩特、呼伦贝尔、满洲里、牙克石、达拉特等 13 个加盟快递企业。圆通在内蒙古的网点相互之间没有隶属关系，各网点均由华北区管理。

（八）希伊艾斯快递

2007 年 1 月，希伊艾斯快递在呼和浩特设置加盟企业，随后逐步在包头、鄂尔多斯、赤峰、通辽、乌兰浩特、临河、集宁、乌海、锡林浩特设置加盟公司。

（九）汇通快运

2007 年 5 月，汇通快运在呼和浩特设置呼和浩特汇通快运公司。

（十）顺丰速运公司

2007 年 7 月 9 日，顺丰速运在呼和浩特设置分公司。顺丰速运公司管理结构为：广州顺丰速运有限公司总部—大区总部—地区总部—分部—点部，呼和浩特分公司属于分部，归华北大区总部下属的河北地区总部管辖。2009 年，分公司在呼和浩特设置了 3 个网点，公司内部称之为“点部”，其功能是按区域集中快件处理的场所，负责快件的揽收和投递，没有营业功能，投递员在点部领取整理快件，然后出发投递快件。分公司还有一个中转场，分拣封发处理快件。原为外资企业，2010 年变更为民营企业。

（十一）鑫飞鸿快递

2007 年 9 月，鑫飞鸿快递在呼和浩特设置加盟企业，名称为呼和浩特鑫飞鸿快递服务部。

（十二）北京急脚递

2007 年 11 月，北京急脚递在呼和浩特设置加盟公司，名称为呼和浩特广友快递有限责任公司。

（十三）韵达公司

2007 年，韵达公司设置呼和浩特加盟企业，随后在呼伦贝尔、乌兰浩特、通辽、锡林浩特、包头、鄂尔多斯、巴彦淖尔、乌海 8 个加盟公司，各加盟公司均直接归上海总部管理。

（十四）北京乐畅快递

2009 年，北京乐畅快递有限责任公司设置呼和浩特、包头、鄂尔多斯 3 个自营分公司；设置海拉尔、通辽、锡林浩特、赤峰、巴彦淖尔、乌兰察布、乌兰浩特、乌海设 8 个加盟分公司。加盟公司全部由呼和浩特分公司管理。有 5 个盟市公司逐步在旗县设置网点，旗县网点均有 1 名业务员，具体是：呼和浩特和林；包头土右旗；呼伦贝尔满洲里、扎兰屯、牙克石、根河市；通辽扎鲁特、科右中；锡林浩特二连、西乌、东乌、正蓝旗、镶黄旗。乌海公司负责管理阿拉善网点。

三、外资企业和外企品牌代理

（一）联邦快递（FedEX）

1997 年，包头鼎立通国际货物运输代理有限公司（包头市鹿邦全通联运有限责任公司）成立。代理联邦快递（FedEX）业务，在呼和浩特、鄂尔多斯设置分公司。包头鼎立通国际货物运输代理有限公司与包头市鹿邦全通联运有限责任公司属于一套人马两块牌子。公司在业务上完全接受联邦快递的领导，并且按照联邦快递的管理模式，分别以管理功能接受 3 个地区的领导：代理联邦快递业务的财务管理部门在北京；负责业务操作流程管理的部门在唐山，负责销售管理的部门在西安。

2007 年 3 月，联邦快递（中国）有限公司收购大田公司呼和浩特分公司，设置联邦快递（中国）有限公司呼和浩特分公司。根据联邦快递公司生产组织环节的设置，呼和浩特分公司属于支持性站点，公司职员按照联邦快递（中国）有限公司总部的客服中心、调度中心电话或传真指示，收取、投递快件，收取货款或催交货款。在管理层次上归联邦快递华北区管辖，华北区管理机构设在北京，下属有天津、河北等地区，呼和浩特分公司归天津管理。

（二）联合包裹（UPS）

2000 年，中外运空运发展股份公司内蒙古分公司成立，内部设有综合部、业务部。以货运为主，兼做快递，代理美国 UPS 的货运和快递业务。

2002 年 12 月，包头中天快运有限公司成立，注册资金 150 万元。以货运及报关业务为主，同时代理 UPS 快递，经营国际快递业务。

2007 年 4 月，呼和浩特市君立国际货运代理有限公司成立，经营国际快件，为服务承包商，代理 UPS 在呼和浩特的国际快递业务。

（三）敦豪快递（DHL）

2003 年，中外运敦豪公司设置中外运敦豪公司呼和浩特分公司，随后又设置中外运敦豪包头分公司，均由中外运敦豪公司西北区（西安）管辖。业务主要依托外贸厂商，办理国际快递业务。

（四）TNT 快递（TNT）

1995 年，内蒙古德美多式联运有限责任公司成立，注册资金 660 万元，注册总部在呼和浩特，因为业务主要在包头，所以在包头设置了分公司。由于货运业务需要，公司在北京、天津均设置了分公司。公司主业做货运，兼做国际快递业务，代理 TNT 业务。

2000 年成立的中外运空运发展股份公司内蒙古分公司，同时代理 3 个外资快递企业的业务，其中包括代理荷兰 TNT 的快递业务。

2006 年 5 月，呼和浩特长胜联运有限责任公司成立，注册资金 30 万元。以货运为主，兼做国际快递业务代理，代理荷兰 TNT 的业务。

（五）佐川急便

2006 年 5 月成立的呼和浩特长胜联运有限责任公司，同时代理 2 个外资快递企业的业务，其中包括代理日本佐川急便的快递业务。

2007 年 4 月成立的呼和浩特市君立国际货运代理有限公司，同时代理 2 个外资快递企业的业务，其中包括代理日本佐川急便的快递业务。

（六）OCS

2000 年成立的中外运空运发展股份公司内蒙古分公司，同时代理 3 个外资快递企业的业务，其中包括代理日本 OCS 快递业务。

四、合资企业

（一）宅急送

宅急送快运有限公司是一家中日合资的公司。2002 年 12 月 10 日在呼和浩特设置宅急送内蒙古分公司，以后陆续在包头、鄂尔多斯等地成立分公司。到 2008 年 1 月，全区 12 个盟市都建立了分公司，其中只有阿拉善是加盟企业（宅急送自称为外网），其余均为自营公司（宅急送自称为“内网”）。全区有 10 个营业所，其中呼和浩特 5 个、包头 4 个、鄂尔多斯 1 个。宅急送在内蒙古地区已辐射到部分县级城市。

（二）嘉里大通

嘉里大通物流有限公司属于内地与香港合资企业，总部在香港，总公司在北京。以货运为主，兼做快递。1996 年成立嘉里大通物流有限公司呼和浩特分公司。随后在包头、满洲里设置机构，呼和浩特、包头归华北区管辖；满洲里归东北区管辖。

五、注册企业

2009 年，按照国家邮政局对快递企业备案工作的安排，组织开展备案工作，内蒙古办理备案的快递企业为 101 家。

2009年备案快递企业名录统计表

表1-12

单位名称	职工人数（人）	公司品牌
呼和浩特市广友快递有限责任公司	3	急脚递
呼和浩特市长胜联运有限公司	5	TNT
中外运—敦豪国际航空快件有限公司包头分公司	8	DHL
中外运—敦豪国际航空快件有限公司呼和浩特分公司	5	DHL
通辽市中通速递服务有限公司	16	中通
内蒙古百富东方快运服务有限责任公司	15	东方快递
呼和浩特市新城区顺一通物流服务部	10	一通
乌兰浩特市龙腾盛世商贸有限公司	3	中通
广州顺丰速运有限公司呼和浩特分公司	58	顺丰
包头市全一物流有限公司呼和浩特公司	13	全一
包头市全一物流有限公司	15	全一
北京中外运速递有限公司呼和浩特分公司	19	中外运速递
满洲里市壹加壹快递服务有限公司	6	中通
民航快递有限责任公司内蒙古分公司	20	民航快递
中外运空运发展股份有限公司内蒙古分公司	20	中外运速递
赤峰中通速递服务有限公司	16	中通
呼和浩特圆通速递服务有限公司集宁圆通速递分公司	3	圆通
圆通快递信息服务部	6	圆通
通辽申通物流快运代理有限公司	12	申通
乌兰浩特草原方舟物流中心	3	中外运速递
北京宅急送快运股份有限公司锡林浩特分公司	9	宅急送
北京宅急送快运股份有限公司通辽分公司	9	宅急送
北京宅急送快运股份有限公司呼和浩特分公司	42	宅急送
北京宅急送快运股份有限公司包头分公司	35	宅急送
北京宅急送快运股份有限公司包头昆区营业厅	10	宅急送
北京宅急送快运股份有限公司赤峰分公司	8	宅急送
北京宅急送快运股份有限公司包头和平路营业厅	8	宅急送
北京宅急送快运股份有限公司包头青山营业厅	10	宅急送
北京宅急送快运股份有限公司乌兰浩特分公司	6	宅急送
北京宅急送快运股份有限公司呼和浩特北垣街营业厅	10	宅急送
北京宅急送快运股份有限公司呼和浩特牛街营业厅	11	宅急送
北京宅急送快运股份有限公司新城营业厅	15	宅急送
北京宅急送快运股份有限公司巴彦淖尔分公司	10	宅急送
北京宅急送快运股份有限公司乌兰察布分公司	7	宅急送
安顺快运	2	宅急送
中铁快运股份有限公司呼和浩特分公司	120	中铁快运
嘉里大通物流有限公司内蒙古分公司	13	嘉里大通
通辽市科尔沁区批发城圆通速递服务部	8	圆通
乌兰察布市集宁区驰誉中通速递有限公司	3	中通
呼和浩特回民区传志快运服务部	2	快捷速运
锡林郭勒盟邮政速递物流局	40	EMS
巴彦淖尔市邮政局		EMS
内蒙古自治区邮政速递服务部	413	EMS

续表 1-12

单位名称	职工人数（人）	公司品牌
赤峰邮政局速递局	41	EMS
呼伦贝尔市邮政速递中心局	39	EMS
呼和浩特市邮政速递分局	208	EMS
包头市邮政速递局	150	EMS
兴安盟邮政速递局	21	EMS
呼伦贝尔市海拉尔区海申快运服务部	6	申通
呼和浩特中通物流快运服务部	16	中通
乌海市海勃湾区全日快递部	7	中通
巴彦淖尔市临河区申通快递服务部	5	申通
中通物流快运服务部	5	中通
呼伦贝尔海拉尔区韵达速递工作室	8	韵达
鄂尔多斯市申通快递服务部	5	申通
满洲里市鑫圆通速递服务部	3	圆通
内蒙古一函申通科技有限公司	65	申通
包头市中通速递物流服务部	16	中通
呼伦贝尔市圆通速递有限责任公司	4	圆通
内蒙古伊健申通电子商务有限责任公司集宁分公司	3	申通
海勃湾区申通快递物流服务部	4	申通
鄂尔多斯市东胜区鑫运通物流有限公司	9	中通
巴彦淖尔市临河区中通速递业务部	4	中通
通辽韵达快运服务有限责任公司	4	韵达
呼和浩特市韵达快递服务有限责任公司	15	韵达
包头鼎力通国际货物运输代理有限公司	25	联邦快递
包头市鹿邦全通联运有限责任公司	26	联邦快递　中铁快运
包头市畅安物流快递有限责任公司（韵达）	4	韵达
呼和浩特市君立国际货运代理有限责任公司	17	汇通快运
包头鼎力通国际货物运输代理有限公司呼市分公司	4	国际快递
赤峰红山区申通快递服务部	5	申通
呼和浩特天天快递	9	天天快递
包头鼎力通国际货物运输代理有限公司鄂尔多斯市分公司	4	国际快递
包头市中天国际货运代理有限公司	15	优比速
包头市昆区汇通快递服务部	18	汇通快递
北京明邦运通国际运输服务有限公司呼和浩特分公司	10	明邦
呼伦贝尔市海拉尔区中通速递	3	申通
包头市申通快递服务有限责任公司	14	申通
包头市圆通速递物流服务部	15	圆通
赤峰市松山区天天快递服务中心	6	天天快递
呼和浩特市新城区飞鸿快递服务部	10	飞鸿
嘉里大通物流有限公司满洲里分公司	4	嘉里大通
呼和浩特呼圆快递有限年责任公司	25	圆通
巴彦淖尔市博联科贸有限责任公司	15	希伊艾斯（cces）
鄂尔多斯市东胜区如风快递有限责任公司	8	全一
赤峰希伊艾斯快递有限责任公司	5	希伊艾斯（cces）
内蒙古阿拉善盟中通速递有限责任公司	5	中通
通辽市日升日美物流配送有限公司	15	沈阳天马“天天快”
呼和浩特市同城快递有限责任公司	5	鸿怡快递

续表 1-12

单位名称	职工人数（人）	公司品牌
内蒙古邮政快递物流有限责任公司呼市分公司	27	EMS
包头市东河区速尔快递服务部	15	速尔
北京乐畅快递有限责任公司呼和浩特分公司	5	乐畅快递
呼和浩特市新城区希伊艾斯快递服务部	7	希伊艾斯（cces）
呼和浩特市新城区送发快递服务部	5	希伊艾斯（cces）
北京宅急送快运股份有限公司呼和浩特赛罕区营业厅	15	宅急送
包头市邮政速递局	150	EMS
兴安盟邮政速递局	21	EMS
呼伦贝尔市海拉尔区海申快运服务部	6	申通
呼和浩特中通物流快运服务部	16	中通
乌海市海勃湾区全日快递部	7	中通
巴彦淖尔市临河区申通快递服务部	5	申通
中通物流快运服务部	5	中通
呼伦贝尔海拉尔区韵达速递工作室	8	韵达
鄂尔多斯市申通快递服务部	5	申通
满洲里市鑫圆通速递服务部	3	圆通
内蒙古一函申通科技有限公司	65	申通
包头市中通速递物流服务部	16	中通
呼伦贝尔市圆通速递有限责任公司	4	圆通
内蒙古伊健申通电子商务有限责任公司集宁分公司	3	申通
海勃湾区申通快递物流服务部	4	申通
鄂尔多斯市东胜区鑫运通物流有限公司	9	中通
巴彦淖尔市临河区中通速递业务部	4	中通
通辽韵达快运服务有限责任公司	4	韵达
呼和浩特市韵达快递服务有限责任公司	15	韵达
包头鼎力通国际货物运输代理有限公司	25	联邦快递
包头市鹿邦全通联运有限责任公司	26	联邦快递　中铁快运
包头市畅安物流快递有限责任公司（韵达）	4	韵达
呼和浩特市君立国际货运代理有限责任公司	17	汇通快运
包头鼎力通国际货物运输代理有限公司呼市分公司	4	国际快递
赤峰红山区申通快递服务部	5	申通
呼和浩特天天快递	9	天天快递
包头鼎力通国际货物运输代理有限公司鄂尔多斯市分公司	4	国际快递
包头市中天国际货运代理有限公司	15	优比速
包头市昆区汇通快递服务部	18	汇通快递
北京明邦运通国际运输服务有限公司呼和浩特分公司	10	明邦
呼伦贝尔市海拉尔区中通速递	3	申通
包头市申通快递服务有限责任公司	14	申通
包头市圆通速递物流服务部	15	圆通
赤峰市松山区天天快递服务中心	6	天天快递
呼和浩特市新城区飞鸿快递服务部	10	飞鸿
嘉里大通物流有限公司满洲里分公司	4	嘉里大通
呼和浩特呼圆快递有限年责任公司	25	圆通
巴彦淖尔市博联科贸有限责任公司	15	希伊艾斯（cces）

续表 1-12

单位名称	职工人数（人）	公司品牌
鄂尔多斯市东胜区如风快递有限责任公司	8	全一
赤峰希伊艾斯快递有限责任公司	5	希伊艾斯（cces）
内蒙古阿拉善盟中通速递有限责任公司	5	中通
通辽市日升日美物流配送有限公司	15	沈阳天马“天天快”
呼和浩特市同城快递有限责任公司	5	鸿怡快递
内蒙古邮政快递物流有限责任公司呼市分公司	27	EMS
包头市东河区速尔快递服务部	15	速尔
北京乐畅快递有限责任公司呼和浩特分公司	5	乐畅快递
呼和浩特市新城区希伊艾斯快递服务部	7	希伊艾斯（cces）
呼和浩特市新城区送发快递服务部	5	希伊艾斯（cces）
北京宅急送快运股份有限公司呼和浩特赛罕区营业厅	15	宅急送

六、许可企业

2010 年，按照《快递业务经营许可管理办法》规定，有 64 家快递企业依法获得经营许可，具体名单如下：

内蒙古邮政速递物流有限公司、呼和浩特呼圆快递有限责任公司、内蒙古韵必达速递有限公司、呼和浩特市韵达快递服务有限责任公司、包头市全一物流有限公司、内蒙古一函申通科技有限公司、呼和浩特市红山快递有限责任公司、包头市申通快递服务有限责任公司、满洲里韵达速递有限责任公司、内蒙古吉达物流有限公司、通辽市中通速递服务有限公司、赤峰市申通快递服务有限公司、通辽市通圆速递有限公司、乌兰察布市集宁区申通快递有限责任公司、乌兰浩特市申通快递有限公司、呼伦贝尔市申通快递服务有限公司、包头市海纳百川快递有限责任公司、呼和浩特市优速快递服务有限公司、包头市太平洋速递有限责任公司、呼和浩特市天天快递有限责任公司、锡林浩特市中通北祥速递服务有限公司、二连浩特市众邦速递物流有限公司、赤峰中通速递服务有限公司、乌海市天之路申通快递有限公司、巴彦淖尔市畅通快运有限责任公司、鄂尔多斯市东胜区鑫运通物流有限公司、乌海市钰然速递有限公司、巴彦淖尔市合众通速递有限公司、乌兰察布市集宁区驰誉中通速递有限公司、阿拉善盟中通速递有限公司、乌海市中通北祥速递有限责任公司、达拉特旗圆通快递服务有限公司、内蒙古百富东方快运服务有限责任公司、内蒙古顺丰速运有限公司、呼伦贝尔市全通速递有限责任公司、满洲里满圆速递有限责任公司、鄂尔多斯市东胜区众合圆通速递有限公司、乌兰浩特市民通速递有限公司、鄂尔多斯市东胜区如风快递有限责任公司、赤峰市赤通速递有限公司、通辽市韵达快运服务有限公司、通辽市畅通速递有限责任公司、巴彦淖尔市凯信快运有限公司、赤峰汇一通速递服务有限责任公司、乌兰察布市集宁区圆通速递有限责任公司、呼和浩特市速通快递有限责任公司、鄂尔多斯东胜区陆路通快递有限公司、呼和浩特市蒙速快递有限责任公司、乌兰浩特市龙腾盛世商贸有限公司、丰镇市程越物流有限责任公司（中通）、乌兰察布市集宁区世纪阳光商贸有限公司（韵达）、满洲里市天天快递有限责任公司、乌海市韵达快运服务有限公司、乌海市亿通快递有有限公司、乌兰浩特市草方舟快递有限公司、呼伦贝尔市远航中通速递有限公司、满洲里壹加壹速递服务有限公司、乌兰浩特市白马快递有限公司、通辽市凯崴速递有限公司、呼伦贝尔市天天快递服务有限公司、赤峰国通快递有限公司、阿拉善盟银泰网络科技有限公司、呼伦贝尔市艳吉韵达速递服务有限公司、呼和浩特市广友快递有限责任公司。

第二章

企业运营

第一节 邮政业务

一、函件

（一）业务种类

1991 年开办的函件业务有：普通信函、普通明信片、挂号信函。

贺年（有奖）明信片 1992 年起开办中国邮政贺年（有奖）明信片业务，有奖明信片由邮电部印刷发行，共有 2 组图案（每组 6 张）。1993 年经国务院批准，贺年（有奖）明信片自 1993 年起作为邮政正常业务每年发行。1995 年，邮电部分配内蒙古邮电部门 1996 年贺年（有奖）明信片 132.2 万枚，全部发行销售完毕。1996 年，自治区邮电部门发售 1997 年贺年（有奖）明信片 124.2 万枚，其中普通型 121.2 万枚，极限型 2.4 万枚，贺卡型 0.6 万枚。1999 年贺年（有奖）明信片设 3 个种类：普通型、极限型和贺卡型，全区共发行邮政贺年（有奖）明信片 88.38 万枚，其中普通型 80.1 万套，贺卡型 1.48 万枚，极限型 6.8 万枚。明信片以每 100 万枚为 1 个开奖组，设 6 个奖级。奖品均为税后奖项。全区共兑付 3 等奖 153 个。2002 年全区共销售贺年（有奖）明信片普通型 62 万枚、贺卡型 7600 枚。

电子信函 1992 年 7 月，呼和浩特邮政局开办国内电子信函，随后各盟市局相继开办。邮政电子信函业务是综合邮政网点普及和电信传输方式迅速的特点，为用户提供的现代化通信方式。邮件在全程传递过程中，邮局依法为用户保密，原件在机上传输完毕，即刻面退或寄退寄件人。至 1995 年底，全区开办国内国际电子信函的盟市旗县局达 44 个。

明星企业明信片 1993 年 11 月自治区邮政部门与 76 家自治区级“明星企业”联手，推出介绍这些企业经营项目、产品特点的企业名片。

尊师重教明信片 1994 年第十个教师节前，内蒙古自治区邮电管理局与自治区人民教育基金会协商，于 9 月 10 日为第十个教师节发行“尊师重教明信片”。

中国少年书信比赛明信片 1994 年 10 月，总结发行“尊师重教明信片”，拓展信函业务的新思路，发行“中国少年书信比赛明信片”。

回函卡（回音片） 1994 年 11 月 7 日，呼盟局开办邮政回音片业务，到 12 月 15 日，全盟销售邮政回音片 7506 张。自治区邮电管理局根据呼盟推出邮政回音片新业务所带来的经济效益，在全区范围内推广回函卡（回音片）。1995 年 4 月 1 日，包头市邮电局在全市各区、旗、县邮电局开办邮政回音片业务。用户在收到包裹、汇款及其他给据邮件后，可通过填写并邮寄回音片及时向对方反馈信息。2001 年 8 月 24 日，转发国家邮政局《关于开发普通邮资明信片业务的通知》，各盟市邮政局开发素质教育回函卡。

广告信函 1995 年，赤峰市邮电局广告邮购公司利用市区报刊发行收订微机系统用户投递名址库、旗县用户投递注册资料，建立了本地信函广告数据库。3 月 16 日，全区各地信函广告部门就北京变更长途区号事项向全区市话用户统一寄出有址信函广告 35 万封、无址信函广告 10 万封，收到良好宣传效果，同时也向社会各界宣传了邮政部门的信函广告业务。

企业拜年卡　企业拜年卡是以“中国邮政贺年（有奖）明信片”为载体开发出来的一种具有宣传企业形象，宣传企业产品，带有广告性质的明信片。该业务始于 1995 年，到 1996 年 10 月，全区有 90 家客户同自治区邮电管理局达成印制 117 万枚企业拜年卡的协议，与上年相比，拜年卡的客户和种类分别增长 11 倍和 10 倍，总印数翻了三番多，发展用户数量及揽收的业务量均跃居全国前 5 名。1997 年，全区邮电部门已发展企业拜年卡客户一百余家，制作拜年卡 124 万枚，创收 209 万元。1998 年 4 月 24 日，呼和浩特市邮政局组织了有 110 家企、事业单位及集邮界人士参加的“呼和浩特地区 96-98 中国邮政企业拜年卡评比暨 99 年研讨会”。展示了 1996 年以来全国各省制作的企业金卡，向各单位介绍邮政广告业务，随后与 7 家单位签订制作 8 万枚企业金卡和 7 万枚企业明信片的合同。5 月 13 日租用内蒙古美术馆举办“中国邮政企业拜年卡（全国）暨 44 届戛纳国际广告节获奖作品博览会”，通过企业金卡、企业明信片宣传活动来吸引更多的用户认识、使用邮政广告业务。1999 年，全区各盟市邮政局共征集揽收企业拜年卡 179 万枚。征集发行数量最多的为呼和浩特市邮政局，57.5 万枚；其次是包头局，44．75 万枚；伊克昭盟局 16．75 万枚；哲里木盟局 12．75 万枚；赤峰局 10．75 万枚。2002 年全区制作企业拜年卡 296 万枚。

企业明信片和名人明信片　1997 年，为振兴内蒙古地方经济，更好地宣传内蒙古，扩大内蒙古企事业及名人的知名度，管理局根据社会发展和市场需要，决定从 5 月 1 日起，在全区邮电部门开办企业明信片和名人明信片业务。并同时制定了《内蒙古自治区企业明信片、名人明信片业务管理办法（试行）》。

快件　1997 年 7 月 1 日起，邮电部邮政总局决定取消快件业务。

邮资广告明信片　1998 年 3 月 10 日，邮电部决定开办利用普通邮资明信片为企业代发广告的业务，明信片广告业务是利用普通邮资明信片为媒体，通过邮政渠道来宣传企业形象、产品及其他商务活动的具有广告性质的邮政新业务。明信片广告规格符合《明信片》邮电通信行业标准。每一品种发行量最低基数原则上为 1 万枚。

印刷品　1998 年 5 月 1 日，信息产业部邮政总局重新调整印刷品准寄范围，内蒙古邮电予以执行。印刷品准寄范围为：经省级及以上出版行政机关批准印有统一书号、证号或国际标准书号（ISBN）、国内统一刊号（CN）的书籍、报纸、期刊、教材和图书目录。符合上述“印刷品”准寄范围的期刊上印有征订单的可按印刷品收寄，如夹寄有征订单或所印征订单上盖（印）有公章的应一律按信函收寄。印刷品准寄范围调整后，部分纸包按包裹业务寄递。

账单　1998 年 6 月 30 日，自治区邮电管理局发出《关于开办邮政寄递账单业务的通知》，决定在全区范围内开办邮政寄递账单业务。邮政寄递账单业务是邮政部门受收费单位或个人委托，以其消费者为寄递对象，以邮政部门代为制作的邮简为载体，将消费的详细内容定期告知消费者的一种业务。账单邮简还可附有广告、信息或征询客户意见和建议的回执。该业务适用各类发放对账单、公用事业费、代缴代付及欠费通知单的收费部门，如电话费、水费、电费、税费、煤气费、储蓄保险、基本保险、住房公积金、有线电视费账单、银行账单及各种欠费通知单的寄递。

义务兵免费信件　1998 年 7 月 8 日，邮电部颁发《关于对义务兵免费邮寄平信加强收寄管理的通知》。8 月 3 日，自治区邮电管理局转发全区贯彻执行。义务兵免费信件，以国内平常信函、明信片为限，每件不准超过20克，如果超过或者要求按挂号邮寄时，均应付足邮费寄递。义务兵免费信件，只限现役义务兵个人从部队发信，如果因探亲等，从地方上发信，仍照章纳费。至于军队干部、志愿兵、职工、家属、子女等均不得享受免费待遇。义务兵从部队发出的平信或明信片必须由所在军事单位加盖红色“义务兵免费信件”三角戳记，集中到当地邮电局所营业窗口发寄，不准投入信筒、信箱。

“希望工程”明信片 1999年9月，内蒙古自治区邮电管理局与内蒙古团委签订发行“希望工程”明信片的协议，发行“希望工程”明信片300万枚。

企业商标明信片 2000年与内蒙古工商局联合发行了“商标明信片”230万枚；2001年，呼和浩特市邮政局开发企业商标明信片153万枚。

“见义勇为”明信片 2000年与内蒙古政法委联合发行了“见义勇为”明信片。

明信片广告 2000年12月5日，与内蒙古工商管理局签订了利用邮资明信片为全区“驰名”“著名”“知名”企业商标进行宣传的协议。

中邮专送广告 2001年3月21日，执行国家邮政局《关于国家工商行政管理局同意利用“中邮专送”印刷品发布广告批复的通知》。

建党80周年明信片 2001年，呼和浩特市邮政局与内蒙古党委组织部联合发行“建党80周年纪念明信片”300万枚。

旅游点邮资门票 2001年，鄂尔多斯市邮政局发行响沙湾旅游点邮资门票20万枚。

代收水电费明信片 2001年8月24日，执行国家邮政局《关于开发普通邮资明信片业务的通知》，各盟市邮政局开发代收水电费明信片。

鄂尔多斯邮资信封 2001年8月24日，执行国家邮政局《关于发展普通邮资信封业务的通知》。9月，鄂尔多斯邮政局与鄂尔多斯市旅游局联合发行“成吉思汗陵”专用邮资封500万枚。

节日邮资明信片 2001年，发行“中秋节”“教师节”“情人节”“母亲节”“父亲节”等邮资明信片，发行量11万枚。

混合信函（电脑寄信） 混合信函业务是用户利用因特网传输，由专用信函打印封装机打印、封装，按平常信函进行投递的信函业务。该业务自2001年11月1日起在全国18个省（含自治区、直辖市）范围内试开办，内蒙古邮政局是首批试开办局之一。专用信函打印封装机安置在呼和浩特邮区中心局，负责接收全国各地发往全区各盟市的混合信函。业务开办当天，全区共接收全国各地进口信函95件。2002年9月28日，混合信函业务在全国正式开办。

青少年发展基金会邮资明信片、草原风光邮资明信片 2003年，内蒙古邮政发行青少年发展基金会邮资明信片和草原风光邮资明信片。

“娜荷芽”小信鸽专用有奖邮资明信片 2004年8月16日，内蒙古自治区邮政局与内蒙古电视台少儿频道“娜荷芽”栏目组合作发行“娜荷芽”小信鸽专用有奖邮资明信片业务。参与内蒙古电视台少儿频道“娜荷芽”小信鸽节目者通过各盟市局营业窗口购买、填写并邮寄给内蒙古电视台少儿频道“娜荷芽”小信鸽节目的均有机会获得纪念品，参与节目者也可用信函方式参加问题竞答和抽奖。该明信片由内蒙古邮政广告公司统一制作并发往各盟市局，在各盟市局营业窗口销售，售价为1.00元／枚，全区合计销售分配数量为20000枚，兑奖奖品2400份。

有奖广告邮资明信片 2004年8月16日，自治区邮政局发行有奖广告邮资明信片业务。有奖明信片是在普通广告邮资明信片的基础上增加兑奖功能的广告邮资片。

校园邮资信封 2005年，自治区邮政局印发《全区开发校园邮资信封的策划方案》，自治区政府与区邮政局联合印发《关于充分利用邮资信封提升我区对外宣传形象的意见》的文件。

定制型邮政贺卡 2006年，内蒙古邮政局以政府机关、企事业单位为开发重点，以中小企业为切入点，开发定制型邮政贺卡用户，全区共开发定制型邮政贺卡782万枚。

希望工程捐资助学爱心贺卡 2007年内蒙古自治区邮政局与内蒙古自治区团委、区青少年发展基金会及希望工程内蒙古捐助中心沟通，联合下发《关于开展2008年希望工程捐资助学爱心贺卡认购活动的通知》，11月23日举行“希望工程捐资助学爱心贺卡”发行仪式。

（二）资费

1992年4月20日，内蒙古自治区物价局、邮电管理局印发《关于收取邮政地方建设费的联合通知》，制定了“内蒙古自治区邮政地方建设费收取范围及标准”。标准规定：国内挂号函件，每件收取0.10元附加费；国内印刷品500克以上每件0.20元，500克以下，每件0.10元。标准于5月1日起执行。邮政地方建设费是内蒙古自治区邮政通信建设专项资金，专款专用，不列收入。收取邮政地方建设费是为了加快自治区邮政事业的发展，改善邮政通信的落后状况。12月12日，内蒙古自治区物价局、邮电管理局联合印发了《关于收取邮政延伸服务费试行标准的通知》。邮政延伸服务费是邮政部门为了方便用户而开拓的服务项目。邮政部门是在用户自愿的前提下开展的有偿服务。邮政延伸服务的项目及收费标准规定：应用户要求邮局派人或派车到用户指定地办理收寄的上门揽收邮件服务费：普通邮件：100件以下每次收取5.00元；100件及以上每次收取8.00元。

1993年3月30日，内蒙古自治区邮电管理局，根据邮电部有关文件精神，结合自治区的实际情况，对部分邮件采取放宽邮件规格和实行资费浮动政策。商业信函（含各种类型的明信片）：区内互寄可优惠5%;1000件以上的可优惠10%；2000件以上的可优惠15%；5000件以上的优惠20%。6月7日，鉴于邻省邮政建设附加费的调整情况，管理局对自治区实行的邮政地方建设费征收标准进行了调整。标准规定：国内挂号函件，每件收取0.30元附加费；国内印刷品，500克以上每件0.40元，500克以下每件0.30元。标准于7月1日起执行。

1996年国内邮政服务项目价格表

表2-1 **单位：元**

项目	计费标准	资费标准	备注
信函	每重20克（不足20克按20克计算）	0.50	取消本、外埠
明信片	每件	0.40	取消本、外埠
印刷品	每重100克(不足100克按100克计算)	0.30	取消本、外埠
邮简	每件	0.50	同信函
回音卡	每件	0.40	同明信片
回执	每件	3.00	
盲人读物	按水陆路平常邮件寄递	免费	
挂号费	每件	1.00	

说明：上述价格自1996年12月1日起执行。此表根据国家计划委员会、邮电部计价费〔1996〕2688号文件规定

1997 年贺卡型邮资明信片资费表

表 2-2　　单位：元

项目	印量（枚）	资费标准	备注
定制型普通邮资明信片	100—1000 以 100 递增	3.00	副片：0.01 元 / 厘米；其他工艺费用：上光、打孔、打印条码等另外核算
	1000—2000 以 1000 递增	2.00	
	2000 及其整数倍	1.80	
定制型信卡邮资明信片	100—1000 以 100 递增	4.50	同信函
	1000—2000 以 1000 递增	3.30	同明信片
	2000 及其整数倍	2.80	
定制型邮政贺卡	100—1000 以 100 递增	7.00	
	1000 及其整数倍	5.5	
名址费：0.10 元 / 条　　封装打印费：0.10 元 / 件			

1998 年 8 月 17 日，信息产业部印发《关于“邮电公事”和公免电话问题的通知》，管理局于 9 月 9 日转发。通知明确各省会电信局及已完成邮电分营工作的地（市）、县（市）电信局使用的“邮电公事”改为纳费交寄。尚未完成邮电分营工作的地（市）、县（市）邮电局和省（区、市）邮电管理局及直属企事业单位，待邮电分营工作完成后，一律按相应资费标准纳费。本通知自 1998 年 9 月 1 日起执行。12 月 16 日，自治区邮电管理局通知各盟市邮政局：接国家邮政局电报通知，由于 1999 年贺卡型（有奖）明信片在印制过程中更换纸质的原因，造成其本身重量超过信函重量 3—6 克，但封套所印邮资仍为 0.50 元，一些省在处理过程中，将其视为欠资邮件，因此通知贺卡型贺年（有奖）明信片收投局一律按正常函件处理，不收取用户欠资费用；用户若按挂号信函交寄，每件只收 1. 50 元的邮费（挂号费 1.00 元、邮资 0.50 元），不收取超重部分的费用。

1999 年 3 月 1 日，国家邮政局对邮政的基本资费进行调整，结合资费调整，自治区邮政局印发《关于邮政资费调整后有关业务解释的通知》。这次资费调整的基本情况：（1）主要调整国内函件资费，调整面小、共涉及 12 项业务种类。（2）资费调整与改变计费方式相结合，提高了国内函件首重资费，适当下调了续重资费。（3）资费标准调整与结构调整相结合，有升有降。资费调整的内容：①国内信函，首重 100 克内，每重 20 克本埠 0.60 元，外埠 0.80 元；续重 101—2000 克，每重 100 克本埠 1.20 元，外埠 2.00 元。②国内明信片和回音卡不分本、外埠，均为每件 0.60 元。③国内印刷品，首重 100 克本埠 0.30 元，外埠 0.60 元；续重 101—5000 克，每重 100 克本埠 0.15 元，外埠 0.30 元。④邮简每件本埠 0.60 元，外埠 0.80 元。⑤国内挂号费、汇款最低汇费、退改汇费、撤回邮件和更改收件人名址手续费及撤回汇款手续费全部提高到 2.00 元。⑥降低 5000 元以上国内高额汇款的汇费，规定汇费最高标准为 50.00 元。⑦取消邮政附加费。

1999年国内邮件、汇兑资费表

表 2-3 单位：元

业务种类	计费单位	资费标准	
		本埠	外埠
信函	首重100克内，每重20克（不足20克按20克计算）	0.60	0.80
	续重101—2000克每重100克（不足100克按100克计算）	1.20	2.00
明信片	每件	0.60	
印刷品	首重100（不足100克按100克计算）	0.30	0.60
	续重100—500克每重100克（不足100克接100克计算）	0.15	0.30
邮简	每件		
回音卡	每件	0.60	
挂号费	每件	2.00	
回执	每件	3.00	
盲人读物	按水陆路平常邮件寄送	免费	
代发广告费	每重500克（不足500克按500克计算）	1.50（其他手续费见邮件资料费详表）	

1999年9月1日起执行《商业函件资费优惠办法》，规定各盟市局商函资费优惠条件和标准。优惠条件划分为3类。第一类：呼和浩特市、包头市、赤峰市、通辽市、呼伦贝尔盟；第二类：乌兰察布盟、巴彦淖尔盟、伊克昭盟、锡林郭勒盟、乌海市、兴安盟；第三类：阿拉善盟。优惠标准为：本埠商业信函可在邮资标准的40%范围内浮动；外埠商业信函可在邮资标准的25%范围内浮动。

1999年商业函件资费优惠条件表

表 2-4 单位：件

类别	一次性交寄函件量	年使用函件量
1	⩾ 500	⩾ 8000
2	⩾ 300	⩾ 5000
3	⩾ 200	⩾ 3000

2000年9月28日，混合信函业务在全国正式开办，资费为每封信2.00元，每加一张纸加收0.50元，最多4张纸。

2004年1月1日起，执行《关于调整国内邮件挂号费等问题的通知》，国内邮件挂号费从2元调整为3元。同日起，执行国家邮政局《关于国内包裹纳费方式等问题的通知》，对于邮寄国内信函、明信片、印刷品、挂号信函、挂号明信片、挂号印刷品，直接将与邮资等额的邮票贴在信封的表面即可。

2006年1月1日起，执行国家发展改革委办公厅《关于同意适当调整国内印刷品业务资费的复函》，将国内印刷品业务资费首重100克（不足100克按100克计算）由现行本埠0.30元、外埠0.60元调整为本埠0.40元、外埠0.70元；续重每重100克（不足100克按100克计算）由现行本埠0.15元、外埠0.30元调整为本埠0.20元、外埠0.40元。 11月15日起，执行国家发展改革委、国家邮政局《关于适当调整邮政基本资费的通知》，信函资费首重100克以内，每重20克本埠由0.6元调整为0.8元，外埠由 0.8 元调整为 1.2 元；100 克以上的续重资费维持每重 100 克本埠 1.2 元、外埠 2.0 元不变。明信片资费由每件 0.6 元调整为 0.8 元。

2006 年国内普通邮件资费表

表 2-5　　单位：元

项目	计费单位	资费标准	
		本埠（县）	外埠
信函	首重 100 克内，每重 20 克或其零数	0.80	1.20
	续重 101—2000 克，每重 100 克或其零数	1.20	2.00
明信片	每件	0.80	
印刷品	首重 100 克或其零数	0.40	0.70
	续重每 100 克或其零数	0.20	0.40
邮简	每件	0.80	1.20
挂号费	每件	3.00	
回执	每件	3.00	
盲人读物	按平常邮件寄递	免费	
保价费	每保一元或其零数	0.01	
	每件最低保价费	1.00	
存局候领手续费	函件每件	1.00	
	包裹每件	3.00	
撤回邮件或更改收件人名址手续费	每件	3.00	
使用电报（传真）办理查询、撤回、更改收件人名址电报费	每件加收	2.00	

备注：1. 本埠以市属城区（不含市辖县和飞地）为范围，本县以县境为范围。2. 现役义务兵从部队发寄私人通信内容的每件重量不超过 20 克的国内平常信函或明信片免费

2006 年邮资品售价表

表 2-6

项目	规 格（毫米）	面值	白封片售价（元 / 枚）	带广告售价（元 / 枚）
普通邮资明信片	148 × 100	80 分	1	1.2
	148 × 100（国际）	4.20 元		5
	125 × 78	80 分	1	1.1
	165 × 115（国际）	4.50 元		4.8

续表 2-6

项目	规 格（毫米）	面值	白封片售价（元 / 枚）	带广告售价（元 / 枚）
纪念邮资明信片	148 × 100	80 分	1	
特种邮资明信片	148 × 100	80 分	1	
风光、特种邮资明信片（套封式）	148 × 100	1.1 元		
风光、特种邮资明信片（本册式）	230 × 100（外形）	80 分	1.4	
普通邮资信封	230 × 120	80 分 /1.20 元	1.1/1.5	1.2/1.6
	229 × 162	1.20 元	1.6	1.7
	229 × 162（喜鹊）	4.20 元		4.4
	229 × 162（国际麒麟）	5 元		5.5
	229 × 162（国际红掌）	6 元		6.5
纪念邮资信封	220 × 110	1.20 元	1.6	
邮资信卡	256 × 186	1.20 元	2.3	2.4

2008 年邮政贺卡售价表

表 2-7　　　　单位：元

种类			售价
销售型	普通型	国家版	1.6
		省版	1.6
	信卡型	国家版	2.8
		省版	2.8
	C5 贺卡型	国家版	5.5
		省版	5.5
	ZL 贺卡型	国家版	5.5
		省版	5.5
	动感卡		6.0
	幸运封		30.0
	幸运封（1+1）		50.0
	自创型	国家版	2.5

续表 2-7

<table>
<tr><th colspan="3">种类</th><th>售价</th></tr>
<tr><td rowspan="15">定制型</td><td rowspan="3">普通型</td><td>2000 枚及以上</td><td>1.8</td></tr>
<tr><td>1000 枚</td><td>2.0</td></tr>
<tr><td>100（含 100）枚—1000 枚</td><td>3.0</td></tr>
<tr><td rowspan="3">信卡型</td><td>2000 枚及以上</td><td>2.8</td></tr>
<tr><td>1000 枚</td><td>3.3</td></tr>
<tr><td>100（含 100）枚—1000 枚</td><td>4.5</td></tr>
<tr><td rowspan="2">C5 贺卡型</td><td>1000 枚及以上</td><td>5.5</td></tr>
<tr><td>100（含 100）枚—1000 枚</td><td>7.0</td></tr>
<tr><td rowspan="2">ZL 贺卡型</td><td>1000 枚及以上</td><td>5.5</td></tr>
<tr><td>100（含 100）枚—1000 枚</td><td>7.0</td></tr>
<tr><td colspan="2">动感卡（起印量 100000 枚）</td><td>6.0</td></tr>
<tr><td rowspan="2">幸运封</td><td>2000 枚—10000 枚</td><td>30.0</td></tr>
<tr><td>10000 枚以上</td><td>30.0</td></tr>
<tr><td rowspan="2">幸运封（1+1）</td><td>2000 枚—10000 枚</td><td>50.0</td></tr>
<tr><td>10000 枚以上</td><td>50.0</td></tr>
</table>

说明：定制型贺卡内页印制费各省、区、市邮政公司与印刷厂结算

（三）业务量和收入

1991 年，全区函件业务量 7782 万件，收入 1390.8 万元，其中贴票收入 1056.1 万元。

1992 年，邮电部开办有奖明信片业务，信函业务走出低谷，开始逐步增长。全区销售 300 万张有奖明信片，函件业务量 7980.5 万件，收入 1512 万元，其中贴票收入 1027 万元。

1993 年，与 76 家自治区级“明星企业”联手，推出 40 万张介绍这些企业经营项目、产品特点的企业名片，进一步开拓了信函业务发展的新思路，随后相继推出了“尊师重教明信片”“中国少年书信比赛明信片”等。当年函件业务量 9517.1 万件，收入 1512 万元。

1994 年，贺年（有奖）明信片全区完成 123 万张，函件业务量 10831.6 万件，收入 1881 万元，其中贴票收入 883 万元。

1995 年，贺年（有奖）明信片全区完成 200 万张。函件业务量 10699.6 万件，收入 2375 万元，其中贴票收入 1025 万元。

1996 年，国内函件业务量合计 10255.3 万件，收入 2414 万元，其中贴票收入 1194 万元。各类函件达 10357.66 万件，同比略有下降。

1997 年，国内函件业务量合计 9462.3 万件，收入 3938 万元，其中贴票收入 2162 万元。

1998 年，国内函件业务量合计 8506.9 万件，收入 3291.6 万元，其中贴票收入 1847.1 万元。

1999 年，国内函件业务量为 8319 万件，比上年有所下降，其中国内平常信件 7049.2 万件、国内平

常印刷品 335 万件、义务兵免费平常函件 254.9 万件、国内挂号信件 648.1 万件、国内挂号印刷品 31.7 万件。国内函件业务收入完成 4292 万元，比上年同期增长 16.48%。收入增幅在全国排名第 17 位，收入绝对值在全国排名第 25 位。其中邮递类广告收入 1270.25 万元，占函件收入的 26.09%。函件收入（包括户外广告收入）占邮政业务总收入的 7.75%。全区户外广告路牌有 3231 块，其中发布广告 2347 块，占 72．64%。全区邮政商函广告业务收入 2390.22 万元，同比增长 82.67%，占函件业务收入的 49.08%；商函广告业务量完成 2185.3 万件，同比增长 68.4%。其中商业信函业务收入 485.37 万元，业务量 1043 万件；邮送广告业务收入 206.24 万元，业务量 858.76 万件；邮资广告明信片（含企业拜年卡）业务收入 455.54 万元，业务量 318.03 万件。

2000 年，全区国内函件业务总数 9499 万件，比上年略有增长，增幅在全国排第 25 位。其中国内平常信件 6851.2 万件、国内平常印刷品 349.6 万件、义务兵免费平常函件 299 万件、国内挂号信件合计 595.4 万件，国内挂号印刷品 30.9 万件。函件业务收入完成 5705 万元，比上年末增长，高于全国平均水平 0.2 个百分点，增幅在全国排第 15 位，收入绝对值在全国排名第 25 位。全区商业信函业务 1165 万件，收入 1002 万元，在全国排名第 16 位；企业明信片收入 715 万元，在全国排名第 15 位。函件收入占邮政业务收入比重为 7.66%，占邮政业务收入纯增额的 7.18%。企业拜年卡制作单位数为 383 家，印制企业拜年卡 325.5 万枚。全区邮政广告业务收入 5800.04 万元，同比增长 142.66%，占全区邮政业务收入比重 8.42%，比上年提高 4.92 个百分点。邮送广告业务收入 362.68 万元，户外广告完成 2046.7 万元，同比增长 533.61%，占同期邮政广告业务收入的比重为 35.29%。其中邮递类广告业务收入 2391.66 万元，同比增长 106.52%，占邮政广告业务收入的 41.24%。邮政广告各项业务收入构成比例为：商业信函业务收入占 16.89%，账单业务收入占 3.14%，邮送广告业务收入占 6.25%，企业拜年卡和邮资明信片收入占 14.94%，户外广告业务收入占 35.29%，邮政广告其他业务收入占 23.48%。

2001 年，全区国内平常信件合计 7582.04 万件，其中国内平常印刷品 325.3 万件、义务兵免费平常函件 268.9 万件、国内挂号信件 538.5 万件、国内挂号印刷品 24.2 万件、国内大宗函件 299.9 万件、邮政广告明信片 311.3 万件。全区函件业务收入完成 7951 万元。其中国内普通函件收入 4281 万元、商业信函收入 1467 万元、账单业务收入 446 万元、中邮专送收入 695 万元、企业明信片收入 976 万元。全年邮送广告业务量完成 3769.15 万件，同比增长 148.51%；业务收入完成 704.43 万元、全国排名第 18 位，同比增长 94.23%、全国排名第 12 位。全年邮资明信片业务量完成 854.6 万件，同比增长 228%；业务收入完成 984.79 万元、全国排名第 12 位，同比增长 127%、全国排名第 16 位。全年共揽收企业拜年卡 347 家，制作 296.5 万枚、同比下降 11.36%，业务收入完成 521.77 万元、同比下降 7.79%。全区揽收制作邮资信封 54.5 万枚，实现收入 65.4 万元。邮政广告业务收入完成 8910.58 万元、全国排名第 12 位，同比增长 54%、全国排名第 5 位；邮递类广告业务量完成 6942.43 万件、全国排名第 18 名，同比增长 95.10%、全国排名第 5 名；邮递类广告业务收入完成 4124.98 万元，同比增长 72.47%，占全区函件业务收入的比重达 51.89%。邮政广告各项业务收入构成比例为：商业信函业务收入占 14%，账单业务收入占 5.77%，邮送广告业务收入占 9.4%，企业拜年卡和邮资明信片收入占 17.04%，户外广告业务收入占 40.19%，邮政广告其他业务收入占 13.62%。邮政商业信函 1822.9 万件，同比增长 24.78%；业务收入完成 1467.42 万元、全国排名第 14 位，同比增长 49.81%、全国排名第 10 位。全区户外广告全年业务收入完成 3306.60 万元、全国排名第 4 位，同比增长 61.55%、全国排名第 8 位。

2002 年，全区邮政函件业务量 1.4 亿件，其中国内平常信件 7554.2 万件、国内平常印刷品 322 万件、义务兵免费平常函件 217.9 万件、国内挂号信件 344 万件、国内挂号印刷品 21.5 万件、国内大宗函件 2975.4 万件、邮政商业信函 2143.3 万件、制作邮政广告明信片 538.7 万件。函件业务收入完成 5230 万元，其中国内普通函件收入 2487 万元、商业函件收入 2700 万元、其他收入 43 万元。全区邮政广告业务收入完成 5204.3 万元，全国排名第 16 名，占全区邮政业务收入比重的 5.85%。其中邮递类广告业务收入 2726.27 万元，占全区函件业务收入比重的 52.07%；户外广告业务收入 1717 万元，全国排名第 6 位；邮递类广告业务量 8339.04 万件，全国排名第 23 位，同比增幅全国排名第 17 位。邮政广告各项业务收入构成比例为：邮递类广告业务收入占 52.38%，户外广告业务收入占 32.99%，邮政广告其他业务收入占 15.12%。全年账单制作量达到 302.31 万件，业务收入完成 259.6 万元，业务量全国排名第 21 位。邮政广告邮资明信片的制作量为 265.4 万枚，业务收入 231.2 万元。全区邮政企业拜年卡制作单位 391 家，制作 250.7 万枚，收入 453.5 万元。

2003 年，全区函件业务总量为 13730 万件，比上年同期略有下降，增幅在全国排第 18 位、比上年末前移 7 位，业务总量绝对值在全国排第 22 位、比上年末前移一位。全区函件业务收入完成 4239 万元，比上年下降 19%，收入增幅在全国排名第 29 位、比上年末前移 2 位，收入绝对值在全国排名第 27 位、比上年末后移 1 位。全区函件平均单价为 0.46 元，比 1999 年的 0.58 元低 21%，低于全国平均水平 0.22 元。其中国内函件平均单价 0.44 元，低于全国平均水平 0.21 元。函件业务中，国内邮资机函件收入 1705 万元，占函件收入的 40.22%；国内贴票函件收入 1377 万元，占函件收入的 32.49%；普通邮资封片卡收入 83.74 万元，占函件收入的 1.98%；其他收入 80.32 万元，占函件收入的 1.89%。函件业务中商业信函量 3608 万件，比上年同期增长 68%，绝对值在全国排名第 12 位，增幅在全国排名第 3 位。审批邮资片稿件 445 件、客户 110 家；企业拜年卡稿件 983 件、客户 308 家；邮资封稿件 1261 件、客户 569 家。全区邮政广告业务收入 4735.43 万元，占邮政业务收入比重为 5.7%。其中邮递类广告业务收入 2454.5 万元，占函件业务收入比重为 57.94%；户外广告业务收入 1479 万元。邮递类广告业务量完成 10286.75 万件。邮政广告各项业务收入构成比例为：邮递类广告业务收入占 51.83%，户外广告业务收入占 31.23%，其他业务收入占 16.37%。其中邮递类广告业务收入中各分项业务收入所占比例为：商业信函业务收入占 38.94%，账单业务收入占 6.4%，邮资明信片业务收入占 7.86%，企业拜年卡业务收入占 12.45%，邮资广告信封业务收入占 5.55%，邮送广告业务收入占 28.84%。

2004 年，完成国内平常信件 3269.94 万件，国内平常印刷品 314.5 万件，义务兵免费平常函件 140.9 万件，国内挂号信件 264 万件，国内挂号印刷品 31.5 万件。函件业务收入 3652 万元，其中国内贴票函件收入 1127 万元、国内邮资机函件收入 969 万元、广告邮资封片收入 942 万元、邮政广告收入 287 万元、其他收入 327 万元。全区设计稿件 552 件，其中邮资明信片 86 件、邮资封 39 件、拜年卡 66 件、中邮专送广告 32 件和其他邮政广告业务 329 件。同时通过邮资封片二级报审系统网上审批邮资片稿件 593 件，印量为 103.72 万枚；企业拜年卡稿件 176 件，印量为 34.65 万枚；邮资封稿件 1463 件，印量为 376.96 万枚。由于受到业务结构调整和户外广告发布价格下降等因素影响，全区邮政广告业务收入完成情况不甚理想。全年邮政广告收入 3331.02 万元，同比下降 29.66%，完成年计划的 79.31%，剔除上年不可比的邮政广告其他业务收入，实际下降 15.89%。其中邮递类广告业务收入完成 2204.19 万元，同比下降 10.2%，占全区函件业务收入的比重为 60.37%；户外广告业务收入完成 1126.83 万元，同比下降 23.8%。因业务结构调整邮政广告其他业务收入不实行专业统计。邮政广告业务收入结构为：邮递类广告业务收入占 66.17%，户外广告业务收入占 33.83%。其中邮递类广告业务收入中各分项业务收入所占比例为：商业信函业务（包括商函、账单、窗口收寄）收入占49.93%，企业明信片业务（包括封、片、卡）收入占26.66%，邮送广告业务收入占23.4%。

2005年，完成国内平常信件2511.5万件，国内平常印刷品合计306.4万件，义务兵免费平常函件85.6万件，国内挂号信件222.1万件，国内挂号印刷品14.2万件。函件业务收入3803万元，其中：通信邮资凭证销售收入1090万元；邮资机收入781万元；函件其他收入180万元。全区数据库商函161万件，实现收入121万元。年内设计稿件960件，定稿309件。其中邮资明信片220件，定稿86件；邮资封43件，定稿19件；中邮专送广告7件，定稿7件；个性化邮册216件，定稿83件；海报折页共83件，定稿40件；贺年有奖明信片148件，定稿70件；商业信函62件，定稿8件；封面设计20件，定稿9件；吉祥物设计8稿；邮资图设计10稿；其他邮政广告业务稿件146件。全区共制作各类明信片511万枚。其中，邮资广告明信片159万枚，同比增长73%（其中门票型邮资明信片制作65万枚，占邮资广告明信片的41%）；无邮资明信片352万枚（旅游景点门票明信片36万枚、电费抄表卡310万枚、家庭必备电话卡明信片6万枚）。制作企业拜年卡479万枚，其中普通型247.7万枚、信卡型21.6万枚、贺卡型58.65万枚，完成计划的117%，同比增长191%。全区开发邮资信封555万枚，同比增长30%（其中校园邮资封201万枚、占总业务量的36%，政府邮资封210万枚、占38%，企业邮资封144万枚、占26%）。邮递类广告业务收入完成2057.54万元，同比增长13.4%，占全区函件业务收入的比重为64.56%；窗口函件收入完成1129.56万元，占全区函件业务收入的35.44%，同比下降13.9%，绝对值减少182.31万元。邮递类广告业务拉动函件业务增长8个百分点。函件各项业务收入构成情况：窗口贴票收入占全区函件业务收入的33.75%；邮递类广告业务收入占66.25%，其中，商业信函业务收入占3.15%，账单业务收入占1.58%，窗口收寄业务收入占15.77%，邮资明信片业务收入占7.23%，企业拜年卡业务收入占12.93%，邮资广告信封业务收入占13.48%，邮送广告业务收入占12.11%。全区邮政户外广告业务收入完成877.64万元，同比降低18.81%，完成年计划任务的79.79%。

2006年，完成国内平常信件1776.4万件，国内平常印刷品344.5万件，义务兵免费平常函件49.8万件，国内挂号信件204.6万件，国内挂号印刷品17.3万件。邮政函件业务实现收入4463万元，完成年计划108.07%，实现同比增长17%，绝对值增加656万元。全区邮政函件业务收入中通信邮资凭证销售及函件其他收入完成1232万元，占函件总收入的28%，同比下降4%，绝对值减少53万元；邮递类函件业务收入3231万元，同比增长28%，占全区函件业务总收入的72%，较上年同期增加6个百分点。全区邮政函件业务收入中通信邮资凭证销售及函件其他收入完成1232万元，占函件总收入的28%，同比下降4%，绝对值减少53万元；邮递类函件业务收入3231万元，同比增长28%，占函件总收入的72%，同比增加6个百分点。其中，各分项业务收入所占比例：邮资业务，包括数据库商函业务、账单和窗口收寄大宗函件业务，实现收入919万元，占函件总收入的21%，同比增长18%，绝对值增加139万元；广告邮资封片业务，包括邮资封、片、卡业务，实现收入1631万元，占函件总收入的37%，同比增长27%，绝对值增加350万元；邮政广告业务实现收入681万元，占函件总收入的74%，同比增长48%，绝对值增加219万元。由于户外媒体广告发布价格下降，以及城市建设、规划、媒体老旧等因素影响，全年全区户外媒体广告业务收入699万元，完成年计划目标的91%，同比下降20%。

2007年，全区函件业务实现收入6740万元，同比增幅51%，增幅水平列全国第一，较2006年增幅排位前移9位。其中商函业务收入928万元，邮资封片业务收入926万元，账单业务收入199万元，中邮专送业务收入81万元。

2008 年，全区完成函件业务量 41820357 件，业务收入 9831 万元，完成年计划任务（9300 万元）的 105.71%。函件各分项业务收入为：通信邮票销售收入 725.87 万元，数据库商函业务收入 1558.09 万元，账单业务收入 336 万元，封片业务收入 1024.28 万元，邮政贺卡收入 3720.92 万元，中邮专送收入 1920.6 万元，函件其它收入 543 万元。

2009 年，全区函件业务量 36705519 件，同比略有增长。函件业务收入 12102.35 万元，增幅水平列全国第一，较上年增幅排位前移 26 位。其中商函业务收入 1659.94 万元，邮资封片业务收入 6782.48 万元，账单业务收入 509.89 万元，中邮专送业务收入 1551.78 万元。全区函件业务有效收入 5328.46 万元，部分成本高、利润低的业务得到控制。年底，全区函件业务欠费额为 2062 万元，欠费比例下降了 15 个百分点。

2010 年，全区函件业务量 33850543 件，业务实现收入 1.21 亿元。邮政贺卡业务发展迅猛，完成收入 7221 万元，同比增长 15.8%；总部营销项目发挥了重要的拉动作用，在各盟市局的精心组织下，农村便民手册、高考大礼包、交通安全知识竞赛答题、银企对账单等 10 多项总部营销项目均取得了较好成效。

（四）业务营销

1991—1996 年，函件业务由自治区邮电管理局邮政处负责组织指导营销。

1997 年 1 月 2 日，自治区邮电管理局决定成立内蒙古邮政广告总公司，对全区邮政广告业务实行集团式专业化经营。各盟市邮电局也相应成立盟市邮政广告分公司。内蒙古邮政广告总公司与盟市邮政广告分公司为具有法人资格的邮电通信企业，分别为管理局与各盟市邮电局的直属单位，执行邮电通信企业财务会计制度。其营业收入作为邮政业务收入。内蒙古邮政广告总公司编制暂定 5—8 人。各盟市邮电局在现有人员编制中调剂解决，编制自定。内蒙古邮政广告总公司在财务管理上采用收支两条线管理，基数包干，收支挂钩；各盟市邮政广告分公司不设财务机构，在本局财务部门分户核算，收支两条线管理。6 月 25 日，管理局为发挥邮政全网优势，增强市场竞争力，加快发展邮政广告业务，提高企业效益，全区实行邮政广告集团化经营，决定成立内蒙古邮政广告经营集团（以下简称集团）。集团成员单位由各盟市邮政广告公司、内蒙古邮政广告有限责任公司组成。集团为松散型集团化经营组织，日常管理挂靠内蒙古邮政广告有限责任公司。集团实行董事会领导下的总经理负责制。董事长由管理局邮政运营部主任兼任；副董事长由呼和浩特市邮政局副局长、内蒙古邮政广告有限责任公司经理兼任；总经理由内蒙古邮政广告有限责任公司经理兼任；常务董事由邮政广告年业务收入（1996 年底数）40 万元以上的呼和浩特市邮政局和包头市、赤峰市、呼伦贝尔盟、哲里木盟、乌兰察布盟、巴彦淖尔盟邮电局指定兼任，其他不足 40 万元年收入的盟市局指定兼任董事。集团实行主要广告媒体集团统一规划、统一建设、统一调度、联合经营、联网运作、资源共享、互惠互利，财务集中结算，分盟市单独核算。集团日常管理、经营范围、广告发布运作、媒体资源开发建设、广告策划、设计、制作、财务结算及利益分配等具体事项，按照集团化经营章程和利益分配方案有关管理办法执行。集团常设机构设在内蒙古邮政广告有限责任公司，其主要职责是：按照管理局制定的工作计划及目标，负责组织、协调全区邮政广告业务的经营及联网媒体运作，数据库交换和新业务及市场开发工作，负责跨省区广告业务的联络、财务结算等工作。

1998 年 3 月 10 日，自治区邮电管理局执行邮电部邮政总局《关于建立中国邮政名址信息库的通知》，制订《内蒙古自治区邮政广告信函名址信息数据库联网运行组织管理办法》。内蒙古邮政广告公司具体负责全区名址信息库的汇总和日常更新交换及全国联网连接工作的组织管理。各盟市局邮政广告公司负责汇总建库，上报内蒙古邮政广告公司信息中心。信息采集内容：（1）单位名称（全称）；（2）详细地址；（3）邮政编码；（4）电话号码；（5）行业代码；（6）主要经营范围；（7）法人代表。

1999 年，自治区邮政局分别与自治区邮电管理局和内蒙古国信通信有限公司签订合作协议书，为盟市邮政局与其具体合作奠定基础。下半年，包头、赤峰、伊盟 3 个邮政局先后成立了商函大用户服务中心，实行灵活自主的经营机制，促进了商函业务的发展。呼和浩特市、包头、赤峰、乌海 4 个盟市邮政局引进账单处理系统，并与多家单位达成代发账单协议。自治区邮政广告公司和盟市邮政局为海尔电器、中国电信、老庙黄金、大海海鲜城、祥和房地产、金百威大酒店、华融证券、伯爵花园、168 信息台、160 信息台等数百家企业及产品制作发布《中邮专送广告》专刊、特刊、彩页 858.76 万份；为 280 家企业制作金卡 233.5 万枚；为中国电信、中国银行等单位制作数万枚广告明信片；为内蒙古师范大学、广播电视学校等院校制作校园明信片；为书法家康庄制作了名人明信片。自治区邮政广告公司制作内蒙古自治区希望工程邮资明信片 300 万枚。部分盟市邮政局购买本地主要路段户外媒体广告发布权，在取得良好经济效益的同时，还提高了邮政广告的社会知名度。

2000 年 1 月 9 日，内蒙古邮政广告有限责任公司更名为内蒙古邮政广告总公司（以下简称总公司）。各盟市相应成立邮政广告分公司，部分旗县设立邮政广告业务专业化经营机构，未设立机构的旗县局配备专职人员。形成以自治区邮政广告总公司为龙头，盟市局邮政广告分公司为支撑，旗县局广告机构和人员为补充的自上而下的三级专业化经营体系。年内，总公司通过多种途径收集名址信息，引进亚邮数据库，从内蒙古统计局购买了 11 万条单位名址信息，分寄盟市邮政广告公司使用。对委托邮政部门制作账单的电信、移动、联通及金融部门提供的名址进行逐一核对，形成准确的专业库。各盟市局开发“冠名权”广告业务。包头局在市内所有邮政局所楼顶、楼体建立起 800 多平方米的楼顶牌匾，承揽发布广告；与市政府签订了阿尔丁南大街两侧建设大型广告路牌的协议。乌海局结合本市的“明亮工程”，在该市广场周围 6 条街道建设了 800 块灯箱，并与电信局合作，在市内 120 个 IC 卡电话亭上建设灯箱广告。兴安盟局结合乌兰浩特市市政改扩建规划，买断中央大街两侧 120 块豪华型路灯灯箱，每杆投入 3200 元，并全部发布广告，广告发布价格为每杆 4500 元，当年投入当年收回成本。呼和浩特市邮政局在内蒙古信息中心大楼承揽 570 平方米的鄂尔多斯酒、中国电信、中国联通的户外广告；在呼和浩特市火车站邮政枢纽楼为红河、方正电脑承作了 670 平方米的楼牌广告。邮政户外广告媒体优势不仅体现在全区各盟市政府所在地，而且触角延伸到旗县。巴彦淖尔盟局以杭锦后旗为试点，投资 20 万元买断陕坝镇所有户外媒体，并建起一个四面体擎天柱大型广告牌。阿拉善盟局基本垄断了全盟的户外广告市场，阿拉善左旗户外广告路牌 620 块，阿拉善右旗、吉兰泰、额济纳旗 50 块，广告路牌成为阿盟街头一景。阿拉善盟局还为西夏王啤酒、汇川西服、拳伟西服等品牌发布户外路牌灯箱广告。赤峰市局邮政广告公司统一投资制作灯箱广告媒体，旗县局与所在地政府协调联系，在全市所属旗县主要街道两旁设立灯箱广告牌 1800 余块。《中国邮政报》在头版头条报道内蒙古邮政大力发展户外广告的做法。为培育全区联网发布《中邮专送广告》（内蒙古版）市场，总公司走访 100 多家企业，全区加入中邮专送广告网络的成员单位有 80 多家。7 月份开始，12 个盟市局均定期发行邮送广告，邮送广告业务在自治区形成一定规模，到年底，发行 4 期，收入 36 万元。总公司与内蒙古综合治理办公室联合开发“见义勇为”邮资明信片 30 万套，在“见义勇为”邮资明信片的正面分别为中国电信内蒙古分公司、中国移动内蒙古分公司、内蒙古证券有限责任公司发布赞助广告；为内蒙古国信公司制作用户回函卡 2 万枚；为鄂尔多斯集团开发用户回函卡 40 万枚；开发中外节日系列邮资明信片和以“永远的胡杨”为题材的系列邮资明信片；与内蒙古号簿公司签约代理内蒙古黄页广告，与中典广告公司合作出版发行全国邮政编码号簿。伊克昭盟局与鄂尔多斯集团签订回函卡业务协议。呼和浩特市邮政局与内蒙古消协、仕奇集团、内蒙古文化厅、呼和浩特市文物管理处等单位联系用户回函卡、邮资明信片、门票邮资明信片等业务。哈素海旅游度假村、内蒙古商检局、中华律师函授辅导站、劳动厅等单位均利用商函发寄广告和各类信息。兴安盟王大明种子公司向全国农资系统发送万件商函，使企业产品打开了销路。呼和浩特市、兴安盟、通辽市等局与当地各大中专院校合作开发20万枚校园风光明信片，与文物管理处等公益性单位合作开发15万枚门票明信片。

2000年，自治区邮政局3月14日与内蒙古移动通信公司，4月23日与自治区邮电管理局，10月12日与工行内蒙古分行分别签订了代送账单合作协议书。与移动、电信、联通等部门签订了制作账单业务协议，先后与电信、联通、国信、工行、中行、建行、农行等部门签订了邮寄账单合作协议。12月5日，与内蒙古工商管理局签订了利用邮资明信片为全区“驰名”“著名”“知名”企业商标进行宣传的协议。

2001年，随着账单、商函、《中邮专送广告》制作量的增加，夹报投递质量不高的问题越来越突出，针对这一问题，3月27日，制定《内蒙古邮政户外广告业务联网运行组织管理办法》；8月3日，制定《内蒙古邮政广告总公司大客户服务管理办法》。总公司配合自治区邮政局视察室、公众服务处到部分盟市邮政局检查商函、账单投递情况，对呼和浩特市地区账单投递情况每月进行随机检查，对各盟市邮政局普遍存在的问题进行全区通报。全区商函、账单投递情况逐步好转。9月3日，总公司制定《全区各行业推广普通邮资信封的策划文案》，并制作实物样品邮资信封5000枚，同时协助盟市邮政局启动邮资信封业务。鄂尔多斯市邮政局与鄂尔多斯市委、市政府等51家单位签订鄂尔多斯系列信封29.5万枚；呼和浩特市邮政局签订17家，共计15.5万枚。12月20日，呼和浩特市邮政局中山路营业厅开办个性化明信片业务。年内，呼和浩特、包头、赤峰、通辽、鄂尔多斯、巴彦淖尔、乌海7个盟市邮政局成立单独的商函专业化经营机构。呼和浩特市邮政局与百盛、华联、家和超市成为长期合作客户，按照客户提供的会员名址每月寄发有址商函。通辽市邮政商函公司收集到当年通辽地区所有大中专应届考生的名址信息，主动向周边省市自费大学寄发商函百余封，详细介绍商函业务的优势，10多所大学纷纷与之洽谈商函业务。兴安盟邮政商函公司充分利用当地企业资源，与大明种业集团合作，为其制作、寄发商函并收集50余万条信息名址库，1998年以来为大民种业集团累计发出商函350万件。呼和浩特市邮政局分别为中国国际、康辉、春秋、铁道等旅行社及太阳、元兴、仁和、顺达等房地产集团寄发邮送广告百万份，收入近200万元。呼伦贝尔盟邮政局为呼伦贝尔盟工商行政管理局寄发邮送广告，成为一项稳定的长效业务。8月，总公司与呼和浩特市邮政局签订《中邮专送（内蒙古版）代理协议》，出版5期，为全区的《中邮专送广告》业务的健康发展起到引领作用。邮资明信片业务开发种类数量增多，题材日渐新颖、丰富，赤峰克什克腾旗旅游景点门票发行17.5万枚；兴安盟阿尔山风光邮资明信片发行1.4万枚；呼和浩特市邮政局开发嬉水乐园、天元娱乐中心游泳馆门票1万枚；阿拉善盟邮政局开发贺兰山南寺门票明信片2万枚；兴安盟邮政局开发罕山公园门票明信片6万枚；包头市邮政局开发美岱召门票明信片1万枚；鄂尔多斯市邮政局开发响沙湾门票、恩格贝自然保护区邮资明信片25万枚。回函卡业务方面，包头市邮政局开发康佳集团回函卡1万枚；乌兰察布盟邮政局开发移动公司调查回函卡5000枚；鄂尔多斯市邮政局开发联通调查回函卡、学生素质教育回函卡及各类家长通知书1万枚。呼和浩特市邮政局与内蒙古党委组织部联合开发建党80周年邮资明信片300万枚。年内，户外广告业务拓展到路牌、楼房牌匾、“擎天柱”、墙体广告，初步形成遍布各地、形式多样的户外媒体分布态势。全区拥有户外媒体路牌灯箱9062个，楼房牌匾137个，户外广告总体发布率达到88%。同时各盟市邮政局在自治区邮政局户外媒体建设补贴资金政策的支持下，加大“擎天柱”广告塔的建设，全区建成“擎天柱”57个。其中包头市邮政局新建的12个“擎天柱”全部完工，广告承揽工作完成，并全部签订了广告承揽合同；乌海市邮政局新建的3个“擎天柱”全部发布；鄂尔多斯市乌审旗、伊金霍洛旗、杭锦旗等新建的“擎天柱”已分别为“雪驰”“波导”“网通”等著名企业做户外广告，形成收入。呼和浩特市邮政局3块楼体广告全部发布，巴彦淖尔盟邮政局投资300万元买断临河市胜利路的广告发布权，包括路牌、楼顶牌匾、条幅、道旗等各类媒体的发布，已形成收入；鄂尔多斯市借撤盟改市的良机，买断东胜市最繁华的两条大街的户外广告发布权，拥有灯箱、灯杆媒体270个，并制作更新“单位标牌”上百家，同时制作“庆祝活动游行彩车”，实现收入近30万元。至年底，本册式《中邮专送广告》（内蒙古版）出版12期。

2002年9月6日，自治区邮政广告总公司印发《进一步开发和规范电费、煤气费通知明信片的通知》；9月11日，印发《开展户外广告媒体调查的通知》；9月13日，印发《进一步拓展邮递类广告业务发展思路的意见》；9月29日，印发《进一步加强企业拜年卡业务营销工作的通知》及《内蒙古邮政广告媒体及广告宣传效果评价制度和评价方法（试行）》。总公司注重以策划为先导，指导各盟市邮政广告部门发展业务，先后有针对性地印发《火车站站台票邮资明信片策划方案》《进入军营系列邮资明信片策划方案》《家庭必备电话号码邮资明信片策划方案》《新生入校的第一声问候邮资明信片策划方案》《利用个性化明信片与个性化邮票联合为企业进行双重宣传的策划方案》《2002年世界杯足球赛竞猜活动策划方案》《节假日系列邮资明信片策划方案》《监狱服刑人员专用邮资明信片策划方案》《开发个性化邮资明信片业务的策划方案》《总公司企业拜年卡策划的思路》《为政府部门制作普通邮资信封的策划方案》《为社会各企事业单位制作普通邮资信封的策划方案》《为学校制作普通邮资信封的策划方案》《利用邮资明信片为我区128个名牌产品企业进行宣传的建议书》《为内蒙古民航公司制作旅客回函卡的建议书》《利用普通邮资信封（明信片）开发制作地方特色邮资信封（明信片）的策划方案》《利用邮资明信片（信封）制作铁路“路风”服务质量调查卡（函）的策划方案》《利用邮资明信片开展“消费者诚信单位”调查活动的建议书》等经营策划方案。个别盟市邮政局结合当地实际，拓宽思路，采用部分方案，并采取营销公关手段开发了业务。兴安盟邮政局采用《进入军营系列邮资明信片策划方案》为当地武警和边防部队制作邮资明信片5万枚，采用《监狱服刑人员专用邮资明信片策划方案》为内蒙古乌兰监狱制作邮资明信片0.5万枚；呼和浩特市、包头市、鄂尔多斯市等邮政局采用《利用普通邮资信封（明信片）开发制作地方特色邮资信封（明信片）的策划方案》共制作邮资明信片107万枚；呼和浩特市、包头市邮政局采用《2002年世界杯足球赛竞猜活动策划方案》，其中呼和浩特市邮政局制作《中邮专送广告》30万份，收入9万元；包头市邮政局利用小规格明信片制作世界杯足球赛竞猜邮资明信片6万枚。“内蒙古邮政广告网”于3月8日正式申请域名http: //www.postad.net.cn。网站不断进行动态扩充与修改，改版2次，内容有“商务信函”“邮资明信片”“户外媒体”“信息动态”“联系方式”及34项“广告法律法规”等。总公司每月编发的《广告动态》在网站上随时刊发。7月18日，由总公司主办，呼和浩特市邮政局协办的2002年内蒙古邮政广告媒体展示推荐会在内蒙古昭君大酒店会议厅举行。内蒙古人民政府办公厅、自治区党委宣传部、自治区政法委、自治区广告协会、自治区公益协会、自治区质量协会、中国邮政广告公司及来自区内外的46家企事业单位客户代表和42家广告公司参加了展示会。展示推荐会现场，自治区邮政广告总公司与自治区公益协会就邮政广告全面代理公益事业户外广告的合作意向进行签约，并与自治区质量协会就全面开展广告合作进行现场签约；呼和浩特市邮政广告公司与慧聪国际资讯内蒙古分公司就开展邮政广告合作进行现场签约。呼和浩特市邮政局为中国网通内蒙古通信公司、索伦嘎杂志社、呼和浩特市第一中学、呼和浩特市第二中学、内蒙古工业大学策划制作彩色画册，实现收入近50万元；制作昭君文化艺术门票2.8万枚、“美丽的呼和浩特”本册式明信片3万枚、“昭君墓”风光明信片5万枚、“内蒙古草原歌舞之乡”本册式明信片5万枚等；并抓住呼和浩特市一中、呼和浩特市二中、内蒙古师范大学等校庆活动，分别策划和制作邀请函、邮资信封及彩色画册。包头市邮政局制作“包头市风光明信片”10万套、100万枚，该项目纳入包头市政府外宣工作“四个一工程”（一个片子、一本书、一个纪念品、一套明信片）中；并与内蒙古林业厅联合在包头市举办“绿色奥运大型文艺晚会”，实现利润9万元。呼伦贝尔市邮政局针对“撤盟建市”活动，策划发行使用统一邮资信封业务，制作邮资广告信封58.67万枚，实现收入70万元。兴安盟邮政局抓住“全区第九届少数民族运动会”及“庆祝内蒙古自治区成立55周年大型文艺晚会”在乌兰浩特市举办的时机，买断会议的广告发布权，制作商函、门票、《中邮专送广告》、会旗及宣传条幅、户外广告等，实现收入近30万元。锡盟邮政局抓住8月在锡林浩特市举办的“锡盟那达慕大会”及“锡林浩特铁路开通纪念仪式”，揽收制作全部广告宣传的90%左右，实现收入近20万元。下半年呼和浩特市邮政局的月账单业务量近15万件。包头市邮政局和乌兰察布盟邮政局账单业务发展相对比较平稳，月制作投递量分别为7万件和5万件左右。包头市邮政局开发制作“草原四姐妹剪纸明信片”1万套、10万枚，“包头风光邮资明信片”10万套、100万枚；呼和浩特市邮政局巩固规范了电费、煤气费通知明信片广告业务，每月的煤气、电费通知明信片业务量达10万件左右；乌海市邮政局每月的煤气、电费通知单明信片制作量达5000枚。总公司在市场调研的基础上，集中统一开发“重阳节”“中秋节”“国庆节”“圣诞节”“元旦”“春节”等节假日邮资明信片及“叩开大学门”“婚庆纪念”等本册式邮资明信片。年内，企业拜年卡制作单位及印量：呼和浩特市邮政局100家，82.2万枚；包头市邮政局128家，82.7万枚；乌海市邮政局21家，15.8万枚；赤峰市邮政局6家，4.3万枚；呼伦贝尔市邮政局10家，10.8万枚；兴安盟邮政局7家，3.3万枚；通辽市邮政局65家，24.5万枚；锡林郭勒盟邮政局2家，1.5万枚；乌兰察布盟邮政局19家，12.3万枚；鄂尔多斯市邮政局20家，7.5万枚；巴彦淖尔盟邮政局8家，5.6万枚；阿拉善盟邮政局5家，1万枚。国家邮政局首次开发的贺卡型企业拜年卡业务，制作单位近70家，制作19.2万枚。全区邮政邮资广告信封制作单位为244家，制作179.1万枚。经国家邮政局批准使用鄂尔多斯市的“成吉思汗陵”专用邮资图的制作量为65.5万枚；呼伦贝尔市的“呼伦贝尔大草原”专用邮资图的制作量为59.6万枚。

2002年，户外广告业务收入完成1717万元，其他业务收入完成787万元。由于市场竞争等方面的因素，邮政户外媒体的发布和广告制作单价较上年下降幅度较大，造成两项业务收入下降。但从全区邮政户外广告媒体发布情况来看，媒体数量和发布率均有所提高。全区擎天柱共有50个，广告发布率为94%；路牌灯箱有9154个，发布率为84%；楼房牌匾共计6867平方米，发布率为100%。其中赤峰市、通辽市邮政局加强户外广告媒体营销力度，使全年邮政户外媒体发布率接近100%。总公司在“亚邮数据库”的基础上，对“中宇数据库”进行核实修改，核实后数据量达到18万条，利用此数据库在各盟市试信10万件，各盟市邮政局反馈的退信率平均比例为3.9%。经国家邮政局批准，全区邮资广告信封、邮资广告明信片、企业拜年卡二级报审系统从6月1日起正式开通。各盟市邮政局均可通过互联网直接向国家邮政局报审稿件。该系统的开通缩短了全区邮政广告邮资明信片（封）向国家邮政局的报审时间，提高了工作效率。针对商函、账单类广告投递不到位的问题，总公司以呼和浩特地区为试点进行改革，从核实账单名址开始，首先解决账单投递不到位的问题。11月，呼和浩特市邮政局成立由5人组成的账单名址核实专业小组，月核实数据量约为6000条，使账单名址不详而投递不到位的问题逐步得到缓解。同时，加强对投递质量检查和考核工作的力度。7月，总公司在呼和浩特市举行全区企业拜年卡设计评选活动。12个盟市共上报96件设计作品，其中53件作品入围。此次活动评选出最佳企业拜年卡设计奖1名、最佳文案奖2名、最佳创意奖1名、优秀作品奖50名。其中通辽市邮政广告公司为通辽市移动通信公司设计制作的“绿叶”企业拜年卡，以其精炼的广告语将图案与寓意巧妙融通，荣获最佳设计奖和最佳文案奖2项殊荣；乌兰察布盟邮政广告公司为乌兰察布盟移动通信分公司制作的神州行IP电话精美广告以生动活泼、个性突出的卡通形象使其荣获最佳文案奖，同时乌兰察布盟邮政广告公司为大同报社设计制作的企业拜年卡以市场定位准确，视觉冲击力强，创意独特，荣获最佳创意奖。此次评选出的最佳作品参加了2002年全国邮政企业拜年卡的评选。

2003年6月30日，内蒙古邮政广告网站由http：//www.postad.net.cn改为www.dmnm.com，同时申请100M的主页空间，网站主要内容有各盟市邮政广告经营部门名称、地址、联系方式、邮政广告各项业务介绍、广告法律法规简介、各盟市邮政局户外媒体介绍及全区广告经营动态等。总公司在市场调研的基础上，相继拟写开发政府部门邮资封和邮资片等10多项策划方案。其中被盟市邮政局采纳并形成经济效益的策划方案有：开发政府部门邮资封，实现业务收入90多万元；话费充值卡邮资片实现收入8.3万元；“非典”医疗慰问卡及家庭电话号码邮资片实现业务收入38.2万元；呼和浩特市邮政局与呼和浩特市消防支队联合开发消防知识答题卡2万枚；为呼和浩特市假日酒店、捷讯集团、蒙苑房地产公司提供全面和部分项目的广告代理服务。总公司设计制作一套10枚草原风光邮资明信片，明信片从朝霞中的草原、夕阳中的草原、草原的马群、草原的蒙古包及草原的牛羊等不同侧面展现内蒙古草原风光，填补了内蒙古旅游明信片纪念品市场的空白，每套价格15元，发行3.5万枚。8月29日，自治区邮政局印发《关于加快全区邮政名址库建设的实施意见》，落实国家邮政局从统计局购买的涉及内蒙古的10万余条名址信息核实工作，自治区邮政局成立以刘晓兵任组长的名址信息库建设领导小组，盟市邮政局相继成立信息建设领导小组，对名址信息库的收集、管理、建设、更新、维护和使用名址库应注意的法律纠纷等作出规定，盟市将核实后的名址信息报总公司，总公司通过电话等方式进行名址信息质量检查。

2004年7月6日，自治区邮政局下调普通型企业拜年卡最低揽收数量。各盟市邮政局在揽收普通型企业拜年卡的过程中，在内蒙古邮电印刷厂印制的不再执行5000枚最低揽收数量的标准，调整为单枚揽收印制数量不低于2000枚，印制成本调整为0.20元／枚。各旗县邮政局揽收并交内蒙古邮电印刷厂印刷的普通型企业拜年卡，调整为单枚揽收的印制数量不低于1000枚，印制成本调整为0.20元／枚。9月29日，自治区邮败局与人民银行呼和浩特中心支行签署全面业务合作协议。协议明确10月8日正式启动“金三角”（呼和浩特市、包头市、鄂尔多斯市3地）的区域银行票据由邮政局负责递送。自治区邮政广告总公司先后与内蒙古工商局、内蒙古党委宣传部新闻中心、内蒙古电视台等单位联合组织“商标邮资信封”“新中国成立55周年成就展”“‘娜荷芽’小信鸽”收视有奖回函卡等业务，收入近百万元；尝试采取直接市场营销渠道和盟市邮政局订购的方式，策划发行3套草原系列邮资明信片，开办“普通有奖广告明信片业务”；先后策划乌兰察布盟撤盟建市营销策划方案、巴彦淖尔盟撤盟建市营销策划方案、民航客票邮资明信片策划方案、家庭财产保险营销策划方案、利用邮资明信片促进内蒙古旅游等方案，并以项目组形式全程跟踪实施。推广“开展一旗一县一企，一封一卡一片”明信片业务揽收活动。总公司指导各盟市邮政局对2004年报刊订阅名址进行收集、整理、汇总，形成全区报刊名址信息10多万条；

收集整理全区美容美发院（店）名址信息3000多条；收集整理高考毕业生名址信息4290多条；对全区组织机构名址库102631条信息进行两次维护。包头市邮政局收集整理社区居民名址12万条；兴安盟局收集整理农民名址127793条。年内，总公司出台“降低企业拜年卡揽收数量”的文件，调动盟市局特别是旗县局揽收企业拜年卡的积极性；从国家邮政局争取到邮政户外广告媒体建设专项资金800万元，增强了邮政户外广告业务的经营实力。

2005年，自治区邮政局在函件业务上坚持“求真务实、开拓创新，注重实效”的工作思路。1月，自治区邮政名址信息中心、呼和浩特市邮政名址信息中心与全国邮政名址信息系统联网；年底，包头、赤峰、通辽、兴安盟、鄂尔多斯分别与全国邮政名址信息系统联网。年初，区函件广告局开发电信账单、新华人寿账单、交通违法通知等9种账单业务，账单量68万件，形成收入60万元。剔除网通账单停办影响，同比增幅达到36%。以邮资封、片和企业拜年卡为重点，以呼和浩特市、包头市邮政局为试点，从6月份开始，以邮政代发工资为切入点，启动邮政绿卡账单寄递服务。在企业拜年卡业务的发展上，取得增幅超100%的好成绩。与自治区卫生厅合作开发护士节慰问商函2.4万件。从7月份开始策划2006年企业拜年卡和贺年有奖明信片的营销，10月在全国率先开发16种图案的光栅型贺年有奖明信片，全区征订量达17.4万枚；设计5种省版贺年有奖明信片，为各盟市局提供业务发展支持；与北京贺卡商联系订购圣诞贺卡6000枚；开发贺年有奖明信片84.50万枚，其中国家版普通型34.40万枚，国家版信卡型3.70万枚，国家版贺卡型6.40万枚，国家版异型1.20万枚；省版普通型20.10万枚，省版贺卡型1.30万枚，省版光栅型17.40万枚，共计形成收入176万元，同比增长203%。在全区推广锡盟多伦县局函件广告业务经验，开展一旗（县）、一封、一卡、一片、一笔中邮业务的“五个一”竞赛活动。全区有78个旗县局启动邮资封业务，业务量达212万枚，占全区总开发量的38%；32个旗县局启动邮资片业务，业务量达36万枚，占全区总开发量的22%；23个旗县局启动邮送广告业务。特别是在企业拜年卡业务发展中，旗县层面发展势头喜人，全区80个旗县局均启动企业拜年卡业务，业务量达170万枚，实现收入272万元，完成计划任务的105%。从9月21日到12月31日开展全区“双百”竞赛活动，发展数据库商函87万件。对2004年全区报刊库进行汇总、整理，形成有效数据56万条；对全区组织机构库进行专项维护，全区组织机构库数据量达到13万条；全区建设农民库3万条；建设全区护士库2.4万条；呼和浩特、呼伦贝尔、赤峰、巴彦淖尔4个局建设个性化数据库40多万条；建设6个盟市的地址信息78万条。

2006年，自治区邮政函件局与自治区移动公司签订账单合作协议；与自治区政府联合发文推广邮资信封的使用；与自治区经济委员会联合发文推广邮政数据库及商函媒体；与自治区地税局两次联合发文，启动个人完税证明寄递业务；与自治区公安厅联合发文开办交通安全执法通知寄递业务；与自治区团委、教育局、少工委联合发文开展全区第二届少年儿童书信文化活动，全区累计印制少儿书信文化活动专用信封76万枚；开发校园市场，全区征订学生明信片3.50万册，共计35万枚；为内蒙古电信公司策划“中国电信‘我为母亲送祝福’母亲节感恩行动”，制作邮资明信片24.5万枚，形成收入24.5万元。全区有11个盟市局完成地址库建设，并实现与国家局名址信息系统联网，地址库信息达到97万条；全区个性化名址共建成200万条，其中高消费个人名址10万多条，农民名址60多万条，教师名址8万多条，学生名址17万多条，护士名址2万多条；年内，各类名址累计使用430万条次，平均每条个性化名址使用两次以上。全区数据库商函制作量达到431万件，同比增长176%，其中，开发招生商函18万件、教师节商函11万件。全区共开发制作14类账单，制作量达到163.72万件，同比增长140.44%。特别是在移动账单、个人完税证明和交通安全执法通知单上有了实质性的突破。其中，移动账单制作量达到 78 万件，同比增长 291.2%，绝对值增加 52 万件；制作个税账单 6 万件；交通安全执法通知单 15 万件；住房公积金账单 22．93 万件；医保账单 4 万件。开发邮资封 585.3 万枚，较上年增长 8.42%，绝对值增加 45.45 万枚。其中开发校园邮资封 213.87 万枚，占总开发量的 36%；政府邮资封 199.56 万枚，占比 34%；企业邮资封 170.77 万枚，占比 29%；国际特惠邮资封 1 万枚。开发邮资封客户 1096 家，其中院校 366 所，政府机关 446 家，企业 284 家。全区共开发 5 个系列 23 种邮政贺卡新产品，与社会贺卡公司订购 30 多种产品。全区开发邮资明信片 262 万枚，同比增长 74%，其中开发旅游景点 15 处，制作旅游景点门票型邮资明信片 89 万枚。全区有 38 个旗县局启动邮送广告业务，完成收入 40 万元，较上年增加 13 个旗县，收入增长 43%。全区旗县局函件业务实现收入 1019 万元，同比增长 19%。其中 16 个旗县局跨上台阶；收入超过多伦县局（15 万元）的旗县局达到 22 个（2005 年仅有 13 个），超过 10 万元的旗县局达到了 44 个。全区 75 个旗县局拓展邮资封业务市场，累计开发量 254 万枚，占全区总开发量的 43%；34 个旗县局开发邮资明信片 58 万枚，占全区邮资明信片总开发量的 25%。全区 2007 年邮政贺卡业务实现收入 1585 万元，完成计划收入的 106%，同比增长 71%；客户数达到 2057 家，同比增长 68%。

2007 年 4 月，自治区邮政公司启动内蒙古自治区第三届少儿书信大赛。8 月，由内蒙古自治区人民政府、旅游局和邮政公司为庆祝内蒙古自治区成立六十周年，共同印制的《魅力内蒙古》明信片画册出版发行。10 月 9 日，2008 年中国邮政贺卡首发式在内蒙古饭店举行，内蒙古邮政函件局共为全区 2008 年贺卡营销活动设计制作省版贺卡 8 大系列、88 个品种。11 月 23 日，由内蒙古团委、邮政公司、青少年发展基金会和希望工程内蒙古捐助中心共同发起的“希望工程捐资助学爱心贺卡”启动仪式在内蒙古饭店举行。全区抓住草原旅游升温契机，加大旅游市场开发力度，制作门票型邮资明信片 173 万枚，制作各地风光明信片 46 万枚；开发旅游景点 19 家，其中开发了 7 家旅游景点的门禁系统（呼和浩特市 1 个，赤峰市 3 个，兴安盟 1 个，鄂尔多斯市 2 个）。申请了自治区 60 年大庆徽标、白鹿岛、四合木和成吉思汗庙 4 个专用邮资图。强化数据库建设，到年底全区已建成能够支撑业务发展，初具规模的数据库，包括：农民库 75 万条名址信息，中高考毕业生名址库 15.4 万条名址信息，邮政汇兑库 370 万名址信息等。与自治区经贸委、人保财险、铁通、卫通、网通、电信公司合作，促进邮政数据库商函业务发展。本年，函件业务收入 6740 万元 ，增幅 51%，增幅水平列全国第一，较上年增幅排位前移 9 位。其中商函业务收入 928 万元，邮资封片业务收入 926 万元，账单业务收入 199 万元，中邮专送业务收入 81 万元。

2008 年，继续深化函件管理专业化体制改革，盟市函件局受地面局和区函件局双重管理，盟市函件局长经盟市局推荐，由区函件局直接聘任；旗县邮政函件分局（营业局函件分局）局长经旗县局推荐，由盟市函件局直接聘任。区函件局对盟市函件局进行绩效考核，盟市函件局对旗县和营业函件分局进行绩效考核。通过加强专业组织领导，盟市局、旗县局增强对函件业务的重视与支持，促进了函件业务发展。为推进数据库商函业务，全区建设直复营销中心 16 处，其中，呼和浩特市、包头、赤峰、呼伦贝尔各 2 处，其他盟市各 1 处，函件收入在 100 万元以上的旗县局各 1 处。2008 年，全区函件专业重点总部营销项目——“迎奥运、讲文明、树新风”礼仪知识竞赛和奥运开幕式明信片 2 大项目，实现收入 680 多万元；第四届少儿书信文化活动和“学习党的十七大精神”知识竞赛活动，《神奇内蒙古》和《一代天骄——成吉思汗》画册，农行银企对账单等项目均取得显著成效。

2009 年，全区共开展了 16 个函件总部营销项目，实现收入 2150 万元，占全区函件收入的 22%。其中，数据库商函业务中的消防知识竞赛活动、安全生产知识竞赛活动、“六个为什么”知识问答活动、第五届少儿书信文化活动、12 个数据库商函产品项目，共实现收入 700 万元；账单业务全区共开发了较大账单客户16家，共计25类账单业务，农行银企对账单及建行个人贷款账单2个项目共形成收入130万元；《灵韵内蒙古》画册、爱心即刮卡、“文明诚信、共建和谐”明信片项目共形成收入590万元。自治区邮政公司落实集团公司提出的通过建设商业智能团队（BIU）发展数据库商函的思路，成立数据库商函解决方案小组，在全区推广BIU理念，各盟市局运用BIU理念开拓本地区市场，以项目营销推动函件业务发展，实现了函件业务新突破。2010年贺卡战役中，项目亮点频出，其中全区国庆贺卡台历项目实现收入1045万元；全区保险幸运封项目报审收入300万元；呼市局铁路站台票幸运卡收入99万元；包头局移动公司贺卡项目收入99.6万元；鄂尔多斯局通信行业贺卡项目80多万元，有效拉动了全区贺卡业务发展。12月底，全区完成2010年邮政贺卡业务6100万元奋斗目标。为解决函件业务欠费问题，区函件局设专人负责欠费管理，每月对欠费情况进行通报。6月底全区业务欠费额为2564万元，欠费比例为35%；到12月底，欠费额为2062万元，下降15个百分点。

2010年初，内蒙古邮政函件局按照总部项目+盟市自定项目联动发展的营销思路，确定了“农村便民手册”“高考大礼包”“交通安全知识竞赛答题”等十多项数据库商函总部项目，到12月底全区数据库商函总部项目实现收入430万元。总部启动工商银行、中信银行、邮储银行、招商银行和光大银行5家商业银行的银企对账单项目和个税账单项目，同时农行银企对账单开始由季度寄发大客户转为按月寄发，至12月底新增收入200万元。盟市局开发“农资商函”“人口普查”等具有当地特色的营销项目，取得明显成效。巴彦淖尔局新开发学生成绩通知单、新华人寿保险账单，通辽、兴安盟局新开发住房公积金账单，赤峰、乌兰察布、巴彦淖尔局启动邮储银行账单，与平安电销车险达成保单配送协议，与农村金谷合作银行达成了银企对账单制作协议等，盟市、旗县局累计新开发账单种类20项。11月初，区公司与自治区经信委联合启动了“直邮服务中小企业双千工程”，旨在通过与政府部门共同搭建邮政服务中小企业合作平台，以政府与邮政联合补贴的形式，为一批中小企业免费提供直邮服务，培育直邮理念，带动直邮产业的又好又快发展。直邮服务中小企业“双千工程”的具体内容为：自治区政府和区邮政公司每年各出资100万元，补贴扶持200家有发展潜力、具一定规模，市场前景好的成长型中小企业使用直邮业务拓展市场，5年共向全区1000家成长型中小企业累计提供1000万元专项扶持资金。5年内扶持全区200家成长型中小企业免费使用数据库商函。到年底，自治区财政已将第一年度合作的100万元专项资金划拨给区公司。全区第一批接受扶持的中小企业申报、发寄工作已经全面展开，全区累计推荐中小企业213家，超过计划13家，7家企业已实现直邮发寄。9月初，全区启动2011年邮政贺卡营销，12月12日，在全国第三小组的13个省区市中，内蒙古第一个提前完成集团公司下达的2011年邮政贺卡收入目标。年内，区广告公司设计制作了本册式明信片14套、贺卡9套、贺卡台历1套、形象年册10套、邮折3枚、标志规范1套、门头标牌2套、书籍封面多套、海报多幅，设计稿件量110余稿。11月，区广告公司全面代理《读友报》增设的《内蒙专刊》广告版。

二、包件

（一）业务种类

1991—1993年经营的包裹种类有：民用包裹、商品包裹、纸质品包裹、航空包裹。

邮购业务　各盟市局于1994年相继开办邮购业务。

取消商品包裹、纸质品包裹、航空包裹业务种类　1996年12月1日，取消商品包裹、纸制品包裹、航空包裹业务种类，统一按包裹收寄；取消原纸质品包裹业务，原收寄内容按印刷品收寄。

国内快递包裹　2001年8月1日，开办国内快递包裹业务。国内快递包裹业务的省会城市全程运递时限为4—6天，全程采用陆路运输，进出转口处理比照普通包裹的标准，适当增加封发频次，投递按每日2个频次组织投递到户。快递包裹每件的重量限度以40千克为限；内件为脆弱易碎、流质易溶物品的快递包裹最大重量限度以10千克为限，保价金额每件最高以人民币10万元为限。

校园包裹　2007年，邮政公司下发《关于在全区范围内开展校园包裹主题营销活动的通知》，随通知下发校园包裹主题营销活动策划方案，针对大中专院校，确定全区校园包裹市场营销目标。

“草原特色邮”包裹　2007年，以内蒙古自治区成立60周年庆典及草原旅游经济发展为契机，与区内知名土特产品制造商合作，通过套牌形式开发“草原特色邮”包裹业务，引导消费模式从传统的“自备包裹+购买邮寄服务”模式向“购买包裹+免费邮寄服务”模式转变。

爱心包裹、家乡包裹、军营包裹　2009年开发爱心包裹、家乡包裹、军营包裹等营销项目。

（二）业务量、业务收入

包裹是邮政通信中的一项较大业务。随着市场经济的发展，人民生活水平的提高以及交通便捷，使传统的包裹业务交寄量发展缓慢。

1991年包件业务量106.8万件，其中商包24.2万件；包件收入549.1万元，其中贴票收入155.3万元。

1992年包件业务量105.3万件，其中商包26万件；包件收入572万元，其中贴票收入99万元。

1993年包件业务量133.8万件，其中商包29.8万件；包件收入719万元。

1994年，邮购业务的发展从根本上扭转了包裹业务收入下滑的势态。当年业务量238.2万件；包件收入1358万元，其中贴票收入173万元。

1995年，包件业务又有了飞速发展，业务量达到359.1万件；收入达到3117万元，其中贴票收入204万元。1995年6月23日起，呼市邮政局到大中专院校，现场收寄行李，实行优惠资费的政策，现场处理、装车后交转运赶发有效车次，缩短了行李包裹的局内处理时限。20天内该局共深入25个院校，收寄行李包裹6500件，收入13.4万元；

1996年，全年收寄国内包裹合计178.6万件，收入2793万元，其中贴票335万元。

1997年，全年收寄国内包裹合计153.7万件，收入2056万元，其中贴票508万元；

1998年，全年收寄国内包裹合计128.7万件，收入1640.8万元，其中贴票330.4万元；

1999年，为扭转包裹业务下滑的趋势，修订国内包裹、印刷品业务有关规定，放宽了重量、尺寸限度，使本年包件业务收入增幅较高。全年包件业务收入完成4223万元，其中国内包裹收入2003万元、其他收入2220万元。业务量完成128万件，比上年同期略有下降。

2000年，由于邮购和直递业务的发展，使包件业务增幅有一定的提高，全区包件业务收入达到4657万元，其中直递收入2280万元。包件业务量由上年的128万件增加到130.2万件，同比增长1.72%。其中国内包件完成129.65万件，邮购业务106.13万件、销售额994.6万元。

2001年，传统包裹和直递业务都有较大幅度的增长。全年包件业务量达到141万件，同比增长8.3%；其中，国内快递包裹业务量完成3.1万件，直递业务11.1万吨；邮购业务39.24万件，邮购商品销售额 2529 万元。包件业务收入达到 7988 万元，同比增长 71.53%。

2002 年，国内包裹业务量 148.7 万件，其中国内快递包裹 17.2 万件。包件业务收入 2905 万元。从 2002 年起，直递业务收入不再进包件业务收入中，单独设立物流业务科目进行统计。

2003 年是包件业务发展较快的一年。3—5 月，由于“非典”疫情，实物流受到严重的影响，在其他运输行业和个人都出现传递受阻的情况下，邮政包件业务却出现较大的增长。“非典”期间，呼伦贝尔、兴安盟等地的广大用户将绿色土特产品、天然药品利用邮政包裹渠道大量地寄往外省及国外的亲友手中。“非典”结束以后，这种良好的发展趋势仍在继续，大批量的绿色产品、药材、木制品通过邮政普通包裹和快递包裹寄往全国各地。包件业务收入累计完成 3597 万元，比上年同期增长 23.80%。国内包件业务量完成 164.2 万件。

2004 年，国内包件业务量累计完成 149.6 万件，其中，快递包裹完成 54.23 万件，国内大宗包裹 4.8 万件。包件业务收入完成 3380 万元。

2005 年，国内包件业务量累计完成 139.9 万件，其中，快递包裹完成 61.98 万件，国内普包中协议客户包裹 8.3 万件，国内快包中协议客户包裹 7795 件。包件业务收入完成 3529 万元。

2006 年，国内包件业务量累计完成 139.1 万件，其中，快递包裹完成 63.2 万件，国内普包中协议客户包裹 11.6 万件，国内快包中协议客户包裹 5648 件。包件业务收入 3365 万元。

2007 年，对校园包裹主题营销活动进行部署，下发校园包裹主题营销活动策划方案，至 7 月底，全区共收寄校园包裹 10807 件，收入 61 万元，市场占有率达到 81%。年内，抓住自治区成立 60 周年庆典及草原旅游经济发展快的契机，与区内知名的土特产品制造商合作，通过套牌的形式开发“草原特色邮”包裹业务，在传统包裹业务基础上进行创新，引导消费模式从传统的“自备包裹 + 购买邮寄服务”模式逐步向“购买包裹 + 免费邮寄服务”模式转变。通过统一策划、统一品牌、统一包装、统一宣传、统一运作，至 11 月底，“草原特色邮”系列产品累计销售 31408 盒，实现销售额 724 万元，实现快递包裹收入 242.36 万元。本年包裹业务收入 3478 万元。

2008 年，包裹业务量 113.56 万件，业务实现收入 3439 万元。

2009 年，包裹业务通过爱心包裹、家乡包裹、校园包裹、军营包裹等营销项目的开展，包裹业务的市场拓展能力，以及社会影响力不断提高。本年业务量 105.51 万件，业务实现收入 3418 万元。

2010 年，包裹业务量 104 万件，业务实现收入 3258 万元。

（三）资费

1992 年 4 月 20 日，内蒙古自治区物价局、邮电管理局印发《关于收取邮政地方建设费的联合通知》制定了“内蒙古自治区邮政地方建设费收取范围及标准”。标准规定：国内包裹（不分商包、民包、纸包）每件 0.20 元，并于 5 月 1 日起执行。

1992 年 12 月 12 日，内蒙古自治区物价局、邮电管理局联合印发《关于收取邮政延伸服务费试行标准的通知》。邮政延伸服务费是邮政部门为了方便用户，在用户自愿的前提下开展的有偿服务。邮政延伸服务项目及收费标准：代用户包装邮件费：（包装材料由用户自备或邮局代购），5 公斤以下每件收取 0.30 元；5 公斤以上每件收取 0.50 元。上门揽收邮件服务费：应用户要求，到用户指定地办理收寄的，物品型 10 件以下每次收取 6.00 元，10 件及以上每次收取 8.00 元。大件商品包裹及印刷品搬运费：为领取邮件用户提供搬运服务，5 公斤至 10 公斤每件收取 0.5 元；10 公斤及以上每件收取 1.00 元（不包括民用包裹及 5 公斤以下的物品）。超远投递费：物品型，每件每公里收取 2.00 元；其他邮件以该地市内基本营业区为界，超过规定 4 公里以内的单位每月收取 15.00 元，个体户每月收取 10.00 元；超过规定 4 公里以外的，按超过规定里程每月每公里收取 5.00 元。邮件专递费：邮政业务规章规定应由用户自取的邮件，邮局派人、派车送邮件上门的，城市民用包裹、印刷品每件收取 0.50 元商品包裹每件收取 2.00 元；农村牧区民用包裹、印刷品每件收取 0.60 元；商品包裹每件收取 1.00 元。

1993 年 3 月 30 日，内蒙古自治区邮电管理局对部分邮件采取放宽邮件规格和实行资费浮动政策。对全国范围内互寄商品包裹和大件商包的重量限制放宽为 28 千克，最大尺寸放宽为以能装袋为限。对几种邮件资费实行浮动。商品包裹（包括大件商包）：在加收 50% 资费的范围内，同一用户同一批次交寄量在 10 件以下的可优惠 30%；11-20 件可优惠 40%;20 件以上的可按民包资费计收。区内互寄纸包：在符合封装规格的前提下，同一用户同一批次交寄量在 20 件以上可优惠 10%；50 件以上可优惠 20%（每公斤资费在 1.00 元以下的，不予优惠）。

1993 年 6 月 7 日，管理局对自治区实行的邮政地方建设费征收标准进行了调整。国内包裹（不分商包、民包、纸包）每件 0.40 元，并于 7 月 1 日起执行。

1993 年 11 月 15 日，管理局决定取消“大件商品包裹及印刷品搬运费”收费项目。

1996 年 12 月 1 日，对邮政资费进行调整。

1996 年国内邮政服务项目价格表

表 2-8　　**单位：元**

项目	计费标准	资费标准
包　裹	按寄递里程分区核定每 500 克为一个计费单位	按现行《包裹资例表》费率上调 50%（四舍五入，保留到角），另按件计收挂号费
保价费	每保 1 元（不足 1 元按 1 元计算）	0.01
	每件最低保价费	1.00
存局候领手续费	每　件	1.00
撤回邮件或更改收件人名址手续费	每　件	1.00
使用电报办理查询、撤回、更改收件人地址、姓名电报费	每件加收	2.00

说明：取消包裹处理费、大件商品包裹处理费、航空费收费项目。上述价格自 1996 年 12 月 1 日起执行。此表根据国家计划委员会、邮电部计价费〔1996〕2688 号文件规定

1998 年 3 月 13 日，管理局决定对区内互寄的大用户包裹、印刷品（大用户标准依据内邮邮字〔1997〕151 号文件）资费实行优惠（邮政邮购部门区间互寄的邮购商品可比照此政策执行）：对大用户交寄的包裹以现行包裹资费为基础，可下浮 60%；对大用户交寄的印刷品以现行印刷品资费为基础，可下浮 50%；对一次批量交寄的包裹达 5 件以上，印刷品达 50 件以上，可按照上述优惠执行。

3 月 25 日，管理局通知：自 1998 年 4 月 1 日起，各局在收寄各类国际邮件时一律不再收取地方建设费。

8月17日，信息产业部颁发《关于“邮电公事”和公免电话问题的通知》，管理局于9月9日转发。通知明确各省会电信局及已完成邮电分营工作的地（市）、县（市）电信局使用的“邮电公事”改为纳费交寄。尚未完成邮电分营工作的地（市）、县（市）邮电局和省（区、市）邮电管理局及直属企事业单位，待邮电分营工作完成后，一律按相应资费标准纳费。自1998年9月1日起执行。

2001年8月1日，执行快递包裹资费标准。快递包裹资费实行分区计费方式，其计费区与普通包裹计费区相同。

2001年国内包裹资费表

表2-9 **单位：元**

项目	计费单位	资费标准			
普通包裹	每500克为一个计费单位，不足500克的，按500克计算	按照寄递里程分区核定，具体标准详见现行《国内包裹资例表》			
快递包裹	与《国内普通包裹资费表》中1000克包裹资费所对应的计费区	对应的计费区间的综合里程数	首重1000克	5000克以内续重每500克	5001克以上续重每500克
	1.2元及1.2元以下	500公里及500公里以内	5	2	1
	1.2元以上至1.8元	500公里以上至1000公里	6	2.5	1.3
	1.8元以上至2.4元	1000公里以上至1500公里	7	3	1.6
	2.4元以上至3.0元	1500公里以上至2000公里	8	3.5	1.9
	3.0元以上至3.6元	2000公里以上至2500公里	9	4	2.2
	3.6元以上至4.8元	2500公里以上至3000公里	10	4.5	2.5
	4.8元以上至6.0元	3000公里以上至4000公里	12	5.5	3.1
	6.0元以上至7.2元	4000公里以上至5000公里	14	6.5	3.7
	7.2元以上至9.0元	5000公里以上至6000公里	16	7.5	4.3
	9.0元以上	6000公里以上	20	9	6

说明：包裹业务均要按件计收3元挂号费

2003年9月1日起，内蒙古邮政局执行国家邮政局《对志愿西部服务的大学生提供普通包裹资费优惠的通知》。通知明确，为持有“青年志愿卡”的青年志愿者提供普通包裹资费优惠。优惠项目仅为青年志愿者交寄的私人包裹资费部分，不含包装费、保价费和挂号费。优惠幅度为资费的50%，每名志愿者一年可在服务所在地邮政局所优惠交寄4次包裹。国家邮政局利用普通明信片（148mm×100mm）制作优惠交寄凭证发放给青年志愿者。各局所窗口收寄时，在验视青年志愿者出示的“青年志愿卡”、本人身份证及优惠交寄凭证无误后，剪下“青年志愿者包裹资费优惠券”（简称优惠券），予以办理。营业日终了，营业员要将收取的资费连同优惠券一并交会计入账。收寄局所要及时将优惠券复印件寄至本省（区、市）邮政局公众服务处。公众服务处收到后要安排专人进行汇总登记，并于2004年9月19至11月19日间报送国家邮政局公众服务部。涉及内蒙古地区的大学生志愿服务西部计划服务地共计19个县（区、旗），分别为呼和浩特市赛罕区、呼和浩特市武川县、呼和浩特市和林县、包头市达茂旗、乌海市乌达区、乌海市海南区、锡林郭勒盟多伦县、锡林郭勒盟正蓝旗、锡林郭勒盟阿巴嘎旗、乌兰察布盟察右前旗、赤峰市巴林右旗、赤峰市喀喇沁旗、鄂尔多斯市东胜区、鄂尔多斯市达拉特旗、鄂尔多斯市杭锦旗、巴彦淖尔盟杭锦后旗、巴彦淖尔盟蹬口县、阿拉善盟阿拉善左旗、通辽市奈曼旗。

2004年1月1日起，执行国家邮政局《关于国内包裹纳费方式等问题的通知》，邮寄国内普通包裹、国内快递包裹、国际小包，可将与邮资等额的邮票贴于包裹单第三联背面即可。

2005年3月24日，自治区邮政局批复同意内蒙古邮政报刊零售公司、内蒙古邮政储汇局、内蒙古函件广告局等专业化公司发往所属各盟市公司（局）及各盟市公司（局）发往所属旗县的零售书报刊、储汇空白单册、中邮专送、广告封片等专项经营性产品的邮件，可在规定标准资费的基础上最大优惠80%，但挂号费、保价费不予优惠。交寄方式：为减少重复劳动、加快邮件传递，各专业化公司（局）应将所交寄邮件直封总包，分向登录路单后，会同大宗邮件收寄部门清点件数、称重计费，按月（季）结算邮费，直交转运部门，各转运部门均按直封总包处理。各专业化公司（局），均与当地大宗邮件收寄部门签订《客户服务协议》，有效期为一年，至2006年3月31日。

2005年9月21日，自治区邮政局印发《发运呼海铁路邮件资费优惠办法》，规定：资费优惠仅适用于呼市至海拉尔、海拉尔至呼市铁路沿线各盟市发运的、一次性交寄10件及以上的土特产品、季节性包裹等区内大宗邮件。优惠标准由沿线各盟市根据当地市场情况自行掌握。

2007年国内普通邮件资费

表2-10 **单位：元**

项目	计费单位	资费标准			
普通包裹	每500克为一个计费单位，不足500克的，按500克计算	按照寄递里程分区核定，具体标准详见现行《国内包裹资例表》			
快递包裹	与《国内普通包裹资费表》中1000克包裹资费所对应的计费区	对应的计费区间的综合里程数	首重1000克	5000克以内续重每500克	5001克以上续重每500克
	1.2元及1.2元以下	500公里及500公里以内	5	2	1
	1.2元以上至1.8元	500公里以上至1000公里	6	2.5	1.3

续表 2-10

项目	计费单位	资费标准			
快递包裹	1.8 元以上至 2.4 元	1000 公里以上至 1500 公里	7	3	1.6
	2.4 元以上至 3.0 元	1500 公里以上至 2000 公里	8	3.5	1.9
	3.0 元以上至 3.6 元	2000 公里以上至 2500 公里	9	4	2.2
	3.6 元以上至 4.8 元	2500 公里以上至 3000 公里	10	4.5	2.5
	4.8 元以上至 6.0 元	3000 公里以上至 4000 公里	12	5.5	3.1
	6.0 元以上至 7.2 元	4000 公里以上至 5000 公里	14	6.5	3.7
	7.2 元以上至 9.0 元	5000 公里以上至 6000 公里	16	7.5	4.3
	9.0 元以上	6000 公里以上	20	9	6

备注：1. 包裹业务均要按件计收 3 元挂号费
2. 以上快递包裹资费仅供参考，具体标准参见《国内快递包裹资例表》

三、邮政金融

（一）邮政储蓄

1. 业务

邮政储蓄经办定期（3 月、6 月、1 年、3 年、5 年）、活期、零存整取等业务，执行中国人民银行总行公布的同期城乡居民存款利率。

1991 年 4 月 21 日，邮储转存款利率下调（长期 9.9%、活期 1.8%）。

1993 年 4 月 19 日，制定《大额可转让定期储蓄管理办法》；5 月开办大面额可转让定期储蓄业务；7 月 11 日邮储存款利率上调（长期 11. 47%、活期 3.15%）。

1994 年 6 月 1 日，制定《邮政万家乐礼仪卡储蓄管理办法》，开办异地储蓄业务和礼仪储蓄业务。

1995 年 2 月制定《电子化邮政储蓄档案管理办法》。

1996 年 5 月 1 日，中国人民银行大幅度调整存、贷款利率，同时调整了邮政储蓄在中国人民银行的转存款比例结构，由原来的 93：7 调整为 80：20，人民银行长期户转存款利率由 12.24% 下调为 10.53%；活期户转存款利率由 3.15% 上调为 4.17%。经过以上两项调整，降低邮政储蓄的利差收入率，使全区邮政储蓄利差收入率下降约 1.21 个百分点。为此，各级邮电部门大力开发新储种，不断拓宽吸储渠道，普遍开办了代发工资、代交电话费、代收水电费、煤气费、用户有线电视费、礼仪储蓄、汇转储、代理债券、异地存取等 10 多项具有邮电服务特色的新储种，特别是礼仪贺卡储蓄、活期异地存取等新业务的开办，促进了邮政储蓄余额的上升。

1997 年 6 月 1 日，全区开办通存通兑业务，全区旗县以上城市邮政储蓄实现通存通兑。

1998 年，全区邮政储蓄实现了通存通兑。

1999 年，邮政储蓄经办定期（3 月、6 月、1 年、2 年、3 年、5 年）、活期、零存整取、异地取款及礼仪储蓄、代发工资、代发养老金、代发社保工资、办理邮政储蓄卡业务。存款利率执行中国人民银行公布的同期城乡居民定、活期存款利率。

2000 年，邮政储蓄经办定期（3 月、6 月、1 年、3 年、5 年）、活期、零存整取、活期异地存款、代发工资、代发养老金、代发社保工资、代办保险、礼仪储蓄，办理邮政储蓄卡等业务，执行人民银行总行公布的同期城乡居民存款利率。

2001 年，全区邮政储蓄在开办传统定期、活期业务基础上加大了技术型新业务的整合、研发力度。2 月 20 日，首次在一期绿卡网内开通绿卡异地窗口存取款业务；7 月 20 日，在全区范围内全面开通绿卡异地窗口存取款业务。此外还开办 POS 消费转账业务、协议入账汇款业务，并发行了“大学生卡”。

2002 年 6 月 21 日，完成全区银联卡联网联合改造并正式上线运行，开办了受理行业务。11 月 6 日，开始发行新的邮政储蓄银联标识卡，至年底异地跨行交易 13376 笔，业务量 20306679.20 元。

2002 年底，中国人民银行总行印发《关于降低邮政储蓄转存款利率的通知》，自 2003 年 1 月 1 日起，将邮政储蓄转存款利率下调 0.216 个百分点，由现行的 4.347% 下调为 4.131%。8 月 1 日起，邮政储蓄在人民银行的转存款按新、老存款分别核算，以 2003 年 7 月 31 日为界，之前为老存款额，之后为新存款额；各级邮政储蓄机构在人民银行分别开设转存款老存款账户和转存款即新老划段新存款账户；老存款账户的年利率仍为 4.131%、新存款账户的年利率调整为 1.89%。2003 年 9 月，国家第二次下调邮储转存款利率。至此邮政储蓄靠转存款利率经营时期结束。

2003 年，邮政金融中间业务以发展“绿卡”业务为重点，依靠“绿卡”网络的技术进步成果不断地开发新业务。4 月 25 日，开办免填凭单业务；5 月 15 日，开办电话银行业务；7 月 21 日，开办卡折缴费业务。

2004 年，央行邮政储蓄新老存款划段政策调整进入第二年，央行连续 7 次下调存款利率后首次上调存款基准利率。2 月 25 日，自治区邮政局根据国家邮政储汇局由各省（区、市）邮政储汇局协助推广协议存款业务的决定，印发《关于协助推广协议存款业务的通知》。同时，成立内蒙古邮政储蓄资金运用领导小组及工作办公室。邮政储蓄机构协助推广协议存款是国家邮政局邮政储汇局对中资存款类金融机构办理的 3 年期以上（含 3 年）、单笔金额 3000 万元以上人民币长期存款品种，该存款可作为存款类金融机构长期资金来源，不属于同业存款，计入存贷比指标。邮政储蓄机构面向中资商业银行、农村信用社开办该项业务。邮政局省级及其以下机构不开办此项业务。

2004 年邮政储蓄开发业务量统计表

表 2-11

开发业务项目	业务量
绿卡新增发卡量	13.5 万张
发放银联标识卡	38 万张
ATM 交易量	5204. 87 万元
POS 交易量	174.7 万元

2005 年 5 月 1 日起在全区范围内发行绿卡银联标准卡。全区统一发行 BIN 号为 622XXX 绿卡银联标准卡，BIN 号为 955100 的绿卡储蓄卡停止制作。已制作未发放到客户手中的 BIN 号为 955100 的绿卡储蓄卡可继续发行，直至库存为零。已发放到客户手中的 BIN 号为 955100 的绿卡储蓄卡继续使用，不强行要求客户换 622XXX 绿卡。6 月 20 日，自治区邮政局印发《关于加强全区邮政储蓄大客户服务管理工作的通知》，明确邮政储蓄大客户分类标准。A 类：定期（活期日均余额）100 万元以上；B 类：定期（活期日均余额）50 万—100 万元（含 100 万元）；C 类：定期（活期日均余额）30 万—50 万元（含 50 万元）；D 类：定期（活期日均余额）10 万—30 万元（含 30 万元）。9 月 8 日，自治区邮政局与内蒙古计生委、财政厅签订《内蒙古自治区农村牧区部分计划生育家庭奖励扶助金代理发放协议书》。从 9 月开始，内蒙古邮政利用邮政储蓄和邮政电子汇兑业务平台和网点资源在全区范围内代理发放农村牧区部分计划生育家庭奖励扶助金。同时，出台《代理发放农村牧区部分计划生育家庭奖励业务处理办法》。年内，向国家邮政局成功推荐 15 亿元协议存款业务，实现全区邮储资金自主运用零的突破。包头市邮政局开创代发业务收取手续费的先河。本年执行国家邮政局《关于开办邮政账户汇款业务的通知》。

2006 年，自治区邮政局协助国家邮政局邮政储汇局与农业发展银行达成 300 亿元协议存款业务；协助国家邮政局邮政储汇局向国家开发银行内蒙古分行回流资金 17 亿元。11 月协助国家邮政局与国家开发银行内蒙古分行达成 CDO 业务合同。全区邮政储蓄回流本区的资金占到全区邮政储蓄存款总额的 58%，回流比例位居全国前列。年内，开办定期存单小额质押贷款业务，粮食直补款、退耕还林款等代收代发业务，全年代发额突破 50 亿元。发放“绿卡”82 万张，卡均余额达到 2780 元。

2007 年，执行中国邮政储蓄银行《关于开办邮政网汇 e 业务的通知》。

2008 年 7 月 31 日，邮政公司和邮储分行签订全区邮政金融业务委托代理协议。

2. 储蓄网点、余额、业务收入

1991 年，邮政局储蓄网点 377 处，全区邮储余额 5.9 亿元，邮政储蓄收入 1407 万元。

1992 年，邮政局储蓄网点 377 处，全区邮储余额 8.2 亿元，邮政储蓄收入 1725 万元

1993 年，邮政局储蓄网点 402 处，全区邮储余额 10.8 亿元，邮政储蓄收入 2865 万元。

1994 年，邮政局储蓄网点 734 处，全区邮储余额 19.7 亿元，邮政储蓄市场占有率 6.2%，邮政储蓄收入 5433 万元。

1995 年，邮政局储蓄网点 738 处，有 276 处网点邮储业务使用微机处理。年底，全区邮储余额 31.1 亿元，全区邮储实现业务收入 9178 万元，邮政储蓄市场占有率 7.6%。

1996 年，全区邮政储蓄余额 40.43 亿元，比上年纯增 9.33 亿元，邮政储蓄市场占有率 8.1%。全区邮政储蓄业务收入首次突破亿元大关，达到 1.08 亿元，邮政储蓄收入占邮政收入的比重达到 34.4%；全区邮政储蓄网点达到 700 处，其中电子化网点达到 400 处，建成储汇中心 74 处。开办邮政储蓄业务的乡(镇)达 456 个。

1997 年，全区邮政储蓄余额达 52.2 亿元，邮政储蓄网点 695 处，其中城镇 368 处、农村 327 处。忙日处理笔数达 105779 笔，有定期户数 656519 户、活期户数 87726 户，邮政储蓄市场占有率达 8.3%，实现利差收入 1.7 亿元。

1998 年，全区新增储汇中心 40 处。邮政储蓄网点 690 处，其中开办邮政储蓄业务的乡镇达到 414 处。

邮政储蓄余额 56.27 亿元，收入完成 1.44 亿元。邮政储蓄市场占有率达 8%。

1999 年，邮政储蓄利差收入 2.36 亿元，占全区邮政业务收入的 39.41%，完成年计划指标的 123.6%；邮储期末余额达到 71.77 亿元，储蓄余额比上年纯增 15.5 亿元。活期比重为 30.4%，占邮政业务总量比重的 33%，市场占有率 9.03%。邮政储蓄完成全年计划的 105.37%，在全国排名第 7 位；收入增幅在全国排名第 10 位；发行邮政储蓄卡 12378 张，累计发行 35901 张。全区有储蓄营业网点 697 处，其中计算机联网网点 410 处，在计算机联网网点中可办理异地存取款业务网点 339 处；有自动柜员机（ATM）21 台，POS 机 40 台。

2000 年，全区邮政储蓄利差收入 26289.35 万元，完成年计划的 111.87%，占邮政业务收入的 38.16%，排全国第 5 位；储蓄期末存款余额达到 88.94 亿元，完成年计划的 118.43%，活期比重为 32.33%，市场占有率 10.14%，占邮政业务收入的 35.32%，全国排名第 6 位。全年发行邮政储蓄卡 13487 张，累计达到 49388 张。有储蓄营业网点 698 处，其中计算机联网网点 410 处，在计算机联网网点中可办理异地存取款业务的网点 395 处；有自动柜员机（ATM）124 台、POS 机 125 台。

2001 年 2 月 28 日，内蒙古邮政储蓄存款余额突破 100 亿元大关。2001 年，全区邮政储蓄利差收入 30285 万元，占邮政业务收入的 36.16%，比全国平均水平高出 4.69 个百分点，排名全国第 14 位；储蓄期末存款余额达到 113.91 亿元，同比增长 28.1%，完成年计划的 124.97%，活期比重达 35.13%，市场占有率达到 11.35%，全国排名第 6 位。全年新发行邮政储蓄卡 27456 张，累计发行 76844 张。异地存取交易量达到 51 万笔，异地交易金额 52 亿元。全区邮政储蓄营业网点 697 处，其中全国联网网点 465 处、比上年增加 55 处；农村网点 382 处，城镇网点 315 处；共有 117 台自动柜员机（ATM）、158 台 POS 机投入使用。

2002 年，邮政储蓄利差收入 3.6 亿元，占邮政业务收入的 40.36%，比全国平均水平高出 4.73 个百分点，全国排名第 21 位；储蓄期末存款余额达到 134.81 亿元，完成年计划 100.5%，活期比重达到 33%，市场占有率达 11.78%，全国排名第 5 位。全年新发行邮政储蓄卡 49939 张，累计发行突破 12 万张。异地存款交易量 67.98 万笔，交易金额 76.134 亿元。全区邮政储蓄营业网点 694 处，其中开办邮政储蓄业务的乡镇 326 处，全国联网网点 530 处，邮政储蓄异地存取网点 527 处；共有 118 台自动柜员机（ATM）、156 台 POS 机投入使用。

2003 年，全区邮政储蓄余额 161.458 亿元，纯增近 27 亿元；邮储收入实现 4.0196 亿元。全区累计发行银联卡 14 万张，其中新发卡 1.6 万张；ATM 年交易量 6089.86 万元，POS 交易量 4000 万元；月均代发工资 9652 万元，代发养老金 5814 万元，两项合计 1.5466 亿元。全年累计完成代理保费额 7296.26 万元，实现手续费收入 421.65 万元。全区邮政储蓄营业网点 694 处，其中开办邮政储蓄业务的乡镇 305 处，全国联网网点 589 处，邮政储蓄异地存取网点 584 处；共有 119 台自动柜员机（ATM）、177 台 POS 机投入使用。

2004 年，全区邮政储蓄余额 181.7 亿元，实现累计纯增 20 亿元；邮储收入实现 4.74 亿元。全年代发工资、养老金累计业务量达 251804.5 万元，其中新增业务量 235739.5 万元；ATM 年累计交易量 5522.5 万元；POS 累计交易量达 104.7 万元。全区代收公益事业费 1.14 亿元，邮储活期比重稳步提高，比重达 33.18%。年底，全区共有邮政储蓄网点 693 处，其中开办邮政储蓄业务的乡镇 302 处，全国联网网点 679 处，开办异地存取业务网点 679 处；共有 115 台自动柜员机（ATM）、189 台 POS 机投入使用。

2005 年 10 月 23 日，全区邮储余额首次突破 200 亿元大关，年底余额达到 213.7 亿元，实现累计纯增32亿元，完成计划目标的112%。活期比重达到36.42%，市场占有率达到10.8%；邮储收入实现4.81亿元，中间业务手续费收入达到5366.48万元。全年累计发放绿卡56万张，累计发行83万张，完成计划目标的118.61%；代发工资、养老金户数达到31万户、32.2亿元，ATM年交易量达7382.31万元，POS交易量达5476.3万元；代售凭证式国债830万元。全区有邮政储蓄网点718处，其中开办邮政储蓄业务的乡镇288处，抓住国家邮政局对邮政储蓄骨干网点改造建设的有利时机，年底建成开业23处，全国联网网点715处，开办异地存取业务网点715处；共有112台自动柜员机（ATM）、245台POS机投入使用。

2006年，全区邮政储蓄余额达到244.27亿元，实现累计纯增30.57亿元，完成计划目标的87.56%，活期比重达到10.8%，市场占有率达到10.8%；邮储收入实现5.27亿元，完成计划目标的101.01%。代发工资、代发养老金及代发财政款等新增业务量达17亿元，累计达到50亿元；ATM年交易量达3.27亿元，同比增长341.89%；POS交易量达1.60亿元。全区共有邮政储蓄网点715处，其中开办邮政储蓄业务的乡镇271处，全国联网网点715处，开办异地存取业务网点715处；共有154台自动柜员机（ATM）、157台POS机投入使用。

2007年，全区累计吸收存款285.64亿元，各项金融收入累计完成61549万元。

2008年，成立内蒙古邮政储蓄银行后，邮政公司与邮政储蓄银行签订代理邮政储蓄金融业务协议。全年，完善农村金融服务网络建设，代发涉农资金累计216万户，金额达15亿元。小额质押贷款业务已在全区12个盟市的所有旗县共301个邮储网点开办，全年发放小额质押贷款3.4亿元，结存8427万元；发放小额信贷3.84亿元，结存3.31亿元。储蓄业务实现收入5.86亿元，全年新增邮储余额40.2亿元，邮政储蓄余额达到297亿元，市场占有率达到9.38%，活期比重达到46.73%。

2009年，全区邮政涉农资金“一卡通”系统累计代发涉农资金105万户，代发金额7.7亿元，市场占有率为20.7%。邮政公司代理金融类业务收入累计完成5.7亿元，占总收入的46.24%；邮政储蓄余额达到250亿元，活期比重达到52.45%。

2010年，代理金融业务实现收入6.16亿元（不含保险），邮储余额达到272.82亿元，活期比重为56.8%。理财业务实现新突破，年累计销量达17.5亿元，同比增长50多倍。中间业务快速发展，布放商易通2450户，全国排名第7位，沉淀资金2.6亿元。发放绿卡92万张。发展对公存款7.7亿元，发放小额贷款3.5亿元。发放“新农保”和涉农、城镇性补贴资金累计达到21.9亿元。年内，邮政企业与财政部门合作，取得34个旗县政府涉农资金代发业务，邮政涉农资金“一卡通”系统累计代发涉农资金105万户，代发金额7.7亿元，市场占有率为20.7%。9个旗县局烟草归集款项目月均归集余额实现3.14亿元，累计归集资金 25.12亿元。全区代发涉农资金18.58亿元，代发356.38万户。石油款归集项目实现归集资金月均4955万元，累计归集资金 3.96亿元。代发城镇性财政补贴资金1.35亿元。全年结存绿卡户数427.77万户，发放绿卡101万张，户均余额达2115元，较上年增加81元，列全国第16位，卡余额净增21.48亿元；“绿卡通”卡累计结存9.57万张，全区邮政企业新发卡6.53

万张，卡均余额4884元，列全国第12位，较上年增加650元。人民币理财累计销量为16.75亿元，邮银占比为38.07%，全国排名第6位；基金销售2091万元，邮银占比为22.19%，全国排名第12位；销售国债3297.7万元。新增公司网点4处，累计达到30处；新增信贷网点28处，累计达到56处。全区30个二类网点公司业务存款余额达9.2亿元。全区49个网点新增发放小额贷款6145笔、金额3.48亿元，较上年纯增3.22亿元。代理金融项目营销累计金额达58亿元，其中代发代缴金额近29亿元，烟草和石油累计达29亿元。新农保项目累计代发、代征缴8890万元。新增“商易通”用户2423户，全国排名第7位，签约户数占全区的49.2%，激活率79.97%，较全国平均激活率高5.76个百分点。累计商易通用户9057户，户均余额为2.82万元。累计结存POS机2501部，占全区的40.02%。累计交易量为9.26亿元，日台均交易量达1353元。有ATM设备276台，台日均交易75笔，台日均交易金额5.85万元。

3.资费

1996年9月1日起，执行邮电部《关于邮政储蓄异地存取款业务资费标准的通知》，邮政储蓄异地存取款业务资费标准：异地办理邮政储蓄存折、邮政储蓄卡挂失，每笔收取手续费10元；异地办理撤销挂失，每笔收取手续费2元；邮政储蓄卡工本费及手续费维持现行资费标准每张5元不变。

1997年6月1日起全区开办通存通兑业务，无论是本地区业务还是跨地区业务均不收取手续费；异地办理存折、卡挂失和异地撤销挂失及邮政储蓄卡工本费及手续费均按原规定标准收取。

1999年10月9日起，执行国家邮政局《关于调整邮政储蓄异地存取款手续费标准等问题的通知》（国邮〔1999〕490号），省际间异地存取款手续费标准：异地存款按存款额的0.5%收取手续费，最低标准为2元，最高标准为20元；异地取款按取款额的0.5%收取手续费，最低标准为2元，最高标准为50元。省内跨地区异地存取款业务手续费标准：基于绿卡网网络特点，对需通过全国中心办理省内跨地区异地存取款业务的省份，其省内异地存取款手续费标准等同于省际间异地存取款业务手续费标准；对不经过全国中心办理省内跨地区异地存取款业务的省份，在技术条件允许的情况下，其省内异地存取款业务手续费标准，由省局在不高于省际间异地存取款业务手续费标准的情况下自定。急付款办理异地存取款业务暂免手续费。

2006年1月1日起，执行《关于调整邮政储蓄挂失手续费标准的通知》，调整后的收费标准为：本、异地正式挂失，每户收取手续费10元；在柜台办理本、异地临时挂失，每户收取手续费10元，在临时挂失有效期内办理正式挂失，不再收取手续费；办理异地撤销挂失，每户收取手续费2元，办理本地撤销挂失不收取手续费；办理挂失事项更改不再收取手续费，办理再挂失，每户收取手续费5元。3月1日起，执行《关于开办邮政短信业务的通知》，储蓄短信包月，每月3.00元。

2007年，执行《关于调整短信业务资费的通知》。取款通知，包月2元，包年20元；转入到账通知，包月2元，包年20元；活期账户变动通知，包月3元，包年30元。

2009 年国内邮政储蓄业务资费表

表 2-12

项目			计费单位	资费标准	备注
人民币存款	本地		每笔	免费	
	跨省异地		每笔	交易金额的 5‰，最低 2 元、最高 20 元	
	省内跨地（市）异地		每笔	交易金额的 5‰，最低 2 元、最高 20 元	各省在不高于基准收费标准的基础上自定服务价格
人民币取款和急付款	本地		每笔	免费	
	跨省异地		每笔	交易金额的 5‰，最低 2 元、最高 50 元	
	省内跨地（市）异地		每笔	交易金额的 5‰，最低 2 元、最高 50 元	各省在不高于基准收费标准的基础上自定服务价格
外币急付款	跨省和省内跨地（市）异地		每笔	交易金额的 2‰（折合人民币收取），最低 20 元、最高 200 元	
	本地（市）			免费	
人民币转账	本地		每笔	免费	
	跨省异地		每笔	交易金额的 5‰，最低 2 元、最高 50 元	
	省内跨地（市）异地		每笔	交易金额的 5‰，最低 2 元、最高 50 元	各省在不高于基准收费标准的基础上自定服务价格
外币存取款	本地		每笔	免费	
	跨省和省内跨地（市）异地		每笔	交易金额的 2‰（折合人民币收取），最低 20 元、最高 200 元	
外币转账	本地		每笔	免费	
	转账		每笔	交易金额的 1‰（折合人民币收取），最低 20 元、最高 200 元	
系统内查询	分户账信息查询	未清账户	每次	免费	本异地联机查询暂不收费
		已清账户	每次	20 元	5 年内可在开户局或该网点所在县（市）局查询
	交易明细查询打印	原始交易日至查询日 1 年（含）内	每次	免费	
		原始交易日至查询日 1 年（不含）至 2 年（含）	每次	10 元	
		原始交易日至查询日 2 年（不含）至 5 年（含）	每次	20 元	

续表 2-12

项目		计费单位	资费标准	备注
绿卡储蓄卡工本费		每张	5 元	各省在不高于基准收费标准的基础上自定服务价格。
绿卡储蓄卡年费		每年	10 元	各省在不高于基准收费标准的基础上自定服务价格。
同城跨行 ATM 取现		每笔	2 元	
省内异地跨行 ATM 取现		每笔	交易金额的 5‰ +2 元 / 笔，最低 4 元、最高 52 元	各省在不高于基准收费标准的基础上自定服务价格。
跨省异地跨行 ATM 取现		每笔	交易金额的 5‰ +2 元 / 笔，最低 4 元、最高 52 元	
跨行查询收费		每笔	免费	
境外 ATM 取现		每笔	交易金额的 5‰ +12 元 / 笔，最低 15 元、最高 62 元	
境外 ATM 查询		每笔	4 元	
挂失	本外币账户正式挂失	每户	10 元	
	外币账户口头挂失	每户	10 元	口头挂失后有效期内办理正式挂失免费
	人民币账户临时挂失	每户	10 元	临时挂失后有效期内办理正式挂失免费
	本外币账户函电挂失	每户	免费	函电挂失后办理临时挂失或正式挂失按规定收取相应手续费
	人民币账户紧急挂失	每户	免费	紧急挂失后办理临时挂失或正式挂失按规定收取相应手续费
	外币账户立即挂失	每户	免费	立即挂失后办理临时挂失或正式挂失按规定收取相应手续费
	人民币账户人工解挂失	每户	本地解挂失不收取手续费，异地解挂失收取手续费 2 元	
	外币账户人工解挂失	每户	2 元	
	再挂失	每户	人民币账户 5 元，外币账户 10 元	
	挂失事项更改	每户	人民币账户不收取手续费，外币账户 10 元	
外币大额服务费		每笔	免费	
本外币个人存款证明		每份	20 元	
外币携带证		每份	20 元	

4. 营销

1991 年，自治区邮政储汇发行局是管理全区邮政储蓄、汇兑、发行工作的职能部门，负责对各盟市、旗县和分支机构进行邮政储汇业务、会计会审、稽查管理。

1993年4月19日，制定《大额可转让定期储蓄管理办法》，同年6月制定《全区邮政储蓄业务档案管理办法》。

1994年6月1日，制定《邮政万家乐礼仪卡储蓄管理办法》。

1995年2月，制定《电子化邮政储蓄档案管理办法》。同年5月8日，包头市东河区毛其来邮电二所正式开业。该所全部使用低平柜台，并设置座椅，用户可以面对面地坐下办理储蓄、特快、汇兑、包裹、电报和长途、市内电话等业务。低平柜台邮电所的开业受到了广大用户的欢迎，开业当天就新开储户26户，吸储额32110元。

1996年，抓住春节前后吸储旺季，组织“首季开门红”竞赛活动，全区邮储首季纯增余额4.2亿元。年内组织“实现邮储40亿元奋斗目标”的竞赛活动，40亿元邮储目标圆满实现。在邮政储汇营业部门推行柜员制、站立服务、限时服务、安全一米线和残损人民币兑换服务。8月16日，呼和浩特市邮政局中山路分局邮政储汇营业厅（中心）正式开业。该储汇中心位于中山东路邮电营业厅西侧，面积300平方米，内设8个台席，其中储蓄台6个，汇兑台2个，能与市内26个邮政储蓄网点联网。全区邮政储蓄各项新业务发展迅速，新业务余额已占到全区邮政储蓄活期余额的5.6%。年底，高于全区邮政储蓄平均增幅的盟市局依次是赤峰市、呼和浩特电信局、呼伦贝尔盟、兴安盟、阿拉善盟、乌海市、锡林郭勒盟局。呼伦贝盟、赤峰、呼和浩特邮政局、包头4个盟市局累计纯增余额均突破亿元。全区有97个旗县市局邮政储蓄余额突破千万元大关，10个市区局突破亿元大关。

1997年，根据业务发展和社会需求，自治区不断加速邮政储蓄计算机系统的建设，逐步实施营业网点电子化，省会城市呼和浩特建设了城市主机，全市40个网点实现了同城通存通兑，并实现与全国50个大中城市计算机联网，办理邮政储蓄异地存取业务。分别是：北京、天津、上海、重庆、太原、石家庄、秦皇岛、大连、长春、吉林、哈尔滨、南京、扬州、镇江、泰州、合肥、六安、安庆、滁州、巢湖、淮南、济南、青岛、烟台、杭州、宁波、温州、南昌、长沙、武汉、郑州、南京、桂林、北海、贵阳、成都、昆明、西安、兰州、银川、西宁、乌鲁木齐和福建省、海南省。年内，中国人民银行数次下调存贷款利率、大幅下调邮政储蓄转存款利率、调整邮政储蓄转存款定活期比例，限制发展邮政储蓄营业网点，1991年以后未经人行批准设立的开办点全部撤销。6月邮政储蓄“绿卡”二期工程开始并机，9个盟市局全面开展在全区范围内的通存通兑业务资金清算工作，12月，完成对自治区邮储单机网点之间通存通兑业务的资金清算工作。为确保邮储计算机2000年过渡问题，制订《邮政储蓄业务应急方案》《邮储前台网点应急措施》。

2000年1月6日，自治区邮政局机构编制委员会决定：内蒙古自治区邮政储汇发行局更名为内蒙古自治区邮政储汇局。负责内蒙古地区邮政金融业务的经营管理，业务上受中国人民银行天津分行呼和浩特中心支行与信息产业部邮政储汇局的领导。年内，中国人民银行将邮政储蓄转存款利率由5.992%下调到4.6008%，下调1.3912个百分点，全区邮政储蓄收入减少1亿元。面对邮政储蓄收入骤减的局面，储汇局加强和地方财政、社保部门、保险公司、电信公司、移动通信公司等企事业单位的联系，制定不同的营销策略，确定目标市场。全年出台邮政金融业务配套管理制度25项。

2001年2月23日，自治区邮政局成立邮政电子汇兑领导小组，负责全区邮政电子汇兑系统的组织实施工作。6月，完成省邮政电子汇兑中心机房选址、省汇兑中心与内蒙古邮政报刊发行局的DDN线路复用、电子汇兑标准软件安装和与国家邮政局的上线联调、内部操作测试、对外试营业、首期人员培训、软件版本升级告示等工作。7月1日，完成省邮政汇兑中心和呼市1个县中心及5个汇兑网点的联网建设工作，成为全国首批开通邮政电子汇兑业务的省份之一。11月，完成第二、三期邮政电子汇兑系统建设，实现了94个市县中心、154个联网网点的建设和970个邮政汇兑手工网点的注册工作。3月30日，实现绿卡一、二期向绿卡省中心的切换，465处邮储网点实现了全国联网。加快全区ATM布局调整、POS业务推广规划和邮储网点的调整建设工作，对余额50万元以下农村网点和100万元以下的城市网点进行重点调整，建设了一批高标准的城市骨干网点，有效提高了网点的单点吸储能力，形成了以网点为基础，ATM、POS为补充的多元化的分销渠道。年内，2次组织人员对全区12个盟市局的储汇业务进行了检查，现场检查56个储汇网点，对42个旗县局进行了抽查，抽查率达49%。年度出检390天，填写稽查报告书66份，收到整改回单62份，整改落实率达到94%。采取调审、查凭证，大范围地开展稽查工作，有效地防范了风险，全区未发生重特大储汇资金案件。

2002年6月21日，按照国家局统一部署完成邮储银联卡联合改造工作。7月底，全区开通跨省无折续存业务，同时代收联通话费正式在中间业务平台上运行。11月6日，在全区范围内开始发行新版邮储银联标识卡。年内，内蒙古邮政储汇局按照“集中、高效、合理”的原则，对全区ATM（自动取款机）布局进行全面调整，优化和改善用卡环境，合理利用ATM、POS资源，为建设集储蓄、保险、证券、代收付业务于一身的金融超市，增强邮储吸储能力，延伸服务范围做好了前期准备工作。

2003年，全区邮政储蓄业务克服“非典”疫情及9月份国家第二次下调邮储转存款利率政策对业务发展的各种不利因素，坚持“创新观念，调整结构，加强管理，推进建设”的经营指导方针，以扩大邮储规模，发展储汇中间业务为重点，以加快绿卡网络建设为依托，调整结构，强化管理，改善服务，确保储汇业务持续稳定健康发展。至年底，邮政储蓄统一版本工程启动。年内，储汇局制定《呼市地区商业银行与邮政储蓄pos消费联网通用问题的协调办法》等16项制度。以建设“三道防线”（业务操作层的互控防线，业务管理层的日常检查、监督防线，稽核检查层的再检查、再监督防线）为重点，继续加大稽核检查力度，开展储汇资金安全专项整治活动，消除资金风险隐患。全年对12个盟市的储汇业务和资金管理进行2个频次的检查，并抽查34个旗县局，出检天数276天，提出稽查报告书58份，收回整改报告56份，占96.5%。储汇局机构设置：综合办公室、储蓄经营部、汇兑经营部、清算中心、中间业务部、稽查室。有职工38人。

2004年，面对外部环境给业务发展带来的变化和金融市场的竞争，全区各级邮政部门调整储蓄存款结构，以活期存款账户为基础的中间业务成为间接吸储的主要渠道。年初，开展以“绿卡”发卡量、ATM交易量、代发工资、养老金业务量、POS交易量为主的经营目标考核季度竞赛活动，促进卡交易量增加，推动全区邮政储蓄卡业务快速发展。年内，制定市场营销方案，促成内蒙古社保局同意，达成代发全区行业养老金合作协议，月新增代发额5000多万元。全区代发工资、养老金累计业务量达22亿元，代发户数和业务量同比增长分别为205%和78%。改善全区的用卡环境，制定《邮政储蓄卡业务收入分析及用卡环境建设方案》，增加对POS机具的投入，指导盟市局积极与特约商户签订服务协议。加强ATM系统维修、运行监测和布局调整，提高ATM使用效率。

2005年，向国家局推荐，签订与包头商业银行2笔15亿元的协议存款业务，实现全区推荐协议存款零的突破，并通过此种方式回流资金累计达24亿元。推广学习广州南区局“邮政储蓄VIP客户管理经验”和乌海市邮政局的大客户分类管理经验，初步建立储蓄客户营销体系。调研表明，全区邮储余额增长主要是县级地区，占全部新增额的60%以上，而储源最为丰富的城市地区余额增幅仅占30%多，城市余额占总余额比重持续下降，经济较发达的城市地区邮政储蓄城市网点少，竞争力明显不足。为改变现状，储汇局制定骨干网点建设方案，完成95处5000万元以上骨干网点和38处新增网点的建设任务，有效地提升了全区邮储业务市场竞争能力。年内，储汇局加强资金头寸管理，加快资金周转和调拨的速度，通过省清算中心调拨资金212.78亿元；按照“纵向逐级、全额下分、二次分配、多缴多收”的资金运用收益分配原则，及时将收益分配到全区100个旗县局，分配新增资金收益3082.40万元。8月下旬开始全区邮政储蓄专业模拟核算工作，8月建账，9月、10月2月数据进行转换处理，建立起系统固定资产卡片账，11月15日按照国家邮政局要求上报。

2006年，推广学习山西局企业分类分级营销体系建设管理办法、广州南区局《邮政储蓄VIP客户管理经验》和乌海局的大客户分类管理经验，储汇局成立大客户服务部，专人负责大客户信息档案等服务管理。年内，按照全区邮储骨干网点建设计划，从银监局争取新增网点指标。同时为作好网点的合理布局，提高网点的单点产能。协调国家邮政局邮政储汇局与农业发展银行达成400亿元协议存款，协调国家邮政局邮政储汇局向国家开发银行内蒙古分行回流资金17亿元。至年底，全区邮政储蓄通过间接方式回流内蒙古的资金占到邮政储蓄存款规模的59%，其中支持农村建设和小企业发展的资金达到132亿元，占到邮政储蓄存款规模的55%，回流资金比例居全国前列。

2007年，改进储蓄业务经营管理方式，细化分析指标，扩大经营范围，在承袭2006年度储蓄余额增长方式和盈利模式转变的总方针的同时，更注重紧抓储蓄余额增长，促进储蓄业务经营不放松。全区累计吸收存款285.64亿元，各项金融收入累计完成63984万元，其中，储蓄利差累计收入57160万元，交易业务累计收入3065万元，金融代理业务累计收入3653万元，储蓄其他累计收入106万元。完成邮政储蓄统一版本和汇兑大集中上线工作。

2008年，内蒙古自治区邮政储蓄银行成立。自治区邮政公司代理金融业务管理工作职能由市场经营部承担。自治区邮政公司与邮政储蓄银行签订代理邮政储蓄金融业务协议。完善农村金融服务网络建设，代发涉农资金全年累计代发216万户，金额15亿元。小额质押贷款业务在全区12个盟市的所有旗县共301个邮储网点开办，全年发放小额质押贷款3.4亿元，结存8427万元；发放小额信贷3.84亿元，结存3.31亿元。储蓄业务实现收入5.86亿元，同比增长6.86%；全年新增邮储余额40.2亿元，邮政储蓄余额到297亿元，市场占有率达到9.38%，活期比重达到46.73%，比上年提高0.6个百分点。

2009年，在自治区财政厅的大力支持下，全区34个旗县邮政局争取到了涉农资金的代发资格。同时，代发涉农资金获取的400余万条农牧民数据库信息，也为代理金融、农资分销和数据库商函业务发展带来了商机，全区邮政涉农资金“一卡通”系统累计代发涉农资金105万户，代发金额7.7亿元，市场占有率为20.7%。邮政公司代理金融类业务收入累计完成5.7亿元，同比增长17.59%，占总收入比重为46.24%，拉动收入增长7.71个百分点，代理金融业务收入占比较上年底提高2.43个百分点；邮政储蓄余额达到250亿元，年内纯增30.54亿元，活期比重达到52.45%，比上年增加4.72个百分点。

2010年1月，自治区邮政公司成立内蒙古邮政代理金融业务局，确定代发涉农资金、烟草归集款、商易通等总部营销项目。盟市局建立三级营销体系，根据网点余额情况，建立了代理金融专（兼）职理财队伍，设置了前厅经理人员。9个旗县局烟草归集款项目月均归集余额实现3.14亿元，累计归集资金 25.12亿元。全区代发涉农资金18.58亿元，代发356.38万户，同口径较上年增加12亿元。石油款归集项目实现归集资金月均4955万元，累计归集资金 3.96亿元。代发城镇性财政补贴资金1.35亿元。加大生肖卡、淘宝卡、“绿卡通”卡的推广，开展“绿卡”进校园、进社区、进商场、进农村等活动，全年结存绿卡户数427.77万户，发放“绿卡”101万张，户均余额达2115元，较上年增加81元，列全国第16位，卡余额净增21.48亿元；“绿卡通”卡累计结存9.57万张，全区邮政企业本年新发卡6.53万张，卡均余额4884元，列全国第12位，较上年增加650元。加大重点基金推广力度，人民币理财累计销量为16.75亿元，邮银占比为38.07%，全国排名第6位；基金销售2091万元，邮银占比为22.19，全国排名第12位；销售国债3297.7万元。新增对公司网点4处，累计达到30处；新增信贷网点28处，累计达到56处，已开业49处。全区30个二类网点公司业务存款余额达9.2亿元，较上年纯增6.6亿元。全区49个网点新增发放小额贷款6145 笔，金额3.48亿元，较上年纯增3.22亿元。代理金融项目营销累计金额达58亿元，其中代发代缴金额近29亿元，烟草和石油累计达29.08亿元。“新农保”项目累计代发、代征缴8890万元。新增商易通用户2423户，全国排名第7位，签约户数占全区的49.2%，激活率79.97%，较全国平均激活率高5.76个百分点。累计商易通用户9057户，户均余额为2.82万元。累计结存POS2501部，占全区的40.02%。累计交易量为9.26亿元，日台均交易量达1353元。有ATM设备276台，台日均交易75笔，台日均交易金额5.85万元。全区代理金融业务完成收入6.16亿元（不含保险），列全国第22位。新增余额22.94亿元，增幅9.18%。活期比例为56.77%，较上年提高4.32个百分点。市场占有率5.92%，列全区金融机构第6位。储蓄余额272.8亿元，全国排名第24位，占全区邮储余额的75.3%。

（二）汇兑

1.业务

1991—1994年全区开办的汇兑业务种类有：普通汇款、电报汇款和快件汇款。

1995年12月20日开办特快汇款业务，并实行全区联网。特快汇款业务是利用电信传输手段，结合邮政特快而开办的新型业务。邮政特快汇款业务上午11时收寄的下午即刻送达，下午收寄的次日11时以前送达，全程时限24小时。全区首批开办特快汇款业务的城市有：呼和浩特、包头、乌海、赤峰、海拉尔、满洲里、扎兰屯、牙克石、乌兰浩特、通辽、锡林浩特、二连浩特、集宁、丰镇、东胜、临河、阿拉善左。全区首笔特快汇款业务在兴安盟与阿拉善盟间进行，这笔特快汇款从汇款交寄到收款人收到仅用了4.5小时。

1997年，内蒙古自治区邮电管理局和河北省邮电管理局协商，决定从5月18日实行两省区间特快汇款业务的联网运作。两省区开办特快汇款业务范围为内蒙古旗县（含旗县）以上城市和河北省县（含县）以上城市。两省区间特快汇款业务统一执行《河北省、内蒙古自治区邮政特快汇款业务处理办法（试行）》，两省区和区内特快汇款汇票（一式二联）一律使用加盖“特快费36元”戳记的普通汇票。现行使用的特快汇票暂停使用。邮政部门保证将汇款在24小时内送达收款人手中。

2001年7月1日，开通24小时到账的电子汇兑业务。

2002年10月25日，开通2小时区内电子汇款业务；12月5日，开通省际2小时电子汇款业务。2小时电子汇款业务是指在电子汇兑系统联网网点之间办理的、由客户自行通知收款人取款的、汇款2小时后即可支取的邮政汇款业务。

2004年，推广乌海市邮政局、赤峰市阿鲁科尔沁旗邮政局的经验，利用汇兑网点实现代收付业务。

2005年3月1日，新增礼仪汇款新业务。业务用户仅限于中国移动和中国联通的内蒙古用户。7月1日，执行国家邮政局《关于开办邮政账户汇款业务的通知》，向用户开放邮政账户汇款业务。用户办理邮政汇款，既能把邮政储蓄活期账户里的钱汇给对方，也可将对方汇来的钱直接进入账户；传统的现金汇出、现金汇入的邮政汇款方式，扩大到邮政账户汇款。邮政账户汇款分为“现金到账户汇款”“账户到现金汇款”和“账户到账户汇款”3种交易形式。

2006年，新增商务汇款、增值汇款（加、特急汇款、回执汇款）、新业务汇款（入账汇款、网汇通业务）。

2007年3月20日，开办邮政网上支付汇款业务（简称网汇e)，网汇e是利用邮政网络开发的一种为互联网客户提供网上支付服务的新产品，将传统邮政汇兑业务由网下延伸到网上，突破了此前汇款必须以账户为基础进行网上支付的限制，实现了非账户也可网上支付。邮政网汇e业务，最高限额5000元。

2.收入

1991年，全区邮政汇票354.4万张，汇兑业务收入808.9万元，1992年全区邮政汇票372.9万张，汇兑业务收入1017万元。1993年每张汇票的平均款额537元，汇兑款总额31.6亿元。款额结构也从以赡养家款为主，变成以民间贸易款为主。全区邮政汇兑业务平均每月有6000万元存入各级银行。全区邮政汇票375.6万张，汇兑业务收入1319万元，约占全区邮政收入的十分之一。1994年全区邮政汇票375.5万张，汇兑业务收入1618万元。1995年全区邮政服务网点开办邮政汇兑业务的邮电局所、代办所达到1450个，基本满足了全区城镇、农村、牧区各族人民群众的用邮需求。1995年全区开办邮政汇兑业务网点基本实现微机处理。部分局配备了送款车以及押运人员。全区邮政汇票349万张，汇兑业务收入1801万元。1996年全区开发普电汇票359万张、款额38亿元，汇兑收入实现2246万元，兑付普电汇票250万张、款额31亿元。1997年开发汇票345万张，汇费收入2402万元。

1995年12月，联网开办特快汇款业务，到1998年6月底累计受理7540笔，平均每天8笔，总计汇款额2300多万元，收入25万元，其中出口河北省特快汇款193笔，进口145笔，汇款额58万元。使用特快汇款业务的用户中个体工商户、在校学生、部队军人占80%，机关企事业单位、城市居民占20%。

1991—1998年邮政汇兑业务量、业务收入统计表

表2-13

年份	开发汇票张数（万张）	开发汇票款额（万元）	兑付张数（万张）	兑付款额（万元）	汇费收入（万元）
1991	354.4	108191	213	74029	808.9
1992	372.9	137117	227	46345	1017
1993	375.6	181577	223	134642	1319
1994	375.5	237356	235	181677	1618
1995	349	310508	232	251852	1801
1996	359	380000	250	310000	2246
1997	345	—	—	—	2402
1998	326.8	—	—	—	2476.6

1999年，全区共有1362个邮电支局办理国内邮政汇兑；邮政汇兑业务收入2477万元，占邮政业务收入的4.15%。国内汇兑：开发汇票324.64万张，兑付汇票314.10万张，兑付汇款336680.99万元；

2000年，全区1338个邮电支局（所）可办理国内邮政汇兑。邮政汇兑业务量中出口开发汇票呈递减趋势。全年开发汇票 323.34 万张，兑付汇票 211.20 万张，兑付汇款 345513.27 万元。特快汇款收入完成 4.04 万元，特快送款收入完成 43.63 万元。汇费收入 2730.22 万元，占邮政业务收入的 39.63%。

2001 年，全区国内邮政电子汇兑收汇 42330 张，款额 5233 万元；兑付 24372 张，款额 3005 万元，实现汇费收入 44.75 万元。全区邮政汇费收入完成 2712 万元，占邮政业务收入的 3.25%。全年开发汇票 308.99 万张，开发金额 413721.21 万元，比上年有所下降；兑付汇票 213.83 万张，兑付款额 381913.32 万元。

2002 年 1 月 10 日，内蒙古邮政完成全区 970 处手工办理邮政汇兑业务网点的注册。1 月 13 日，970 处手工网点的汇票全部完成由传统实物传递转换为通过计算机网络传递。1 月 13 日—3 月 1 日，日处理量达 2 万余笔。8 月 28 日，顺利完成全区邮政电子汇兑系统软件升级为 V3.0 版本工作。11 月 8 日，开始利用邮储计算机处理系统“切屏”的方式，完成邮政电子汇兑新增的 148 处联网网点建设任务。截至 12 月 31 日晚 24 时，全年新增邮政电子汇兑联网网点 190 处，其中上半年 30 处、下半年 160 处，累计 341 处，联网率达到 27.17%。全区邮政汇兑业务收入完成 2595 万元，占邮政业务收入的 2.9%。开发国内汇票 296.1 万张，开发金额 389283.64 万元，其中电子汇兑款额 369657.29 万元；兑付汇票 207.55 万张，兑付数额 318630.95 万元。

2003 年，全区邮政大力发展加急汇款、实时汇款、回执业务，努力抑制汇兑业务下滑的局面。年末，全区汇兑增值业务收入达到 100 万元，占汇费收入比重达 4%，显现出良好的创收能力。在城镇和农牧区，分别总结推广乌海邮政局走出柜台、主动营销和赤峰阿旗局利用汇兑网点代收话费开发农村市场的先进经验。至年底，全区新增汇兑联网网点 190 处。全年开发汇票 256.98 万张，款额 326836.16 万元；兑付汇票 183.46 万张，兑付款额 283972.20 万元；邮政汇兑实现收入 2393 万元。

2004 年，推广乌海邮政局、赤峰阿鲁科尔沁旗邮政局的经验，业务收入止跌回升。全区邮政电子汇兑加急、实时、回执汇款发展迅速，汇兑大客户实现汇兑收入 70 万元，约占汇兑收入的 3%。开发自行通知汇款 9.88 万笔，占业务总量的 4.74%，其中开发加急汇款 4.62 万笔，实时汇款 4.49 万笔，回执汇款 90 万笔，同比分别增长 25%、160%、270%。至年底，实现手续费收入 340 万元，占汇兑总收入的比重达 14.16%，全年汇兑回执、2 小时、实时入账等汇款新业务收入接近 700 万元。全年邮政汇兑收入 2272 万元。全区完成国内电子汇兑联网网点 47 处的上线联调工作，全区国内电子汇兑联网网点达 581 处（联网率达 48%）。

2005 年，随着中国经济形势的发展，非现金类金融交易活动开始逐渐普及，传统的现金 — 现金形式的邮政汇兑业务已不能适应用户多元化的汇款需求，再加上同行业竞争加剧和邮政内部业务的分流，全国汇兑业务仍呈下降趋势。年初，区邮政局印发《关于开展 2005 年首季全区邮政汇兑业务促销竞赛活动的通知》，对全区邮政加急、实时、回执、礼仪汇款 4 项新业务与老业务的比例进行考核奖励，使新业务比率达到 55%。两网互通成功上线后，储汇局在全区部署账户汇款宣传营销活动，通过海报、彩页等形式宣传账户汇款限额高、资费低、速度快的优势，走访内蒙古移动公司，达成商务汇款合作意向。本年邮政汇兑实现收入 2001 万元。

2006 年初，出台《2006 年全区邮政汇兑业务发展要点》，明确全区邮政国内汇兑业务重点推进商务汇款、增值汇款（加、特急汇款，回执汇款）、新业务汇款（入账汇款、网汇通业务）3 大类业务品种，大力发展账户汇款等新业务。把网汇通业务作为邮政汇兑战略性业务发展，与区移动公司签订代收移动营收款的框架协议。宣传账户汇款的优势，提倡将 20 万元以下的储蓄转账业务引导到汇兑台，全年实现账户汇款收入1350万元，占汇兑总收入的比重为53.5%。邮政汇兑实现收入2901万元，同比增长45%，完成年计划的144%，扭转了汇兑业务连续5年持续下滑的局面，汇兑业务增幅在全国排名第4。

2007年，全区邮政储蓄系统邮政汇兑大集中系统开始进行上线工作。8月23日，邮政汇兑大集中工程建设开始上线演练；9月4日，进行第一次切换预演；5日，开始进行第二次切换预演；7日进行正式切换账务清理工作；8日，内蒙古邮政汇兑全国大集中系统正式切换。至年底，全区汇兑收入已达到4389万元；其中国内汇兑业务收入4299万元，占比近98%。

2008年，汇兑业务实现收入5319万元。

3.资费

1992年4月20日，内蒙古物价局、邮电管理局印发《关于收取邮政地方建设费的联合通知》，制定《内蒙古自治区邮政地方建设费收取范围及标准》。内蒙古邮政地方建设费收取范围及标准：30元及以上每张汇票0.20元，30元以下每张汇票0.10元；国内邮政快件汇款，每件收取0.20元；于5月1日起执行。

1992年12月12日，内蒙古物价局、邮电管理局联合印发了《关于收取邮政延伸服务费试行标准的通知》。邮政延伸服务费是在用户自愿的前提下开展的有偿服务。邮政延伸服务的项目及收费标准：邮件专递费（邮政业务规章规定应由用户自取的邮件，邮局派人、派车送邮件上门的）：汇款（100元及以下的）每笔收取0.30元（100元以上的不送）。

1993年6月7日，对自治区实行的邮政地方建设费征收标准进行了调整（包括普通汇款）：30元及以上每张汇票0.30元，30元以下每张汇票0.20元，国内邮政快件，每件收取0.40元；国内邮政快件、电报汇款，每件收取0.40元；于7月1日起执行。

1996年12月1日，对邮政资费进行调整。

1996年国内邮政服务项目价格表

表2-14

<table>
<tr><th colspan="4">邮政汇兑（元）</th></tr>
<tr><td rowspan="2">汇费</td><td>每汇一元（不足一元按一元计算）</td><td>0.01</td><td>维持现行标准</td></tr>
<tr><td>每笔汇款最低汇费</td><td>1.00</td><td></td></tr>
<tr><td>退汇、改汇费</td><td>每 件</td><td>1.00</td><td></td></tr>
<tr><td>快件汇款退汇、改汇费</td><td>每 件</td><td>1.00</td><td></td></tr>
<tr><td>快件汇款快件费</td><td>每 件</td><td>2.00</td><td></td></tr>
<tr><td>撤回汇款手续费</td><td>每 件</td><td>1.00</td><td></td></tr>
<tr><td>使用电报办理有关汇兑事项申请的电报费</td><td>每 件</td><td>2.00</td><td>维持现行标准，随电报资费的调整而调整</td></tr>
<tr><th colspan="4">查询</th></tr>
<tr><td>普通邮件查询费</td><td>每 件</td><td>免收</td><td>含邮政汇兑业务</td></tr>
<tr><td>邮政快件查询费</td><td>每 件</td><td>免收</td><td>含邮政汇兑业务</td></tr>
<tr><td>存局候领手续费</td><td>每 件</td><td>1.00</td><td>含邮政汇兑业务</td></tr>
</table>

1999年3月1日，国家邮政局对邮政的基本资费进行调整：国内汇款最低汇费、退改汇费、撤回邮件和更改收件人名址手续费及撤回汇款手续费全部提高到2.00元；降低5000元以上国内高额汇款的汇费，规定汇费最高标准为50.00元；取消邮政附加费。

1999 年汇兑资费表

表 2-15　　单位：元

业务种类		计费单位	资费标准	
			本埠	外埠
汇款业务	汇费	每汇 1 元（不足 1 元按 1 元计算）	0.01	
		每笔汇款最低汇费	2.00	
		每笔汇款最高汇费	50.00	
	退汇、改汇费	每件	2.00	
	撤回汇款手续费	每件	2.00	
	使用电报办理汇兑的电报费	每件加收	2.00	
	电报汇款附言电报费	每字	0.13	

注：省会市以下城市按省会市标准计算

2003 年 8 月 30 日，执行国家邮政局《关于调整国内邮政特快专递业务资费和收取邮政汇兑超字段附言费的通知》，国内邮政汇兑附言 6 个汉字（12 个字节）以内免费，超过部分按每字 0.10 元收费。

2005 年 8 月 1 日起，执行国家邮政局《关于调整自行通知汇款手续费标准的通知》，2 小时自行通知汇款标准由每笔 5 元调整为每笔 3 元；实时自行通知汇款手续费标准由每笔 10 元调整为每笔 5 元。

2007 年 3 月 20 日，开通邮政网汇 e 业务，汇费按收汇金额的 1% 收取，最低标准每笔 2 元，最高标准每笔 50 元。

2009 年国内邮政汇兑业务资费

表 2-16

项目			计费单位	资费标准	备注
汇款业务	按址汇款		每笔	交易金额的 1%，最低 2 元，最高 50 元，汇款尾数不足一元的按一元计算	每笔汇款最高限额 5 万元，超过 5 万元分笔办理
	密码汇款		每笔	交易金额的 1%，最低 2 元，最高 50 元，汇款尾数不足一元的按一元计算	每笔汇款最高限额 20 万元，超过 20 万元分笔办理。
	入账汇款		每笔	交易金额的 5‰，最低 2 元，最高 50 元，汇款尾数不足一元的按一元计算	每笔汇款最高限额 5 万元，超过 5 万元分笔办理
	网汇通	普通卡	每笔	暂不收费	每笔汇款最高限额 2000 元，超过 2000 元分笔办理
		礼仪卡	每笔	交易金额的 1%，最低 2 元	每笔汇款最高限额 2000 元，超过 2000 元分笔办理
		网汇通汇款	每笔	暂不收费	每笔汇款最高限额 2000 元，超过 2000 元分笔办理
		取现汇费	每笔	交易金额的 1%，最低 2 元	每笔汇款最高限额 2000 元，超过 2000 元分笔办理
	网汇 e		每笔	交易金额的 1%，最低 2 元，最高 50 元（目前推广期实行优惠资费）	每笔汇款最高限额 5000 元，超过 5000 元分笔办理

续表 2-16

项目			计费单位	资费标准	备注
特殊业务	挂失	取款通知单	每笔	10 元	
		密码	每笔	10 元	
	退汇申请费		每笔	2 元	
	改汇申请费		每笔	2 元	
附加业务费	附言	普通附言	每字	0.1 元	6 个汉字（12 个字节）内免收附言费，每超 1 字收取 0.10 元。每个标点或字母，视为 1 个字节；不足 2 个字节的，不足部分免收附言费
		固定附言	每笔	1 元	
	回执	短信回执	每笔	1 元	
		投单回执	每笔	3 元	
	入账通知	投单通知	每笔	1 元	
		短信通知	每笔	1 元	

（三）其他金融业务

1995 年 3 月，包头市邮电局邮政储蓄开办了代用户交纳电话费储蓄业务。用户一次性将一定数额的电话费存入邮政储蓄，由储蓄部门每月代用户交纳话费，并将话费清单送达用户；当用户的储蓄金额不足以交纳电话费时，储蓄部门可先垫付当月话费，再通知用户前来续储。业务开办方便用户，促进邮储余额增长。

1996 年 10 月 31 日，呼和浩特市邮政局与中保财产保险有限公司呼和浩特市分公司联合在内蒙古政府礼堂举行了保险代理业务协议签字仪式暨新闻发布会，宣布从 1996 年 11 月 1 日起在呼和浩特市邮政局所属的 39 个邮政储蓄网点为保险公司代办家庭财产定额保险等 4 个险种的保险业务。充分发挥“绿卡”网络的优势，为保险部门解除了业务网点少的忧虑，也为邮政部门扩大了储源。12 月 6 日，呼和浩特市邮政局与呼和浩特市煤气化总公司达成代收煤气费协议，共代收 592 户邮电职工的煤气费。12 月 8 日，呼和浩特市邮政局的 30 个营业网点开办代收电话费业务。这项业务的开办，既解决了市话用户交费难问题，也为邮政储蓄开辟了储源。

1997 年，呼和浩特市邮政局将代收煤气费范围扩大到邮电系统的全部煤气用户。4 月 14 日，呼和浩特市邮政局与呼和浩特市供电局新城分局达成协议，即日开始为团结小区南区 16 栋居民楼 1042 户居民开办电费储蓄业务。6 月，呼和浩特市邮政局所属 22 个邮政营业网点同时开办代收“康辉”寻呼台用户服务费业务。从此，“康辉”寻呼台近万名用户可在市内任何一个邮政营业网点交纳服务费。

1998 年 6 月 16 日，自治区邮电管理局通知，7 月底前全面开办邮政储蓄代交电话费业务。

1999 年 3 月，自治区邮政局与中国人民保险公司内蒙古自治区分公司联合签发《关于代理保险业务的联合通知》，同时与中保公司内蒙古分公司定向开发保险邮册。

2000 年，中国保监会首次向自治区邮政系统的 89 个旗县局核发《代理保险业务广告许可证（兼业）》。年内完成保费 2625 万元，是上年的 28 倍实现手续费收入 98 万元，比上年增长 16 倍，在全国排名第 7 位。代发工资金额 7779 万元，总户数 25741 户；代发养老金总额 2463 万元，总户数 5388 户。两项总金额 1.024 亿元，比上年增长 73.14%。代收电信资费 8300 万元，比上年增长 48%。代售国债 3 期，代售额度 1.40 亿元。全区邮政金融中间业务量达 19 亿元，业务收益 2000 万元。

2001 年，全区金融中间业务品种不断创新，开办代收各项公益金、代发工资、代发养老金、代收电信资费、承销国债等业务。4 月 8 日，全区邮政部门开始代售内蒙古风采电脑福利彩票。各盟市邮政局相继与当地民政部门联系代售彩票事宜。全区邮政近 140 个营业网点争取到了代售权，前 3 天销售金额超过 11 万元，代办费收入近 8000 元。年内，全区开办代理中国人寿保险、平安保险公司的财险寿险业务，承销保险公司开发的柜台销售产品；4 月 25 日、28 日，分别与寿险公司联合制定《代理保险业务专管员制度》和《代理寿险业务发展奖励政策》。9 月 16 日，“鸿泰分红保险”等产品上柜销售。全区代理保险业务量一直居全国前列，并成为全国邮政范围内专业代理保险公司的试点省市。

2002 年，内蒙古邮政金融中间业务在确保代理保险、代发工资和养老金、代收电信资费三大业务稳定增长的基础上，扩大代理保险、国债的承销规模。在 2002 年世界杯足球赛开幕前，自治区邮政局与自治区体育彩票中心达成合作协议，全区范围内开办由邮政部门代售足球彩票业务。与中国人寿、中国人保内蒙古分公司重新签订全面合作协议，并采取联合调研和联席会议等方式共同推进“国寿鸿泰两全”保险的销售和“储能保”等保险新产品的开发和推广，使全区邮政代理保险由“松散型”向“紧密型”的转变。全年中间业务收入完成 458 万元。代办保险累计发展投保户 26767 户，代理保险费额 6890.09 万元。其中寿险 24727 户，保费额 5947.92 万元；财险 2040 户，保费额 947.17 万元，保险收入全国排名第 20 位，代理手续费收入全国排名 17 位。代发工资 1496257 户，累计业务量 92023.38 万元；代发养老金 1249667 户，累计业务量 61996.49 万元，比上年增加 32.2%，市场占有率 15.15%。代理电信资费代理户数累计 1885556 户，累计业务量 77201.85 万元。代收公益事业费累计户数 103948 户，累计业务量 3802.72 万元。全区共代理 2 期国债，额度为 2200 万元。在国家邮政局邮政储汇局和中国人寿保险公司联合举行的“全国邮政代理保险业务表彰暨研讨会”上，内蒙古邮政储汇局获“邮政代理保险业务”优秀组织奖。

2003 年 3 月 21 日，内蒙古邮政保险代理有限责任公司成立，负责全区邮政代理保险业务的市场开发、经营、管理和服务等工作。6 月 7 日，自治区邮政局与内蒙古电力（集团）有限责任公司签订代收电费合作协议，包头市邮政局、呼和浩特市邮政局、乌海市邮政局先后开办此项业务。包头市局的代办手续费为 0.5%，呼和浩特市局的手续费为 0.6%。7 月 1 日起，呼和浩特地区邮政各单位办理企业人、财险，统一由内蒙古邮政代理保险公司独家代理。8 月 20 日，公司与中国平安人寿保险公司呼和浩特分公司签订“委托代理协议”，是公司成立签署的第一份合作协议书，明确内蒙古邮政保险代理业务所代理的险种有寿险和财险。年底，全区累积投保户达 30772 户，邮政保险代理业务完成代理保费 7296.26 万元，较上年增长 5.89%。其中寿险完成保费 6328.08 万元，较上年增长 6.39%；财险完成保费 968.18 万元，较上年增长 2.76%。全区实现手续费收入 421.653 万元，比上年增加 64.54%，其中寿险实现收入 278.48 万元，比上年增加 64.77%；财险实现收入 143.17 万元，比上年增加 64.09%。全年综合手续费率为 5.77%，较上年提高 2.06 个百分点。

2004 年 5 月，邮政保险代理公司与内蒙古平安寿险公司联合开发推出“邮保通”意外伤害保险。此保险创新性地以千元一年存款的税后利息作为保费，不仅可以增加窗口的服务功能，还可以缓解邮储付息压力，非常适合邮政柜台销售，截至年末累计销售 1.4 万份。代理保险业务在呼和浩特市、包头市等邮政局的带动下，开办范围扩大到全区 12 个盟市局，全年代理保险业务收入超过 800 万元，比上年增长一倍，银邮代理保险市场占有率达到 17%。邮政保险代理公司与平安保险财险公司选择业务基础较好的乌海市作为试点，探索虚拟运营，异地代理，在当地成立营销部，除经营乌海地区邮政柜台寿险业务外，还全面代理平安财险保险产品。邮政保险代理公司还举办保险产品说明会，实现保费达 300 余万元，有效地解决了内蒙古地区业务普及率不高，旗县业务发展缓慢的问题。呼和浩特市邮政局首创节假日营销，保险代理公司将这一营销方式在全区盟市推广，使“五一”“十一”“春节”等黄金周成为全区保险代理业务发展的黄金周。8 月 2 日，在内蒙古保监局和内蒙古保险业行业协会共同组织的全区保险业诚信建设经验交流会上，邮政保险代理公司被评选为全区保险业“诚信建设先进集体”，是内蒙古地区唯一获此殊荣的保险中介机构。12 月 15 日，自治区邮政局决定对内蒙古邮政代理保险公司职能进行调整：取消内蒙古邮政保险公司经营现业职能，并将其所经营的现业邮政保险代理业务纳入相关盟市邮政局经营管理。年内，全区邮政保险代理业务实现代理保费 19776.11 万元，较上年增长 171.04%；实现手续费收入 863.86 万元，完成计划任务的 123.41%，比上年增加 104.88%；在内蒙古银（邮）保市场占有率达到 18.57%。

2005 年初，保险代理公司撤销市场部，将市场营销职能划归各盟市局；同时，由区邮政局注资，全面推广专业代理机制。3 月 4 日，自治区邮政局和中华联合财产保险公司内蒙古分公司联合发文推出双方全面合作业务推进方案。合作区域扩展到中华联合保险公司异地展业的巴彦淖尔市、通辽市和赤峰市及其所属旗县区域内，通过网上出单系统可实现异地出单中华联合保险公司经营的保险产品。7 月，自治区邮政局与中国平安人寿保险公司内蒙古分公司协商，签订代售航空意外险框架性合作协议。7 月 9 日起，各盟市邮政系统在办理代售机票时，均有资格代售配套的平安人寿的航空意外保险。同月，内蒙古邮政局与内蒙古莱斯达航空公司联合，发行全区邮政第一张联名卡：绿卡——莱斯达联名卡。该联名卡为全区银行业第一张主要以高端商旅客户为发行对象的银行卡。7 月 15 日，自治区邮政局与新华人寿保险公司呼和浩特分公司签订《邮保通出单业务合作协议》。自治区邮政局所属机构和营业网点，按照新华人寿保险公司呼和浩特分公司业务管理要求，采取邮保通实时出单销售相关保险产品的内容。9 月 1 日，开办包裹、特快专递邮件保险业务。年内，乌海等 2 盟市与平安财险、巴彦淖尔等 4 盟市与中华联合、呼伦贝尔等 6 盟市与太平洋财险、乌兰察布与大地财险的虚拟运营合作全面展开，赤峰、巴彦淖尔等地区，虚拟运营合作模式逐步向旗县发展，遍布全区的虚拟运营体系构建完成，全区财险虚拟运营业务实现保费 420 万元。保险代理公司与太平洋财险展开深层次合作，取得太平洋业务的查勘理赔权限，初步建立全区的代查勘理赔体系，拓宽了邮政代理保险业务的经营范围。全区 12 个盟市的 700 多个网点全部实现中国人寿柜台产品和新华人寿柜台产品“实时出单”功能，有效解决全区邮政保险业务保单流转缓慢、承保质量低等问题，全面提升了邮政代理保险业务的服务水平与质量。保险代理公司积极将中国人寿“鸿丰”、新华人寿“红双喜”、平安人寿“稳赢一生”等适合邮政销售的新型寿险分红产品引入各盟市，同时将中华联合、太平洋等新进入内蒙古地区市场的保险公司业务纳入邮政代理渠道。通过虚拟运营推广、财险营销活动等措施使得收益率高的财险业务增幅达 33%，初步改变了全区代理寿险业务占比过高的局面。年内，全区邮政代理业务完成代理保费 2.25 亿元，手续费收入 1128 万元，分别比上年同期增加 13.66% 和 30.61%，两项指标在全国邮政各省市排名中分别居于第 22 位和第 18 位，其中代理保费指标在全国保险专业代理中介机构中居第 8 位。业务综合收益率达到 5.02%，较上年增长 0.65 个百分点。

2006 年，自治区邮政局与内蒙古财政厅签订代发粮食直补等综合性财政补贴协议。至年底，全区有 6 个盟市开办代发粮食直补与退耕还林财政款，合计代发 2.56 亿元。自治区邮政局与呼和浩特铁路局达成邮政代发呼铁个人款项业务协议，每笔按 0.3 元收费。乌兰察布市开发代发奶款业务。呼和浩特市、包头市局签订代归集中石化加油款业务。包头局开发代扣税款业务。年内，全区共开发 8 种绿卡联名卡。开办代理开放式基金业务，到年底代办 6 支基金业务。代售凭证式国债 2782 万元。代理保险业务实现业务收入 1291 万元，同比增长 30%。邮政保险代理公司大力开拓财险市场，全区代理财险业务规模同比增长 51%，财、寿险业务结构初步改善；开发旗县市场，全区旗县实现保费同比增长 83%，市、县协调发展取得效果。邮政代理保险业务与新华人寿公司密切合作，以乌兰察布、乌海和巴彦淖尔 3 个邮政局为试点，开始寿险异地代理业务的实践。9 月份，将异地代理寿险业务推广到赤峰、通辽、呼伦贝尔 3 局。年内，上述 6 盟市局共实现异地代理寿险业务收入 6222 万元，占到全区寿险业务收入的 27%。与太平洋财险公司合作，制定《代查勘理赔管理暂行办法》，代查勘人员先后以阿拉善盟邮政局和锡林郭勒盟邮政局为试点进行代查勘理赔业务尝试。年内，两局代理太平洋理赔查勘案件 138 起，实现收入 4.7 万元。7 月，阿拉善盟邮政局与各保险公司合作，建成全区邮政第一家保险超市，超市汇集 3 家财险公司和 2 家寿险公司业务，至年底实现保费 142 万元，为客户提供“一站式”保险服务。邮政代理保险实现与中国人寿在 12 个盟市、与新华人寿在 9 个盟市、与平安人寿在 2 个盟市的系统实时出单，新增“鸿丰”期交、“美满人生”年金及“稳赢一生”两全等保险产品。与中国人寿的网络互通工程上线，年内完成代收续期保费 191 万元。完成代理保费 2.7 亿元，同比增长 20.3%；实现手续费收入 1509.93 万元，同比增长 33.83%。保费、收入 2 项指标在全国邮政各省市排名中分别居于第 22 位和第 18 位。

2007 年，保险代理公司全面实施盟市旗县一体化经营管理，在盟市保险代理部的基础上成立了 12 个盟市分公司，30 多个旗县局设立了代理保险营销部，其余旗县均配备专职人员；业务考核采取了“双挂钩、双考核”的方式，对保险业务收入和收支差额在上级专业化部门和当地局进行考核。年内，全区邮政保险代理业务实现代理保费 5.59 亿元，较上年增长 106.73%，其中寿险完成 5.05 亿元，财险完成 5400 万元；实现手续费收入 2400 万元，较上年增长 58.95%，其中寿险实现 1700 万元，财险实现 700 万元。

2008 年，与内蒙古电力公司续签《银行联网代收电费业务合作协议》；与内蒙古移动公司在“农村代办员卡”和“邮政 ATM 代缴话费”两项电子缴费项目上达成合作意向；与内蒙古体育彩票管理中心达成合作协议，在全区邮政网点代销“顶呱刮”奥运主题体育彩票业务。内蒙古邮政代理保费规模突破 10 亿元大关，达到 10.33 亿元，同比增幅达 86%。其中，代理财险实现保费达 10811 万元，同比增长 56%；代理寿险实现保费 92488 万元，同比增长 89%。

2009 年，代理基金业务实现收入 1017 万元。代理保险业务实现代理保费 5.69 亿元，同比增长 101.6%，实现手续费收入 2442 万元。呼和浩特、赤峰等局开发了资金归集类项目，代发烟草款项目全区累计归集资金 4.5 亿元；石油款项目全区累计归集资金 4 亿元。邮政代理保险量收并举，实现了保费规模和业务收入两项指标的大幅增长。代理保费额突破 15 亿元，同比增长 49.66%，实现收入 4100 万元，同比增长 28.51%。

2010 年，代理保险业务积极开展车辆保险和寿险期缴项目营销，实现量收并举，稳步增长。全区车辆保险专项营销项目揽收车辆 4.2 万辆，实现保费 7884 万元，同比增长了 56% ；寿险期缴专项营销项目实现保费 9500 万元，同比增长 265% ；团体年金营销项目实现保费 2 亿元；农村小额保险营销项目实现保费 1.5 亿元；邮件险、家财险、意外险短期财险业务实现保费 80 万元。突出与中国人寿、人保人寿和人保财险等伙伴的战略合作，强化与泰康寿险、新华寿险、中华联合财险等伙伴的重点合作，战略、重点合作伙伴保费占到总保费的 72%；财险业务中，战略合作伙伴保费占到总保费的 80%。全区代理财险收入占专业总收入的比重达 20.91%，在财险收益率下降的情况下，同比增长了 1.4 个百分点；寿险期缴业务占寿险总收入的比重 21.48%，同比提高 13.49 个百分点。全年完成代理保费 15 亿元，同比增长 12.6%；实现收入 4028 万元，同比增长 13.4%。

四、报刊

（一）发行

1991—1999 年，自治区邮政储汇发行局是管理全区邮政储蓄、汇兑、发行工作的职能部门。管理发行工作的机构设置报刊发行科、订单处理科。

1991—1994 年，根据社会主义市场经济发展对报刊发行市场需求，制定“五个并举”的业务发展方针：即订阅与零售并举、公费与私费并举、整订与破订并举、主要报刊与其他报刊并举、收递与投递并举，提高市场占有率，巩固邮政报刊发行的主渠道地位。积极为报刊发行社和订户两个“上帝”服务，扭转官商作风，提供破订、电话预定、上门收订等便利服务，发展私费订阅，向社会实现承诺服务。为解决报刊妥投问题，在城镇地区实施户箱工程。加大科技投入，采用计算机处理业务。全区 100 个订销局，有 44 个局实现了报刊发行业务计算机处理，其中赤峰、伊盟 2 个盟市所属局已全部实现计算机处理。

1995 年 4 月，呼和浩特市邮政局在全区首家推出电话预约订阅报刊服务项目，呼和浩特市用户只要拨通发行部门的电话，说明需要订阅的报刊和详细通信地址，邮政局工作人员就会上门服务。6 月，自治区邮电管理局下发《关于推选发投合一体制实行专业化经营的通知》，决定全区各盟市局成立发行和投递合一的专业化经营机构，同时在城镇地区实施一户一箱工程。年内，全区大部分盟市、旗县局发投合一机构相继成立，一户一箱工程也在全区铺开。年内，盟市局大力发展报刊零售业务、增加网点、培育零售市场，报刊零售实销额 2000.2 万元。到年末，邮发报刊期数 292.8 万份；报刊累计份数为 3.36 亿份；报刊发行收入为 3476.7 万元；报刊损失率为万分之零。

1991—1995 年报刊发行情况统计表

表 2-17

报刊发行情况	1991 年	1992 年	1993 年	1994 年	1995 年
零售实销额（万元）	966.24	1169.6	1431.5	1636.7	2000.2
订零合计（万元）	7360.24	8596.6	9548.5	11908.7	13446.5
报刊订销种数（种）	3485	3665	3820	4395	4566
订零比重（%）	13.1	13.6	15	13.8	14.9
自办零售网点（处）	212	216	259	271	318

1996年10月9日，乌兰察布盟邮电局报刊批零中心成立，该中心位于集宁市繁华地段，代发各类图书报刊800余种，下设1个自选商场，6个自办报刊亭，18家委办批销户，并同全盟10个旗县市的36个零售点组成批销网络。10月16日，呼和浩特市首家邮政报刊批销中心开业。该批销中心位于呼和浩特市大学路十字路口路东，设有批销、零售自选亭，经销6000余种图书报刊和挂历、台历、贺卡等文化用品，开业当天销售额逾千元。年内，全区订销报刊种数为4796种，较上年增长5.04%。报刊流转额完成14568.2万元，较上年增长18.2%。报刊发行实现收入4425.8万元，较上年增长27.3%。党报党刊发行又取得好成绩，主要报刊发行稳步增长。订销报纸累计份数295210874份，杂志20074023份。报纸期发份数3555207份，杂志2697612份。一次性收订1997年度报刊流转额达到145681939元，比上年同期增长10.4%。《人民日报》《内蒙古日报》《求是》《实践》4种主要党报党刊的收订稳中有升，分别比上年同期增长1.51%、3.7%、5.7%和24．2%。全区报纸发行收入2623万元，杂志发行收入1792万元，总计4415万元。

1997年7月1日，《人民日报》和《内蒙古日报》分别在呼和浩特市和通辽市分印。《人民日报》在呼和浩特市地区、包头市、集宁市实现当日投递；在其他盟市所在地实现次日投递；乌兰察布盟地区、锡林郭勒盟、伊克昭盟、巴彦淖尔盟、乌海市的大部分地区比以前提前半天到两天运到。《内蒙古日报》在通辽恢复分．印后，哲里木盟地区除霍林河外实现当日投递；赤峰市由次日下午提前到次日上午投递；乌兰浩特市、海拉尔市实现次日投递。为了配合两报的顺利分印，各级调度部门加班加点，提前做出发运计划和内部作业计划，保证两报的顺利发运。两报的分印，缩短了全程运递时限，同时也缓解了呼和浩特市至海拉尔邮车的运输紧张状况。年底，城市住宅楼房信报箱设置率55%，每百人订有报刊27.2份。

1998年，全区12个盟市、56个旗县实现报刊发行要数计算机联网运行。6月24日，自治区邮电管理局决定全区新建200个报刊零售音像租赁亭及部分报刊零售车。报刊零售音像租赁亭设在繁华街道和主要路段及商场、学校、公共文化娱乐场所、火车站、汽车站附近，建筑面积在10平方米左右，采用铝合金材料，由自治区邮电管理局统一组织设计，统一安排制作。每个报刊亭造价2万元左右，自治区邮电管理局补贴收支差额5000元，其余资金由各局自筹。各盟市局报刊亭数：呼和浩特市邮政局20个、呼和浩特市电信局5个、包头市25个、乌海市10个、赤峰市25个、呼伦贝尔盟20个、哲里木盟15个、兴安盟10个、乌兰察布盟20个、锡林郭勒盟14个、伊克昭盟15个、巴彦淖尔盟15个、阿拉善盟6个，总计200个。年内，新增报刊批销及音像租赁中心18处。

1991—1998年报刊发行情况统计表

表2-18

报刊发行情况	1991年	1992年	1993年	1994年
订销报纸累计份数（万份）	33308.1	35861.7	35599.7	36447.6
报纸期发份数（万份）	180.9	178.9	259.8	250
订销杂志累计份数（万份）	2829.6	3084	2756	2432.4
杂志期发份数（万份）	238.5	233	300.3	217.1
报刊流转额（万元）	7119.2	8348.7	9314.4	11686.9
报纸发行收入（万元）	1070.5	1244	1485	1937
杂志发行收入（万元）	800.8	878	941	1156
其他收入（万元）	1	39		

续表 2-18

报刊发行情况	1995 年	1996 年	1997 年	1998 年
订销报纸累计份数（万份）	31311.3	29521.1	29540	27654.7
报纸期发份数（万份）	262.1	355.5	292.1	212.6
订销杂志累计份数（万份）	2301.4	2007.4	2022	1816.9
杂志期发份数（万份）	223.7	269.8	358	195.4
报刊流转额（万元）	17290.4	14568.2	15816	14532.5
报纸发行收入（万元）	2086	2623	2827	2957
杂志发行收入（万元）	1409	1792	1881	1007
其他收入（万元）				153

1999 年，一次性收订报刊流转额 15628.75 万元。全年收订报刊流转额达 18916.80 万元；报刊零售流转额 2977.07 万元；全年报刊累计份数完成 22836.78 份；报刊收入累计完成 5152 万元。年底，全区共有报刊图书零售网点 478 处，代办网点 506 处。

2000 年 1 月 6 日，报刊发行业务从内蒙古邮政储汇发行局剥离，成立内蒙古邮政报刊发行局，属自治区邮政局直属单位，负责内蒙古地区出版的报刊及外省市出版在内蒙古分印的报刊的接办、发行、分发等工作。4 月成立了自治区报刊调拨中心，着力组织畅销报刊货源，发展报刊、图书、音像批销，扩大报刊私费订阅和零售。6 月 23 日，自治区邮政局与自治区党委宣传部、自治区新闻出版局、自治区公安厅、自治区建设厅、自治区工商行政管理局联合发文，对全区建设报刊亭提出具体指导意见。9 月 30 日，落实中央文明办等 6 部门《关于在全国城镇建设报刊零售亭的通知》。年内，报刊局与 96 家报刊社签订了邮发合同，其中：报纸 58 种，杂志 95 种，较上年增加了 8 种。10 月 12 日将《内蒙古日报》以“买断包销”的方式进行发行，这是自治区党报党刊发行史上的第一次。盟市级以上城市当地印刷的中央级省报实现早报早投，并保证凡遇缺报少刊，本埠出版的 3 日内补送，外埠的 15 日补偿订户。采取窗口订阅、电话预订、上门收订、同城通订、网上订阅、集订分送等多种订阅形式，最大限度地满足用户的订阅需求。为落实党报党刊收订任务，自治区党委宣传部、邮政局和相关报刊社与各盟市党委宣传部、邮政局签订了 6 种主要党报党刊收订目标责任状。同时，对党报党刊的收订方式进行了新的尝试，部分盟市邮政局与当地市委宣传部签订了“代收代订”协议。在报刊大收订期间，报刊局制定了对党报党刊的收订进度实行逐日汇报制度。年末，全区报刊零售网点发展到 666 处，委办网点 506 处。在报刊发行业务中，报刊零售邮发报纸累计 4172726 份，零售特发报纸累计 3627196 份，零售邮发杂志累计 2266997 份，零售特发杂志累计 3593163 份。零售完成收入 1371 万元，占报刊发行收入的 22.3%；报刊自费订阅收入 1219 万元，占报刊收入的 34.45%。全区报刊发行业务订阅报纸累计 238301952 份，订阅杂志累计 13823875 份，报纸期发 2371305 份，杂志期发 1579107 份，报刊流转额 2.1 亿元。收入完成 6145 万元，在全国增幅排名第 7。其中报刊发行收入 3539 万元，杂志收入 2306 万元，图书、音像收入 568.19 万元，其他收入 300 万元。

2001 年，全区报刊发行部门继续依靠各级党政部门的支持，做好党报党刊的发行工作。对行业类报刊，编印推荐目录，上门走访宣传收订。对于一些其他渠道发行的行业报刊，利用比较合适的费率，将其纳入邮发轨道。协调与报刊社的关系，争取优惠条件。挖掘自费订阅市场，加强日常收订业务和破订业务宣传，开展上门收订、同城互订及电话预订等服务手段。年内，区报刊发行局与 151 家报刊社签订了邮发合同，其中报纸55种、杂志96种，较上年增加10种。本年，盟市邮政局继续加大对往年报刊欠费的清欠力度，在收订过程中，将按流转额计发工资转变为按到账流转额计发工资，把资金到账率与职工利益挂钩，确保资金到位，杜绝欠款。自治区邮政局和内蒙古党委宣传部组成工作组，到盟市邮政局对党报党刊收订工作进行检查指导。盟市邮政局基本完成主要党报党刊的征订任务，其中6种主要党报党刊每百人订阅量居全区前3位的是：阿拉善盟1.92份，呼和浩特市1.8份，乌海市1.7份。内蒙古邮政书报刊调拨中心积极组织畅销报刊货源，发展报刊、图书音像的区域代理工作。年内，与200多家报刊社、出版社及发行机构建立业务关系，使一些新创刊的报刊打开了全区市场，并拿到部分非邮发报刊和电子出版物的区域代理权。通过内蒙古邮政书报刊调拨中心统一要数，缓解了各盟市邮政局零售资金紧张的状况，不同程度地降低了采购成本。9月，区报刊发行局累计为各盟市邮政局组织图书8.87万册、报刊35.94万份、音像制品260万盘，合计收入380.13万元，实收入223.14万元，平均进货折扣提高5-8个百分点。同时，采取协调出版部门和组织参加订货会等形式为部分盟市邮政局进货120余万元。3月28日，赤峰市鸿雁音像（图书）自选商场正式开业。该商场于2000年11月筹建，2001年1月投入试运营，营业面积为300多平方米。主要经营各种音像制品、儿童书刊、计算机专业书刊、流行软件及各种杂志等。其中主营书刊达上千种，音像制品涉及上万个品种。赤峰市鸿雁音像（图书）自选商场是全区邮政规模最大的音像文化市场。截至年底，全区邮政报刊零售网点发展到627处，委办网点602处。全区报刊发行业务收入完成7427万元，其中报纸完成3890万元，杂志完成2681万元，图书、音像完成505万元，其他完成351万元。在报刊发行业务中，报刊零售完成2267.53万元，占报刊发行收入的30.53%；报刊自费订阅比例为35%。全区2001收订报刊流转额16952.98万元，邮政报刊发行密度为每百人11.96份；人均消费邮政发行报刊7.05元。2001年8月，《内蒙古日报》脱离邮发，在呼和浩特市、乌海市、阿拉善盟地区自办发行，其他盟市委托当地农行发行。

2002年，发挥区书报刊调拨中心的作用，按照“平进平出，无偿服务”的要求，与200多家区内外报刊社、出版社建立了业务联系，使新创刊的报刊打开内蒙古市场，争取到一部分畅销的非邮发报刊的区域代理权，市场进货折扣提高5—8个百分点。随着报刊发行市场的逐步开放，社会上出现了各种报刊发行公司收入邮发报刊情况，有的报刊社公开违反邮发合同，自行组织队伍收订各种邮发报刊，严重扰乱了邮发报刊市场收订秩序。年内，内蒙古邮政报刊发行局与呼和浩特市邮政局联合采取一系列规范、整顿邮发报刊收订市场的措施，有效地遏制了邮发市场的混乱。4月1日，《经济日报》在呼和浩特市设分印点，内蒙古中西部8个盟市分印点由北京市调整到呼市，原由北京市供货的8个盟市也改为由呼和浩特市供货，从而加快了报刊传递时限。截至年底，全区报刊发行业务收入完成6077.56万元。报刊自费订阅比重为34.1%。全区收订报刊流转额16419.71万元，报刊发行密度为每百人9.37份；人均消费邮政发行报刊6.91元。全区共有邮政报刊零售网点555处，其中报刊零售门市部57处，报刊零售厅406处，报刊零售角63处，音像销售点29处。全区报刊零售种类达到4000多种，流转额近4000万元，零售占报刊发行总收入的比重为25%。

2003年，《内蒙古日报》恢复由邮政局发行。全区报刊发行业务收入完成6726.3万元，完成全年收入计划的100.39%。全区邮政报刊发行密度为每百人11.25份报刊，比上年同期增长1.88份。针对近年来公费订阅市场开发难度较大的现状，发行局采取措施引导私费订阅，开展《幼儿画报》《婴儿画报》《父母必读》订阅赠礼品活动，收到较好效果，《幼儿画报》《婴儿画报》杂志比上年增长17%。3月11日，内蒙古新闻出版局同意邮政部门开展图书、教材等文化产品的经营和竞标工作，向自治区邮政局核发“出版物二级批发证”。报刊私费订阅比重为35.8%，比上年增长1.7%。

2004年，报刊大收订开始前，发行局针对潜在读者群进行市场细分，有针对性地编印“学生类”“家庭类”“休闲类”等报刊目录和宣传单，由投递员向订户进行重点推荐。在大收订期间增加收订台席，开展上门收订、电话收订、流动收订等方式。加大报刊收订宣传力度。5月1日起，自治区邮政局将呼和浩特市邮政局负责的报刊接办签约职能调整到内蒙古报刊发行局管理。内蒙古报刊发行局只接收呼和浩特市邮政局发报刊职能中的接办签约部分，发报刊结算、制签及其他工作仍由呼和浩特市邮政局管理。发报刊收入由呼和浩特市邮政局列收。其他盟市报刊签约和发报刊工作仍按以前方式办理，接办发行费率由内蒙古报刊发行局统一掌握。内蒙古邮政报刊零售公司全力做好单项品种营销策划目标，有针对性地与多家畅销报刊社、出版社联系，努力丰富经营品种。增加区域代理畅销期刊14种，独家代理《青年文摘》绿版、彩版等7种畅销报刊，与《都市丽人》等11家报刊社达成独家代理协议。寻找新的业务增长点，推出名刊进宾馆、饭店、民航、铁路、社区、图书馆、资料室活动；与出版社联合与各地区的酒业集团、乳业公司等单位洽谈促销赠送光盘活动；启动旗县市场；积极发展委代办点；开发专项营销产品。同时，在全区形成统一采购、上下联动、连锁经营的格局，发挥全网优势，以规模采购节约成本，以规模优势占据市场主动权，增强邮政报刊零售竞争实力。内蒙古邮政报刊零售公司出台统一的财务管理办法、经营管理办法、严格的绩效考核办法，调整作业流程，重新组合分发环节，加快报刊的传递时限和上市时间。年末，全区共有邮政报刊零售网点320处（市内）。其中零售亭204处，零售点58处，报刊角11处，门市部47处。全区报刊零售业务收入完成1327万元。零售其中报纸收入272万元，杂志零售收入908万元，其他零售收入60万元，图书音像收入87万元。全区报刊发行业务收入完成5920.45万元。全区办理报刊订阅业务的网点1442处。

2005年，内蒙古邮政报刊零售公司直属营业部直接向内蒙古邮政报刊发行局订单要数。全区年度一次性收订报刊流转额17857.48万元，比上年同期增长5.19%，其中私费订阅比重为40.65%，同比增长4.85%。10月，对批销业务进行改革，把呼和浩特市分公司的3个杂志批销部、1个报纸批销部改革划归区公司批销中心统一管理。开发旗县零售业务，填补零售业务的空白点，开发42个旗县，开发委代办网点98处。年内，全区新增报刊亭17处，市内增加委代办网点70多处。年底，共有邮政报刊零售网点（市内）294处，其中，报刊零售亭210处，零售点（角）52处，门市部32处。独家代理期刊31种，区域代理报刊161种。全区零售收入1442.90万元。全区累计完成报刊发行业务收入4807.4万元（不含报刊零售业务），完成全年计划的98.92%，占邮政业务收入的5.4%。年内，发报刊收入累计完成512.94万元，订阅收入累计完成4219.27万元，代收代投收入完成75.17万元。全区共完成订销报刊累计份数24481.22万份，其中订销报纸累计份数22808.37万份，订销杂志累计份数1672.85万份。私费订阅比重为40.47%，比上年同期增长5.51个百分点。2005年度报刊零售接办总数增加了37种，一次性大收订流转额比上年增长5%。

2006年初，由福建国通公司开发的零售业务要数系统正式上线运行，营销体系建设开始启动。年内，零售公司成立营销中心，设置专、兼职营销人员，相继开发以“关爱女性，关爱生活”为主题的“三八”妇女节文化套装礼品、中秋思乡月月饼营销活动，专项营销全年实现138.5万元销售额和66万元的差价收入，实现年初100万元的收入目标。呼和浩特市分公司利用报刊亭发布《北方新报》广告；包头市分公司与呼和浩特市铁路局包头客运段达成协议，在呼包客运段开往外省市的客车上销售报刊；通辽市分公司在通辽职业学院招投标中，依靠邮政信誉、优质服务中标。盟市重点发展旗县委代办户的网点建设工作，年底，全区报刊零售共发展旗县委代办户226家。11月1日全国邮政报刊信息化统一版本系统正式启动并成功上线。公司进一步完善管理信息渠道，掌握盟市每月的收支、经营、市场、竞争对手、业务拓展、客户需求、畅销报刊到货时限、库存情况等，为决策提供依据。顺利实现呼和浩特、包头2市特发报刊集中要数580种的目标，全区集中要数的流转额达到2400万元，区域独家代理报刊品种达到58种。年内，批销业务改变亏损局面，赢利14万元。全区报刊零售收入1589.49万元，比上年增长15.38%；实现收差3.02万元，报刊零售首次盈利。年末，全区共有邮政报刊零售网点285处，其中报刊零售亭205处，零售点（角）50处，门市部30处。全区报刊发行业务收入完成5225.63万元（含旗县邮发零售），完成全年计划4993万元的104.56%，占邮政业务的5.5%。全区发报刊收入累计完成548.67万元，订阅收入累计完成4508.51万元，代收代投收入累计完成55.15万元。全区完成订销报刊累计份数22583.89万份，其中订阅报纸累计21910.95万份，订阅杂志累计1672.85万份。按照国家邮政局的统一部署，11月8日起，自治区邮政局再次对各省会城市及副省级城市间互发的640种和区局确定的17种畅销报刊进行提速，使呼和浩特市分印当日上午交邮发的出口畅销报刊在16个省会城市实现“当日递”或“隔日递”。

2007年，邮政报刊营销中心组织专人策划、开发、组织营销专项文化产品工作，先后组织“美丽永远属于你”三八产品、《365个祝福》《草原新月》中秋文化礼品月饼、十七大系列读物等多项营销活动，全年形成差价收入 71.8万元，与上年相比增幅9%。《读者》《知音》《家庭》《女友》等销售量较大的畅销期刊市场占有率提高，内蒙古邮政报刊零售公司先后被评为《小读者》《女友》全国2007年度发行先进单位并受到了表彰奖励，成为全国邮政系统3家获奖单位之一。全国书报刊销售推荐会上，分别被《童趣》出版有限公司、《男生女生》杂志社授予“最佳合作伙伴”“诚信经销商”荣誉。独家代理期刊新增11种，达到69种；区域代理报刊新增51种，达到358种；零售公司代理报刊品种不断丰富，代销期刊新增124种；全区特发报刊集中要数的品种631种，批销中心全年集中要数流转额1730万元，占全区报刊零售整体流转额的49%，占全区零售特发报刊流转额的61%；全区报刊发行业务收入完成5678.35万元，年度一次性收订报刊流转额17857.48万元，其中私费订阅比重为40.65%。全年报刊零售实现业务收入1751.78万元。

2008年，针对宏观经济形势的不利影响，积极开拓报刊补续订和私费订阅市场，制定“报刊订阅卡”“订阅报刊，有礼相送”等详细的市场营销策划方案。8月份策划大收订工作，9月份启动，较往年提前一个月。由于集中要数具有规模优势，使《读者》《知音》《家庭》《女友》等销售量较大的畅销期刊市场占有率不断提高，激发了畅销报刊社与邮政报刊零售深度合作的热情，不仅巩固了双方合作的基础，也为更多的畅销报刊回归邮政创造了条件，更为邮政报刊零售带来了经济效益。年底与《良友周报》社达成在内蒙古地区分印发行协议。年内，独家代理期刊新增9种，达到71种；区域代理报刊新增64种，达到422种；代销期刊达到222种，并将其中市场潜力较大的43种转为包销。全区特发报刊集中要数的品种已达到了691种，全年集中要数流转额达到3309万元，较上年同期增长18.29%，占全区报刊零售整体流转额的78.1%，占全区报刊零售特发流转额的94.06%。由于独家代理、区域代理和代销报刊品种的不断丰富，有力地拉动了零售业务的发展，实现业务收入1879万元，同比增长4.93%。全年报刊发行业务实现收入6272万元，同比增长9.78%；年度报刊一次性大收订完成流转额2.54亿元，同比增长16.5%，全国排名第11位。报刊流转额实现了两位数的增长，增幅在全国排第12位。

2009年，全区报刊发行业务以党报党刊、行业类报刊、新华社系列报刊为基础，以重点畅销报刊、幼儿园、中小学校报刊、旗县报刊为突破口，积极培育新的目标市场。强化专业营销队伍建设，以项目营销带动全年收订，实现集中收订与常年收订、阶段收订相结合；转变增长方式，调整报刊结构，实现了经济效益与流转额的同步增长。在一次性报刊大收订取得丰硕成果之后，日常收订中的“关爱职工健康、订阅生命时报”“婴幼儿类赠阅试读”等总部营销实现有效进展，区域代理、形象期刊等项目营销工作取得成效。年初，《良友周报》在内蒙古分印，期发数7000份。本着“重点发展、大力推荐、主动营销”的思路，零售公司拟定全区重点报刊营销活动方案，成立活动领导小组，出台奖励考核办法，加强了对重点报刊的时限跟踪和督导。公司确定56种畅销报刊为重点产品，年内，重点报刊累计实现流转额2014万元，形成收入704万元，同比增幅34.1%；确定将代销报刊作为增加业务收入和扩大市场份额的途径，全年新增代销报刊118种，其中有31种代销报刊转为包销，形成稳定的收入来源；“草原书屋”被列入2009年内蒙古“十大民生工程”后，公司立即成立项目小组，多次拜访自治区新闻出版局等相关部门领导，主动推荐邮政网络和品牌优势，获得“草原书屋”报刊的供货、配送权，全年实现流转额125万元，实现收入55万元，其中各盟市邮政局实现代投收入30万元；公司加大总部营销力度，先后为内蒙古电信公司、呼和浩特移动公司，赤峰移动公司、呼伦贝尔电信公司等单位印制企业形象期刊10万册，实现流转额45.8万元，形成收入22.9万元；年内，开展三八节、六一节、中秋“思乡月”等专项营销活动，实现销售额169万元，差价收入75万元，其中“思乡月”销售产品8885套，实现销售额128.07万元，差价收入59.86万元。呼和浩特市、包头分公司分别与地方报社合作，深挖报刊亭资源，实现广告收入24万元；呼和浩特市分公司克服图书销售平台短缺因素，充分利用报刊亭点资源，积极组织开展养生保健及少儿图书的销售工作，共计销售图书2000多册，收入3万元；包头、呼伦贝尔分公司开展期刊上列车销售活动，收入13万元；赤峰分公司与大型超市合作销售报刊，建立长期供货关系，收入9万元。公司全年新增独家代理报刊29种，达到100种，由此全年新增折扣收入30多万元，达到100万元以上；集中要数报刊新增77种，总数达到723种。报刊零售公司实现收入2301.73万元，同比增幅22.47%，实现收差17.43万元。全区报刊发行业务实现收入7099万元，完成全年收入任务的101.86%。报刊零售业务收入完成2302万元。

2010年，报刊发行业务加快发展步伐，畅销报刊快速增长，专项市场营销成效显著，第三方订阅市场快速发展，盟市局“企业形象期刊”、总部“集订分送”营销项目成效显著，校园报刊市场开发取得新进展。10月13日，召开2011年度新华社系列报刊发行工作会议，对新华社系列报刊的发行工作进行了专项安排部署。10月21日，自治区党委宣传部召开了2011年度党报党刊发行工作电视电话会议，会后，以自治区党委办公厅的名义下发文件分解任务，为做好年度党报党刊发行工作提供了有力的支持。大收订期间，区报刊发行局与晨报社多次沟通协商，最终与内蒙古晨报社签订框架战略合作协议，晨报社解散了呼和浩特市、包头、鄂尔多斯投递组织，三地晨报全部交邮政发行，晨报在三地的订阅量达4.7万份，形成流转额930万元，仅此一项拉动全区报刊流转额3个百分点的增长。第三方订阅专项市场开发取得新突破，客户群打破了第三方订阅长期在通信企业、国有银行内开展的格局，保险、商业银行、国有企业、党政机关等新领域得到拓展；刊物种类有了新突破，第三方订阅刊物由过去的2—3种拓展到近10种，将《中年读者》《半月选读》《环球人物》《医食参考》等新品种纳入第三方订阅中；年度报刊大收订第三方订阅专项市场实现流转额1650万元，同比增幅达535%，拉动报刊流转额5个百分点的增长。2011年度大收订期间，通过总部营销，与内蒙古移动公司签订《半月选读》6000份形象期刊协议，形成流转额72万元；内蒙古邮储分行4000份形象期刊协议，形成流转额48万元；内蒙古邮政速递物流公司3000份形象期刊协议，形成流转额36万元；飞科电器内蒙古分公司500份形象期刊协议，形成流转额3万元。全年新增独家代理报刊14种，总数达到114种，全年实现折扣收入130多万元；新增集中要数报刊48种，总数达到771种；新增代销报刊95种，总数达到460种。同时，根据报刊销量和潜力的不同，对重点报刊种类进行细分，确定了《青年文摘》《特别关注》等40种重点期刊和《环球时报》《参考消息》等10种精品报刊为主要发展产品。全年累计实现流转额1790万元，形成收入623万元，同比增幅20.78%。“草原书屋”项目图书配送实现流转额550万元，实现收入220万元，同比增幅300%。年内，报刊发行业务实现收入8101万元，零售业务实现收入949万元（不含批销折扣收入）。

（二）费率

1991年继续执行邮电部制定的报刊发行费标准。地（市）级中共党报，本埠订阅按定价3%，零售、外埠订阅皆按定价35%计收发行费；青少年报刊，本埠按30%，外埠按35%计收发行费；其他报刊皆按本埠30%，外埠40%计收发行费。发行费率分成标准：除省区以上中国共产党党委机关报刊外，其他报刊，订销局按订阅报纸、杂志的25%，零售报纸按30%，杂志按26%分成；其余部分归发报刊局收入。3月，又对报刊零售公司接办特发报刊的发行费率作出规定：包销、代销外埠报刊社出版的，接办费不低于35%，运输费由报刊社承担；本埠出版的，不低于本省接办邮发报刊发行费率标准，转批给省内外邮局零售。专业经营管理机构—零售公司，报纸为30%，杂志为28%。转批给省内各县（市）邮电局的，报纸为28%，杂志为26%。零售公司接办特发图书业务费率，不低于32%，转批给县（市）邮电局的，不低于26%，从当地新华书店批进的图书的费率不低于17%。

1992年4月20日，内蒙古自治区物价局、邮电管理局印发了《关于收取邮政地方建设费的联合通知》，制定了《内蒙古自治区邮政地方建设费收取范围及标准》。报纸、杂志每次（不分订阅期限）每份0.10元，并于5月1日起执行。

1993年6月7日，对自治区实行的邮政地方建设费征收标准进行了调整。报纸、杂志每次（不分订阅期限）每份0.40元，并于7月1日起执行。

1993年4月23日，执行邮电部《关于调整报刊发行业务有关政策的通知》，地市级党政机关报发行费率全部放开，由各省（区、市）邮电管理局自行确定费率标准。发往外省部分的订销局费率分成比例为25%，其他报刊的发行费率仍执行部现行规定。调整报纸临时增版部分和扩版不调价部分的收费标准。对现行发行费率低于35%的报纸，其临时增版部分一律按35%—40%费率标准计收发行费；对扩版不加价报纸，折算出扩版部分应增报价，按其原发行费率计收发行费。将报刊零售委办批销折扣放开，由各省（区、市）邮电管理局自行确定标准。

1999年执行国家邮政局《关于印发邮政通信业务支付代办手续费的若干规定的通知》，发行站代办手续费调整为3%—5%。

2001年执行《关于调整部分邮政报刊代办手续费支付标准的通知》：报刊代办手续费改按报刊份数计算，报纸每份0.03—0.04元，杂志每份0.2—0.3元。报刊社委托代收本系统报刊，报刊按照发行费率，分为 29% 以下（一类、二类 25%—28% 优惠费率报刊）和 29% 以上费率的报刊。一、二类报刊的代收费为 3%—4%，其他报刊的代收费为 4%—5%。为了便于订销局掌握，将按发行费率划分档次转换成按费率分成标准划分。除 25% 和 27—28% 费率的其他邮发报刊，本埠报刊发行费率可由各省局自定，其相应的费率分成标准也由省局自定。订销局杂志零售费率分成由 28% 调整为 30%。费率为 27%—28% 的杂志（只有《中国妇女》杂志）订阅和零售费率订销局分成都为 22%。订户退订、改寄手续费由每次每种 0.5 元改为 2 元。报刊社另辟发行渠道的违约金，按 30% 加收。报刊零售盘点损失千分之二提高到千分之三，取消奖励政策。零售滞销损失率由 2% 提高到 3%，取消奖励政策。零售单位批销报刊进销平均折扣差不得低于 8%。完善合同内容，增加了变动手续费条款：对全国发行的报刊，每次收取 1250 元；发行全省的，每次收取 250 元；如需加急通知，则另收取加急费，全国 3500 元，全省 350 元。

2004 年执行国家邮政局《关于调整报纸固定增版费计收办法的通知》。

2009 年报刊发行资费

表 2-19

<table>
<tr><th rowspan="3">项目</th><th colspan="5">计费标准</th><th rowspan="3">备注</th></tr>
<tr><th rowspan="2">报刊种类</th><th colspan="2">本埠</th><th colspan="2">外埠</th></tr>
<tr><th>订阅</th><th>零售</th><th>订阅</th><th>零售</th></tr>
<tr><td rowspan="5">发行费率</td><td>人民日报、解放军报及各省、自治区、直辖市党委机关报</td><td>25%</td><td>35%</td><td>25%</td><td>35%</td><td rowspan="5">中国妇女杂志本外埠订阅零售费率均为 28%；参考消息本外埠零售费率均为 40%</td></tr>
<tr><td>求是杂志及各省、自治区、直辖市党委机关刊</td><td>25%</td><td>27%—35%</td><td>25%</td><td>27%—35%</td></tr>
<tr><td>光明日报、经济日报、农民日报、工人日报、中国青年报、中国妇女报、中国妇女、中国少年报、参考消息、中国日报等</td><td>27%—28%</td><td>35%</td><td>27%—28%</td><td>35%</td></tr>
<tr><td>其他报纸</td><td>28%—30%</td><td>35%</td><td colspan="2">35%-40%</td></tr>
<tr><td>其他杂志</td><td colspan="4">35%—40%</td></tr>
<tr><td>报刊赠阅交换发行费</td><td colspan="5">按报刊原发行费率计收</td><td></td></tr>
<tr><td rowspan="2">报刊变动手续费</td><td colspan="5">全国发行的，每次 1250 元</td><td rowspan="2">如需加急发送的，全国 3500 元；省内 350 元</td></tr>
<tr><td colspan="5">省内发行的，每次 250 元</td></tr>
<tr><td>报刊停刊、减价退款手续费</td><td colspan="5">按退款总额的 15% 计收</td><td></td></tr>
</table>

续表 2-19

<table>
<tr><th colspan="2" rowspan="3">项目</th><th colspan="5">计费标准</th><th rowspan="3">备注</th></tr>
<tr><th rowspan="2">报刊种类</th><th colspan="2">本埠</th><th colspan="2">外埠</th></tr>
<tr><th>订阅</th><th>零售</th><th>订阅</th><th>零售</th></tr>
<tr><td rowspan="3">增版发行费</td><td>报纸固定增版费</td><td colspan="5">增版发行费／年·份＝（基年单张报价—现行单张报价）现行总张数发行费率。其中，基年和现行单张报价分别为基年报纸年价除以基年总张数和现行年报纸年价除以现行总张数。总张数指一份报纸全年发行的累计标准张数。对现行单张报价高于全国平均单张报价的，可给予适当优惠，但不得低于下列标准：最低增版发行费＝（全国平均单张报价／现行单张报价）按前款计算的增版发行费。目前全国报纸平均单张报价为 0.32 元</td><td>1998 年和 1998 年以前交邮发的报纸，以 1998 年为基年；1998 年以后交邮发的，以交邮发当年为基年；1998 年以后发生调价的，如现行单张报价大于基年单张报价，则以调价当年为基年</td></tr>
<tr><td>报纸临时增版费</td><td colspan="5">按报价折算增版部分的报价，并按 35%–40% 的发行费率计收</td><td></td></tr>
<tr><td>杂志增版费</td><td colspan="5">装订成册的，一律按正刊发行费率计收；单页或未装订成册的，单张对开的，每张 8 分，大于或小于对开的，按对开比例计算，但每张不少于 4 分</td><td></td></tr>
<tr><td colspan="2">报刊发行起点发行费</td><td colspan="5">征收起点发行费的具体标准和数量由省公司自定，但最高不得超过结算期内全部实际发行份数的全部定价款额的 80%</td><td></td></tr>
<tr><td colspan="2">报刊退订手续费</td><td colspan="5">每种每次 2 元</td><td></td></tr>
<tr><td colspan="2">报刊改寄手续费</td><td colspan="5">每种每次 2 元</td><td></td></tr>
</table>

五、邮政速递物流

（一）业务

1991—1994 年，开办的国内特快业务有：特快收寄、电子信函、铁路到货通知、法院传票、银行票据、同城特快专递。

1995 年，开办邮政特快送款业务。

1996 年 11 月 12 日，呼和浩特市邮政局开办国内特快专递收件人付费业务，这项业务是为分散交寄、集中纳费的大客户提供的一种特快专递服务。经中国速递服务公司审查批准并签订合同的全国性公司、独资合资企业可享受收件人付费业务。12 月 8 日，呼和浩特市邮政局开办驾驶执照同城特快业务，当年，国内同城特快专递收入 48 万元。

1997 年 1 月 1 日，全区“185”特快专递服务专号联网开通运行。2 月 28 日，赤峰市邮电局和赤峰市交通警察支队签订了关于驾驶执照和行车执照按邮政特快专递邮件寄递的协议。

1998 年，伊克昭盟局开办了接送小学生上学的同城特快专递业务。3 月 1 日，有 9 名小学生上学由邮政特快专递车按规定的时间、地点，指定专人专车接送。这 9 名小学生居住集中且在同一学校，每位月交费 50 元。7 月 1 日停办邮政快件业务。9 月 29 日，中国速递服务公司印发《关于试办国内特快专递收件人付费业务的通知》，自治区邮电管理局转发上述通知，决定自 10 月 10 日起开办该项业务。

1999 年 7 月 6 日，自治区邮政局与内蒙古公安厅联合印发《关于开办居民身份证快证特快专递业务的通知》，在全区开办身份证特快专递业务。当年共办理 974 件，形成特快 596 件，实现收入 2.38 万元。同年，乌海局与当地公安局联合开办同城身份证专递业务。

2000 年，身份证特快专递业务完成 7933 件，实现收入 27.4 万元。

2001 年 12 月 26 日，内蒙古邮政快递物流有限责任公司成立，专业从事邮政直递物流的经营工作，主要经营货物仓储、直递业务、货物配送、物品快递、零担运输、货物包装、邮件运输及上述业务有关的信息服务。

2002 年 5 月 1 日，海拉尔市、鄂尔多斯市邮政局被国家邮政局批准为第三批诺基亚特快专递收件人付费业务开办局。同日，新增加包头、赤峰、乌海、通辽、海拉尔、鄂尔多斯、乌兰浩特、锡林浩特、集宁、临河、阿拉善左旗、二连浩特、满洲里、牙克石、扎兰屯、额尔古纳、根河、阿尔山、霍林郭勒、丰镇等 20 个城市为国内特快专递代收货款业务开办局。10 月 1 日起，在全区范围开办银行“票据凭证”交换业务，“票据凭证”交换袋由人行统一提供，全区所有旗县至盟市、盟市至旗县的“票据凭证”交换每天将由邮政速递部门提供服务。收费标准每件为 20 元。12 月 1 日，开办自治区内邮政物流配送代收货款业务。

2003 年 8 月 26 日，自治区邮政局与自治区公安厅联合发文，决定从 2003 年 9 月 1 日起将身份证专递从送达旗县以上延伸到全区所有乡镇（苏木）。凡自愿使用身份证专递业务的办证者，在当地派出所办理完审批手续后，可到当地邮政局邮寄。盟市、旗县居民身份证全程专递时限最长为 18 天（含制证时间 7 天），乡镇（苏木）最长为 32 天（含制证时间 7 天）。

2004 年 3 月，开办乌海市区、鄂托克前旗、阿拉善左旗雅芳产品物流配送业务。6 月 1 日，通辽市邮政局、兴安盟邮政局、呼伦贝尔市邮政局开办雅芳产品物流配送业务。10 月，呼和浩特市、包头市、赤峰市、锡林郭勒盟、乌兰察布市、鄂尔多斯市、巴彦淖尔市、乌海市、阿拉善盟等 9 个邮政局开办中邮物流集散网业务。10 月 18 日，国家邮政局组建中邮物流北方区域集散网，开办“中邮物流快货”业务，开办城市有北京、天津、河北、内蒙古、山西、山东、河南、辽宁、吉林、黑龙江 10 个省、市、自治区，“中邮物流快货”主要经营具有“一多、二高、三小”特征的物品类实物，不经营文件类实物业务。同月，开办呼和浩特市、包头、鄂尔多斯间及呼和浩特市与集宁城际特快专递当日递、呼和浩特市与锡林浩特间城际特快专递次晨递业务。12 月 31 日，自治区邮政局与内蒙古红十字会联合发文，通过邮政 EMS 寄递造血干细胞捐献者血样。年内，在全区范围开办护照特快专递业务。是年，开办同城 BTOB 和 BTOC 业务。同城 BTOB 业务主要是为商家提供各销售网点的配送服务，它配送量大、线路固定、项目持续性强。同城 BTOC 业务的服务对象主要是个体消费者。其业务联系特点是配送范围点多面广且不固定，产品数量少，时限性强，为消费者提供一站式、个性化服务，解决物流配送最后一公里的问题。BTOC 是全区各盟市局普遍采用的形式。全区各盟市利用社区接入网点开办了米、面、油、矿泉水、液化气等居民日用品配送业务。

2005 年 5 月 30 日，呼和浩特市、包头市、乌海市、乌兰察布市、巴彦淖尔市和鄂尔多斯市 6 个市所在地城市和部分旗县间开办互寄特快邮件的“次晨达”业务。年内，与自治区高级人民法院联合下发通知，全区开办法院法律文书特快专递业务。6 月 15 日，各盟市邮政局开办 UT 斯达康机站设备物流快件收件人付费业务。UT 基站设备物流快件收件人付费业务是专门为 UT 设在区内各盟市的运行维护单位提供的一项物流快件收件人付费业务。寄递的内件特指 UT 基站设备返修件。此项业务分 2 个部分：其一是返修的 UT 机站设备的寄递，由各盟市局负责该项目的部门收寄，寄往呼和浩特市邮政局物流公司，由呼和浩特市邮政局物流公司发往杭州；其二是新的基站设备的配送，由杭州局收寄，寄往呼和浩特市邮政局物流公司，呼和浩特市邮政局物流公司收到后，再按杭州局提供的地址寄往各盟市邮政局配送。同日，各盟市及部分旗县开办利丰汽配一体化物流配送业务。12 月 21 日，自治区邮政速递物流局与广东省东莞市保得生物有限公司在全区合作开展保得叶面肥分销配送业务，自治区邮政速递物流局统签代销合同，各盟市、旗县局负责本区域的市场营销、经营管理、订货统计、贷款回笼、信息反馈；邮政支局（所）具体负责保得叶面肥的终端销售和售后服务。

2006 年 7 月，自治区邮政局积极协调自治区公安厅联合印发《关于开办邮政特快专递寄递第二代居民身份证及有关问题的通知》，启动二代身份证快递业务。年内，开办代收货款业务。

2007 年初，自治区邮政公司与深圳天音（北京）公司联系，经过近三个月的洽谈，于 4 月份启动了天音手机速递业务。8 月 28 日，执行集团公司《关于开办国内经济快递业务的通知》，开办经济快递业务，主要为批量交寄且量大、邮件内件重和对邮件安全、信息反馈及服务综合性价比要求较高的物品类业务大客户提供服务。经济快递业务收寄范围为国内各地市及以上特快专递业务开办局，寄达范围为国内的特快专递业务开办局。经济快递邮件采用全程陆路运输，全程时限比现有国内标准特快专递邮件时限略有延长，但其他服务标准一律比照国内特快专递邮件现行标准执行。年内，开办为中国建设银行内蒙古分行代理制作和办理同城特快银企对账单，将银行与企业面对面对账转变为银行向企业寄递对账单对账。

2008 年 3 月 1 日起开办呼和浩特至包头的国药药品快递业务，利用集装箱封发国药邮件，通过呼和浩特—包头干线汽车邮路带运。

（二）资费

1990 年 7 月 31 日，邮政快件资费起价调整为 20 克 0.8 元。

1992 年 4 月 20 日，自治区物价局、自治区邮电管理局印发了《关于收取邮政地方建设费的联合通知》制定了《内蒙古自治区邮政地方建设费收取范围及标准》。国内邮政快件，每件收取 0.20 元，并于 5 月 1 日起执行。7 月 1 日，快件资费起价调整为 20 克 1.00 元。12 月 12 日，自治区物价局、自治区邮电管理局联合印发《关于收取邮政延伸服务费试行标准的通知》。代用户包装邮件费（包装材料由用户自备或邮局代购）：5 公斤以下每件收取 0.30 元，5 公斤以上每件收取 0.50 元。上门揽收邮件服务费（应用户要求邮局派人或派车到用户指定地办理收寄的特快专递邮件）：10 件以下每次收取 3.00 元，10 件及以上收取 5.00 元。

1993 年 3 月 30 日，自治区邮电管理局对部分邮件放宽邮件规格和实行资费浮动政策，区内互寄的特快专递邮件，同一用户同一批次交寄量在 10 件以上时，对其资费可优惠 10%。6 月 7 日，对自治区实行的邮政地方建设费征收标准进行了调整，国内邮政快件每件收取 0.40 元，并于 7 月 1 日起执行。

1996 年 12 月 1 日，对邮政资费进行调整。

1996 年国内邮政服务项目价格表

表 2-20

项目	计费单位	资费标准
邮政快件	100 克以内每重 20 克（不足 20 克按 20 克计算）	2.00 元
	101—10000 克内每续重 100 克（不足 100 克按 100 克计算）	2.50 元
特快专递邮件	起重 200 克	20.00 元
	200 克以上每续重 200 克（不足 200 克按 200 克计算）	6.00 元
快件汇款退汇、改汇费	每件	1.00 元
快件汇款快件费	每件	2.00 元

说明：查询人要求提供收件人签收情况复印件材料时，每件收取 3 元。上述价格自 1996 年 12 月 1 日起执行

1997 年 1 月 1 日，自治区邮电管理局根据邮总《关于对国内特快专递邮件实行资费优惠的通知》，征得自治区物价局同意，制定国内特快邮件资费具体优惠政策。对于月交寄邮费不少于 2000 元的用户，可以给予国家统一资费标准 10% 以内的优惠；月交寄邮费超过 3000 元的大宗用户，可以给予国家统一资费标准 20% 以内的优惠；超过 5000 元以上的可给予国家统一资费标准 30% 以内优惠。对于一次交寄邮费在 500 元以上的用户可以给予国家统一资费标准 10% 以内的优惠；一次交寄邮费在 1000 元以上的用户可以给予国家统一资费标准 20% 以内的优惠；一次交寄邮费超过 3000 元以上的可给予国家统一资费标准 30% 以内的优惠。对于大量交寄区内特快专递邮件的特殊大宗用户，月交寄邮费在 1000 元以上或一次交寄邮费不少于 300 元以上时，可以给予国家统一资费标准 10% 以内的优惠；月交寄邮费在 3000 元以上或一次交寄邮费在 500 元以上时，可以给予国家统一资费标准 20% 以内的优惠。对银行交寄的票据、结算凭证仍实行资费优惠，每件起重 200 克按 12 元计收，每续重 200 克按 3 元计收。同城特快送款、铁路到货通知单等继续实行资费优惠，但每件起重收费不得低于 12 元。区内特快汇款特快资费，按现行特快专递资费标准执行。停止执行对特快物品类邮件实行按距离计收资费办法，即：停止收寄局与寄达局之间按航空里程计算在 1500 至 2000 公里加收基本资费的 10%，2000 公里以上的加收基本资费的 15%，收寄局为经济特区或由航空热线运递的可在上述标准外分别增加 5 个百分点。所有享受资费优惠的大宗用户均需与当地邮政速递部门签订书面协议确定。以上规定即日起执行。

1998 年 6 月 1 日起，执行邮电部规定，将国内特快专递邮件保价费由 1 万元提高到 5 万元，保价费率不变。自治区邮电管理局于 9 月 9 日转发执行信息产业部《关于"邮电公事"和公免电话问题的通知》，完成邮电分营工作的地（市）、县（市）电信局使用的"邮电公事"改为纳费交寄。尚未完成邮电分营工作的地（市）、县（市）邮电局和省（区、市）邮电管理局及直属企事业单位，待邮电分营工作完成后，一律按相应资费标准纳费。

2000 年 10 月 8 日，自治区邮政局制定区内特快专递邮件资费优惠办法。盟市局开办的同城速递业务，资费可由盟市局自定。对大用户在全区范围内寄递的特快专递邮件，在国家邮政局现行标准资费的基础上，最高可给予 50%—60% 的优惠。对每年在区内按特快收寄并投递的高考录取通知书，每件可按不低于 8 元收寄。对寄往区外的特快专递邮件，仍执行国家邮政局资费政策。

2002 年 10 月 1 日起，在全区开办银行"票据凭证"交换业务，"票据凭证"交换袋由人行统一提供，全区所有旗县至盟市、盟市至旗县的"票据凭证"交换每天由邮政速递部门提供服务。收费标准每件为 20 元。

2003 年 8 月 30 日起，执行《关于调整国内邮政特快专递业务资费和收取邮政汇兑超字段附言费的通知》，原超常规国内特快专递业务资费标准同时废止。采用国际通行的计费方式，对续重部分资费实行分区计费。（一）国内特快专递邮件起重、续重计重单位由 200 克调整为 500 克。（二）起重 500 克及 500 克以下邮件资费为 20 元，即 200 克及以下邮件资费维持现行标准不变，200 克以上至 500 克邮件资费降低为 20 元。（三）500 克以上跨省（含自治区、直辖市，下同）邮件的续重资费实行分区计费，即按照省会城市间的空间运距将邮件寄达地以省为单位划分为 3 个计费区，分别执行不同的资费标准。资费标准具体为：一区（1500 公里及以内）为 6 元；二区（1500 公里以上至 2500 公里）为 9 元；三区（2500 公里以上）为 15 元。（四）省内资费可执行上述标准，其中续重资费可执行一区资费标准；也可由各省邮政局根据本地情况自定。（五）同城资费标准可以由各省邮政局自定。（六）资费调整后，国内特快专递大宗客户交寄邮件优惠政策作相应调整。具体为：1. 对国内特快专递大宗客户交寄邮件资费的最大优惠幅度由 30% 降低为 20%。2. 34 个特快专递业务竞争激烈城市的重点客户交寄的大宗国内速递邮件资费的优惠幅度可放宽到 30%，这 34 个城市包括省会城市（拉萨、西宁、银川除外）和深圳、厦门、大连、青岛、苏州和无锡 6 个城市。（七）对同一寄件人一次寄给同一地址、同一收件人的 2 件以上的国内物品类大宗特快专递邮件可只收取 1 个起重资费，其余部分按续重标准计费。收寄部门应详细记录相关邮件号码、总件数、总重量以及单件重量和资费收取情况。内蒙古地区执行一区计费标准。收取国内邮政汇兑附言超字段附言费：（一）附言字数不超过 6 个汉字（12 个字节）的免收附言费；

（二）超过 6 个汉字（12 个字节）的，其超出部分仍按照从第 7 个汉字（第 13 个字节）始，每超 1 个汉字（2 个字节）收取 0.10 元。附言中每个标点、字母和阿拉伯数字，视为 1 个字节统计；不足 2 个字节的，不足部分免收附言费。使用大客户软件，通过网络或磁盘方式与邮政企业互换汇款信息的，原则上免收附言费，具体由各省邮政局视情况自定。

2004 年 3 月 1 日，自治区邮政局印发《全区特快送款业务处理办法》。办法明确特快送款业务采取用户自愿的原则，服务对象为全区所有款额在 1000 元及以上汇款的收款人，对数额不足上述标准的，但用户要求使用此业务的，也要为之服务。收费标准：金额在 1000 元以上，3000 元（含）以下每笔收取专送费 6 元；金额在 3000 元以上，6000 元（含）以下的每笔收取专送费 8 元；金额在 6000 元以上，10000 元（含）以下的每笔收取专送费 10 元；金额在 10000 元以上的每笔收取专送费 20 元。7 月 1 日起，执行国家邮政速递局《关于办理深圳华为技术有限公司国内特快专递收件人付费业务的通知》。9 月 27 日，自治区邮政局制定《邮政协议大客户资费优惠管理办法（试行）》，明确邮政资费优惠种类：函件类有商业信函、账单、印刷品；包裹类有普通包裹、快递包裹；特快专递类有文件资料型特快、物品型特快。优惠标准：（一）全网寄递一次性交寄包裹达到 30 件，最大优惠标准为标准资费的 50%；对定点收寄的校园包裹、军营包裹、季节性包裹业务，最大优惠幅度为 55%；一次性交寄特快专递达到 10 件，最大优惠标准为标准资费的 30%；省会局一次性交寄大宗邮件达到 30 件，最大优惠标准为标准资费的 50%；以上超过 30% 报自治区邮政局备案。（二）自治区内寄递一次性交寄包裹达到 10 件以上，物品型特快专递达到 5 件以上，最大优惠标准为标准资费的 60%；文件类除大学录取通知书每件 8 元外其余不予优惠；呼和浩特市、包头、赤峰、呼伦贝尔市一次性交寄大宗邮件达到 30 件以上，最大优惠标准为标准资费的 60%。（三）盟市内寄递的邮件和同城业务，最大优惠标准由盟市局根据不同业务种类、不同市场与成本核算确定报自治区邮政局备案。（四）协议大客户资费优惠与代办费不能同时并用，只能使用一种。

2005 年 6 月 6 日，自治区邮政局决定在开办次晨达业务的 6 个盟市和部分旗县启动次晨达“EMS-V

行动”促销活动，标准资费客户开展买5送1促销活动。活动期间，累计交寄区域次晨达邮件5件可免费再寄1件次晨达邮件。优惠幅度不足60%的协议客户，月交寄量累计100件以上，可免费再寄10件。优惠幅度达到60%的协议客户，月交寄量累计500件以上，可免费再寄50件。6月15日，呼和浩特市邮政局物流公司与杭州市邮政物流联合开办UT斯达康一体化配送业务，海拉尔、锡林浩特、临河、集宁、乌海、乌兰浩特、鄂尔多斯、阿拉善、二连浩特至呼和浩特市UT斯达康基站设备寄递费用（每千克）均为2.5元，包装费用（每件）4元，揽投费用（每件）5元。

2006年代收货款业务资费表

表2-21

编号	项目	计费单位	资费标准
1	基本资费	每件	执行邮政特快专递资费标准
2	妥投服务费	每件	10元
3	结算手续费	每笔	按代收款额的2%收取
4	退回邮费及服务费	每件	20元

2007年8月28日，执行中国邮政集团公司《关于开办国内经济快递业务的通知》，对交寄经济快递邮件的客户，邮政速递部门将提供专人专车上门揽收服务。经济快递邮件资费按邮件重量计算，起重和续重计费单位为1千克，不足1千克的按1千克计费。其中，500公里（含）以内起重12元，续重3元；500—1500公里（含）起重14元，续重4元；1500—2500公里（含）起重16元，续重5元；2500公里以上的起重18元，续重10元。

2007年国内经济快递邮件资费分区表

表2-22

寄达区			
一区（500公里及以内）	二区（500公里以上至1500公里）	三区（1500公里以上至2500公里）	四区（2500公里以上）
	北京、天津、河北山西、辽宁、山东、河南、陕西、甘肃、青海、宁夏	吉林、黑龙江、上海、江苏、浙江、安徽、江西、湖北、湖南、四川、重庆	福建、广东、广西、贵州、云南

2007年国内经济快递邮件资费表（试行）

表2-23

计费单位	一区	二区	三区
	（500公里及以内）	（500公里以上至1500公里）	（1500公里以上至2500公里）
起重1000克及以内	12元	14元	16元
续重每1000克或其零数	3元	4元	5元

说明：1.运距按省会城市之间的最短铁路距离核定，具体分区以国内经济快递分区表为准。

2.省内续重资费可执行一区资费标准，也可由各省（自治区、直辖市）邮政公司根据本地情况自定

2007 年国内跨区域经济快递邮件资费表

表 2-24

范围	计费单位	资费标准	备注
跨区域	起重 500 克及以内	50 元	各省邮政公司可根据市场情况和截邮时间适当上浮
	续重每 500 克或其零数	环渤海与珠三角互寄的 15 元，其他 10 元	

2007 年国内经济快递邮件其他资费项目表

表 2-25

编号	项目	计费单位	资费标准（元）
1	保价费	每保一元或其零数	0.01
		每件最低保价费	1.00
		每件最高保价费	1000
2	撤回邮件手续费	每件	3.00
3	短信查询服务费	查询邮件当前状态，系统返回当前邮件状态信息，每条收费	0.50
		邮件寄达回音服务，每条收费	0.50
		EMS 邮件资费查询，每条收费	0.30
		EMS 邮件状态通知，系统返回邮件当前及以后各阶段的状态信息，每个邮件的回复短信收取信息费	1.00
4	揽收服务费	每次	8.00

说明：此为最高限额。具体标准由各省（区、市）核定，报备集团公司和省物价部门通告

2009 年 E 邮宝邮件资费表

表 2-26　　单位：元

范围	起重 1000 克及以内	续重每 1000 克或其零数	
省内	10	3	
区域(江浙沪互寄和京津互寄)	10	4	
省际（不含区域）	15	1500 公里及以内（一区）	4
		1500 公里以上至 2500 公里（二区）	6
		2500 公里以上（三区）	10

说明：1. 若选用速递服务公司提供的邮件单式及包装，费用另计

2. 保价服务由用户自行选择，费用另计

2009 年 EMS 限时专递——次晨达邮件资费表

表 2-27

范围	计费单位	资费标准	备注
跨区域	起重 500 克及以内	50 元	各省邮政公司可根据市场情况和截邮时间适当上浮
	续重每 500 克或其零数	环渤海与珠三角互寄的 15 元，其他 10 元	
区域内（一）	起重 500 克及以内	20 元	对指定营业窗口和“11185”收寄的，每件加收 5 元特殊服务费
	续重每 500 克或其零数	6 元	
区域内（二）	起重 500 克及以内	16 元	
	续重每 500 克或其零数	2 元	

说明：1. 区域内（一）资费标准适用于长江三角洲区域、环渤海区域、东北区域、川渝区域；
2. 区域内（二）资费标准适用于珠江三角洲区域

2009 年国内特快专递邮件资费

表 2-28

单位	起重 500 克及以内	续重每 500 克或其零数		
资费标准	20 元	1500 公里及以内（一区）	1500 公里以上至 2500 公里（二区）	2500 公里以上（三区）
		6 元	9 元	15 元

说明：1. 运距按省会城市之间的空间距离核定，具体资费标准以分省资费表为准
2. 省内续重资费可执行一区资费标准，也可由各省（自治区、直辖市）邮政公司自定
3. 同城特快专递业务资费标准由各省（自治区、直辖市）邮政公司自定

2009 年国内特快专递邮件资费表

表 2-29

寄达区				
单位	起重 500 克及以内	续重每 500 克或其零数		
资费标准	20 元	一区（6 元）	二区（9 元）	三区（15 元）
		内蒙古、北京、天津、河北、山东、山西、辽宁、河南、吉林、安徽、江苏、黑龙江、陕西、湖北、青海	宁夏、上海、浙江、甘肃、江西、湖南、福建、四川、重庆、广东、贵州	广西、云南、海南、新疆、西藏

2010 年 4 月 10 日起，国内标准型邮政特快专递邮件分区和标准做如下调整：国内特快专递续重计费区调整为五个，分别为 500 公里以内、500 公里以上至 1500 公里、1500 公里以上至 2000 公里、2000 公里以上至 2500 公里和 2500 公里以上。起重资费 20 元不变，续重资费适当调整，其中 500 公里以内由每 500 克 6 元调整为 4 元，2000 公里以上至 2500 公里由每 500 克 9 元调整为 10 元，2500 公里以上由每 500 克 15 元调整为 17 元，其他计费区资费标准不变。

（三）业务经营和收入

1991 年，完成国内特快专递业务量 28912 件，特快业务收入 35.7 万元。邮政快件 325.2 万件，收入 250 万元，其中贴票 114.7 万元。

1992 年，完成国内特快专递业务量 82515 件，特快业务收入 90 万元。邮政快件 390.5 万件，收入 332 万元，其中贴票 292 万元。

1993 年，完成国内特快专递业务量 276284 件，特快业务收入 260 万元。邮政快件 456.2 万件，收入 370 万元。

1994 年，为了寻找新的业务增长点，开办了直递业务（当时称点对点业务）。直递邮件业务是利用邮政运输工具，直接运递批量或超出常规尺寸和重量的邮件。它采用的方式是直收、直运、直投一条龙服务。目的是减少处理环节，加快邮件运递速度。将传统的邮件规格和“邮件”概念扩展为不论什么物品，不管什么尺寸，只要法律许可，都可列为收寄的范围。邮件的运递打破了固定班期、频次和路线的框框，只要用户需要，企业有运能，经营有效益，就千方百计放手去干。“绳索”一解，包头到广东的药材、二连到河北的羊毛、莫旗到齐齐哈尔的轿车等全部变成直送直达、专车专送。7 月，呼和浩特市邮政局组建点对点运输车队并开办点对点大宗专送邮件业务，促成呼和浩特到北京、包头到北京等货运业务。10 月 1 日，呼和浩特市、乌兰察布盟、锡林郭勒盟邮政部门与河北省石家庄市邮政部门建立了专递专送直投邮运网。全区直递业务车辆开办初期为 20 辆，直递业务收入为 240 万元。年内，完成国内特快专递业务量 535764 件，特快业务收入 579 万元，国内同城特快专递收入 72 万元。邮政快件 459.7 万件，收入 348 万元，其中贴票 145 万元。

1995 年，完成国内特快专递业务量 930748 件，特快业务收入 1215 万元，国内同城特快专递收入 92 万元。邮政快件 424.6 万件，收入 334 万元，其中贴票 165 万元。直递业务收入 460 万元。

1996 年，完成国内特快专递业务量 1514979 件，计费 1514659 件；业务收入完成 2032 万元。国内同城特快专递收入 48 万元。邮政快件 413.4 万件，收入 481 万元，其中贴票 173 万元。全区邮政特快专递业务量、业务收入增幅均排全国第 3 位。直递业务完成 5.96 亿袋公里，收入 774 万元。

1997 年 5 月 7 日，根据邮电部“以时限为主线，面向大市场，开拓新领域，发展大邮政”的总体要求，为进一步推动全区邮政新业务的发展，适应市场需求和实现邮电“两个根本性转变”的需要，自治区邮电管理局下发了《内蒙古自治区点对点直运直达业务联网运行暂行办法》。年内，完成国内特快专递业务量 1554022 件，国内特快业务收入 2833 万元，国内同城特快专递收入 101 万元。邮政快件 294.5 万件，收入 694 万元，其中贴票 268 万元。

1998 年 6 月 1 日，直递业务正式被邮政总局列为邮政的一项主营业务，在全国范围内联网经营。6 月 9 日，自治区邮电管理局印发《内蒙古直递邮件业务管理办法实施细则（暂行）》，明确直递业务运营方式有：（1）整车包租，对拥有批量邮件的用户予以整车包租，运达同一目的地邮件；（2）零担营运，若一批邮件不是整车派发的，则利用同一路向车辆的剩余吨位，以零担方式交运；（3）固定班期，在充分利用班期运行的基础上（包括干线邮路进行配载），选择若干货源稳定的路线，组织固定班期，实行定点发车。该实施细节自 6 月 1 日起执行。上半年，全区邮政直递业务收入累计完成 597.23 万元，比上年同期增长 60%，占全区邮政新业务收入的 38.8%。为促进该项业务的发展，自治区邮电管理局在 1998 年速递业务综合奖励中设立了直递业务的单项奖励。年内，完成国内特快专递业务量 1134108 件，国内特快业务收入 3770.5 万元，国内同城特快专递收入 87.1 万元。邮政快件 128.03 万件，收入

174.27万元，其中贴票113.07万元。

1999年，邮政独立运营，直递业务继续保持着良好的发展态势，开始开发固定大客户和固定路线，固定大客户成为主要服务对象，乌海局为伊利集团拉运货物。全年直递业务量29146吨，收入累计完成2000万元。全区特快专递业务收入完成3229万元，比上年下降28.22%（1999年因政策调整，将直递业务收入2000万元划入包件业务收入中，使特快专递收入出现负增长）。其中，国内特快专递业务收入完成2594万元，国内同城特快专递收入88万元，国内电子信函收入71.4万元，特快汇款收入12.48万元，特快送款收入43.63万元。国内特快专递物品65171件，同城特快专递物品6249件；国内特快专递信件87.3万件，同城特快专递信件4.44万件。国内电子信函4.56万件。

2000年初，短途物流配送方面在与海尔合作为其提供干线运输的基础上，进一步拓展海尔产品同城配送和中西部地区各盟市的产品配送服务。开办海尔产品呼和浩特市—包头市、锡林郭勒盟、伊克昭盟、巴彦淖尔盟等地的配送业务，为邮政全面进入物流市场积累了经验，向社会树立了邮政物流配送品牌。在长途直递运输方面全区共开发直递固定线路13条，固定客户7家。利用赤峰—北京“红山快运”邮车利载专线，使揽收范围扩大至承德；与伊利集团签订冷冻食品和液态奶运输合同；与蒙牛集团签订运输协议，运输冷冻食品；利用冷藏车为肯德基拉运产品，形成了北京—太原、天津、唐山、顺义、保定、石家庄、呼和浩特等专线；开通海拉尔—大雁—牙克石—哈尔滨直递专线；开通青岛—呼和浩特海尔产品运输线路；开通以呼和浩特邮区中心局和锡盟局车队为主，为北京中心局拉运邮袋的固定线路；开通呼和浩特—包头、包头—东胜的物流专线。随着直递业务的进一步发展，规模的扩大，在具体的业务经营方面，全区各盟市局根据本地实际情况，逐步向统一调度、集中管理、规模化经营方向发展，初步改变了在业务开办初期存在的散乱差、经营管理不善的问题，市场竞争意识增强，市场开发能力明显提高，逐步向规模化、集团化、品牌化方向发展。基本上改变了业务开办初期对市场把握不准，无固定货源的被动局面。在与上述大客户的合作和固定线路运输过程中，全区共投入直递车辆67台，形成直递业务收入约1040万元，占全区直递业务收入的33%。全区直递业务车辆达到168辆，业务量稳步上升，达到41834吨，直递业务收入2280万元。年内，国内异地特快专递信件93.4万件，国内同城特快专递信件7.02万件，国内异地特快专递物品7.48万件，国内同城特快专递物品9223件。国内电子信函5.18万件。身份证特快专递业务完成7933件，实现收入27.4万元。特快专递业务收入完成4723万元，比上年增长45.7%，其中，国内特快专递业务收入完成3643万元，国内同城特快专递收入434万元，其他收入230万元。

2001年1月，成立内蒙古邮政局邮购直递公司，负责全区直递业务的专业化管理，各盟市局也成立了相应的直递业务专业化经营机构。区邮购直递公司负责全区直递业务的规划、指导和市场开发；各盟市专业化经营机构负责具体的业务经营，初步形成了区、盟（市）、县三级管理体系。年内，国内快递包裹业务开办以来，对包件业务收入、业务量的增长起到了明显的拉动作用。内蒙古邮政快递物流有限责任公司组建后，将原属呼和浩特市邮政局、呼和浩特邮区中心局、包头市邮政局、锡林郭勒盟邮政局、乌兰察布盟邮政局及以跨盟市和省际为主的直递业务纳入物流公司管理，成立分公司或直属车队，实行垂直管理。内蒙古邮政物流有限责任公司与青岛海尔、内蒙古伊利、内蒙古蒙牛、肯德基、天津顶益、可口可乐、鲁花花生油、山东佳丽包装等公司合作，形成呼和浩特—北京、呼和浩特—天津—山东、北京—呼和浩特—内蒙古西部—银川、呼和浩特—汉口—长沙、呼和浩特—南京—上海等10余条固定专线。在开办海尔直递业务的基础上，各盟市邮政局发展了海尔产品的同城物流配送业务。同时，开发了朗讯、安德鲁、贝尔、TCL、康佳、厦新等同城物流配送业务。建立青岛、天津、哈尔滨、太原、北京、呼和浩特市金川等6个信息配货站，在一定程度上解决了返程配货的问题。年内，全区特快专递业务收入完成5424.82万元，比上年增长14.98%。电子信函收入完成83万元；特快汇款收入完成3.41万元，特快送款收入完成12.56万元；全年共办理身份证递送17323件，实现收入62.4万元。完成业务量26万件，业务收入421万元。国内异地特快专递信件106.4万件，国内同城特快专递信件5.58万件；国内异地特快专递物品13.62万件，国内同城特快专递物品1.68万件；国内电子信函9.86万件；特快汇款业务1481件。直递业务111324吨，直递业务收入5236万元。

2002年1月，邮政物流业务正式从包件业务中分离出来，成为邮政一项主要业务。年内，主要开发了可口可乐、天津顶益、青岛佳丽等大客户，开发了呼和浩特—上海、呼和浩特—汉口—长沙、呼和浩特—南京等专线，使全区物流业务服务范围进一步扩大。在加快发展长途物流运输和全国大网配送的同时，全区各盟市局也各有侧重，因地制宜地开发当地同城物流配送业务，截至年底，全区各盟市局开发米面油、纯净水、牛奶、液化气、火车（飞机）票、烟草等同城物流配送业务。呼和浩特市邮政局与烟草公司联合开发烟草配送业务，烟草公司将市区内全部烟草销售网点每日的香烟配送全部交给邮政进行统一配送，邮政在配送的同时代收货款，然后统一交付烟草公司。从5月初业务开办到年底，实现配送收入50多万元。部分盟市局在与同城物流配送业务相配套的邮政185客服中心的建设初具规模。呼和浩特市、包头、赤峰等盟市，185客服中心的月接入量均超过2000次。根据国家邮政局统一部署，12月7日7个盟市邮政局及所属部分旗县邮政局开办雅芳产品配送业务，当月全区配送雅芳产品量超过10249.95万公斤。快递物流公司根据业务能力和市场需求划分业务区域，加大专业化经营力度，调配散布在各盟市的冷藏车和厢式车，优化资源配置，实行专业分工。在稳固肯德基、蒙牛、伊利、海尔等大客户的基础上，新开发“牛妈妈”奶制品的销售业务、朗讯产品的同城配送、仓储业务，打破了以前单纯提供功能性服务的局面，初步积累了发展现代物流，做一体化物流供应商的经验。7月1日，北京经营指挥调度中心成立，负责区外的市场开发和协调各分公司驻京车队之间的业务关系，调剂各分公司之间剩余运量。该中心的运行，优化了资源配置，缩短了运行时限，提高了车辆利用率和运行频次。车辆利用率在原基础上提高15%，运行频次达到223次／月车，比原来提高了68次／月车。年内，内蒙古邮政快递物流公司实现物流业务收入2997万元，比上年增加522万元，在全面扭亏的基础上，实现利润150万元，占全区物流业务收入比重的65%。全区物流营销环节业务3228吨，244060件；物流运输业务量6507173吨公里；配送环节业务12941吨，2301910件；直递业务27010吨。物流业务合计收入4623万元，其中一体化物流营销收入7万元，物流运输收入284万元，物流配送收入129万元；功能性物流运输收入3856万元，物流配送收入322万元。全区特快专递业务收入完成4705万元，比上年下降13.3%。其中，国内特快专递业务收入完成3327万元，国内同城特快专递收入502万元，电子信函收入完成41万元；特快汇款收入完成0.14万元；特快送款收入完成0.41万元；邮政礼仪收入完成830万元。共办理身份证特快专送2.3万件，同比增长35.29%，实现收入91.6万元，同比增长46.79%。国内异地特快专递信件126.6万件，国内同城特快专递信件5.4万件；国内异地特快专递物品12.85万件，国内同城特快专递物品1.1万件；国内电子信函8.45万件；邮政礼仪业务8.97万件。

2003年，直递业务以快递物流公司为主开展经营活动，公司形成青岛—呼和浩特、包头、乌海、银川，北京—呼和浩特、包头、鄂尔多斯、临河、乌海，北京—太原、唐山、保定、呼和浩特、包头，海拉尔—满洲里、齐齐哈尔、哈尔滨，赤峰—北京（红山快运）等固定路线。合作的商家主要有伊利、蒙牛、肯德基、朗讯、莱阳鲁花、天津可乐、内蒙古生物制药厂等知名企业。运递物品主要包括家电、IT、食品、医药、乳品、服装等。全区共拥有分布于区内外的信息站点15个。内蒙古邮政快递物流呼和浩特市分公司与蒙牛、伊利集团建立合作关系，揽收2家公司的信息配货业务，并向社会车辆进行配货；物流公司与福田汽车达成配送协议；乌兰察布盟分公司与夏辉公司达成麦当劳产品配送业务；直属车队与包头分公司在沈阳建立信息站；锡林郭勒盟分公司开办北京同城配送业务。当年新增业务8项，实现收入260万元。在信息管理方面，各分公司根据业务发展和业务范围，在区内外共建立北京、青岛、天津、太原、哈尔滨、沈阳、武汉、通辽、海拉尔等10个信息站，为各公司的返程配货提供条件。年内，物流业务一体化物流营销量169吨，510413件；物流运输业务量6018吨，1519159吨公里；物流配送量703744件；货代量10529吨。物流业务合计收入5731万元，其中一体化物流营销收入14万元，物流运输收入12万元，物流配送收入75万元；功能性物流运输收入4691万元，物流配送收入541万元，仓储物流收入9万元；货代业务收入2万元。邮政物流公司业务收入完成4026万元，同比增长36.87%，收入绝对值占全区邮政业务收入的4.8%；运作业务27项，实现利润180万元；新增客户8家，新增运输线路7条；全区特快专递业务收入完成5306万元，比上年增长12.8%。电子信函收入完成27.6万元；银行票据特快专递收入完成135万元，法院传票收入完成21.1万元；邮政礼仪收入完成620.5万元，同比下降25.24%。身份证特快专递业务全年共办理9.24万件，同比增长301%，实现收入160.6万元，同比增长75.32%。国内异地特快专递信件162.19万件，国内同城特快专递信件9.85万件；国内异地特快专递物品16.92万件，国内同城特快专递物品7649件；国内电子信函7.06万件；邮政礼仪业务6.3万件。

2004年2月20日，快递物流公司成立信息化建设领导小组，负责物流信息平台和仓储设施的建设。5月1日和7月1日分别成立赤峰分公司和快递公司，以适应呼和浩特—银川、赤峰—北京邮路和北方网的运行。在新业务发展中，北京分公司与北京汇源饮料合作成功；乌兰察布分公司利用冷藏产品专业化经营的优势，与蒙牛冰品集宁分公司签订全面运输协议；锡林郭勒盟分公司与国美电器在同城配送项目上取得进展；包头分公司开发鹿王牌羊绒制品等新业务；赤峰分公司与TCL电器合作发展仓储业务。在普遍服务领域，赤峰分公司和快递公司积极配合大网，保证北京—赤峰、呼和浩特—银川干线邮路以及呼和浩特市—北京集散网专线的正常运行。针对物流业务微利的特点，转变观念，大胆尝试创造“零公里”收入，通过各地信息站点整合社会资源，创造信息收益，年内，快递物流公司实现“零公里”收入100.26万元；本年首付450万元，增加融资车辆52台，仅占应付款的27%，通过车辆融资，公司利用较少资金达到经营资源扩充目的，使新增运能投入生产；注重欠费追缴，年底欠费比例降到15%以下。年内，进一步扩大身份证快递、银行票据专递等速递新业务市场，2项新业务收入达到300万元以上。年内，速递业务收入合计5509万元，比上年增长4%。国内特快专递业务收入完成4431万元，其中邮政礼仪收入完成14万元；国内同城特快专递收入517万元，其中邮政礼仪收入完成184万元。国内异地特快专递信件186.97万件，国内同城特快专递信件9.36万件；国内异地特快专递物品19.23万件，国内同城特快专递物品6439件；国内电子信函4.81万件；邮政礼仪业务4.57万件。赤峰市、呼和浩特市、兴安盟等局的农资分销业务初具规模，全区共销售配送化肥、饲料近2.3万吨，农资分销收入达到500万元以上，比上年增长13%。海尔仓储、宝洁产品分销、同城烟草、盐业、家电及日用品配送等业务发展平稳，初步形成运输、仓储、配送、信息等业务内容齐全的物流服务内容。年内，全区邮政物流业务完成收入5731.33万元，同比增长34.75%。其中长途运输完成收入4718.9万元，同比增长29.36%；同城配送完成735.2万元，同比增长40.82%；利载收入完成267.1万元，同比增长223.48%；信息收入完成

68 万元，同比增长 325%。物流业务一体化物流营销量 1283 吨，254791 件，物流运输量 27844 吨；功能性物流运输量 2631123 吨公里，20492 吨，954854 件；货代量 1835 吨。物流业务合计收入 6831 万元，其中一体化营销物流收入 85 万元，运输物流收入 4 万元，配送物流收入 51 万元；功能性运输物流收入 5678 万元，配送物流收入 371 万元，仓储物流收入 109 万元。

2005 年 2 月 22 日，快递物流公司制定《精品线路规划方案》，确定呼包—京津、呼和浩特—武汉、呼和浩特—山东、京津—太原、北京—西安、北京—赤峰 6 条精品线路。5 月，与杭州市邮政物流联合开办 UT 斯达康一体化配送业务，揽投 1235 件，收入 5.26 万元。与利丰集团合作，开办汽车配件区内一体化业务，利用邮路剩余运输空间，填补了区内“精益型”一体化物流项目空白。从国家局中邮物流公司统签农资产品项目中，选择开办迪种宝叶面肥和保得生物肥 2 个项目。农资分销业务在 12 个盟市局全面启动。开发蒙牛冰品、北京汇源果汁、石家庄药业、包头伊利液态奶等新业务，新客户实现收入 620 万元。8 月 10 日，开通北京—集宁—呼和浩特—包头的零担业务专线。积极与自治区高级人民法院联系，联合印发《关于法院法律文书使用邮政 EMS 寄递的规定》，年内，全区寄递法院法律文书 41756 件，业务收入 56.44 万元。高考录取通知书速递专项业务，全年业务量达到 3.7 万件，业务收入 27 万元。12 个盟市均开办银行票据专递、身份证专递业务，2 项业务实现收入 465.64 万元。开办烟草配送业务收入 199.46 万元。农资配送业务在全区 12 个盟市局全面启动，共销售化肥 2.8 万吨，饲料及其他农资产品 8000 吨，销售额 7000 多万元，实现收入 977 万元。功能性运输物流收入 6304 万元，配送物流收入 357 万元，仓储物流收入 70 万元。全区邮政速递物流收入完成 14468 万元。其中，物流业务合计收入 7932 万元；国内特快专递业务收入完成 5304 万元，国内同城特快专递收入 595 万元，特快其他收入 175 万元。国内异地特快专递信件 204.11 万件，国内同城特快专递信件 12 万件；国内异地特快专递物品 27.03 万件，国内同城特快专递物品 1.02 万件；邮政礼仪业务 2.92 万件。快递物流公司业务收入完成 5713 万元，同比增长 14.19%。

2006 年 7 月 1 日—10 月 31 日，内蒙古自治区邮政“万村千乡市场工程”分 3 个阶段展开，分别为筹备期、建设期、验收达标期。全区销售化肥近 3 万吨，饲料及其他农资产品近 8000 吨，销售额 1618 万元，实现收入近 900 万元。农资配送业务实现连锁配送农资 4.13 万吨，差价收入近 1000 万元。10 月 15—18 日，落实内蒙古自治区人民政府文件（内政办字〔2005〕397 号），在赤峰市召开全区“万村千乡”渠道建设现场推进会暨物流业务工作安排座谈会。在自治区商务厅的支持下，内蒙古中邮物流有限责任公司被纳入到全区“万村千乡”市场工程建设规划试点企业行列，年底，全区邮政共建设“万村千乡”农资农家店 100 处。年内，中秋“思乡月”营销额 2260 万元，同比增长 96.16%；完成差价收入 856 万元，同比增长 68%，绝对值全国排名分列第 8 位和第 9 位。全区邮政速递业务完成收入 7858 万元，同比增长 20.24%，速递业务收入占全区邮政通信收入的比重为 8.6%。其中，国内异地业务完成收入 6272 万元，同比增长 18.25%，占速递收入比重 79.81%；国际及港台业务完成收入 563 万元，同比增长 21.97%，占速递收入比重 7.16%；同城业务完成收入 431 万元，同比下降 27.56%，占速递收入比重 5.49%；国内异地特快专递信件 222.13 万件，国内同城特快专递信件 10.83 万件；国内异地特快专递物品 34.73 万件，国内同城特快专递物品 2.25 万件；邮政礼仪业务 2.74 万件；开展创 EMS“优 +”服务，代收货款回款率达到 90% 以上，比上年提高 1 倍，代收货款 74734 笔，代收货款款额 4203.04 万元；出口次晨达业务完成 5.3 万件。快递物流公司业务收入完成 4087 万元。全区各盟市物流业务收入完成 2118 万元。其中，农资分销业务完成收入 902.12 万元，化肥销售达到 31299 吨，自治区邮政局统签“鲁北二铵”销售10690吨，饲料销售11900吨；呼和浩特市、包头市、赤峰市、锡盟烟草配送业务共计完成收入330万元；中邮快货业务完成收入38.76万元，省际出口业务量95.11吨，省内出口业务量188吨。年内，一体化物流业务15022公斤，中邮快货434576公斤，功能性物流业务17140204公斤；货代业务517吨，代收货款177759笔，代收货款款额40597.2万元；功能性物流运输140921961吨公里。物流业务实现收入6287万元。其中一体化运输收入19万元，配送收入28万元；功能性运输收入4557万元，配送收入442万元，仓储及其他收入113万元；中邮快货收入39万元。

2007年，自治区邮政两级快递物流公司实体化改革完毕，自治区快递物流公司、呼和浩特市邮政局物流公司与内蒙古中邮物流公司进行了合并重组，减少管理层次，明确了岗位责任、推行管理扁平化模式，提高了公司工作效率。年内，快递物流公司完成收入4178万元，同比增长2.25%，实现支差695万元。全区12个盟市，70多个旗县局配置了速递专兼职营销人员，其中专职营销经理68人、兼职营销经理85人。年内，全区邮政物流业务实现收入6674万元，同比增长6%。全区速递专业业务量完成321.97万件，同比增长18.34%；业务收入完成9944.86万元，同比增长26.55%，占全区邮政业务总收入比重为9.25%。其中国内异地业务收入为7648.54万元，同比增长21.95%；国内同城业务收入为468.53万元，同比增长8.65%；国际业务收入为480.56万元，同比下降14.58%。全年业务收入超集团公司计划目标392万元，完成集团公司计划进度的104.26%；超区公司计划目标644.86万元，完成区公司计划进度的107.10%。

2008年初，自治区邮政速递物流局对呼和浩特、包头、鄂尔多斯速递物流局实行一体化垂直管理。下半年开始，在呼和浩特、包头、鄂尔多斯、呼伦贝尔、赤峰、通辽6市，以及所属17个旗县（市）局开始推行速递物流省市县一体化专业经营改革。年内，全区速递物流实现收入2.22亿元，同比增长36.61%，占总收入比重17.25%，比上年提高1.8个百分点，拉动收入增长5.54个百分点。其中，快递物流公司完成收入5767.22万元，同比增长38.03%；完成支出6302.78万元，支差540万元。速递专业业务量410.65万件，同比增长27.54%；全年实现业务收入9166万元，同比增长19.83%。代收货款业务完成业务量4.8万件，实现收款额5000万元，业务收入143万元，同比增长1300%；国内同城业务全年完成业务量36.59万件，业务收入900.63万元，同比增长92.03%。“思乡月”项目再创新高，实现销售额4481万元，实现差价收入1886.7万元，同比增长40.1%；二代身份证、法院文书、银行票据、移动积分兑换、天音手机、代收货款等项目营销实现业务收入1742万元，拉动速递业务收入增长13个百分点。一体化物流业务得到快速发展，全年实现业务收入2275万元，同比增长299.12%，占比23.94%，占比较上年同期提高15.4个百分点。实现一体化经营体制改革的呼和浩特、包头、鄂尔多斯发展效果明显，增幅达到了45%以上，超全区速递业务平均增幅12个百分点。全区88个旗县局速递专业实现业务收入达到4300万元，同比增幅达43%以上，占全区速递专业收入比重的34%。年内，自治区邮政公司下发《2008年全区邮政服务中小企业工作方案》，印制《邮政服务中小企业宣传册》1万册、《走访中小企业宣传推介手册》4万册，以商函形式寄给中小企业负责人，收到明显效果。全区上传集团公司中小企业有效名址为67980条，全区量收系统累计新增赋码客户2463户，新增客户用邮收入1856万元。建成1585个邮政服务“三农”村级配送服务网点，覆盖全区20%的行政村；累计连锁配送农资22100多吨。中邮快货业务取得了突破性进展，全年实现业务收入459万元，同比增长393.55%；功能性物流运输业务稳中求好，在停办了部分效益低的业务同时，全年实现业务收入4962万元，同比增长2.12%，占比52.23%，占比较上年同期下降了20.57个百分点。分销业务继续保持了快速发展，全年实现业务收入1700.24万元，同比增长52.06%。其中，农资分销业务正确把握了市场机遇，成功销售化肥20062吨，累计实现销售额7000多万元，实现差价收入1483.13万元，同比增长32.66%；启动了“农佳汇”分销配送业务，通过增加特色产品种类，取得了比较好的营销效果，实现差价收入217.11万元。

2009年1月1日起，根据中国邮政集团公司对速递物流专业一体化经营改革方案，内蒙古邮政快递物流有限责任公司正式划入内蒙古邮政速递物流有限公司管理。内蒙古邮政速递物流公司努力转变经营思路开辟新的业务市场，经过走访调研，利用现有车辆资源开通了两条物流专线，分别是围绕呼和浩特、包头、鄂尔多斯经济圈的（呼—包—鄂）物流专线，呼和浩特进京方向的（呼—集—京）物流专线。开通这两条物流专线不仅进一步渗透区内的零担货运市场、抢占快货业务份额，同时有效提高了中邮快货集散网的运行效率。两条专线的开通标志着公司业务从专业走向多元，对市场敏感程度提升。先后在呼和浩特市建立两个物流信息站，通过投入网络信息技术，全面进入物流信息配载市场。7月24日，内蒙古自治区人民政府在赤峰召开全区农村牧区邮政物流现场会，同时出台了《关于推动农村邮政物流发展的意见》。邮政农资品牌得到了广大农牧民的充分认可与肯定；邮政通过设立“三农”服务站、代办点、加盟店，全区农村邮政物流配送网点吸纳了1500多名农村劳动力就近创业和就业，增加了他们的有效收入。11月，内蒙古邮政速递物流公司与上海佳格内蒙古分公司在巴彦淖尔盟磴口地区进行食用油运输项目合作，采取自有车辆资源和社会车辆资源相结合的方式，通过信息站整合社会车辆资源，大幅度节省公司自有车辆成本，发挥了信息站的配载功能。信息站为公司零担物流专线提供配载信息，与呼和浩特市多家羊绒企业建立联系，共同运作呼和浩特—北京、呼和浩特市—天津的羊绒运输业务，邮件业务下降后的富余运能投入新的运营生产中。成功开发肯德基西安区域配送业务，扩大了公司冷链运输业务规模，同时也为公司西北地区业务拓展提供了经验。年内，内蒙古邮政速递物流公司实现业务收入7826.88万元，完成年计划目标的101.81%，绝对值超计划138.88万元，同比增长19.64%，占全区物流业务收入的75%，收入占比较同期提高6.15个百分点；成本费用支出7922.49万元，较上年同期增长9.38%，累计支差196.48万元。本年，自治区邮政物流业务实现收入9013万元，分销业务实现收入1314万元。电子商务速递迅速推进，实现收入483万元，市场占有率达到了39%，形成了速递业务新的增长点。中秋“思乡月”营销项目实现收入1800多万元，同比增长31%。冷链物流业务范围进一步扩大，由华北扩展到西北，实现新增业务收入近400万元，被列为集团总部营销项目，成为发展中的亮点。

2010年，自治区邮政部门统一认识、加强协调，强化全网执行力，不断推进代理速递物流业务发展，开创了业务发展新局面。代理速递业务收入4692万元，代理物流业务收入271万元，代理国际包裹收入57万元，代理快递包裹收入541万元，其他代理速递物流收入514万元。

六、邮票和集邮

（一）邮票发行

1991年8月1日，为庆祝内蒙古首届那达慕大会在呼和浩特市举行，内蒙古印制发行了内蒙古第一本纪念册《内蒙古首届那达慕大会》。1991年10月9日，在全区纪念“世界邮政日”大会上，自治区邮电管理局提出发行《昭君出塞》特种邮票的建议，会后向自治区政府提出书面报告，自治区接到报告后随即向邮电部提出申请，自治区主席布赫亲笔致信邮电部部长杨泰芳。自治区赵志宏副主席专程赴北京与邮电部领导磋商，确定了发行《昭君出塞》特种邮票计划。1994年8月25日邮电部发行《昭君出塞》特种邮票1套2枚，小型张1枚。志号：1994-10T。图序、图名、面值为：（2-1）T、昭君、20分，（2-2）T、出塞、50分。小型张图名为“和亲”，面值300分。《昭君出塞》邮票由承德热河书院肖玉田设计。《昭君出塞》特种邮票是新中国成立以来国家首次发行的涉及内蒙古自治区题材的特种邮票。同时，内蒙古邮票公司设计制作了一套《昭君出塞》系列邮品，其中邮票首日封2枚、小型张首日封1枚、邮票绢织首日封1枚、小型张首日封1枚、极限明信片3枚、首发式纪念封2枚、纪念张1枚、邮折1枚、纪念册1本，共9种。1994年8月25日在呼和浩特举行首发式，国家民委、邮电部，自治区党委、人大、政府、政协的领导到会祝贺。自治区主席乌力吉、中国对外文化交流协会副会长周巍峙，邮电部政治部主任张健分别致词。为了配合首发式的举行，自治区邮电管理局和内蒙古集邮协会于8月25—29日在内蒙古政府礼堂举办了“内蒙古五少数民族自治区集邮邀请展”，中国邮票博物馆部分馆藏也应邀展出。集邮公司和呼和浩特、包头、伊克昭盟等盟市局的营销人员现场销售集邮票品，增设了包头师专（代办）、阿拉善盟恩格齐台、兴安盟伊尔斯、乌海市老石旦等24个集邮点。首发式后，邮票设计者肖玉田和邮品设计者王虎鸣为集邮爱好者签字留念。在首发式的当晚内蒙古邮电职工举办了“昭君杯”文艺会演。

1993年2月20日，阿拉善盟邮票公司在巴彦浩特隆重举行《野骆驼》原地封首发仪式。此次活动是该公司继巴黎—莫斯科—北京汽车拉力赛途经阿拉善盟首日封发行以来的又一次集邮品发行销售活动。盟邮票公司举办《野骆驼》原地封的发行活动，吸引了国内外的集邮爱好者，全国各地包括香港、台湾地区，以及英国等国家的集邮爱好者纷纷来函邮购，发行销售活动的第一天就售出《野骆驼》原地封18363枚，极限片18571套。8月，内蒙古发行1枚《内蒙古赛马场》四折邮折，这是内蒙古发行的第1枚邮折。

1994年4月21日，伊克昭盟邮协、邮票公司在达拉特旗恩格贝库布其沙漠综合开发示范区举行《沙漠绿化》邮票首发式，伊克昭盟邮票公司特别发行日本“国土绿化”和中国“沙漠绿化”邮票的纪念封100枚。邮电部副部长刘平源为首发式题词：“中日合作为世界沙漠绿化做出贡献”。同日，内蒙古为配合《沙漠绿化》邮票的发行特印制发行了1套极限明信片4枚，这是内蒙古发行的第1套极限片。

1996年3月20日，自治区邮电管理局开展中国邮政开办100周年纪念活动。自治区集邮公司发行了一枚中国邮政成立100周年纪念封，并在新城邮电支局举办集邮知识咨询、集邮品销售、设计者签名活动。

1997年5月1日，邮电部发行《内蒙古自治区成立五十周年》纪念邮票1套3枚，志号：1997-6J是。图序、图名、面值为：（3-1）J、欢庆、50分，（3-2）J、团结、50分，（3-3）奋进、200分，是中华人民共和国发行的第2套以内蒙古自治区成立为题材的纪念邮票。内蒙古集邮公司特印制发行1枚邮简。

1998年7月24日，国家邮政局发行《锡林郭勒草原》特种邮票1套3枚，小型张1枚。志号：1998-16。图序、图名、面值为：(3-1)T、典型草原、50分，(3-2)T、草甸草原、50分，(3-3)T、杨桦混交林150分。小型张图名为“锡林郭勒河曲”，面值800分。这套地方选题邮票主题取材于锡林郭勒国家级草原自然保护区。锡林郭勒国家级草原自然保护区是中国第一个草地类自然保护区。1987年9月7日，该保护区被联合国教科文组织纳入“人与生物圈计划”，成为世界生物圈保护区网络成员第一个草地类自然保护区。《锡林郭勒草原》特种邮票第一次以邮票形式展现了这一国家级草原保护区的自然风光。《锡林郭勒草原》特种邮票由马莲、丹森、萨仁巴特尔、全继昌共同设计。8月，中华全国集邮联合会决定制作发行《万里长城百关纪念封》第四组，其中涉及内蒙古自治区的有 15 处：1. 战国赵长城（呼和浩特市）；2. 战国赵长城（包头市）；3. 秦始皇长城（固阳县）；4. 汉长城（乌拉特后旗）；5. 辽长城（满洲里市）；6. 高阙塞（杭锦后旗）；7. 居延塞（额济纳旗）；8. 鸡鹿塞（磴口县）；9. 金长城（四子王旗）；10. 魏北长城（伊盟达拉特旗新民堡）；11. 秦昭王长城（伊金霍洛旗白家梁）；12. 燕长城（赤峰市）；13. 参合陂战场（凉城）；14. 和林格尔古战场（和林格尔县）；15. 百灵庙战场（达茂旗百灵庙）。

1999 年 10 月 1 日，内蒙古集邮协会在包头市举办“纪念民族大团结邮票发行暨内蒙古 99 集邮展览”，内蒙古集邮公司特印制发行 1 枚邮简。

2000 年 7 月 9 日，国家邮政局发行《内蒙古风情》特种邮资明信片本册一套 10 枚。自治区邮政局在海拉尔市举行首发式及集邮展览。首发式由区邮协副会长肖庆宝主持。全国集邮联合会会长刘平源，原会长、顾问罗淑珍，原秘书长史维林，国家邮政局文史中心副主任王三义，自治区邮政局党组书记、局长苏和，呼伦贝尔盟委副书记梁铁城等出席。刘平源会长、罗淑珍顾问为《内蒙古风情》首发式揭幕。邮票设计家杨文清、李德福、闫炳武、李庆发、王虎鸣等为集邮爱好者的邮品签名。

2001 年 6 月 30 日，自治区邮政局印制《元世祖出猎图》明信片。11 月 29 日，接到国家邮政局“封存处理利用普通邮资明信片加印广告‘塞北雄奇之旅’明信片”的电话通知后，自治区政局立即安排对“塞北雄奇之旅”明信片进行追缴、封存、销毁工作。“塞北雄奇之旅”明信片共印制 5000 套，每套 6 枚。截至 2001 年 12 月 2 日，首批封存 3145 套，其中未出售 2080 套，收回 1065 套；2001 年 12 月 3—24 日追缴封存 1357 套；已售出无法追回 498 套。2002 年，在国家邮政局、国家邮政局邮票印制局、自治区邮政局、陕西省印刷厂的监销下，销毁“塞北雄奇之旅”明信片 4502 套。

2002 年 6 月 3 日，内蒙古集邮公司发行自治区邮政局个性化服务专用邮票、内蒙古杂技团、呼和浩特第四届昭君文化节、达茂旗建旗 50 周年、邮政储蓄开办 16 年、联通内蒙古分公司、阿尔山市《雪域、神泉》7 种个性化服务邮票，印制合计 14200 版。

2003 年 5 月 19 日，举行《万众一心　抗击“非典”》邮票首发式暨向全区医务工作者捐赠抗击“非典”斗争系列集邮品仪式。内蒙古政协主席、自治区集邮协会名誉会长王占，自治区人大常委会副主任、自治区集邮协会名誉会长周德海为《万众一心　抗击“非典”》邮票揭幕。自治区邮政局党组书记、局长苏和代表全区 1 万多名邮政职工将价值 32.1 万元的《万众一心抗击“非典”》邮折 15000 册、《万众一心　抗击“非典”》首日封 15000 枚及个性化邮票邮折 3000 册全部捐赠给自治区卫生厅，用以支持抗击“非典”的斗争，并作为医务工作者参加抗击“非典”战役的珍藏纪念。8 月 30 日，内蒙古集邮公司发行“全区抗击‘非典’先进集体、先进个人”表彰大会纪念封、个性化邮票、纪念邮折。共发行纪念封 2000 枚，纪念邮折 1000 枚。内蒙古自治区副主席连辑为邮品题字“万众一心　抗击非典”。9 月 16 日，内蒙古邮政局发行《内蒙古自治区两个文明现场会在呼和浩特市召开》纪念封。10 月 16 日，集邮公司制作发行《中国首次载人航天飞行成功》纪念封、《神舟飞天》专题纪念册，共发行纪念邮折 7500 枚，纪念封 12500 枚。

2004 年 10 月 1 日，国家邮政局发行《祖国边陲风光》特种邮票。该邮票每套 12 枚，小全张 1 枚。其中涉及和反映呼伦贝尔市自然风光的有“兴安林海”、(12 -1)T、80 分，“呼伦贝尔草原”、(12-12) T、80 分；反映阿拉善盟风光的“巴丹吉林沙漠”、(12-11)T、80 分。10 月 1 日，《祖国边陲风光》特种邮票之“呼伦贝尔草原”“兴安林海”首发式在呼伦贝尔市隆重举行。首发式当天共销售《祖国边陲风光》专题邮册 80 多套，销售额近 1.7 万元。同日，《祖国边陲风光》特种邮票之“巴丹吉林沙漠”在阿拉善盟举行首发式。

2005 年 4 月 1 日，执行国家邮政局决定，即日起不再受理使用《如意》《鲜花》邮资图的个性化专用邮票业务。同时，自治区邮政局对各盟市邮政局个性化邮票业务代办费标准进行调整，将个性化邮票裸版的代办费由原来 15% 调整为 30%，将个性化邮票带折（册）的代办费由原来 20% 调整为 35%。同时，决定将 8 枚版的个性化邮票（单版式）起印量调整为 1 万版，将 4 枚版的个性化邮票（单版式）起印量调整为 30 万版。

2006 年 3 月 19 日，自治区集邮公司在呼和浩特市举办《犬》特种邮票首发式。11 月下旬，与自治区第八次党代会大会秘书处共同开发制作第八次党代会纪念封及内蒙古十六个驰名商标个性化邮折，并经国家邮政局审批，特为与会代表登记制作的本人肖像个性化邮票折 4000 余册。12 月 23 日，在呼和浩特市举行《乌兰夫同志诞生 100 周年》纪念邮票首发式。自治区党委常委、秘书长符太增主持，自治区党委副书记巴特尔，自治区党委常委、自治区副主席任亚平，自治区人大常委会副主任陈瑞清，自治区政府顾问、乌兰夫基金会长周德海，自治区政协副主席郭宝恒，内蒙古军区副政委陈运火，中国邮政集团公司副总经理冯新生，中国邮政集团公司邮票发行部负责人邓慧国等出席首发式。自治区邮政局党组书记，局长、内蒙古自治区集邮协会会长刘晓兵在首发式上讲话。参加邮票首发式的还有来自各部队、大专院校、邮政企业代表以及自治区各直属厅局领导、邮迷等三百余人。《乌兰夫同志诞生 100 周年》纪念邮票为 1 套 1 枚，面值 1.20 元。邮票图案为新华通讯社记者郭占英拍摄的乌兰夫头像的影写版，设计者是夏竞秋。图名为“乌兰夫同志诞生一百周年”。

2008 年，借 2008 世界草地与草原大会在呼和浩特召开之际，为“内蒙古双草大会”精心策划申请发行了纪念邮资片，并制作了《草原礼赞》纪念邮票册 4000 册。5 月 12 日，内蒙古集邮协会与自治区邮政公司共同主办了“为奥运干杯”大型集邮品首发式活动。全国政协提案委员会副主任、自治区政协原主席、集邮协会名誉会长王占，自治区人大常委会副主任柳秀，自治区人民政府顾问周德海，自治区政府原副主席、自治区邮协名誉会长周维德应邀出席，中国集邮总公司总经理刘燕明、中粮集团领导闫爱杰专程参加。刘燕明总经理代表中国集邮总公司和自治区邮政公司将 0001 号邮品捐赠自治区人民政府，刘建禄副秘书长代表自治区人民政府接受了捐赠。

2009 年，制作个性化邮票主题项目《我与祖国共成长》4.75 万版。

1992—2000 年纪念封发行统计表

表 2-30 **单位：枚**

纪念封	数量	发行时间	设计者
内蒙古自治区集邮协会成立 10 周年	1	1992.12.10	敖　明
1993 年迎春封	1	1993.1.23	敖　明
内蒙古自治区青少年集邮工作委员会成立	1	1993.4.20	敖　明
内蒙古邮政储蓄开办 7 周年	1	1993.7.1	敖　明
蒙古国集邮展览	1	1993.9.4	敖　明
内蒙古自治区纪念毛泽东同志诞辰 100 周年集邮展览	1	1993.9.25	敖　明
邮政 · 你的全球性合作伙伴（第 24 个世界邮政日）	1	1993.10.9	敖　明

续表 2-30

纪念封	数量	发行时间	设计者
杭锦旗自动电话开通暨全区市话实现自动化纪念	1	1993.12.18	敖　明
1994 年迎春封	1	1994.2.9	敖　明
内蒙古首条快速长途汽车邮路开通纪念	1	1994.5.1	马树河
全区群英会（内蒙古团委自印）	1	1994.5.4	
1994-10《昭君出塞》首日封	3	1994.8.25	王虎鸣
1994-10《昭君出塞》丝织封	2	1994.8.25	王虎鸣
《昭君出塞》特种邮票首发式纪念封	2	1994.8.25	王虎鸣
内蒙古 · 五少数民族自治区集邮邀请展	1	1994.8.25	李印清
邓小平长城题字 10 周年纪念封	1	1994.9.15	敖　明
乙亥年迎春封	1	1995.1.30	敖　明
内蒙古自治区工会第 6 次代表大会（内蒙古工会自印）	1	1995.5.18	康志华
内蒙古自治区劳动模范和先进工作者表彰大会（内蒙古工会自印）	1	1995.4.26	刘宝华
中国邮电工会内蒙古自治区第 10 次代表大会	1	1995.6.22	敖　明
1995 荣冠杯全国围棋名人邀请赛	1	1995.7.5	牛志明
1995 全区中小学生集邮夏令营	1	1995.7.25	马树河
庆祝呼和浩特至北京快速干线汽车邮路开通	1	1995.8.1	敖　明
抗日战争和世界反法西斯战争胜利 50 周年纪念	1	1995.9.3	马树河 敖　明
内蒙古妇女纪念封	3	1995.9.4	敖　明
第 2 届巴黎至北京汽车拉力赛途经锡林郭勒盟纪念	1	1995.8.23	马树河
邮政，你的最佳选择（第 26 个世界邮政日）	1	1995.10.9	牛志明
呼和浩特站扩建工程落成纪念	1	1995.10.15	赵祥林
1996 迎春封	1	1996.2.8	马树河
纪念中国邮政 100 周年	1	1996.3.20	敖　明
第 28 个世界电信日	1	1996.5.17	敖　明
草原集邮万里行	1	1996.6	刘占强
内蒙古自治区集邮协会第 4 次代表大会	1	1996.7.16	马树河
1997 迎春封	1	1997.2.6	丹　森
《内蒙古自治区成立 50 周年》邮票首日封	3	1997.5.1	王虎鸣
《内蒙古自治区成立 50 周年》邮票丝织封	1	1997.5.1	王虎鸣
《内蒙古自治区成立 50 周年》邮票首发封	1	1997.5.1	王虎鸣
全区十二盟市本地电话网建成纪念封	1		敖　明
1998 迎春封	1	1998.1.28	敖　明
全区集邮知识电视竞赛	1	1998.5.1	敖　明
《锡林郭勒草原》邮票首日封	2	1998.7.24	王虎鸣
《锡林郭勒草原》邮票首发封	1	1998.7.24	王虎鸣
内蒙古集邮协会第 5 次代表大会	1	1999.9.30	王虎鸣、张丽萍
“展望新世纪少年儿童集邮活动”纪念	1	2000.6.1	敖　明
《内蒙古风情》特种邮资明信片首发纪念封	1	2000.7.29	王虎鸣

1994—2000年特种封发行统计表

表 2-31 单位：枚

特种封	数量	发行时间	设计者
伊诗兰雅企业宣传封	1	1994.8.18	牛志明
内蒙古自治区第3届工人运动会	1	1996.5.1	马树河
普通美术封十二生肖剪纸	12	1995	赵一东
希拉穆仁旅游	1	1996.8	敖　明
呼和浩特市郊区西菜园村首届集邮展览	1	1997.6.21	敖　明、丹　森
内蒙古哈素海旅游经济开发区	1	1997.7	敖　明
商都建县80周年	1	1997.8.18	敖　明
内蒙古自治区工会第7次代表大会	1	1999.10.26	牧　仁
内蒙古收藏家协会成立	1	1999.12.26	赵祥林
内蒙古自治区劳动模范表彰大会	1	2000.4.25	牧　仁
少先队内蒙古第4次代表大会	1	2000.10.13	

1994—2000年明信片发行统计表

表 2-32 单位：枚

明信片	数量	发行时间	设计者
沙漠绿化	4	1994.4.21	王虎鸣
昭君出塞	3	1994.8.25	王虎鸣
内蒙古自治区成立50周年	3	1997.5.1	王虎鸣
锡林郭勒草原	3	1998.7.24	王虎鸣
钧窑瓷器	1	1997.7	王虎鸣
民族大团结	4	1999.10.1	内蒙古集邮公司
《神奇的内蒙古》邮资明信片	5	2000.3.2	
石景奇观	10	2000.3.2	
清代蒙古族妇女头饰	10	2000.3.1	
呼伦贝尔风光	10	2000.3.3	
珍禽遗鸥	10	2000.3	
杂技艺术	10	2000.3	

1993—1999年邮折发行统计表

表 2-33 单位：枚

邮折	数量	发行时间	设计者
内蒙古赛马场	1	1993.8	敖　明
《内蒙古风情》系列邮折成吉思汗陵、匈奴文物、沙漠景观、岩画、花苑（A、B）、生肖	7	1994.7	敖　明
昭君出塞	1	1994.8.25	王虎鸣
呼和浩特市	1	1995.6	马树河 牛志明
包头市	1	1995.7	马树河
哲里木盟	1	1996	马树河

续表 2-33

邮折	数量	发行时间	设计者
兴安盟	1	1996	马树河
乌兰察布盟	1	1996	马树河
呼伦贝尔盟	1	1996	马树河
阿拉善盟	1	1996	马树河
锡林郭勒盟	1	1996	马树河
赤峰市	1	1996	敖　明
伊克昭盟	1	1996	敖　明
巴彦淖尔盟	1	1996	敖　明
乌海市	1	1996	敖　明
内蒙古自治区成立 50 周年	1	1997.5.1	张石奇
钧窑瓷器	1	1999.4.8	王虎鸣
草原风情	1	1999.5	雪广公司
十二生肖	1	1999.5	国广公司
革命领袖人物	1	1999.5	呼振源
内蒙古邮电分营	1	1998.12	敖　明
民族大团结	1	1999.10.1	敖　明 李宏伟
草原旅游	1	1999.10	东方广 告公司
展望新世纪	1	1999.10	春　雨
毕业纪念	1	1999.6	东方广告公司
夕阳红	1	1999.6	东方广告公司

1997—1999 年邮简发行统计表

表 2-34　　单位：枚

邮简	数量	发行时间	设计者
内蒙古自治区成立 50 周年集邮展览	1	1997.8.8	敖　明
民族大团结邮票发行暨内蒙古 99 集邮展览	1	1999.10.1	王虎鸣、张丽萍

1991—2000 纪念册发行统计表

表 2-35　　单位：册

纪念册	数量	发行时间	设计者
内蒙古首届那达慕大会	1	1991.8	敖　明
昭君出塞	1	1994.8.25	王虎鸣
美丽富饶的内蒙古	1	1995.6	马树河 牛志明
内蒙古自治区成立 50 周年	1	1997.5.1	王虎鸣
锡林郭勒草原	1	1998.7.24	王虎鸣

续表 2-35

纪念册	数量	发行时间	设计者
方寸天地草原世界	1	1998.8	王虎鸣
内蒙古之旅	1	2000.5	东方广告公司
中国内蒙古	1	2000.6	东方广告公司
内蒙古风情邮资片	1	2000.8	王虎鸣

1989—1995 年集邮品发行统计表

表 2-36

集邮品	数量	发行时间	设计者
内蒙古邮政日戳集	1 册	1989. 11	敖　明
《内蒙古首届那达慕大会》纪念卡	1 枚	1991.8	敖　明
《内蒙古首届那达慕大会》纪念币	1 枚	1991.8	敖　明
《昭君出塞》纪念张	1 枚	1994.8.25	王虎鸣
《内蒙古自治区成立 50 周年》纪念张	3 枚	1997.5.7	马莲、王虎鸣
《锡林郭勒草原》特种邮票小本票	1 册	1998.7.24	王虎鸣
《内蒙古五少数民族自治区集邮邀请展》	5 枚	1994.8.25	李印清
《京呼银兰光缆通信干线工程》	1 枚	1995.2	敖　明、马树河

1997—2000 年内蒙古题材邮资票品一览表

表 2-37　　单位：枚

票名	志号	数量	发行日期	发行地区
内蒙古自治区成立 30 周年	J.16	3	1977.5.1	乌兰浩特
内蒙古自治区成立 50 周年	1997-6	3	1997.5.1	乌兰浩特
蒙古族	1999-11 ②	1	1999.10.1	库伦旗
达斡尔族	1999-11 ⑨	1	1999.10.1	莫力达瓦达斡尔族自治旗
鄂温克族	1999-11 ⑤	1	1999.10.1	鄂温克族自治旗
鄂伦春族	1999-11 ⑨	1	1999.10.1	鄂伦春自治旗
蒙古族鄂尔多斯舞	特 49 ②	1	1962.10.15	伊克昭盟
鄂伦春族鄂伦春舞	特 53 ③	1	1963.6.15	鄂伦春族自治旗
拉马头琴（蒙古族）	编 87	1	1973.6.1	
巡回教学	T.9 ②	1	1975.3.8	
打靶归来	T.10 ②	1	1977.3.8	
草原新牧民	T.17 ⑤	1	1976.12.22	
大搞草库伦建设	T.27 ①	1	1978.6.30	
草原红牛	T.63 ⑤	1	1981.5.5	
雪豹	T. 153	2	1990.7.20	乌拉特后旗
盘羊	T.161 ③	1	1991.5.10	乌拉特后旗
野骆驼	1993-3	2	1993.2.20	阿拉善盟
沙漠绿化	1994-4	4	1994.4.21	阿盟伊盟
昭君出塞	1994-10	2+M	1994.8.25	呼和浩特

续表 2-37

票名	志号	数量	发行日期	发行地区
锡林郭勒草原	1998-16	3+M	1998.7.24	锡林郭勒盟
元·双耳炉	1999-3 ③	1	1999.4.8	呼和浩特白塔村
马鹿	1999-5	2	1999.5.18	呼伦贝尔盟大兴安岭
新石器时代·玉龙	2000-4 ①	1	2000.3.7	赤峰市翁牛特旗
东北林海	普 21 ⑧	1	1981.9.1	呼伦贝尔盟大兴安岭
内蒙古草原	普 21 ⑩	1	1981.9.1	
内蒙古民居	普 23 ①	1	1986.4.1	
内蒙古风光	YP3	10	1987.5.1	呼和浩特等地
内蒙古风情	TP14B	10	2000.7.29	

（二）集邮活动与收入

1991 年集邮业务量 21486557 枚，集邮收入 391.4 万元。

1992 年 10 月 13—16 日，中华全国集邮联合会成立 10 周年暨集邮先进表彰大会在北京召开。内蒙古自治区包头市红旗农场学校、通辽市永清街道办事处邮协、镶黄旗邮协被评为全区集邮先进集体称号；钟恕、王彼得、麻然信、解宝泽、海涛被评为全国集邮先进个人。年内，集邮业务量 39587571 枚，集邮收入 738 万元。

1993 年，为纪念毛泽东诞辰 100 周年而举办的 1993 中华全国集邮展览，于 11 月 22 日评出获奖邮集。内蒙古自治区参展的 6 部邮集全部获奖，其中：张正弟的《冲破黎明前的黑暗》获镀金奖；芮开元的《现代奥运百年》、王景云的《新中国普通邮票》获大银奖；刘术林的《月球探测简史》、郑文巨的《中华邮政孙中山像邮票》获银奖；孙晨（青少年）的《巴塞罗那奥运会》获镀银奖。另外自治区邮协推荐的《文革邮票史话》《内蒙古集邮》获文献类铜奖。年内，集邮业务量 48288511 枚，集邮收入 1659 万元。

1994 年，集邮业务量 49439152 枚，集邮收入 2541 万元。

1995 年，集邮业务量 49353937 枚，集邮收入 2912 万元。

1996 年，内蒙古集邮公司组织开发旅游纪念邮品、乌兰夫诞辰 90 周年纪念邮品、自治区成立 50 周年邮品和地方选题票邮品。投放 1995 年插票册 2 万余册；加工各类邮折 10 余种，共计 300 余万元。走访安徽、福建、广东、海南 4 省，历时一个月，销出区公司发行的《美丽富饶的内蒙古》册 4040 本，收入近 40 万元。组织呼和浩特市、包头市、赤峰市、哲里木盟、乌兰察布盟、巴彦淖尔盟、兴安盟集邮公司参加“庆祝广州市建城 2210 周年国际性邮票展”，创收 63 万元。组织参加苏州中国新邮票展销活动创收 127 万元。组织 1996 年度“中国·蒙古国邮票展”创收 66 万元。3 月 20—24 日，中国集邮总公司、中国邮票博物馆、江苏省邮电管理局联合在南京举办庆祝中国邮政开办 100 周年集邮票品展销会，呼和浩特市集邮公司取得格林纳达国邮政部门为纪念中国邮政开办 100 周年发行的一枚小型张国内总经销权，邮票主图为中国古典名著《红楼梦》的“金陵十二钗”，面值人民币 8.50 元。呼和浩特市集邮公司在展销会上共销售各类插票册（折）500 多册，《红楼梦》等各种小型张 1.4 万枚，价值 20 余万元，南京电视台对此作了报道。5 月 4 日，赤峰市集邮交换中心落成开业，是全市面积最大、环境最为幽雅的集邮交换中心，内设集邮协会、集邮者之家、集邮售票厅和寄售厅，开业当天销售邮品、插册等3万余元。5月，自治区集邮协会选送作品参加全国青少年邮票设计比赛，乌海市乌达区第一中学李翔设计的《祖国风光》和锡林浩特市第三小学赵波设计的《腾飞的草原》分获中小学组三等奖。区集邮协会对自治区参赛的22件作品给予奖励，向获奖的青少年颁发奖品和证书。获得一等奖的作者和作品是：通辽市胡洋的《欢乐草原》、包头市郭振民的《和平、统一、富强》、秦炜哲的《龙腾神州》、乌海市李翔的《祖国风光》、锡林浩特市赵波的《腾飞的草原》。获得二等奖的作者是：锡林浩特市萨茹拉、梁雪、阿·娃斯，包头市杨君、乌一群、王雯阴、刘强、周雨蒙。获得三等奖的作者是：锡林浩特市斯琴高娃、张洁、郭勇杰、倪福源、杭晨琼、夏冰、刘宾宾，包头市刘淳、卢展。第九届亚洲国际集邮展览5月18—24日在北京举办，自治区集邮家钟恕的《绥远邮政史》是区内唯一选送参加1996年亚洲国际邮展的邮集。此邮集曾在马来西亚首都吉隆坡举办的第五届亚洲国际集邮展览上获大银奖。此次参展，钟恕在原有的基础上对其中1/3邮品进行了重新调整，并请英语专家翻译了邮集的说明文字。此邮集使用85枚实寄封，分为5部分，将1868—1954年间的绥远（今呼和浩特）邮政史进行了整体、连贯、均衡的展示，每部分都有16个贴片，各用一个展框。5部分依次名为：归绥时期、特别行政区时期、建省初期、抗战至和平解放时期、人民邮政时期。此次邮展共展出邮集257部，中国获奖者148人，占获奖者总数的42%，《绥远邮政史》摘取了本次邮展的镀金奖，这在自治区邮集参加的重大国际邮展中属于第一次。自治区5家集邮公司（呼和浩特市、包头市、伊克昭盟、乌兰察布盟、乌海市）走出内蒙古，主动参加邮品展销活动，7天创收211万元，销售收入达到490万元。6月1日，自治区东部4盟市（呼伦贝尔盟、哲里木盟、兴安盟、赤峰市）首次集邮联展在赤峰市博物馆开幕。共展出邮集25部（其中青少年邮集13部）、贴片942个。7—9日，在通辽市展出。13日，邮展在乌兰浩特市开幕，当天，兴安盟集邮公司销售票品创收2.2万元。9月30日庆祝广州建城2210年邮展、10月9日苏州中新邮票展等五大展销活动中，自治区集邮部门共创收570万元。10月16—20日，中国内蒙古—蒙古国邮票展在呼和浩特市举行，各盟市集邮公司形成全区集邮品大联销的热烈场面，共创收138万元。11月8-10日，邮展在包头市举行，展出邮集10部，贴片558个，其中包括包头市优秀邮集8部。邮展参观者达1.5万余人，包头市局完成集邮票品销售额31.8万元。年内，全区旗县市集邮协会发展到84个，厂矿、企业、机关、学校等基层集邮协会发展到736个，会员达到39245人。全年集邮业务量 62474541枚，业务收入达到5164万元，比上年增长73.78%，占邮政业务总收入的1/6；集邮品收入占全部集邮收入的54%。

1997年2月12—16日，自治区集邮公司与呼、包、伊3个邮票公司参加97香港第11届亚洲国际集邮展览，展销收入160万元。3月21日，自治区集邮公司和11个盟市公司参加中国集邮总公司与广东省邮电管理局联合举办的“97迎香港回归祖国集邮展览会”，展销收入730万元，平均毛利率26%。5月1日，《内蒙古自治区成立五十周年》纪念邮票首发式暨邮票展览在呼和浩特市举行。作为1997年确定的全国5大邮展之一，这次由自治区50周年庆祝活动指挥部、中国集邮总公司、自治区邮电管理局联合举办的邮票首发式和大型邮展活动，是自治区50周年大庆活动的重要内容之一，为期4天。全国人大常委会副委员长布赫为首发式题词“腾飞的内蒙古”。自治区党委书记刘明祖，邮电部副部长刘平源为首发式揭幕和题词，并出席大型邮展。邮票设计者马莲和丹森，责任编辑王虎鸣在首发式上为集邮爱好者签名。中国集邮总公司、自治区集邮公司、盟市邮票公司及有关省市区集邮公司在展场设摊销售。此次首发式暨邮票展览、展销活动，参展邮品200展框；销售摊位45个；3

万多人次参观，销售收入930万元，毛利率为30.06%。5月9—11日，自治区集邮公区和呼、赤、伊、乌集邮公司参加西安举办的中瑞联合发行《珍禽》特种邮票首发式暨邮票博览会，收入115万元。6月21—22日在呼和浩特市郊区西菜园乡西菜园村举办庆祝内蒙古自治区成立50周年邮票展销活动，这是50年来全区第一次农村邮展，收入50万元。8月8—10日，自治区党委宣传部、总工会、团委、妇联和自治区邮电管理局在新落成的内蒙古图书馆举办"内蒙古自治区成立50周年集邮展览"活动，这是自治区有史以来规模最大的一次竞赛级邮展。此次邮展，参展邮集共79部254框，其中有58部竞赛邮集、18部一框邮集、3部特邀邮集。这些邮集反映了自治区50年来群众性集邮活动的成果。其中航天类、税票类和现代沙龙邮集是首次与自治区集邮爱好者见面。为配合这次邮展，内蒙古集邮公司发行1枚纪念邮简，各盟市集邮公司组织热门票品进行销售。8月9日，"1997年呼和浩特市邮品拍卖会"在呼和浩特新城宾馆举行。此次拍卖会共拍出邮品100项，成交额为249.56万元，成交率达70%。这是自治区成立以来规模最大、品位最高的一次邮品拍卖会。9月5—7日区公司组织12个盟市邮票公司参加大连"95、96全国最佳集邮品颁奖大会暨大连国际服装节集邮展览会"，租用16个摊位，收入270万元。年内，全区集邮业务量101732826枚，集邮业务销售收入完成11767.23万元，比上年增长127.6%，占全区邮政业务收入的25.6%，其中邮品销售收入完成7237.38万元，成为邮政的支柱业务。

1998年1月19—21日，自治区集邮公司组织呼和浩特市、包头市、伊克昭盟集邮公司参加在黑龙江省哈尔滨市举办的全国集邮展销会，收入202万元。4月15—19日，区公司组织12个盟市公司和呼和浩特市电信局邮政科参加洛阳牡丹花卉集邮展销活动，收入663万元。7月24—26日，由内蒙古自治区邮电管理局、中国集邮总公司北京分公司、中国邮票博物馆、江苏省邮资票品局、福建省邮资票品局、广东省集邮总公司主办，内蒙古集邮公司、自治区集邮协会、锡林郭勒盟邮电局承办的《锡林郭勒草原》特种邮票首发式暨全国集邮品博览会在呼和浩特举行。在全国集邮市场低迷的情况下，公司邀请了20个省（市）的64家集邮部门和合法邮商参加，设100个销售摊位，其间全国各地集邮爱好者也聚集呼和浩特市参观和购销。展销成交1500万元，自治区邮电管理局收入965万元。9月12—14日，北京举办中、法两国联合发行的《故宫和卢浮宫》邮票首发式及集邮博览会，区公司收入90万元。年内，集邮业务量111581467枚。集邮收入15005.8万元，其中，集邮邮票收入5643.7万元，集邮品收入8432.7万元。全区集邮业务收入占邮政收入的31%。

1999年8月21日，"99世界集邮展览"在北京国际展览中心开幕。自治区集邮家钟恕的《绥远邮政史》邮集获镀金奖，《内蒙古邮文精选》获文献作品镀银奖，呼和浩特市邮政局离休干部李世章撰写的《邮坛呼唤集邮活动家》获集邮宣传优秀作品三等奖。10月1日，"庆祝民族大团结邮票发行暨内蒙古99集邮展览"在包头市举行。邮展共展出12个类别94部邮集。邮展期间举办第二次全区集邮学术研讨会、青少年集邮活动日及集邮知识讲座，特邀北京集邮家李伯琴和天津集邮家李明主讲集邮知识。11月1日到11月30日，执行国家邮政局邮资票品司通知，2000年新邮预订工作取消集体大用户预订，只办理个人预订，每人限订5套，每套收取预订款135元。全区共预订邮票178026套。年内，全区集邮业务量100236488枚，集邮品790824册；集邮收入15804万元，其中，集邮邮票收入8836万元，集邮品收入6359万元。

2000年2月23日，呼和浩特集邮活动中心举行纪特票评选活动，同时举行呼和浩特市邮协"集邮者之家"授匾仪式。6月1日，自治区邮政局、自治区团委、少工委、内蒙古关心下一代工作委员会等单位联合主办的“全区展望新世纪少年儿童集邮活动”在内蒙古图书馆开幕。自治区、呼和浩特市两级领导参加了开幕式。活动项目有少年儿童邮票设计长卷、集邮展览、集邮知识录像、集邮知识书信答卷等。年初，内蒙古集邮公司与中国银行内蒙古分行联合开发拜年卡书及拜年折，形成收入近700万元。内蒙古集邮公司把党政机关、重点行业、有实力的企业集团、效益好的企业作为公司定向开发邮品的对象，全年开发6类33种邮品，收入3489万元。7月15日，公司参加中国集邮总公司在青岛举办的1997—1999年全国最佳集邮品评选活动，内蒙古代表队荣获组织奖；参展的《锡林郭勒草原》和《内蒙古自治区成立50周年》首日封荣获封类优秀奖；《钧窑瓷器》邮折和1997精装年册荣获卡、折、册类优秀奖；《神奇的内蒙古》邮政明信片和蒙古族、达斡尔族、鄂温克族、鄂伦春族4个少数民族极限明信片荣获片类优秀奖；《中国——内蒙古》宣传册和保险贺卡荣获其他类优秀奖。7月29日，在海拉尔市举办《内蒙古风情》邮资小本明信片首发活动，收入近400万元。组织盟市公司参加太原、石家庄、南昌、沈阳广州集邮品展销活动。年内，向国家邮政局推荐《荒漠中的珍稀植物》邮票题材，被列入2002年国家邮票发行计划。12月18日，自治区邮政局决定：设立内蒙古自治区邮政局邮资票品处，内蒙古集邮公司不再行使全区邮资票品的管理职能。年内，全区集邮品销售点480处；集邮业务量78294031枚，集邮品783720册；集邮收入18355万元，比上年增长15.44%。其中，集邮品收入实现1.27亿元，占全年总收入的69.1%，较上年增长66.45%；集邮邮票收入5303万元。

2001年7月1日，内蒙古自治区党委组织部、宣传部、精神文明办、总工会、团委、妇联、文化厅、邮政局、集邮协会在呼和浩特市联合举办庆祝中国共产党成立80周年集邮展览。邮展规模为269标准框，设竞赛和非竞赛2部分。竞赛类包括：邮政史、邮政用品、专题、传统、极限、航天、青少年、税票、文献、一框和开放类11个类别。邮展历时4天，并刻制4枚纪念戳。营销活动实现收入26万元。7月30日，在“与世纪同行——2001博美堂杯全国青少年集邮展览”上，内蒙古参展的5部邮集分获银、镀银、铜和鼓励奖。9月15—19日，组织呼伦贝尔盟集邮公司参加全国集邮联、江苏省人民政府主办的“南京·2001中华全国集邮展览”营销活动，形成销售收入3万元。9月21—25日，在南京举办中华全国集邮展览，内蒙古6部邮集及1部文献类作品全部获奖。芮开元的《水》、李永红的《中华民国奉天印花税票》、崔显义的《马》获镀金奖，吉雅泰的《帽子》、正文巨的《孙中山像》明信片和邮简、杨明辉的《新中国航天成就》获大银奖，张广智的书《一枚邮票一个故事》获银奖。年内，内蒙古集邮公司共开发制作邮折、邮册、纪念封等30个品种，累计金额3844万元，供应盟市集邮部门3840万元，占当年开发邮品总额99.9%，库存部分为0.1%；邮品开发利润534万元，平均毛利率为16%。全年集邮业务量60616842枚，集邮品527466册；集邮收入11768万元，其中，集邮邮票收入3986万元，集邮品收入7755万元。

2002年5月，在广州信源大厦举办全国首届老年邮展。内蒙古3部邮集获奖。其中杨廷斌的《中国古代建筑》与王信的《能源》获银奖；张正第的开放类邮集《军旅生涯》获开放类二等奖。6月25日—12月30日，执行国家邮政局对邮资票品进行清产核资的工作部署，集邮公司抽调10人组成清产核资小组，对库存的所有邮资票品进行资产清点及微机数据录入，并对集邮公司固定资产进行清查核实登记。10月26日，中国集邮总公司在湖北省孝感市举办“2000—2001年全国最佳集邮品”评选颁奖大会，内蒙古邮品荣获1项三等奖和4项优秀奖。年内，经中国集邮总公司批准，集邮公司发行内蒙古邮政局个性化服务专用邮票、内蒙古杂技团、呼和浩特第四届昭君文化节、达茂旗建旗50周年、邮政储蓄开办 16 年、联通内蒙古分公司、阿尔山市《雪域、神泉》等 7 种个性化服务邮票，印制合计 14200 版，销售金额 40.9 万元。开发制作 2002 年拜年卡书、2002 年高档年票册、普通集邮年册及各种邮册等 8 种邮品，实现销售收入 2530 万元；开发制作定向邮品“西部放歌”邮折，实现销售收入 103 万元。执行国家邮政局关于 2002 年纪特邮票销售工作有关问题的通知，预定 1 套邮票收取 140 元全额保证金，年底多退少补，全区共预订 2003 年纪特邮票 14.36 万套。年内，全区集邮业务量 49587637 枚，集邮品 662103 册；业务收入完成 12527.07 万元，比上年增长 6.45%，占全区邮政收入比重的 14.01%；其中，集邮邮票收入 2983 万元，集邮品收入 9536 万元。

2003 年 4 月 17 日，在中华全国集邮联合会举办的“纪念毛泽东同志诞辰 110 周年及亚洲邮展候选展品展览”全国邮展评奖活动中，内蒙古邮政局参展的邮集和文献 1 部获金奖、1 部获大镀银奖、5 部获镀银奖、1 部获文献奖。4 月，参加 2003 年亚洲国际邮展候选展品集邮展览，创造了内蒙古参加全国邮展的最好成绩，参展的 7 部邮集全部获得沾金高奖。李永生的《鱼》专题邮集荣获金奖，是继 1991 年之后为内蒙古地区在全国邮展上夺得的第二枚金牌；崔显义的《马》专题获大镀金奖；王景云、吉雅泰、钟恕、李永红的《手》《帽子》《人与路》《奉天税票》4 部专题邮集同获镀金奖；文献展品《内蒙古集邮史》获得银奖。这次全国参展的位次由上届的 21 位提升到 14 位。8 月 22 日，内蒙古政府主办，内蒙古旅游局、内蒙古旅游协会承办的“内蒙古首届旅游纪念品、工艺品设计大赛”活动中，《方寸天地——可爱的内蒙古》集邮册获三等奖。集邮协会第六次代表大会决定命名全区“青少年集邮活动示范基地”，首批命名的 3 个单位是包钢七小、通辽一中、锡林浩特三中。9 月，集邮协会选送刘贵龙的《足球》。芮开元的《冰雪运动》、丰利杰的《亚运级横》、杨占九的《水上运动》等 4 部邮集，参加在宁夏银川举办的“第七届少数民族运动会集邮精品展览”，其中 3 部邮集获大银奖，1 部邮集获银奖。11 月 24 日，在由中华全国集邮联和国家邮政局主办，四川省绵阳市举办的“第 16 届亚洲国际邮票展览”活动中，内蒙古邮政参展邮集分别获镀金奖、大银奖及镀银奖各 1 部，镀金奖 5 部，镀银文献奖 1 部。全区集邮品开发实现业务收入 3123 万元，其中公司自身形成业务收入 58.4 万元；全区制作发行个性化邮票突破 10 万版，实现业务收入 350 万元。全区集邮业务量 30823671 枚，集邮品 558770 册；业务收入完成 7095 万元，其中，集邮邮票收入 1254 万元，集邮品收入 5837 万元。

2004 年 1 月 24 日，全区企业形象年册揽收工作结束，共完成企业形象宣传年册揽收 26270 册，同比增长 872.76%，绝对数增加 23570 册；实现收入 446.59 万元。2 月 23 日，自治区邮政局决定：将集邮业务从盟市邮政局剥离，实行全区集邮业务专业化经营，人、财、物统一由内蒙古集邮公司垂直管理。同时，撤销邮资票品处，职能和人员划归内蒙古集邮公司。内蒙古集邮公司是自治区邮政局下设的统一经营全区集邮业务的经营、管理、核算单位，并代自治区邮政局行使集邮业务和邮资票品管理职能。8 月 1 日，内蒙古集邮公司开发的《绿色的摇篮》纪念宣传邮册正式面市，并被“中国内蒙古首届国际草原文化节暨呼和浩特第五届昭君文化节”组委会确定为指定纪念品。8 月 6—8 日，作为“中国 · 内蒙古首届国际草原文化节暨呼和浩特第五届昭君文化节”系列活动项目之一，以“颂草原文化、展集邮风采”为主题的“集邮文化展”在内蒙古政府礼堂举行。年内，开发《绿色的摇篮》《军旅中的我》《神舟号升起的地方——阿拉善》等专题邮册，开发包头一机厂、赤峰发电厂厂庆等个性化邮折，实现集邮业务收入 2000 多万元，降低了 1992—2001 年纪特票封库销毁、票源不足的不利影响。开发制作拜年卡书 50000 册，收入 1900 万元；企业形象年册 26270 册，收入 457 万元；个性化邮票 162198 册，收入 774.5 万元；定向邮品开发（含各类邮折）1183 万元。全区集邮业务量 15838335 枚，集邮品 385258 册；实现集邮业务收入 4833 万元，利润 750 万元。其中，集邮邮票收入 1271 万元，预订邮票收入 744 万元，集邮品收入 3553 万元。

2005 年 8 月 7—9 日，中国·内蒙古第二届国际草原文化节暨包头鹿城第二十届文化艺术节组委会、自治区党委宣传部、总工会、团委、文化厅、教育厅、旅游局、邮政局、集邮协会和包头市委宣传部联合主办的“中国·内蒙古第二届国际草原文化节暨包头第二十届鹿城文化艺术节集邮文化展”在包头市国贸会展中心举行。“集邮文化展”上展出国家邮政局邮票博物馆馆藏辨伪邮票珍品 40 标准展框；国家邮政局邮票服务中心在展厅限量进行 3 天个性化邮票现场设计制作；邮票设计家王虎鸣在开幕当天上午为集邮爱好者现场签名；“草原英雄小姐妹”龙梅、玉荣应邀出席开幕式并为集邮者签名；集邮文化展期间实现业务收入 84.4 万元。内蒙古集邮公司和包头市邮政局联合开发《草原晨曲》宣传邮册，被组委会指定为活动纪念品，创收百余万元。10 月份开发《情系神舟》纪念珍藏册、纪念封，并为航天主着陆场开发《中国“神舟”六号载人航天飞行成功纪念》邮折 4300 册，创收 120 万元。11 月中旬，内蒙古集邮公司召开全区集邮《拜年卡书》订货会，预订拜年卡书 44357 册，实现收入 1053 万元。包头分公司为内蒙古一机厂开发《保持共产党员先进性教育》个性化纪念邮册 9500 册，收入 64 万元。内蒙古集邮公司开发自治区旅游纪念邮册 5000 册，收入 120 万元。年内，“2005 中华历史文明集邮展览开幕仪式”在湖南澧县举行，代表自治区参展的王志广的专题邮集《建筑——人类历史轨迹》、包头刘贵龙的专题集《足球》获大银奖。自治区已故集邮家杨廷斌老的遗作《内蒙古自治区邮政附加费邮资（1998—1999）》获得银奖，呼和浩特市吉毅的一框类邮集《话牛》获二等奖。年内，全区集邮业务量 17327738 枚，集邮品 208841 册；实现集邮业务收入 4996 万元，同比增长 3%；集邮邮票收入 825 万元，其中预订邮票收入 675 万元；集邮品收入 4149 万元，其中个性化邮票收入 191 万元。总收入中，自办收入实现 3265.38 万元，占全部收入的 65.12%；代办收入实现 1749.22 万元，占全部收入的 34.88%。全区实现收支差额 690 万元，利润率为 13%；共揽收企业形象宣传年册 31000 册，实现收入 520 万元；共开发制作个性化邮票 95200 版，创收 470 万元。

2006 年 3 月 19 日，在呼和浩特市举办《犬》特种邮票首发式，创收 5 万余元。6 月 30 日—7 月 4 日，中华全国集邮联合会、中共山西省委宣传部在山西博物院举办“纪念中国共产党成立 85 周年全国邮展”。内蒙古选送通辽市赵淑杰的《中国民居普通邮票》，呼和浩特市张正弟的《绳结》、蔡明德的《水利工程》，包头市海宝的《航天》4 部邮集分别获奖。8 月 7—9 日，“中国·内蒙古第三届国际草原文化节暨首届鄂尔多斯国际文化节集邮文化展”在鄂尔多斯市举行，内蒙古集邮公司制作《我的鄂尔多斯》纪念邮册 3500 册，并成为组委会主要纪念品，在活动中形成收入 112 万元；制作“中秋思乡月”专项邮品《十二生肖》《草原祝福》《第二轮生肖》3 种邮册共 3827 册，创收 666 万元（剔除邮册内人民币收入）。8 月 8 日，举办“邮品拍卖会”，53 件拍卖品现场成交，成交率为 53%，成交总额 66.53 万元。11 月下旬，自治区邮政局与自治区第八次党代会大会秘书处共同制作第八次党代会纪念封及内蒙古十六个驰名商标个性化邮折，并经国家邮政局审批，特为与会代表登记制作本人肖像个性化邮票折 4000 余册。12 月 2—6 日，在北京举办 2006 年全国专题邮展，自治区选送的 7 部邮集参展并获奖，张景光的专题邮集《手》、南子文的专题邮集《树》、郭金凯的专题邮集《狗》同获大银奖；刘树林的专题邮集《力学》、吉毅的一框邮集《骆驼》获银奖；闫双全的一框邮集《书法鉴赏》获镀银奖；唐伟忠的一框邮集《远古与土著文明》获铜奖。年内，全区共举办各种集邮活动 201 次，参加者达 49800 人（次）。集邮业务量 16637442 枚，集邮品 224209 册。全区自办、代办集邮业务共实现业务收入 4168 万元，其中邮票收入 824 万元，占 19.77%，邮票收入中预订邮票收入 609 万元；邮品收入 3312 万元，占 79.46%，邮品收入中个性化邮票收入 467 万元。拜年卡书实现收入 450 万元；年册实现收入 300 万元；形象年册实现收入 646 万元；常规邮品实现收入 362 万元；其他定向邮品实现收入 761 万元。收入完成区局下达计划的 104.83%，其中自办收入实现 2542 万元，占全部业务收入的 60.99%；代办收入实现 1626 万元，占全部业务收入的 39.01%。开发制作个性化邮票 15.48 万版，创收 793 万元。其中《邮票上我的金色童年》个性化邮票专题制作主题营销活动，全区共揽收制作 49500 版，实现收入 173 万元。截至年底，全区共预订各类卡书 15060 册，实现收入 340 万元。揽收企业形象年册 22160 册，实现收入 390 万元。开发制作定向邮品实现收入 1554 万元。全区共办理 2007 年邮票预订 82266 套，邮票预订收入 1190 万元，完成预订计划的 119.09%，完成国家局下达计划的 106.25%，与上年同比增长 38.93%。

2007 年，配合《内蒙古自治区成立六十周年》纪念邮票发行，为内蒙古大庆办定向开发《辉煌 60 年》邮票珍藏册 16000 册、《60 年大庆卡书》5000 册、《内蒙古风情》卡书 8500 册，创收 1300 余万元。内蒙古自治区成立 60 周年大庆办公室将《辉煌 60 年》邮票珍藏册作为自治区成立 60 周年大庆活动的指定纪念品，成为内蒙古政府赠送中央代表团的纪念礼品。大庆期间所有的活动均以集邮品作为礼品赠送。同时还制作发行了自治区成立 60 周年大庆纪念封、原地封和庆典纪念封，由中央代表团签名留念的《自治区成立 60 周年大庆纪念封》和《辉煌 60 年》邮票珍藏册共同成为内蒙古博物馆珍贵的馆藏纪念邮品。年内，分别为内蒙古联通公司 10 周年制作纪念册 20000 册；为内蒙古大学 50 周年校庆制作纪念册 10000 册；为内蒙古自治区民族商品交易会定向制作礼品邮折 10000 册；为自治区民族团结表彰大会代表制作个性化邮折 692 套；为内蒙古自治区科技厅定向制作大庆礼品册 2000 册；为呼和浩特市税务局制作礼品册 1800 册；为武警内蒙古总队制作大庆礼品册 1000 册；为内蒙古电力集团制作礼品册 500 册；为中国农业发展银行内蒙古分行定向制作礼品册 500 册。同时配合内蒙古第四届国际草原文化节和呼和浩特市第八届昭君文化节的举办，还推出了《锦绣内蒙古》邮票珍藏册和《草原彩虹——蒙古族女性服饰》邮票珍藏册。为全区“中秋思乡月”主题营销活动开发了 7 种中秋集邮产品共计 1.82 万册，实现销售收入 1227.27 万元，比上年纯增 584.27 万元，增长 90.87%。办理 2008 年新邮预订 12.52 万套，实现预订收入 1957.24 万元，与上年同比增长 64.39%。揽收 2007 年企业形象年册 4.22 万册，实现收入 886.20 万元。全区集邮自办营业网点 55 处。全年专职营销实现收入 1309.88 万元，同比增幅 62.92%，占全年业务收入 24.52%。实现集邮业务收入 5341.51 万元，较上年同期增长了 28.14%，纯增收入 1173.13 万元。

2008 年，集邮专业抢抓奥运机遇，发挥整体优势，开展了以《奥运邮票大全册》《为奥运干杯》《奥运实寄封》《火炬传递》等系列邮品为重点的“情系奥运”主题营销活动。奥运主题营销实现收入 5529 万元，其中：自主开发奥运邮品收入 1247 万元（含个性化收入 116 万元）；销售集邮总公司及北京公司邮品收入 3229 万元（含个性化收入 596 万元）；奥运特许商品零售店收入 1031 万元；奥运零售邮票收入 22.7 万元。《奥运邮票大全册》成功销售了 838 册，实现收入 2497 万元。《为奥运干杯》项目销售了 1913 套，实现收入 627 万元。《情系奥运》邮品销售 4000 册，实现收入 352 万元。奥运火炬传递个性化邮票及各类邮品在呼和浩特、包头、鄂尔多斯及赤峰 4 地销售，实现收入 76 万元。《草原儿童迎奥运》个性化邮票主题营销项目实现收入 59 万元，创造了 2008 年“百日创收”新纪录，完成集团公司下达计划目标的 279%，销售绝对数在全国排名第 5 位。2008 年中华全国新人新作展览中，吉毅邮集《牛》、刘永新邮集《中华民国华北区印花税票》获二等奖；张正第邮集《绳子》、付彩春邮集《中国航天与内蒙古》获三等奖。8月8—18日举办的2008奥运博览会中，刘贵龙邮集《足球》获得银奖。9月23日在南昌举办的中华全国集邮展览中，集邮协会选送吉毅的《牛》《骆驼》、胡玉良的《奇妙的声音世界》3部邮集获得镀金奖，《中华民国华北区印花税票》《足球》分别获得大银奖、银奖；《门》《水果》邮集分别获得银奖和铜奖。10月5日举办的济南一框邮集全国邀请展中，吉毅邮集《绵羊》获得镀金奖加特别奖。全区共开发“一企一册、一县一册”定向邮品71项，实现收入1255万元。包头集邮分公司成功揽收《包头供电局50年》纪念邮册6000册，形成收入298万元，创下了单项业务历史之最。乌海市集邮分公司为内蒙古伊泰集团公司成立20周年庆典活动，开发制作纪念邮票珍藏册6000册，创收120万元。巴彦淖尔盟磴口县邮政局开发的《魅力磴口》邮册1000册，形成收入16.8万元。借2008世界草地与草原大会在呼和浩特召开之际，为“双草大会”精心策划申请发行了纪念邮资片，制作《草原礼赞》纪念邮票册4000册，实现收入112万元。配合“神七问天”活动，采取订单开发方式，开发制作《圆梦神舟》纪念珍藏册及纪念套封各4000套，创收100万元。为邮电分营十周年策划《十年耕耘》纪念邮品2000册，个性化邮折18000册，实现收入102万元。盟市局共计实现集邮业务收入6261万元，占集邮业务总收入55%。新邮预订业务实现收入1957万元。形象宣传年册揽收制作44580册，实现收入956万元，占集邮总收入的8%。定向邮品开发共揽收制作10.3万册，实现收入3387万元，占集邮总收入的30%。个性化邮票业务2008年全区共印制16万版，创收460.8万元，占集邮总收入的4.1%。为自治区“两会”定向制作纪念封和形象年册、为与会代表制作个性化邮票，实现收入72万元。全年实现集邮业务收入1.13亿元，比上年增长112%，纯增5962万元，完成年计划的139%，收入增幅在全国排名第2位；收入绝对值在全国排名第20位，较上年前移4位。实现收支差额2100万元。集邮收入占邮政整体收入比重8.8%。

2009年2月13日上午、16日上午“华诞六十邮情天下——中国2009年世界邮展全国60城市巡邮活动站启动仪式”分别在鄂尔多斯市和呼和浩特市举行，呼和浩特、鄂尔多斯两市众多集邮者代表、文化界人士参加启动仪式。两位集邮文化使者在两地分别进行讲城市、讲邮政、讲集邮的演讲。呼和浩特站在现场展出本市集邮家历年在世界、国际、全国和全区邮展获奖的优秀邮集。鄂尔多斯市也展出获奖邮集。4月10—16日集邮协会选送胡玉良的邮集《声音》参加中国洛阳2009世界集邮展览，取得镀金奖好成绩。这是内蒙古世界邮展取得的第二块金牌。呼和浩特市集邮文化使者李琳参加了2009世界邮展的巡邮城市集邮文化使者演讲比赛，获得第4名（二等奖第1名）的好成绩；自治区推荐的儿童绘画小作者宋妍，参加了洛阳世界邮展3600名小画家现场作画，作品获优秀奖。至年底，全区有2所大学、3所中学、13所小学开设了集邮课，分别由各盟市集邮专家讲课。包钢七小编写的《走进方寸世界》校本教材，成为小学集邮课的选用教材。集邮协会还将青少年集邮活动示范基地作为推动青少年集邮活动，吸引各年龄段学生参与集邮活动的平台，在开展集邮活动基础较好的学校中，培育出3所中小学为全国青少年示范基地和10所自治区级青少年集邮活动示范基地。对盟市邮协推荐报送的对锡林浩特市油田子弟学校、赤峰市红山区第六小学、包头市万水泉中心小学，集邮协会组织专人综合分析了书面材料并进行评估考核，9月上旬派员到赤峰市红山区第六小学青少年集邮活动示范基地授匾。参加包头市邮协组织的为全国生肖个性化邮票青少年设计大赛8位获奖者的颁奖活动等。7月7日配合内蒙古草原文化节在呼和浩特新城宾馆共同组织了《草原文化》邮票珍藏册新闻发布会。发布会由内蒙古自治区党委宣传部以自治区政府新闻办名义召开，宣传部新闻处邀请了中央人民广播电台等区内外近40家新闻媒体对《草原文化》邮票珍藏册的发行进行采访报道。年内，开展生肖文化邮品主题营销活动，实现收入593万元。定向开发邮品收入671.03万元；开展《中秋思乡月》主题营销活动，实现集邮业务收入2100.84万元，同比增长45%；《建国60周年》和《唐诗300首》主题营销活动实现收入2603.41万元；《我与祖国共成长》个性化邮票主题营销项目揽收4.75万版。与多家礼品公司和生产厂家建立了代销关系，完成销售收入1100万元，实现利润250余万元。全年消减库存1800多万元，其中消减滞销邮品近500万元。新邮预订收入2121.45万元，增长11.07%，形象宣传年册完成7.02万册，比上年纯增2.3万册，增长48.94%，2项业务实现收入3732万元，比上年纯增700多万元。出台《规范集邮业务经营秩序管理办法》《集邮票品库存管理办法》《定向邮品开发管理办法》《集邮品代销管理办法》等，规范了集邮业务操作流程和经营管理秩序；邮票集中使用，产品统一开发，邮品统一要数，杜绝了库存积压，严格控制了新增库存的增长。《中秋思乡月》和《建国六十周年》2个主题营销活动均实现了零库存。年内，全区新开设集邮业务委代办点31处。内蒙古在全国率先建成、开业运营首个“中国集邮专卖店”（锡林北路店），累计创收150多万元，比原来翻了近三番。全区48名专职营销人员累计创收近2000万元。12月，内蒙古集邮公司更名为内蒙古邮政公司集邮业务局。年内，实现集邮业务收入8901.15万元，实现收支差额1906万元，利润率21.41%。

2010年，借助“生肖贺岁”项目《庚寅年》生肖邮票发行和第一枚生肖金砖邮票的隆重面世，抢抓元旦、春节期间互致问候、互赠礼品的契机，广拓收藏、宣传、节庆、礼品以及虎年出生人群市场，组织开展个性化大规模营销活动，全区共计实现销售收入2288万元，收入绝对值在全国位列第10位。成功策划以“迎世博盛会 展集邮风采”为主题的大型集邮活动，全区累计实现销售收入3140.65万元。“中秋思乡月”项目共计推出的高、中、低档30余款集邮产品，累计创收2400万元。新邮预订和形象宣传年册全区累计实现收入4100余万元，增长9.86%。全区集邮业务累计实现收入1.27亿元，纯增收入3800万元，增长42.6%，完成中国邮政集团公司全年计划目标的162.73%，完成自治区邮政公司全年计划目标的115.45%，收入绝对值位列全国第20名，比上年前移2位；增幅位列全国第2位，比上年前移8位。

1991—2010年集邮业务量、收入表

表2-38

年度	业务量（万枚）	收入（万元）	年度	业务量（万枚）	收入（万元）
1991	2148.7	391.4	2001	6061.7	11768
1992	3958.8	738	2002	4958.8	12527.07
1993	4828.9	1659	2003	3082.4	7095
1994	4943.9	2541	2004	1583.8	4833
1995	4935.4	2912	2005	1732.8	4996
1996	6247.5	5164	2006	16637442	4168
1997	10173.2	11785	2007	—	5341.51
1998	11158.1	15005.9	2008	—	11303
1999	10023.7	15804	2009	—	8901.15
2000	7829.4	18355	2010	—	12700

（三）邮票邮品销毁

2002年，按照国家邮政局决定，对1月31日前发行的普通邮票和纪特零枚邮票进行清查、封存。2月1日发行新普票，同日不再对外销售旧普票。4月12日，在自治区邮政局计财处、保卫处及邮资票品处人员的共同押运下，将旧普票全部运抵国家邮政局邮票印制局销毁。5月30日，自治区邮政局按照国家邮政局的统一部署，对全区各级邮政局邮资票品中不适应现行邮政资费标准的普通邮票、纪特零枚邮票、邮资信封、邮资明信片以及从1992—1999年超过库存标准的成套纪特邮票进行集中销毁处理。此次，全区销毁的邮资票品总价值达2300多万元。由国家邮政局邮资票品监销组进行监销。

2003年6月22日至7月20日，自治区邮政局统一安排部署进行了第二批集邮票品销毁工作，全区12个盟市邮政局和内蒙古集邮公司用封闭邮车和火车并在安保人员的押运下，将待销毁集邮票品安全运抵呼和浩特邮区中心局。7月15日，将净值6595.09万元、约170吨的全部待销毁集邮票品清点接收，并附全部清单待查。7月17—20日，在国家邮政局、财政部驻自治区专员及中介机构三方组成联合监销组监销下，进行销毁。

2006年初，自治区邮政局按照国家邮政局的统一安排，开展第三次集邮票品销毁工作，自治区邮政局和各盟市局成立以局长为组长的领导小组，由计财、公众、安视、纪检等相关部门人员组成监销小组，相关人员到宁夏邮政局进行现场考察，做好集邮票品销毁的前期准备工作。5月，国家邮政局集邮票品监销小组审核批准，自治区邮政局监销小组现场监督，完成对全区1999—2003年及部分其他年度库存的集邮票品、用品用具集中销毁工作。

七、国际及中国港澳台业务

（一）国际及中国港澳台函件

1991年，国际及中国港澳台函件业务量合计171206件，收入30.8万元，其中，贴票24万元。1992年，国际及中国港澳台函件业务量合计189051件，收入26万元，其中，贴票15万元。1993年，国际及中国港澳台函件业务量合计215580件，收入27万元。1994年8月，呼和浩特邮政局开办国际电子信函业务，并指定呼和浩特邮政局为国际电子信函业务中继局，随后各局相继开办。1994年国际及中国港澳台函件业务量合计263040件，收入28万元，其中，贴票23万元。1995年，全区开办国际电子信函的盟市旗县局达44个，国际及中国港澳台函件业务量合计286229件，收入33万元，其中，贴票32万元。1996年，国际及中国港澳台函件业务量合计214905件，计费214884件，收入35万元，其中，贴票23万元。1997年7月28日，执行邮政总局《关于全面开办国际商业回函业务的通知》，各盟市所在地及二连、满洲里局开办国际商业回函业务。开办业务使用的首批回函信封由自治区邮电管理局发给各开办局，免费提供给用户。首批回函信封使用完毕后，不再免费提供。1997年国际及中国港澳台函件业务量合计16.3万件，收入11万元，其中贴票8万元。1998年国际及中国港澳台函件业务量合计14.1万件，收入6.3万元，其中贴票5.7万元。

1999年，发行邮资为3.20元的国际贺年（有奖）明信片，每枚售价3.80元。贺卡型发行2套，每套4枚，为邮资封套装贺卡的形式。贺卡为折叠式，不带邮资，内插纪念张1枚，邮资封的规格为230mm×160mm（7号大型信封），纸张采用230—250克进口铜板或无光铜纸。每枚售价6.30元。其中

1 套除用上述纸张制作外，另有 50 万套采用特种纸制作，每枚售价 10.00 元。5 月 1 日，内蒙古邮政与意大利邮政停办电子信函业务；6 月 1 日，与加拿大邮政停办电子信函业务；11 月 3 日，与德国邮政停办电子信函业务；12 月 9 日，与英国邮政停办电子信函业务。年内，国际电子信函共计 76 件。中国台湾函件合计 9678 件；中国港澳函件合计 12333 件；国际函件合计 111213 件。国际及中国港澳台函件业务收入 6 万元。

2000 年，中国台湾平常函件合计 9279 件，中国港澳平常函件合计 10053 件，国际平常函件合计 78986 件；中国台湾给据函件合计 736 件，中国港澳给据函件合计 809 件，国际给据函件合计 4171 件；收到中国台湾平常函件合计 16072，收到中国港澳平常函件合计 18320 件，收到国际平常函件合计 150888 件；收到中国台湾给据函件合计 1304 件，收到中国港澳给据函件合计 770 件，收到国际给据函件合计 6304 件。国际及中国港澳台函件收入 10 万元。

2001 年 1 月 1 日，开办寄往巴西、加拿大、韩国的空运水陆路（SAL）函件以及寄往美国、澳大利亚和日本的 SAL 函件业务。年内，中国台湾平常函件 6280 件，中国港澳平常函件 5885 件，国际平常函件 60586 件；中国台湾给据函件 424 件，中国港澳给据函件 569 件，国际给据函件 3606 件；收到中国台湾平常函件 9789 件，收到中国港澳平常函件 13684 件，收到国际平常函件 169380 件；收到中国台湾给据函件 1119 件，收到中国港澳给据函件 776 件，收到国际给据函件 2829 件。国际及中国港澳台函件收入 5 万元。

2002 年，中国台湾平常函件 19493 件，中国港澳平常函件 14719 件，国际平常函件 66430 件；中国台湾给据函件 427 件，中国港澳给据函件 508 件，国际给据函件 3673 件；收到中国台湾平常函件 26658 件，收到中国港澳平常函件 23654 件，收到国际平常函件 324211 件；收到中国台湾给据函件 1308 件，收到中国港澳给据函件 983 件，进口国际给据函件 6539 件。国际及中国港澳台函件收入 6 万元。

2003 年，中国台湾平常函件 7135 件，中国港澳平常函件 5791 件，国际平常函件 39008 件；中国台湾给据函件 373 件，中国港澳给据函件 282 件，国际给据函件 3743 件；收到中国台湾平常函件 29693 件，收到中国港澳平常函件 30112 件，收到国际平常函件 382680 件；收到中国台湾给据函件 1298 件，收到中国港澳给据函件 647 件，进口国际给据函件 7315 件。国际及中国港澳台函件收入 17.39 万元，占函件收入的 0.41%。国际、中国港澳台函件收入 33 万元。

2004 年，中国台湾平常函件 4198 件，中国港澳平常函件 4959 件，国际平常函件 25334 件；中国台湾给据函件 638 件，中国港澳给据函件 267 件，国际给据函件 3620 件；收到中国台湾平常函件 31367 件，收到中国港澳平常函件 37465 件，收到国际平常函件 343656 件；收到中国台湾给据函件 767 件，收到中国港澳给据函件 562 件，收到国际给据函件 5847 件。国际及中国港澳台函件收入 18 万元。

2005 年，中国台湾平常函件 3334 件，中国港澳平常函件 3648 件，国际平常函件 20885 件；中国台湾给据函件 325 件，中国港澳给据函件 372 件，国际给据函件 3532 件；收到中国台湾平常函件 19333 件，进口中国港澳平常函件 21129 件，收到国际平常函件 276828 件；收到中国台湾给据函件 504 件，收到中国港澳给据函件 379 件，收到国际给据函件 5854 件。国际及中国港澳台函件收入 14 万元。

2006 年，中国台湾平常函件 1954 件，中国港澳平常函件 1997 件，国际平常函件 23088 件；中国台湾给据函件 261 件，中国港澳给据函件 330 件，国际给据函件 5073 件；收到中国台湾平常函件 21688 件，收到中国港澳平常函件 27697 件，收到国际平常函件 235535 件；收到中国台湾给据函件 391 件，收到中国港澳给据函件 428 件，收到国际给据函件 6261 件。国际及中国港澳台函件收入 14 万元。

2007年，国际及中国港澳台函件业务量33215件，业务收入32万元。

2008年，国际及中国港澳台函件业务量35869件，业务收入0.69万元。

2009年，国际中及国港澳台函件业务量40441件，业务收入0.34万元。

2010年，国际及中国港澳台函件业务量35864件，业务收入0.75万元。

（二）国际及中国港澳台包裹

1991年，国际及中国港澳台包件业务量1118件，收入11.2万元。1992年，国际及中国港澳台包件业务量1200件，收入12万元。1993年7月1日，开办中国台湾包裹快件业务。可交寄的快件包括：货样、票证、文件资料和包裹等物品。年内，国际及中国港澳台包件业务量1522万件，收入19万元。1994年，国际及中国港澳台包件业务量15692件，收入260万元。1995年，国际及中国港澳台包件业务量3796件，收入76万元。1996年，国际及中国港澳台计费包裹2316件，收入53万元，其中贴票3万元。1997年，国际及中国港澳台包件业务量2530件，收入47万元，其中贴票5万元。1998年，国际及中国港澳台包裹2729件，收入66.9万元，其中贴票18.4万元。

1999年5月15日，将寄往新加坡、加纳等国及中国香港特别行政区的包裹重量限制提高到30千克；9月1日，开办寄往日本的空运水陆路（SAL）包裹业务；年内，中国港澳台包件合计39件，国际包件合计3505件，国际及中国港澳台包裹收入93万元。

2000年，中国台湾包裹合计111件，中国港澳包裹合计50件，国际包裹合计4759件；收到中国台湾包裹合计16件，收到中国港澳包裹合计53件，收到国际包裹合计2359件；国际及中国港澳台包裹收入141万元。

2001年1月1日，开办寄往巴西、加拿大和韩国的空运水陆路（SAL）包裹业务。开办至新加坡31—40千克包裹业务。年内，国际及中国港澳台包件6045件，中国港澳包裹29件，国际包裹5908件；进口中国台湾包裹61件，收到中国港澳包裹6件，收到国际包裹2202件。国际及中国港澳台包裹收入155万元。

2002年，中国台湾包裹145件，中国港澳包裹76件，国际包裹8357件；收到中国台湾包裹2件，收到中国港澳包裹133件，收到国际包裹5802件。国际及中国港澳台包裹收入209万元。

2003年8月18日，执行国家邮政局《中国台湾小包收寄范围扩大到全国的通知》各盟市邮政局开办收寄中国台湾小包业务。年内，中国台湾包裹126件，中国港澳包裹94件，国际包裹10849件；收到中国台湾包裹6件，收到中国港澳包裹7件，收到国际包裹6851件。国际及中国港澳台包裹收入313万元。

2004年，中国台湾包裹108件，中国港澳包裹216件，国际包裹10512件；收到中国台湾包裹0件，收到中国港澳包裹5件，收到国际包裹5788件。国际及中国港澳台包裹收入352万元。

2005年，中国台湾包裹127件，中国港澳包裹115件，国际包裹10812件；收到中国台湾包裹0件，进口中国港澳包裹7件，进口国际包裹6368件。国际及中国港澳台包裹收入350万元。

2006年，中国台湾包裹5件，中国港澳包裹71件，国际包裹10064件；进口中国台湾包裹19件，进口中国港澳包裹1件，进口国际包裹5874件。国际及中国港澳台包裹收入332万元。

2007年，国际及中国港澳台包裹业务量10630件，业务收入348万元。

2008年，国际及中国港澳台包裹业务量10219件，业务收入335万元。

2009年，国际及中国港澳台包裹业务收入326万元。

（三）国际及中国港澳台特快专递

1991年，自治区邮政部门开办的国际及中国港澳台特快业务有：特快收寄、国际货运、代客报关。全区国际及中国港澳台特快专递业务通达169个国家和地区。该年办理国际及中国港澳台特快专递业务量4615件，收入46.4万元。1992年5月14日，呼和浩特市邮政局开办中国台湾包裹快件。中国台湾包裹快件每件限重20公斤，每件快件的长度不超过1050毫米，长度和长度以外的最大横周合计不超过2000毫米。年内，办理国际及中国港澳台特快专递业务量6311件，收入76万元。1993年，办理国际及中国港澳台特快专递业务量8503件，收入109万元。1994年，办理国际及中国港澳台特快专递业务量10580件，收入166万元。1995年，国际及中国港澳台特快专递业务通达200多个国家和地区，并与90个国家和地区的邮政部门建立了速递业务。办理国际及中国港澳台特快专递业务量14443件，收入365万元。

1996年12月1日起，呼和浩特市邮政局开办国际及中国香港特快专递收件人付费业务，收件人付费邮件通达香港、韩国、日本、美国。中速1995年《关于试办大陆至香港特快邮件收件人付费业务的通知》同时废止。年内，办理国际及中国港澳台特快专递业务量19926件，收入466万元。

1997年4月3日，自治区邮电管理局批复包头市邮电局《关于鹿王羊绒纺织集团寄往英国、法国邮件丢失赔偿有关问题的请示》，同意按用户要求，将该3件国际特快专递邮件因国外丢失而造成的直接损失全额赔付给寄件人。同时按规定将其邮费和查询费退还寄件人。年内，办理国际特快专递业务量18534件，业务收入425万元。

1998年9月1日，呼和浩特市邮政局、各盟市所在地及二连浩特、满洲里邮电局试办向美国寄发全球优先函件业务。年内，办理国际及中国港澳台特快专递业务量13693件，收入348.3万元。

1999年6月，呼和浩特、包头、赤峰、通辽、海拉尔5个局开办全球优先函件(GPM)业务，该业务通达范围为美国、日本等18个国家和地区，全程运递时限不超过7天，同时在全区范围内停办普通国际快递函件业务。11月，呼和浩特市邮政局开办国际特快送款业务。年内，办理国际及中国港澳台特快专递信件9055件，国际及中国港澳台特快专递物品6427件，收入388万元，同比增长7.02%；电子信函收入完成71.4万元；特快汇款收入完成12.48万元；特快送款收入完成43.63万元。

2000年3月15日，呼和浩特开办中速(TNT)国际快件业务。3月，呼和浩特、包头、乌海、赤峰、通辽、集宁、临河、东胜、海拉尔、锡林浩特10个城市与新加坡开办EMS“限时递”服务。6月1日至8月1日，各盟市所在地局及二连浩特、满洲里、牙克石、扎兰屯、丰镇等市局均陆续开办了中速(TNT)国际快件业务；8月1日起，全区范围内停止收寄“安邦快件”业务；8月18日，与芬兰邮政停办电子信函业务。9月15日，包头局开办诺基亚特快专递收件人付费业务。年内，办理国际及中国港澳台特快专递信件9739件，国际及中国港澳台特快专递物品8015件，收入416万元，同比增长10.6%。

2001年1月1日，开办至新加坡物品类特快业务。年内，执行《关于开办中国速递国际“经济快递”服务的通知》。办理国际及中国港澳台特快专递信件11156件，国际及中国港澳台特快专递物品7089件；进口国际及中国港澳台特快专递913件，国际及中国港澳台电子信函1件。收入476万元，同比增长8.9%。

2002年，办理国际及中国港澳台特快专递信件11566件，国际及中国港澳台特快专递物品5707件；收到国际及中国港澳台特快专递16366件，国际及中国港澳台电子信函1952件；收入443万元，同比下降6.9%。

2003年，办理国际及中国港澳台特快专递信件12346件，国际及中国港澳台特快专递物品7046件；

收到国际及中国港澳台特快专递913件，国际及中国港澳台电子信函2164件；寄出中速快件630件；收入完成452.5万元，同比增长2.14%。

2004年9月1日至2005年3月，卡哈拉“标准产品（EMS邮件）承诺服务”进入运营启动阶段。全国寄往和接收澳大利亚、日本、韩国、美国及中国香港地区的EMS邮件，按“卡哈拉”确定的运营规范执行。12月16日，呼和浩特市邮政局试开办国际（出口）速递鲜花礼仪业务，并成为全国首批利用速递礼仪业务处理平台开办国际（出口）速递鲜花礼仪业务的32个城市之一。呼和浩特市邮政局受理客户的国际（出口）鲜花礼仪订单，由莎啦啦连锁鲜花礼品网负责鲜花配送组织及相应的售后服务，每成功受理1笔国际（出口）鲜花礼仪业务，邮政局获得受理费100元。年内，办理国际及中国港澳台特快专递信件11824件，国际及中国港澳台特快专递物品6957件；接收国际及中国港澳台特快专递24789件，国际及中国港澳台电子信函971件；出口中速快件486件，接收中速快件710件。国际及中国港澳台业务收入440万元，其中，中速快件业务收入24万元。

2005年，办理国际及中国港澳台特快专递信件11507件，国际及中国港澳台特快专递物品6454件；收到国际及中国港澳台特快专递22261件；寄发中速快件961件，接收中速快件633件。国际及中国港澳台特快专递收入461万元，其中，中速快件业务收入19万元。

2006年，办理国际及中国港澳台特快专递信件12945件，国际及中国港澳台特快专递物品8443件；收到国际及中国港澳台特快专递22155件，寄往中速快件895件，收到中速快件125件。国际及中国港澳台特快专递收入563万元，其中，中速快件业务收入9万元。

2007年，办理国际及中国港澳台特快专递业务量19402件，业务收入481万元。

2008年，办理国际及中国港澳台特快专递业务量24999件，业务收入619万元。

2009年，办理国际及中国港澳台特快专递业务量24866件，业务收入583万元。

2010年，办理国际及中国港澳台特快专递业务量40814件。

（四）国际及中国港澳台邮政汇兑

1991年，国际出口汇票0张。1992年，国际出口汇票1张。1993年，国际出口汇票7张。1994年，国际出口汇票7张。1995年，呼和浩特邮政局车站邮电局办理国际邮政汇兑，与美国、日本、韩国、意大利、比利时、瑞士、巴西、泰国等9个国家开办了国际邮政汇兑业务，全区国际汇票9张。1996年，国际汇票2张，收入11万元。1997—1998年国际出口汇票为0。

1999年，与美国、日本、瑞士、芬兰、巴西、西班牙、比利时、意大利、奥地利、丹麦、南斯拉夫、韩国、泰国、新加坡、马来西亚、法国、罗马尼亚、越南、巴基斯坦、哈萨克斯坦、秘鲁、美国德宝银行等国家和中国香港地区通汇。年内，自治区邮政国际汇兑因受国际金融市场、资金流动多渠道等因素影响，业务发展速度不快。全年出口国际汇票1张，出口汇款60美元；进口国际邮政汇票626张，同比增长18.11%，汇入汇款41.99万美元。

2000年，出口汇票2张，同比增长100%；汇出款额215美元。进口汇票629张，同比增长0.48%；汇入汇款55.16万美元，比上年增长31.40%。国际汇款收入2万元。

2001年8月，内蒙古自治区邮政储汇局组织呼和浩特市邮政局安装“美国西联汇款（Western Union）业务计算机联网处理系统”（即国际邮政特快汇款业务处理系统）。8月20日，呼和浩特市火车站邮政支局开办“西联汇款业务”。该业务以快速（国外几分钟即可汇达）、便捷、邮政回报率高的特点实现通达全球188个国家和地区的通兑。年内，全区西联汇款业务收汇6张，汇款88.62美元；兑付43张，款额405美元，人民币3775元。全区邮政国际及中国港澳台汇兑进口汇票949张，同比增长50.87%；进口国际及中国港澳台汇款679915美元，比上年增加23.26%。国际及中国港澳台汇款收入1万元。

2002年10月1日，满洲里市、海拉尔市、赤峰市和包头市邮政局开办国际及中国港澳台汇兑业务，开办业务有2种：一种是邮政国际汇款业务，为手工处理，可通达21个国家和地区；另一种是西联汇款业务，为计算机处理，可通达188个国家和地区。年内，进口国际及中国港澳台汇兑汇票924张，汇入735931美元，比上年增加8.23%；出口国际及汇出中国港澳台汇兑汇票37张，款额48330美元。开发西联汇款55笔，金额60000美元，比上年增长676%，汇费收入1.5万元人民币；兑付40笔，金额26000美元，比上年增长63.2%。

2003年，全区的西联汇款业务出现快速增长，年内，全区西联汇款累计开发547笔，比上年增长1544.82%；款额77.6万美元，比上年增长1864.59%；兑付123笔，比上年同期增长405%；款额9.03万美元，比上年同期增长81.71%；兑付人民币4827.43万元。实现汇费分成收入54552.10元人民币，比上年同期增长3000%。出口国际及中国港澳台汇票360张，汇票款额534419美元；进口国际及中国港澳台汇票1205张，汇票款额995846美元。

2004年3月10日，国际电子汇兑系统在呼和浩特市邮政局上线运行。10月在全区范围内开通该项业务。开办国际汇兑业务的邮政局在当地中国银行开立美元账户，备2000美元的备用金，备用金由各局业务部门向企业财务借支。国际电子汇兑系统与国内电子汇兑系统设备复用。全区国际电子汇兑联网网点208处。年内，12个盟市208处邮政网点可办理国际电子、国际银邮、国际西联汇款业务。全区开发西联汇款874笔，款额112.05万美元，同比增长57%和37%；兑付409笔，同比增长184%，款额25.53万美元、187万元人民币，同比增长179%、700%。出口国际及汇出中国港澳台汇票658张，汇票款额939038美元；进口国际及中国港澳台汇票874张，汇票款额879082美元。国际及中国港澳台汇兑收入10万元。

2004年全区邮政国际汇款开立美元账户机构统计表

表2-39

机构名称	开办业务
呼和浩特市火车站邮政支局	国际电子汇兑、西联汇款业务
呼和浩特市中山路邮政局支局	国际电子汇兑、西联汇款业务
呼和浩特市文化市场邮政支局	国际电子汇兑、西联汇款业务
呼和浩特市新城邮政支局	国际电子汇兑、西联汇款业务
呼和浩特市如意邮政支局	国际电子汇兑、西联汇款业务
呼和浩特市北门邮政支局	国际电子汇兑、西联汇款业务
包头市政府东路邮政支局	西联汇款业务
赤峰市白马邮政支局	西联汇款业务
海拉尔中央街邮政支局	西联汇款业务
满洲里市海关路邮政支局	西联汇款业务

2005年，12个盟市有411处网点可以办理西联汇款业务，网点较上年新增198处，同比增长96%。全区开发西联汇款1254笔，款额167.4万美元，同比增长42.18%。兑付1507笔，款额68.1万美元，同比增长37.5%；人民币877.51万元，同比增长585.46%。全区国际电子汇兑业务兑付485笔，款额29万美元，82万元人民币，同比下降27%、46%，人民币兑付款额数上升150%。实现手续费收入22.23万元。出口国际及汇出中国港澳台汇票1148张，汇票款额1439634美元；进口国际及接收中国港澳台汇票757张，汇票款额745918美元。国际及中国港澳台汇兑收入14万元。

2006年，出口国际及汇出中国港澳台汇票1306张，汇票款额1821715美元；进口国际及接收中国港澳台汇票1000张，汇票款额1177691美元。国际及中国港澳台汇兑收入55万元。

2007年，国际及中国港澳台汇兑业务量1238张，业务收入35万元。

2008年，国际及中国港澳台汇兑业务量1216张，业务收入1.24万元。

2009年，国际及中国港澳台汇兑业务量58张，业务收入0.63万元。

2010年，国际及中国港澳台汇兑业务量45张，业务收入3.89万元。

（五）资费

1991年1月1日，根据万国邮联新规定，邮电部对国际及中国港澳台函件特别资费、包裹资费及给据邮件补偿金标准进行调整（见附录1991年国际邮件资费表）。

1992年4月20日，内蒙古自治区物价局、邮电管理局印发了《关于收取邮政地方建设费的联合通知》，制定《内蒙古自治区邮政地方建设费收取范围及标准》规定：国际包裹（不分商包、民包、纸包）每件0.20元；国际挂号函件，每件收取0.10元附加费；国际印刷品500克以上，每件0.20元，国际印刷品500克以下，每件0.10元。标准于5月1日起执行。5月14日邮电部发布规定：出口中国台湾包裹快件资费标准，起重每一公斤人民币155元，续重每半公斤人民币38元。

1993年3月30日，自治区邮电管理局在呼和浩特市邮政局进行国际特快专递邮件资费浮动试点工作，文件资料型邮件在5%—15%的幅度内上下浮动；物品型邮件在10%-20%的幅度内上下浮动。4月28日，邮电部发布《关于调整国际及中国港澳台特快专递邮件资费的通知》，自5月15日起对国际及中国港澳台特快专递邮件资费标准和资费区域划分进行调整。6月7日，自治区邮电管理局对邮政地方建设费征收标准进行了调整，7月1日起执行：国际包裹（不分商包、民包、纸包）每件0.40元；国际挂号函件，每件收取0.30元附加费；国际印刷品500克以上，每件0.40元；国际印刷品500克以下，每件0.30元。

1994年8月，执行新的《国际邮件处理规则》：寄件人持交寄邮件收据向邮政申请查询时，原规定每件收4.50元查询费，改免费受理。但如果寄件人要求用电报或特快专递邮件传递查单时，邮电局应该只收相关的电报费或特快专递邮件费；电报费按40个字国际电报收取，并根据国内传递环节加收国内电报费。

1996年12月1日起，呼和浩特市邮政局开办国际及中国港澳台特快专递收件人付费业务。收件人付费业务系指交寄邮件时不收取邮费，由收件人（或其所属公司、单位）负责交纳邮费的业务。中速1995年《关于试办大陆至中国香港特快邮件收件人付费业务的通知》同时废止。在收寄国际收件人付费快件后，将详情单上所列邮费转登至“信保单”上并折合成特别提款权。人民币与特别提款权的折算汇率按1元人民币等于0.084特别提款权；折合后如有零数应进成整数。收寄局在投递前将需收取的邮费由特别提款权折合成人民币。特别提款权与人民币的折算汇率按1特别提款权等于11.90元人民币；折合后如有零数进成整数。投递局投递每件进口收件人付费快件收取人民币 10 元的服务费。投递局在投交快件前先行收取相关邮费和服务费。如收件人拒收邮件或拒付邮费时，按用户在“信保单”上提出的处理意见办理。处理结果填在“信保单”上并用传真将该单传送至中速公司，通知收件公司向寄件人收取相关费用。国际收件人付费邮件的进、出口互换局为北京、上海、广州、青岛和厦门。通达国家和地区为中国香港、韩国、日本、美国。终端费结算费率分别为：中国香港 6.3 美元／件；韩国 7.3 美元／件；日本 10 美元／件；美国 10 美元／件。终端费结算工作由邮政总局账务中心统一负责。北京、上海、广州、青岛、厦门、大连和天津办理进口国际收件人付费快件业务。投递局编造“进口国际收件人付费业务账单”并将代收取的邮费按月上缴中速公司，以进行境外结算。投递进口国际收件人付费快件时收取 10 元人民币／件服务费。

1997 年 6 月 16 日，自治区邮电管理局作出“庆香港回归，创优质服务”活动期间有关中国香港特快专递邮件业务的规定：自 1997 年 6 月 16 日至 1997 年 8 月 15 日，收寄寄往中国香港的函件类特快专递邮件，一律在部定资费标准的基础上优惠 30%（续重费用及大宗用户的优惠政策不变）。

1998 年 3 月 25 日，自治区邮电管理局通知：自 4 月 1 日起，各局在收寄各类国际及中国港澳台邮件时一律不再收取地方建设费。8 月 1 日起，将寄往俄罗斯的水陆路邮件暂按空运水陆邮件（SAL）收寄，收寄资费的计算办法如下：函件，在水陆路函件资费基础上加收航空附加费每 10 克或其零数 0.20 元，明信片每件加收 0.20 元；包裹，在水陆路包裹资费基础上加收航空附加费每千克或其零数 20.00 元；由北京互换局向莫斯科互换局封发 SAL 函件和 SAL 包裹总包，运费率为每千克 20.00 元人民币，该项运费由北京互换局向中国国际航空公司结算；经俄罗斯散转，寄往亚美尼亚、阿塞拜疆、摩尔多瓦、爱沙尼亚、格鲁吉亚和拉脱维亚的水陆路函件和水陆路包裹以及寄往白俄罗斯、立陶宛和乌克兰的水陆路包裹计收航空附加费。9 月 1 日起，呼和浩特市邮政局、各盟市所在地及二连浩特、满洲里邮电局试办向美国寄发全球优先函件业务，收寄资费实行划一费率，小信封每件 40 元，限重 500 克；大信封每件 70 元，限重 1000 克。邮票或邮资已付标记粘贴在指定位置。

1999 年 3 月 1 日，国家邮政局对邮政的基本资费进行调整。国际和中国港澳台信函、印刷品恢复 20—50 克一级的计费档，即：20 克以上 50 克以下的国际信函基本资费 8.20 元，印刷品 4.00 元，亚太地区信函减低资费 7.10 元，中国港澳台信函 2.80 元，印刷品 1.50 元，其他资费档次不变（见附录 1999 年国际邮件资费表）。5 月 15 日，执行国家邮政局通知，调整寄达美国等 25 个国家及中国香港特别行政区的国际包裹资费，同时将寄往新加坡、加纳等国及中国香港特别行政区的包裹重量限制提高到 30 千克。

2000 年 4 月 1 日，执行国家邮政局《关于调整中国港澳特快专递邮件资费标准的通知》《关于调整国际特快专递业务资费标准的通知》，内蒙古自治区发中国港澳地区的特快专递邮件起重资费下调幅度约为 15%。7 月 1 日，执行国家邮政局关于国际及中国港澳台特快资费进行全面下调通知，下调平均幅度约为 10%，执行新的“国际及中国港澳台特快专递业务资费表（含国际及中国港澳台特快专递邮件通达范围）”。同日，国家邮政局降低寄往东南亚部分国家及中国香港地区的包裹业务资费，这些国家包括：新加坡、越南、泰国、印度尼西亚、马来西亚，资费的平均下调幅度为 30%。同时，增加寄往柬埔寨的水陆路包裹业务资费，并对寄往白俄罗斯、乌克兰和孟加拉国的包裹资费一并进行了调整。同日，中国台湾快件每件限重 30 千克，长度不超过 1.5 米，长度和长度以外的最大横周合计不超过 3 米。起重 500 克，文件 115 元，物品 180 元，续重 500 克或其零数 40 元。2001 年 11 月 15 日，执行《关于下发国际及中国港澳包裹资费简表的通知》（下称《简表》），《简表》由过去一个重量级别对应一个资费的烦琐做法，改为一国（或地区）资费由起重1000克资费和每续重1000克资费2部分构成，收寄时须按起重资费+续重资费 × 包裹续重重量计算应收资费数额；《简表》还由过去的以洲为单位排列国家的方式，改为所有的国家统一排列；另外，《简表》内所有的外文国名均由法文改为英文并按英语字母顺序排列。《简表》内未反映的发运路由和报关单份数，国家局要求仍按《国际及中国港澳包裹资费表》中的相关规定执行。

2002年11月1日起，执行《关于调整中国台湾快件收寄资费及办理中国台湾中华快递股份有限公司进口快件业务的通知》，调整中国台湾快件收寄资费，并与中国台湾邮政控股的中华快递股份有限公司合作办理大陆——中国台湾快件业务，中国台湾快件业务是利用民间渠道办理的一项两岸速递服务。中国台湾快件收费标准：起重500克，文件90元，物品130元，续重500克40元。

2004年1月1日起，执行国家邮政局《关于调整出口国际及中国港澳台函件资费和计费方式以及部分国际邮件特别资费的通知》，对国际及中国港澳台信函、明信片、印刷品、印刷品专袋、小包等函件业务的资费结构以及邮件挂号费等特别服务费进行调整。取消基本资费一刀切的做法，按各国家和地区的远近划分为4个区。其中，寄往亚洲国家和地区的资费大幅下调，欧洲各国、美国、加拿大、澳大利亚、新西兰等地区暂时不变，而美洲其他国家和非洲各国则适度提高。调整后国际信函总体资费水平下降5%-8%，部分区域资费降幅达到30%。此次资费调整是根据国际通行计费方式和万国邮联有关国家间终端费结算办法的改变而进行，由全球划一资费调整为分组计费。与此同时，邮寄国际及中国港澳台小包，在支付包裹邮资时，将与邮资等额的邮票（邮票与现金不可混用）贴于四联包裹单的第三联的背面即可；对于邮寄国际及中国港澳台信函、明信片、印刷品、挂号信函、挂号明信片、挂号印刷品，直接将与邮资等额的邮票贴在信封的表面即可。4月9日，执行国家邮政局《关于停收国际保价信函特别安全处理费的通知》。4月20日，执行国家邮政局《关于邮政公事函件邮费和终端免除办法的通知》，万国邮联和区域性邮联各机构寄给各邮政主管部门或其所属各邮局的邮政公事函件，免付航空附加费以外的各种邮费、终端费，包括挂号函件特别处理费。各邮政主管部门或其所属各邮局之间互寄的邮政公事函件，免付航空附加费以外的各种邮费，但应支付终端费，包括挂号函件特别处理费。中国出口的所有邮政公事函件，向寄达邮政支付终端费，包括挂号函件特别处理费。10月14日，自治区邮政局印发《调整内蒙古地区国际速递业务协议客户资费优惠政策的通知》，优惠政策明确呼和浩特市寄往日本、美国、韩国、澳大利亚、新加坡和中国香港的特快专递邮件，资费优惠最高幅度为50%；呼和浩特市寄往其他国家和地区及其他盟市收寄的出口国际及中国港澳台特快专递邮件，资费优惠最高幅度为40%；资费优惠与代办费不得高于最大优惠幅度，且代办费不得超过10%。2005年11月25日，自治区邮政局决定即日起将全区电子化支局系统中的资费优惠审批授权由盟市局进行集中。盟市局电子化支局系统业务管理人员（即系统资费优惠审批人员）对各项业务资费的最大优惠审批权限为国际及中国港澳台特快40%（呼和浩特市寄日本、美国、韩国、澳大利亚、新加坡及中国香港的特快50%），国际航空函件（不含中国港澳台函件）20%；国际及中国港澳航空包裹20%（特别优惠幅度有中国香港25%，日本30%，英国15%，韩国、美国不优惠）。

2007年，执行新的国际及中国港澳台地区资费表。11月22日执行《关于调整银邮国际汇款和邮政国际汇款资费的通知》。

2007 年银邮国际汇款资费表

表 2-40

服务项目	资费标准（人民币）		
	汇款手续费	电讯费	备注
向境外汇款	按汇款本金的 0.8‰ 折合人民币收取。每笔最低 20 元，最高 200 元	每笔 70 元	如客户持外币现钞或从外币现钞账户汇款，还需收取钞买汇卖差价费。钞买汇卖差价以交易日中国邮政储蓄银行公布的价格为准（目前八折优惠）
接收境外汇款		免费	
特殊业务	退汇、改汇	每笔 8 元	
	查询	免费	
附加服务	附言	免费	
	收汇电话通知	免费	

2010 年 4 月 10 日，国际及中国港澳台特快专递和中速快件计费区简化为 9 个，并降低部分计费区的资费标准。根据网路变化和业务发展情况，对部分计费区通达国家（地区）进行调整和补充。

八、其他业务

（一）邮政广告

1993 年，内蒙古自治区邮电管理局提出信函业务向邮政广告业务转变，走专业化经营的思路，开办的邮政广告媒体有：商业信函、企业拜年卡、邮政专送、广告信箱、广告阅报栏、电子显示屏等。6—8 月，赤峰邮电局制作信箱广告 84 幅，其中宣传邮政业务广告 56 幅，为社会上 8 个单位制作商业广告 28 幅，收入 1.37 万元。11 月 30 日，自治区邮电管理局与自治区经委、乡镇企业局联合在呼和浩特举行全区明星企业名片首发式，首发式有自治区区内 10 个盟市的 76 家企业，首发式后向全国各地寄发出 40 余万张名片式广告明信片。邮政广告业务抑制了全区函件业务滑坡和负增长状态，全区函件业务收入基本保持与上年持平；年内，邮政广告业务收入 54 万元，邮政广告业务收入占函件收入的比重 3%；广告业务营业额的市场占有率 0.9%。

1994 年，邮政广告收入 114 万元，占函件收入的比重 6%。

1995 年，邮政广告业务收入 400 万元，比上年增长 251%，全区广告业务营业额的市场占有率 4.6%。邮政广告业务收入占函件收入的比重 17%。

1996 年，全区邮政广告收入 607 万元，比上年增长了 51.75%，占全区邮政函件收入的 20.63%。其中，信函广告收入 234 万元，企业金卡收入 173 万元，邮送广告收入 77 万元，牌匾广告收入 21 万元，其他广告收入 102 万元。在全区广告业务的市场占有率达到 6%。

1997 年 9 月，呼和浩特市邮政局引进 1 台大型彩喷系统，用于邮政广告业务。10 月，哲里木盟局投资 60 万元引进大型电脑彩喷机和小型喷绘仪 2 套设备。

1998 年 6 月 3 日，自治区邮电管理局决定先在部分盟市利用“特快专用信封”征集制作发布广告业务搞试点，后在全区各局推广。各局广告公司在揽收广告时，根据客户制作数量的多少确定广告收费价格。制作万件的每件收广告费2元；达到5万件的每件收广告费1元；达到10万件的每件收广告费0.8元；达到50万件以上的每件收广告费0.6元。广告位设置在国标特快专用信封正面的右上半部分，上切“全球邮政特快专递”英文字母，下切“地球图案”，广告使用面积为75MM×170MM，四色印刷。各试点局征集揽收的广告业务资料及客户要求，报内蒙古邮政广告公司进行广告发布终审、设计、制作，并按照印制数量进行成本结算。各局速递部门请领使用广告特快专用信封时，仍按原成本价支付。“特快专用信封”广告业务收入全额列邮政广告收入。8月30日，自治区邮电管理局下发《内蒙古自治区邮资广告明信片业务管理办法（试行）》。使用邮资广告明信片业务的客户可以是机关团体、企事业单位，也可以是个人。其印量基数为千枚，千枚以下的不予接受；多印不限，多印的必须是整数的倍数。

1998年邮资广告明信片价格表

表2-41

制作	价格（元/枚）	制作	价格（元/枚）
1000枚	2.3	6000枚	1.4
2000枚	1.8	7000枚	1.3
3000枚	1.7	8000枚	1.2
4000枚	1.6	9000枚	1.15
5000枚	1.5	10000枚及以上	1.10

1999年，全区商函广告业务收入2390.22万元，同比增长82.67%，占函件业务收入的49.08%。商函广告业务量完成2185.3万件，同比增长68.4%。其中商业信函业务收入485.37万元，业务量1043万件；邮送广告业务收入206.24万元，业务量858.76万件；邮资广告明信片（含企业拜年卡）业务收入455.54万元，业务量318.03万件；制作邮政广告明信片128.9万件，邮送广告1205.68万件。

2000年，全年发布户外广告媒体9000块，发布率达到70%以上。全区邮政广告实现业务收入5800.04万元，同比增长142.66%，占全区邮政业务收入的比重达8.42%，比上年提高4.92个百分点。其中商业信函业务收入累计完成979.54万元，同比增长101.8%；账单业务收入181.97万元；制作邮政广告明信片193.9万件，邮送广告1540.8万件，邮送广告业务收入362.68万元，户外广告收入2046.7万元，同比增长533.61%，占同期邮政广告业务收入的比重为35.29%。其中邮递类广告业务收入2391.66万元，同比增长106.52%，占邮政广告业务收入的41.24%。邮递类广告业务的快速增长拉动了全区邮递类业务的发展。邮政广告各项业务收入构成比例为：商业信函业务收入占16.89%，账单业务收入占3.14%，邮送广告业务收入占6.25%，企业拜年卡和邮资明信片收入占14.94%，户外广告业务收入占35.29%，邮政广告其他业务收入占23.48%。

2001年，全区邮政新增路牌广告位5403块，“擎天柱”53个，补贴资金1000万元。全区邮政广告业务收入完成8910.58万元，全国排名第12位；同比增长54%，全国排名第5位。邮递类广告业务量完成6942.43万件，全国排名第18名；同比增长95.10%，全国排名第5名。邮递类广告业务收入完成4124.98万元，同比增长72.47%，占全区函件业务收入的比重达51.89%，在全国名列前茅。全年商业信函业务量完成1454.25万件，同比增长24.78%；业务收入完成1467.42万元、全国排名第 14 位，同比增长 49.81%，全国排名第 10 位。全区户外广告全年业务收入完成 3306.60 万元，全国排名第 4 位，同比增长 61.55%；全国排名第 8 位。全年邮送广告业务量完成 3769.15 万件，同比增长 148.51%；业务收入完成 704.43 万元、全国排名第 18 位，同比增长 94.23%，全国排名第 12 位。全年邮资明信片业务量完成 854.6 万件，同比增长 228%；业务收入完成 984.79 万元、全国排名第 12 位，同比增长 127%、全国排名第 16 位。邮政广告各项业务收入构成比例为：商业信函业务收入占 14%，账单业务收入占 5.77%，邮送广告业务收入占 9.4%，企业拜年卡和邮资明信片收入占 17.04%，户外广告业务收入占 40.19%，邮政广告其他业务收入占 13.62%。

2002 年 3 月 8 日，“内蒙古邮政广告网”申请域名 http：//www.postad.net.cn，该网站不断进行动态扩充与修改，改版 2 次，内容有“商务信函”“邮资明信片”“户外媒体”“信息动态”“联系方式”及 34 项“广告法律法规”等。全区邮资广告信封、邮资广告明信片、企业拜年卡二级报审系统从 6 月 1 日起正式开通。11 月，呼和浩特市邮政局经过公开招聘、选拔和培训，成立由 5 人组成的账单名址核实专业小组，月核实数据量约为 6000 条，使由于账单名址不详而投递不到位的问题逐步得到缓解。年内，全区邮政“擎天柱”共有 50 个，广告发布率为 94%；路牌灯箱有 9154 个，发布率为 84%；楼房牌匾共计 6867 平方米，发布率为 100%。全区邮政广告业务收入完成 5204.3 万元，全国排名第 16 名，占全区邮政业务收入比重的 5.85%。其中邮递类广告业务收入完成 2726.27 万元，占全区函件业务收入比重的 52.07%；户外广告业务收入完成 1717 万元，全国排名第 6 位；邮递类广告业务量完成 8339.04 万件，全国排名第 23 位，同比增幅全国排名第 17 位。邮政广告各项业务收入构成比例为邮递类广告业务收入占 52.38%，邮递类广告中商业信函业务收入占 24.17%，账单业务收入占 4.99%，邮送广告业务收入占 9.03%，企业拜年卡业务收入占 8.71%，邮资明信片业务收入占 4.44%。户外广告业务收入占 32.99%，邮政广告其他业务收入占 15.12%。商业信函业务量完成 1642.99 万件，全国排名第 17 位；收入完成 1517.6 万元，全国排名第 16 位。账单制作量 302.31 万件，业务收入完成 259.6 万元，业务量全国排名第 21 位。广告邮资明信片的制作量为 265.4 万枚，业务收入完成 231.2 万元。户外广告业务收入完成 1717 万元。其他业务收入完成 787 万元。

2003 年 6 月 30 日，全区邮政广告累计业务收入完成 4735.43 万元，占全区邮政业务收入比重为 5.7%。其中邮递类广告业务收入完成 2454.5 万元，占函件业务收入比重为 57.94%；户外广告业务收入完成 1479 万元。邮送广告平均单价 0.06 元，低于全区平均水平 0.11 元。广告邮资封片收入 668 万元，占函件收入的 15.75%；邮送广告收入 308 万元，占函件收入的 7.26%；邮送广告业务量为 5032 万件，比上年同期下降 9%，绝对值在全国排名第 21 位，增幅在全国排名第 22 位。邮资广告封片制作量为 339.47 万件，在全国排名第 24 位。邮递类广告业务量完成 10286.75 万件。邮政广告各项业务收入构成比例为邮递类广告业务收入占 51.83%，户外广告业务收入占 31.23%，其他业务收入占 16.37%。其中邮递类广告业务收入中各分项业务收入所占比例为：商业信函业务收入占 38.94%，账单业务收入占 6.4%，邮资明信片业务收入占 7.86%，企业拜年卡业务收入占 12.45%，邮资广告信封业务收入占 5.55%，邮送广告业务收入占 28.84%。2003 年，审批邮资片稿件 445 件、客户 110 家；企业拜年卡稿件 983 件、客户 308 家；邮资封稿件 1261 件、客户 569 家。

2004 年，由于受到业务结构调整及市场和户外广告发布价格下降等因素影响，全区邮政广告业务收入下降。全年累计实现收入 3331.02 万元，同比下降 29.66%，完成年计划的 79.31%，剔除上年不可比的邮政广告其他业务收入，实际下降 15.89%。其中邮递类广告业务收入累计完成 2204.19 万元，同比下降10.2%，占全区函件业务收入的比重为60.37%；户外广告业务收入累计完成1127万元，同比下降23.8%；广告邮资封片收入942万元；邮政广告收入287万元。因业务结构调整邮政广告其他业务收入不实行专业统计。全区邮政广告业务收入结构为邮递类广告业务收入占66.17%，户外广告业务收入占33.83%。其中邮递类广告业务收入中各分项业务收入所占比例为：商业信函业务（包括商函、账单、窗口收寄）收入占49.93%，企业明信片业务（包括封、片、卡）收入占26.66%，邮送广告业务收入占23.4%。自治区邮政局、盟市邮政局、集邮公司等设计稿件552件。其中邮资明信片86件、邮资封39件、拜年卡66件、中邮专送广告32件，同时通过邮资封片二级报审系统网上审批邮资片稿件593件，印量为103.72万枚；企业拜年卡稿件176件，印量为34.65万枚；邮资封稿件1463件，印量为376.96万枚，27793条。

2005年，全区邮递类广告业务累计完成2057.54万元，同比增长13.4%，占全区函件业务收入的比重为64.56%；窗口函件收入完成1129.56万元，占全区函件业务收入的35.44%，同比下降13.90%，绝对值减少182.31万元。广告邮资封片收入1277万元，邮政广告收入461万元。邮递类广告业务拉动函件业务增长8个百分点。函件各项业务收入构成情况：窗口贴票收入占全区函件业务累计收入的33.75%；邮递类广告业务收入占66.25%，其中，商业信函业务收入占3.15%，账单业务收入占1.58%，窗口收寄业务收入占15.77%，邮资明信片业务收入占7.23%，企业拜年卡业务收入占12.93%，邮资广告信封业务收入占13. 48%，邮送广告业务收入占12.11%。全区邮政户外广告业务收入累计完成877.64万元，同比下降18.81%，完成年计划任务的79.79%。全区共制作各类明信片511万枚，其中，邮资广告明信片159万枚，同比增长73%（其中门票型邮资明信片制作65万枚，占邮资广告明信片的41%）；无邮资明信片352万枚，其中，旅游景点门票明信片36万枚，电费抄表卡310万枚，家庭必备电话卡明信片5万枚。1月，内蒙古邮政名址信息中心、呼和浩特市邮政名址信息中心与全国邮政名址信息系统联网；12月，包头、赤峰、通辽、兴安、鄂尔多斯盟（市）局分别与全国邮政名址信息系统联网。全区累计发展数据库商函161万件，实现收入121万元。

2006年全区广告邮资封片业务，包括邮资封、片、卡业务，实现收入1631万元，占函件总收入的37%，同比增长27%，绝对值增加350万元；邮政广告业务实现收入681万元，占函件总收入的74%，同比增长48%，绝对值增加219万元。由于媒体发布价格的下降，以及城市建设、规划、媒体老旧等因素影响，全年全区户外媒体广告业务收入699万元，完成年计划目标的91%，同比下降20%。全区有38个旗县局启动邮送广告业务，完成收入40万元，较上年增加13个旗县，收入增长43%。广告邮资封片实现收入1634万元，同比增长28%；制作费收入164万元。

2007年，全区商函业务收入928万元，邮资封片业务收入926万元，账单业务收入199万元，中邮专送业务收入81万元。

2008年，全区数据库商函业务收入1558.09万元，账单业务收入336万元，封片业务收入1024.28万元，邮政贺卡收入3720.92万元，中邮专送收入1920.6万元。

2009年，全区数据库商函业务收入1557.23万元，账单业务收入385.9万元，封片业务收入956.72万元，中邮专送业务收入2134.9万元。

1997 年《中国邮政广告》资费标准

表 2-42

类型	纸质	印量	纸张规格		
			16k	8k	4k
单页式	105 克铜版纸	1 万份	0.30	0.40	0.70
		1 万—5 万份	0.30	0.40	0.68
		5 万—10 万份	0.28	0.38	0.65
	65 克轻涂纸	1 万份	0.25	0.35	0.60
		1 万—5 万份	0.24	0.35	0.58
		5 万—10 万份	0.23	0.35	0.58
	70 克新闻纸	1 万份			0.36
		1 万—5 万份			0.36
		5 万—10 万份			0.35
邮简式	100 克双面胶版纸	起印量 5000 份并以 5000 份递增	本埠：0.8 元 / 件　外埠：1.2 元 / 件		
本册式	根据印量、纸张、印刷等要求核价				

说明：1997 年《中国邮政广告》的资费需与发行量、发行区域等相结合，灵活制定。资费表仅作参考。以上报价包含设计、制作、印刷、本埠投递费，外埠投递需另加投递费

（二）邮政礼仪

1994 年 10 月 1 日，自治区邮政开办邮政礼仪业务。邮政礼仪业务是邮政速递的派生业务，适应都市生活新追求的一种新型业务。全区邮政礼仪专递服务种类有：礼仪专递鲜花、蛋糕、礼品、贺卡片、请柬等（凡是法律、法规允许寄递的物品都可办理）。礼仪服务种类有：策划、迎宾、剪彩、揭幕等。家政服务种类有：接送小孩、接送站、代客提货以及货物直送、同城专送等。另外还包括批零礼品鲜花，租售花篮、气球、信鸽、花卉，摄影、摄像、印制条幅等其他服务形式。

1995 年，除阿拉善盟外，全区其他盟市所在地均成立邮政礼仪专业化机构。1 年内，邮政礼仪业务收入 35.6 万元。

1996 年，全区实现邮政礼仪业务收入 77.32 万元，较上年增长 1 倍多，占 1996 年速递业务收入的 2.86%。呼和浩特市邮政礼仪局把 2 月份定为“礼仪宣传月”，通过报纸、电视台、广播电台、广告信函等媒介向社会广为宣传，2 月 14 日情人节一天就创收 1 万余元。春节期间，每天派出 10 名礼仪小姐和 4 辆汽车将客户预约的鲜花送出去。此外，呼和浩特市邮政礼仪局还与北京、上海、天津、南京、太原等城市以及区内各盟市所在地实现了专送联网。

1997 年 6 月 23—24 日，中共中央政治局委员、国务委员李铁映等视察为庆祝自治区成立 50 周年正在兴建的新华广场、人民体育场和刚竣工的鼓楼立交桥。呼和浩特邮政礼仪局为这次活动提供了礼仪服务。6 月 16—19 日，自治区邮电管理局在呼和浩特市举办全区邮政速递礼仪练功比赛大会，兴安盟邮电局邮政速递礼仪服务局张丽娜荣获礼仪祝词比赛第一名。8 月 6 日，自治区邮电管理局印发《全区邮政礼仪业务联网经营规模发展的意见》。呼和浩特市、包头市、乌兰察布盟局单设邮政礼仪专业化经营机

构，全区旗县以上邮电局都联网开办礼仪业务。盟市局成立礼品鲜花店，为降低成本，鲜花、绢花、礼品采取统进分销的办法，呼和浩特邮政礼仪局、赤峰邮政速递局为全区东西部批发代理，成本价上加 8% 的服务费和运费。9 月 21 日，自治区邮电管理局决定对年内开办邮政礼仪业务并按要求建设邮政礼仪营业厅的旗县局给予平均 1 万元的收支差额补贴，不足部分由相关盟市局自行解决。

1999 年，全区 12 个盟市局均设立了邮政礼仪专业化经营机构。11 月，呼和浩特市邮政局在昆明设立了鲜花批销中心，为全区礼仪服务部门提供鲜花。年内，办理邮政礼仪业务 36865 笔，业务收入 400 万元。

2000 年，办理邮政礼仪业务 51602 件。

2001 年 1 月 12 日，国家邮政速递局批准通辽市邮政局、阿拉善盟邮政局为全国异地邮政礼仪业务开办局。1 月 15 日起，全区 12 个盟市邮政局全部开办了该业务。区邮购直递公司对礼仪业务进行全区性规划、管理，庆典业务成为礼仪业务主要来源。各局凭借邮政信誉品牌及专业的服务水平先后为盟市政府、伊利、海尔、联通等知名企业提供庆典服务，成为庆典市场上的龙头企业。呼和浩特市邮政局在昆明设置鲜花批销基地，在全区开展鲜花批销业务，鲜花批销业务成为全区礼仪业务新的增长点。为促进鲜花批销业务发展，自治区邮政局决定对各盟市邮政局新建鲜花保鲜库给予 50% 的资金补贴，并对昆明鲜花基地因向各盟市邮政局批销鲜花而形成的亏损，给予收支差额 12% 的补贴。年内，邮政礼仪业务 77534 件，业务收入 150 万元。

2002 年 6 月，国家邮政局速递在苏州举办全国礼仪业务培训班，全区 12 个盟市邮政礼仪局长参加了培训。年内，邮政礼仪业务 89666 件，业务收入 830 万元，同比下降 42%。

2003 年 9 月 25 日，内蒙古自治区邮政局副局长肖庆宝率中国内蒙古邮政访问团赴乌兰巴托进行工作访问。9 月 26 日，呼和浩特市邮政局与蒙古国邮政公司在乌兰巴托签订鲜花销售协议。呼和浩特市邮政局将作为供货负责方将礼仪装饰用鲜花按接受方蒙古国邮政公司的要求提供到乌兰巴托，并负责培训蒙古国 2 名礼仪工作人员养花技术。蒙古国邮政公司出具书面订货单并付足货款，拥有货物在蒙古国销售收入的纯利润。协议就货物质量、供货时间与地点、付费、违约等方面做了规定。年内，邮政礼仪业务 62958 件。

2004 年 12 月 10 日，自治区邮政局转发国家邮政局关于统一策划、统一品牌、统一部署、全国联运，开展圣诞、元旦、春节、情人节、元宵节“五节联送”EMS 礼仪服务专项营销活动的通知，成立“五节联送”专项营销活动领导小组。年内，邮政礼仪业务 45711 件，业务收入 198 万元。

2005 年，办理邮政礼仪业务 29193 件。

2006 年，全区邮政按照“统一策划、统一品牌、统一宣传、统一口号、统一行动”的原则，组织“亲情、友情、爱情、恩情、商情”五类个性化套餐组合礼箱，使用 EMS 礼仪专递服务包装箱封装，针对不同的消费群体，开办情感配送业务。通过销售带动邮寄，锁定集团大客户和个人消费者，以同城礼仪送递为重点，积极发展跨区同城和异地礼仪速递，开发“五节”礼仪市场。年内，邮政礼仪业务 27418 件，实现销售额 1053 万元，业务收入 495 万元。

2007 年，邮政礼仪业务收入 108 万元。

2008 年，邮政礼仪业务收入 746 万元。

2009 年，邮政礼仪业务收入 1083 万元。

特快礼仪业务资费

表 2-43　　**单位：元**

<table>
<tr><th>编号</th><th>项目</th><th>计费单位</th><th>资费标准</th><th>备注</th></tr>
<tr><td>1</td><td>基本资费</td><td>每件</td><td>20</td><td></td></tr>
<tr><td>2</td><td>礼品费</td><td>每件</td><td>具体标准由各地根据当地礼品市场情况自定</td><td></td></tr>
<tr><td rowspan="2">3</td><td rowspan="2">基本投递服务费</td><td rowspan="2">每件</td><td>20</td><td>限一般城市</td></tr>
<tr><td>30</td><td>限直辖市或大型城市</td></tr>
<tr><td>4</td><td>特定节假日投递费</td><td>每件</td><td>50</td><td>用户要求在农历除夕、春节、正月初二期间投递</td></tr>
<tr><td rowspan="3">5</td><td rowspan="3">定时投递费</td><td rowspan="3">每件</td><td>20</td><td>用户要求的投递时间在8:00-18:00期间，或在当地正常工作时间内</td></tr>
<tr><td>50</td><td>用户指定的投递时间在8：00－18：00之外或在当地正常工作时间之外的</td></tr>
<tr><td>280</td><td>用户要求在农历除夕、春节、正月初二期间的指定时间投递</td></tr>
</table>

说明：　1．若用户在特定节假日要求定时投递服务，只按定时投递服务收费，不再收取特定节假日投递费。2．以上标准为省际礼仪业务资费标准，同城和省内特快礼仪业务各项资费标准由各省（区、市）公司参照上述标准自定。3．基本投递服务费为30元的城市包括：北京、天津、石家庄、太原、呼和浩特、沈阳、长春、哈尔滨、上海、南京、杭州、合肥、福州、南昌、济南、郑州、武汉、长沙、广州、南宁、海口、成都、贵阳、昆明、拉萨、西安、兰州、西宁、银川、乌鲁木齐、重庆、大连、宁波、厦门、青岛、深圳、珠海。其余城市的基本投递服务费为20元

（三）邮购

1995年1月10日，内蒙古自治区邮电管理局决定成立内蒙古邮购广告速递局，负责全区邮购专业化经营管理，邮购业务的种类有：代购、代销、代包装发运、代收货款、信息咨询等。邮购商品的种类：家电、食品、烟酒、电信终端产品、日用品、电脑、服装、中药材、种子、化肥、太阳能热水器等。邮购服务形式主要有：专车或投递员送货上门，邮购商店销售等。2月14日，第一笔邮购业务产生，首批列入全区统管统办统一经营的邮购产品是：呼伦贝尔盟的卫生筷、海拉尔的母乳化奶粉、呼和浩特市伊利奶茶粉及骏马牌洗衣膏。全区盟市所在地邮政局相继开办了名优土特产品业务，并与辽宁、河北、福建等7省邮政部门联手开办邮购业务。年内，邮购营业额732万元，差价收入114万元。

1996年，邮购业务收入312万元，比上年增长174%，占全区包件收入的10.77%；有邮购业务专职经营管理人员143人。

1997年1月2日，成立内蒙古邮政广告有限责任公司，内蒙古邮购广告速递局的名称随即改为“内蒙古邮购速递局”，内设邮购部、速递部。8月11日，自治区邮电管理局下发《内蒙古邮政邮购联网经营管理办法（试行）》。年内，邮购业务收入373万元，比上年增长20%。

1998年4月16日，自治区邮电管理局下发《内蒙古邮政邮购联网经营管理办法实施细则》。

1998年邮购资费表

表2-44　　单位：元

单　位	区内平均资费标准	期间费用	平均重量资费
呼和浩特市邮政局	2.52	1.00	3.52
呼和浩特市电信局	2.52	1.00	3.52
包头市邮电局	2.52	1.00	3.52
乌海市邮电局	3.02	1.00	4.02
赤峰市邮电局	3.28	1.00	4.28
呼伦贝尔盟邮电局	3.38	1.00	4.38
兴安盟邮电局	2.74	1.00	3.74
哲里木盟邮电局	2.51	1.00	3.51
锡林郭勒盟邮电局	2.77	1.00	3.77
乌兰察布盟邮电局	2.43	1.00	3.43
伊克昭盟邮电局	2.88	1.00	3.88
巴彦淖尔盟邮电局	3.00	1.00	4.00
阿拉善盟邮电局	2.11	1.00	3.11

1998年6月18日，全区统一开通184邮购电话服务业务。各盟市用184特服号经过改造实现邮政编码查询和邮购服务业务双重使用功能。年内，邮购业务收入316万元，比上年下降16%。

1999年5月5日，自治区邮政局将邮购业务发展的切入点放在农村牧区，印发《关于在农村牧区开办邮政邮购业务的意见》，上半年在伊克昭盟、赤峰市局进行试点。根据试点情况在全区选择部分旗县局的分支机构开办邮购业务。全年邮购业务收入完成441万元，比上年同期增长39.56%。邮购收入260万元。

2000年1月6日，自治区邮政局撤销邮购速递局，公众服务处负责全区邮购业务的经营管理。12月21日，成立内蒙古邮购直递公司，负责全区邮购直递业务的专业化经营及管理工作。4月20日，与内蒙古农科院签订种子销售合作协议书；6月7日，与内蒙古塞宝实业有限公司签订塞宝系列绿色食品销售的合作协议书；6月15日，与内蒙古蒙丰种业公司签订种子销售合作协议书。随后，与“贵州茅台”“广州宝洁”“鄂尔多斯”“杭州纳爱斯”等厂家签订代理协议。年内，全区12个盟市所在地和90%的旗县局均办理邮购业务，全区开办邮购业务的网点达802个。全年邮购业务量1061249件，邮购商品收入1245万元，比上年增长182%。

2001年，全区邮政重点开展种子、化肥邮购业务。呼和浩特市、鄂尔多斯市等西部盟市邮政局主要引进农科院的玉米种子，赤峰市邮政局经营山东“登海”牌种子，通辽市邮政局与当地金山种业公司合作。《内蒙古日报》、内蒙古电视台对邮购业务进行报道。8月，区邮购直递公司与北京元利盛公司联系洽谈乌海市邮政局开展宝洁分销项目，9月25日召开乌海宝洁分销产品订货会，宁夏、乌海等地经销商与乌海市邮政局签订经销合同30份；乌海市邮政局成为全国邮政系统首家宝洁产品分销商，并以此为中心对内蒙古西部区实行宝洁覆盖，形成了以盟市分销为骨干支撑、以遍布城乡的连锁零售为依托、分销零售并举的完整邮政邮购销售网络；从正式运营至年底，销售额突破100万元，实现利润6万元。乌海市居民月均消费宝洁产品达到1.25元，成为当地规模最大的洗化用品商家。区邮购直递公司邮购业务收入1782.94万元，同比增长43.46%。全区邮购业务量392399件，邮购商品销售额2529万元，邮购业务收入完成 2093 万元。

2002 年初，盟市邮政局以市场调研为基础，结合农村分支机构扭亏工作，开展种子、化肥邮购工作。7 月 16 日，自治区邮政局在乌海市召开乌海市、鄂尔多斯市、巴彦淖尔盟、阿拉善盟 4 盟市邮购业务座谈会，会议决定以乌海市邮购公司为核心统一 4 盟市邮政局宝洁产品分销业务运作，全面启动宝洁分销业务。年内，宝洁项目累计销售额 640 万元，实现业务收入近 50 万元，实现纯利润近 20 万元；海尔家电专卖业务实现销售额 605 万元，实现利润近 20 万元。7 月，组织召开由赤峰市、呼伦贝尔市、通辽市、巴彦淖尔盟邮政局经营服务部主任及部分旗县局长参加的化肥邮购业务研讨会，实地考察赤峰市邮政局邮购经营情况，研讨会认为开办化肥邮购业务是邮政涉足农资产品邮购业务的切入点。12 月 27 日，内蒙古邮购直递公司划归内蒙古邮政快递物流有限责任公司。全年邮购业务量 284144 件，业务收入完成 957 万元，其中，全区销售种子 186 吨，实现收入 17.03 万元；销售化肥 6230 吨，实现收入 77.6 万元；销售地膜 30 吨，实现收入 1.8 万元。

2003 年，乌海市邮政局占据乌海及周边地区邮购洗化分销的主导地位，宝洁产品累计销售额 683.02 万元，业务收入累计 493 万元，纯利润 22.13 万元。全区邮购种子、化肥实现收入 300 万元。共销售种子 71 吨，实现收入 60 万元；化肥 1.32 万吨，实现收入 240 万元；地膜 30 吨，实现收入 1.8 万元。赤峰市局邮购种子 71 吨、化肥 1.3 万吨，实现业务收入 260 万元。呼和浩特市局销售化肥 200 吨，实现收入 40 万元；销售正大饲料 800 吨，实现收入 20 万元。年内，全区邮购业务量 337877 件，邮购业务收入 376 万元。

2004 年，全区分销量与邮购业务量 1870 件，分销与邮购收入 519 万元。

2005 年 1 月 17—18 日，全区邮政系统农资分销现场推进会在赤峰市召开。赤峰市邮政局从市局、旗县区局、乡镇支局 3 个层面对开展农资分销业务进行介绍。到 6 月 30 日，全区累计销售化肥 27084.35 吨，收入 511.96 万元；累计销售饲料 2339.07 吨，收入 29.4 万元。自治区邮政局通过对各盟市局销售量及收入情况进行统计，赤峰市邮政局销售量和销售收入分别占到全区的 57.55% 和 62.15%，特别嘉奖 4 万元；对兴安盟邮政局奖励 3 万元；年内，全区分销量与邮购业务量 100191 件，分销与邮购收入 977 万元。

2006 年，全区分销量与邮购重量 3181 吨，分销与邮购销售额 5413.7 万元，分销与邮购收入 1078 万元。

2007 年，农资连锁配送重点抓好分销渠道建设，发挥旗县层面团队营销的积极作用，实现连锁配送农资 4.82 万吨，实现差价收入 1100 万元。

（四）电子商务

1999 年，全区邮政代办电信业务量 103.14 万元，邮政代办收入 129 万元。

2000 年 8 月 9 日，自治区邮政局与内蒙古移动通信公司签订了代收话费合作协议书。全区邮政代办电信业务量 936148 元，邮政代办收入 227 万元。

2001 年 2 月 16 日，自治区邮政局与联通内蒙古分公司签订“寻呼业务合作协议书”。3 月 14 日，自治区邮政局电信业务发展部成立。7 月 31 日，印发《加快代办电信业务发展意见》。9 月 11 日，自治区邮政局与联通内蒙古分公司签订“联机实时代收话费业务协议”，协议规定由邮政部门在全区范围内代收联通 193 长途，130、133 移动电话客户的话费。全区邮政 456 个“绿卡”网点为联通提供代收费业务，联通客户可就近在邮政储蓄网点交纳话费，也可以采用邮储存折预存代扣。193 业务代收费从双方签约之日起实行，130 业务从 10 月 1 日实行。9 月 19 日，自治区邮政局与中国电信集团内蒙古电信公司签订“战略合作协议”，协议明确：邮政设置经电信确认的营销电信业务的网点，电信委托邮政代办本协议规定的各类电信业务；相关邮政营业厅悬挂“中国电信 ×× 代办点”标识牌；邮政作为电信的代办、代理商，可代销区内的 IC 卡、IP 卡、201 卡、200 卡、300 卡、163、169 上网卡；代办固定电话、ISDN 业务、数据业务的预受理业务；代办“小灵通”放号业务；共同发行邮政、电信联名卡；邮政为电信寄递各类通话账单、电话费催缴单，代收电信话费及其他各项业务费。年内，全区邮政代办电信业务收入 830 万元；为联通放号 47358 部，为移动放号 52740 部。

2002 年 2 月，自治区邮政局与内蒙古联通公司就邮政虚拟经营联通业务达成共识，通过考察确定在包头市的达尔罕茂明安联合旗、白云鄂博矿区进行虚拟经营联通业务的试点。3 月 19 日，达尔罕茂明安联合旗虚拟经营联通业务营业厅开业；4 月中旬，白云鄂博矿区邮政局联通营业厅开业。4 月 24 日，自治区邮政局与内蒙古联通公司联合印发《关于加快虚拟运营联通业务的通知》，年内，包头的达尔罕茂明安联合旗、白云鄂博矿区、石拐矿区，乌海的海南区、乌达区，赤峰的林西县、喀喇沁旗，呼伦贝尔的新巴尔虎左旗、陈巴尔虎旗、鄂伦春旗，通辽的科左中旗、科左后旗，锡林郭勒盟的正镶白旗、西乌珠穆沁旗，乌兰察布盟的察右中旗，鄂尔多斯的伊金霍洛旗、杭锦旗，巴彦淖尔盟的磴口县，阿拉善盟的额济纳旗开办虚拟运营联通业务。上述旗县邮政局当年累计放号 3.6 万部，占全区邮政代联通放号总量的 56%，比上年增长 411.34%，全年虚拟经营联通业务收入 221 万元。5 月 28 日，自治区邮政局与内蒙古网通公司签订卡类业务、农村邮政代办网通业务协议。同时，自治区邮政局作为总代理开始在全区范围内销售内蒙古网通 200 卡。7—12 月，共销售 200 卡 8 万张，面值 240 万元。8 月 21 日，自治区邮政局与中国联通内蒙古分公司签订“CDMA 客户发展合作协议”。协议明确：自治区邮政局在 3 个月内（2002 年 9 月 1 日至 11 月 30 日）整号段承销中国联通内蒙古分公司 CDMA1 万号，全区共发展 CDMA 用户 8400 多部。年内，全区邮政代办电信业务量 2186.75 万元，邮政代办收入 2167 万元。

2003 年，全区邮政代收电话费业务量 16.15 亿元，代放移动、联通、网通小灵通号共计 19 万部，卡类销售面值 2848 万元。代办电信业务收入 2188 万元，其中：代收费收入 807 万元，代放号收入 750 万元，虚拟经营通信业务收入 432 万元，话费分成收入 311 万元，卡类批销收入 217 万元。

2004 年 3 月 2 日，内蒙古自治区通信管理局批复：同意内蒙古自治区邮政局在全区范围内经营因特网接入服务业务；同意内蒙古自治区邮政局在全区范围内经营除新闻、出版、教育、医疗、保健、药品和医疗器械以外的信息业务（不含电话信息服务业务），及呼叫中心业务、存储转发类业务（包括语音信箱业务、×.400 电子邮件业务、传真存储转发业务）。3 月 5 日，自治区邮政局撤销公众服务处内设的电信业务发展部，成立内蒙古邮政电子信息业务局，负责制定信息业务发展规划、计划、目标及营销策略和措施。3 月，内蒙古邮政电子信息业务局赴陕西、广东、北京考察电子信息业务。7 月 2 日，自治区邮政完成邮政特服号升位，开始“185”与“11185”的并行。8 月 6 日，结束并行，正式使用“11185”。9 月 30 日，成立内蒙古鸿诚邮政电子信息有限责任公司。10 月，内蒙古鸿诚邮政电子信息有限责任公司与海尔公司签订《关于 6 盟市邮政局与呼和浩特海尔工贸有限公司利用 11185 和 11183 开展城市物流配送业务合作协议》。12 月，开展代办电信业务连锁经营，在全区 101 个旗、县、区建立“鸿诚邮政”连锁经营模式的代办电信业务营业厅，形成手机终端的销售、代放号、代收费等一体化服务。本年全区电子信息业务收入完成 2198.71 万元，其中代收费共计 146139.67 万元，市场占有率为 26.35%，实现收入 1194.15 万元；话费提成收入为 199.95 万元；代联通、移动、网通放号 158214 部，实现收入 419.73

万元；虚拟联通业务收入 248.55 万元；信息平台以及卡类收入 184.56 万元。

2005 年 1 月 15 日，自治区邮政局与铁道通信信息有限责任公司内蒙古分公司签订协议，在全区范围内开通邮政代收铁通话费业务。4 月 20 日，自治区邮政局与海南航空股份有限公司签订国内航空客票销售合作协议。该项业务先期在呼和浩特市开办，随后，海拉尔、满洲里、赤峰、乌海、包头也陆续开办机票销售，年底，12 盟市均开办机票销售业务。该项业务在开办初期采取“一点出票、多点受理”方式，即在 11185 中心一点出票，通过邮政营业窗口、11185 客服电话等多点接受用户咨询、订票。5 月 19 日，与北京联讯世纪科技有限责任公司签订关于增值电信业务合作协议，有偿使用北京联讯世纪科技有限责任公司在全区运营商的接入短号码，包括短信、IVR、WAP 等全部 SP 业务，业务经营和开发由北京联讯世纪科技有限公司负责，邮政直接获得收入分成。6 月 15 日，与中国电信内蒙古分公司签订公话超市/有人值守公话业务代办协议。7 月 6 日，与中国电信内蒙古分公司签订联机实时代收费业务合作协议。9 月 30 日，与内蒙古通信公司呼和浩特分公司签订 IDC 业务入网合同书。11 月 25 日，开通全区范围内的代收中国电信话费业务，截至年底，全区邮政开展网通、联通、移动、电信和铁通 5 大电信运营商的代收话费业务，开办代办电信业务的邮政局所共计 1194 处，社会连锁代办点共计 86 处，专厅/专区/专柜共计 385 处；鄂尔多斯市的综合电信营业厅办理入网、改名过户、收费、查询等业务到夜间 23 点。12 月 1 日，与中国联通有限公司内蒙古分公司签订移动增值业务合作协议。协议内容包括：中国联通有限公司内蒙古分公司有偿向内蒙古邮政提供通信信道及其网络用户资源，并利用其客户服务、计费和业务支撑系统，向内蒙古邮政提供有偿的接入服务、客户服务、代计费和代收费的服务。12 月 22 日，与上海传威信息科技有限公司签订增值电信业务合作协议。年内，全区电子信息业务收入完成 2277. 12 万元，与上年同期相比增长 0.02%，占全区邮政收入比重的 2.1%。其中代收费业务收入完成 1581 万元，代联通、移动、网通放号计 133621 部，实现收入 238.8 万元，卡类业务收入完成 147.85 万元，话费提成收入 129.58 万元，信息平台业务以及其他业务收入完成 179.89 万元。

2006 年 7 月，自治区邮政局取得中国航协核发的国内航空客运销售资格认可证书，是中国航协向中国邮政颁发的第一张证书，随着资质的取得，联入“中航信”网，纳入国际航协结算。9 月 20 日，电子业务局利用短信平台启动邮政储蓄短信业务，开展以全国短信平台为基础的邮政短信业务营销百日活动，以活期账户变动短信通知、代发工资（养老金）到账短信通知、汇款兑付短信通知、邮储对账、利率查询、汇率查询、汇款投递、电子汇兑回执信息为主打产品，收费标准为每月（条）0.5 元至 2 元不等，用户可以实时了解邮储活期账户的变动情况、汇款兑付情况。全区代理信息业务收入完成 2406.96 万元。其中，代收费业务收入 1333.36 万元，占代理信息业务收入的 55.42%；全区代收费总额为 158028 万元，市场占有率为 25.07%。代放号收入为 374.61 万元，占代理信息业务收入的 16.53%；累计放号 153520 户，其中代中国移动发展用户 125005 户，发展联通用户 27985 户，代放号收入同比增长 28.41%。话费分成收入为 140.52 万元，占 6.04%；代售卡收入 123.8 万元，比重占 5.46%。IP 注册收入 96.89 万元，占代理信息业务收入的 4.28%。虚拟联通收入 71.36 万元，占代理信息业务收入的 3.15%。话吧收入 34 万元，占代理信息业务收入的 1.50%。代理机票销售量 3513 张，收入 11.35 万元。短信业务收入 8.3 万元。其他收入（终端销售、柜台出租等）204.54 万元。

2007 年 3 月，内蒙古邮政电子信息业务局更名为内蒙古邮政电子商务局。呼和浩特局通过了国际航协的资格审查，成为国际航协认可的代理人。自治区邮政公司和盟市局均成立短信业务发展领导小组。9 月 1 日—12 月 31 日，全区开展了短信业务百日营销竞赛活动。年内，全区代理信息业务收入完成2640.99万元，比上年同期增长了371.70万元，增幅为16.38%。其中代办电信收入2040.31万元（代办电信收入中代收话费收入1043.26万元，话费提成收入215.58万元，代放号收入633.40万元，代售卡收入105.52万元，IP注册、话吧收入42.55万元），比上年净增137.49万元，增长7.22%；代收水、电、税费收入305.67万元；短信收入176.00万元；机票收入32.90万元。业务结构方面，代办电信业务收入所占比重为79.86%，比上年下降19.76个百分点；短信业务收入所占比重为6.89%，比上年增长6.54个百分点；机票业务收入所占比重为1.29%，比上年增长0.83个百分点；代收水、电、税费等收入所占比重为11.96%，比上年增长2.5个百分点。

2008年3月，自治区邮政公司和呼和浩特市邮政局航空客票BSP经营资质办理完毕。自治区邮政公司提出业务发展“12345”策略：即调整在网用户结构；考核离网率和成功扣款率；注意规范经营问题，注意短信业务收入列账问题，注意用户投诉处理问题；邮储网点开办短信率达到100%，新开折（卡）用户短信加办率达到100%，余额在万元的用户短信加办率达到100%，代发工资（1000元以上）的用户短信加办率达到100%；抓住五类目标客户群体，即代发工资客户、交易较为频繁客户、异地交易较多客户、新开卡折用户、邮政协储用户。与内蒙古体彩中心签订自治区邮政公司代销体彩业务合作协议，7月24日启动体彩销售业务，实现收入近90万元。11月与福彩中心达成合作意向，8个盟市局与体彩中心签订了合作协议。年内，全区电子商务业务收入3292.82万元，较上年增长24.68%。储蓄短信有效账户达到42万户，剔除清理不良短信用户30万户，实际比年初增加17万户，实现收入854万元，同比增长263%。

2009年，组织开展“牛转乾坤”储蓄短信竞赛活动和“e锤定音”短信业务专项营销活动，电子商务局每个季度剔除连续4个月扣款失败的低质量用户40多万户，同时加大对“一绑多”不良用户的监察和清理力度，提高了在网用户的质量。与移动12580合作，拓展邮政代理航空客票业务销售渠道，在原有通辽、锡林郭勒、满洲里3地合作的基础上，增加海拉尔、赤峰、兴安、乌兰察布、巴彦淖尔、阿拉善等盟市的合作，加快“缴费一站通”项目建设，代收费业务呈现恢复性增长态势。新开办代收电信运营商宽带使用费和代收电费、水费、燃气费、有线电视付费节目收视费等业务。12月中旬组建自治区邮政票务中心，在完成盟市局BSP配置的切换后，区票务中心上线运行。年内，信息和代理业务实现收入4384万元，同比增长33.15%。其中，短信业务、代收费业务和代放号等高效业务增幅分别达到了73%、33.29%和16%。邮储短信累计净增用户37.4万户，累计在网用户81万户，短信业务收入累计完成1520.3万元，收入同比增长81%，收入纯增839万元。销售机票2.39万张，收入53.37万元，同比增长61%。代收话费收入849.33万元，同比增长12%，比上年纯增319万元。

2010年1—3月，全区开展了跨年度短信业务竞赛活动，发展短信用户11.92万户，净增用户9.76万户，竞赛期间短信业务收入532.59万元，同比增长99%。4—9月，组织开展当月收入增长和有效用户加办量为指标的“虎跃信飞”储蓄短信竞赛活动，完成目标的218%。为降低机票业务运行成本，除呼和浩特市局外其他盟市局的BSP配置全部取消。为稳定机票业务客源，开展了“航空客票百日营销竞赛活动”。“缴费一站通”渠道建设取得明显成效，全区社会加盟网点总量达到2855处，年代收费业务总额超过20亿元。在短信、代收费业务的拉动下，全年累计实现专业收入6118.93万元，同比增加1734.57万元，增长39.56%，其中短信业务实现收入2450万元，同比增长67%。业务结构进一步优化，短信、代收费等长效、高效业务收入占比达到75%，较上年提高了15个百分点。占全区邮政业务收入比重为5.31%，比上年同期提高了1.8个百分点。

2009 年手机发起短信业务资费表

表 2-45

项目	使用方法（指令格式）	资费标准
储蓄存款利率查询	用户发送 CKLL 到服务代码	0.20 元 / 条
储蓄业务资费查询	用户发送 YCZF 到服务代码	0.30 元 / 条
活期账户余额查询	用户发送 ZHYE（1 个空格）账号到服务代码	0.20 元 / 条
活期账户明细查询	用户发送 ZHMX（1 个空格）账号到服务代码	0.50 元 / 条
汇兑资费查询	用户发送 HDZF 到服务代码	0.30 元 / 条
汇款状态查询	发送 HKZT（1 个空格）汇票号到服务代码	0.50 元 / 条
EMS 资费查询	发送 EMSZF（1 个空格）寄出省名称寄达省名称估计的邮件重量到服务代码	0.30 元 / 条
EMS 状态查询	发送 EMSCX（1 个空格）邮件号到服务代码	0.50 元 / 条
EMS 寄达回音服务	发送 EMSHY（1 个空格）邮件号到服务代码	0.50 元 / 条
EMS 状态通知	发送 EMSZT（1 个空格）邮件号到服务代码	1 元 / 条
帮助	发送 BZ 到服务代码	0 元 / 条
取消所有定制业务（运营商规定）	发送“0000”到服务代码	0 元 / 次

说明：各运营商服务代码（或接入代码）：中国移动、中国联通为“5185”，中国电信、中国网通为“95185”

2009 年窗口发起短信业务资费表

表 2-46

类别	项　目	使用方法	资费标准（指导价）
包月短信	活期账户变动通知	客户在窗口加办	3 元 / 月
	代发工资到账通知	客户在窗口加办	1 元 / 月
	取款通知	客户在窗口加办	2 元 / 月
	转入到账通知	客户在窗口加办	2 元 / 月
包年短信	活期账户变动通知	客户在窗口加办	30 元 / 年
	代发工资到账通知	客户在窗口加办	10 元 / 年
	取款通知	客户在窗口加办	20 元 / 年
	转入到账通知	客户在窗口加办	20 元 / 年
计次短信	企业客户利用邮政通信平台发布短信		0.12 元 / 条
其他	汇款回音服务	客户在窗口加办	1 元 / 笔
	汇款寄出通知	客户在窗口加办	1 元 / 笔
	汇款兑付通知	客户在窗口加办	1 元 / 笔

（五）中秋“思乡月”业务

2004 年中秋节前，国家邮政局推出“百年邮政与您共贺中秋”为主题的中秋“思乡月”活动。自治区邮政局利用广播、电视、报纸等媒体宣传中秋“思乡月”业务。邮政营业网点销售的月饼同商场价格同等条件下，顾客只需加5元就可邮寄到全国各地。9月29日，自治区邮政局中秋“思乡月”专项营销活动结束，全区共销售月饼33.05吨，实现业务量66237件，月饼销售额达到345.1万元，销售额全国排名第21名；差价收入实现130.5万元，差价收入全国排名第20名，差价收入占销售额的37.81%。

2004年各盟市局中秋“思乡月”专项营销活动业务量、业务收入完成情况表

表2-47

项目 单位	业务量（件）	业务销售额（元）	业务差价收入（元）	备　注
呼和浩特市局	12419	1186647	526379	其中：中秋节个性化邮品收入85900元
呼伦贝尔市局	7032	594600	204000	其中：与月饼捆绑销售白酒实现差价收入1.5万元，捆绑配送鲜花收入0.5万元
鄂尔多斯市局	2402	232375	98478	其中：与月饼捆绑配送鲜花收入7680元
包头市局	4882	253399	94295	其中：与月饼捆绑配送鲜花收入25580元
通辽市局	5506	226345	85027	其中：与月饼捆绑配送鲜花收入4800元
巴彦淖尔市局	6804	221364	64381	
乌海市局	1361	198668	57266	其中：中秋节“花好月圆邮票古币珍藏册”收入8400元
兴安盟局	2697	161783	57234	
锡林郭勒盟局	2479	84202	53361	其中：自带月饼寄递实现收入2.19万元，国际业务收入1300元
乌兰察布市局	5496	147808	33516	
赤峰市局	10494	92000	16000	
阿拉善盟局	1665	51733	15207	
全区	66237	3450924	1305142	

2005年，中秋“思乡月”专项营销活动销售额1202万元，同比增长248%；差价收入实现563万元，同比增长317%；量收绝对值位居全国邮政系统前十位。

2006年，中秋“思乡月”专项营销竞赛活动完成13.96万件，同比增长34.88%；销售额实现2260万元，绝对值全国排名第8位，比上年前移4位，销售额绝对值比上年增加1108万元；差价收入实现856万元，绝对值全国排名9位，比上年前移1位，同比增长68%，差价收入绝对值比上年增加346万元。

2007年，中秋“思乡月”专项营销活动累计销售3409万元，大客户营销占比达到83.53%，完成销售额目标的113.63%，全国排名第10位；实现差价收入1346万元，全国排名第7位。连续4年得到中国邮政集团公司的表扬。

2008年，中秋“思乡月”专项营销4481万元，差价收入1886.7万元，全国排名分列第10位和第11位。

第二节　邮政网络

一、邮政分拣

1991年12月28日，邮电部颁发新的《国内邮件处理规则》，自治区邮政自1992年6月1日起按照新《规则》规定的邮件分拣规格标准执行。

1993年，根据邮电部以时限为主线，推行邮区中心局体制的要求，内蒙古自治区邮电管理局确定了通辽、锡林浩特为全区中心局试点局，并分别于4月、6月开始试运行。中心局通过改变旧的直封经转关系，将平、挂信函，快件，包裹等邮件实行中心局与所辖分支机构直封直发，减少了处理环节和经转层次，加快了邮件传递速度。通辽中心局经转8个旗县市局161个分支机构的邮件，其中41个位于邮路沿线分支机构的邮件，传递速度比以前加快2天；中心局到7个旗县市局的邮件，比以前加快了1天，实现次日投递；另有40多个非干线邮路分支机构的邮件传递速度比以前平均加快了1天。锡林浩特中心局经转3个旗县49个分支机构的邮件，其中9个在干线邮路沿线分支机构的邮件，传递速度比以前加快了1天；同时锡林郭勒盟—张家口线的邮件比以前加快了1天。

1995年底，全区确定3个邮件分拣中心，确定9个中心局：呼和浩特市邮政局、海拉尔邮电局、乌海市邮电局、临河市邮电局、包头市邮电局、集宁市邮电局、赤峰市邮电局、通辽市邮电局、锡林浩特市邮电局。

1996年1月1日起，邮电部规定给据邮件一律使用条形码。条形码必须经部邮政用品用具检测中心检测合格。自治区邮政从3月15日起使用条形码。4月8日，呼和浩特市邮政局分拣科开始将挂刷邮件与包裹合并在一起，实施“包刷合一”分拣作业，共同使用包裹分拣机进行分拣。

1997年4月10日，赤峰邮区中心局体制正式开始运行。首批与此中心局实行邮件互封的是赤峰市南部6旗县（区）局的分支机构。12月30日，自治区邮电管理局印发《内蒙古自治区邮区中心局体制实施方案》，全区中心局确定为11个，即：呼和浩特、海拉尔为二级中心局（部定），包头、赤峰、乌海、东胜、锡林浩特、集宁、通辽、乌兰浩特、临河为三级中心局。呼和浩特市地区实现信函自动分拣，呼和浩特、包头等4个城市实现包裹自动分拣。

1997年内蒙古二、三级邮区中心局及所辖旗县局表

表2-48

中心局名	级别	所辖旗县（市）局
呼和浩特中心局	二级	市内3区、郊区、土默特左、托克托、武川、和林格尔、清水河、薛家湾、准格尔、四子王、苏尼特右、二连浩特
海拉尔中心局	二级	海拉尔市、满洲里、牙克石、伊敏、鄂温克、额尔古纳、根河、新巴尔虎左、新巴尔虎右、陈巴尔虎

续表 2-48

中心局名	级别	所辖旗县（市）局
包头中心局	三级	市内三区、郊区、石拐矿区、白云鄂博、土默特右、固阳、达尔罕茂明安联合旗、达拉特、乌拉特前旗
乌海中心局	三级	市区、乌达、海南、鄂托克、鄂托克前
赤峰中心局	三级	市区、松山、平庄、元宝山、宁城、敖汉、喀喇沁、翁牛特、巴林右、巴林左、克什克腾、林西、阿鲁科尔沁
临河中心局	三级	临河、磴口、五原、杭锦后、乌拉特中、乌拉特后
乌兰浩特中心局	三级	市区、科右前、阿尔山、扎赉特、突泉
通辽中心局	三级	市区、郊区、科左中、科左后、奈曼、库伦、扎鲁特、开鲁、霍林郭勒、科右中
锡林浩特中心局	三级	市区、苏尼特左、阿巴嘎、东乌珠穆沁、西乌珠穆沁
集宁中心局	三级	市区、卓资、兴和、丰镇、凉城、化德、商都、察右前、察右中、察右后、正厢白、正兰、镶黄、太仆寺、多伦
东胜中心局	三级	东胜、伊金霍洛、杭锦、乌审

说明: 阿拉善左旗、阿拉善右旗、额济纳旗、鄂伦春旗分别归银川、河西堡、酒泉、加格达奇邮区中心局。扎兰屯、莫力达瓦达斡尔族自治区旗、阿荣旗划归齐齐哈尔二级邮区中心局。进出口邮件都由划归的邮区中心局处理

1997 年内蒙古二、三级邮区中心局封发邮件表

表 2-49

中心局名	集散范围
呼和浩特二级中心局	呼和浩特邮区、包头邮区、东胜邮区
赤峰三级中心局	赤峰邮区，不够直封的发往锦州二级中心局
通辽三级中心局	通辽邮区，不够直封的发往沈阳一级中心局
乌兰浩特三级中心局	乌兰浩特邮区，不够直封的发往白城二级中心局
海拉尔二级中心局	海拉尔邮区，不够直封的发路向合适的一、二级中心局
集宁三级中心局	集宁邮区，不够直封的发呼和浩特二级中心局
临河三级中心局	临河邮区，不够直封的发呼和浩特二级中心局
乌海三级中心局	乌海邮区，不够直封的发呼和浩特二级中心局
锡林浩特三级中心局	锡林浩特邮区，不够直封的发呼和浩特二级中心局

1997 年各邮区中心局包件、挂号、挂刷出口处理集散范围表

表 2-50

中心局名	集散范围
呼和浩特二级中心局	呼和浩特邮区、锡林浩特邮区，并处理包头、集宁二个三级中心局不够直封的散件
包头三级中心局	包头邮区、东胜邮区、临河邮区、乌海邮区，不够直封的发呼和浩特二级中心局
集宁三级中心局	集宁邮区，不够直封的发往呼和浩特二级中心局
赤峰三级中心局	赤峰邮区，不够直封的发锦州三级中心局
通辽三级中心局	通辽邮区，不够直封的发往沈阳一级中心局
乌兰浩特三级中心局	乌兰浩特邮区，不够直封的发白城二级中心局
海拉尔二级中心局	海拉尔邮区，不够直封的发路向合适的一、二级中心局

1998 年 4 月 1 日起，包头、乌海、临河、东胜、锡林浩特、集宁邮区中心局范围内的出口平信、平刷邮件由呼和浩特邮区中心局集中处理；包头邮区中心局承担乌海、临河、东胜中心局的出口包裹任务。4 月 2 日，自治区邮电管理局就推行邮区中心局体制明确：东胜、乌海、包头、临河、锡林浩特为三级邮区中心局。4 月 15 日，呼和浩特市邮区中心局将包头、东胜、锡林浩特等邮区出口平信、平刷、包裹等邮件纳入呼和浩特邮区中心局处理。5 月 14 日，自治区邮电管理局明确：海拉尔为二级邮区中心局，集宁、通辽、赤峰为三级邮区中心局。6 月 1 日起，海拉尔、通辽、赤峰、包头、东胜、临河、乌海、锡林浩特邮区中心局陆续对进口平信、平刷、挂号信、挂刷、包裹邮件直封所属投递局。同日，通辽局完成通辽本邮区进口平信、平刷、包裹、挂号、快件、挂刷邮件由中心局处理直封投递局，和邮区内所属各局所出口邮件集中通辽邮区中心局处理的任务。6 月 20 日起，海拉尔邮区集中处理邮区内所属各局所的进口平信、平刷、包裹、挂号、挂刷、快件邮件由中心局处理直封到投递局，邮区内所属各局所出口邮件集中海拉尔邮区中心局处理。鄂伦春旗、扎兰屯、莫力达瓦达斡尔族自治区旗、阿荣旗邮件处理暂维持现状。赤峰局在完成部分旗县进口邮件直封投递局的基础上，全面完成赤峰本邮区进口平信、平刷、包裹、挂号、快件、挂刷等邮件由中心局处理直封到投递局和邮区内所属各局所出口邮件集中赤峰邮区中心局处理的任务。三季度起，集宁局完成集宁邮区内的出口平信、平刷集中呼市处理和邮区内其他邮件集中集宁中心局处理。在三季度末，完成对本邮区进口邮件直封投递局任务。各邮区中心局之间互寄邮件的直封标准仍执行《内蒙古自治区邮区中心局体制实施方案》中规定的平 50 件、挂 10 件、包 3 件。12 月 1 日起，内蒙古试行用信盒封发和运输平常信件，省会中心局到市内分支机构使用塑料信盒，其他中心局及干线邮路使用纸制信盒；每个信盒作为 1 个交换单元（总包）登列路单；信盒标签（袋牌），使用不干胶标签；分拣部门对于机械分拣与手工分拣的平信分别装盒，凡是机械分拣在标签上注明“机分”字样；1 个信盒比照 1 个自然袋统计，不得与邮袋混登混统；邮件运输部门按规定装卸和码放，运输过程中遇有破损信盒，应及时用邮袋加封；发运塑料信盒每 10 个空盒一摞，用包装带打十字，为 1 个单元（总包）；箱盖每 10 个为一摞，用包装带子打十字为 1 个单元（总包）；纸制信盒每 5 个箱体加 5 个箱盖为一摞，用包装带子打十字，为 1 个单元（总包）；空信盒由邮袋调拨管理部门发放和接收。

1998 年试行平常信件使用信盒单位、邮路、时间分段计划表

表 2-51

中心局	实行范围	运行区段	实施时间
呼和浩特、包头	呼和浩特市内转趟、 呼包各次火车、 呼和浩特—清水河之间	枢纽—中山路、 呼和浩特—包头段、 呼和浩特—清水河	12 月 1 日
临河、乌海	临河至各旗县之间， 乌海市内各区局之间	呼和浩特—乌海段、 呼和浩特—临河段	12 月 15 日
东胜、锡林浩特、集宁	锡林浩特至各旗县之间，东胜至各旗县之间，集宁市至各旗县之间	呼和浩特—东胜、 呼和浩特—锡林浩特 呼和浩特—集宁	12 月 25 日

1999 年 1 月，自治区邮政局重新调整普通邮件分拣封发关系，以 236 个邮区中心局为分拣单元进行格口调整，同时执行了新的直封标准。3 月 1 日，以邮区中心局为基础重新调整特快专递邮件分拣封发

关系。8 月 1 日，兴安盟出口普通邮件集中吉林省白城邮区中心局处理。10 月 1 日，调整锡林浩特和东胜普通邮件分发关系，取消锡林浩特和东胜对邮区内各旗县市的进口平信、平刷、挂号、挂刷、包裹分拣封发功能，分别由呼和浩特邮区中心局和包头邮区中心局直封到其所属投递局。通过调整，减少了邮件处理环节，加快了邮件传递速度，提高了呼和浩特和包头邮区中心局的规模处理能力和分拣效率。11 月 1 日，呼和浩特邮区中心局及其辐射的周边盟市发海口和拉萨的信函由原陆路运输改为发航空运输，加快了内蒙古地区发海南和西藏信函的传递速度。同时，使呼和浩特发全国各省会的信函传递时限最长缩短为 6 天。年末，全区有呼和浩特、海拉尔 2 个二级邮区中心局，包头、赤峰、乌海、通辽、集宁、锡林浩特、东胜、临河 8 个三级邮区中心局。

2000 年 1 月 1 日起，全区在通辽和集宁邮区试行报刊集中邮区中心局分发。旗县所在地和分支机构报刊传递速度加快 1—2 天，并使 2 个邮区减员 20 余人。3 月 1 日起，自治区邮政局调整本地区普通邮件分拣封发关系，邮件直封标准改为：平常信函和平常印刷品满 130 件，挂号信函和挂号印刷品满 30 件，包裹满 5 件或平、挂印刷品重量达到 5 千克。5 月 1 日，呼和浩特邮区中心局与东部海拉尔、赤峰、通辽邮区中心局之间互寄的平常信件使用纸制盒封发运输。6 月 6 日，呼和浩特邮区中心局成立，标志着自治区邮运体制改革工作进入了新的阶段。9 月 1 日，全国邮件时限调整，8 个盟市局的 300 余名职工涉及夜班作业，生产成本增加 300 多万元，各局严格执行邮件发运计划，使进出口各类邮件传递速度普遍加快 1—2 天。年底，全区共有呼和浩特、海拉尔 2 个二级邮区中心局，包头、赤峰、通辽、集宁、临河 5 个三级邮区中心局；有呼和浩特、二连浩特、满洲里 3 个国际邮件交换站。

2001 年 1 月 1 日，国家邮政局将 236 个邮区中心局调整为 201 个，乌海、东胜、锡林浩特 3 个三级中心局被撤销。乌海的进口邮件由银川经转处理，东胜的进口邮件由包头市邮政局经转处理，锡林郭勒盟南部旗县进口邮件仍由集宁经转处理。调整后，全区有呼和浩特、海拉尔 2 个二级中心局；包头、临河、赤峰、通辽、集宁 5 个三级中心局。年底，海拉尔二级邮区中心局及包头、赤峰、集宁等三级邮区中心局分别挂牌运行；赤峰、通辽、海拉尔等局完全按照“三状化”（即信函状、扁平状、包状）的要求进行了合台作业；4 月 1 日，赤峰、海拉尔市邮政局按照通辽、集宁报刊集中封发模式改革运行方式。

2002 年 3 月 10 日起，原加格达奇经转的邮件调整到齐齐哈尔经转。5 月 28 日，自治区邮政局印发《全区各级邮区中心局内部生产作业组织优化调整的意见》，各邮区中心局全部挂牌成立，并按照扁平化管理的模式调整了内部生产机构，实施邮区中心局内部管理的规范化和标准化。6 月 1 日，临河三级邮区中心局实行邮区内报刊的集中封发，所属旗县分拣封发功能取消。9 月 1 日，各级邮区中心局进出口邮件全部实行“三状化”，邮件处理封发种类减少，成本降低。同时，在不影响邮件传递速度的前提下，实行区内三级中心局各类出口邮件向就近的一、二级中心局集中，全网运行效率明显提高，80% 以上的旗县分拣封发功能取消或弱化。9 月 9 日，呼和浩特市邮政局承担的快递包裹内部处理工作调整到呼和浩特邮区中心局处理。

2003 年 7 月 21 日，自治区邮政局印发《全区各级邮区中心局生产作业组织标准化实施意见》，按照强化二级中心局邮件处理功能、弱化并取消三级中心局和旗县局业务功能的原则，调整各局的邮件分拣封发关系，实行规模化生产和三状化作业，减少邮件的处理环节和重复劳动。8 月 19 日，自治区邮政局印发《内蒙古邮政局调整改革普通邮件分拣封发关系实施方案》，9 月 1 日起，出口邮件封发关系为全国一、二级邮区中心局之间建立直封关系；一、二级邮区中心局对本省以外的三级邮区中心局达到直封标准的建立直封关系，达不到直封标准的封至寄达局指定的一、二级邮区中心局经转；进口邮件封发关系为区内各级邮区中心局对其经转范围内的各分支机构建立直封关系。承担包头、集宁、临河三级邮区中心局邮件经转任务的呼和浩特二级邮区中心局，还要对包头邮区、包头邮区所属的鄂尔多斯市和临河邮区、集宁邮区内的盟市所在地和所属旗县（含锡盟部分旗县）建立直封关系。呼和浩特邮区中心新增直封的旗县：包头市的东河区、青山区、昆区、九原区、土默特右旗、固阳县、达尔罕茂明安联合旗；鄂尔多斯市的东胜区、达拉特旗、伊金霍洛旗、乌审旗、乌拉特后旗、乌拉特前旗；乌兰察布盟的集宁市、丰镇县、察右前旗、卓资县、察右后旗、化德县、商都县、察右中旗、兴和县、凉城县；锡林郭勒盟的镶黄旗、正镶白旗、太仆寺旗、正蓝旗、多伦县。

2004年7月20日，呼和浩特和海拉尔二级邮区中心局执行国家邮政局《关于做好火车邮路总包信息互联互通工作的通知》。8月1日起，执行国家邮政局《关于做好航空邮路总包信息互联互通工作的通知》，所有已经上线的航空通运局之间实现特快航空总包信息数据的网上传输。8月10日起，包头、临河、集宁邮区中心局之间不再建立普通邮件的直封关系，出口区内和区外的信函状、扁平状、包状（包括快递包裹）邮件按照“三状化”的封装要求一律封呼和浩特邮区中心局处理。进口普通邮件，各级邮区中心局对其经转范围内的各投递局建立直封关系，呼和浩特邮区中心局对包头、临河、集宁经转范围内的盟市旗县所在地各投递局建立直封关系，旗县以下邮件封三级邮区中心局处理。封发关系的调整，使呼和浩特二级邮区中心局普通邮件处理量提高20%，强化了大局的分拣封发功能，提高了大局的设备利用率，实现了三级中心局的减员增效，既减少了经转环节，又加快了邮件的传递速度。10月10日，执行国家邮政局《关于改革邮区中心局总包邮件交接处理办法的通知》，全区各级邮区中心局生产作业系统上线运行，实现全网资源共享，实施局内邮件交接无纸化、总包邮件袋牌条码化、总包邮件信息化。

2005年，自治区邮政局制定《畅销报刊传递速度的意见》。通过干线邮路调整、内部处理流程优化、投递体制改革，中央级和省级大报当日上午投递的城市由呼和浩特市1个增加为呼和浩特、包头、集宁、鄂尔多斯（部分）4个城市，上午投递率达到33%，《人民日报》《内蒙古日报》《参考消息》等中央级省级报纸当日递的盟市达到9个，比提速前增加3个。中央级和省级大报均能当日递的旗县所在地（含县级市）城镇达到27个，比提速前增加7个；次日递的达到43个，比提速前增加3个；当日递和次日递旗县共占旗县总数的85.37%。5月30日，在呼和浩特、包头、集宁、临河、乌海、东胜6城市间开办特快专递“次晨达”业务。6月30日起，呼和浩特邮区中心局对鄂尔多斯市所属的东胜区、达拉特旗、伊金霍洛旗、杭锦旗、乌审旗、鄂托克旗、鄂托克前旗、上湾村、棋盘井镇，包头市所属的土默特右旗，巴彦淖尔市所属的乌拉特前旗邮政分支机构进口的各类普通邮件进行直封。

2006年1月1日，调整鄂尔多斯市等邮政局的报刊分拣封发关系。将包头邮区中心局负责封发的鄂尔多斯市东胜区、达拉特旗、伊金霍洛旗、乌审旗、杭锦旗，包头市土默特右旗，巴彦淖尔市乌拉特前旗，宁夏银川邮区中心局负责封发的鄂尔多斯市鄂托克旗、鄂托克前旗报刊邮件的分拣封发关系和干线报刊总包经转关系调整到呼和浩特邮区中心局。呼和浩特邮区中心局对上述邮政局的进口报刊进行直封。呼和浩特邮区中心局对上述旗县（区）报刊封发后的发运计划为鄂尔多斯市棋盘井镇的进口报刊由呼和浩特市赶发火车到乌海市，由乌海市至棋盘井镇汽车带运，其他各旗县（准格尔除外）的进口报刊由呼和浩特市至东胜区快速汽车邮路带运；土默特右旗进口报刊由呼包汽车带运；乌拉特前旗进口各类报刊由呼银汽车带运。乌海市至鄂托克旗干线汽车邮路停运，同时，延伸乌海市至海南汽车邮路至棋盘井镇，鄂尔多斯市所属各旗县收寄发棋盘井镇各类邮件由呼和浩特市至东胜区返程汽车带运包头市，由包头市赶发K177次火车到乌海市衔接乌海市至棋盘井镇汽车邮路带运。卡拉库进出口各类邮件由鄂托克旗邮政局利用委办汽车带运。撤销天津至乌海西2141次干线火车接发频次。为加快报纸传递速度，自7月1日起，乌海市订阅的《人民日报》《参考消息》《环球日报》，阿拉善盟订阅的《环球日报》由呼和浩特市分印封发调整为由银川分印封发。同日，全国特快专递邮件省际封发单元调整为168个，区内呼和浩特、包头、通辽、赤峰和海拉尔对全国特快省际封发单元建立直封关系，特快邮件的传递频次由原来的三进三出调整为二进二出。11月8日起，再次对各省会城市及副省级城市间互发的640种，及区局确定的17种畅销报刊进行提速，呼和浩特市分印当日上午交邮发的出口畅销报刊在16个省会城市实现“当日递”“次日递”或“隔日递”。为加快满洲里省际进出口特快邮件传递速度，将满洲里进出口特快邮件分拣封发关系调整到哈尔滨邮区中心局，满洲里省际出口特快邮件直封哈尔滨进行集散，其中满洲里所属扎莱诺尔省际进口特快邮件由哈尔滨直封，出口特快封海拉尔处理经转。从3月26日起邮区中心局“三化”改革工作启动，制定《内蒙古邮政局关于推行邮政生产管理扁平化、作业流程标准化和生产操作规范化实施指导意见》，全区12个盟市局和呼和浩特邮区中心局分2批组织实施“三化”改革工作。11月5-7日，国家局“三化”改革检查验收组对呼和浩特邮区中心局进行检查，实现总包邮件信息和实物的“总进总出”，上线局全部实行网上发验和复验，进出口总包邮件扫描率达到98%以上，邮件处理规格合格率达到99.5%以上。

2007年1月16日，中国邮政集团公司在全网启动两网互通试点和实施推广工作，内蒙古自治区各级邮区中心局于4月1日起正式上线运行。区内8个上线局的中心局生产作业系统和报刊分发系统进行4.1版本升级。呼和浩特邮区中心局“交叉带式包件分拣机”系统进行升级。区内营业系统与网运系统互联互通工程切换上线。实现了中心局利用网上信息上机分拣邮件，给据邮件处理全过程实物流和信息流的有机结合，邮区中心局分拣模式向网络化分拣模式的过渡。初步建立起了各类邮件信息系统间横向联通的平台。8月28日，全区开办了经济快递业务，各局制定邮件发运计划增加经济快递邮件发运计划，经济快递发运计划比照原有陆运部分特快计划和轻件计划制定，主要利用干线火车和快速汽车邮路带运。

2008年6月20日起，呼和浩特—东胜普通邮路返程增加包头交接频次，鄂尔多斯二频收寄（利用呼和浩特—东胜普通邮路返程带运）的出口省际特快邮件由呼和浩特调整到包头处理，衔接包头次日早晨民航航班。鄂尔多斯原发阿拉善盟、乌海、临河、包头特快邮件由呼和浩特—东胜普通邮路返程带运至包头，发阿拉善、乌海、临河特快邮件衔接K177次火车带运。自7月15日到9月20日，为配合国家安全机关在源头对发往北京、天津、上海、沈阳、青岛、秦皇岛6个涉奥城市的邮件进行安检，包头、通辽、赤峰对上述6个涉奥城市的各类邮件建立临时分拣封发关系，对发6个涉奥城市的各类邮件在本地设立直封格口；分别单独装袋封发。10月20日起，各类普通邮件的省际封发单元调整为75个一、二级邮区中心局，原德州的省际分拣封发关系并入济南，吉林并入长春。呼和浩特、海拉尔对北京、沈阳、天津、武汉、郑州、广州、成都的各类普通邮件按“本、转”分别设置格口；对上海的挂信按“本、转”分别设置格口。其他各局按“本转不分”进行格口设置。

2009年，自治区邮政公司制定《关于推广大宗函件邮编预处理及分拣前置处理模式的方案》，对月均交寄平常函件1万件或挂号函件0.5万件以上，或者单批次交寄平常函件量在2万件以上的大宗客户，实施大宗函件邮编预处理或批局批段。对于本市市区内大宗函件，实行批局批段，对异地大宗函件，实行邮编预处理。本市互寄大宗函件在函件制作过程中，直接按投递局或投递道段打印，由函件制作或收寄部门就地直接分拣到投递局或投递道段；异地大宗函件，在函件制作过程中，按邮编顺序打印，对达到直封标准的（寄往同一个局达到100件的或者平刷邮件能够装满2号袋的），按照省内分拣封发关系（阿左和乌兰浩特直封，不再通过所属中心局经转）进行直封，平常信函按邮编顺序装入信盒，给据信函按顺序捆把；不够直封标准的，平常函件按邮编顺序装入信盒，挂号函件按邮编顺序捆把，交中心局处理。

2010年，自治区邮政公司对全网普通邮件分拣封发关系实行了集中管理。根据格口邮件量变化情况以及经营对时限的需求，动态调整分拣封发关系。增加呼和浩特邮区中心局的总包直封率，减少部分三级局的作业环节，加快了邮件传递速度，同时，改革平常邮件总包封发业务要求，在平常邮件总包信息及袋牌上增加总包号码信息，实现了对平常邮件总包在运输环节的时限跟踪，减少了平常邮件总包在交接环节的作业差错。各级邮区中心局的网上清单及时准确率达到99.95%以上，给据邮件网络化分拣率在99%以上，信息发送率和总包邮件勾核扫描率100%。呼和浩特、海拉尔参与了全国的普通总包无纸化运行工作，赤峰、通辽参与了东北三省无纸化运行工作。建立大宗包裹流量流向预报制度。启动中心局间大件包裹邮件散件外走模式的试行工作，加快了大件包裹的封发速度，缓解了邮袋紧张压力。包状邮件采取大件散件外走，小件装敞口容器，信函、印刷品装信盒的封装模式，减少邮袋使用，各盟市市内转趟及干线邮路散件外走。呼和浩特邮区中心局包裹分拣机进行自动封发功能改造，减少散件扫描环节，提高包裹分拣效率；在全区范围内组织了报刊分发网络化、电子化改造，投资87.5万元对7个中心局报刊分发电子显示系统进行硬件格口改造和业务软件更新，5个非中心局采用无线分发板远程登录系统要数，改变了人工翻阅分发报簿的处理模式，提高了报刊分发效率和准确率，减轻了员工劳动强度，为早报早投提供保证。

二、国际邮路与分拣

1991年，全区国际邮件交换站有：二连浩特、满洲里。

1993年7月26日至28日，内蒙古自治区邮电管理局与蒙古国通信总公司就开通二连浩特至扎门乌德汽车邮路在二连浩特市进行商谈。同年10月9日，中蒙两国邮政代表团在乌兰巴托就开通两国之间邮路进行实质性会谈。1994年1月4日开通试运行，邮路长12公里，班期定为周二班，每星期二、六运行，当日往返。

1995年4月28日，呼和浩特海关驻呼邮办事处正式开业。内蒙古自治区结束了进出口国际邮件需要到区外报关、验关的历史，加快了区内国际邮件的传递速度。

1998年3月23日，俄罗斯通知从4月1日起暂停派押邮政车赴满洲里交换水陆路总包邮件，俄罗斯发往中国的水陆路总包邮件一律改为空运。鉴于上述情况，为确保中国寄往俄罗斯水陆路邮件的正常发运，邮电部邮政总局决定从4月1日起：满洲里国际邮件交换站，暂停与俄罗斯交换邮件总包，但满洲里互换局封发总包关系不变。原各相关互换局封往俄罗斯的水陆路邮件总包及退回俄罗斯的水陆路空邮袋一律发经绥芬河国际邮件交换站交换出境（黑河互换局除外）。北京发古巴哈瓦那的水陆路出口总包改发哈萨克斯坦转发俄罗斯。原经满洲里退回其他国家的空运水陆路空邮袋一律交发原带运进口邮件总包航班所属航空公司运退。水陆路空邮袋交发原进口水陆路路由运退。8月1日，呼浩特国际邮件互换局兼交换站正式开始工作。同日，自治区邮政执行国家邮政总局《关于暂将寄往俄罗斯水陆路邮件改为SAL邮件收寄、封发的通知》，即日起：将寄往俄罗斯的水陆路邮件暂按空运水陆邮件（SAL）收寄，由北京互换局向莫斯科互换局封发SAL函件和SAL包裹总包，总包交由中国国际航空公司北京—莫斯科航班带运，根据业务量每周发运1—2次。同日，北京、哈尔滨、满洲里暂停向俄罗斯相关互换局封发水陆路函件总包和水陆路包裹总包。哈尔滨—海参崴、绥芬河—海参崴、黑河—布拉戈维申斯克水陆路函件和包裹总包仍维持封发和边境交换，寄往俄罗斯阿穆尔州和海参崴地区的水陆路函件和包裹可收寄并分别发往黑河、哈尔滨或绥芬河互换局封发出口。从信筒中开出寄往俄罗斯以及经其散转的水陆路函件，一律按SAL函件转发。9月1日，呼和浩特市邮政局、各盟市所在地及二连浩特、满洲里邮电局试办向美国寄发全球优先函件业务，赤峰、通辽、海拉尔3个指定经转局收寄及经转的出口全球优先函件，直封北京互换局验关并出口，该类邮件不再发呼和浩特市局。全球优先函件比照平常航空函件收寄，封发全球优先函件时，单独捆扎，与航空函件一起运输。

1999年4月，呼和浩特市、赤峰、通辽、海拉尔4个指定经转局参加万国邮联组织的国际邮件发运质量检测活动；8月，根据国家邮政局对国际路由的调整，将内蒙古地区发往越南老街省和谅山省的国际水陆路邮件由原发北京互换局出口改为分别发昆明、南宁互换局出口；11月，对二连浩特市和满洲里市2个边境国际邮件交换站基本情况进行了调查，并向国家邮政局国际业务处报送了2交换站需建设和改造的项目。年底，全区有呼和浩特、二连浩特、满洲里3个国际邮件交换站。

2000年5月15日，在全区范围内开办TNT公司的进口印刷品投递业务；6月26日，将内蒙古地区寄往斐济的航空函件和包裹由原发广州互换局出口调整为发上海互换局出口；6月，开始办理香港特别行政区到内地直接进入业务的投递工作；7月，呼和浩特国际账务输入局正式开始运行，负责呼和浩特、二连浩特、满洲里3个国际邮件互换局（兼交换站）的国际邮件账务输入工作；10月1日，将内蒙古地区寄往哥伦比亚、巴西、墨西哥、南非、埃及、加纳6个国家的水陆路函件由原发北京互换局出口调整为发上海互换局出口；12月，国家邮政局国际合作司批准呼和浩特与香港特别行政区及日本东京、大阪的航空包裹、特快专递邮件总包直封关系。

2001年1月3日，呼和浩特市邮政局与日本东京、大阪及中国香港特别行政区邮政部门正式建立航空包裹和特快专递总包直封关系，内蒙古地区出口上述国家和地区的国际邮件提速1—2天。9月22—23日，国家邮政局与蒙古国邮政总公司，在二连浩特市就两国邮件交换过程中存在的问题进行友好协商，并就中蒙邮政的区域合作问题交换了意见，同时双方签署会谈备忘录。关于邮件交换问题，双方达成共识。一是针对二连浩特——扎门乌德区间汽车邮路运输中，蒙方邮运汽车车厢容积小、车况差、不能按时交换邮件等问题，蒙古国邮政总公司同意自2001年10月起配置一辆8吨厢车专门运输二连浩特—扎门乌德区间的国际邮件，并尽快为邮车喷涂邮政标识，以方便邮车过境通关。双方运输邮件仍执行按季轮换的规定，即第一、三季度由中方二连浩特市邮政局执行运输任务，第二、四季度由蒙方扎门乌德邮政局执行运输任务。邮运班期仍定为每周一、五上午进行交换，并建立交换联系制度，明确双方责任人和联系电话，遇有特殊情况及时处理。二是年内蒙方扎门乌德口岸联检部门不再同意蒙方邮件交换人员持名单出入境，而要求改持护照。双方口岸联检部门对持名单出入境人员、车辆按照公务对待，优先放行，而对持护照出入境人员、车辆则实行排队放行，造成通关时间较长。针对这一问题，蒙方建议以换函形式尽快签署双方合作协议，并在协议中明确邮车持名单出入境，以加快邮车过境速度。中方原则同意，并尽快换函签署协议。三是关于乌兰巴托—呼和浩特间航空邮路问题，双方要尽快同本国航空部门协商解决邮件运输问题，使航空邮路步入正轨。关于中国内蒙古自治区邮政局与蒙古国邮政总公司进行区域合作问题。一是在内蒙古境内和蒙古国间开办区域性的边境包裹业务，并经测算后放宽重量、尺寸限度，互免终端费。二是双方对邮购业务的合作都非常感兴趣，内蒙古邮政局将尽快把产品目录及价格情况提供给蒙方，以便加快合作事宜。三是关于在蒙古国发行中国报刊事宜，中方表示赞同，内蒙古邮政局将在政策、法律允许的情况下，与蒙方商谈具体合作事项。双方还决定每年进行一定层次的互访和会晤。

2003 年 5 月 6 日，执行国家邮政局《关于对部分国际、港澳台小包和包裹按址投递到户的通知》，按址投递区域范围比照国内包裹的投递区域范围执行。8 月 18 日，执行国家邮政局《台湾小包收寄范围扩大到全国的通知》，收寄的台湾小包比照国际邮件发指定经转局，由指定经转局进行检查把关后发呼和浩特国际局验关，呼和浩特市邮政局验关后转发广州互换局。如果收寄局指定经转局影响时限的，可以直接将邮件发呼和浩特市邮政局。

2005 年 12 月 15 日，依据中国邮政与蒙古国邮政会谈备忘录，增加二连浩特与蒙古国扎门乌德国际干线汽车邮路的运行频次，由原来每周 2 频次增加到每周（一、三、四、五）4 频次，双方局邮件交接时的 CN37 路单由原来 2 份增加到 7 份。邮路承担仍执行原来协议，即二连浩特和扎门乌德每 3 个月交换一次。

2008 年 9 月 12 日起，将扎兰屯的出口国际邮件验关地点由北京调整到哈尔滨，扎兰屯每日营业终了收寄的国际邮件，直封哈尔滨，拴挂哈尔滨国际袋牌，利用 N92 次火车带运至哈尔滨处理，扎兰屯出口国际邮件（包括函件、包裹、EMS 邮件）的验关调整为由哈尔滨海关（驻邮局办事处）负责，缩短了扎兰屯出口国际邮件境内传递时限。

三、邮政运输

1991 年 2 月 1 日，增加东胜一大柳塔自办汽车邮路，全长 75 公里。

1991 年邮路统计表

表 2-52　　**单位：公里**

	总计	一级	二级	市内	农村
邮路（条）	997	11	54	219	713
总长度单程	67048	13760	9752	1879	41657
航空	10641	10140	501		
铁道	6772	3620	2675	159	318
自办汽车	12844		5336	1102	6406
委办汽车	24391		1240	32	23119
摩托车	6800			162	6638
其他机动工具	186			9	177
自行车	4316			405	3911
畜力班	881			2	879
步班	217			8	209

1992 年 11 月 15 日，增加呼和浩特市—薛家湾自办汽车邮路，全长 200 公里。4 月 15 日，集宁—兴和委办汽车邮路（101 公里），集宁—凉城委办汽车邮路（79 公里），集宁—察右中旗委办汽车邮路（70 公里），改为自办汽车邮路。

1992 年邮路统计表

表 2-53　　　　单位：公里

	总计	一级	二级	市内	农村
邮路（条）	991	11	55	216	709
总长度单程	66966	13760	9714	1847	41645
航空	10641	10140	501		
铁道	6772	3620	2675	159	318
自办汽车	13724		5705	1111	6908
委办汽车	23506		833		22673
摩托车	6949			168	6781
其他机动工具	188			11	177
自行车	4243			388	3855
畜力班	865			2	863
步班	78			8	70

1993 年 5 月 31 日，增加东胜—杭锦旗自办汽车邮路，全长 141 公里；东胜—薛家湾自办汽车邮路，全长 200 公里。8 月 13 日，新巴尔虎右旗—满洲里委办汽车邮路（130 公里）改为自办汽车邮路。

1993 年邮路统计表

表 2-54　　　　单位：公里

	总计	一级	二级	市内	农村
邮路（条）	970	11	56	200	703
总长度单程	66139	13760	9696	1826	40857
航空	10641	10140	501		
铁道	6772	3620	2675	159	318
自办汽车	16708		5687	1137	9884
委办汽车	19693		833		18860
摩托车	6219			126	6093
其他机动工具	458			6	452
自行车	4829			387	4442
畜力班	740			2	738
步班	79			9	70

1994 年 1 月 4 日，开通二连浩特—蒙古国扎门乌德自办汽车邮路，全长 12 公里。5 月 1 日，自治区开通第一条首府至盟市所在地快速长途自办汽车邮路呼和浩特—锡林浩特快速汽车邮路。邮路西起呼和浩特，途经武川县、四子王旗、苏尼特右旗、苏尼特左旗、阿巴嘎旗 5 个旗县，东至锡林浩特，全长 655 公里。同年 11 月 5 日，对呼和浩特至锡林浩特邮路进行调整，将该邮路接力运邮形式改为直达运邮形式，由呼和浩特局和锡林浩特局分别派押，班期为逐日对开，当日分别抵达呼和浩特和锡林浩特并增开呼和浩特至锡林浩特特快专递自押邮路，同时在沿途交换局开办特快专递自押业务。同日，开通集宁—太仆寺自办汽车邮路，全长 305 公里。11 月 15 日，北京—呼和浩特汽车邮路延伸至呼和浩特—二连浩特，全长 429 公里；同日，由呼和浩特市—达尔罕茂明安联合旗汽车邮路调整为达尔罕茂明安联合旗—武川，全长 125 公里。

1994 年邮路长度统计表

表 2-55 **单位：公里**

	总长度单程	一级	二级
邮路总长度	67551	13460	17744
航空	10641	10140	501
铁道	7050	3620	3345
自办汽车	20961		10418
委办汽车	18378		2888
其他邮路	10521	10521	592

1995 年 6 月 28 日，自治区开通第一条跨省区的快速干线汽车邮路，邮路起点内蒙古的通辽市，途经科左后旗和辽宁省的彰武县、新民市，终点沈阳市，单程 273 公里，为逐日班，当日抵达。7 月 10 日，增加乌兰浩特—白城自办汽车邮路，全长 100 公里。8 月 1 日，呼和浩特邮政局开通呼和浩特至北京快速干线汽车邮路，是该局开通的首条出省汽车邮路，邮路长 630 公里。邮运班期为逐日班。9 月 25 日，增加呼和浩特—包头—东胜自办汽车邮路，全长 317 公里。年内，调整增加汽车邮路 18 条。邮路 837 条，一级干线 7 条，二级干线 243 条。

1995 年邮路统计表

表 2-56 **单位：公里**

	总长度单程	一级	二级
邮路总长度	68751	13760	19228
航空	10641	10140	501
铁道	6929	3620	3224
自办汽车	25679		11255
委办汽车	15351		3690
其他邮路	10151		558

1996 年 3 月 5 日开通呼和浩特—大同—太原快速干线汽车邮路，全长 626 单程公里，逐日班。该邮路将途经的集宁、大同、朔州、忻州等地作为邮件交换点。呼和浩特市邮车站的发车时间为 17 点，到达太原的时间为次日 7 点 30 分。太原邮车站发车时间为 22 点 30 分，到达呼和浩特市的时间为次日 12 点 30 分。在邮车发运及到达相关邮件交换点之前，各局收寄的特快邮件和快件可在次日投送到收件人手中，从而改变了以往靠火车发运沿途停靠站多、停靠时间长、邮件抵达时间晚的状况。5 月 16 日开通东胜—鄂托克旗快速干线汽车邮路，全程 250 公里，伊克昭盟邮电局自筹资金 30 万元购置 1.25 吨五十铃邮政箱式车 2 辆运邮。该邮路开通后，杭锦旗、鄂托克旗每日有 2 个邮运频次，东胜—鄂托克前旗的邮件实现了第三日投递。7 月 1 日开通呼和浩特—清水河快速汽车邮路，系区内二级干线邮路。该邮路开通后，提高了清水河县局收寄邮件的传递时限，同时为呼清公路沿线各支局所开办邮政特快专递业务创造了条件。11 月 1 日，赤峰市锦山—四十家子—王爷府—旺业甸—美林委办汽车邮路改为自办汽车邮路，同时撤销了四十家子—锦山、美林—旺业甸自行车班邮路。全区邮路总条数 904 条，其中一级 7 条，二级 149 条。农村投递路线总长度（单程）104694 公里。

1997年4月8日，火车运行改点，邮运按照新的火车运行计划进行调整，全网邮运畅通。8月1日起撤销包头至白云鄂博铁道邮路。该邮路撤销后包头发白云鄂博邮件改由包头至达尔罕茂明安联合旗邮车带运；沿途局的邮件由相关局邮车运送。8月15日开通赤峰至北京快速干线汽车邮路，全长475公里，班期为逐日班，沿途与喀喇沁旗、河北省承德邮电局、北京航站、北京速递局办理邮件交接。全区邮路达到904条，单程长度71006公里，其中：一级邮路10069公里，二级邮路20863公里。航空邮路10504公里，铁路邮路6623公里，自办汽车邮路30766公里，委办汽车邮路15189公里。农村投递路线103991公里。呼和浩特市邮政局邮件转运站被评为全国文明转运站。

1998年4月30日起，开通集宁—察右后旗自办汽车邮路，同时取消租用集宁—二连753/4次火车行李车20立方米容间，即撤销集宁至二连浩特铁道邮路。集宁至二连浩特铁道邮路撤销后，原集宁本转发苏尼特右旗、二连浩特市的各类邮件一律改发呼和浩特市经转，原京包线各车次带运发苏尼特右旗、二连浩特市的各类邮件及出口国际邮件由原卸集宁市经转改卸呼和浩特市经转。取消丰镇、察右前旗、卓资县火车接发频次后，集宁至卓资邮路亦按时开通运行，原京包线各车次带运发丰镇、察右前旗、卓资县的各类邮件一律卸集宁市经转，原呼和浩特市利用542次带运发丰镇、察右前旗，利用192次带运发卓资县的《人民日报》《内蒙古日报》，一律改发兰京44次带运，卸集宁经转自办汽车。集宁至二连浩特火车邮路撤销后，锡林郭勒盟局亦相应开通苏尼特右旗至集二线沿途分支机构的邮路。5月5日起，呼和浩特—土默特左旗汽车邮路正式开通运邮，邮路为直线型，邮路单程为57公里，运邮班期为当日班，邮车当天折返，邮车派押局为呼和浩特邮区中心局，并实行“司押合一”。同时，对现行呼和浩特市至薛家湾、托克托县至呼和浩特市2条邮路进行调整：呼和浩特市至薛家湾镇邮路取消绕行土默特左旗，延伸伊克昭盟所属准格尔旗，邮路单程为305公里，班期为当日班，邮车当天折返，邮车派押任务仍由呼和浩特邮区中心局承担，并实行“司押合一”。托县至呼和浩特市邮路取消绕行土左旗，改为直达呼和浩特市，邮路单程为85公里，班期为当日班，邮车当日往返，邮车派押任务仍由托克托县局承担，并实行“司押合一”。10月1日，铁道部实行新的列车运行图，铁道邮运随之变更，普邮：京包兰43/4次邮车由1/2厢运邮改为整车运邮，沿途有接发频次的局可按计划配发重件；原北京南至乌海西541/2次车改为544/1、542/3次，延伸至天津西，沿途巴彦淖尔盟所属乌拉特前旗、五原（刘召）、磴口局增加该车普邮接发频次，呼和浩特市所属土默特左旗取消该车邮件接发频次，其中集宁以西各局原发542次车北京本转重件停发，调整为只发天津、沧州、唐山、秦皇岛本转轻重件；原北京至包头517/8次车改为516/7、518/5次，延伸至石家庄，沿途包头所属土默特右旗取消518次车邮件接发频次，其中呼和浩特、包头、集宁原发518次车北京本转重件停发，调整为只发石家庄、保定、邢台、邯郸、衡水本转轻重件；原通辽局接发锦州至通辽的893/4次车邮车撤销，通辽改接齐京467/8次邮车，同时取消沿途哲里木盟所属甘旗卡的邮件接发频次；哲里木盟所属科左中旗取消平齐583/4次车邮件接发频次；哲里木盟所属奈曼旗取消呼海193/4次车邮件接发频次；巴彦淖尔盟所属乌拉特前旗、五原（刘召）县、磴口县局取消呼兰501/2次车邮件接发频次；原通辽派押通辽至沈阳快速汽车邮路，调整为轻重件合一邮路，改为沈阳局派押，具体运行时间由哲里木盟局同沈阳局协商办理；阿拉善盟所属营盘水的邮件原由甘肃景泰经转改为干唐经转，具体交接事宜由阿拉善盟局与相关局协商办理；呼伦贝尔盟所属扎兰屯免接齐扎815/6次邮车；北京北站，恢复192/1次京广线重件交接；赤峰至北京快速汽车邮路增加正义路北京国际局交接频次并带运承德至北京国际特快邮件。发运路由调整：按照国家邮政局总调度室的要求，将东部4盟市发 193/4、195/6 次车京沪、京广重件发运路由和集宁以西各局发云贵川陕藏的轻件路由进行了调整。呼伦贝尔盟、赤峰市发京沪重件分别发哈尔滨、锦州经转，通辽发京沪重件发沈阳至通辽汽车带运由沈阳经转，兴安盟发京沪重件由白城发长春经转，原呼伦贝尔盟、通辽、赤峰发京广轻重件仍发呼海 194、196 次车带运。原集宁以西各局发云贵川陕藏的轻件原由大同经转改由银川经转，发以上各省重件仍发大同经转。年内，全区邮路 839 条；邮运干线一级 10 条，二级 62 条；邮路总长度（单程）69261 公里，其中一级 11349 公里，二级 16741 公里；航空邮路 10995 公里，其中一级 6171 公里，二级 4824 公里；铁道邮路 5936 公里，其中一级 3619 公里，二级 1770 公里；自办汽车邮路 27967 公里，其中一级 1559 公里，二级 1770 公里；委办汽车邮路 16319 公里，其中二级 130 公里，其他邮路 8044 公里；农村投递路线总长度（单程）107262 公里。

1999 年 1 月 1 日，京包线 43 次邮政车厢增加容间，撤销呼和浩特市至兰州 501/2 次铁道邮路，开通呼和浩特一银川自办汽车邮路干线汽车邮路。随着 501/2 次铁道邮路的撤销和呼和浩特市至银川汽车邮路的开通，即日起调整：呼和浩特市至土默特左旗邮路更换车型延伸至包头，所更换车辆由派押局内部调整解决。将包头至东胜邮路返程运行时间进行调整。撤销呼和浩特至东胜快速汽车邮路。

1999 年邮运时间表

表 2-57

<table>
<tr><td colspan="3">邮路名称：呼和浩特——银川
邮路行程长度：1600 公里
邮运班次：每周 7 次</td><td colspan="3">运输工具：（汽车）辆
车辆吨位：8 吨
实行日期：1999 年 1 月 1 日</td></tr>
<tr><td colspan="2">去　程</td><td rowspan="3">沿途交接邮件地点名称（按顺序）</td><td rowspan="3">各地点间距离（公里）</td><td colspan="2">返　程</td></tr>
<tr><td colspan="2">次</td><td colspan="2">次</td></tr>
<tr><td>到达时间</td><td>出发时间</td><td>到达时间</td><td>出发时间</td></tr>
<tr><td></td><td>6：00</td><td>呼市</td><td></td><td>21：30</td><td></td></tr>
<tr><td></td><td></td><td>包头</td><td>160</td><td>17：30</td><td>18：30</td></tr>
<tr><td>10：30</td><td>10：40</td><td>乌前旗</td><td>135</td><td>15：00</td><td>15：10</td></tr>
<tr><td>13：00</td><td>13：40</td><td>临河</td><td>150</td><td>12：00</td><td>12：40</td></tr>
<tr><td>15：00</td><td>15：10</td><td>磴口</td><td>79</td><td>11：00</td><td>11：10</td></tr>
<tr><td>17：20</td><td>17：30</td><td>乌海</td><td>100</td><td>9：10</td><td>9：20</td></tr>
<tr><td>21：00</td><td></td><td>银川</td><td>176</td><td></td><td>6：00</td></tr>
<tr><td colspan="6">邮路长度 800 公里</td></tr>
</table>

说明：派押单位：呼和浩特邮区中心局。去程带运呼和浩特市发沿途有交接频次各局本转各类邮件及沿途各局互发的各类邮件（机要除外）。返程带运银川和沿途各局发呼和浩特市本转及沿途各局间互发的各类邮件（机要除外）。

1999年邮运时间表

表2-58

邮路名称：呼和浩特——包头 邮路行程长度：346公里 邮运班次：每周7次			运输工具：（汽车）辆 实行日期：1999年1月1日		
去程		沿途交接邮件地点名称（按顺序）	各地点间距离（公里）	返程	
次				次	
到达时间	出发时间			到达时间	出发时间
	06：00	呼和浩特		18：00	
06：20	06：25	台阁牧	8	17：35	17：40
07：10	07：15	毕克齐	35	16：45	16：50
07：25	07：30	机场	5	16：30	16：35
07：40	07：50	察素齐	8	16：10	16：20
10：00		包头	116		14：00
邮路长度173公里					

说明　派押单位：呼和浩特邮区中心局。去程带运呼和浩特发包头的重件、发土默特左旗及台阁牧、毕克齐、机场的《人民日报》《内蒙古日报》及各类邮件。返程带运包头发呼和浩特市的重件和12：00以前收寄的特快邮件，土默特左旗的各支局所发呼和浩特的各类邮件（旗内互寄邮件外的其他各类邮件除外）。

1999年邮运时间表

表2-59

邮路名称：包头——东胜 邮路行程长度：114公里 邮运班次：每周7次			运输工具：（汽车）辆 实行日期：1999年1月1日		
去程		沿途交接邮件地点名称（按顺序）	各地点间距离（公里）	返程	
次				次	
到达时间	出发时间			到达时间	出发时间
	10：00	包头		22：00	
11：00	11：10	达旗	41	20：50	21：00
12：40	12：45	耳字壕	49		
13：30		东胜	24		19：00
邮路长度114公里					

附注　派押单位：包头邮政局。去程装包头发达拉特旗、耳字壕、东胜的各类邮件和沿途各局装发的各类邮件。返程装发东胜当日收寄的各类邮件和沿途各局装发的各类邮件。

4月1日，撤销呼和浩特—锡林浩特、清水河—呼和浩特、托克托县—呼和浩特3条快速汽车邮路，将这3条邮路带运的邮件改发当时的呼和浩特—清水河、呼和浩特—准格尔、呼和浩特—锡林浩特普件邮路带运；呼和浩特—包头汽车邮路增加陶思浩往返接发频次；将集宁—凉城、集宁—兴和、集宁—察右中旗、集宁—察右后旗、集宁—察右前旗—丰镇等6条汽车邮路合并为集宁—卓资—凉城、集宁—察右后旗—集宁—察右前旗—丰镇、集宁—察右中旗—集宁—兴和3条邮路，并对部分邮路在运行时间、接发频次相应调整。5月1日，东胜—乌审旗干线汽车邮路由对开改为当日往返运行。7月8日，国家邮政局撤销乌兰浩特—白城快速干线汽车邮路；同日，开通长春—乌兰浩特快速干线汽车邮路。9月1日，调整赤峰—北京等快速干线汽车邮路的运行时间，与北京航班和华北区快速干线汽车邮路衔接。10月18日，调整集宁—锡林浩特干线汽车邮路，由对开方式改为双方在太仆寺旗交接后返回各局。由于集宁—太仆寺旗段邮件量大，仍由乌兰察布盟邮政局派押，使用原邮路的大吨位汽车带运；锡林浩特—太仆寺旗段由锡盟邮政局派押，车型为2.75吨五十铃。10月31日，民航增加航班，暂停呼和浩特—北京干线汽车邮路，增加呼和浩特到站航班频次，并把集宁局收寄的陆转航特快邮件集中到呼和浩特赶发航班。11月1日，开通海拉尔—根河干线汽车邮路，全长270公里，逐日班，由呼伦贝尔盟邮政局派押。12月23日，调整包头—东胜、集宁—察右前旗—丰镇、集宁—兴和干线汽车邮路。年内，继续推行“司押合一”，全年减少28台邮运车辆和44名司押人员，减少邮运里程166万公里，降低运行费用320万元。1999年底2000年初，内蒙古东中部大面积降雪。期间邮车发生雪阻抛锚100余起，出动抢险车50多台次，未发生人员伤亡和邮件丢失损毁事故。年内，全区邮路总计808条，其中一级邮路9条，二级邮路48条；邮路总长度（单程）64183公里，其中一级邮路9499公里，二级邮路13803公里；航空邮路8454公里，其中一级邮路4476公里，二级邮路3978公里；铁路邮路5173公里，其中一级邮路2982公里，二级邮路1677公里；自办汽车邮路23586公里，其中一级邮路2041公里，二级邮路8018公里；委办汽车邮路20161公里，其中二级邮路130公里；其他邮路6809公里；快速邮路4条，总长度（单程）658公里，其中一级1条，520公里；农村投递路线总长度（单程）107280公里。

1999年全区干线邮路情况统计表

表2-60　　　　**单位：公里**

邮路名称	单程	运邮方式	备注
呼和浩特—北京	444	航空	一级
呼和浩特—广州	2410	航空	一级
呼和浩特—上海	1622	航空	一级
呼和浩特—赤峰	839	航空	二级
呼和浩特—海拉尔	1757	航空	二级
呼和浩特—通辽—乌兰浩特	1382	航空	二级
呼和浩特—海拉尔	2475	铁道自办	一级
海拉尔—齐齐哈尔	507	铁道租用容间	一级
海拉尔—加格达奇	532	铁道自办	一级
海拉尔—满洲里	186	铁道租用容间	二级
根河—莫尔道嘎	97	铁道租用容间	二级
图里河—满归	250	铁道租用容间	二级

续表 2-60

邮路名称	单程	运邮方式	备注
博克图—塔尔气	125	铁道租用容间	二级
通辽—霍林河	417	铁道租用容间	二级
通辽—奈曼	198	铁道租用容间	二级
通辽—郑家屯	114	铁道租用容间	二级
呼和浩特—北京	689	汽车	一级
呼和浩特—银川	820	汽车	一级
赤峰—北京	520	汽车	一级
二连浩特—蒙古国扎门乌德	12	汽车	一级
呼和浩特—清水河	145	汽车	二级
呼和浩特—准格尔	305	汽车	二级
呼和浩特—包头	175	汽车	二级
呼和浩特—锡林浩特	660	汽车	二级
包头—东胜	113	汽车	二级
包头—达茂旗	233	汽车	二级
赤峰—克什克腾旗	480	汽车（三叉型）	二级
赤峰—敖汉	120	汽车（环型）	二级
赤峰—喇拉沁旗	90	汽车（环型）	二级
赤峰—元宝山	50	汽车	二级
乌海—鄂托克旗	155	汽车	二级
海拉尔—陈巴尔虎旗	36	汽车	二级
海拉尔—新巴尔虎左旗	181	汽车	二级
海拉尔—伊敏河	80	汽车	二级
海拉尔—根河市	280	汽车	二级
乌兰浩特—科右中旗	158	汽车	二级
乌兰浩特—扎赉特旗	125	汽车	二级
通辽—开鲁县	99	汽车	二级
通辽—科左中旗	160	汽车	二级
通辽—库伦旗	160	汽车	二级
集宁—镶黄旗	201	汽车	二级
集宁—兴和—察右中旗	165	汽车	二级
集宁—锡林浩特	597	汽车	二级
集宁—丰镇—察右后旗	171	汽车	二级
集宁—卓资—凉城	296	汽车	二级
多伦—哈毕嘎	80	汽车	二级
二连浩特—苏尼特右旗	125	汽车	二级
锡林浩特—东乌珠穆沁旗	260	汽车	二级
锡林浩特—西乌珠穆沁旗	157	汽车	二级

续表 2-60

邮路名称		单程	运邮方式	备注
东胜—杭锦旗		141	汽车	二级
东胜—乌审旗		210	汽车	二级
东胜—薛家湾		195	汽车	二级
东胜—鄂托克前旗		446	汽车	二级
伊金霍洛旗—大柳塔		90	汽车	二级
临河—乌拉特中旗		165	汽车	二级
临河—乌拉特后旗		115	汽车	二级
阿拉善左旗—银川		115	汽车	二级
阿拉善右旗—河西堡		150	汽车	二级
额济纳旗—东风		160	汽车	二级
合计	57 条	23040		

2000 年 3 月 15 日，撤销东胜—杭锦旗干线汽车邮路，东胜—乌审旗汽车邮路由对开调整为当日往返，调整后节省 2 台汽车，2 名司押人员，年节约费用 18 万元。同时，调整乌海—鄂托克前旗、东胜—鄂托克前旗客邮兼运汽车邮路运行时间，2 条邮路同一时间实行对接，方便乘客，增加客票收入。8 月 1 日，开通包头—北京航空邮路，包头出口特快邮件加快 1—2 天；与火车改点同步，调整了呼和浩特—包头、包头—东胜和包头市内转趟汽车邮路运行时间，与内蒙古报社协商，提前报社交报时间，调整后，呼和浩特分印发包头的《内蒙古日报》和《人民日报》等中央级各类报纸由当日下午投递变为当日上午投递，伊克昭盟进口的各类报纸由次日投递变为当日投递，报纸传递速度比原来加快了半天；针对火车改点在集宁站提前停的实际，调整了集宁—卓资—凉城、集宁—兴和汽车邮路运行时间，使呼和浩特分印发乌兰察布盟所属集宁、凉城、卓资、兴和各类邮件特别是报纸的传递速度加快 1 天；结合辽宁省调整锦州—赤峰邮路，将赤峰—元宝山直线型干线汽车邮路调整为赤峰—元宝山—平庄环型邮路，使赤峰市及所属宁城进口的各类报纸做到了当日投递，报纸传递速度比原来加快 1 天。8 月份，呼伦贝尔盟邮政局邮件收寄量猛增，截止 10 月末，累计出口邮件量达到了 15 万件，平均每日发运量 2000 多件，接到呼伦贝尔盟局紧急报告后，区局采取疏运措施，调度通辽局临时承担海拉尔出口邮件的卸交疏运任务，呼和浩特—海拉尔邮车也全力配合；齐齐哈尔局、北京局发扬全网协作精神，确保呼伦贝尔盟每日装运呼和浩特—海拉尔火车发齐齐哈尔、北京邮件 400 袋以上，使呼伦贝尔盟每日邮件滚存量保持在最低限度。呼伦贝盟局需 8 个月运输的邮件仅用 3 个月疏运完毕。全区邮运无重特大交通及通信事故，邮车准班准点率保持在 95% 以上。年底，全区邮路总计 789 条，其中一级邮路 10 条，二级邮路 48 条；邮路总长度（单程）63759 公里，其中一级邮路 10031 公里，二级邮路 13481 公里；航空邮路 8454 公里，其中一级邮路 4476 公里，二级邮路 3978 公里；铁路邮路 5514 公里，其中一级邮路 3514 公里，二级邮路 1145 公里；自办汽车邮路 25322 公里，其中一级邮路 2041 公里，二级邮路 8228 公里；委办汽车邮路 17910 公里，其中二级邮路 130 公里；其他邮路 6559 公里；快速邮路 4 条，总长度（单程）627 公里，其中一级 1 条，520 公里；农村投递路线总长度（单程）106539 公里；城市投递道段 1031 条。

2001 年 6 月 1 日，全国统一部署的特快邮件大提速开始实施，各盟市邮政局采取增加运邮航班，上夜班、增加特快邮件投递频次、压缩内部处理时限等方式，加快特快邮件传递速度，使呼和浩特、包头、海拉尔出口特快邮件至全国41个通航局次日递率在原来的基础上提高了10%，除拉萨等个别城市外出口到其他省会城市特快邮件实现3日递。6月12日，呼和浩特邮区中心局、乌兰察布盟邮政局部分干线汽车邮路进行“人休车不停”的试点工作。试行以后，呼和浩特—银川、集宁—锡林浩特等邮路减少5台邮运车辆，节约车辆购置费约160万元。6月13日，自治区邮政局印发《全区直递运输车辆调度管理办法》，规范了全区直递邮件拉运行为，形成直递车辆的统一管理、指挥调度。6月15日，恢复开通海拉尔—北京航空邮路，执行海拉尔出口特快邮件经北京联航的发运计划，在冬春季由于航班调整仍执行经哈尔滨航空通运局路转航的发运计划。9月，继续实施报刊提速战略，在国家邮政局明确的40种畅销报刊的基础上扩大为70种。10月21日，适应火车改点，临河—乌拉特中旗干线汽车邮路调整为五原—乌拉特中旗，同时调整呼和浩特—清水河、乌拉特中旗—五原、临河—乌拉特后旗、集宁—卓资—兴和、乌兰浩特—科右中旗5条干线汽车邮路的邮运时间，巴彦淖尔盟杭锦后旗、乌拉特中旗、乌拉特后旗，乌兰察布盟卓资、察右前旗、丰镇等旗县的主要报纸比原来加快了半天。内蒙古邮区一级干线航空邮路增加：呼和浩特—武汉，邮路里程1577公里；呼和浩特—成都，邮路里程2141公里；呼和浩特—西安，邮路里程1478公里；海拉尔—北京，邮路里程1200公里；包头—北京，邮路里程580公里。一级干线汽车邮路调整：呼和浩特—二连浩特—蒙古国扎门乌德，邮路里程660公里；阿拉善左旗—银川，邮路里程115公里。一级干线铁道邮路无变化。

2002年1月，调整临河至乌拉特后旗干线邮路自办改委办，4月调整五原至乌拉特中旗干线邮路自办改委办，年节约费用2万元。7月1日，调整呼和浩特至锡林郭勒盟邮路的派押局，由呼和浩特邮区中心局和锡林郭勒盟局对开派押调整为由呼和浩特邮区中心局往返派押，调整后减掉3台车辆，年节约邮运费用20万元。5月28日，自治区邮政局印发《关于加快报刊传递速度的通知》，明确全国出版的139种报刊为畅销报刊，要求各局内部处理比照轻件，保证畅销报刊的及时投递和上市销售。内蒙古报刊发行局接办的《故事会》《北方新报》《内蒙古商报》《老年文摘》《北京青年报》等畅销报刊单独制定发运计划。夏秋季和冬春季全区各局利用飞机运递特快邮件，集宁地区下午3点前收寄的特快邮件经转呼和浩特上航，使集宁收寄发往北京的特快邮件传递速度加快1天。年底，全区一级干线邮路13条，其中铁道邮路3条，单程3514公里；航空邮路7条，单程9042公里；汽车邮路3条，日行驶里程4000公里。全区二级干线邮路56条，其中铁道邮路6条，单程行驶里程1125公里；航空邮路5条，单程5004公里；汽车邮路45条，日行驶里程16272公里。一级干线铁道邮路：呼和浩特—海拉尔，邮路里程2475公里；海拉尔—加格达齐，邮路里程532公里；海拉尔—齐齐哈尔，邮路里程507公里。一级干线航空邮路：呼和浩特—北京，邮路里程444公里；呼和浩特—上海，邮路里程1622公里；呼和浩特—武汉，邮路里程1577公里；呼和浩特—成都，邮路里程2141公里；呼和浩特—西安，邮路里程1478公里；海拉尔—北京，邮路里程1200公里；包头—北京，邮路里程580公里；汽车邮路：呼和浩特—银川，邮路里程820公里；呼和浩特—二连浩特—蒙古国扎门乌德，邮路里程660公里；赤峰—北京，邮路里程520公里。

2003年“非典”期间，呼和浩特邮区中心局承担的呼银、呼锡和呼包等干线邮车在一些盟市、旗县不同程度的受阻，使个别盟市、旗县邮件运递时限受到延误。为保证邮政运输的畅通和社会通过报刊及时了解政府防治“非典”的指令，5月10日，内蒙古“非典”防治指挥部对呼和浩特邮区中心局承担运输任务的呼银、呼锡和呼包3条干线汽车邮路的15台运输车签发“通行证”。6月19日，调整鄂尔多斯市沙疙堵镇邮政局进出口邮件的经转关系，由呼和浩特市至托克托县邮路带运调整为由包头经转，东胜至沙疙堵汽车带运调整后，呼托邮路每年减少行驶里程15000公里，年节约运行费用8万元。黑龙江省邮政局将加格达奇邮区中心局邮件处理功能撤销，其邮件经转功能并到齐齐哈尔邮区中心局，海拉尔到加格达奇的普通邮件必须经齐齐哈尔邮区经转，海拉尔至加格达奇6561/2次火车自备车运量大幅度下降，日均发运量不足450袋，而海拉尔至齐齐哈尔邮件增加到日均发运量750袋，旺季可达到800–900袋。为此，9月11日，将海拉尔至加格达奇6561/2次挂用的自备邮车调整到海拉尔至齐齐哈尔65 51/2次车上运邮，同时，取消海拉尔到齐齐哈尔6551/2次车租用行李车容间运邮。邮车改挂后，为解决鄂伦春旗和牙林线部分乡镇的通邮问题，租用海拉尔至加格达奇6561/2次行李车20立方米（含共用容间）运邮。9月22日，自治区邮政局印发《关于实行“网运分离”和“车运分离”试点工作的通知》。12月17日，自治区邮政局批复，同意呼和浩特邮区中心局对呼和浩特—包头、呼和浩特—清水河、呼和浩特—准格尔3条二级干线邮路实施“车运分离”；同意呼和浩特市邮政局所属投递总公司、速递局、物流配送中心、郊区局、国际局及邮政运输局的87辆车参加改革；同意包头市邮政局所属中心局、速递局、物流公司及投递局的82辆车参加改革。年底，全区一级干线邮路13条，其中铁道邮路3条，单程行驶里程3514公里；航空邮路7条，单程9042公里；汽车邮路3条，日行驶里程4000公里。全区二级干线邮路56条，其中铁道邮路6条，单程1125公里；航空邮路5条，单程5004公里；汽车邮路43条，日行驶里程16272公里。

2004年初，自治区邮政局印发《关于全区邮政部门车运分离和网运分离改革的指导意见的通知》，要求1月10日前呼和浩特至银川邮路所属的司押人员11人、北方奔驰牌汽车5辆整体划归内蒙古邮政快递物流公司。1月11日，呼和浩特至银川干线邮路实行网运分离，呼和浩特邮区中心局负责邮路的组织管理、监督检查和考核等项工作，内蒙古邮政快递物流公司按照邮件传递时限、交接频次承担邮件运输工作。3月1日开通呼和浩特、包头、东胜、集宁特快邮件当日递业务，鄂尔多斯市邮政现业局利用东胜—包头、东胜—呼和浩特直达客车委办带运当日11时30分以前收寄和前日18时以后揽收、收寄的特快专递邮件，呼、包、鄂互寄特快专递邮件实现当日递，东胜出口的国际特快邮件和当日11时30分前收寄出口区外特快邮件的运递时限提前1天。3月22—25日，自治区邮政局在呼和浩特召开“全区火车改点邮件发运计划编制会议”，会议审定各局邮件发运计划，审编各局航空快递邮件计划，布置火车改点后全区邮政生产运行工作。4月18日，全国铁路第五次提速后，从北京发出的邮运线路也相应调整，增加部分省市的邮运路线。内蒙古邮政物流公司合理配置资源，向北京邮区中心争取到北京—呼和浩特、北京—大同2条邮路。8月18日，中国邮政EMS“全夜航”全面开通。“全夜航”以上海为中心辐射北京、广州、厦门、沈阳、成都、武汉、西安等城市覆盖范围的集散网，通过邮航飞机凌晨1点至上午10点之间实现“全夜航”到达全国27个省（区、市）136个大中城市。呼和浩特市、包头市、鄂尔多斯市、集宁市、赤峰市、通辽市、乌海市、临河市、锡林浩特市等9个盟市所在地城市部分截邮时间收寄的出口特快邮件纳入“全夜航”范围，上述9个城市成为“全夜航”发运局，在不同收寄段寄发北京、广州、厦门、沈阳、成都、武汉、西安等城市部分特快邮件实现次日上午递，寄达苏州、南京、合肥、珠海等邮航通航局范围的部分特快专递邮件实现次日递，与全国57个重点城市实现次日递。呼和浩特邮区中心局金川邮件处理中心报刊封发作业场地整体搬迁至火车站枢纽楼，节省了报刊在市内盘驳时间，实现中央级和省级主要报纸在省会城市的早报早投，其中，北京出版和分印的96种畅销报刊做到当日到达，当日处理，当日投递和当日上市销售，北京发往呼市、赤峰的畅销报刊传递速度加快1—2天。年底，全区一级干线邮路11条，其中铁路邮路3条，单程行驶里程3659公里；航空邮路6条，单程4870公里；汽车邮路3条，单程1765公里。全区二级干线邮路53条，其中铁路邮路7条，单程1826公里；汽车邮路46条，单程8224公里。

2005年1月1日起，呼银汽车干线邮路整建制划归呼和浩特邮区中心局，呼和浩特至银川邮路所属的司押人员12人、“北方奔驰牌”汽车5辆划归呼和浩特邮区中心局。4月10日起，原海拉尔至加格达奇6561/2次火车租用的30立方米行李车撤销，调整到哈尔滨至海拉尔N93/94次车加格达奇至海拉尔区间，往返租用行李车25立方米运邮，并纳入一级干线管理。同日，海拉尔至齐齐哈尔6551/2次原编挂调整为租用行李车25立方米，并调整列车运行路线。5月30日，呼和浩特市、包头市、乌海市、乌兰察布市、巴彦淖尔市和鄂尔多斯市6个市所在地城市和部分旗县间开办互寄特快邮件的“次晨达”业务。该业务的开办使上述6个城市及所属的25个旗县当日收寄的互寄EMS邮件在次日11：00前投交给收件人。6月16日起开通呼和浩特市至锡林浩特市干线火车邮路，该邮路采取包租吨位的方式，利用中铁行包快递有限责任公司呼和浩特分公司的行李车运邮，邮件押运由中铁行包公司负责，这种方式在国内运邮尚属尝试。该邮路的开通使通过呼和浩特市和锡林浩特市互寄的特快邮件达到“次晨达”，比原来加快1天。7月1日开始，以50公斤80元的价格包租飞机舱位，开通呼和浩特市至赤峰市、呼和浩特市至通辽市飞机邮路航线。加快呼和浩特市至赤峰市、呼和浩特市至通辽市间特快专递邮件的传递速度，使赶发飞机的特快邮件较以前提早半天投递，实现次日递。同日，开通呼和浩特市至东胜干线汽车邮路，呼和浩特邮区中心局派押，车型为厢式8吨，每日一班，去程带运呼和浩特市分印发包头、东胜报刊和东胜本转邮件，返程带运东胜出口特快邮件和其他邮件。同时，撤销呼和浩特市至包头快速邮路和包头至东胜干线汽车邮路。7月11日起，组织开通呼和浩特市至集宁快速干线汽车邮路，车型为“东南得利”卡1吨面包车，早5：30从呼和浩特市发车，带运呼和浩特市分印各类邮发报刊，中途不进行局站交接，8：00到集宁，返程带运集宁发呼和浩特市本转特快。

“次晨达”特快邮件发运计划表

表2-61

收寄局	寄达局	截邮时间	发运车次	开行时间	到达时间	全程时限（小时）
呼和浩特	包头	营业终了	K177	23：59	1：55	1.5
	集宁	营业终了	K178次	1：13	3：29	1.5
	临河	营业终了	K177	23：59	4：20	1.5
	乌海	营业终了	K177	23：59	6：07	1.5
包头	呼市	营业终了	K178	23：11	1：13	1.5
	集宁	营业终了	K178	23：11	3：29	1.5
	临河	营业终了	K177	1：55	4：20	1.5
	乌海	营业终了	K177	1：55	6：07	1.5

续表 2-61

收寄局	寄达局	截邮时间	发运车次	开行时间	到达时间	全程时限（小时）
集宁	呼市	营业终了	K177	21：52	23：59	1.5
	包头	营业终了	K177	21：52	1：55	1.5
	临河	营业终了	K177	21：52	4：20	1.5
	乌海	营业终了	K177	21：52	6：07	1.5
临河	呼市	营业终了	K178	20：44	1：13	1.5
	包头	营业终了	K178	20：44	23：11	1.5
	集宁	营业终了	K178	20：44	3：29	1.5
	乌海	营业终了	K177	4：20	6：07	1.5
乌海	呼市	18：00	K178	18：59	1：13	1.5
	包头	18：00	K178	18：59	23：11	1.5
	集宁	18：00	K178	18：59	3：29	1.5
	临河	18：00	K178	18：59	20：44	1.5
东胜				19：00	21：20（包头）	
	呼市	营业终了	呼东汽车	23：11（K178）	1：13	1.5
	包头	营业终了	呼东汽车	19：00	21：20	1.5
				19：00	21：20（包头）	
	集宁	营业终了	呼东汽车	23：11（K178）	3：29	1.5
				19：00	21：20（包头）	
	临河	营业终了	呼东汽车	1：55（K177）	4：20	1.5
				19：00	21：：20（包头）	
	乌海	营业终了	呼东汽车	1：55（K177）	6：07	1.5

2005 年底，全区共有一、二级干线邮路 67 条，单程运行 20534 公里。一级干线邮路 9 条，单程里程 9131 公里。其中铁路邮路 3 条，单程行驶里程 3671 公里；航空邮路 3 条 5 个频次，单程 3670 公里；汽车邮路 3 条，单程行驶里程 1790 公里。二级干线邮路 58 条，单程里程 11403 公里。其中铁路邮路 8 条，单程行驶里程 1947 公里；航空邮路 2 条，单程 1929 公里；汽车邮路 48 条，单程 7527 公里。

2005 年内蒙古自治区干线邮路汇总表

表 2-62

城市	邮路（条）	派押邮路			委办邮路				单程（公里）
		火车（条）	汽车（条）	里程（公里）	飞机（条）	火车（条）	汽车（条）	里程	
呼和浩特	13	1	7	4834	4	1		5102	9936
呼伦贝尔	10	6	4	2397					2397

续表 2-62

城市	邮路（条）	派押邮路			委办邮路				单程（公里）
		火车（条）	汽车（条）	里程（公里）	飞机（条）	火车（条）	汽车（条）	里程	
通　辽	6	3	3	1078					1078
赤　峰	8		8	1811					1811
乌兰察布	5		5	738					738
巴彦淖尔	3		2	130			1	55	185
锡林郭勒	6		6	929					929
鄂尔多斯	4		4	915					915
兴安盟	2		2	283					283
乌　海	5		5	467					467
阿拉善盟	3		3	402					402
合　计	67	10	50	14217	5	1	1	6317	20534

2006 年 5 月 29 日开始，在呼和浩特至包头干线汽车邮路试行集装箱运邮。为减少乌兰察布地区进出口物流邮件在呼和浩特的经转环节，经国家邮政局网路运行部批准，自 7 月 10 日起，增加呼京（物流）干线汽车邮路去返程的交接频次。7 月 17 日开始，恢复海拉尔—北京航空邮路，带运海拉尔出口北京本转及联航特快邮件，进口仍经哈尔滨经转。8 月 15 日，开通阿拉善盟阿左旗中邮快货进出口业务，阿拉善盟阿左旗物流业务的省际集散加入西北集散网。8 月 30 日起，增加包头出口发鄂尔多斯特快邮件的频次，利用东胜至包头银行票据车带运包头出口鄂尔多斯市特快邮件，使包头收寄出口鄂尔多斯市的部分特快邮件较以前提早半天。年底，全区一级干线邮路 11 条，单程里程 9267 公里。其中铁路邮路 3 条，单程行驶里程 3506 公里；航空邮路 4 条 6 个频次，单程 3959 公里；汽车邮路 4 条，单程 1802 公里。二级干线邮路 62 条，单程 13679 公里。其中铁路邮路 8 条，单程 1947 公里；航空邮路 3 条，单程 3679 公里；汽车邮路 51 条，单程 8053 公里。

2007 年开通呼和浩特至北京、海拉尔至北京、包头至北京航空邮路，开通呼和浩特至海拉尔、通辽、赤峰、乌兰浩特和满洲里等盟市的双向航空邮路。本年，全区开通一级干线航空邮路 3 条，二级干线航空邮路 5 条，快速汽车邮路 3 条。形成了以呼和浩特、包头、海拉尔、通辽和赤峰为省际封发单元的特快邮件进出口格局。同时，充分利用途经火车邮路，实现了呼和浩特发盟市所在地特快邮件的次日递。

2008 年 5 月 28 日起开通了锡林浩特—赤峰客车委办汽车邮路，带运锡林浩特营业终了收寄发赤峰、通辽、兴安盟、呼伦贝尔市的特快邮件；开通锡林浩特—呼和浩特客车委办汽车邮路，带运锡林浩特出口省际和区内其他盟市局（除乌兰察布）的特快邮件。6 月 6 日开通呼和浩特—东胜直达快速汽车邮路。呼和浩特 4：00 发车，8：30 到东胜，返程东胜 12：00 发车，16：00 到呼和浩特。调整呼和浩特—鄂尔多斯普通邮路，增加去程毕克齐镇、土默特左旗、土默特右旗的交接频次，取消呼包汽车去程沿途各局的交接频次，呼包汽车去程调整为直达邮路。11 月 20 日起，开通 N281 次呼和浩特—乌海火车委办邮路，包仓 4 吨，带运呼和浩特发包头、临河、乌海各类邮件。年内，开通呼和浩特—广州、呼和浩特—上海航空直达邮路，增开呼和浩特—鄂尔多斯的夜班快速干线邮路。对国际邮件作业流程进行调整，基本实现 24 小时通关目标。实时组开了呼和浩特—北京、赤峰—北京的物流零担专线，初步形成以北京为分拨中心、辐射全国重点城市的社会物流渠道，加快了中邮快货和零担业务的发展。在中心局专门设置物流集散中心和速递仓储场地，优化资源配置，满足了业务发展需求。仓储管理、农资分销、区内物流信息系统上线运行，物流信息系统新增代收货款和到付费功能。建成 1585 个邮政服务“三农”村级配送网点，覆盖了全区 20% 的行政村，服务“三农”能力增强。

2009 年 3 月 18 日，开通呼和浩特—鄂尔多斯单向 N293 次委办火车邮路，带运呼和浩特发东胜本转各类普通邮件和物流邮件，有效节约了运行成本。同日，由区速递物流公司组开呼和浩特—临河隔日班干线物流汽车邮路，呼和浩特 6: 00 发车，13: 30 到临河，返程 14: 30 临河发车，22: 00 到呼和浩特。3 月 24 日，调整呼和浩特—东胜、呼和浩特—包头等干线邮路运行计划，取消呼和浩特—东胜快速干线邮车在毕克齐镇和土默特右旗的交接频次，呼和浩特—包头干线邮路返程由 12 点发车，调整为 10 点发车，原由呼和浩特—东胜汽车带运毕克齐镇、土默特右旗进口各类邮件调整为由呼包返程汽车带运。8 月 17 日，调整呼和浩特、包头出口长三角地区特快发运计划，将呼和浩特、包头发上海、江苏、浙江、安徽的标准特快从北京经转调整为上海经转，由呼和浩特—上海虹桥航空邮路带运，航班号 MU5158，出港时间 14: 15，到港时间 16: 35。10 月 28 日，开通呼和浩特至鄂尔多斯二频次快速汽车邮路，由速递物流公司承担，呼和浩特 2: 30 发车，7: 00 到达鄂尔多斯，返程鄂尔多斯 15: 00 发车，20: 30 到达呼和浩特，有效加快了鄂尔多斯进出口特快邮件的传递速度。

2010 年，开通乌兰浩特至阿尔山、通辽至奈曼、呼和浩特至北京汽车邮路，将呼和浩特—银川、呼和浩特—锡林浩特干线邮车由 8 吨调整为 10 吨车型，并实行动态调度和及时加发干线汽车疏运，缓解干线运能紧张状况。11 月 1 日起，各局按照新编制的内部作业计划、发运计划，作业频次、时限要求组织作业，经检查，各局普通邮件达标率 90% 以上，普通信函加快 2 天，普通包裹和印刷品加快了 1 天。在全区推行生产车辆的标杆预算工作，根据车型、用途，制定了车辆油耗、维修费、行驶里程的标杆，控制了车辆运行费用的支出。结合设备车辆信息系统上线运行，完善管理功能，加强设备车辆的网上监控和日常管理。完成了设备车辆资产核对，设备车辆运行维护记录以及日常维护保养、设备车辆备品备件和维护费用管理等动态数据逐步健全完善。利用车辆管理信息系统，管理车辆的运行、维护情况及车辆运行费用支出情况，重点管控油耗、维修、轮胎等变动费用支出情况，建立车辆管理指标体系，网运车辆精细化管理水平进一步提高。

2010 年内蒙古自治区内航空邮路

表 2-63

序号	邮路名称	航空局	容间	级别	班期	里程（公里）
1	呼和浩特—北京	国航		1	1111111	444
2	呼和浩特—北京	国航		1	1111111	444
3	呼和浩特—上海	东航		1	1111111	1622
4	包头—北京	国航		1	1111111	580
5	包头—北京	国航		1	1111111	580
6	海拉尔—北京	国航		1	1111111	1313
7	海拉尔／呼和浩特	国航		2	1010101	1750
8	呼和浩特／赤峰	海航	50KG	2	1111111	839
9	呼和浩特／通辽	海航	50KG	2	1010101	1090

2010年内蒙古自治区内干线汽车邮路汇总表

表2-64

序号	邮路名称	派押局	班期	单程（公里）	级别
1	呼和浩特—银川	呼和浩特中心局	一日一班	800	一级
2	呼和浩特—锡林浩特	呼和浩特中心局	一日一班	445	一级
3	赤峰—北京	赤峰邮政局	一日一班	545	一级
4	呼和浩特—包头	呼和浩特中心局	一日一班	189	二级
5	呼和浩特—东胜	呼和浩特中心局	一日一班	314	二级
6	呼和浩特—集宁	呼和浩特中心局	一日一班	150	二级
7	呼和浩特—薛家湾	呼和浩特中心局	一日一班	179	二级
8	呼和浩特—清水河	呼和浩特中心局	一日一班	145	二级
9	海拉尔—鄂温克—伊敏河	海拉尔局	一日一班	103	二级
10	海拉尔—新巴虎左旗—新巴虎右旗	海拉尔局	一日一班	310	二级
11	海拉尔—陈旗	海拉尔局	周六班	41	二级
12	海拉尔—额尔古纳—根河	海拉尔局	一日一班	274	二级
13	包头—达尔罕茂明安联合旗	包头邮政局	一日一班	233	二级
14	通辽—科左中旗	通辽邮政局	一日一班	154	二级
15	通辽—开鲁	通辽邮政局	一日一班	90	二级
16	通辽—库伦旗	通辽邮政局	一日一班	148	二级
17	通辽—门达	通辽邮政局	一日一班	106	二级
18	赤峰—阿鲁科尔旗	赤峰邮政局	一日一班	335	二级
19	赤峰—巴林右旗	赤峰邮政局	一日一班	191	二级
20	赤峰—锦山	赤峰邮政局	一日一班	85	二级
21	赤峰—宁城	赤峰邮政局	一日一班	152	二级
22	赤峰—敖汉	赤峰邮政局	一日一班	136	二级
23	赤峰—克什克腾旗	赤峰邮政局	一日一班	285	二级
24	赤峰—元宝山	赤峰邮政局	一日一班	82	二级
25	集宁—察右中旗—卓资	集宁邮政局	一日一班	134	二级
26	集宁—丰镇—凉城	集宁邮政局	一日一班	138	二级
27	集宁—兴和	集宁邮政局	一日一班	102	二级
28	集宁—太仆寺旗	集宁邮政局	一日一班	313	二级
29	化德—黄旗	集宁邮政局	一日一班	51	二级
30	五原—乌拉特中旗	乌拉特中旗局	一日一班	75	二级
31	临河—东升庙	巴彦淖尔局	一日一班	55	二级
32	东升庙—赛乌素	委办	一日一班	55	二级
33	临河—乌拉特前旗	委办	周五班	160	二级
34	临河—东升庙	委办	周五班	55	二级
35	二连浩特—蒙古国扎门乌德	二连浩特邮政局	一日一班	12	国际
36	二连浩特—苏尼特右旗	二连浩特邮政局	一日一班	136	二级
37	锡林浩特—太仆寺	锡林郭勒盟邮政局	一日一班	284	二级
38	锡林浩特—东乌珠穆沁	锡林郭勒盟邮政局	一日一班	260	二级
39	锡林浩特—西乌珠穆沁	锡林郭勒盟邮政局	一日一班	157	二级
40	多伦县—哈毕嘎	多伦邮政局	一日一班	80	二级

续表 2-64

序号	邮路名称	派押局	班期	单程（公里）	级别
41	伊金霍洛—大柳塔	伊金霍洛局	周五班	90	二级
42	东胜—乌审旗	鄂尔多斯局	一日一班	215	二级
43	东胜—鄂托克前旗	鄂尔多斯局	一日一班	408	二级
44	东胜—准格尔旗	鄂尔多斯局	一日一班	202	二级
45	东胜—呼和浩特	委办	一日一班	314	二级
46	鄂托克旗—棋盘井	委办		97	二级
47	乌海—乌达	乌海邮政局	一日一班	75	二级
48	乌海—棋盘井	乌海邮政局	一日一班	70	二级
49	乌海—碱柜	乌海邮政局	一日一班	48	二级
50	乌海—海南—乌达	乌海邮政局	一日一班	92	二级
51	乌兰浩特—扎赉特	兴安盟局	一日一班	125	二级
52	乌兰浩特—科右中	兴安盟局	一日一班	158	二级
53	额济纳—东风	额济纳旗局	一日一班	163	二级
54	阿拉善右旗—金昌	阿拉善右旗局	一日一班	125	二级
55	阿拉善左旗—银川	阿拉善盟邮政局	一日一班	114	二级

2010 年内蒙古自治区派押干线火车邮路表

表 2-65

序号	邮路名称	派押局	容间	车次	单程（公里）	级别
1	呼和浩特—海拉尔	呼和浩特邮区中心局	整车 90	K274/278	2455	一级
2	海拉尔—齐齐哈尔	海拉尔局	30M3	6552/6551	519	一级
3	海拉尔—加格达齐	海拉尔局	25M3	N94/N93	532	一级
4	呼和浩特—锡林浩特	行包公司	2.5/1 吨	N306/308	663	二级
5	海拉尔—满洲里	海拉尔局	15M3	4191/4192	186	二级
6	根河—莫尔道嘎	海拉尔局	10M3	6355/6356	95	二级
7	伊图里河—满归	海拉尔局	15M3	6583/6584	179	二级
8	博克图—塔尔气	海拉尔局	10M3	6558/6559	138	二级
9	奈曼—通辽	通辽局	10M3	6799/6800	165	二级
10	通辽—霍林河	通辽局	40M3	6797/6798	401	二级
11	通辽—郑家屯	通辽局	6 月份停	6793/6794	120	二级

四、邮政投递

1991 年，自治区邮政有城市投递道段 740 条。邮政信筒、信箱 3600 个。农村投递路线 1626 条，总长度单程 108231 公里。其中，189 人个人承包投递路线 236 条，计单程 13862 公里。

1991 年内蒙古自治区邮政城乡投递表

表 2-66

		乡镇（个）	行政村（个）
投递频次	总数	1487	13651
	每天一次及一次以上的	739	2325
	每两天一次的	428	5659
	每三天一次的	170	3411
	每四天及四天以上一次的	148	1818
投递方式	自编人员投递的	1373	11592
	各类委办人员投递的	114	1621
	其中专职委办人员投递的	70	546
	捎转的	2	438
	投递点以下能接转到户的	928	330

1992 年 12 月 12 日，内蒙古自治区物价局、自治区邮电管理局联合印发《关于收取邮政延伸服务费试行标准的通知》，规定了邮政延伸服务费的项目和标准。邮政专用信箱租用费：机关单位用户每年每箱收取 120.00 元，个人用户每年每箱收取 72.00 元。通邮服务费、通邮申请勘察费：新建单位或个人用户，提出通邮申请书，邮局派人进行实地勘察，组织投递，一次性收取 30.00 元；用户更名、改址，向邮局提出申请，邮局办理更名、改址投递手续，按新名、新址组织投递的，用户更名每次收取 10.00 元；用户改址每次收取 30.00 元。超远投递费：特快专递邮件，以投递局为起点，4 公里以外的，文件资料每件每公里收取 1.00 元（不足 1 公里的按 1 公里计算，下同），物品型每件每公里收取 2.00 元；其他邮件以该地市内基本营业区为界，超过规定 4 公里以内的，单位每月收取 15.00 元，个体户每月收取 10.00 元；超过规定 4 公里以外的，按超过规定里程每月每公里收取 5.00 元。特殊服务费：超过邮政部门规定的服务水平，一门（一院）多用户，按用户要求经邮局批准分别投递的。平房或楼房一层设有接收邮件收发室的，单位每月收取 12.00 元、个体户每月收取 6.00 元；楼房二层以上，用户要求投送到指定地点的，不分单位个人，二层每月收取 15.00 元；二层以上，每层每月再加收 2.00 元；农村牧区，乡镇（苏木）以下，将邮件妥投到用户，每件收费不得超过 0.30 元。邮件专递费：邮政业务规章规定应由用户自取的邮件，邮局派人、派车送邮件上门的，城市的民用包裹、印刷品每件收取 0.50 元，商品包裹每件收取 2.00 元；农村牧区的民用包裹、印刷品每件收取 0.60 元，商品包裹每件收取 1.00 元，汇款（100 元及以下的）每笔收取 0.30 元（100 元以上的不送）。年底，有城市投递道段 773 条；农村投递路线 1623 条，总长度单程 107295 公里，其中，168 人个人承包的投递路线 203 条，计单程 8606 公里。

1992 年全区邮政城乡投递表

表 2-67

		乡镇（个）	行政村（个）
投递频次	总数	1487	13678
	每天一次及一次以上的	736	2337
	每两天一次的	432	5678
	每三天一次的	178	3373
	每四天及四天以上一次的	139	1833

续表 2-67

		乡镇（个）	行政村（个）
投递方式	自编人员投递的	1364	11539
	各类委办人员投递的	121	1682
	其中专职委办人员投递的	64	565
	捎转的	2	457
	投递点以下能接转到户的	788	467

1993 年 11 月 15 日，自治区邮电管理局决定取消“大件商品包裹及印刷品搬运费”“通邮服务费”收费项目。年底，有城市投递道段 777 条；农村投递路线 1603 条，总长度单程 105501 公里，其中，104 人个人承包的投递路线 135 条，计单程 16558 公里。

1993 年全区邮政城乡投递表

表 2-68

		乡镇（个）	行政村（个）
投递频次	总数	1486	13694
	每天一次及一次以上的	724	2380
	每两天一次的	434	5658
	每三天一次的	170	3434
	每四天及四天以上一次的	154	1799
投递方式	自编人员投递的	1355	10268
	各类委办人员投递的	227	3003
	其中专职委办人员投递的	145	1842
	捎转的	4	423
	投递点以下能接转到户的	35	1082

1994 年，农村牧区投递路线总长度单程 101706 公里。乡镇总数 1564 个，按固定班期投递的乡镇 1435 个，每三天内投递一次的乡镇（苏木）962 个。

1995 年，农村牧区投递路线总长度单程 102757 公里。乡镇总数（苏木）1564 个，按固定班期投递的乡镇（苏木）1436 个，每三天内投递一次的乡镇（苏木）977 个。

1996 年，在城镇实施“户箱工程”。呼和浩特市邮政局投资 800 万元，建设总规模为 22.8 万格口（户）的集群式信报箱群，重点解决尚未通邮的新建住宅小区的通邮问题，同时逐步更新老式和破损的旧信报箱。9 月末，乌兰浩特市建成 4000 户市民使用“投放信报箱”。赤峰市邮电局在元宝山电厂 31 栋职工住宅楼的每个单元都安装了信报箱，共计 134 个信报箱，1603 个格口。由于信箱由投递员直接插箱投递，用户持信箱钥匙可随时开箱领取报刊和邮件，减少或避免了由中间传递环节造成的延误及丢失，给用户特别是一些退休在家的职工订阅报刊提供了方便，使个人订阅报刊的人数和种类成倍增长。邮政自取信报箱由物业管理公司或各房屋产权单位负责日常管理，居民办理手续后使用，随时自取。赤峰市元宝山区邮电局把实现摩托化列为一项重要工作，重新划分投递路线，购置 6 台“幸福 250 型”摩托车，分别与投递员签订用车协议，规定 3 年后，摩托车归个人所有，期间的修理费由承包人负担。投递员由原来 9 人减为 7 人，同时缩短了投递时限，部分乡邮路线由原隔日班改为当日班，所有乡镇都能看到当天出版的《赤峰日报》《红山晚报》，11 月中旬，乡邮、市内投递全部实现摩托化。年底，全区农村牧区投递路线总长度单程 104694 公里。乡镇（苏木）总数 1562 个，按固定班期投递的乡镇（苏木）1465 个，每三天内投递一次的乡镇（苏木）982 个。

1997年7月1日，《人民日报》和《内蒙古日报》分别在呼和浩特市和通辽市分印。《人民日报》在呼市地区、包头市、集宁市实现当日投递；在其他盟市所在地实现次日投递；乌盟地区、锡盟、伊盟、巴盟、乌海的大部分地区比以前提前半天到2天运到。《内蒙古日报》在通辽恢复分印后，哲盟地区除霍林河外已实现当日投递；赤峰市也由次日下午投递提前到次日上午投递；乌兰浩特市、海拉尔市也都实现次日投递。本年，农村投递路线总长度（单程）103991公里。乡镇（苏木）总数1570个，按固定班期投递的乡镇（苏木）1493个，农村每周平均投递3次。

1998年1月10日，巴林右旗局19条乡邮路线全部由乡镇（苏木）政府选聘的农牧民代办，乡邮投递员由乡政府在当地农牧民中选聘，邮电局负责对他们进行业务培训、业务指导与监督检查。代办乡邮员的待遇由乡镇（苏木）政府和邮电局共同负责，邮电局以业务酬金的形式发给代办费，并限定了最低代办费标准，其余部分由乡镇（苏木）政府根据当地工资给予补贴。结束了长期以来乡邮自办的历史。年底，全区共制作信报箱20万格口，装信报箱的楼房达到了6639栋，居民住宅楼信报箱安装率为36.6%，安装信报箱群846个，有15431栋居民住宅楼实现了通邮。本年，城区每日平均投递2次，农村每周平均投递3次，农村投递路线总长度（单程）107262公里，乡镇（苏木）总数1570个，按固定班期投递的乡镇（苏木）1491个。

1999年，全区装信报箱的住宅楼房8096幢，邮政信报箱群7015处；邮局用户信箱20114个；邮政妥投点163458个，其中直接投递的137517个，与用户签订妥投协议的25941个；城区每日平均投递2次。农村投递路线总长度（单程）107280公里，农村每周平均投递3次；乡镇（苏木）1568个，按固定班期投递邮件的乡镇（苏木）1395个。

2000年10月1日起，全区旗县及以上城市城区范围内实行包裹按书写名址直投到收件人（又称包裹直投到户）。11月，自治区邮政局分2次对旗县以上城市城区范围的包裹直投到户情况进行了实寄包裹测试，测试的直投到户率为65.2%。营业和投递运行体制改革初见成效，投递“接入网”建设工作全面铺开，全区共建设投递接入网点450处，为扩大私费订阅报刊和发展物流配送业务提供了平台。城市常住居民具备通邮条件的住宅楼房自登记之日起，一周内实现通邮。呼和浩特市全部按与用户签订的投递协议实现妥投，城区范围内普通包裹投递到户，特快邮件妥投到户率实现100%；自治区旗县以上城市城区范围内邮购包裹投递到户；盟市当地印刷的中央、省级日报实现早报早投。年底，邮政信报箱群5161处，邮局用户信箱10875个，信报箱格口数217991个；城市投递道段1031条，邮政妥投点213210个，其中直接投递的186014个，与用户签订妥投协议27196个。农村投递路线总长度（单程）106539公里。

2001年，自治区邮政局赴广东学习185客户服务中心、物流配送等业务。在原来建设投递接入网的基础上，逐步完善投递接入网的服务功能。利用报刊订阅名址建立新的名址库，提高了商函等邮递类广告媒体的妥投率。年内，全区城市住宅楼房22374幢，已装信报箱的城市住宅楼房9637幢；勿压邮政信报箱群4502处，信报箱格口229259个；邮局用户信箱12610个；城市投递道段1037条，邮政妥投点270907个，其中直接投递的234405个，与用户签订妥投协议的36502个；城区每日平均投递2次。农村乡镇（苏木）1448个，按固定班期投递邮件的乡镇（苏木）1277个；行政村（嘎查）13893个，已通邮的行政村（嘎查）12149个；农村投递路线总长度（单程）111394公里；农村每周平均投递3次。

2002年，自治区邮政局制定邮政投递服务标准及检查考核标准，实现畅销报刊全面提速，呼和浩特市印刷的报纸到区内各旗县当日见报率达到90%。年内，全区城市住宅楼房23533幢，已装信报箱的城市住宅楼房11266幢；邮政信报箱群5179处，信报箱格口246880个；邮局用户信箱15081个；城市投递道段 1006 条，邮政妥投点 299341 个，其中直接投递的 251248 个，与用户签订妥投协议的 48093 个；城区每日平均投递 2 次。农村乡（镇）1252 个，按固定班期投递邮件的乡镇（苏木）1126 个；行政村（嘎查）13667 个，已通邮的行政村（嘎查）12650 个；农村投递路线总长度（单程）111395 公里；农村每周平均投递 3 次。

2003 年 5 月 6 日，自治区邮政局执行国家邮政局《关于对部分国际、港澳台小包和包裹按址投递到户的通知》。日本、韩国、美国和澳大利亚及中国香港地区寄往中国大陆县级以上城区范围内的部分进口国际及港澳台小包和包裹实行按址投递到户。有下列情况之一的小包和包裹在窗口投递：保价小包和包裹；代收关税和其他税费的小包和包裹；海关要求收件人当面办理验关手续或提供有关证明文件的小包和包裹；海关查验后重新封装的小包和包裹；检验检疫部门要求当面开拆检查的小包和包裹；欠资的小包和包裹，需要收取退回费、改寄费或其他费用的小包和包裹；严重破损或重量短少的小包和包裹；装有脆弱、易损或易腐蚀腐烂物品的小包和包裹；由于其他原因海关未予放行或不易投递到户的小包和包裹。按址投递两次无人接收的改为窗口投递。所有小包和包裹，无论包装破损与否，投递前都要复称重量，按址投递前记录每件小包和包裹的号码和重量。6 月 30 日，执行国家邮政局《做好高等院校入学录取通知书寄递工作的通知》，名址书写不清，无法投递的录取通知书，由专人负责处理，每日在当地报纸刊登。年底，全区邮政城市投递道段 1059 条；邮政信报箱群 5264 处，信报箱格口 267259 个；邮局用户信箱 12130 个；邮政妥投点 339719 个，其中直接投递的 294173 个，与用户签订妥投协议的 45546 个；城区每日平均投递 2 次。农村投递路线总长度 111636 单程公里；城市投递道段 1059 条；行政村 13120 个，已通邮的行政村（嘎查）12476 个；乡镇（苏木）1154 个，按固定班期投递邮件的乡镇（苏木）1140 个；城区每日平均投递 2 次；农村每周平均投递 3 次。

2004 年 10 月 19 日，自治区邮政局印发《加快全区邮政投递作业组织改革的意见》《完善全区邮政报刊发行投递经营的意见》。11 月 2 日，自治区邮政局批复，同意呼和浩特市邮政局的改革方案，将投递的报刊和普邮相对分离，将市区 102 道条段的普通邮件投递全部剥离出来，合并成 34 条普通邮件投递道段。将 16 条大户投递道段扩展为 26 条，实行报刊与普邮合投。道段调整划分之后，26 条大户段平均流转额 55 万元，102 条报刊道段平均每条流转额 10 万元。大户段日均投递普通邮件 6400 件，每个道段 246 件；普邮 34 条道段日均投递 7600 件，平均每条 223 件。投递频次为：大户段每天投递 3 个频次，即投递早报、邮件和包裹，下午投递其他报纸、邮件和刊物；报刊晚上、下午各出一次班，即早报早投和揽收，下午投递其他报刊和刊物，人员无休息；普邮网每天上下午各出 1 次班。9 月 28 日至 10 月 18 日在中山、新城 2 个分公司 22 个道段做试点。12 月，自治区邮政局对其他 11 个盟市局的投递作业组织改革和完善报刊发行经营体制具体实施方案进行批复，两项改革在全区范围内全面展开。乡邮投递段，暂不改变。年底，全区邮政城市投递道段 1260 条；邮政信报箱群 5541 处，信报箱格口 280027 个；邮局用户信箱 22283 个；邮政妥投点 331300 个，其中直接投递的 287168 个，与用户签订妥投协议 44132 个；城区每日平均投递 2 次。内蒙古乡镇（苏木）1234 个，按固定班期投递邮件的乡镇（苏木）1152 个；行政村（嘎查）12772 个，已通邮的行政村（嘎查）12012 个；农村投递路线总长度 110812 单程公里；农村每周平均投递 3 次。

2005 年 9 月 13 日，印发《进一步完善内蒙古投递网建设实施意见》，明确：包头市邮政局普邮投递网分为 3 个网——畅销报刊投递网、普通报刊投递网和信函投递网。畅销报刊投递网采取完全市场化的运作模式，参与报刊市场竞争。在总结呼和浩特市邮政局组建专网经验的基础上，对包头市邮政局收订的《北方新报》《内蒙古晨报》《中国剪报》《家庭周报》《环球时报》等实行由畅销报刊投递网投递。适当调整现有的投递道段，合理组建投递站，从现有普邮投递网中抽出部分劳务投递人员，并从社会上招收一部分投递人员组建新网，专门负责上述组合报刊的投递、零售及揽收。投递频次为每天 9：30 出班，首先投递私费订户，投递期间穿插报纸零售和收订。普通报刊投递网主要负责当地出版的《包头日报》《包头晚报》、呼和浩特市分印的《人民日报》《内蒙古日报》等党报党刊、行业报刊及无名址邮件的投递。第一个投递频次：7：00 出班，9：00 以前投递完毕。投递当地出版 6：30 交邮政部门的《包头日报》《包头晚报》和无名址邮件，主要面对党政机关、企事业单位等集团订户。第二个投递频次：9：30 出班，上午投递完毕。投递第一频次未投出的《包头日报》《包头晚报》和呼和浩特市分印的《人民日报》《内蒙古日报》等党报党刊及一同进口的其他报刊和无名址邮件，主要面对的是其他订户和上一个投递频次未投出的报刊及无名址邮件。第三个投递频次：14：00 出班，下午投递完毕。投递 43 次、177 次列车发运的京版报刊和其他报刊及上 2 个投递频次未投出的报刊及无名址邮件。投递人员随时进行揽收营销。除呼和浩特市、包头市、阿拉善盟外的其他盟市实行“一网分层”运作模式。第一投递频次：7：30 出班，9：00 投递完毕。呼伦贝尔市投递当日的本地报刊、《内蒙古日报》、上一日的《人民日报》及京版报刊和其他报刊；通辽市、赤峰市投递当日的本地报刊、《内蒙古日报》和其他报刊；乌海市、兴安盟投递上一日的《内蒙古日报》《人民日报》及京版报刊和其他报刊；锡林郭勒盟投递当日的本地报刊、上一日的《内蒙古日报》《人民日报》及京版报刊和其他报刊；乌兰察布市投递上一日的京版报刊和其他报刊；其余盟市局投递当日的本地报刊、上一日未投出的报刊。第二投递频次：10：00 出班，上午投递完毕。乌兰察布市、鄂尔多斯市、巴彦淖尔市主要投递平函、挂号、包单等其他邮件及少量报刊；其余盟市局投递第一投递频次未投递的报刊及平函、挂号、包单等其他邮件。第三投递频次：14：30—17：00 投递。赤峰市、通辽市投递当日的《人民日报》、京版报刊及其他报刊；乌兰察布市投递当日的《内蒙古日报》《人民日报》及其他报刊；鄂尔多斯市、巴彦淖尔市投递当日的《内蒙古日报》《人民日报》，京版报刊及其他报刊；如邮车不能按时到达鄂尔多斯市、巴彦淖尔市，则此频次主要面向党政机关、企事业单位等集团订户投递，其他订户于次日第一投递频次投递，其余盟市局投递平信、挂号、包单等其他邮件。年底，全区邮政城市投递道段 1286 条，城市投递道段长度（单程）29382 公里；有投递部门 674 处；有邮政信报箱群 5825 处，信报箱格口 285512 个；邮局用户信箱 22971 个；邮政妥投点（包括城市和农村）338811 个，其中直接投递的 291654 个，与用户签订妥投协议的 47157 个。城市每日投递 2 次。自治区共有乡镇（苏木）1225 个，按固定班期投递邮件的乡镇（苏木）1129 个；自治区共有行政村（嘎查）12715 个，已通邮的行政村（嘎查）12039 个；农村投递路线 1637 条，农村投递路线总长度（单程）109398 公里；马班投递路线 35 条，马班投递路线总长度（单程）3412 公里；步班投递路线 10 条，步班投递路线总长度（单程）1258 公里；农村每周平均投递 3 次。

2006 年，呼和浩特市局为加快商函账单业务发展，组建 93 人的信函投递网，设 69 个投递道段；投递公司成立商函账单管理部，专门负责对商函账单接收、分拣封发、投递、平衡合拢、地址修改进行全程监控和管理，使商函投递信息化实现了商函制作按段排序打印、投递反馈、地址维护等功能，弥补了商函账单业务的服务跟踪和数据查询的空白，实现了件件有跟踪、封封能查询的信息反馈，账单妥投率由 95% 提高到 98% 以上。7 月 1 日，呼和浩特邮政局实现 5 点到站的特快邮件 12 点前投递完毕，11 点到港的航班或 14 点前到站的当日投递完毕；其他盟市局 8 点到站的上午投递完毕，15 点到站的当日投递完毕。年底，全区邮政城市投递道段 1287 条，城市投递道段长度（单程）30327 公里；有投递部门 662 处；有邮政信报箱群 6218 处；邮局用户信箱 16086 个；邮政妥投点（包括城市和农村）340749 个，其中直接投递的 292131 个，与用户签订妥投协议的 48618 个。城市每日投递 2 次。自治区共有乡镇（苏木）1069 个，按固定班期投递邮件的乡镇（苏木）971个；共有行政村（嘎查）12109个，已通邮的行政村（嘎查）11739个；农村投递路线1623条，农村投递路线总长度（单程）109635公里；马班投递路线35条，马班投递路线总长度（单程）3412公里；步班投递路线11条，步班投递路线总长度（单程）1267公里；农村每周平均投递3次。

2007年10月15日，呼和浩特市邮政局将报刊发行投递局撤销，重新组建报刊发行局和投递中心，实现了报刊发行和投递中心的彻底分离和专业化经营。年内，新增信报箱9.8万格口，累计达到34万格口。年底，自治区邮政有城市投递道段1297条，城市投递道段长度（单程）31531公里；有投递部门663处；有邮政信报箱群6371处；邮局用户信箱17767个；邮政妥投点（包括城市和农村）349773个。自治区共有乡镇（苏木）964个，按固定班期投递邮件的乡镇（苏木）912个；自治区共有行政村（嘎查）12138个，已通邮的行政村（嘎查）11679个；农村投递路线1630条，农村投递路线总长度（单程）111007公里。

2008年，各盟市邮政局改革发行投递体制，撤销邮政报刊发行投递局，分别成立了报刊发行局和邮政投递局。年内，新增信报箱5.7万格口。年底，自治区有城市投递道段1285条，城市投递道段长度（单程）29573公里；有投递部门615处；有邮政信报箱群6878处；邮局用户信箱18612个；邮政妥投点（包括城市和农村）351459个。自治区共有乡镇（苏木）884个，按固定班期投递邮件的乡镇（苏木）770个；共有行政村（嘎查）11712个，已通邮的行政村（嘎查）11257个；农村投递路线1876条，农村投递路线总长度（单程）111911公里。

2009年5月30日，114个县以上投递局（部）完成邮政投递信息系统上线工作。随着投递信息系统的上线使用，各类给据邮件上线处理量显著增加，至9月底，全区通过投递信息系统处理的各类给据邮件达到118.46万件。年内，自治区邮政公司印发《关于进一步完善深化经营体制改革相关事项的通知》。按照文件要求，包头、呼伦贝尔、乌兰察布局在市场部设立了营投管理岗并配备了专门人员；乌海、赤峰、兴安、通辽、巴彦淖尔、阿拉善盟（市）局将营投管理工作职能调整到市场经营部。按照中国邮政集团公司《关于推进2009年重点城市邮政投递网建设达标意见的通知》，赤峰、鄂尔多斯、乌兰察布、兴安、阿拉善和乌海6个盟市局进行投递网优化工作。年底，全区邮政城市投递道段1258条，城市投递道段长度（单程）31244公里；有投递部门581处；有邮政信报箱群8025处；邮局用户信箱19621个；邮政妥投点（包括城市和农村）384204个。自治区共有乡镇（苏木）685个，按固定班期投递邮件的乡镇（苏木）616个；共有行政村（嘎查）11703个，已通邮的行政村（嘎查）11407个；农村投递路线1628条，农村投递路线总长度（单程）112612公里。

2010年10月19日，自治区邮政公司决定撤销盟市邮政局发行局和投递局，实行"发投合一"的管理模式，整合成立盟市邮政局发行投递局。年底，全区邮政有投递部门591处，城市投递道段长度（单程）32301公里；有邮政信报箱群9242处；邮局用户信箱72717个；邮政妥投点（包括城市和农村）505406个。自治区共有乡镇（苏木）703个，按固定班期投递邮件的乡镇（苏木）663个；共有行政村（嘎查）11730个，已通邮的行政村（嘎查）11434个；农村投递路线1638条，农村投递路线总长度（单程）114545公里。

五、邮政信息网络

（一）金融网

1985年，计算机技术在邮政通信中开始应用。自治区邮电管理局研制开发邮政汇兑稽核微机处理系统，1986年完成试运行，1988年3月，邮电部邮政总局和自治区邮电管理局主持了技术鉴定并正式投入使用。该系统运行稳定可靠，效益明显，获1991年度自治区邮电科技进步一等奖。

1992年，呼和浩特市邮政局研制邮政储蓄事后监督微机系统通过技术鉴定，在呼和浩特市地区推广使用。邮政储汇发行局研制成功“报刊发行汇总要数及结算微机处理系统”，经技术鉴定后投入使用，内蒙古自治区报刊发行业务从收订到汇总要数及结算全部实现计算机处理，全区联网运营，开始从单机处理向综合化网络系统发展。全区有110台套各类微机处理系统，用于邮政汇兑稽核、广告信函、广告明信片制作处理、邮政储蓄、报刊发行汇总要数、邮运制单、邮政编码查询以及邮电支局营业窗口业务处理等，开通了呼和浩特市通往全国主要城市的电子信函业务，与全国48个城市微机联网建立了特快专递（EMS）跟踪查询系统。自治区邮政通信陆续研制出邮政综合业务档案微机管理系统、包裹液压自动上袋机、邮政编码微机查询系统，部分盟市建立了调度邮运生产无线对讲管理系统。

1996年，呼和浩特“绿卡”一期工程基本完成，并投产试运行，建成邮政储汇中心74处，旗县以上城市邮政储蓄微机联网实现通存通兑。

1997年初，呼和浩特建设邮政储蓄系统城市主机，开通40个营业网点、20台ATM机。

1998年3月4日，自治区邮电管理局对邮政金融计算机网络二期工程组织初验后，网络进入试运行生产阶段。4月24日，联网43个网点，20台ATM，并实现与全国51个城市中心间的异地通存通取。

1999年，全区完成了7个盟市局的273个网点的联网工作。

2000年，全区入网营业网点438处，ATM机92台，POS机92台。

2001年3月30日，原内蒙古“绿卡”二期系统所属304处网点一次性切入新建的绿卡省中心系统。4月12日，内蒙古“绿卡”省中心异地系统正式启用。5月30日，原内蒙古“绿卡”一期系统所属的130处网点并入省中心系统，至此，全区所有的储蓄联网网点全部进入“绿卡”省中心系统。6月30日，绿卡省中心第一次执行结息，新的系统在1小时内完成全部结息工作。7月1日，呼和浩特市中山路、火车站、新城、北门、呼伦南路5个邮政支局开通邮政电子汇兑业务，与全国20个省（自治区、直辖市）城市的100个邮政电子汇兑网点实现联网。8月1日，正式开通银行卡POS业务。11月，全区94个市县中心、154个网点切入全国电子汇兑系统，实现了新旧系统转换。该系统投入运行后，切换到电子汇兑系统的邮政营业网点均能办理电子汇票开发和兑付业务，并可在电子汇兑网点间进行通兑，电子汇兑的电子信息完全取代实物汇票。系统相继开办24小时、4小时、2小时到达的电子汇兑业务。在邮政综合计算机网基础上建设的邮政电子汇兑系统成为连接国家邮政局、31个省（自治区、直辖市）邮政局、2468个市县邮政局和一定数量基层网点的安全、稳定、高效的系统。

2002年1月1日起，全国邮政汇兑业务全部使用新系统，在全国范围内向社会提供24小时现金—现金的邮政电子汇兑服务。5月底，“绿卡”省中心系统共有517处储蓄网点、114台ATM、87台POS联网运行。内蒙古“绿卡”省中心工程的建成实现了与全区所有联网储蓄网点的通存通兑。

2003年，内蒙古储蓄中间业务平台系统上线运行，业务有代收网通、联通、移动、铁通话费，代收电费、代发工资、电话银行、ATM/POS等。业务处理模式包括：现金、存折、“绿卡”缴费、电话银行以及批量代扣缴费等。

2004年11月6日，中间业务平台改造系统与统一版本储蓄系统一起正式上线运行。中间业务改造系统的建设主要包括开通使用的基本代收业务和代付业务、ATM和POS业务、电话银行业务，以及以上业务的管理业务功能。其中代收业务包括代收网通话费、代收联通话费、代收移动话费、代收电费等，代付业务包括代发工资、养老金等业务功能。

2005年3月，内蒙古自治区邮政代理保险暨代理开放式基金系统完成上线，此系统为全国统一的邮政代理保险业务和代理开放式基金业务计算机应用系统，实现两项业务的信息化发展，并为全国性中间业务的发展提供一个广泛的处理平台。代理开放式基金系统主机在国家局放置，在省中心只放置省前置机，并形成全国集中的模式。内蒙古邮政代理保险系统包括业务处理子系统、会计核算子系统、公共管理子系统、信息管理子系统。代理开放式基金系统包括业务处理子系统、会计核算子系统、公共管理子系统、信息管理子系统。6月22日，内蒙古储蓄系统和汇兑系统两网互通工程切换上线。国家邮政局进行银行卡2.0版本改造工作，将ATM、POS前置从中间业务平台中独立出来，在省中心建立新的全区集中的ATM、POS前置系统，处理全区的ATM、POS业务。

2006年1月5日，内蒙古邮政储蓄银联2.0前置系统改造工程正式切换上线；2月，邮政金融电子稽查系统工程启动，3月24日系统正式上线运行。基于开放系统的“三层客户／应用服务器／数据库服务器”体系结构，电子稽查省中心主机系统部署在邮政储蓄省中心局域网环境内，与邮政储蓄省中心主机连通，并与邮政汇兑系统连通。稽查人员使用PC机，安装Windows操作系统来进行相应的操作。

2007年3月24日，中国邮政集团公司统一规划部署，自治区邮政ATM/POS前置监控系统上线，实现全国自助设备交易系统软件的统一性，提高了ATM、POS等自助设备的交易成功率。9月8日，邮政汇兑全国大集中工程上线。电子汇兑系统的全国大集中实现了汇兑业务的全国集中处理，加快了数据传递速度，提高了交易的成功率，降低了交易的差错率。11月17日，中间业务省集中系统一期工程全区上线运行。系统交易种类由原来的基本的代收付种类发展到现在与居民生活紧密相关的代收各类通信费、电费、有线电视费、煤气费等业务；代发社保、养老资金业务；代发涉农资金及代扣烟草款等各类业务，各项业务交易量快速增长。

2008年3月至5月，赤峰邮政储蓄的网络进行改造，更新了赤峰邮政储蓄网络核心路由器和交换机，扩充了网点通信线路的带宽。6月22日，自治区邮政公司业务系统上线运行，该业务系统是一套以客户为中心、业务处理规范化、会计核算标准化、数据全国集中存储、应用集中处理的计算机系统，业务系统包括核心业务系统、前置子系统、柜面前端（含网点和各种管理终端）和电子验印、支付密码子系统，实现对公存款、贷款、结算、代理业务的业务处理及会计核算、资金清算功能。8月，全区固定电话支付系统推广使用，固定电话支付系统是中国邮政集团公司组织的金融类工程项目，是全国中心集中建设的语音接入和业务处理平台，系统上线后，实现了不同话机设备交易界面和处理流程的统一，实现系统的安全交易，改善支付结算手段，提高绿卡交易水平。

2009年4月28日，邮政储蓄2.0版本升级改造工程第一阶段上线。11月16日，完成邮政储蓄系统全国物理大集中工程，各省储蓄业务的账户数据和交易数据存放在全国中心的新储蓄系统。储蓄网点等前端的每一笔交易都通过省中心转发至省际广域网最终与全国中心通讯。

2010年3月16日，内蒙古邮政储蓄系统2.0版本第二阶段改造工程切换上线，在业务上新增了三地转账、利息税分段处理、VIP服务费、小额账户管理等功能。3月22日，邮储银行会计稽核系统上线运行，该系统为中国邮政集团公司统一规划建设项目，采用全国大集中模式，实现全国一点登录。3月23日，内蒙古自治区邮政公司作为集团公司第二批邮政金融数据下载平台系统上线，该系统是中国邮政集团公司统一规划建设项目。系统上线后，可从全国中心邮政金融客户管理系统及部分业务系统获取邮政储蓄、邮政绿卡、邮政汇兑、国际金融、代理基金、代理保险等业务数据，可为自治区邮政业务统计、数据分析等工作提供相关数据支持。4 月 6 日，内蒙古邮政储蓄个人网上银行系统上线运行，该系统具有邮政转账汇款、外汇通、投资理财、信用卡、网上支付个人贷款、客户服务、申请开办等功能。4 月，全区集中 POS 接入系统切换改造投入使用。改造前各盟市的 POS 接入点为各盟市中心，改造后在省中心放置 2 台网控器，用于全区 POS 的集中接入，既提高了 POS 整体接入数量，同时减少了设备维护量，减少了系统的故障点。9 月 27 日，“缴费一站通”系统在呼和浩特市试点上线，系统模式是利用 EPOS 缴费机通过公共交换电话网或无线方式接入中间业务平台办理代收付业务，到 11 月底，有近 50 个商户正式上线运行。年内，实现中间业务系统代收蒙东电力（覆盖东 4 盟市：赤峰市、通辽市、兴安盟、呼伦贝尔盟）、代扣烟草款项目、代收福利彩票款、代收联通话费、代理财政国库集中支付业务、代理财政非税收入收缴业务的上线。

（二）综合网

1990 年 4 月，赤峰市邮电局研制开发的“报刊发行微机处理系统”通过技术鉴定，在赤峰地区投入使用。包头市邮电局研制成功“报刊发行订销局微机处理系统”于 1991 年通过技术鉴定，因其具有推广价值，自治区邮电管理局集中技术人员对该系统的通用性等方面进行加工，对原程序进行了移植工作，1993 年推广运用到全区盟市、旗（县）邮电局。

1996 年初，呼和浩特局邮政营业网点实现了电子化多功能服务，转运、分拣登单、制单等生产环节全部实行微机处理。10 月 7 日，邮政业务计算机处理综合网投入生产运行。年内，全区新建电子化局所 93 处。年底，全区有电子化局所 256 处，旗县以上局所邮政营业、储蓄窗口全部实现电子化，全区邮政用计算机达到 1536 台（套）。

1998 年，包头邮政业务综合计算机网投入试运行，该系统是邮电部在全国选定的 3 个邮政综合网试点工程之一，是建立内蒙古邮政生产运行与邮政业务经营及企业管理的综合网络。该系统的建成实现了网内信息的高度共享，减少了日常业务处理中不必要的重复劳动，降低了物品消耗，从而改善了服务质量，加快了邮件传递速度，提高了邮政系统的工作效率；使报刊收订子系统和电子化支局子系统实现了在营业前台的合并，所有电子化营业网点的台席均可收订报刊，邮政前台营业真正实现了“一台清”，并可实现市内联网网点的报刊通订和汇款通兑。从此，包头市内东河区、青山区和昆都仑区的邮件处理全部采用了邮政综合网新系统。

1999 年 11 月 16 日，建成临河、乌海、东胜、阿拉善、集宁、通辽、锡林浩特和乌兰浩特 8 个特快专递站点处理系统。12 月 23 日，呼和浩特综合计算机网机房至北京省际电路开通；24 日至沈阳省际电路开通，临时采用 HDSL 方式。

2000 年 3 月 7 日，呼和浩特综合网机房至海拉尔、通辽、赤峰、集宁、包头、临河、乌海省内 DDN 电路开通。6 月 22 日，185 客服中心系统在包头开通。7 月，185 客服中心系统在呼和浩特市邮政局开通。12 月 18 日，内蒙古电子邮政 183 网站开通，该网站是集用户投诉、业务咨询、信息查询和业务受理于一体的综合业务平台。它可以使用户在一个系统中全方位获取邮政各种服务。主要栏目有：邮政新闻、企业简介、政策法规、业务介绍、业务受理、投诉建议、内蒙古风情和一些娱乐板块。其中业务受理中开办了报刊订阅、网上超市、邮政礼仪预定、广告受理等服务。

2001 年初，自治区邮政局决定在全区推广 185 邮政客户服务中心（包头试点）系统。6 月 15 日，内蒙古地区 12 个盟市邮政局的 185 客服中心全部开通运行。

2002 年 7 月 23 日，完成呼和浩特 185 新旧系统切换；8 月 2 日，呼和浩特发投局和物流配送中心的 2 个远程终端投入试运行；10 月 18 日，土默特左旗远程终端座席投入试运行；12 月 17 日，内蒙古电子邮政 185 系统的电话银行系统上线试运行，该系统业务功能主要包括：信息服务、受理服务、邮储业务、电话银行、增值业务。

2003 年 11 月，呼和浩特邮区中心局生产作业系统上线运行。

2004 年 6 月 10 日，海拉尔二级邮区中心局生产作业系统正式上线运行。6 月 21 日，国家邮政局开通运行“全国速递邮件查验平台应用系统”，6 月 21—7 月 4 日为试运行期，7 月 5 日起正式运行，该系统基于互联网平台，实现速递邮件查询、验单和赔偿等信息化处理的电子化，呼和浩特市邮政局为首批开通局之一。8 月 15 日，包头、通辽、赤峰、集宁和临河三级邮区中心局生产作业系统正式上线运行。9 月份，完成量收管理系统与电子化支局系统的机构代码转换，11 月完成量收管理系统工程的推广工作，年底该系统硬件集成工作全部完成，全区 12 个盟市 520 多个电子化支局完成接口联调，系统进入试运行阶段，自治区邮政局机关和各盟市邮政局的管理人员都能登录系统查询前一天的量收信息。10 月 25 日，客户关系管理（CRM）系统开通，呼和浩特市邮政局大客户服务中心从区中心电子化支局数据库拷贝用邮数据，安装到呼和浩特市邮政局大客户部使用。11 月，盟市局大客户系统设备陆续到位，测试安装使用。10 月，实现内蒙古邮政短信平台对移动手机、联通手机收发短信。11 月，实现电子汇兑短信回执功能。12 月 1 日，乌海市邮政局生产作业系统上线运行。

2005 年 1 月，按照国家邮政局全国邮政名址信息系统上线要求，呼和浩特、包头、赤峰、通辽、兴安和鄂尔多斯 6 个盟市上线。4 月，呼和浩特市名址库建设完成，并与国家邮政局名址信息系统联网。9 月，内蒙古邮政报刊发行系统投入运行，各盟市报刊发行公司、营业网点使用新系统完成 2006 年大收订工作。报刊发行系统改造旨在使自治区邮政局要数系统、订销局系统、中心局分发系统等软件完全符合《国内邮件处理规则——报刊发行分册》要求。通过订销局系统的建设可以使全区订销局实现网络数据的传输并利用网络实现各营业台席的全城通订；在处理整订、破订、收订、查询业务时打破原有订销局的界限划分，使所有支局的所有台席均可办理报刊收订、查询业务，有效地增加报刊收订网点，缩短内部处理时限。整个系统依托综合网，数据库服务器为综合网 C3 局原有小型机、应用服务器安装在综合网 C3 局局域网内，其数据库和应用都与电子化支局系统同主机运行，网点终端与支局业务终端共用通过综合网远程 telnet 到应用服务器办理业务。系统改造使订销局系统、省局汇总要数系统及中心局分发系统三套子系统共用数据库服务器，实现了数据共享，避免了各系统间数据因传递不一致而产生的问题。自治区邮政局汇总要数系统与使用的账务处理系统实现接口连接，进行业务会计核算处理。11 月，内蒙古邮政报刊零售系统正式投入使用，主要包括区报刊零售公司和各盟市零售公司共计 18 个网点。包含邮发子系统、转批子系统、特发子系统、调拨子系统、配送子系统和销售子系统 6 大类。12 月，包头、赤峰、通辽、兴安和鄂尔多斯名址库建设完成，与国家局名址信息系统联网。年内，根据国家邮政局的统一部署，自治区邮政局组织呼和浩特、海拉尔、通辽、赤峰、包头、集宁、临河 7 个二、三级邮区中心局和乌海局生产作业系统从 2.2 版本开始到 3.1 版本的五次升级工作。

2006 年 3 月 1 日，国家邮政局统一组织实施的邮政短信业务接入系统投入使用。邮政短信业务接入系统工程采用“一点接入、全网服务”方案，即在短信接入系统全国中心与电信运营商统一接入，面向全网提供服务。全国中心实现短信业务接入、处理、汇总分发、统计、清算和数据存储等功能，自治区邮政前置系统实现本地区短信业务分发、数据提取、处理和上传等功能。3 月 16 日，呼和浩特、海拉尔

2个二级邮区中心局，包头、通辽、集宁、赤峰、临河5个三级邮区中心局和非中心乌海局实施邮区中心局生产作业系统V3.1.1版本升级工作。6月6日，上述8个局实现生产作业系统3.2版本升级工作。6月20日，大客户营销管理系统上线运行。大客户营销管理系统是依托邮政综合网，应用成熟的软件开发技术、网络技术和三层B/S架构建立的一个统一管理、分级应用的省集中式管理系统。系统采用从生产系统自动采集客户经营数据与手工导入、录入数据相结合的方式，提供全方位的客户管理、经营分析、营销管理、营销队伍管理、项目管理、KPI管理、信息共享等功能；系统满足自治区邮政公司、盟市局、旗县局三级邮政经营管理部门对客户营销管理方面的需求。7月，各盟市局远程车间建设工作完成，系统运行正常。8月，国家邮政局建成全国邮政邮资机信息管理系统，通过对所有邮资机实施直联，实现对邮资机的日常动态管理，对邮资机的入网、注册、配置、下发、调拨、入库、戳记申请、收入稽核、维护、报废等实现全流程管理，内蒙古邮政邮资机于10月18日前联网106台，联网率100%。9月30日，全国邮政报刊发行信息系统上线运行，全国实现报刊分发、查验和报刊款结算。11月27日，为保证2006年底报刊分发系统上线，全网实施邮区中心局生产作业系统3.3版本升级工作。12月1日，邮区中心局报刊分发系统投入运行，邮区中心局报刊分发系统建设包括发报刊局的出口分发、报刊省际进口处理中心的进口分发和有实物分发功能的定销局3部分，实现邮区中心局生产作业系统与报刊发行系统在报刊分拣封发、报刊总包和散件信息的互联互通和信息化处理。12月21日，自治区邮政上线局实现生产作业系统3.4版本升级工作。

2007年9月13日，自治区各盟市局的邮政电子化支局自治区集中系统上线运行。邮政电子化支局系统是邮政综合计算机网的一个子系统，是邮政基础数据的重要采集点，系统的整体架构是在原有的综合网系统之上，采用“自治区集中”的方式进行建设，即在自治区中心设立一个电子化支局系统数据和应用中心，各盟市每个网点采取终端或仿终端的方式，通过综合网远程登录到应用服务器进行操作，形成了自治区范围内的电子化支局系统数据集中存储、应用集中分布的格局，实现信息资源的综合利用和共享，提高系统的可维护性、可用性，从而提升电子化支局主机系统处理能力。

2008年10月15日，自治区邮政干线邮路运费结算系统上线运行。自治区邮政干线邮路运费结算系统是完成一级干线结算数据、自治区内二级干线结算工作的一套集运费结算、统计分析于一体的综合管理系统。通过本系统，可以准确及时地对各责任中心的结算费用进行计算、分摊，以翔实的数据反映自治区邮政运营情况。通过建立自治区邮政各运营单位联网、统一管理、分层应用、高效稳定的干线结算系统平台，以提高全网成本意识，形成合理的利益分配格局。10月中旬，自治区邮政综合网网络改造工程建成，全区所有线路备份和路由器接入上线运行。自治区盟市邮政中心各增加了一条至自治区中心的2M 数据线路，同时在自治区中心安装综合网用交换机、防火墙、扩容板卡，除呼和浩特市局外的盟市局中心配置H3C储蓄系统上联路由器，结束了自治区部分盟市共用盟市中心至自治区中心线路的情况，盟市中心至自治区中心综合网和“绿卡”系统有了一条2M的共用备份线路，同时该线路为绿卡网热备线路，即对绿卡网带宽进行了扩容，使自治区网络结构更加清晰。11月4日，内蒙古自治区开始实施邮政速递综合信息处理系统二期工程推广上线工作。速递系统二期工程是在优化全程动态跟踪查询和生产作业大集中核心功能的基础上，建立起重要的速递专业收寄系统（含大客户收寄、综合管理和客户管理功能）、运行监控和资费管控系统、账务结算系统、查验与赔偿系统等，同时，完善统计分析系统，整合特殊业务处理系统以及优化PDA应用系统等。年内，完成集邮、报刊、储汇安全认证系统；完成速递揽收系统、银联POS签字系统、电子汇兑大集中、VOIP、电子化支局扩容改造等工程。

2009 年 5 月 18 日，自治区邮政投递信息系统上线运行，邮政投递信息系统是依托邮政综合计算机网建立的一套技术先进、方便实用、便于扩展、适应性强的系统，在符合网络分拣作业组织模式的基础上，优化投递处理流程，实现函件、包裹、特快、报刊等邮递类业务的综合处理，并实现与邮政相关专业系统的互联互通，在更大范围、更高层次上实现邮件信息一次录入、全程共享、全网共用的目标。邮政投递信息系统的推广实施有利于提高管理水平、优化内部作业流程、压缩邮件传递时限，为客户提供邮件的实时查询，实现邮件末端信息的采集和反馈。8 月 2 日，赛门铁克防病毒软件系统上线。自治区中心装有赛门铁克防病毒服务器，自治区邮政网络中所有电脑通过该服务器升级，定时进行查毒、杀毒，并将所有病毒信息上传至服务器。管理员通过服务器可以查看全区病毒种类、病毒传播程度等，能够掌握网络中病毒的情况，及时处理。赛门铁克防病毒软件系统上线标志着全区邮政网络防病毒工作上了一个新台阶。10 月 19 日，自治区邮政 11185 客户服务系统切换上线，它作为邮政电子商务信息平台的业务受理渠道之一，为电子商务信息平台提供订单受理渠道；还承担着票务、注册、呼出、外包等功能。上线后，以“服务＋经营”为主要发展模式，在负责邮政业务查询、咨询、投诉、受理、电话营销及增值业务的同时，还将根据客户信息及历史消费数据等资料，挖掘客户隐性需求，开展客户关怀、收集客户信息、维系客户、主动营销等活动。10 月 29 日，电子商务信息平台系统上线，平台规范了网站、11185、网点、短信等不同受理渠道，通过与邮政内外部作业系统相对接整合资源，开办各类电子商务，完成各业务、各地方的清分结算，支持全国邮政电子商务运营管理的平台。平台开办的业务按范围可分为全网业务、区域性业务及本地业务 3 类，其中全网业务和区域性业务由集团公司统一组织开发，本地业务由各省自行开发。首期开办的业务有爱心包裹、世博会门票和航空客票。12 月 4 日，代理保险全国大集中系统上线运行。全国集中的代理保险业务处理系统，实现了应用的集中处理和数据的集中存储。通过与各保险公司计算机系统的对接，在网点实现实时出单、查询保单信息等业务功能，扩大了服务功能，提升代理保险业务在同业中的竞争实力。有效运用公司业务系统的资金结算功能，实现代理保费和代理手续费的结算和分配，上收资金结算权限，优化与合作保险公司的保费结算流程，缩短保费结算周期，减少手工操作，规避资金风险。软件体系结构具有较强的开放性和可扩展性，能够支持多公司、多种产品的销售。年内，自治区邮政上线运行的应用系统达到 60 余套。

2010 年，实施物流系统与网运两个平台互联互通工作，解决了物流系统与网运系统对物流邮件的重复操作问题，实现了物流邮件轨迹的全程、实时、动态查询，提高物流邮件的生产作业效率和客户服务水平。

第三节　邮政基本建设

一、投资规模

1991 年，内蒙古自治区邮政固定资产投资总额 1615 万元，其中邮政枢纽投资完成 1015 万元，基本建设完成 1555.5 万元，技措和其他投资完成 59.5 万元。邮电共用固定资产投资 994 万元，其中基本建设完成 801.5 万元，技措和其他投资完成 192 万元。

1992 年，自治区邮政固定资产投资总额 19501 万元，其中基本建设完成 1056.6 万元，技措和其他投资完成 291 万元。邮电共用固定资产投资 1136.8 万元，其中基本建设完成 889.6 万元，技措和其他投资完成 247.2 万元。

1993 年，自治区邮政生产用房建设投资完成 296 万元。邮电共用固定资产投资完成 17893 万元。

1994 年，邮政基本建设投资总额 3999.8 万元，其中邮政生产用房建设投资 1373.8 万元、其他投资 2625 万元。邮电共用基本建设投资 6845 万元。

1995 年，自治区邮政固定资产投资总额 8261.3 万元，其中邮政生产用房建设投资 3391 万元、其他投资 4870.3 万元（包括基本建设 1681.9 万元，技措 3188.4 万元）。邮电共用固定资产投资 12267.6 万元，其中基本建设 11367.8 万元、技措 899.8 万元。

1996 年，自治区邮政固定资产投资总额 11557.4 万元，其中邮政生产用房建设投资 4024.8 万元、其他投资 7532.6 万元（包括基本建设 1145.9 万元，技措 6386.7 万元）。邮电共用固定资产投资 19601.4 万元，其中基本建设 16994.6 万元、技措 2606.8 万元。

1997 年，自治区邮政固定资产投资总额 9579 万元，其中邮政生产用房建设投资 5214.7 万元、其他投资 4364.3 万元（包括基本建设 1069.3 万元，技措 3295 万元）。邮电共用固定资产投资 32173.2 万元，其中基本建设 30840.4 万元、技措 1332.8 万元。

1998 年，自治区邮政固定资产投资总额 22251.2 万元，其中邮政生产用房建设投资 10467.1 万元、其他投资 11784.1 万元（包括基本建设 3426 万元，技措 8358.1 万元）。邮电共用固定资产投资 17134.5 万元，其中基本建设 14489.4 万元、技措 2645.1 万元。

1999 年，自治区邮政全区固定资产投资计划为 2.37 亿元，实际完成 2.35 亿元，完成计划的 99.16%；竣工项目 55 项，其中国家邮政局局管项目 3 项、自治区邮政局管建项目 52 项；竣工各类生产用房 37 处，竣工面积 11.3 万平方米；完成各类技术改造 18 项。

2000 年，自治区邮政完成固定资产投资计划 2.09 亿元，完成计划的 100%；竣工项目 78 项，占总项目 89 项的 87.64%，其中国家局管项目 6 项、区局管项目 72 项；竣工各类生产用房 39 处，竣工面积 4.5 万平方米；

完成各类技术改造63项。2000年，全区完成固定资产投资2亿元。分营后续建项目及旗县局搬迁工作基本完成。

2001年，自治区邮政完成固定资产投资15952万元，投产项目82项，其中国家邮政局局管项目43项，区管项目39项；竣工生产用房5处，竣工面积63683平方米；完成各类技术改造56项。2001年所有验收的工程，均被评为优良工程，优良率达到了100%。在资金管理上，规定把报刊发行款纳入内蒙古邮政资金调度中心统一管理，并以该中心为阵地，合理融通各种资金。自治区邮政局积极争取国家邮政局的资金补贴，先后对全区各盟市邮政局进行2次补贴，计18200万元，减免调度借款11514万元，基本解决了盟市邮政局邮电分营的遗留问题和生产楼建设资金不足问题。在资金安排使用上，向重点业务倾斜，对路牌、广告媒体等业务重点扶持。

2002年，自治区邮政局管在建项目14个，共完成建设项目11个，完成投资额1787.5万元，竣工面积13350平方米。根据自治区邮政局《集中采购管理办法》，年内全区设备招投标集中采购合同金额共计496.85万元。由自治区邮政局统一组织采购的物资有：内蒙古快递物流公司的邮政半挂式运行车，数量10辆，设备提供方为湖北圣龙厢式汽车改装总厂，型号ZXG9180XXY。呼和浩特邮区中心局搬迁设备采购：PC机、服务器、打印机（针式）、交换机（16口）、同步MODEM、UPS（3KVAIKVA），设备由内蒙古鸿达通信公司提供，同心公司负责安装。年内，自治区邮政局进行统一选型购置邮资机，在国家邮政局统谈框架协议下确定内蒙古地区邮政邮资机型号。入围的产品为法国小型（NEOPOST5400）、德国FP中型（EFS300/S）。本次全区各盟市邮政局共计购置小型邮资机84台、中型邮资机19台。为改善全区邮政储蓄用卡环境，由自治区邮政局补贴统一购置刷卡器及刷卡键盘。本次设备集中采购邀请4家公司，通过竞标实达公司入选，同时采购刷卡键盘279台（STAR -102/I）、刷卡器68台（STAR - 33/IC）。年内，完成国家邮政局局管建设项目总投资880万元，完成区管基建项目投资1922万元。

2003年，自治区邮政完成邮政综合网、邮政储蓄资金清算/网管中心工程、邮政综合网电子汇兑工程、邮政储蓄银联卡改造工程验收；完成内蒙古电子邮政——呼和浩特185客户服务中心系统工程、内蒙古邮政储蓄中间业务平台系统工程初验。

2004年，安排投资3445万元，其中基本建设投资720万元、技术改造投资2725万元。用于信息化项目投资2200万元，其中用于终端设备投资1418万元，实现了“压土建、调结构、保应用、增效益”的目标。加快信息化工程建设步伐。积极推进信息技术系统的推广应用工作，完成全区电子化支局系统、二三级中心局生产作业系统、报刊发行系统、中间业务平台、邮资票品管理系统、视频会议系统、财务管理系统、短信平台、大客户管理系统等项目的建设推广；成功实现邮政储蓄统一版本工程系统切换上线，系统运行平稳，交易速度明显提高，差错率进一步降低。基础能力建设取得新进展。全区邮政名址信息库建设成效显著，商函数据库营销工作基本步入良性发展轨道；实施“185”升位为“11185”。

2005年，完成财政拨付邮政企业建设资金收尾及清理工作，将全区40个国拨资金项目全部转列固定资产，并且对所有国拨资金工程进行工程财务决算。全区自有建设资金7000多万元，全部由区局管理并负责下达投资计划，向国家局和地方财政争取1200万元建设资金，其中国家局投资1086万元。全年共安排基建项目500万元，技术改造项目2500万元，骨干网点改造800万元，归还拖欠工程款2400万元，偿还银行贷款2000万元。在建工程项目主要完成全区邮政储蓄骨干网点改造和全区购建新增储蓄网点95处。全年安排技术改造项目资金2500万元，骨干网点改造资金1700万元，新增网点改造资金800万元。

2006年，自治区邮政局集中自有建设资金7000万元，盘活资产资金3325万元，国家邮政局投资2040万元，全部由自治区邮政局管理并负责下达投资计划。全年共安排归还拖欠工程款2000万元，基建项目 1234 万元，技术改造项目 4200 万元，配套国家局投资计划 650 万元。主要完成内蒙古绿卡处理中心扩容改造工程、邮政监控报警系统、邮政储蓄 ATM 机工程、全区车辆更新；储蓄及中间业务前端应用集中网络改造工程、区信息处理中心机房改造、报刊发行业务管理系统、集邮业务管理系统推广上线；电子化支局改造工程等。另外还积极与国家局沟通，争取到国家局对内蒙古邮政的倾斜政策，取得内蒙古邮储省中心中间业务平台改造工程国家局立项。

2007 年，自治区邮政共归还拖欠工程款 1800 万元，基建项目投资 500 万元，技术改造项目投资 6240 万元，其中集团公司投资 1000 万元，配套国家局投资计划 300 万元。主要完成了内蒙古电子化支局扩容改造工程、邮政储蓄 ATM 机工程、车辆更新、储蓄中间业务平台省集中系统工程、电子汇兑结算全国大集中、营业与邮运系统互通工程、ATM/POS/ 银联前置系统、邮政储蓄定期存单小额质押贷款业务处理系统工程、全区监控报警系统等。

2008 年，自治区邮政固定资产总投资为 1.02 亿元，完成第一、二批下达的 316 处农村支局所网点改造，3 处新增支局所新建、1 处危旧县局房的建设。完成了集邮、报刊、储汇安全认证系统；速递、揽收系统、银联 POS 签字系统、电子汇兑大集中、VOIP、电子化支局扩容改造等工程。

2009 年，自治区邮政完成总投资 4145 万元呼和浩特仓储中心工程建设（该项目投资集团公司承担 3258 万元，内蒙古邮政承担 887 万元）；完成农村邮政基础设施建设项目新增专项 61 处营业投递场地改造建设和第三批 248 处农村邮政普遍服务基础设施网点和危旧房改造建设，这 2 批网点建设项目共投资 5340 万元。此外，全区把免征房产税的 1000 万元资金完成 51 处城镇网点装修改造建设，同时完成 11185 邮政客户服务中心改造及集邮公司精品专卖店装饰工程。集中自有建设资金 6000 万元，盘活资产资金 2490 万元。本年，全区共投资 4653 万元（集团公司承担 1869 万元，区公司承担 2784 万元），主要用于信息化工程项目投资、车辆购置和信息化项目省内配套网络和终端设备采购。完成发改委扩大内需专项投资项目设备购置、邮运投递车辆更新、信息化终端设备购置、农资配送系统网点设备更新购置，该项目投资 3370 万元。

2010 年，呼和浩特仓储中心工程竣工验收，该项目总投资 3895 万元，集团公司承担 3514 万元，自治区邮政公司承担 381 万元；呼和浩特、包头、赤峰、呼伦贝尔、通辽、锡林郭勒 6 个盟市局购置 7 处城镇网点，投入资金 1606.36 万元；通辽市库伦旗邮政局新建综合办公楼建设项目总投资 350 万元；全区邮政 78 处二类、代理网点装修改造，各盟市 12 处集邮专卖店的装修改造工作总投资约 2300 万元。技术改造全区完成投资 4986 万元，其中集团公司承担 1039 万元，自治区邮政公司承担 3947 万元。信息化项目主要完成自治区邮政公司项目 POS 系统接入改造、缴费一站通、个人网银系统改造、代发惠农资金系统改造、财务预算管理系统、东北电网涉及 4 盟市代收费系统开发、呼和浩特市地区网点接入路由器改造、报刊分发显示系统改造等；车辆投资主要完成一级干线车辆、防弹运钞车、揽投车、业务检查车、站台拖车的购置；设备投资完成信息化项目网络和终端设备采购，广告函件专业生产工艺设备购置，营业和投递用打印机、终端、ATM 机、POS 机、“商易通”、自动补登折机、捆钞机、点钞机等设备更新购置。

二、房屋建设

1986 年，呼和浩特邮政通信枢纽工程被列为邮电部“八五”重点建设项目，自 1986 年开始筹建至 1992 年建成，并于 1993 年 5 月 28 日正式通过邮电部组织验收。该工程总投资 2963 万元，建筑面积 13069 平方米，枢纽内安装推式悬挂分拣机、包裹分拣机等先进设备。

1992 年 12 月 21 日，包头邮件处理中心通过验收，并被评为优良工程。该工程由北京邮政局设计所设计，内蒙古邮电建筑公司承建，总建筑面积 5746 平方米，为钢筋砼土剪力墙结构。大楼东段是邮电支局和营业厅，共 7 层，高 37.3 米；西段共 3 层，高 23.7 米。分别由转运车间、给据分拣车间、平信分拣车间、包裹刷印车间组成。

1993 年，自治区邮电管理局先后安排集宁、赤峰、乌海、乌兰浩特、临河等局中心局建设。集宁邮件处理中心于 1994 年 12 月完工交付使用，建筑面积为 4381 平方米，决算投资 950 万元。赤峰邮件处理中心 1995 年底完工，建筑面积 5500 平方米，投资 1000 万元。乌海、乌兰浩特邮件处理中心于 1995 年完成征地、设计等任务，建筑面积 8000 平方米，概算投资 1400 万元。临河邮件处理中心可行性研究报告也于 1995 年通过批复，建筑面积 3500 平方米，投资估算 700 万元。

1994 年，自治区邮电管理局在呼和浩特机场北面随机场扩建新征地 20 亩，兴建航空邮件转运站，规模 1589 平方米，由于同呼和浩特民航局在“三通一平”费用协调事宜上未能达成一致意见，故推迟到 1996 年动工。该工程由内蒙古邮电设计院完成工程设计，内蒙古邮电建安公司承担施工，1997 年 9 月 20 日建成。1997 年 9 月 26 日组织竣工验收，综合打分 86.7 分，被评为优良工程。呼和浩特航空邮件转运站工程决算为 305.9 万元，1997 年 10 月 26 日交付呼和浩特邮政局使用。

1996 年 7 月 30 日，二连浩特市邮电局邮政综合楼竣工验收，并被该市质量监督部门评定为优良工程。该楼占地面积 6090 平方米，内设电信、邮政营业大厅，国际邮件交换站，分拣、封发、转运、投递等生产作业场地以及外宾接待室、行政办公室、会议室等。年内，内蒙古自治区邮电管理局出资 1.1 亿元购买金宇大厦产权，该大厦位于呼市呼伦南路 169 号，总高 21 层，使用面积 19995 平方米。11 月 20 日在呼和浩特举行购买金宇大厦产权签字仪式。1997 年 5 月 6 日，局机关迁入该楼办公，为内蒙古邮电通信指挥调度中心楼。

1997 年，邮电部对海拉尔邮件处理中心工程立项和可行性研究报告进行批复。1999 年，自治区邮政局对该工程初步设计及投资进行批复。2001 年，国家邮政局对该邮件处理中心工艺技术改造工程初步设计进行批复。上级文件合计批复工程建筑规模 15800 平方米，总概算 4430 万元，其中建筑工程 4157 万元，工艺设备安装工程 273 万元；国家邮政局承担 1712 万元，自治区邮政局及呼伦贝尔盟局承担 1718 万元。工程建设单位为自治区邮政局，由呼伦贝尔盟邮政局具体实施；设计单位为邮电部北京设计院、呼伦贝尔盟建筑勘察设计研究院（调度楼设计）；监理单位为北京煜金桥通信监理公司。土建工程分别由呼伦贝尔建筑安装工程集团有限责任公司下属第三项目部及野华分公司承建；调度楼精装修工程由黑龙江省鹤岗市中北金利建筑装饰工程有限公司施工；综合布线及安保监控由北京东方开元信息科技发展有限责任公司施工；消防工程由内蒙古华伟消防工程有限责任公司及设备厂家完成；供热工程由海拉尔热电厂实施。工程位于海拉尔河东区呼伦路、建设中路、伊敏大街的交会处，三面临街，西面以铁路为界，占地面积 72 亩。完成建筑面积 13708.41 平方米，其中生产主楼 6353 平方米，二层框架，大开挖基础；调度楼 4039.91 平方米，砖混五层；汽车库及维修车间 2346 平方米，一层框架；锅炉变配电房 560.63 平方米（含泵房、换热站），一层砖混；门卫 16.32 平方米。工程于 1999 年 9 月开工，2000 年 12 月土建竣工，2001 年 7 月通过呼伦贝尔盟邮政局组织的初步验收，2001 年 11 月通过自治区邮政局组织的建筑工程竣工验收，工程质量达到盟优标准，其中调度楼达到区优工程标准。

1998年11月26日，自治区邮电管理局根据邮电分营精神和11月10日办公会议决议，对全区分营后的88个旗、县、市邮政局均给予90万元生产用房建设资金补贴，给予呼和浩特市邮政局筹建中山路邮政楼2000万元建设资金补贴，呼和浩特市电信局在建二枢纽1500万元建设资金补贴（占用内蒙古计委下达的规模），合计11420万元。

1998年旗、县、市、市邮政局建设资金补贴名单：呼和浩特市的土默特左旗、托克托县、和林格尔县、武川县、清水河县；包头市的石拐矿区、白云鄂博矿区、土默特右旗、达尔罕茂明安联合旗、固阳县、青山区、东河区、郊区；乌海市的乌达区、海南区；赤峰市的元宝山区、巴林左、巴林右旗、敖汉旗、克什克腾旗、翁牛特旗、阿鲁科尔沁旗、喀喇沁旗、宁城县、林西县、平庄镇、松山区；呼伦贝尔盟的满洲里市、扎兰屯县、牙克石县、阿荣旗、莫力达瓦达斡尔族自治旗、额尔古纳市、根河市、鄂伦春旗、鄂温克旗、新巴尔虎右旗、新巴尔虎左旗、陈巴尔虎旗、伊敏河镇；兴安盟的阿尔山市、科右中旗、扎赉特旗、突泉县；哲里木盟的科左中旗、扎鲁特旗、科左后旗、库伦旗、奈曼旗、霍林郭勒市、开鲁县；锡林郭勒盟的二连浩特市、苏尼特左旗、苏尼特右旗、西乌珠穆沁旗、正镶白旗、正黄旗、正蓝旗、太仆寺旗、阿巴嘎县、东乌珠穆沁旗、多伦县；乌兰察布盟的丰镇市、四子王旗、察右中旗、察右后旗、察右前旗、凉城县、商都县、兴和县、卓资县、化德县；伊克昭盟的鄂托克旗、达拉特旗、准格尔旗、乌审旗、杭棉旗、伊金霍洛旗、鄂托克前旗、薛家湾镇；巴彦淖尔盟的乌拉特前旗、乌拉特中旗、乌拉特后旗、杭锦后旗、五原县、磴口县；阿拉善盟的阿拉善右旗、额济纳旗。

1999年，自治区邮政土建工程施工总面积为127576平方米，共31个项目，其中续建5项、新开工26项，年底完工8项，竣工面积50690平方米。土建全年计划投资6880万元，实际完成11386万元，占计划的165.5%，超计划完成65.5%，面积竣工率40%，开工率100%。自治区邮政局局管土建竣工项目：阿拉善盟邮政综合楼6300平方米，投资1500万元，12月16日验收投产；乌海邮政生产楼12300平方米，投资3200万元，12月18日验收投产。旗（县）局局房竣工项目：巴彦淖尔盟磴口邮政综合楼，建筑面积1012平方米，总投资150万元；巴彦淖尔盟乌拉特前旗邮政综合楼，建筑面积4100平方米，总投资795万元；巴彦淖尔盟乌拉特中旗邮政综合楼，建筑面积1700平方米，总投资185万元；阿拉善盟阿拉善右旗邮政综合楼，建筑面积1600平方米，总投资170万元；阿拉善盟额济纳旗邮政综合楼，建筑面积1600m²，总投资180万元；巴彦淖尔盟杭锦后旗邮政综合楼，建筑面积1624平方米，总投资150万元。自治区邮政局局管项目在建工程进展情况：巴彦淖尔盟邮件处理中心11月开工，建筑面积11370m²，投资2900万元；呼和浩特邮件处理中心1999年12月开工，主楼建筑面积19300平方米，投资3000万元，附属楼建筑面积6200m²，投资820万元。自治区邮政生产用房投资16900万元；房屋竣工面积112939平方米，竣工房屋价值18702万元，竣工面积造价1655.94元/m²。

2000年，自治区邮政在建项目总计47项，到年底完成39项，项目完成率为83%。土建项目完成情况：建成伊克昭盟邮政综合楼6800平方米，投资1030万元，3月10日验收投产；建成乌兰浩特邮政楼13700平方米，投资3200万元，9月验收投产；建成呼和浩特市局所属清水河县、和林格尔县、武川县，包头市局所属昆都伦区、固阳县、土默特右旗、白云矿区、东河区，巴彦淖尔盟局所属杭锦后旗，锡林郭勒盟局所属苏尼特左旗、东乌珠穆沁旗、阿巴嘎旗、太仆寺旗、正蓝旗、二连浩特、镶黄旗、多伦县，伊克昭盟局所属乌审旗、鄂托克前旗、伊金霍洛旗、杭锦旗、准格尔旗，赤峰市局所属宁城县、翁牛特旗、巴林右旗、喀喇沁旗、克什克腾旗，呼伦贝尔盟局所属陈巴尔虎旗、新巴虎左旗、阿荣旗，兴安盟局所属扎赉特旗、阿尔山市，乌兰察布盟察右前旗和通辽市库伦旗36处邮政生产楼。8月，锡林浩特邮政生产楼开工，建筑面积 4100 平方米，投资 800 万元；12 月，通辽邮政生产综合楼开工，建筑面积 7980 平方米，投资 1900 万元。建成赤峰邮件处理中心 15800 平方米，投资 3700 万元，11 月 8 日验收投产。全区邮政生产用房投资 10055 万元；房屋施工面积 54807 平方米；本年新开工的房屋施工面积 48107 平方米；竣工房屋面积 44972 平方米，竣工房屋价值 6520 万元，竣工面积造价 1449.8 元 /m²。

2001 年，自治区邮政局局管土建竣工项目有：海拉尔邮件处理中心，建筑面积 13800 平方米，原批总投资 2800 万元，11 月 1 日验收投产；锡林浩特邮政生产综合楼，建筑面积 4424 平方米，原批总投资 600 万元，11 月 29 日验收投产；巴彦淖尔盟邮件处理中心，主楼建筑总面积 11379 平方米、原批总投资 2900 万元，附属工程为 400 平方米、原批投资 350 万元，12 月 12 日验收投产；通辽邮政生产综合楼，建筑面积 7680 平方米，原批总投资 1950 万元，12 月 25 日验收投产。所有验收的工程，均被评为优良工程，优良率达到了 100%。12 月 28 日，呼和浩特邮件处理中心通过初验，该工程是全国邮政一级干线工程，是国家邮政局确定的省会邮件处理的重点工程，地址在呼和浩特市金川经济开发区，土建工程于 1999 年 10 月 18 日奠基开工，工艺设备安装工程和附属配套工程于 2001 年 4 月 5 日开工，同年 12 月 28 日通过初验。工程完成土建项目总规模 26613.7 平方米，其中生产主楼 18965.9 平方米，附属工程 7647.8 平方米，工程总概算为 9326.55 万元，总投资额由国家邮政局承担 7412.77 万元，自治区邮政局承担 1913.78 万元。2003 年 6 月 28 日至 6 月 30 日完成搬迁，7 月 1 日起新建邮件处理中心内部生产正式执行新的邮件作业计划。年内，为加快营业网点的建设步伐，对部分盟市邮政局城市集中邮政营业局所建设进行了补贴，补贴资金 600 万元。全区土建工程施工面积为 72683 平方米，共 6 个项目，其中续建的 5 项，新开工 1 项；年底完工 5 项，竣工面积 63683 平方米；土建全年计划投资 11204 万元，实际完成 11204 万元，完成计划 100%，面积竣工率 87.6%。全区完成生产用房建设 10154 万元；完成竣工房屋面积 124748 平方米，其中邮政 111444 平方米、邮电工业 6652 平方米、教育 6652 平方米。

2002 年 12 月 26 日，乌兰察布盟邮政综合楼通过自治区邮政局组织的验收。该工程于 2001 年 6 月 26 日动工，建筑面积 8858 平方米，总投资 1750 万元。本年，全区邮政生产用房投资 1922.5 万元；房屋竣工面积 13350 平方米，竣工房屋价值 1552.5 万元，竣工房屋造价 1163 元 /m²。

2002 年局管在建项目明细表

表 2-69

基建项目	建设性质	建设规模（平方米）	项目总投资（万元）	完成投资（万元）
乌兰察布邮政生产综合楼	续建	8858	1750	735
呼和浩特邮政区中心局汽修车间	新建	650	85	85
通辽市开鲁县邮政生产楼	新建	1800	250	250
通辽市邮政局营业综合楼	新建	1197	450	80
通辽市邮政营业综合楼附属工程	新建	770	120	120
赤峰市邮政局西客站支局	新建	230	80	80
赤峰市邮政局松山区五三支局	新建	330	48.8	48.8
赤峰市邮政局常青街支局	新建	100	53.7	53.7
乌兰察布盟邮政局卓资县营业网点	新建	260	50	50
呼伦贝尔市海拉尔中央街营业厅改造	改建	352	50	50

2003年，完成通辽邮政营业楼竣工验收。

2004年，全区房屋竣工面积3550平方米，竣工房屋价值720万元，竣工房屋造价2028元/m²。

2005年3月28日，内蒙古邮政物流仓储项目立项，为自治区邮政局局管项目，建设单位为内蒙古邮政快递物流总公司。该仓库建在金川开发区呼和浩特邮区中心局院内南侧。库体面积为7920平方米。投资规模350万元。资金来源由邮政有偿投入建设资金350万元，内蒙古邮政快递物流总公司自建成之日起分3年归还。6月6日，自治区邮政局对乌拉特后旗邮政综合楼工程补助建设资金20万元，该工程在同年8月底竣工验收。10月14日，自治区邮政局批复呼和浩特邮区中心局新建邮运库房建设项目立项，为区邮政局局管项目，建设单位为呼和浩特邮区中心局。建设规模及预算：新建邮运库房230平方米，原有库房改造为职工宿舍，批复预算28万元。资金全部由呼和浩特邮区中心局自筹解决。建设期限：2005年10—12月。年内，全区邮政生产用房投资1000万元；房屋施工面积10000平方米；新开工的房屋施工面积10000平方米；竣工房屋面积10000平方米，竣工房屋价值1000万元，竣工面积造价1000元/m²。

2006年3月28日，自治区邮政局对内蒙古邮政信息技术局机房进行改造，明确该工程为区局局管工程，建设单位为内蒙古邮政信息技术局，下达该项目预算支出资金100万元。4月，完成设计；7月11日，完成工程招投标，确定内蒙古华卫消防工程有限公司呼和浩特市分公司、内蒙古鸿达新技术服务中心、呼和浩特市正广装饰装潢工程有限公司等为施工单位；8月8日，土建、水暖开始动工，改造三楼开发室。10月8日，完成土建、水暖、电器、空调、消防等工程项目。2007年2月6日进行工程验收。该工程通过审计，实际完成总投资775207.20元。年内，全区房屋施工面积2000平方米；新开工的房屋施工面积2000平方米；竣工房屋面积2000平方米，竣工房屋价值300万元，竣工面积造价1500元/m²。

2007年，自治区邮政完成内蒙古电子化支局扩容改造工程等。

2008年，自治区邮政完成第一、二批下达的316处农村支局所网点改造，3处新增支局所新建，1处危旧县局房的建设。

2009年，自治区邮政完成总投资4145万元呼和浩特仓储中心工程建设（该项目投资集团公司承担3258万元，内蒙古邮政承担887万元）；完成了农村邮政基础设施建设项目，新增专项61处营业投递场地改造建设，和第三批248处农村邮政普遍服务基础设施网点和危旧房改造建设，这2批网点建设项目共投资5340万元。此外，全区邮政集中免征房产税等1000万元资金完成了51处城镇网点装修改造建设任务，同时完成了11185邮政客户服务中心改造及集邮公司精品专卖店装饰工程。

2010年，自治区邮政完成呼和浩特仓储中心工程竣工验收，该项目经核定总投资调整为3895万元，其中邮政集团公司承担3514万元、自治区邮政承担381万元。完成鄂尔多斯市邮政大楼的竣工验收。完成呼和浩特、包头、赤峰、呼伦贝尔、通辽、锡林郭勒6个盟市局购置7处城镇网点，共计投入资金1606.36万元。对通辽市库伦旗邮政局新建综合办公楼进行了批复建设，项目总投资350万元，完成主体工程建设任务。完成全区邮政78处总投资约2300万元的二类、代理网点装修改造工作。完成全区各盟市12处集邮专卖店的装修改造工作。完成第三批西部农村邮政基础设施建设项目改造工作，同时对部分盟市2009年已经完工的城镇和农村网点装修改造进行了检查和验收。

三、设备

1991年，内蒙古自治区邮政运输设备有火车邮厢19辆，汽车378辆，装卸用车98辆，摩托车481辆，自行车3432辆邮政机械设备有报刊捆扎机11套，邮件升降机13套，邮件传送机9套，包件分拣机4套，邮袋分拣系统2套。

1992年，自治区邮政运输设备有火车邮厢21辆，汽车410辆，装卸用车91辆，摩托车474辆；邮政机械设备有报刊捆扎机13套，邮件升降机14套，邮件传送机8套，包件分拣机4套，邮袋分拣系统2套。

1993年，自治区邮政运输设备有火车邮厢19辆，汽车451辆，装卸用车121辆，摩托车384辆，自行车71辆；邮政机械设备有报刊捆扎机13套，邮件升降机15套，邮件传送机13套，包件分拣机5套，邮袋分拣系统3套。

1994年12月，内蒙古自治区西部邮政维护中心技术人员研制成功新型液压式邮袋自动上袋提升机，并通过专家鉴定。该设备是中小型邮政企业整袋邮件分拣系统的配套设备，采用较先进的集成电路控制液压传动技术，主要功能是将整袋邮件提升到机械推挂系统主轨道并实现顺利接轨，可以减轻生产人员的劳动强度，对生产场地狭小的盟市级邮件处理车间更适用。年底，邮政运输设备有火车邮厢19辆，汽车491辆，装卸用车76辆；邮政机械设备有商函处理作业线9套，包件分拣机6套。

1995年，自治区有火车邮厢19辆，邮运汽车653辆（其中8吨以上的24辆），邮电装卸车101辆，商函处理作业线11套，包裹分拣机6套。11月23日，邮电部对“呼和浩特市邮政局引进信函自动分拣系统立项的报告”批复立项。同年，委托邮电部设计院进行初步设计。1996年7月，在邮电部邮政总局的主持下，自治区邮电管理局与比利时贝尔公司在北京签订引进合同。12月16日，邮电部对“呼和浩特市邮政局申请引进信函自动分拣系统工程工艺初步设计的报告”作出批复，准予引进比利时生产的OVCS信函分拣机、国产理信机、信盒输送机和信叠机。1997年2月21日，开始安装。4月6日，完成信函分拣机的安装。其他国内配套设备分别于4月18日、5月19日、5月27日完成安装，进入整体试运行阶段。同年6月9日，通过自治区邮电管理局组织的初步验收。后经过近2年的生产运行，该系统的各项功能、技术指标满足合同规定要求，1999年5月27日通过国家邮政局组织的终验。工程建设单位是内蒙古自治区邮电管理局；设计单位是邮电部设计院；信函自动分拣机由比利时贝尔公司制造，原邮电部三所负责安装；理信机由邮电部三所制造并安装；信盒输送机由邮电部郑州设计院设计并安装；信叠机由沈阳邮政科研所研制并安装。该工程总投资1634万元。该系统投产，实现呼和浩特地区进、出口信函和区内临河、锡林浩特、包头、乌海、东胜出口信函的自动化分拣。这套信函自动分拣系统以识别邮政编码的方式分拣信函，每小时可分拣36000封，为人工分拣人均分拣量的12-13倍。

1996年，自治区新增邮运车辆172台。自治区主要邮政设备有火车邮厢16辆，邮政汽车807辆（其中8吨及以上的29辆），邮政装卸用车127辆，商函处理作业线11台，包裹分拣机6套。

1997年，自治区主要邮政设备有火车邮厢16辆，邮政汽车865辆，邮政装卸用车105辆，商函处理作业线12套，包裹分拣机6套，信函分类理信机1套，信函分拣机1套，ATM自动柜员机20台。

1997年邮区中心局主要分拣设备配备情况表

表2-70

局名	设备名称	处理能力	格口数量(个)	投产时间
呼和浩特二级中心局	OVCS信函自动分拣机	35000件/时	160	1997.7
	YN003包裹分拣机	3000件/时	144	1992.1
包头三级中心局	包裹分拣机	2400件/时	100	1995.7

续表 2-70

局名	设备名称	处理能力	格口数量	投产时间
海拉尔三级中心局	BG-74-50 F 包裹分拣机（2 台）	1800 件／时	100	1987.5 1991.6
赤峰三级中心局	BG-74-50 包裹分拣机	1800 件／时	50	1975.1
通辽三级中心局	BG-79-100 包裹分拣机	1800 件／时	100	1994.6

1998 年 5 月 18 日，自治区邮电管理局决定，按照人民银行、公安部的要求，拟用 3 年时间逐步解决全区邮政运钞车装备问题。盟市所在地局，以配备包头恒通公司生产的“HT-5030 依维柯”防弹运钞车为主；旗县局以配备邮电部明水邮电通信设备厂生产的“MS-5020XYC 五十铃”防弹运钞车为主。年内，购置 68 辆。此批运钞车由管理局统一贷款购置，并给予一定补贴，补贴额：“依维柯”防弹运钞车 6.0 万元／台，“五十铃”防弹运钞车 3.9 万元／台。贷款期为一年，由自治区邮电管理局贴息，各局偿还除补贴款外的本金。此批运钞车由邮电器材公司统一代理，并负责质量把关，全部车辆均属内蒙古自治区公安厅监管车型范畴，可享受运钞车辆免检等优惠条件。

1998 年邮政运钞车辆分配表

表 2-71　　单位：辆

盟市	依维柯防弹车	五十铃防弹车	合计
呼和浩特市邮政局	1	1	2
呼和浩特市电信局	1	2	3
包头市邮政局	1	4	5
乌海市邮政局	1	4	5
赤峰市邮政局	3	13	16
呼伦贝尔盟邮政局	1	3	4
兴安盟邮政局	1	4	5
哲里木盟邮政局	1	6	7
锡林郭勒盟邮政局	1	5	6
乌兰察布盟邮政局	1	1	2
伊克昭盟邮政局	1	4	5
巴彦淖尔盟邮政局	1	2	3
阿拉善盟邮政局	1	3	4
自治区邮政储汇局	1		1
合计	16	52	68

6 月 3 日，自治区邮电管理局同意呼和浩特市邮政局引进一套按键式信函分拣机系统。该套设备属一级干线项目。

10 月 6 日，自治区邮电管理局下达当年区内利用贷款购置邮运车辆计划，明确贷款只用于新增直递邮件业务运输车辆，不得用于购置其他车辆及弥补以前投资欠款。车辆贷款采取盟市局还本，自治区邮电管理局贴息，各局与管理局财务处办理相关贷款手续。

1998 年自治区邮政购置直递邮件业务运输车辆贷款分配表

表 2-72

局名	车辆型号	数量（台）	贷款额（万元）
呼和浩特市	东风集装箱运输车	10	340
乌海市	桑塔纳	1	20
赤峰市	东风	2	55
兴安盟	解放、东风	4	60
锡林郭勒盟	东风、东风冷冻车	12	310
乌兰察布盟	东风冷冻车、大客车	5	130
阿拉善盟	五十铃 1.75	5	85
合　计		39	1000

1998 年，全区邮政设备有火车邮厢 14 辆，邮政汽车 1031 辆（其中 8 吨及以上的 80 辆），邮政装卸用车 99 辆，过戳机 95 台，给据函件登单机 20 台，包裹收寄机 3 台，捆扎机 99 台，推式悬挂式输送机 5 台，商函处理作业线 11 台，信函分类理信机 1 套，信函分拣机 1 套，包裹分拣机 6 套，ATM 自动柜员机 21 台。

1999 年 3 月，自治区邮政局依据 1998 年 10 月 19 日内蒙古经委批复，内蒙古邮电印刷厂开始引进四色胶印机设备，在中国内蒙古轻工工艺机械进出口公司（以下简称内蒙古轻工进出口公司）提供参加招标竞争的 3 家国外厂家中选定德国海德堡公司。5 月，自治区邮政局与内蒙古轻工进出口公司签订了项目代理协议，内蒙古轻工进出口公司与海德堡公司签订购货合同；6 月，与海德堡公司签署赔偿备忘录；10 月 12 日，设备抵达呼和浩特市；14 日，进行安装、调试，并进行现场培训；12 月 3 日，通过自治区邮政局组织的初验。四色胶印机年生产规模为 25000 色令。在引进该设备时，汇率的投资节约率为 3.98%，关税的投资节约率为 20%。截至年底，工程累计投资额为 817 万元。

1999 年全区邮政主要设备统计表

表 2-73

指标名称	计量单位	数据	指标名称	计量单位	数据
火车邮厢	辆	10	推式悬挂输送机	套	5
邮政汽车	辆	1169	商业信函制作系统	套	6
邮运汽车	辆	647	信函分类理信机	套	1
其中：八吨及以上	辆	89	信函分拣机	套	1
邮政储蓄专用汽车	辆	125	包裹分拣机	套	6
速递业务专用汽车	辆	181	ATM 自动柜员机	台	21
非生产用汽车	辆	216	POS 机	台	40
邮政摩托车	辆	477	给据邮件登单机	台	34
邮件牵引车	辆	18	过戳机	台	89
邮件装卸叉车	台	2			

1999年邮政计算机设备统计表

表2-74　　单位：台

指标名称	数据	指标名称	数据
一、计算机设备		网络路由器	39
计算机总数	3092	邮政储蓄计算机网	
大、中、小型机	13	网络服务器	73
微型机	3079	大、中、小型机服务器	14
邮政内部生产用微机	681	PC机服务器	59
邮政营业窗口用微机	1547	网络交换机	12
综合管理用微机	851	网络路由器	101
二、计算机网络设备		其他计算机网	
邮政综合计算机网		网络服务器	10
网络服务器	55	大、中、小型机服务器	
大、中、小型机服务器	10	PC机服务器	10
PC机服务器	45	网络路由器	1
网络交换机	10	—	—

2000年3月10日，自治区邮政局与深圳亚邮、美国施乐等公司通过统谈分签的方式购置价值753万元的商函打印处理设备，并配备到各盟市局。8月1日，首批引进30台德国FP邮资机，使邮政营业自动化进程大幅提升；9—12月底，在全区189个邮政储蓄网点上配备了邮政储蓄网点柜员监控报警系统。年内，根据内蒙古东西部地区对报刊亭的不同要求，区局集中采购办公室审核供应商资质后向各盟市推荐承制厂家及样亭，各盟市局与地方政府协商选购报刊亭。

2000年全区邮政主要设备统计表

表2-75

指标名称	计量单位	数据	指标名称	计量单位	数据
火车邮厢	辆	10	邮件装卸叉车	套	2
邮政汽车	辆	1212	商业信函制作系统	套	16
邮运汽车	辆	464	信函分类理信机	套	1
其中：八吨及以上	辆	96	信函分拣机	套	1
邮政储蓄专用汽车	辆	138	推式悬挂输送机	套	5
速递业务专用汽车	辆	146	包裹分拣机	套	5
投递专用汽车	辆	84	ATM自动柜员机	台	30
其他专用汽车	辆	216	POS机	台	125
非生产用汽车	辆	164	邮资机	台	30
邮政摩托车	辆	438	绘据邮件登单机	台	38
邮件牵引车	台	12	过戳机	台	65

2000 年邮政计算机设备统计表

表 2-76　　单位：台

指标名称	数据	指标名称	数据
一、计算机设备		网络路由器	52
计算机总数	3281	邮政储蓄计算机网	
微型机	3281	网络服务器	86
邮政内部生产用微机	732	大、中、小型机服务器	23
邮政营业窗口用微机	1585	PC 机服务器	63
综合管理用微机	964	网络交换机	12
二、计算机网络设备		网络路由器	123
邮政综合计算机网		其他计算机网	
网络服务器	90	网络服务器	18
大、中、小型机服务器	24	大、中、小型机服务器	4
PC 机服务器	65	PC 机服务器	14
网络交换机	20	网络路由器	1

2001 年 4 月 5 日，呼和浩特邮件处理中心工艺设备安装工程和附属配套工程开工，同年 12 月 28 日通过初验。该工程是国家邮政局确定的省会邮件处理的重点工程，生产内部配备全自动信函分拣机、包裹分拣机以及插车、升降机、托盘小车等设备。新建邮件处理中心生产工艺采用国内外先进的分拣封发系统和信息识别系统，配置了信函分拣机和高速包裹分拣机，实现了主要邮件处理的机械化、自动化分拣作业和邮件处理全过程的计算机信息管理。2003 年 6 月 28 日至 6 月 30 日完成搬迁，7 月 1 日起新建邮件处理中心内部生产执行新的邮件作业计划。呼和浩特邮件处理中心建成投产标志着内蒙古邮政邮区中心局建设进入新阶段。

2001 年全区邮政主要设备统计表

表 2-77

指标名称	计量单位	数据	指标名称	计量单位	数据
火车邮厢	辆	10	邮件装卸叉车	套	2
邮政汽车	辆	1225	推式悬挂输送机	套	5
邮运汽车	辆	430	商业信函制作系统	套	17
其中：八吨及以上	辆	97	信函分类理信机	套	1
邮政储蓄专用汽车	辆	131	信函分拣机	套	1
速递业务专用汽车	辆	134	包裹分拣机	套	5
投递专用汽车	辆	103	ATM 自动柜员机	台	52
其他专用汽车	辆	242	POS 机	台	102
非生产用汽车	辆	185	邮资机	台	31
邮政摩托车	辆	420	绘据邮件登单机	台	38
邮件牵引车	台	8	过戳机	台	72

2001年邮政计算机设备统计表

表2-78　　单位：台

指标名称	数据	指标名称	数据
一、计算机设备		网络路由器	190
计算机总数	3541	邮政储蓄计算机网	
		网络服务器	89
微型机	3541	大、中、小型机服务器	21
邮政内部生产用微机	794	PC机服务器	68
邮政营业窗口用微机	1749	网络交换机	19
综合管理用微机	998	网络路由器	143
二、计算机网络设备		其他计算机网	
邮政综合计算机网		网络服务器	21
网络服务器	215	大、中、小型机服务器	
大、中、小型机服务器	37	PC机服务器	21
PC机服务器	178	网络交换机	1
网络交换机	37	网络路由器	4

2002年，自治区邮政局统一采购的设备：内蒙古快递物流公司的邮政半挂式运行车10辆，设备由湖北圣龙厢式汽车改装总厂提供，型号ZXG9180XXY；呼和浩特邮区中心局PC机、服务器、打印机（针式）、交换机（16口）、同步MODEM、UPS（3KVAIKVA），设备由内蒙古鸿达通信公司提供，同心公司安装。年内，在国家邮政局统谈框架协议下确定内蒙古地区邮政邮资机型号，入围的产品为法国小型（NEOPOST5400）、德国FP中型（EFS300/S），全区各盟市邮政局购置小型邮资机84台、中型邮资机19台。为改善全区邮政储蓄用卡环境，自治区邮政局补贴统一购置刷卡器及刷卡键盘，采购刷卡键盘279台（STAR -102/I）、刷卡器68台（STAR-33/IC）。本年技改项目：海拉尔邮件处理中心工艺安装173万元，呼伦贝尔市邮政局综合网中心局生产作业系统60万元，呼和浩特邮区中心局综合网中心局生产作业系统49万元。

2002年全区邮政主要设备统计表

表2-79

指标名称	计量单位	数据	指标名称	计量单位	数据
火车邮厢	辆	10	邮件装卸叉车	套	3
邮政汽车	辆	1178	推式悬挂输送机	套	2
邮运汽车	辆	434	商业信函制作系统	套	17
其中：八吨及以上	辆	110	信函分类理信机	套	1
邮政储蓄专用汽车	辆	140	信函分拣机	套	1
速递业务专用汽车	辆	121	包裹分拣机	套	2
投递专用汽车	辆	88	ATM自动柜员机	台	118
其他专用汽车	辆	209	POS机	台	156
非生产用汽车	辆	186	邮资机	台	30
邮政摩托车	辆	345	绘据邮件登单机	台	39
邮件牵引车	台	8	过戳机	台	61

2002 年邮政计算机设备统计表

表 2-80　　单位：台

指标名称	数据	指标名称	数据
一、计算机设备		网络路由器	200
计算机总数	2903	邮政储蓄计算机网	
大、中、小型机	1	网络服务器	138
微型机	2902	大、中、小型机服务器	25
邮政内部生产用微机	651	PC 机服务器	113
邮政营业窗口用微机	1480	网络交换机	14
综合管理用微机	771	网络路由器	150
二、计算机网络设备		其他计算机网	
邮政综合计算机网		网络服务器	14
网络服务器	227	大、中、小型机服务器	1
大、中、小型机服务器	39	PC 机服务器	13
PC 机服务器	188	网络交换机	3
网络交换机	38	网络路由器	4

2003 年全区邮政主要设备统计表

表 2-81

指标名称	计量单位	数据	指标名称	计量单位	数据
火车邮厢	辆	10	邮件装卸叉车	套	3
邮政汽车	辆	1164	推式悬挂输送机	套	2
邮运汽车	辆	284	商业信函制作系统	套	17
其中：八吨及以上	辆	35	信函分类理信机	套	1
邮政储蓄专用汽车	辆	134	信函分拣机	套	1
速递业务专用汽车	辆	128	印刷品分拣机	套	
投递专用汽车	辆	108	包裹分拣机	套	2
物流专用汽车	辆	179	ATM 自动柜员机	台	119
其他专用汽车	辆	155	POS 机	台	177
非生产用汽车	辆	176	邮资机	台	113
邮政摩托车	辆	273	绘据邮件登单机	台	37
邮件牵引车	台	8	过戳机	台	59

2003 年邮政计算机设备统计表

表 2-82　　单位：台

指标名称	数据	指标名称	数据
一、计算机设备		网络路由器	197
计算机总数	3193	邮政储蓄计算机网	
大、中、小型机	1	网络服务器	144
微型机	3192	大、中、小型机服务器	23
邮政内部生产用微机	771	PC 机服务器	121
邮政营业窗口用微机	1592	网络交换机	16
综合管理用微机	829	网络路由器	153

续表 2-82

指标名称	数据	指标名称	数据
二、计算机网络设备		其他计算机网	
邮政综合计算机网		网络服务器	22
网络服务器	245	大、中、小型机服务器	2
大、中、小型机服务器	45	PC 机服务器	20
PC 机服务器	200	网络交换机	5
网络交换机	44	网络路由器	16

2004 年，自治区邮政局共购置（调入）车辆设备 148 台。其中，购买防弹运钞车 34 台，投递、揽收车辆 79 台，干线邮运车辆 26 台，站台拖车、牵引车等 9 台。分配给 12 个盟市邮政局和呼和浩特邮区中心局等 4 个直属单位。为保证生产作业系统和邮运指挥调度系统上线，自治区邮政局投入建设资金 211 万元，其中购置条码打印识读设备 385 台套，投入资金 124 万元。

2004 年全区邮政主要设备统计表

表 2-83

指标名称	计量单位	数据	指标名称	计量单位	数据
火车邮厢	辆	10	邮件装卸叉车	套	3
邮政汽车	辆	1215	推式悬挂输送机	套	2
邮运汽车	辆	265	商业信函制作系统	套	18
其中：八吨及以上	辆	19	信函分类理信机	套	1
邮政储蓄专用汽车	辆	141	信函分拣机	套	1
速递业务专用汽车	辆	140	包裹分拣机	套	2
投递专用汽车	辆	127	ATM 自动柜员机	台	115
物流专用汽车	辆	192	POS 机	台	189
其他专用汽车	辆	170	邮资机	台	122
非生产用汽车	辆	181	绘据邮件登单机	台	28
邮政摩托车	辆	298	过戳机	台	59
邮件牵引车	台	8			

2004 年邮政计算机设备统计表

表 2-84 单位：台

指标名称	数据	指标名称	数据
一、计算机设备		网络路由器	287
计算机总数	3449	邮政储蓄计算机网	
大、中、小型机	1	网络服务器	126
微型机	3448	大、中、小型机服务器	24
邮政内部生产用微机	1026	PC 机服务器	102
邮政营业窗口用微机	1545	网络交换机	17
综合管理用微机	877	网络路由器	192
二、计算机网络设备		其他计算机网	
邮政综合计算机网		网络服务器	34
网络服务器	207	大、中、小型机服务器	6
大、中、小型机服务器	54	PC 机服务器	28
PC 机服务器	153	网络交换机	3
网络交换机	80	网络路由器	26

2005年10月1日起，执行国家邮政局关于启用新型邮袋的通知。1号邮袋的规格改为160厘米 ×110厘米；2号邮袋的规格改为120厘米 ×77.5厘米；3号邮袋的规格改为80厘米 ×50厘米；国际专用邮袋全部使用塑料编织袋；国际特快专递邮袋的彩条改为纵向蓝、黄相同。年内，投入车辆、设备资金1267万元。全区储蓄监控系统改造网点345处，总投资642万元，新安装储蓄监控系统的网点29处，投资110万元。为储蓄营业网点购置点钞机581台，投资140万元。全区车辆更新（新增）投入资金375万元，购入车辆60台。其中，运钞车8辆，干线车10辆，速递车31辆，接站车11辆，分配到12个盟市局、呼和浩特邮区中心局、集邮公司和报刊零售公司等单位。执行国家邮政局决定，撤销海拉尔至齐齐哈尔6551/2次自备邮车，原编挂的7717、7718、7719号U222型邮政车进行报废。

2005年全区邮政主要设备统计表

表2-85

指标名称	计量单位	数据	指标名称	计量单位	数据
火车邮厢	辆	7	邮件装卸叉车	套	3
邮政汽车	辆	1235	推式悬挂输送机	套	2
邮运汽车	辆	273	商业信函制作系统	套	18
其中：八吨及以上	辆	27	信函分类理信机	套	2
邮政储蓄专用汽车	辆	141	信函分拣机	套	1
速递业务专用汽车	辆	164	包裹分拣机	套	2
投递专用汽车	辆	139	ATM自动柜员机	台	112
物流专用汽车	辆	183	POS机	台	245
其他专用汽车	辆	158	邮资机	台	125
非生产用汽车	辆	177	绘据邮件登单机	台	28
邮政摩托车	辆	292	过戳机	台	65
邮件牵引车	台	6			

2005年邮政计算机设备统计表

表2-86　　**单位：台**

指标名称	数据	指标名称	数据
一、计算机设备		网络路由器	269
计算机总数	3761	邮政储蓄计算机网	
大、中、小型机	1	网络服务器	88
微型机	3760	大、中、小型机服务器	29
邮政内部生产用微机	1070	PC机服务器	59
邮政营业窗口用微机	1528	网络交换机	87
综合管理用微机	1162	网络路由器	329
二、计算机网络设备		其他计算机网	
邮政综合计算机网		网络服务器	35
网络服务器	183	大、中、小型机服务器	6
大、中、小型机服务器	61	PC机服务器	29
PC机服务器	122	网络交换机	4
网络交换机	79	网络路由器	18

2006年，全区邮政共购置生产车辆76辆，费用704万元。其中，运钞车20辆，干线运输车14辆，速递车33辆，接站、机要等用车9辆，分配给全区12个盟市局和生产单位。年内，按照国家局《关于分配新造邮政车和调整邮政车配属代管关系的通知》要求，5辆25G型邮政车自6月2日起编挂在呼和浩特至海拉尔K273/6/8、K274/5/7次列车上，由呼和浩特邮区中心局配属、呼和浩特铁路局代管。同时，呼和浩特至海拉尔K273/6/8、K274/5/7次车的5辆22B型邮政车进行报废处理。本年，呼和浩特至包头干线汽车邮路采用集装箱运输邮件。

2006年全区邮政主要设备统计表

表2-87

指标名称	计量单位	数据	指标名称	计量单位	数据
火车邮厢	辆	5	邮件装卸叉车	套	3
邮政汽车	辆	1224	推式悬挂输送机	套	1
邮运汽车	辆	240	商业信函制作系统	套	15
其中：八吨及以上	辆	17	信函分类理信机	套	2
邮政储蓄专用汽车	辆	133	信函分拣机	套	1
速递业务专用汽车	辆	192	包裹分拣机	套	1
投递专用汽车	辆	128	报刊分发流水线	套	2
物流专用汽车	辆	188	ATM自动柜员机	台	154
其他专用汽车	辆	182	POS机	台	157
非生产用汽车	辆	161	邮资机	台	112
邮政摩托车	辆	269	绘据邮件登单机	台	25
邮件牵引车	台	6	过戳机	台	58

2006年邮政计算机设备统计表

表2-88 **单位：台**

指标名称	数据	指标名称	数据
一、计算机设备。		二、计算机网络设备	
计算机总数	3889	邮政综合计算机网	
大、中、小型机	1	网络服务器	326
微型机	3888	大、中、小型机服务器	101
邮政内部生产用微机	1170	PC机服务器	228
邮政营业窗口用微机	1192	网络交换机	213
综合管理用微机	1526	网络路由器	751

2007年，自治区邮政公司根据生产经营的需要，加大邮政设备集中购置和选型力度，先后对邮政运输和速递、报刊投递等各类车辆，条码识读打印设备和生产及营业现场监控设备进行了集中选型谈判，降低了采购费用，节约了成本，进一步满足了生产经营需要。10月17日起，在呼和浩特至东胜干线邮路上实行邮件集装化运输。

2007 年全区邮政主要设备统计表

表 2-89

指标名称	计量单位	数据	指标名称	计量单位	数据
火车邮厢	辆	5	邮件装卸叉车	套	3
邮政汽车	辆	1247	推式悬挂输送机	套	1
邮运汽车	辆	230	商业信函制作系统	套	13
其中：八吨及以上	辆	17	信函分类理信机	套	2
邮政储蓄专用汽车	辆	130	信函分拣机	套	1
速递业务专用汽车	辆	250	包裹分拣机	套	1
投递专用汽车	辆	132	报刊分发流水线	套	1
物流专用汽车	辆	138	ATM 自动柜员机	台	168
其他专用汽车	辆	205	POS 机	台	161
非生产用汽车	辆	162	邮资机	台	141
邮政摩托车	辆	242	绘据邮件登单机	台	25
邮件牵引车	台	6	过戳机	台	54

2007 年邮政计算机设备统计表

表 2-90　　单位：台

指标名称	数据	指标名称	数据
一、计算机设备		二、计算机网络设备	
计算机总数	4254	邮政综合计算机网	261
大、中、小型机	1	网络服务器	82
微型机	4253	大、中、小型机服务器	179
邮政内部生产用微机	1310	PC 机服务器	202
邮政营业窗口用微机	1329	网络交换机	704
综合管理用微机	1614		

2008 年 8 月，中国邮政集团公司信函分拣设备技术评估组评估呼和浩特邮区中心局，对信函分拣机整机技术性能测试、基础资料调阅和备品备件进行检查，认为呼和浩特邮区中心局信函分拣机技术性能良好，通过评估验收。为支持竞争性业务发展生产作业需求，区邮袋调拨局特别为呼和浩特速递中心局制作了一批“速递 VIP 邮政专用袋”，11 月 1 日起启用，用于呼和浩特市封至各盟市之间的速递 VIP 项目（如移动积分、天音手机等）邮件的封发使用。

2008 年全区邮政主要设备统计表

表 2-91

指标名称	计量单位	数据	指标名称	计量单位	数据
火车邮厢	辆	5	邮件装卸叉车	套	3
邮政汽车	辆	1516	推式悬挂输送机	套	1
邮运汽车	辆	228	商业信函制作系统	套	13
其中：八吨及以上	辆	21	信函分类理信机	套	2
邮政储蓄专用汽车	辆	139	信函分拣机	套	1

续表 2-91

指标名称	计量单位	数据	指标名称	计量单位	数据
速递业务专用汽车	辆	414	包裹分拣机	套	1
投递专用汽车	辆	175	报刊分发流水线	套	1
物流专用汽车	辆	174	ATM 自动柜员机	台	170
其他专用汽车	辆	220	POS 机	台	164
非生产用汽车	辆	166	邮资机	台	153
邮政摩托车	辆	220	绘据邮件登单机	台	25
邮件牵引车	台	9	过戳机	台	56

2008 年邮政计算机设备统计表

表 2-92　　单位：台

指标名称	数据	指标名称	数据
一、计算机设备		二、计算机网络设备	
计算机总数	4541	邮政综合计算机网	239
大、中、小型机	0	网络服务器	84
微型机	4541	大、中、小型机服务器	155
邮政内部生产用微机	1467	PC 机服务器	212
邮政营业窗口用微机	1481	网络交换机	740
综合管理用微机	1593	—	—

2009 年全区邮政主要设备统计表

表 2-93

指标名称	计量单位	数据	指标名称	计量单位	数据
火车邮厢	辆	5	邮件装卸叉车	套	3
邮政汽车	辆	1579	推式悬挂输送机	套	1
邮运汽车	辆	207	商业信函制作系统	套	13
其中：八吨及以上	辆	19	信函分类理信机	套	2
邮政储蓄专用汽车	辆	137	信函分拣机	套	1
速递业务专用汽车	辆	372	包裹分拣机	套	1
投递专用汽车	辆	264	报刊分发流水线	套	1
物流专用汽车	辆	178	ATM 自动柜员机	台	153
其他专用汽车	辆	276	POS 机	台	164
非生产用汽车	辆	145	邮资机	台	176
邮政摩托车	辆	662	绘据邮件登单机	台	25
邮件牵引车	台	9	过戳机	台	54

2009 年邮政计算机设备统计表

表 2-94　　单位：台

指标名称	数据	指标名称	数据
一、计算机设备		二、计算机网络设备	
计算机总数	4934	邮政综合计算机网	237
大、中、小型机	0	网络服务器	84

续表 2-94

指标名称	数据	指标名称	数据
微型机	4934	大、中、小型机服务器	153
邮政内部生产用微机	1660	PC 机服务器	219
邮政营业窗口用微机	1651	网络交换机	750
综合管理用微机	1623		

2010 年，自治区邮政公司对干线运输和速递、报刊投递运钞车等各类车辆，邮资机和条码识读打印设备以及生产及营业现场监控设备进行了集中选型谈判，购置终端和打印机等生产和经营设备 1134 台套，各类车辆 158 辆，完成车辆和设备投资额 1281 万元，全区设备车辆完好率始终保持在 90% 以上。投资 40 万元为全区各局配备了系统操作设备，集中举办了系统使用管理培训班。邮件容器信息系统的上线，增强了邮件容器管理的科技含量，使适时调拨容器成为可能。

2010 年全区邮政主要设备统计表

表 2-95

指标名称	计量单位	数据	指标名称	计量单位	数据
火车邮厢	辆	5	邮件装卸叉车	套	2
邮政汽车	辆	1154	推式悬挂输送机	套	1
邮运汽车	辆	213	商业信函制作系统	套	13
其中：八吨及以上	辆	23	信函分类理信机	套	2
邮政储蓄专用汽车	辆	154	信函分拣机	套	1
速递业务专用汽车	辆	152	包裹分拣机	套	1
投递专用汽车	辆	236	报刊分发流水线	套	1
物流专用汽车	辆	0	ATM 自动柜员机	台	267
其他专用汽车	辆	256	POS 机	台	1644
非生产用汽车	辆	143	邮资机	台	178
邮政摩托车	辆	676	绘据邮件登单机	台	21
邮件牵引车	台	10	过戳机	台	44

2010 年邮政计算机设备表

表 2-96　　单位：台

指标名称	数据	指标名称	数据
计算机总数	4034	邮政内部生产用微机	1125
大、中、小型机	0	邮政营业窗口用微机	961
微型机	4034	综合管理用微机	1948

四、电子信息

（一）绿卡工程

1993 年，邮电部确定实施绿卡工程的建设，并将内蒙古自治区呼和浩特市中心网络建设列为邮电部试点城市。1994 年，自治区邮电管理局成立“绿卡工程”领导小组并下设办公室。1995 年，一期工程启动，8 月至 11 月，呼和浩特市邮政金融计算机网络工程进行机房装修，安装机房配套设备；同年 11 月 14 日开始安装计算机设备和网络设备；11月23日安装完毕。1996年呼和浩特“绿卡”一期工程已基本完成，并投产试运行，旗县以上城市邮政储蓄微机联网实现通存通兑。

1997年11月16日，自治区邮电管理局在呼和浩特市召开关于全区《邮政金融计算机网络二期工程可行性研究报告》评审会，会议原则同意内蒙古邮电勘察规划设计院编制的《内蒙古自治区邮政金融计算机网络二期工程可行性研究报告》。

1998年1月15日，自治区邮电管理局批复：邮政金融计算机网络建设遵循邮电部“五个统一”的原则，建成三级中心体制，即城市中心、省清算中心、部清算中心。鉴于省清算中心建设邮电部正进行试点，因此本期工程暂不考虑建设自治区清算中心。跨城市中心主机的异地交易暂采用通过部中心，每日日终进行清算批处理。二期工程新建包头、通辽2个城市中心。城市中心覆盖范围划分：呼和浩特城市中心包括呼和浩特市、乌兰察布盟、锡林郭勒盟3个地市；包头城市中心：包头市、巴彦淖尔盟、伊克昭盟、乌海市、阿拉善盟5个地市；通辽城市中心包括哲里木盟、赤峰市、呼伦贝尔盟、兴安盟4个地市。本期工程ATM购置数量暂定为120台、POS 100台。二期工程连接全区414个营业网点。工程总投资约11000万元。资金分摊：呼和浩特市邮政局50万元；呼和浩特市电信局17个网点，60万元；包头市邮电局30个网点，1110万元；哲里木盟邮电局27个网点，1090万元；乌海市邮电局27个网点，240万元；巴彦淖尔盟邮电局37个网点，275万元；伊克昭盟邮电局20个网点，220万元；乌兰察布盟邮电局42个网点，290万元；锡林郭勒盟邮电局17个网点，215万元；赤峰市邮电局123个网点，535万元；呼伦贝尔盟邮电局53个网点，325万元；兴安盟邮电局14个网点，205万元；阿拉善盟邮电局7个网点185万元；自治区邮电管理局2100万元。总计414个网点，6900万元。同年3月4日，自治区邮电管理局在呼和浩特市邮政局对该工程组织初验，按照部“绿卡”办下发的验收大纲对工程逐项进行测试，所测项目共计25大项，其中，系统硬件测试11大项，系统软件测试2大项。应用软件测试10大项，业务测试2大项。测试时已开通49个营业网点，20台ATM机，测试结果表明，主要技术性能指标均达到规定技术要求。初验后，网络进入试运行生产阶段。到4月24日，联网43个网点，20台ATM，并实现与全国51个城市中心间的异地通存通取。工程总投资2800万元。同年11月，按照国家邮政局关于“绿卡工程”技术体制调整意见，对原“绿卡”二期工程方案进行了相应变更，取消包头、通辽2个城市中心，将其合并建于呼和浩特市，负责除一期工程中的呼和浩特市、锡林郭勒盟、乌兰察布盟的网点外其他9个盟市局的283个网点和73台ATM集中处理并争取接入全国网。工程于1999年3月全面启动；4月13日，主机系统、网络设备及各种软件运抵呼和浩特市；23日，设备安装完毕；26日，系统主机调测完毕；5月10日，应用软件安装完毕；27日，在包头市开通2个营业网点；8月，除各盟市局的机房装修和主机系统、网络设备及各种软件安装调测全部结束以外，包头市、乌海市、赤峰市、呼伦贝尔盟、通辽市、伊克昭盟和巴彦淖尔盟局还完成了城市前置机的安装调测。至年底，全区完成了7个盟市局的273个网点的联网工作。 2000年11月2日通过了自治区邮政局组织的初验。该工程初步决算总投资约7200万元。年底，全区入网营业网点达438处，ATM机92台，POS机92台。

（二）内蒙古绿卡省中心改造工程

1999年5月，国家邮政局批复内蒙古“绿卡”省中心改造工程可行性研究，批复总投资3003万元，其中外汇251万美元，国家邮政局承担2525万元，内蒙古自治区邮政局承担478万元。2000年，国家邮政局以国邮〔2000〕108号文对该工程设计进行批复，核定该工程总投资2076万元。同年，国家邮政局以国邮〔2000〕644 号文对该工程进行概算调整，核减总投资 333.46 万元，为 1743 万元。其中国家邮政局承担 1520 万元，内蒙古自治区邮政局承担 223 万元。2002 年 7 月底，该工程资金计划全部下达完成。

内蒙古“绿卡”省中心系统由省中心主机系统、盟市前置机系统、网点应用系统组成。内蒙古“绿卡”省中心系统广域网由 2 台 Cisco-3640 路由器和 2 台 Cisco-4500 路由器组成。2 台 Cisco-3640 路由器通过 2 条 X.25 专线与国家局中心相连；2 台 Cisco-4500 路由器通过 2 条 X.25 专线与呼和浩特市、锡林郭勒盟的储蓄网点相连，通过 8 条 DDN 专线与其他 10 盟市局 8 套前置机系统相连（注：阿拉善盟与乌海共用一条专线，兴安盟与通辽共用一条专线）。各盟市前置系统通过 X．25 专线与储蓄网点连接，网络覆盖全区 12 盟市，97 个旗（县）。内蒙古“绿卡”省中心系统局域网由 2 台 3COMCB3500 快速以太网交换机组成。每台交换机配置 24 个 10/100M 自适应端口，2 台交换机之间通过 UTP 连接。2 台生产主机 IBMRS/6000S7A、呼和浩特市邮政局前置机 IBMRS/6000H50、广域网路由器等设备均连接在 2 台 CB3500 交换机上。一台开发机 IBMRS/6000H70、信息管理终端、清算终端以及非联机事物处理终端等设备通过工作组交换机连入 CB3500 交换机。2 台 IBMRS/6000S7A 生产机以集群方式工作，主机之间采用 RS232 串行连接。内蒙古绿卡省中心系统的主机系统由 2 台 IBMRS/6000S7A、磁带库、网管工作站等设备组成。每台 S7A 有 8 个 340MHZ 的 CPU，4G 内存，36G 随机硬盘，磁盘阵列为 IBM7133D40，容量为 291G；磁带库 1 台，型号为 IBM3575，容量为 224G；网管工作站一台，型号为 HP9000/R380。生产机和开发机的操作系统为 UNIXAIX4.3.3，数据库为 ORA-CLE8.0.6，中间件为 TUXED06.5，应用软件开发语言为 COBOL。网管工作站操作系统为 HPUNIX10.20。

1999 年 10 月，国家邮政局与中国邮电器材总公司统一签订 IBM 主机、网络设备等硬件合同；2000 年 2 月，自治区邮政局与大唐通信科技股份有限公司签订应用软件的开发和系统集成的合同。同年 5-9 月完成主要设备（IBM-S7A 生产主机、3575 磁带库、H70 开发机）硬件的安装、HACMP 软件安装、惠普小型机 R380 及操作系统 HP-UX 和 OpenView 网管软件的安装调测、主机软件安装。10 月 28 日，两条 X.25 专线到位并调通，速率为 64K、19.2K，分别用作跨省异地交易的主用线路和跨省异地交易的备用线路。11 月，建设应用软件的前台业务测试基本完成。11 月 15 日，将达茂旗火车站、达茂旗电厂、托克托县支局 3 处单机网点改造为“绿卡”省中心系统联网网点，正式在“绿卡”省中心新系统上开通运行。11 月 28 日，完成《所有营业网点新的 IP 编址》和《内蒙古绿卡二期系统的网络调换方案》的初稿。12 月 16 日，省中心网络环境全部到位并且开通。2001 年 3 月 30 日，原内蒙古“绿卡”二期系统所属的 304 处网点一次性切入新建的“绿卡”省中心系统。4 月 12 日，内蒙古“绿卡”省中心异地系统正式启用。5 月 30 日，原内蒙古“绿卡”一期系统所属的 130 处网点并入省中心系统，至此，全区所有的储蓄联网网点全部进入“绿卡”省中心系统。6 月 30 日，“绿卡”省中心第一次执行结息，新的系统在 1 小时内完成全部结息工作。8 月 1 日，正式开通银行卡 POS 业务。8 月 25 日，“绿卡”省中心系统的硬件加密机上线。截至 2002 年 5 月底，“绿卡”省中心系统共有 517 处储蓄网点、114 台 ATM、87 台 POS 联网运行。内蒙古“绿卡”省中心工程的建成实现了与全区所有联网储蓄网点的通存通兑。

（三）邮政储蓄柜员监控工程

2000 年 9 月 29 日，内蒙古邮政储蓄柜员监控工程项目在呼和浩特市签约。该项目采取统谈分签的形式进行，参加签约的有呼和浩特市、包头市、巴彦淖尔盟、乌兰察布盟、赤峰市、通辽市、呼伦贝尔盟 7 个盟市邮政局，有 13 家公司应标，经过竞争谈判，确定 6 家公司承担全区 187 个网点的监控工程设备供应及安装。本工程通过招投标，各公司竞争入围，为全区邮政节省了资金，以监控工程四路为例，某些局1个四路网点监控工程建设资金原需6万-7万元，经统谈后仅需4.5万元，提高了资金使用效益。

（四）内蒙古邮政电子汇兑系统

2001年3月21日，自治区邮政局制定内蒙古邮政电子汇兑系统工程实施方案。建设单位是内蒙古自治区邮政局，设计单位是信息产业部邮电设计院，设备供应商是COMPAQ公司、大唐电信兴唐通信科技股份公司、清华紫光等公司，系统总集成商是上海华腾公司，内蒙古地区的系统分集成商是北京方正奥德有限责任公司。3-5月，完成邮政电子汇兑省中心、12个盟市级中心及第一批50个旗县市中心的选址、装修，购置设备，申请线路及综合网机房与省中心联网，并进行硬件安装、调试，线路测试；完成省中心和相关网点软件的安装、测试，实现省中心与国家中心以及其他省中心、网点的联调。4月10日，国家邮政局对由信息产业部邮电设计院编制的内蒙古邮政综合网电子汇兑工程一阶段设计进行批复。批复明确该工程利用已建设的综合网作为其平台，完成区中心及100个市县汇兑中心的建设；工程总投资499万元，全部由国家邮政局承担。5-11月，完成第二批及第三批县市中心网点硬件采购，申请电路，机房装修，软件安装、调试等工作。按国家邮政局统一要求，7月1日，呼和浩特市中山路、火车站、新城、北门、呼伦南路5个邮政支局开通邮政电子汇兑业务，与全国20个省（自治区、直辖市）城市的100个邮政电子汇兑网点实现联网。11月，全区94个市县中心、154个网点切入全国电子汇兑系统，实现了新旧系统转换。2002年2月，该工程通过初验。10月28日，内蒙古邮政电子汇兑工程通过自治区邮政局组织的验收。该系统投入运行后，切换到电子汇兑系统的邮政营业网点均能办理电子汇票开发和兑付业务，并可在电子汇兑网点间进行通兑，电子汇兑的电子信息完全取代实物汇票。系统相继开办24小时、4小时、2小时到达的电子汇兑业务。

（五）中间业务平台工程

2001年9月19日，自治区邮政局对内蒙古储蓄中间业务平台工程可研进行批复，投资350万元。11月29日，自治区邮政局与北京中邮绿卡金融网络有限责任公司签订工程合同。12月，工程建设正式开始。该工程为自治区邮政局局管工程，建设单位为内蒙古邮政信息技术局，设计单位为内蒙古邮电勘察设计院，系统集成商为北京中邮绿卡金融网络有限责任公司。工程主要包括：全区各盟市中间业务平台建设；省中心防火墙设备安装；包头市、赤峰市、乌海市、呼伦贝尔市、通辽市、鄂尔多斯市、乌兰察布盟、巴彦淖尔盟等8个盟市前置机防火墙设备安装。2003年10月30日，工程通过自治区邮政局组织的初验。截至初验之日，国家邮政局所承担的220万元资金全部到位。到2003年底，在该系统上线运行的业务有代收网通、联通、移动、铁通话费，以及代收电费、代发工资、电话银行、ATM/POS等。业务处理模式包括：现金、存折、绿卡缴费、电话银行以及批量代扣缴费等。

（六）绿卡省中心银行卡联网联合改造工程

2001年10月31日，自治区邮政局印发《关于全区邮政储蓄卡参加银联卡联网及标准化改造工作实施意见的通知》。同年11月22日，自治区邮政局与兴唐科技股份有限公司签订内蒙古邮政“绿卡”与银行卡联网联合改造项目软件开发与服务合同。2002年2月22日，自治区邮政局对“绿卡”省中心银行卡联网联合改造工程可研进行批复，明确该工程是自治区邮政局局管项目，建设单位为内蒙古邮政信息技术局。投资规模控制在100万元以内，“绿卡”省中心改造所需投资软件开发改造、差错处理平台建设、项目实施及制卡设备的更新改造费用等由自治区邮政局承担，终端设备改造费用和储蓄卡更新费用由各相关盟市局承担。随后，内蒙古邮政信息技术局和内蒙古邮政储汇局联合制定银联卡改造工作方案和具体安排，并确定系统测试大纲和案例。同年4月8日，与长达科技有限公司和内蒙古华利达电子工程有限公司签订自动柜员机扩容工程合同补充协议、自动提款机维护合同和技术开发安装项目合同；4月9日，与内蒙古鸿达新技术服务中心签订自动柜员机安装项目合同；4月12日，与广州智洋技术开发公司签订自动柜员机技术开发项目合同；同日，与新东方商业系统有限公司签订内蒙古绿卡二期工程尚未解决的遗留问题并涉及银联卡改造问题协议书；4月16日，与内蒙古邮通科技有限责任公司和北京实达科技发展有限责任公司分别签订邮政储蓄制卡机银联卡软件改造合同、邮政储蓄银联卡POS软件升级服务购销合同；4月18日，与福建新大陆电脑股份有限公司签订POS金融终端设备改造合同；4月22日，与北京中邮绿卡金融网络有限公司和常州国光富士通金融电子系统有限公司分别签订邮政储蓄银联卡改造技术服务合同、邮政储蓄银联卡POS机系统改造技术合作协议书；8月30日与与内蒙古鸿达新技术服务中心签订项目补充协议；9月6日，与广州智洋技术开发公司签订补充协议；11月，与富士通上海有限公司签订自动提款机技术开发项目合同。另外，内蒙古华利达公司负责改造西门子ATM机，广州智洋公司改造NCR-ATM机，富士通公司改造富士通ATM机。工程于2001年10月开工，相继完成全区ATM、POS等终端机具改造、制卡系统改造、邮储事后监督及会计系统改造，并上线运行。2003年11月19日，该工程通过自治区邮政局组织的验收，工程完成投资143.05万元。

（七）内蒙古邮政银联卡联网改造工程

2002年2月25日，自治区邮政局印发《内蒙古邮政储蓄卡参加银联卡联网改造工作实施意见》，明确内蒙古邮政银联卡联网改造工程主要包括 前置机系统的软件、ATM软硬件（包括代缴费功能的增加）、POS的软硬件（包括代缴费功能的增加）、制卡机软硬件、磁卡读写器软硬件改造。涉及绿卡前置机系统和各ATM厂家。该工程制卡系统软件改造由兴唐通信科技股份有限公司负责，打卡软件改造由内蒙古邮通科技有限责任公司负责。5月15日，自治区邮政局批复内蒙古邮政信息技术局所报改造实施方案，批复工程投资65.6万元。6月6日，自治区邮政局召开改造工程增加安装费用会议。会议决定给各厂商在原合同金额的基础上追加一定的费用，富士通公司不超过4万元，华利达、广州智能洋、鸿达公司每台ATM不超过1000元。截至6月21日，“绿卡”前置机接口程序的改造及ATM银联卡改造（跨行交易识别功能部分）全部完成，同日上线试运行。9月10日，在正式生产环境下制作银联卡4张，按规定报送国家邮政局审核。10月8日，国家邮政局同意内蒙古办理发卡行银联卡标识卡业务。10月31日，再次进行行内前台、ATM及各类业务测试，并在中国银行的ATM机上进行跨行交易测试，显示正常。11月6日，银联标识卡业务正式上线，在全区发行。年内，发行新卡23000张。

（八）储蓄事后监督和会计软件银联卡改造工程

2002年8月6日，自治区邮政局批复储蓄事后监督和会计软件银联卡改造立项：即在原有系统功能的基础上增加相应的银联卡交易功能和会计科目，明确本工程为内蒙古自治区邮政局管工程项目，由区局安排下达投资计划。建设工作由内蒙古邮政信息技术局牵头，统一指挥，安排工程建设方案、进度等。相关盟市邮政局为建设单位。该工程投资规模：可研预算20万元。其中系统改造费及测试费由区局承担，各相关盟市邮政局负责承担软件安装费用。该改造项目于10月启动，软件开发商为鸿达新技术公司。

12月30日，完成软件改造，同日在包头市邮政局测试。

（九）储蓄系统统一软件版本工程

2003年 7月7日，自治区邮政局批复内蒙古邮政信息技术局上报的“内蒙古邮政储蓄系统统一软件版本工程建设立项请示”，明确：将内蒙古地区现储蓄系统中主机内中间业务剥离，建成相对独立的中间业务体系，促进中间业务的发展；完成统一版本的安装、调试、培训工作；结合区内实际，优化系统功能。本工程概算为240万元，根据合同予以调整。概算不包括：省中心改造、扩容及相关费用，统一版本的软件开发费及网点设备更新、新购及联网费用。本工程配合的盟市网点设备购置及联网费用由盟市局自行安排并与本工程同步实施。工程在2004年12月全部完工。

（十）邮政储蓄统一版本工程内蒙古区中心项目

2003年12月31日，在国家邮政局的统一部署下，自治区邮政局与中邮公司签订《内蒙古邮政储蓄中间业务剥离与系统改造工程合同》，该工程为国家邮政局局管工程，项目总投资360万元。建设单位是内蒙古邮政信息技术局。该工程的建设目标是：建成全国统一的基本账务数据在省中心集中存储、处理的邮政储蓄业务应用软件系统。该系统能够将其他业务系统以平台或前置的方式接入，完成中间业务基本代收业务和代付业务，并能够做到与下一步建设全国数据大集中的有机衔接。整个统一版本工程包括业务处理系统、信息管理系统、事后监督系统，外围系统包括中间业务系统。统一版本系统采用省集中模式，由于中间业务有地域性特点，所以采用各盟市分散处理的模式。统一版本省中心可以完成邮政储蓄业务的信息处理、交易清分、资金清算、会计处理、信息管理以及事后监督的计算机网络系统。2004年4月15日，自治区邮政局中心硬件扩容完成；5月25日，内蒙古邮政储蓄统一版本网点前置平台与终端及外设兼容性测试完成；6月23日，主机系统设备扩容采购合同在北京签订；7月8日，部分中间业务剥离上线工作完成；9月10日，事后监督、信息管理主机硬件安装完毕；9月24日，省中心绿卡主、备机本地硬盘扩容完毕；10月11日，信息管理和事后监督主机操作系统安装完毕；10月13日，“绿卡”主机新购磁盘阵列安装完毕，完成A、B机分离；10月17—21日，全区进行第一次切换预演；10月23-25日，全区进行第二次切换预演；10月27-29日，全区进行第三次切换预演；11月6日，完成系统切换，中间业务平台改造系统与统一版本储蓄系统一起正式上线运行。中间业务改造系统的建设主要包括开通使用的基本代收业务和代付业务、ATM和POS业务、电话银行业务，以及以上业务的管理业务功能。其中代收业务包括代收网通话费、代收联通话费、代收移动话费、代收电费等，代付业务包括代发工资、养老金等业务功能。统一版本储蓄系统业务系统采用IBMS7A主机，采用双机热备方式，操作系统为AIX5.2，数据库为Oracle9.2.0.4，中间件为Tuxedo For AIX。事后监督主机为IBMX235主机PC Server，采用双机热备方式，操作系统为Red Flag Advance Server4.1，数据库为Oracle 9i，中间件为Tuxedo。信息管理主机为IBMX235主机PC Server，采用双机热备方式，操作系统为Red Flag AdvanceServer 4.1，数据库为Oracle 9i，中间件为Tuxedo。中间业务主机为IBM H50，操作系统为AIX4.2.1.0，数据库为ORACLE7.3.4，中间件为Tuxedo。

（十一）全区邮政储蓄计算机系统前端应用集中网络改造项目

2004年11月3日，全区邮政储蓄计算机系统前端应用集中网络改造项目立项，工程建设单位为内蒙古邮政信息技术局，投资估算1866万元（不包括中间业务平台改造和线路通信费用，资金全部由各盟市局承担，2005年6月29日，与北京中邮绿卡金融网络有限责任公司签订《内蒙古邮政储蓄及中间业务网点前端整合系统开发与应用技术开发合同》，合同标的6万元；10月21日，与呼和浩特市城发信息管网有限责任公司签订《内蒙古邮政储蓄及中间业务前端应用集中网络改造设备合同》，合同标的267.9万元；10月26日，与内蒙古鸿达新技术服务中心签订《内蒙古邮政储蓄及中间业务前端应用集中网络改造订货合同》，合同标的355.2万元；同日，与内蒙古邮通科技有限责任公司签订《内蒙古邮政储蓄及中间业务前端应用集中网络改造设备采购合同》，合同标的70.2万元，同时签订该项目技术服务合同，合同标的27万元；同日，与北京万林克网络技术公司签订该项目路由器设备订货合同，合同标的109.3万元；与石家庄宇信电子工程有限公司签订该项目路由器设备订货合同，合同标的8.7元。2006年2月10日，自治区邮政局下达该项目投资计划676万元，其中区局承担135万元，盟市局自筹651万元。该项目主要改造全区储蓄系统硬件设备和通信线路，硬件上取消储蓄网点的PC服务器，将前端应用上收到盟市中心的应用服务器进行集中处理，网点采用网络终端+路由器办理业务。网点到盟市中心、盟市中心到省中心的通信线路相应扩容改造，使其满足应用集中及长远发展需要。为实现全区中间业务前台应用盟市集中，对此部分前端软件进行升级改造工作。2007年2月2日，该项目通过自治区邮政局验收。

（十二）邮政储蓄系统与电子汇兑系统互通工程

2005年4月8日，邮政储蓄系统与电子汇兑系统互通工程立项，该工程为国家邮政局局管工程，总投资2546万元。两网互通工程是指在全国范围内利用现有的储蓄系统和汇兑系统的网络资源，在确保2大业务系统稳定运行的前提下，通过对储蓄系统和汇兑系统应用软件进行软件升级改造，在不增加硬件设备投资的情况下，实现储蓄系统与汇兑系统的互联互通，开办各种邮政账户类汇款业务，并实现储蓄资金和汇兑资金的合并使用，统一储蓄和汇兑的资金清算渠道；同时优化汇兑业务的处理流程，简化汇兑系统前台操作，降低临柜人员的工作强度，通过创新实现开发新型服务产品的目标。两网互通工程是继电子汇兑、储蓄统一版本之后的第三大邮政金融信息化工程，该工程与其他工程最显著的不同之处就是没有集成商，工程的建设完全依靠自身力量来完成。国家邮政局国邮〔2005〕1号文件下达2005年第一批固定资产投资计划，下达投资计划22万元，其中国家邮政局承担18万元，自治区邮政局承担4万元。6月6—11日，利用租借的小型机组织全区范围内的操作练习；6月13日，与区域中心进行切换测试；6月17日、19日进行两次切换预演；6月22日，内蒙古两网互通工程顺利切换上线。年底，自治区邮政局；下达2005年邮政固定资产投资计划，下达配套投资计划44万元。2006年8月2日国家局下发《关于对邮政储蓄系统与电子汇兑系统互通工程进行竣工验收的通知》，区局按要求上报材料，项目通过验收。该工程通过审计，实际完成总投资60.5万元，其中国家邮政局完成16.6万元，自治区邮政局完成43.9万元。

（十三）邮政储蓄历史数据管理系统工程

2005年4月30日，邮政储蓄历史数据管理系统工程立项。该工程为国家局局管工程，工程总投资1962万元。其中内蒙古邮政局总投资52万元，国家局承担42万元，自治区邮政局承担10万元。该工程软件及主要硬件设备由国家局集中采购，各省中心的监控微机由各省局利用现有制备解决。系统工程建设主要进行主机系统安装调测、一阶段数据移植、二阶段数据移植等主要建设工作。4月完成主机系统的安装调测工作；5月24日，完成一阶段数据移植；5月25日，系统正式上线运行；8月中旬，完成二阶段数据移植。2007年2月，该工程通过自治区邮政局组织的验收。该系统设备主要有国家邮政局统一新购2台DELL PC服务器，同时与事后监督、信息管理等系统共用IBM FASTT600磁盘阵列和IBM光纤交换机。

（十四）内蒙古邮政储蓄银联2.0前置系统

2005年11月23日，国家邮政局对全国31个省（含自治区、直辖市）邮政储蓄银联2.0前置系统改造工程立项批复。工程总投资1089万元，国家邮政局承担976万元，各省邮政局承担113万元。其中，内蒙古邮政局总投资20万元，国家邮政局承担18万元，自治区邮政局承担2万元。2005年10月，自治区邮政局与石家庄昊通科技技术有限公司签订《内蒙古邮政储蓄银联2.0前置系统改造工程合同》，开始进行改造工作，于12月底完成。此次改造工作涉及与银联交易相关的ATM、POS前置机的软件改造及机具端的软件改造工作。同时由于本地区改造前ATM、POS系统为全区分散模式，且与中间业务共用前置机，此次改造同时也进行ATM、POS前置全区集中的改造工作，即将ATM、POS前置从中间业务平台中独立出来，在省中心建立新的全区集中的ATM、POS前置系统，处理全区的ATM、POS业务。2006年1月5日，内蒙古邮政储蓄银联2.0前置系统改造工程正式切换上线；2月10日，自治区邮政局在原工程的基础上下达前置系统配置计划10万元，合计下达计划30万元；3月底进行新业务功能上线测试工作；4月1日正式启用新业务规则；4月18日，该项目通过自治区邮政局组织的验收。该项目最终审计结果：项目实际完成总投资47.1万元，国家邮政局到位资金18万元，其余资金由自治区邮政局自筹。本项目超投资计划17.1万元。

（十五）邮政省中心扩容改造工程

2004年11月7日，内蒙古邮政储蓄统一版本系统上线后，储蓄业务有了跨越式发展，系统处理能力明显不足，2006年3月，经国家邮政局同意，自治区邮政局决定对邮政储蓄系统省中心进行扩容改造。6月10日，切换成功。10月24日，通过自治区邮政局组织的初验。工程的建设目标是通过对内蒙古邮政储蓄省中心进行扩容改造，使全区“绿卡”处理中心的处理能力有大幅的提升，满足几年内全区邮政储蓄业务发展的需要。工程建设的总体内容是内蒙古邮政储蓄省中心扩容改造工程更换核心业务主机和存储系统，存储系统集中存放全区所有账务和业务数据，核心业务主机主要进行全区业务的处理，负责完成本地交易、异地交易、跨行交易的处理和转接，并负责资金清算和会计核算业务。此次省中心扩容改造工程主机系统采用的是国家邮政局给内蒙古调配的2台IBMP650主机，1台为数据库服务器，另1台为应用服务器，通过配置的HACMP集群软件构成一套可靠的双机热备份系统。操作系统为AIX5.2，数据库为Oracle9.2.0.4，中间件为Tuxedo For AIX。存储系统采用的是新购的IBM DS8100磁盘阵列，能够使用的是24块73G硬盘，划分为RAID0+1方式和RAID5方式。整个省中心扩容改造工程包括省中心应用系统安装、数据移植、省中心核心网络系统更新等内容。工程实施主要分为机房环境准备、UPS安装调测、主机系统安装调测、网络设备安装调测、切换演练、切换上线6个阶段。

（十六）邮政金融电子稽查系统

2006年2月，邮政金融电子稽查系统工程启动，3月24日系统正式上线运行。邮政金融电子稽查系统是基于开放系统的“三层客户／应用服务器／数据库服务器”体系结构，电子稽查省中心主机系统部署在邮政储蓄省中心局域网环境内，与邮政储蓄省中心主机连通，并与邮政汇兑系统连通。系统主机采用 2 台 HP DL380G4，磁盘阵列为 HP MSA1000，用 HP Edge Switch12port 光纤交换机连接。操作系统为 Red Flag DC4.1，采用红旗 HA 实现双机互备，数据库为 ORACLE9.2.0.5RAC，中间件为 Tuxed08.1、Weblogic8.1.2。由于稽查终端技术采用 B/S 结构，稽查人员使用 PC 机，安装 Windows 操作系统来进行相应的操作。

（十七）ATM/POS 前置监控系统

2007 年 3 月 24 日，内蒙古邮政 ATM/POS 前置监控系统上线，ATM/POS 前置监控是由集团公司统一规划部署，统一安排上线。ATM/POS 前置监控实现了全国自助设备交易系统软件的统一性，提高了 ATM、POS 等自助设备的交易成功率。

（十八）邮政汇兑全国大集中工程

2007 年 9 月 8 日，邮政汇兑全国大集中工程上线。电子汇兑系统的全国大集中实现了汇兑业务的全国集中处理，加快了数据传递速度，提高了交易的成功率，降低了交易的差错率，使账务核算更加简化、准确。

（十九）中间业务省集中系统

2007 年 11 月 17 日中间业务省集中系统一期工程全区上线运行。根据中国邮政集团公司的统一安排，内蒙古作为全国 3 个试点省之一，进行了全国统一的中间业务平台省集中系统的建设。中间业务平台省集中系统是将内蒙古中间业务数据集中在省中心，取消盟市前置机，集中网点前端应用的系统，主要分为业务处理系统、业务管理系统、接口通信系统、信息管理系统 4 个系统。系统运行状况良好，交易成功率提高，交易种类由原来的基本的代收付种类发展到与居民生活紧密相关的代收各类通信费、电费、有线电视费、煤气费等业务；代发社保、养老资金业务；代发涉农资金以及代扣烟草款等各类业务，各项业务的交易量也出现了快速增长。交易量和业务种类的明显提升，促进了全区邮政中间业务的发展。

（二十）赤峰邮政储蓄网络改造项目

2008 年 3 月至 5 月，进行赤峰邮政储蓄的网络改造，更新了赤峰邮政储蓄网络核心路由器和交换机，扩充了网点通信线路的带宽。改造后，系统运行效率得到了极大提高，保证了赤峰邮政储蓄业务的持续发展。

（二十一）公司业务系统

2008 年 6 月 22 日，公司业务系统上线运行。公司业务系统是一套以客户为中心、业务处理规范化、会计核算标准化、数据全国集中存储，应用集中处理的计算机系统。公司业务系统包括核心业务系统、前置子系统、柜面前端（含网点和各种管理终端）和电子验印、支付密码子系统，实现对公存款、贷款、结算、代理业务的业务处理及会计核算、资金清算功能。

（二十二）全区固定电话支付系统

2008 年 8 月完成了全区固定电话支付系统推广。固定电话支付系统是集团公司组织的金融类工程项目，是在全国中心集中建设的语音接入和业务处理平台。系统上线后，实现了不同话机设备交易界面和处理流程的统一；实现了系统的安全交易；改善了支付结算手段，推动了邮政金融服务商贸市场工作的开展；优化了客户结构，提高了绿卡交易水平；积极参与市场竞争，促进了邮政金融业务全面、快速的发展。

（二十三）邮政储蓄 2.0 版本升级改造工程

2009 年 4 月 28 日，邮政储蓄 2.0 版本升级改造工程第一阶段上线。全国邮政储蓄统一版本系统自 2004 年上线以来，系统运行安全稳定，邮政储蓄业务发展取得良好的成绩。但随着 IT 技术的迅猛发展，邮政储蓄统一版本系统的运行环境，包括主机、存储、操作系统、中间件、数据管理系统等均发生了巨大变化，一些软、硬件厂商已经停止对原硬件和系统软件的技术支持。同时，随着邮政储蓄业务的快速发展，储蓄系统的日间交易量及日终的批处理时间也在不断地增长。为适应新形势下信息技术发展和金融市场发展的需要、提升邮政储蓄服务水平、增强邮政储蓄核心竞争力，集团公司启动了全国邮政储蓄系统 2.0 版本改造工程。通过对邮政储蓄统一版本系统进行全面的优化、升级和改造，以满足邮政储蓄未来业务发展的总体需求。

（二十四）邮政储蓄系统全国物理大集中工程

2009 年 11 月 16 日，完成邮政储蓄系统全国物理大集中工程。大集中后，各省储蓄业务的账户数据和交易数据存放在全国中心的新储蓄系统。储蓄网点等前端的每一笔交易都通过省中心转发至省际广域网最终与全国中心通信。全国邮政储蓄系统物理大集中工程是按照中国邮政金融 IT 规划演进步骤所实施的第一个工程，是向数据逻辑集中前进的重要一环。工程建设总体目标是紧跟国内外银行业 IT 发展步伐，进一步推动中国邮政金融信息化迈上新台阶；快速创新业务产品，进一步提高中国邮政金融业务市场核心竞争力；集中技术维护力量，进一步提高中国邮政金融计算机系统运行质量，更好地支撑邮政金融业务持续、快速发展。2010 年内蒙古邮政储蓄系统 2.0 版本第二阶段改造工程于 3 月 16 日晚成功切换上线。该工程在技术上实现了储蓄系统双机负载均衡，增加了数据库集群模式（RAC）、负载均衡（F5）、加密机的支持；在业务上新增了三地转账、利息税分段处理、VIP 服务费、小额账户管理等功能。

（二十五）公司业务会计稽核系统

2010 年 3 月 22 日，公司业务会计稽核系统上线运行，该系统为集团公司统一规划建设项目，采用全国大集中模式，实现全国一点登录。内蒙古邮政是第一批推广上线省级地区，系统的使用部门为邮储银行内蒙古分行会计部。

（二十六）邮政金融数据下载平台系统

2010 年 3 月 23 日，邮政金融数据下载平台系统成功上线，该系统是集团公司统一规划建设项目，内蒙古邮政作为第二批上线省，系统上线后，可从全国中心邮政金融客户管理系统及部分业务系统获取邮政储蓄、邮政绿卡、邮政汇兑、国际金融、代理基金、代理保险等业务数据，可为全区业务统计、数据分析等工作提供相关数据支持。

（二十七）储蓄个人网上银行系统

2010 年 4 月 6 日晚，内蒙古邮政储蓄个人网上银行系统正式上线运行，该系统具有邮政转账汇款、外汇通、投资理财、信用卡、网上支付个人贷款、客户服务、申请开办等功能。

（二十八）全区集中 POS 接入系统改造

2010 年 4 月，完成全区集中 POS 接入系统改造并正式投入使用。改造前各盟市的 POS 接入点为各盟市中心，改造后在省中心放置 2 台网控器，用于全区 POS 的集中接入，既提高了 POS 整体接入数量，同时减少了设备维护量，减少了系统的故障点。

（二十九）全区缴费一站通 EPOS 接入

2010 年 7 月 6 日，区公司与广州开联信息技术有限公司达成了“缴费一站通”项目合作协议，合作模式是利用 EPOS 缴费机通过公共交换电话网或无线方式接入中间业务平台办理代收付业务。该系统于 9 月 27 日晚在呼和浩特市试点上线。到 11 月底，有近 50 个商户正式上线运行。

（三十）中间业务系统

2010 年完成了中间业务系统代收蒙东电力（覆盖东 4 盟市：赤峰、通辽、兴安、呼伦贝尔）、代扣烟草款项目、代收福利彩票款、代收联通话费、代理财政国库集中支付业务、代理财政非税收入收缴业务的上线工作。

五、邮政综合网

（一）邮政综合计算机网

邮政综合网工程是由国家邮政局统一组织建设的全国性邮政计算机网络工程，是当时全国在建规模最大的计算机网络。内蒙古邮政综合网工程是国家邮政综合网工程的组成部分，分为广域网和局域网 2 大部分。

广域网是采用 ATM 交换技术、帧中继技术、语音压缩技术、TCP/IP 及其他相应技术所建设的多业务通信网。该网络传递的信息以 IP 型的数据业务为主，其主要功能是为局域网的互联提供通信平台，同时兼顾语音和图像等通信业务。

局域网是采用先进的邮政作业手段和业务处理模式，实现电子化支局与所在中心局、中心局与中心局，以及生产部门与相关各级管理部门的联网，形成全网各处资源最大程度的综合利用和共享。工程覆盖全区各级邮政生产和管理部门有：呼和浩特市、海拉尔市 2 个二级中心局；临河、包头、赤峰、乌海、东胜、集宁、锡林浩特和通辽市 8 个三级邮区中心局；全部电子化支局；各中心局，所辖的地市县局。该工程不仅覆盖现有的各种邮政业务，还包括邮政混合邮件、电子商函、代收代缴等各种电子类、信息类邮政新业务。

应用软件主要由以下 10 大系统组成：（1）邮政新业务系统，其中包括电子邮购子系统、电子商函子系统、代收代缴子系统、混合邮件子系统、信息服务子系统、电子信箱子系统。（2）总包、给据邮件和

EMS查询系统，其中包括EMS跟踪查询子系统、国际给据邮件跟踪查询子系统、国内给据邮件跟踪查询子系统、总包邮件查询子系统、国内其他给据邮件查询子系统。（3）邮运生产与指挥调度系统，其中包括路单制作及联网传输子系统、邮运指挥调度子系统、干线邮运车辆跟踪子系统、邮袋调拨子系统、邮运经营管理子系统。（4）邮政经营与管理系统，其中包括邮政业务数据采集与统计系统、中心局生产作业成本分析系统、干线邮政运输成本分析系统。（5）报刊发行系统，其中包括报刊收订子系统、报刊要数子系统、发报刊子系统、报刊零售子系统、报刊结算子系统、报刊经营管理子系统、省局汇总要数子系统。（6）国际邮件处理系统，其中包括支局国际邮件处理子系统、中心局国际邮件处理子系统、互换局国际邮件处理子系统、交换站国际邮件处理子系统、国际账务处理子系统、国际业务经营管理子系统。（7）集邮业务处理系统，其中包括集邮邮票供销结算系统等。（8）中心局生产作业计算机处理系统，其中包括分拣封发车间数据处理子系统、转运车间数据处理子系统、中心局生产调度子系统、业务档案管理子系统、生产成本核算数据处理子系统、中心局经营管理子系统。（9）支局生产作业计算机处理系统，其中包括窗口综合营销子系统、支局内部作业子系统、支局经营管理子系统、支局投递子系统。（10）邮政金融计算机系统。

内蒙古邮政综合网的建设按照国家邮政局的统一部署，分期、分步进行，即：广域网建设、二级中心局局域网建设、三级中心局局域网建设；旗县及所属分支机构局域网建设。其中广域网投资790万元；二级中心局局域网投资1915万元；三级中心局局域网投资4200万元。

（二）内蒙古邮政综合网包头试点工程

包头邮政业务综合计算机网是邮电部在全国选定的3个邮政综合网试点工程之一，是建立内蒙古邮政生产运行与邮政业务经营及企业管理的综合网络。

1996年9月，自治区邮电管理局与北大方正公司正式签订包头邮政综合网试点工程建设合同。同年10月，自治区邮电管理局、北大方正、内蒙古方正公司和包头邮电局派出软件开发人员进驻包头邮政中心局进行软件开发。1997年12月基本完成支局生产作业处理系统、报刊发行系统和中心局生产作业系统的开发，1998年投入试运行。1998年9月12日，系统通过自治区邮电管理局组织的阶段性验收。邮电分营后，自治区邮政局在初验基础上对开发的应用软件和硬件设备进行整改。2000年5月28日，自治区邮政局受国家邮政局委托组成验收委员会对该工程进行了终验。该工程总投资623万元。

该系统的建成实现了网内信息的高度共享，减少了日常业务处理中不必要的重复劳动，降低了物品消耗，从而改善了服务质量，加快了邮件传递速度，提高了邮政系统的工作效率；使报刊收订子系统和电子化支局子系统实现了在营业前台的合并，所有电子化营业网点的台席均可收订报刊，邮政前台营业真正实现了“一台清”，并可实现市内联网网点的报刊通订和汇款通兑。从此，包头市内东河区、青山区和昆区的邮件处理全部采用了邮政综合网新系统。

（三）邮政综合业务计算机网络

内蒙古自治区邮电管理局与北京北大方正电子有限公司信息系统工程公司经过前期可研和方案的准备，后经几轮谈判，于1996年9月6日在内蒙古饭店正式签订了全国试点工程内蒙古邮政综合业务计算机网络系统（包头邮电局）工程的项目合同。合同中明确了该合同从1996年9月8日起生效，1997年底基本上完成了九大系统中的报刊发行系统、支局生产作业处理和中心局生产作业系统，这3部分的开发任务，是整个工程中较重要的部分。3部分试运行系统运行情况较好，取得了阶段性的成果：汇兑业务实现了同城通兑，发行业务实现了同城通订，生产作业环节实现无单交接。但全部工程未能按原计划完成，直接影响到全区邮政专业 1998 年的投资和建设。1998 年 8 月 31 日，自治区邮电管理局向邮政总局、邮政综合网工程建设小组发出邮政综合网试点工程随工验收邀请函，特邀请邮总及综合网工程建设小组的领导和专家们指导。自治区邮电管理局决 9 月 14—16 日在包头市举行综合网工程阶段性初验。

1996 年年初，邮政综合计算机网在呼和浩特、包头进行试点，邮政营业网点实现了电子化多功能服务，转运、分拣登单、制单等生产环节全部实行微机处理，实现了邮件收寄、分拣、封发、查询处理电子化。10 月 7 日，邮政业务计算机处理综合网投入生产运行。年内，邮政微机综合管理网投入运行。

1997 年初，呼和浩特建设系统城市主机，开通 40 个营业网点、20 台 ATM 机。该工程是三星公司电子集成全国试点工程，由 4 大系统组成：主机系统、网络通信系统、软件系统及计算机外部设备。主机系统的核心设备是韩国三星公司生产的 MMS5100 主机；网络系统的核心设备是美国 CISCO 公司生产的 CISCO 路由器和 SUN 公司生产的 SUN 网管工作站；软件系统由主机系统软件、ORACLE 数据库软件、系统开发工具软件、系统应用软件和网络管理软件组成。系统集成商是韩国三星公司。

（四）邮政信息中心及各邮区邮政信息中心技术改造工程

1998 年 6 月 11 日，自治区邮电管理局致函国家邮政局，上报《内蒙古自治区邮政信息中心及各邮区邮政信息中心技术改造工程可行性研究报告》（呼和浩特、包头、临河、东胜、乌海、阿拉善左旗、海拉尔、赤峰、通辽、集宁、锡林浩特、乌兰浩特预审纪要），请求审批立项。内蒙古邮政信息中心按二级中心 2 个、三级中心 8 个、非邮区中心 2 个建设。内蒙古邮政信息中心西部区投资 3525.1 万元，东部区 3164.8 万元，内蒙古配套投资 7925 万元，投资估算中未含计算机进口的高额税金。

1999 年 5 月底，全区综合网广域网设备全部到货，并完成装机，总投资 790 万元，由国家局全额拨付，累计完成投资额 700 万元。12 月 23 日，呼和浩特综合网机房至北京省际电路开通；24 日至沈阳省际电路开通，临时采用 HDSL 方式。11 月 16 日，全区建成临河、乌海、东胜、阿拉善盟、集宁、通辽、锡林浩特和乌兰浩特 8 个特快专递站点处理系统，总投资 141 万元，完成投资额 127 万。11 月 26 日，二级中心局局域网主机设备、网络设备（国家局统购部分）到货，并完成装机，完成投资额 1400 万元。

2000 年，全区综合计算机网各分项工程进展及投资情况。（1）三级中心局局域网建设情况。1 月 18-28 日，协助国家邮政局上海研究所分东西两路对通辽、赤峰、集宁、包头、临河、乌海、东胜和锡林浩特 8 个三级中心局局域网进行勘察；4 月 12—15 日在上海进行设计会审，设计总投资 5405 万元，其中设计费用约 58 万元；7 月 4 日，国家邮政局对内蒙古邮政综合计算机网局域网工程（三级局）一阶段设计下达批复，核定该工程国家邮政局局管项目部分投资 2847 万元，其中国家邮政局承担 1524 万元。8 月 28—31 日内蒙古邮政局召开“两网”（邮政“绿卡”网、邮政综合计算机网）工程建设协调暨综合网三级中心局局域网设计会审会，决定对全区三级中心局局域网设计进行再次审定，探讨部分中心局客观条件的变化，以及设备利旧问题；会后各中心局填报可利用旧设备情况：全区 8 个三级中心局可利用原有超级 PC 服务器 2 台、PC 服务器 11 台、路由器 14 台、集线器 13 台、以太网交换机 26 台、PC 机 159 台、打印机 101 台、基带 MODEM2 台、拨号 MODEM93 台。同时，根据市场情况调整了 PC 服务器和 PC 机等设备的单价，使得工程预算从原设计投资 5405 万元降到修改后的 3570 万元，全区共节约建设资金 1835 万元。2000 年 4 月下旬，该工程的设备陆续发往全区各局；5 月 29 日，开始 HP 主机设备安装；截至 6 月 12 日，除锡林浩特外，通辽、赤峰、集宁等局均安装完毕；6 月 14 日，COMPAQ 主机设备开始安装，月底安装完毕。（2）会议电视系统建设情况。2月29日，国家邮政局下发《关于电视会议系统建设有关问题的通知》，决定在邮政综合网上开发会议电视业务。3月9日，电视会议室的地点选定为呼和浩特市邮政枢纽大院辅助楼6层北边大通间；3月10日，确定会议电视室的位置、通信方式、任务分工。4月5日，完成主机设备装机，与国家中心联调成功；4月17日，全部设备安装完毕，并通过全国试运行。4月21日全国邮政电视电话会议的举行；6月9日，经过有关部门和工程技术人员的评审，国内配套部分通过终验。（3）光系统及小交换机工程。工程包括：SDH光传输设备单项工程、中继光缆工程、小交换机入网工程、小交换机分机线路工程，由内蒙古邮政信息技术局负责。8月，与呼市电信局众志公司签订邮政综合计算机网光系统建设工程合同，9月1日开工，当年11月15日完工。工程概预算总额58.9万元，竣工决算总额57万元。工程建成使综合网开通呼和浩特—北京、呼和浩特—沈阳2条2MB/S的电路，呼和浩特市至各盟市局64KDDN电路正式切换，用户小交换机接入市话公网的30条中继电路开通。（4）报刊发行省际数据通信系统。报刊发行系统的开发是在综合网上运行的第一个应用。该工程由内蒙古邮政信息技术局作系统集成，除基带MODEM和系统软件外，其余设备都从综合网中调配。7月初，实现与国家报刊局通信。（5）综合网广域网。截至2000年3月7日，呼和浩特综合网机房至海拉尔、通辽、赤峰、集宁、包头、临河、乌海省内DDN电路开通。

（五）邮政综合计算机网建设

2001年，全区邮政综合计算机网的工作重点主要集中在广域网、局域网的验收和三级局的建设。（1）电子化支局推广：2000年12月14日，局长办公会议讨论通过“内蒙古邮政综合网包头试点工程应用软件全区范围推广可行性研究报告”。1月，自治区邮政局组织相关人员赴包头进行了为期3天的调研工作。2月19日，局长办公会议决定首先推广电子化支局和报刊发行系统，中心局系统做进一步完善后推广，由于全国电子汇兑工程的实施，汇检系统不做推广。3月28日，形成该项目立项报告草案，交内蒙古邮政信息技术局实施。（2）广域网电路：2月，电子汇兑工程启动，广域网电路中断问题成为当务之急。工程建设处协调国家邮政局广域网联调中心和朗讯公司、北电公司，采用远程调测、电话指导、现场调测等多种办法，4月19日调通全部广域网电路。（3）三级中心局数据库安装及网络设备的安装、调测：4月25日，完成8个三级中心局的数据库安装。4月27日，完成全区各三级中心局网络设备的安装、调测。（4）广域网设备初验：综合网ATM交换机和广域网路由器的测试过程中，对全区设备进行了核实统计。9月12日，自治区邮政局对全区广域网设备进行初验，并向国家邮政局报送“设备验收报告”。（5）综合网验收：9月30日安排验收广域网、二级局局域网、三级局局域网，年底广域网、二级局局域网通过初验。

（六）内蒙古邮政综合计算机网工程

2001年10月30日，西4盟（包头市、鄂尔多斯市、巴彦淖尔盟、乌海市）综合网局域网工程通过自治区邮政局组织的初验。该工程是内蒙古邮政综合计算机局域网（三级局）工程的组成部分。至此内蒙古邮政综合计算机网工程全部完成初验。

2000年4月至2001年4月27日，完成三级局主机、网络设备及ORACLE数据库的安装。2001年9月30日，自治区邮政局对全区综合网广域网、局域网设备安装工程验收工作进行安排。2001年底，完成广域网及呼伦贝尔盟、通辽市、赤峰市、兴安盟三级局局域网的初验工作。

（七）邮政综合网广域网扩容改造工程

2004年，国家邮政局信息技术局提出《关于申请邮政综合计算机网广域网扩容改造工程立项的请示》，国家局决定立项进行扩容改造。该工程为国家邮政局局管工程，建设单位为内蒙古信息技术局，项目总投资45万元，全部由国家局承担。国家局利旧（调拨）2台B-9000交换机（辽宁和黑龙江省替换下来的）用于鄂尔多斯和锡林郭勒盟的三级中心，并配置2块EIFR板用于呼和浩特市B-9000交换机的扩容。全部投资由国家邮政局承担。2004年12月23日，呼和浩特市B-9000交换机完成扩容；2005年1月21—22日，鄂尔多斯市、锡林郭勒盟综合网机房完成B-9000交换机的安装调测，设备运行正常。2006年5月12日，全国邮政综合计算机网广域网扩容改造工程完成初验并投入使用，同年10月24日完成终验，工程审计完成投资44.6万元。

（八）全区邮政综合网网络改造工程

2008年10月中旬，全区邮政综合网网络改造工程完成了所有线路备份和路由器的接入工作，正式上线运行。该项目是电子化扩容改造工程的一部分，全区12个盟市中心各增加1条至省中心的2M数据线路，同时在省中心安装综合网用交换机、防火墙、扩容板卡，盟市中心（呼和浩特市除外）配置H3C储蓄系统上联路由器，结束了部分盟市共用盟市中心至省中心线路的情况，工程建设完成后，全区盟市中心至省中心综合网和绿卡系统有了一条2M的共用备份线路，同时该线路为绿卡网热备线路，即对绿卡网带宽进行了扩容，使全区网络结构更加清晰。

2008年完成了集邮、报刊、储汇安全认证系统；速递、揽收系统、银联POS签字系统工程、电子汇兑大集中、VOIP工程、电子化支局扩容改造等工程。

（九）大客户营销管理系统

2008年6月20日，大客户营销管理系统上线运行。大客户营销管理系统是依托邮政综合网，应用成熟的软件开发技术、网络技术和三层B/S架构建立的一个统一管理、分级应用的省集中式管理系统。系统采用从生产系统自动采集客户经营数据与手工导入、录入数据相结合的方式，提供全方位的客户管理、经营分析、营销管理、营销队伍管理、项目管理、KPI管理、信息共享等功能；系统满足自治区邮政公司、盟市局、旗县局三级邮政经营管理部门对客户营销管理方面的需求。

（十）邮政投递信息系统

2009年5月18日，投递信息系统上线运行。邮政投递信息系统是依托邮政综合计算机网建立的一套技术先进、方便实用、便于扩展、适应性强的系统，在符合网络分拣作业组织模式的基础上，优化投递处理流程，实现函件、包裹、特快、报刊等邮递类业务的综合处理，提高了投递环节的信息化水平，实现邮政相关专业系统互联互通，邮件信息一次录入、全程共享、全网共用，不仅优化内部作业流程，而且可以为客户提供邮件的实时查询，实现邮件末端信息的采集和反馈。

六、电子化支局

（一）电子化支局系统（试点）工程

2003年7月8日，自治区邮政局批复邮政信息技术局提出的在呼和浩特市和鄂尔多斯市进行邮政电子化支局系统（试点）工程建设项目，批复投资预算340万元。7—10月，完成2个试点城市的场地准备、设备安装、通信线路调测、硬件系统调测、应用软件安装调测、新旧系统切换、电子化支局系统上线试运行等项工作。12月17日，自治区邮政局印发《内蒙古邮政电子化支局系统推广工程实施方案》，明确在全区推广电子化支局系统；12月2日，印发《关于全区推广电子化支局系统有关事项的通知》，明确设备配置及资金补贴等事宜。12月26日，自治区邮政局与内蒙古鸿达新技术服务中心签订设备订货合同，标的431.1万元。同日，与自治区邮通科技有限责任公司分别签订子系统工程合同和设备购销合同，标的分别为116.6万元和45.1万元。12月31日，与福建国通信息科技有限公司签订系统集成子系统工程合同，标的122万元。该工程建设单位是12个盟市邮政局，组织管理单位是内蒙古邮政信息技术局，系统使用单位是12个盟市邮政局，设计单位是内蒙古邮电勘察设计院，系统集成商是福建国通公司。

（二）电子化支局省集中工程

内蒙古邮政电子化支局系统于2007年9月13日完成了12个盟市的系统割接，正式上线运行。邮政电子化支局系统是邮政综合计算机网的一个子系统，是邮政基础数据的重要采集点，系统的整体架构是在原有的综合网系统之上，采用“省集中”的方式进行建设，即在省中心设立一个电子化支局系统数据和应用中心，各盟市每个网点采取终端或仿终端的方式，通过综合网远程登录到应用服务器进行操作，形成了全区范围内的电子化支局系统数据集中存储、应用集中分布的格局，实现信息资源的综合利用和共享，提高系统的可维护性、可用性，从而提升电子化支局主机系统处理能力。

七、量收管理系统

（一）内蒙古邮政业务量收管理系统

2004年，国家局下发《关于推进邮政经营管理信息系统——业务量收管理系统建设的指导意见》，提出建设全国业务量收管理系统。内蒙古邮政业务量收系统是中国邮政“量收管理系统”的一个组成部分，该系统从邮政各个相关业务系统采集数据并进行整理、统计，提供给各级领导和经营管理部门及时掌握准确、真实、完整的业务经营信息，而且可以通过对业务经营信息进行科学分析，达到强化管理、服务经营、支持决策，提高邮政经营管理水平的目的。2005年，量收管理系统作为国家邮政局的重点工程开始实施，下达固定资产投资计划70万元，其中国家局承担5万元，区内配套设备投资60.5万元。内蒙古邮政量收管理系统工程建设单位是内蒙古邮政信息技术局。该工程于2005年6月正式启动。6月7日，自治区邮政局成立邮政业务量收系统试点推广领导小组，印发《关于做好邮政业务量收管理系统上线准备工作的通知》。各盟市邮政局也相继成立领导小组；6月底完成通信前置机（HP ML150）的安装调试、IP地址分配，电子化版本升级、机构代码审核、量收系统与电子化系统对接、速递揽收系统融合、礼仪、广告、代理电子业务局收入补录终端安装、大客户代码转换等工作，并按照国家邮政局要求填报“历史数据表”“机构代码表”“量收系统参数表”和“量收用户名表”；7月份，配合量收上线进行电子化支局系统版本更新；9月份，完成量收管理系统与电子化支局系统的机构代码转换。11月，完成量收管理系统工程的推广工作。年底，该系统硬件集成工作全部完成，全区12个盟市520多个电子化支局完成接口联调，系统进入试运行阶段，自治区邮政局机关和各盟市邮政局的管理人员都能登录系统查询前一天的量收信息。2006年12月20日，该工程通过自治区邮政局验收。

（二）全区邮资机管理系统

2006年8月，国家邮政局开发全国邮政邮资机信息管理系统，通过对所有邮资机实施直联，实现对邮资机的日常动态管理，对邮资机的入网、注册、配置、下发、调拨、入库、戳记申请、收入稽核、维护、报废等实现全流程管理，通过信息化手段配合业务的规范管理，杜绝邮资机收入的“跑冒滴漏”，强化邮政电子化支局系统和量收系统对邮资机的管理和收入稽核的管理。10月18日，全区邮资机联网台数为106台，联网率达到100%。

八、电子商务

（一）内蒙古邮政183网站

2000年11月18日，启动内蒙古邮政183网站（网址：http：//nm183.com.cn）建设。内蒙古邮政183网站是集用户投诉、业务咨询、信息查询和业务受理于一体的综合业务平台，它可以使用户在一个系统中全方位获取邮政各种服务。内蒙古邮政信息技术局与北京追日信息技术有限公司合作建设。该网站建立采用主机托管方式，将网站空间划分出不同的块分配给全区12个盟市邮政局，各盟市邮政局可自行通过163或169拨号远程登录进行信息更换、维护。网站开发平台为WINDOWS2000 SERVER操作系统，ORACLE数据库标准版。首期工程分为前台页面、后台统计、管理和维护3部分。采取网上购物，网下支付交易方式，服务类型主要是B-C。设置的主要栏目有：邮政新闻、企业简介、政策法规、业务介绍、业务受理、投诉建议、内蒙古风情和一些娱乐板块。其中业务受理中开办了报刊订阅、网上超市、邮政礼仪预定、广告受理等服务。同年12月18日，内蒙古电子邮政183网站开通，2001年4月16日通过验收。

（二）185客户服务中心

2000年，185客服中心系统首先在包头进行试点，该工程是在原有183邮购系统、184邮政编码查询系统、185速递查询系统基础上进行改造建成综合性业务平台185客服中心（包头试点），2000年6月22日正式开通。185客户服务中心是将185特服号作为中国邮政客服中心的统一接入号码的综合性智能业务平台，开办的业务主要有邮政编码查询、特快邮件查询、业务咨询、特快揽收、报刊查询、投诉及一些送货上门服务。同年7月在呼和浩特市邮政局进行推广，系统运行后，为用户提供了方便，受理量稳步增长。2001年初，自治区邮政局决定在全区推广185邮政客户服务中心（包头试点）系统。5月9日，对《推广185客服中心（包头试点）总体设计方案》进行批复，核定工程总投资92.23万元。5月15日，与北京国讯富通公司签订了在全区推广185客服中心合作协议。5月23日—6月15日，由北京国讯富通公司和内蒙古邮政信息技术局的相关技术人员分东、西2路进行该工程的全区推广工作，历时23天，提前完成了合同规定的时限。该系统采用工控机板卡方式，具有语音导航、语音播报、电话转接及监听、受理数量统计及夜间录音等功能。使用情况：赤峰市邮政局日平均量达到2000笔，其他盟市邮政局月平均在1000笔左右，主要集中在特快查询及物流配送服务上。截至2001年6月15日，内蒙古地区12个盟市邮政局的185客服中心全部开通运行。2002年3月22日，185客服中心（包头试点）工程通过自治区邮政局组织的验收。

（三）内蒙古电子邮政185工程

2001年9月12日，自治区邮政局决定在内蒙古邮政185客户服务中心包头试点工程的基础上，建设呼和浩特地区电子邮政185客户服务中心，明确工程为自治区邮政局局管项目，由自治区邮政局下达投资计划，可研预算投资额300万元。同年11月8日，国家邮政局下达该工程投资计划341万元，工程全部利用国拨资金。该工程建设单位是内蒙古邮政信息技术局，系统使用单位是呼和浩特市邮政局，设计单位是内蒙古邮电勘察设计院，设备供应商是深圳华为公司，系统集成商是北京中邮绿卡公司。2002年3月12日，自治区邮政局与北京中邮绿卡公司签订内蒙古电子邮政185客户服务中心系统工程合同；同年4月，完成场地准备和设备安装；5月，申请调测通信线路，完成硬件系统和应用软件安装调试；7月23日，完成呼和浩特185新旧系统切换；8月2日，发投局和物流配送中心的2个远程终端投入试运行；10月18日，土左旗远程终端座席投入试运行；12月17日，185系统的重要组成部分——电话银行系统上线试运行。至此内蒙古电子邮政185客户服务中心系统正式开通。至初验之时，该系统业务功能主要包括：信息服务、受理服务、邮储业务、电话银行、增值业务。2003年10月10日通过邮政局初验。

（四）短信平台工程建成

2004年7月9日，自治区邮政局批复短信平台工程可研，明确为区邮政局管项目，建设单位是内蒙古邮政信息技术局，项目投资预算30万元，其中硬件投资15万元，软件投资15万元。8月，内蒙古邮政局电子信息业务局和陕西易普科技有限责任公司签订《内蒙古邮政短信平台技术开发及集成合同书》。9月，自治区自治区邮政局与内蒙古邮通科技有限责任公司签订《内蒙古邮政短信平台工程建设设备采购合同》。同月，完成硬件及操作系统的安装。10月，实现短信平台对移动手机、联通手机收发短信。11月，实现电子汇兑短信回执功能。该工程主要设备有：2台HP服务器DL380、1台联想PC启天M2000、1台华为路由器R17 60、1台天融信防火墙NGFW4000、1台紫光防火墙UF110 3H、1台华为交换机S2403H、1台大唐交换机IS-1024。HP服务器的操作系统为windows 2000server、数据库为SQL server2000、PC接口机的操作系统为windows 2003 server。

（五）邮政短信业务接入系统工程

2005年10月17日，国家邮政局印发《关于立项建设邮政短信业务接入系统工程的通知》，明确邮政短信业务接入系统工程采用“一点接入、全网服务”方案，即在短信接人系统全国中心与电信运营商统一接入，面向全网提供服务。全国中心实现短信业务接入、处理、汇总分发、统计、清算和数据存储等功能，各省前置系统实现本省短信业务分发、数据提取、处理和上传等功能。工程为国家局局管工程，总投资1087万元，其中国家局承担1046万元，省局承担41万元。内蒙古邮政短信业务接入为2部分：

短信接入系统和储蓄短信前置系统。自治区邮政局总投资 4.8 万元，其中国家局承担 4.3 万元，本局承担 0.5 万元。12 月 9 日前，准备机房场地及电源，设备到达现场并上架加电。12 月 10 日，完成储蓄短信系统的版本安装和短信前置机的系统安装。12 月 11 日，完成与国家局短信网关的测试。12 月 12 日，完成储蓄短信和电子汇兑短信的测试工作。2006 年 3 月 1 日，系统投入使用。2007 年 2 月，该项目通过自治区邮政局验收。

（六）11185 省中心系统建设

2009 年 10 月 19 日，内蒙古邮政 11185 客户服务系统正式切换上线。上线后，作为邮政电子商务信息平台的业务受理渠道之一，为电子商务信息平台提供订单受理渠道；还承担着票务、注册、呼出、外包等功能。以“服务＋经营”为主要发展模式，在负责邮政业务查询、咨询、投诉、受理、电话营销及增值业务的同时，还将根据客户信息及历史消费数据等资料，挖掘客户隐性需求，开展客户关怀、收集客户信息、维系客户、主动营销等活动，既是邮政对外服务的重要窗口和渠道，又是邮政业务发展的重要经营平台，将为邮政业务发展提供更加有力的支撑。

（七）电子商务平台系统建设

2009 年　10 月 29 日，电子商务信息平台系统顺利上线。电子商务信息平台是邮政电子商务发展基础建设中的重要组成部分，平台规范了网站、11185、网点、短信等不同受理渠道，通过与邮政内外部作业系统相对接整合资源，开办各类电子商务，完成各业务、各地方的清分结算，支持全国邮政电子商务运营管理的平台。平台开办的业务按范围可分为全网业务、区域性业务及本地业务 3 类，其中全网业务和区域性业务由集团公司统一组织开发，本地业务由各省自行开发。首期开办的业务有爱心包裹、世博会门票和航空客票。

九、报刊发行系统

（一）报刊发行系统工程建设

2004 年初，内蒙古邮政报刊发行系统技术改造工作正式提上日程。8 月，自治区邮政局成立工程领导小组。9 月 23 日，内蒙古邮政局对该工程可研进行批复，明确该工程属区邮政局管项目，建设工作由内蒙古邮政信息技术局牵头，包头、鄂尔多斯市邮政局为试点单位。工程预算 160 万元，全区数据库服务器硬件扩容、应用软件及集成和试点盟市中心设备由区局承担，其他相关费用由试点盟市承担。9 月 6 日，在包头邮政局召开报刊系统试点工作会议，区邮政信息技术局及区报刊发行局对试点局进行现场调研，确定工作步骤。同年 9 月，试点盟市开始工程前的准备工作。9 月 12 日，福建国通公司及内蒙古邮政信息技术局的工程技术人员对呼和浩特邮政局中心设备进行硬件扩容安装，包括主机 CPU、内存、硬盘。9 月 14—23 日，分别在东、西部完成其余 9 个盟市的硬件扩容安装。10 月 22 日，与福建国通公司签订《内蒙古邮政报刊发行处理系统集成工程合同》。合同内容包括软件费、系统集成费、培训及硬件扩容等费用。该工程主要设备有：呼和浩特 2 台 HPR380 服务器；赤峰、锡林郭勒、通辽、乌兰察布各 2 台 HPK360 服务器；呼伦贝尔、包头、乌海、巴彦淖尔、鄂尔多斯各 2 台 COMPAQ　AS4100 服务器（全部利旧）；联想万全 T110 服务器、联想开天 PC 机；CISC03550 交换机。网点设备主要有：终端、路由器、打印机。以上设备都与电子化支局系统共用。数据库服务器操作系统 HP-UX11.0，数据库为 ORACLE8.0.5，开发工具为 UNI-FACE7，应用服务器操作系统为 scos.0.6，UNIFACE7CLIENT 端，应用软件为集成商开发。内蒙古邮政报刊发行处理系统于 2004 年年底完成省局及试点局的上线工作，并于 2005 年 3 月通过工程初验。工程总投资 128 万元。内蒙古邮政报刊发行系统全区推广实施项目由福建国通科技公司于 2005 年 6 月开始组织实施，到 2005 年 7 月全部完成，9 月投入运行，截至年底计划的设备台席安装调试完毕，各盟市报刊发行公司、营业网点使用新系统完成 2006 年大收订工作。报刊发行系统改造旨在使省局要数系统、订销局系统、中心局分发系统等软件完全符合《国内邮件处理规则——报刊发行分册》要求。通过订销局系统的建设可以使全区订销局实现网络数据的传输并利用网络实现各营业台席的全城通订；在处理整订、破订、收订、查询业务时打破原有订销局的界限划分，使所有支局的所有台席均可办理报刊收订、查询业务，有效地增加报刊收订网点，缩短内部处理时限，极大方便了用户；能够使数据资源得到充分利用，多方位地适应报刊发行业务变动大、时限强、业务变动频繁等特点。整个系统依托综合网，数据库服务器为综合网 C3 局原有小型机、应用服务器安装在综合网 C3 局局域网内，其数据库和应用都与电子化支局系统同主机运行，网点终端与支局业务终端共用通过综合网远程 telnet 到应用服务器办理业务。系统改造使订销局系统、省局汇总要数系统及中心局分发系统 3 套子系统共用数据库服务器，实现了数据共享，避免了各系统间数据因传递不一致而产生的问题。省局汇总要数系统与全区使用的账务处理系统实现接口连接，进行业务会计核算处理。

（二）报刊发行信息系统上线运行

2006 年 6 月，区局及各盟市局成立报刊统版工程建设领导小组和工作组，按计划完成名址数据、机构代码、报刊目录、分拣分发关系、员工信息等基础数据的收集、导出、整理、审核、录入，开展覆盖报刊发行从营业、投递到内部处理人员的业务处理和系统操作培训，完成区中心、发报刊局、中心局、订销局系统设备的采购、安装、联调及电子化支局应用系统升级等工作。按照国家局的统一安排，报刊发行信息系统建设分 2 期进行。一期工程建设以报刊生产作业系统的开发、试运行和全国推广为主，涉及中心局生产作业系统报刊分发模块、电子化支局报刊收投模块、183 系统、11185 系统、量收系统的建设与改造。二期工程建设以报刊零售和出版物连锁经营系统、报刊经营管理系统、报刊会计核算系统、图书订阅系统开发为主，形成报刊发行系统完整的版本，并完成整个系统的全国推广工作。按照一期建设的内容，又分为两个阶段性目标：2006 年 9 月 30 日前，实现报刊发行订阅业务的全国上线；2006 年 12 月 30 日前实现报刊分发、查验和报刊款结算。

（三）内蒙古邮政报刊零售系统工程

2005 年 4 月 30 日，内蒙古邮政报刊零售系统工程建设立项，属区邮政局管项目，区局下达投资计划。建设工作由内蒙古邮政信息技术局牵头负责，区报刊零售公司配合项目建设工作；批复预算 55 万元。5 月 30 日，与福建国通信息科技有限公司签订系统集成合同，合同标的 39 万元，工程建设范围主要包括区报刊零售公司和各盟市零售公司的 18 个网点。包含邮发子系统、转批子系统、特发子系统、调拨子系统、配送子系统和销售子系统 6 大类。后台服务系统采取盟市集中的方式，与电子化支局系统共用一套服务器，网点使用网络终端 + 路由器方式与后台服务进行交互。按照计划全区推广工作在 6 月开始组织实施，到

7 月全部完成。经过年度目录准备、基础数据准备等工作，11 月内蒙古邮政报刊零售系统正式投入使用，12 月底进行项目的初验，2006 年 5 月 12 日项目通过自治区邮政局终验。经审计，实际完成投资 49.08 万元。

十、邮政运输信息系统

（一）邮区中心局生产作业和邮运指挥调度系统

2003 年 11 月，呼和浩特邮区中心局作为国家邮政局确定的第二批信息化建设推广上线局，中心局生产作业系统上线运行，至 2004 年 12 月乌海市邮政局上线，期间共有 8 个中心局上线运行。根据工程建设管理和审计部门要求，自治区邮政局成立“两子系统”验收委员会，于 2005 年 8 月 18 日对呼和浩特、海拉尔、包头、通辽、赤峰、临河、集宁 7 个二、三级邮区中心局和乌海局生产作业系统和邮运指挥调度系统两个子系统工程组织竣工验收。

2005 年 5 月 31 日，国家邮政局决定对部分省会中心局生产作业系统主机设备进行扩容。该工程为国家邮政局局管工程，总投资 503 万元，其中内蒙古局投资 9 万元，国家局承担 7 万元，本局承担 2 万元。该项目由国家局统一签订设备采购合同。后国家邮政局下达 2005 年第二批邮政固定资产投资计划，下达投资计划 6 万元，国家邮政局承担 5 万元、本局承担 1 万元。工程建设单位为内蒙古信息技术局，10 月 10 日开始扩容工程，分别在呼和浩特邮区中心局系统 2 台数据库服务器上新增 4 条 1G 的内存和 4 块 73.4G 的本地硬盘，内存由原来的 4G 扩容到 8G。2007 年 2 月 6 日，该工程通过自治区邮政局验收。审计完成投资 8.2 万元。

2005 年，根据国家邮政局的统一部署，自治区邮政局组织呼和浩特、海拉尔、通辽、赤峰、包头、集宁、临河 7 个二、三级邮区中心局和乌海局生产作业系统从 2.2 版本开始到 3.1 版本的五次升级工作。

2006 年 3 月 16 日，按照国家局的要求，内蒙古局的呼和浩特、海拉尔 2 个二级邮区中心局，包头、通辽、集宁、赤峰、临河 5 个三级邮区中心局和非中心乌海局实施邮区中心局生产作业系统 V3.1.1 版本升级工作。6 月 6 日，按照国家局《关于邮区中心局生产作业系统 3.2 版本升级的通知》要求，上述 8 个局生产作业系统 3.2 版本升级工作顺利完成。11 月 27 日，按照国家局的统一部署，为保证 2006 年底报刊分发系统上线任务的顺利完成，在全网实施邮区中心局生产作业系统 3.3 版本升级工作。12 月 21 日，区内上线局又实施生产作业系统 3.4 版本升级工作。12 月 1 日，中心局报刊分发系统正式投入运行。中心局报刊分发系统建设包括发报刊局的出口分发、报刊省际进口处理中心的进口分发和有实物分发功能的订销局 3 部分。实现邮区中心局生产作业系统与报刊发行系统在报刊分拣封发、报刊总包和散件信息的互连互通和信息化处理。为了扩大全区邮运生产信息化覆盖范围，实现自治区内、邮区内总包邮件的条码化和接发总包邮件信息的网上传输，缓减中心局为经转盟市旗县局补录数据和补打条码的压力，提高网路运行效率，实施区内 11 个盟市局的 34 个旗县局的生产作业系统上线工作安排部署。区局成立推进网路信息化工程领导小组和工作组，各局也成立相应的组织机构，落实远程车间安装范围、业务处理功能、线路调测、设备配置、人员培训、基础资料等项工作。7 月份，各局远程车间建设工作完成，系统运行正常。

（二）干线邮路运费结算系统

2008 年 10 月 15 日，干线邮路运费结算系统上线运行。内蒙古邮政干线邮路运费结算系统是完成一级干线结算数据省内清分工作和省内二级干线结算工作的一套集运费结算、统计分析于一体的综合管理系统。通过本系统，可以准确及时地对各责任中心的结算费用进行计算、分摊，以翔实的数据反映省内各单位的运营情况。通过建立全省联网、统一管理、分层应用、高效稳定的干线结算系统平台，以提高全网成本意识，形成合理的利益分配格局。

（三）邮政速递综合信息处理系统二期工程

2008 年 11 月 4 日，内蒙古开始实施邮政速递综合信息处理系统二期工程推广上线工作。速递系统二期工程是在优化全程动态跟踪查询和生产作业大集中核心功能的基础上，建立起重要的速递专业收寄系统（含大客户收寄、综合管理和客户管理功能）、运行监控和资费管控系统、账务结算系统、查验与赔偿系统等，同时，完善统计分析系统，整合特殊业务处理系统以及优化 PDA 应用系统等，提升速递的生产作业、经营管理和质量管理等综合管理水平。

十一、客户服务信息系统

（一）客户关系管理（CRM）系统开通

2004 年 7 月 7 日，自治区邮政局批复客户关系管理（CRM）系统工程可研，明确该工程为区邮政局管项目，建设工作由内蒙古邮政信息技术局牵头，各盟市邮政局和区物流公司、区集邮公司配合该项目建设工作。工程预算 50 万元，系统软件、应用软件及省中心硬件设备资金由区局承担，各盟市邮政局承担相关本盟市硬件设备资金。7 月 26 日，与呼和浩特市城发信息管网有限责任公司签订《内蒙古邮政客户关系管理系统工程合同》。9 月 14 日，城发公司工程师进行大客户软件的演示。10 月 18 日，对数据接口软件进行测试。10 月 25 日，呼和浩特市邮政局大客户服务中心从区中心电子化支局数据库拷贝用邮数据，安装到呼和浩特市邮政局大客户部使用。11 月，盟市大客户系统设备陆续到位，测试安装使用。12月，各盟市的设备安装、调试由各盟市技术人员自行完成，城发工程师作技术支撑。该工程主要设备有：省中心，1 台 HP339043 - AA1 服务器（内存 256M*2、硬盘 80GB*2）；1 台华为 R17 60 路由器（另配 RT-1E1 模块），1 台华为 I，S- 2403H 交换机；1 台天融信 NGFW4000-S 防火墙；盟市中心、专业局，14 台 HP339043 - AA1 服务器。服务器的操作系统为 Windows Serv-er2003，数据库为 SQL Server2000。应用软件由呼和浩特市城发信息管网有限责任公司开发。

（二）呼和浩特市成为全国速递邮件查验平台应用系统开通城市之一

2004 年 6 月 21 日，国家邮政局开通运行“全国速递邮件查验平台应用系统”。该系统基于互联网平台，通过网络人机界面，实现速递邮件查询、验单和赔偿等信息化处理的电子化，改变传统的电话、传真、函查等手工处理方式，提高业务人员的联系能力和效率。首批开通省会市邮政局和国际邮件互换局共 42 个，呼和浩特市邮政局作为首批开通局之一。该系统 6 月 21—7 月 4 日为试运行期，7 月 5 日起正式运行，并出台《全国速递邮件查验平台应用系统管理办法》《全国速递邮件查验平台应用系统操作指南》。

（三）全国邮政名址信息系统工程

全国邮政名址信息系统工程是 2005 年国家邮政局重要工程。1 月，按照国家邮政局的要求，自治区邮政局决定呼和浩特、包头、赤峰、通辽、兴安和鄂尔多斯 6 个盟市上线。4 月，呼和浩特市名址库建设完成，并与国家邮政局名址信息系统联网。12 月，包头、赤峰、通辽、兴安和鄂尔多斯名址库建设完成，与国家局名址信息系统联网。

（四）名址维护系统成功上线运行

2005 年，全国邮政名址维护系统与报刊发行信息系统同步上线运行，该系统的成功上线对报刊发行信息系统上线起到关键性的支撑作用。全区报刊订阅的 140 万余条基础名址和 10 万余条的组织机构名址全部来自名址维护系统，对系统内没有的名址通过系统新增名址功能可以将新增名址加入系统并批入相应投递道段，对于有变动的名址可以及时调整。名址维护系统还将逐步与两网互通工程及其他邮政业务系统接轨，为邮政各项业务提供基础名址数据的支撑服务。

十二、视频和语音系统

（一）网络视频会议系统工程开始实施

2004 年 11 月 3 日，内蒙古邮政局批复内蒙古邮政网络视频会议系统工程可研项目，明确为区邮政局管项目，建设单位是自治区邮政信息技术局，立项估算 55 万元，主会场设备资金由区局承担，分会场设备资金由各盟市局承担（每个分会场设备投入约 1.5 万元）。12 月 2 日，与系统集成商北京博雅全科技有限公司正式签订系统集成合同，工程开始实施。

（二）远程教育网二级中心工程

2005 年 9 月，国家邮政局下发《关于西部省邮政远程培训网二级中心建设有关问题的通知》，明确内蒙古邮政远程教育培训网二级中心工程是中国邮政远程教育培训网的有机构成，该工程是面向本省邮政基层职工提供便捷高效的终身学习平台。2006 年 7 月下发《关于同意使用远程教育培训网二级中心工程建设结余资金的通知》，核定工程总投资为 231 万元，其中内蒙古二级中心为 19.3 万元，全部由国家邮政局承担。该工程的建设单位是内蒙古邮政职工培训中心，实施单位是国家邮政局石家庄培训中心。该工程于 2005 年 9 月开始建设，11 月初完成相关设备和软件的安装调试工作，12 月底完成初验并投入试运行。2006 年 12 月 20 日，受国家邮政局委托，自治区邮政局对内蒙古邮政远程培训网二级中心工程进行竣工验收。

（三）内蒙古邮政视频会议系统升级改造工程

2007 年 2 月，完成全区 12 个盟市 87 个旗县视频会议系统的建设改造工程。该项工程是将原有“省局—盟市局”组网方式向“省局—盟市局—旗县局”三级组网方式的改造，省中心和各盟市中心各配置一台适当容量的 MCU（多点控制单元），更新提升各盟市会议节点的会议终端等设备，将现有系统设备利旧，完成各盟市所属旗县会议终端设备的配备联调；同时将省中心到各盟市的骨干线路改造升级成 2M

数字专线，完成盟市到各旗县的网络接入。会议及培训可从区公司开至盟市、旗县，实现了视频会议系统延伸到全区各旗县的视频会议系统。

（四）全区VOIP内部语音系统工程

2008年9月22日，全区VOIP内部语音系统正式上线运行。该项目主要在自治区现有视频会议MCU上增加软交换模块实现网守功能，在各办公节点配置中继网关、语音网关等设备连接话机，利用视频通信网络或生产网络将各级机构连通，以实现语音在IP上的实时传送。通过该项目的建设内部电话已经遍布区公司、直属单位，各盟市局、旗县局、网点等地方，实现了全区内部通话零资费的功能。

十三、代理保险信息系统

（一）内蒙古邮政代理保险（代理开放式基金）项目

2004年，国家邮政局邮政代理保险暨代理开放式基金项目工程在河南、安徽2省成功试点上线后，12月开始进行全国的推广上线工作。工程总投资707万元（其中外汇40万美元），全部由国家邮政局承担。在国家局的统一部署安排下，内蒙古邮政代理保险暨代理开放式基金系统工程于2004年11月正式开始，2005年3月完成上线。8月18日，该工程通过自治区邮政局初步验收。工程的建设目标是建成全国统一的邮政代理保险业务和代理开放式基金业务计算机应用系统，实现2项业务的信息化发展，并为全国性中间业务的发展提供一个广泛的处理平台。内蒙古邮政代理保险系统采用的主机为HP小型机，并采用双机热备方式，操作系统为红旗Linux DC 4.1，数据库为Oracle，中间件为BEA Tuxedo和Weblogic。代理开放式基金系统主机在国家局放置，在省中心只放置省前置机，并形成全国集中的模式。内蒙古邮政代理保险系统包括业务处理子系统、会计核算子系统、公共管理子系统、信息管理子系统。代理开放式基金系统包括业务处理子系统、会计核算子系统、公共管理子系统、信息管理子系统。

（二）代理保险全国大集中系统

2009年12月4日，代理保险全国大集中系统上线运行。全国集中的代理保险业务处理系统，实现了应用的集中处理和数据的集中存储。通过与各保险公司计算机系统的对接，在网点实现实时出单、查询保单信息等业务功能，扩大了服务功能，提升代理保险业务在同业中的竞争实力。有效运用公司业务系统的资金结算功能，实现代理保费和代理手续费的结算和分配，上收资金结算权限，优化与合作保险公司的保费结算流程，缩短保费结算周期，减少手工操作，规避资金风险。软件体系结构具有较强的开放性和可扩展性，能够支持多公司、多种产品的销售。与电话银行等系统对接，扩展了业务交易渠道，满足客户多元化需求。并可实现对专职营销人员和专业营销团队的任务分配、业绩统计以及业绩考评，满足邮政金融专业化营销体系建设的需要。

十四、邮资票品管理系统

2004 年 10 月 26 日，自治区邮政局对内蒙古集邮公司报送的《关于进一步做好邮资票品管理系统盟市级推广工作的请示》进行批复，明确该工程属区局管项目，由区局下达投资计划。工程建设单位为内蒙古邮政信息技术局，具体负责工程实施方案的制定、设备采购和线路的准备、工程管理等工作；区集邮公司负责系统使用人员、环境和数据的准备，积极做好配合工作。此次推广工作涉及通辽、乌兰察布、乌海、鄂尔多斯、巴彦淖尔、兴安、锡林郭勒、阿拉善的 8 个集邮分公司，共计 13 个集邮门市部及呼和浩特和包头新上的 5 个集邮门市部。该工程投资规模 70 万元。

十五、物流网信息系统

（一）物流信息网工程立项

2004 年 10 月 10 日，自治区邮政局对内蒙古邮政快递物流公司报送的《关于内蒙古邮政物流信息网立项的申请》进行批复，同意内蒙古邮政快递物流公司先行建设物流信息平台的系统方案。明确该建设项目属区局管项目，由区局下达安排投资计划。工程建设单位为内蒙古邮政快递物流公司；建设管理单位为内蒙古信息技术局。投资可研预算为 80 万元（不包括 GPS 定位系统、机房改造、桌椅配备等）。资金来源由区局有偿投入，物流公司从 2005 年起分 3 年还清。

（二）物流平台与网运平台互联互通

2010 年，通过实施物流平台、网运平台两个平台互联互通工作，进一步解决了物流系统与网运系统对物流邮件的重复操作问题，实现了物流邮件轨迹的全程、实时、动态查询，进一步提高物流邮件的生产作业效率和客户服务水平。

十六、办公网络

（一）区局与地方政府文件电子传输

2001 年 3 月，根据《内蒙古自治区人民政府办公厅关于推进全区政务信息化网络建设和应用工作的通知》要求，自治区邮政局连通与政府办公厅的网络。它是以拨号方式访问自治区政府办公厅局域网，从而实现了政务信息和文件的网上电子传输。

（二）全区 OA 系统工程

2009 年 3 月 16 日，全区邮政综合办公自动化系统（简称 OA 系统）上线运行。全国邮政综合办公信息处理系统是集团公司统建项目，该系统的建设目的是全方位地提高邮政行业办公效率，有效改善和提高经营管理和决策水平。该系统使用 B/S 结构（浏览器 / 服务器模式），用户采用 IE 浏览器通过综合网或者互联网登录全国中心综合办公系统，实现公文收发等日常办公业务处理。在该项目中内蒙古主要完成区内网络环境的搭建及相关办公用设备的建设工作，同时考虑到 OA 系统应用后安全方面的因素，先后进行了包括全区病毒防控系统、自治区邮政中心及盟市中心防火墙设备采购等网络安全方面的建设工作。

十七、维护管理

（一）赛门铁克防病毒软件系统

2009 年 8 月 2 日，赛门铁克防病毒软件系统上线。省中心装有赛门铁克防病毒服务器，全区邮政网络中所有电脑通过该服务器升级，定时进行查毒、杀毒，并将所有病毒信息上传至服务器。管理员通过服务器可以查看全区病毒种类、病毒传播程度等，能够掌握网络中病毒的情况，及时处理。赛门铁克防病毒软件系统上线标志着全区邮政网络防病毒工作上了一个新台阶。

（二）设备管理信息系统

2010 年，全面启用设备管理信息系统的档案管理、运维管理、备件管理等功能模块，设备管理工作向档案管理条码化、运维记录无纸化和管理维护规范化方向推进。

第四节　邮政企业管理

一、业务管理

分营前，内蒙古自治区邮电管理局邮政业务视察室负责邮政业务规章制度的制定和邮政业务的监督检查工作。盟市邮电局邮政业务视察室、旗县邮电局邮政视察员负责本盟市旗县邮政业务的监督检查工作。自治区储汇发行局储汇稽查科负责储汇稽查工作。

1991 年，自治区邮电管理局制定印发《邮政“三无”旗县局基本目标及评审考核办法（试行）》《农村邮电支局所升级竞赛办法》。是年，在全区范围内开展以“查思想，查管理，查隐患，查漏洞”为重点的邮政“四查”活动。

1992 年，自治区邮电管理局制定印发《邮件全程时限和处理规格奖罚办法》，并按月编发邮件全程时限和邮件处理规格完成情况通报。是年管理局视察室重点抓邮件传递时限和处理规格及邮件票款的安全，开展视察工作 199 天，视察科（局、公司、站）45 次，支局（班组）123 次，视察邮路 19 条，走访用户 112 户，填写“报告书”58 份。通过视察发现 139 个问题，缮发 12 份整改回单，98% 以上的问题得到及时整改，并审核了解科（局）分管邮政工作的领导及各类检查人员的“报告书”481 份。

1993 年，自治区邮电管理局制定印发《内蒙古自治区干线邮运组织管理及调度办法》《内蒙古机要通信工作监督检查办法》。在全区开展打“钩”检查活动，管理局视察室对全区 12 个盟市局邮政业务进行打“钩”检查，并对 15 个旗县的邮政业务进行剖析检查。

1994 年，自治区邮电管理局重新修订印发《农村邮电支局所升级竞赛办法》。对第一个周期（1991—1993 年）邮电支局所升级竞赛进行评定。各旗县局申报，各盟市局验收合格推荐上报，管理局和区邮电工会共同研究审核，对呼市郊区罗家营邮电支局所等 98 个先进支局所进行表彰和奖励。先进邮电支局所由管理局和邮电工会颁发奖励，按邮电支局所人数，每人发放奖金 50 元，邮电支局长、所主任每人发放奖金 80 元。

1995 年 1 月，自治区邮电管理局制定印发《内蒙古邮政通信经营管理岗位考核奖罚办法》，视察室对各盟市分管邮政的局长和邮政科长进行考核，各盟市局对所属各旗县局的分管局长和邮政科长（股长）等进行考核，对各类邮政管理岗位实现了逐级检查。4 月制定印发《内蒙古邮电通信服务规范》，其中对邮政营业服务操作作出详细规范。11 月制定印发《内蒙古自治区邮政特快汇款业务处理办法（试行）》，由总则、服务范围、业务种类及资费标准、处理程序与处理时限、安全与质量管理、账务结算、分配与统计、附则共 16 条组成。

1996 年 8 月，各盟市局陆续启用新规格日戳，新规格日戳同旧规格日戳区别：普通日戳戳面由原上、下半环，上、下月牙，字钉槽5部分改为上、中、下3部分，同时取消字钉槽线；“邮资已付”日戳由原有的4种合并为中文、法文对照邮资已付日戳和机要通信“邮资已付”日戳2种，戳面为上、中、下3部分，同时取消字钉槽线；取消邮政编码，采用局所名称（地名）；省会城市一律不冠省区名称；国际互换局、交换站日戳将“中华人民共和国”简刻为“中国”；增加省、区、市国际汇兑中心日戳。是年制定执行《内蒙古自治区企业拜年卡业务管理试行办法》，“企业拜年卡”是以“中国邮政贺年（有奖）明信片”为载体的一种具有广告性质的邮品，企业拜年卡业务必须符合《广告法》。自治区邮政主管部门负责汇集承办单位的证明文件、申请表、合同书、企业登记证、营业执照、卫生检疫合格证、专利证书、产品合格证（复印件）及制版墨稿、彩色图片、相纸或激光照排文字及交稿清单等，并报邮电部邮政总局。

1997年，自治区邮电管理局制定《邮政通信经营管理考核奖罚办法》。6月、8月对包头局和哲盟局的邮政工作进行剖析检查，两局对存在的问题作整改。年内，根据《农村邮电支局所升级竞赛办法》组织4个组对全区第四个“三年规划”参与升级竞赛的农村邮电支局所进行全面检查验收，共检查39个旗县局的43个农村邮电支局所；7月，对全区105个先进农村支局所进行通报表彰，并发放奖状和奖金127400元。10月份，为了加强对农村支局所的管理，调审了全区23个农村邮电支局所的业务资料，组织相关人员进行了检查评审。之后，对《农村邮电支局所升级竞赛办法》进行修订。

1998年10月26日，自治区邮电管理局根据国家邮政局传真电报通知，为配合全国外汇大检查，严厉打击走私骗汇的犯罪活动，就做好海关与海关、海关与银行互寄邮件传递工作的有关事项作出通知：邮政营业部门要把好邮件的收寄关，确保收件单位的地址、名称、邮政编码等准确无误。对海关与海关、海关与银行互寄的邮件，要说服该部门一律按挂号信函或特快专递寄递，以保证邮件安全。必要时邮政部门应主动上门服务。邮政内部处理环节要严格执行规章制度，特别是投递部门要坚持用户签收制度，以分清责任段落。分拣或投递部门如发现海关与海关、海关与银行的互寄邮件按平常信函寄递的，应予套封后，按挂号信函有关规定处理。加强对投递环节的监控，各级视检人员要认真做好对此类邮件传递工作的监督检查，以确保邮件安全寄递。12月1日，自治区邮电管理局通报：国家邮政局在对集邮市场的检查中，发现《海南特区建设》《承德普宁寺和维尔茨堡宫》《故宫和罗浮宫》及《贺兰山岩画》等4种该年发行邮票低于面值销售。经查实分别为伊克昭盟、包头市、乌海市、阿拉善盟集邮公司的邮票。其中，伊克昭盟集邮公司《海》票125版，《承》票295版，《贺》票137版；包头市集邮公司《海》票625版，《故》票95版，《贺》票125版；乌海市集邮公司《故》票55版，《贺》票50版；阿拉善盟集邮公司《海》票250版。决定对上述4局进行通报批评，并处罚伊克昭盟集邮公司110500元、包头市集邮公司79500元、乌海市集邮公司17500元、阿拉善盟集邮公司16000元；同时，扣减1998年纪特邮票分配计划量伊克昭盟3700套、包头市3700套、乌海市1500套、阿拉善盟1500套；扣罚4局集邮公司经理年终奖金。同日，邮电管理局派出由通信政务处、内蒙古邮政广告公司、呼和浩特市邮政局组成的工作组，专程赴北京回收流失到社会上的白版邮资明信片，并向国家邮政局行业管理司、公众服务部进行汇报：北京福尼特（月坛）邮市有3家邮商摆放着内蒙古版明信片，每张售价3300元。自治区邮电管理局与北京邮政管理局签订协议，委托北京局代为回收。事后，自治区邮电管理局决定将邮资广告明信片全部交局邮资票品局进行管理。

1999年5月13日，自治区邮政局制定《内蒙古自治区邮政业务视察规则实施细则》，同时随细则印发《邮政业务视察检查要点》《内蒙古自治区邮政视察档案评审管理办法》。至年底，全区3级邮政业务视察检查系统共配视检、稽查人员400人，较为完整的邮政业务视察检查网基本组成：由自治区邮政局业务视察室（含邮政局各专业局、公司的检查部门）、盟市局业务视察室、各旗（县、区）邮政局（含盟市局各专业单位）检查部门共同组成全区邮政业务三级视察检查系统网，覆盖了各项邮政业务的监督检查工作。全区邮政业务视察检查网的设置：自治区邮政局在公众服务处设视察室，主任由公众服务处处长兼任，配视察员5人；内蒙古邮政储汇发行局设稽查科，配科长1人、稽查员4人；内蒙古集邮公司设检查科，配科长1人、检查员1人；呼和浩特市、包头市、赤峰市、呼伦贝尔盟、哲里木盟、乌兰察布盟、伊克昭盟局设视察室，乌海市、锡林郭勒盟、巴彦淖尔盟、阿拉善盟局在经营服务部内设视察室，兴安盟局在运行维护部内设视察室，各盟市局视察室均配主任1人，视察、稽查人员1—5人；各旗（县、市、区）局在经营服务部内配专职稽查、检查人员1—2人；各盟市局所属生产科、专业局、公司均配业务检查员1—2人。年内，为配合细则的实施，自治区邮政局审核制发首批43名盟市局视察、稽查员《视察证》。年内对12个盟市局的经营、业务管理和服务情况进行综合检查，抽查40个旗县局、20个农牧区支局所；剖析检查巴彦淖尔盟、兴安盟邮政局；组织"邮政服务质量""邮政资金安全""机要通信"3次专项检查活动。检查方法以事先不打招呼为主，对服务情况则采取暗查暗访。业务管理工作有：重点对大宗资费管理及欠费进行检查，统一资费稽核检查部位。制定《计算机2000年问题邮政业务处理应急方案》；在电子化支局推行邮政营业窗口"一台清"服务；针对用户和新闻媒体的反映，强化特快送款业务和高考录取通知书专送业务管理。鉴于分营后旗县局业务管理较为薄弱的现状，业务视察室对40个旗县（市）局进行了抽查和业务指导，统一印制了36种业务管理基础表簿和单式。5月1日，取消"邮电公事"业务，增加"邮政公事"业务。7月，旗县局取消"邮资已付"戳，未配备邮资机的局收寄各类函件一律贴票；电子化支局推行邮政营业窗口"一台清"服务。12月1日，执行国家邮政局通知，国内包裹及印刷品的重量35千克内，体积装入2号邮袋为限，同时调整印刷品准寄范围。自治区邮政局制定印发《商业函件资费优惠办法》《内蒙古邮政储汇资金管理补充规定》《内蒙古自治区邮资票品管理办法》《内蒙古自治区邮发报刊合同管理办法》《内蒙古自治区邮政委代办实施办法》《内蒙古邮政局集邮业务专业化经营管理办法》及《关于加强集邮业务经营管理工作若干事项的通知》等。

2000年1月6日，自治区邮政局落实国家邮政局确定的2000年为"管理年"的要求，成立正处级建制的邮政业务视察室，负责业务管理、对外服务和质量管理及监督检查。自治区邮政局先后制定印发《内蒙古自治区邮资机使用管理实施细则（试行）》《邮政业务代办合同书（范本）》《关于进一步加强邮政储汇资金管理，加强内控制度建设，促进业务发展的意见》《关于进一步强化邮政通信质量管理，整顿经营秩序，切实改善邮政服务工作的实施意见》《农村牧区邮政支局所经营等级与管理类别评定考核办法》5个管理制度。年内，自治区邮政局对12个盟市局的业务管理和经营服务进行全面检查，同时，抽查了40个旗（县、区）局和20个农牧区邮政支局所；调研农牧区支局所改制工作进展情况。储汇业务方面，对全区所有盟市局稽查了2次，所有旗（县、市、区）局稽查了1次。集邮业务方面，对全区所有盟市局集邮公司进行检查。3月下旬，自治区邮政局确定了"视察联席会议"制度，即：每季后第一个月的5日左右，由自治区邮政局视察室牵头召开由储汇局、报刊发行局、集邮公司稽查检查部门负责人和视察室全体人员参加的联席会议。4月12日，局视察室召开了第一次"视察联席会议"。针对在各盟市局检查中发现的问题，4月26日，自治区邮政局印发《关于切实做好大中专院校录取通知书投递工作的通知》。4月30日，印发了《关于坚决制止违法使用邮资凭证行为的通知》，明确了对涂抹胶水或用透明物覆盖邮资凭证邮件的处理办法：营业窗口（含信筒信箱开出）发现的，按无效邮票处理；分拣封发部门发现的，一律批条退回寄件人，无法退回的做无着邮件处理；投递部门发现的不予投递，通知收件人到窗口领取，并处以应付邮资10倍的罚款，用户拒付则按无着邮件处理。5月，自治区邮政局对在全区第5轮（1997—1999年）农牧区邮政分支机构升级竞赛检查评比活动中成绩突出的78个单位进行了表彰奖励，共计发放奖金40.2万元。6月12日，印发《内蒙古自治区邮资机使用管理实施细则（试行）》，明确从8月1日起各盟市局取消“邮资已付”戳，各局收寄国内、国际大宗函件均统一使用邮资机，未配备邮资机的盟市局一律贴票。7月初，印发《关于进一步强化邮政通信质量管理，整顿经营秩序，切实改善邮政服务工作的实施意见》，明确2000年全区经营和质量管理5项目标：一是坚决制止任意降低资费收寄、跨界低资费揽收行为；二是坚决制止低费率异地接办、分印报刊和超范围供应零售报刊行为；三是遏止提前销售纪、特邮票和低面值出售邮票问题；四是有效控制重大通信案件和资金案件的发生；五是邮政通信质量管理工作有明显改善。《实施意见》还提出达到5项目标的11项具体措施及6点要求。

农村牧区邮政支局所经营等级划分标准表

表2-97

支局所经营等级	开办业务	全员劳动生产率	年业务收入
一等支局	邮政各类业务	＞4.5万元／人	＞50万元
二等支局	邮政各类业务	4万（含）—4.5万元／人	20万（含）—50万元
三等支局	邮政各类业务	2.5万（含）—4万元／人	5万（含）—20万元
邮政所	邮政基本业务		1万（含）—5万元

9月，制定《农村牧区邮政支局所经营等级与管理类别评定考核办法》，对管理类别实行500分制考核，标准如下：考核得分在450分（含）以上为一类支局所；考核得分在400（含）——450分为二类支局所；考核得分在380（含）——400分为三类支局所。是年，全区邮政系统未发生重大通信案件、违规经营事件和因服务问题被新闻媒体曝光事件；内蒙古邮政还获得2000年度国家邮政局颁发的“邮政通信服务质量奖励”。年底，全区三级邮政业务视察检查系统配备视检稽查人员403人。

2001年3月1日起，自治区邮政局执行国家邮政局新发布的《国内邮件处理规则》，印发《国内邮件处理规则新旧对照表》供学习。1992年自治区邮电管理局印发的《内蒙古自治区国内邮件处理规则补充规定》同时废止。执行新的《国际邮件处理规则》和《国际邮件处理规则——特快专递分册》，印发《新旧规则对照》，完成新旧规则的过渡。3月8日，印发《加快账单业务发展的通知》，强调要提高账单名址库的准确性和投递服务质量，加快账单业务的发展。4月1日启用新式《国内挂号函件收据》，新式收据增加了收寄人员名章、寄达局、收件人姓名、重量、资费、“寄件人认为重要的邮件请使用保价邮件业务”和“未保价邮件发生损毁、丢失、短少时，按实际损失赔偿，但最高赔偿金额不超过所付邮费的2倍”的内容。4月23日，制定《邮递类广告业务操作运行管理办法》，明确邮递类广告业务制作流程，进一步规范了投递部门打印、接收、投送、批退等处理邮件的操作。同时对邮递类广告业务的制作中心和投递部门的监督检查和考核管理办法做了具体规定。5月9日，自治区邮政局制定印发《内蒙古邮政通信管理岗监控岗职责考核办法及评分标准》。该办法及评分标准明确了将邮政通信质量和服务质量的岗位分为管理和监控2类，管理岗和监控岗由过去的23个增加到30个，每个岗位制定出相应的职责和履行职责的考核标准，采用千分制的记分方法对30个管理岗和监控岗履职情况进行打分，经过考核低于950分的与经营责任承包制挂钩并扣分，低于600分的列为自治区邮政局剖析检查对象，对管理岗履职不合格的，进行调整免职；对监控岗履职不合格的，进行调整下岗。自治区邮政局对阿拉善盟邮政局和乌海市邮政局的邮政生产经营活动按30个管理岗和监控岗进行全面检查。对10个盟市邮政局及呼和浩特邮区中心局30个管理岗和监控岗进行检查考核，并对90个分支机构进行业务指导。7月31日，制定《账单名址基础数据库的建立和名址核对办法》。8月和12月，国家邮政局检查组对内蒙古呼和浩特市邮政局等地邮政通信服务、业务管理及新的《国内邮件处理规则》贯彻情况进行检查。11月，组织落实修订后的国际邮件国内传递时限规定。12月，组织贯彻《国际邮件查询处理办法》（2001年修订本），落实国际邮资信卡销售工作。年内，自治区邮政局继续进行农牧区邮政分支机构改制工作；制定农牧区邮政通信服务同类名称（属性）及经办业务种类的确定目录；执行国家邮政局《关于邮政委代办管理办法的通知》及《内蒙古邮政委代办办法的补充规定》。年内，制定和修订印发《内蒙古种子邮寄业务管理办法》《内蒙古邮政广告媒体及广告宣传效果评估办法》《关于加强集邮业务经营管理工作若干事项的通知》《全区邮政业务管理通信服务质量管理综合考核奖励办法》《内蒙古邮政通信管理岗监控岗职责考核办法及评分标准》《邮件传递时限、处理规格及资费检查考核办法》《内蒙古邮政窗口单位规范化服务标准》《内蒙古邮政储汇稽查工作考核办法》《内蒙古自治区邮政局物流配送代收货款管理办法》等规章制度。

2002年1月1日，自治区邮政局针对执行《国内邮件处理规则》的情况，制定《内蒙古自治区国内邮件处理规则补充规定》，对营业、投递和档案管理等部分作了补充规定。1月13日起，实施《中国邮政汇兑新旧体制转换业务总体实施方案》，旗县以上的邮政局逐步取消传统的实物汇票（含汇款电报）的传递，所有汇款信息将通过计算机联网进行传递，并依据电子信息进行汇兑业务的会计核算和资金清算；同时启动《中国邮政电子汇兑系统业务应急方案（试行）》，印发《中国邮政电子汇兑手工网点业务操作规程》。1月17日，启用新式“国内快递包裹详情单”； 3月6日，内蒙古邮政局恢复《邮政业务通知》，《邮政业务通知》由区局业务视察室负责组稿编辑，按期寄发到全区各盟市、旗县邮政局及区局相关直属单位。5月1日，启用新式“国内普通包裹详情单”； 7月1日起，全区停止使用“邮资已付”戳记。7月15日起启用新版《国际及港澳台邮政业务规定汇编》。7月18日，执行国家邮政局《关于国内邮件汇款业务种类问题的通知》，该通知明确国内邮政汇款业务按取款信息的通知方式，分为2种：一种为“邮政局通知汇款”简称“投单通知汇款”，另一种为“汇款人自行通知汇款”简称“自行通知汇款”。投单通知汇款的全程处理时限为2—5天，城市地区为2—3天，农村地区为3—5天。自行通知汇款具有不打印取款通知单和不投递的特点，仅开办24小时汇款业务。8月7日，印发《报刊业务资金管理规定及奖罚办法》。8月30日，执行国家邮政局《关于综合网邮资票品管理系统工程实施问题的通知》，进行邮资票品管理系统的安装、调试及相关改造工作，完成纪特邮票库存初始化，从而实现了与国家邮政局邮资票品管理系统的联网运行。9月24日，启用新式“报刊订阅单（清单）”建立报刊订阅用户名址库。10月1日起执行《国际邮件补偿金结算办法（暂行）》。10月17日，转发国家邮政局《关于综合治理跨界揽收低资费收寄邮件的通知》。同时，在全区范围内开展邮政经营秩序专项治理活动。10月20日内自治区政局重申邮件收寄要求，严格执行禁限寄规定：盟市和旗县政府所在地的城镇，只允许设1处收寄普通化学品的邮政服务点，农牧区邮政服务网点不允许收寄。11月8日，自治区邮政局为严格化工产品收寄，核准全区97个邮政营业窗口为收寄普通化学品受理单位。下半年由区局视察室带队，盟市邮政局视检室主任组成的东、中、西3个互查小组，对全区“邮政服务形象工程”进行互查督导，并抽查盟市所在地的投递、185及30%的邮政支局所。盟市邮政局对所属旗县邮政局分上半年、下半年进行2次检查。旗县邮政局对所属分支机构进行检查考核。是年，区局视察室对农村牧区邮政通信管理情况进行调查，针对以包代管、以委代管的状况，撰写《加强农村邮政通信管理工作的调查报告》。自治区邮政局为做好农牧区邮政通信普遍服务工作，在全区开展了评选优秀青年乡邮员活动。

2003年1月22日，自治区邮政局印发《内蒙古自治区邮政局处置生物化学恐怖袭击事件预案实施细则》，明确邮政营业收寄、揽收、分拣、运输和投递各环节工作职责、报告制度及处置措施、与其他部门的协作等内容。3月19日，执行国家邮政局《做好全国邮政通信质量检查岗工作的通知》，明确质量检查岗的职责。4月，在全区范围内集中开展邮政经营秩序专项整治工作。同月，重申“出口国际收件人付费业务账务清单”填报要求；6月1日起，禁止使用1999年10月“万国邮联北京大会”前所有旧的国际及港澳邮政业务旧单式；重申邮件收寄要求、验视制度和国际邮件书写规格，严防危险物品流入邮政渠道。6月30日，自治区邮政局印发《报刊发行资金检查管理办法》，明确报刊发行资金实行专户管理，专款专用，钱账分管，钱据分管，凭证退款，退款报账，监督审核，按月对账制度。同日，执行国家邮政局《做好高等院校入学录取通知书寄递工作的通知》，对于名址书写不清，无法投递的录取通知书，指定专人负责处理，每日在当地报纸刊登。7月1日起执行《内蒙古自治区邮政局邮资机使用管理办法》。7月4日，针对特快专递代收款邮件业务和直递业务处理过程中存在的问题，印发《进一步加强特快专递代收货款邮件业务管理工作的通知》。8月4日，执行《国家邮政局关于进一步加强邮政直递业务管理的通知》。8月18日，邮政局印发《加快全区邮政代理保险业务发展的若干意见》。9月20日，执行国家邮政局《规范邮票、包裹包装箱使用问题的通知》，规范保价包裹业务处理手续。9月30日，自治区邮政局对特快专递信息上网工作提出具体要求，并把这项工作纳入对各盟市邮政局的绩效考核。根据国家邮政局要求，9月在全区范围内开展普通邮资信封清查工作，对不符合国家邮政局有关规定的行为进行纠正。

2004年1月30日，自治区邮政局印发《内蒙古邮政实行集邮业务专业化经营的指导意见》。5月8日，印发《内蒙古邮政储蓄资金计划与调度管理办法（试行）》。5月13日，印发《邮政储汇营业、金库、运钞安全防范操作预案》，明确：各级邮政部门行政一把手为本单位安全管理工作的第一责任人。6月4日，印发《关于加快我区邮政电子信息业务发展的意见》。6月17日，执行国家邮政局《关于纵深推进专项整治自查工作的通知》，内蒙古邮政局成立专项整治工作领导小组，并成立自治区邮政局邮政用户投诉受理中心。先后印发《关于在全区邮政行业开展邮资票品管理综合治理活动的通知》《关于切实做好专项整治自查工作的通知》《关于专项整治经营秩序自查表填报说明以及报送自查报告有关事宜的通知》《关于全区开展邮政专项整治工作情况的通报》《关于上报专项整治集邮业务自查工作情况的通知》《关于进一步加强邮政业务资费稽核检查工作的通知》《邮政协议大客户资费优惠管理（试行）办法》《关于报送邮政用户投诉情况的通知》，重新修订及完善《内蒙古邮政通信管理岗、监控岗职责考核办法及考核标准情况》《内蒙古邮政通信服务质量安全考核奖励办法》。各盟市邮政局按照自治区邮政局的要求，成立专项整治工作领导小组，从上到下进行自查、检查工作。7月1日，执行国家邮政速递局《关于进一步规范国内特快专递邮件详情单使用规格的通知》，明确在收寄特快专递邮件时，邮件详情单上各项应填必填项目要完全、准确填写，加盖收寄日戳，加强邮件收寄规格管理。7月21日，执行国家邮政局《深化危险化学品安全专项整治方案》，明确严格执行收寄邮件的验视制度。7月29日，自治区邮政局印发《报刊发行业务处理操作规程》。规程由订销局报刊发行业务处理、省局报刊发行业务处理、发报刊局业务处理、邮区中心局业务处理、报刊目录变动的操作规定、报刊款结算、查验及补偿工作7章组成。同日，自治区邮政局对全区邮政业务收入管理和资费稽核检查工作提出要求：每日的营收款按规定逐日汇缴本局财务部门；各中心局质量监督岗及分拣和邮运检查岗对营业收寄部门交来的大宗邮件和批量邮件应经常抽查（每月不少于10次）；盟市局视察和财务部门每年要联合进行一次业务收入稽查工作，稽查时应随机抽查至少2个月的实际收入入账是否与应收数相符；对稽查发现的问题应及时组织调查处理；此要求9月1日在全区执行。10月12日，自治区邮政局印发《内蒙古邮政名址信息库管理使用办法（暂行）》。同日，印发《内蒙古各级邮政储汇机构基本职责范围》。10月26日，印发《报刊业务资金集中管理办法》。11月9日，印发《内蒙古邮政储汇资金管理工作质量考核评价办法（试行）》，内容有考核评价目的、考核评价内容、考核评价方法、考核评价活动时间、考核评价标准和奖罚及责任追究方法6部分。年底，国家邮政局考核内蒙古邮政通信服务质量指标全部完成。11月30日，内蒙古邮政局印发《邮资票品系统推广建设实施方案》。12月14日，印发《内蒙古邮政代理保险系统及代理开放式基金系统推广上线实施方案》。12月30日，印发《内蒙古邮政通信管理岗、监控岗职责考核办法及考核标准（试行）》。12月31日，印发《内蒙古自治区邮政局与中国人寿保险股份有限公司内蒙古分公司2005年度保险代理业务联合推动方案》。年内，自治区邮政局分管局长带队对12个盟市的邮政业务管理、规章制度落实、违规经营、服务质量、安全防范等情况进行检查，并对12个盟市局的管理岗、监控岗进行严格考评，同时还抽查满洲里等10多个旗县局；进行“违规经营和服务质量专项整治”“邮资票品综合治理”“旗县储汇资金安全”专项检查；组织以“邮政服务形象工程”等为重点的自查；设置区级巡回检查岗，按工作计划、规定项目，不打招呼突击检查、明察暗访抽查等。在“违规经营和服务质量专项整治”和“邮资票品综合治理”专项检查中，盟市局派出500人次深入基层进行检查，自治区邮政局制定复查提纲，按东、中、西组成3个检查组对各盟市局的“违规经营、服务质量”和“邮资票品”进行全面检查，从多角度、多形式、全方位加大监督检查力度。为了巩固视检工作的效果，维护视检工作的严肃性，防止走过场搞形式主义，对被查单位进行严格的考核和检查指导，对于检查中发现的问题，要求被查单位限期整改，并将整改意见和具体落实措施在15日内必须上报上一级局。

2005年1月1日，自治区邮政执行《内蒙古邮政通信管理岗、监控岗职责考核办法及考核标准（试行）》。原《内蒙古邮政通信管理岗监控岗职责考核办法及考核标准（试行）》同时停止执行。1月20日，自治区邮政局印发《邮政业务营销项目管理办法（试行）》。1月24日，自治区邮政局印发《中邮专送广告业务全区联网运行组织管理办法》，自2月1日起实施，规范中邮专送广告报头、投递申请书、投递通知书格式。1月31日，自治区邮政局印发《内蒙古邮政大客户服务管理办法（试行）》。2月3日，印发《关于加快旗县局邮政业务发展的意见》。2月6日，印发《关于加快发展旗县邮政报刊零售业务的意见》。2月21日，印发《关于加快2005年全区邮政绿卡业务发展指导意见》。3月24日，印发《校园邮资封等业务实施方案》。该文件由校园邮资封实施方案、邮资明信片实施方案、家庭必备电话号码明信片实施方案、明信片式居民用电抄表卡业务实施方案组成。4月20日—6月30日，自治区邮政局在全区范围内组织开展“规范函件业务市场，促进邮资封业务发展”专项活动。此次专项活动分为对外宣传、内部落实、自查整改和抽查4个阶段。通过此次活动，全区邮资封使用比例上升，不合格信封使用率下降。9月7日，自治区邮政局印发《内蒙古邮政农资分销配送业务管理办法（试行）》。该办法由农资分销配送业务运作流程，进、销库存制度，资金管理和监督检查4部分组成。同时，统一全区农资分销配送业务运作流程图、邮政农资运输发货单、农资分销配送业务发展运作统计表、农资进货销售统计台账、邮政农资信誉卡。9 月 14 日，自治区邮政局印发《全区报刊发行专业化经营意见》，明确：从 2006 年报刊大收订开始，各盟市局营业网点（含旗县局、区网点和农牧区网点）要有报刊发行全年任务指标，并进行专项考核。盟市所在地（阿盟除外）出版、分印的报纸在 2006 年大收订以前全部实现区域性报刊早投，实施报刊订阅分层服务。机关、厂矿、军营、学校、企事业单位由管理人员、专业营销人员、客户经理负责提供服务；沿街商店、商场、超市、个人由投递员负责提供服务；社区住户、个体经营者、社区单位由社区人员提供服务；种植养殖专业户由乡邮投递人员提供服务。以呼和浩特局的投递体制改革为试点，探索投递体制、机制、分配方式的改革。9 月 21 日，自治区邮政局印发《报刊发行与零售业务经营范围划分及双方合作实施意见》。12 月 1 日，印发《内蒙古邮政大客户服务管理办法》。办法由总则、组织机构及职责、客户分类分级管理、客户开发注册管理、客户信息档案管理、资费管理、客户服务管理、客户维系管理、客户服务经费管理、附则共 10 部分组成。年内，还制订《邮政协议大客户资费优惠管理（试行）办法》《邮政协议大客户审批权限管理办法》《邮政协议大客户资费检查考核办法》，规范《邮政协议大客户合同文本》。年内，自治区邮政局分管局长带队对全区 12 个盟市的邮政业务管理、规章制度落实、服务质量、安全防范、资费的管理和稽核等工作进行检查，对管理岗、监控岗进行考评，并抽查 36 个旗县局和 45 个分支机构。区局制定“提高服务质量，让用户满意”专项检查提纲，对各盟市局开展的自查自纠情况，进行复查，年末对 2 个盟市局进行回访检查。

2006 年，自治区邮政局制定《内蒙古邮政邮递类业务收入管理和稽核暂行办法》《内蒙古自治区邮政局量收数据管理暂行办法》《邮政营业管理规范（试行）及其检查考核办法》《内蒙古邮政速递服务质量管理细则》《内蒙古邮政订送铁路客票业务管理（试行）》和《内蒙古邮政航空票务业务管理办法（试行）》《内蒙古自治区邮政局服务及安全生产违规经营处罚暂行办法》《内蒙古自治区邮政局服务及安全生产违规经营处罚补充规定》《内蒙古邮政储汇资金案件领导责任追究规定》等办法和标准，重申“邮件收寄、投递安全管理”和“严禁强迫或变相强迫用户使用高资费业务和违规搭售”的规定，加强营业收寄（揽收）贵重邮件服务及相关管理，规范邮政业务基础管理工作。组织内蒙古邮政国际普邮跟踪查询系统呼和浩特和二连浩特 2 个站点的上线运行工作。规范全区特快代收货款业务的运作流程及管理办法。配合国家邮政局组织“中国俄罗斯年”中国邮政在满洲里举办的活动暨中俄邮政关于满洲里—赤塔邮路及边境包裹业务的会谈，拟订业务会谈等方案和办法。对报刊统版工程全区机构基础数据表进行修订与审核，保证系统顺利上线。设定全区集邮部门的机构代码，年底，全区设置邮政机构代码共计 2840 条，比 2005 年增加 792 条。组织 2006 版卡哈拉邮编数据库及其传递时限的审核修改，并对速递综合平台上线前全区的机构及机构代码和资料进行补充。专题解决鄂尔多斯局新旧报刊系统机构代码重复的疑难问题，保证报刊新系统的正常试运行和旧系统的正常收订。专题解决赤峰局电子化支局系统机构占用报刊系统机构代码问题，保证了报刊新系统的正常试运行和电子化支局系统速递机构正常办理业务。

2007 年，内蒙古邮政以解决“邮政窗口使用文明用语、收寄邮件把关不严、特快邮件传递质量、投递缺报短刊、邮件丢失”等 5 个方面问题为重点，强化内部管理，落实规章制度，优化作业组织，加快邮件的传递速度，规范服务工作，改善服务环境。同时，做到有诺必承、“软件、硬件”两个并重，对受理用户投诉（电话、信函、传真、电子邮件、来访等）做到逐件记录、逐件落实、逐件回访，并对用户投诉信息进行汇总、分析及定期通报。对 12 个盟市局和呼和浩特邮区中心局的业务管理、资金管理、安全防范、服务质量等情况进行了综合检查。并对盟市局现业、机要及专业化公司 28 个管理岗、监控岗职责情况进行了严格考核。抽查18个旗县局、133个支局所、36个农村分支机构、走访用户114个，拟写视察报告书78份。按照社会监督检查员的工作标准，组织和督导社会监督检查员开展对邮政营业、投递2大对外窗口服务质量的日常检查，并开展了由社会监督员以暗查的方式检查各盟市局邮政营业窗口“收寄物品型邮件验视制度和眼同封装制度执行情况”的专项检查活动。在全区开展“资金邮件安全”“安全管理防范”“邮运检查”“速递邮件投递服务质量”等专项检查活动。对违规情况进行了经济处罚，并把用户投诉、用户满意度考核等情况分别纳入到区公司对盟市局的“邮政通信服务质量安全管理考核奖励”和“ 区公司对盟市局的绩效考核”中，按照《内蒙古自治区邮政局服务及安全生产违规责任经济处罚暂行办法》和《内蒙古自治区邮政局服务及安全生产违规责任经济处罚暂行办法补充条款》规定的内容，对盟市局局长、分管局长进行了处罚。开展社会检查测评，通过公布监督电话、发意见函、备客户留言簿、召开大客户座谈会、加强社会监督员信息反馈、做好人民来信来话来访的处理工作，借助社会力量强化服务监督。2007年，全区邮政服务用户满意度为87.38分。

2008年，重新制定下发《内蒙古邮政通信安全及服务邮政通信质量考核与奖罚办法》《内蒙古自治区邮政管理岗监控岗考核标准》《内蒙古自治区邮政通信管理岗位和监控岗位履职考核办法及评分标准》《内蒙古邮政局（所）安全防范检查管理办法》《邮政储汇营业、金库、运钞安全防范操作预案》《内蒙古邮政网路运行生产质量检查管理办法》《内蒙古邮政网运6项检查标准》《内蒙古邮政服务社会监督员管理办法》《关于做好邮政服务用户投诉受理工作的有关通知》。区公司本年受理用户来信、来访、来话投诉49件，其中是邮政责任的为20件，件件落实，回访率达100%；仲裁解决全区邮件丢失损毁疑难案件69件。对受理用户投诉（电话、信函、传真、电子邮件、来访等）做到逐件记录、逐件落实、逐件回访，在投诉处理时限内得到妥善处理，做到用户满意，并对用户投诉信息进行了汇总、分析及定期通报，对确属邮政责任的投诉，认真落实责任，及时进行整改。制定了《内蒙古邮政服务质量用户评价工作实施办法》，下发《关于2008年内蒙古邮政服务质量用户评价工作有关问题的通知》，对全区12个盟市及所属旗县每月向用户邮寄测评意见函，接受社会对邮政服务质量的监督。用户满意度考核情况分别纳入到区公司对盟市局的“邮政通信服务质量安全管理考核奖励”和“区公司对盟市局的绩效考核”中。本年区公司向全区盟市局、旗县局发用户征求意见函4915张，回函总数为1608张，有效张数为1606张，有效回函率为32.72%。全区用户评价的10项服务质量指标综合满意度分值为85.56分。重新调整聘请王江汇等20人为内蒙古邮政公司邮政服务社会监督员，组织社会监督检查员开展对邮政营业、投递2大对外窗口服务质量的日常检查，开展由社会监督员以暗查的方式检查各盟市局邮政营业窗口“收寄物品型邮件验视制度和眼同封装制度执行情况”的专项检查活动。对全区十二个盟市局和呼和浩特邮区中心局的业务管理、资金管理、安全防范、服务质量等情况进行了综合检查，对盟市局现业及专业化公司管理岗、监控岗职责情况进行了严格考核。采取的检查方式是明查和暗查相结合、不打招呼突击检查、抽调盟市局视察主任参加检查。共抽查15个旗县局、156个支局所、41个农村分支机构，走访用户120个。根据《邮件传递时限、处理规格及资费检查考核办法》要求，组织全区质量监督检查点开展了邮件处理规格、资费及全程运递时限的检查工作。2008年1—9月邮件处理规格检查件数60154件，不合格率为2.76%，比上期提高了0.03个百分点；检查资费共计77526件，少漏收金额36298.57元。印发《内蒙古邮政公司集邮业务规范经营管理办法》《账单业务资费管理办法》《电子化支局系统资费优惠审批办法》《邮政协议大客户资费优惠管理办法》《严禁强迫或变相强迫用户使用高资费业务和违规搭售的通知》，发挥质量监督检查点和业务档案的作用，加强检查和稽核工作。奥运期间，区公司和各盟市局（含各公司）、旗县局均成立了以一把手为组长，主管领导为主抓，各相关部门负责人为成员的安全生产和奥运期间邮政安全领导小组及奥运邮政安全快速反应与信息领导小组，全面负责落实奥运邮政安全的各项工作。先后组织奥运安全知识培训26次，奥运邮政各类演练252次，严格执行邮件收寄验视制度，从源头堵住禁寄物品流入邮政渠道。加大检查力度，对主要营业窗口、中心局安检点、网运检查点、速递、邮航站、物流等部门选派综合素质强、业务素质过硬的安检人员共400余人，专门负责邮件安检验视工作。奥运期间邮政安全资金投入378万元，配备安检机2台，制定《内蒙古自治区邮政公司奥运邮政安全工作预案》，严格各生产环节交接验收手续，控制奥运期间进入涉奥大城市的车辆使用。

2009年，以解决“邮政窗口使用文明用语、收寄邮件把关不严、特快邮件传递质量、投递缺报短刊、邮件传递时限”等5个问题为重点，强化内部管理。区公司邮政用户投诉受理中心受理用户投诉（电话、信函、传真、电子邮件、来访等）68起，其中：查证确属邮政责任的有27件；仲裁解决邮件丢失损毁疑难案件45件。做到了逐件记录、逐件落实、逐件回访，并对用户投诉信息进行了汇总、通报。区公司制定下发《内蒙古邮政服务质量用户评价工作实施办法》《关于2009年内蒙古邮政局邮政服务质量用户评价工作有关问题的通知》，对12个盟市及所属旗县采取用普通信封、张贴邮票、人工手写名址的方式每月向用户邮寄测评意见函。年内，区邮政公司缮发用户征求意见函11259件，回收1846件，调查表有效数量1846件，回收率为16.40%。全区用户评价的10项服务质量指标综合满意度分值为86.24分。其中：10项服务质量指标用户满意度分值最高的为营业和投递人员服务指标89.86分，10项服务质量指标用户满意度分值最低的为办理邮政业务等候时间设置指标83.38分。本年共检查盟市局12个，抽查旗县局12个，抽查邮政网点121个，走访了60个用户，对违规服务进行了经济处罚，同时把用户投诉、用户满意度考核等情况分别纳入到区邮政公司对盟市局的“邮政通信服务质量安全管理考核奖励”和“区邮政公司对盟市局的绩效考核”中。规范各项业务、各项经营和资费管理的工作，重点检查有否违章降低资费标准或高资费业务按低资费业务收寄受理，资费优惠是否符合相关要求等。以信函、贺卡、包裹、印刷品、特快邮件为重点，在营业、收寄、分拣等环节结合量收系统、电子化系统、运输分拣指挥调度系统等，对大宗邮件资费收取情况进行检查，从而加强邮资机、大宗邮件计费单、营收款入账等工作的管理。本年邮件处理规格检查件数60154件，不合格率为2.76%，比上期提高了0.03个百分点；检查资费共计77526件，少漏收金额36298.57元。制定印发了《内蒙古邮政公司集邮业务规范经营管理办法》《账单业务资费管理办法》《电子化支局系统资费优惠审批办法》《邮政协议大客户资费优惠管理办法》《严禁强迫或变相强迫用户使用高资费业务和违规搭售的通知》，加强对大宗邮件收寄、大客户用邮、大客户资费政策以及邮资机管理情况的检查。组织开展了“全区函件投递服务质量”“国内普通邮件业务档案与查验赔偿管理”“调审区直属专业化公司视察档案”“社会监督员以暗查的方式检查各盟市局邮政营业窗口”“收寄物品型邮件验视制度和眼同封装制度执行情况”等专项检查活动。

2010年，制定《2010年全区邮政服务质量监督检查工作要点》《2010年度内蒙古邮政资金邮件安全、服务质量及安全生产责任书》，与所属盟市局和专业局签订《2010年度内蒙古邮政资金邮件安全、服务质量及安全生产责任状》，各盟市局也与所属旗县局和专业局签订责任状。区公司对12个盟市局、呼和浩特邮区中心局的业务管理、资金管理、安全防范、服务质量等情况进行了综合检查，对28个管理岗、监控岗职责情况进行了严格考核，并抽查12个旗县局、119个邮政网点、343个班组，走访用户

55个，邮寄12件物品型特快测试邮政窗口收寄邮件验视制度执行情况，发试信72件对邮件运递时限进行了测试，并对服务及安全生产违规责任进行了经济处罚。全区开展了“邮件时限测试”专项检查活动，加强了各类邮件的传递时限。在全区组织开展了邮件处理规格、资费及全程运递时限的检查工作，进一步提高了运行质量和通信质量。对所属盟市局、直属单位及专业局2010年度邮政通信服务质量指标、用户满意度、用户投诉、违规经营、安全生产、管理岗监控岗履职等完成情况进行了考核，同时纳入到区公司对盟市局、专业局的绩效考核中。加强对大宗邮件收寄、大客户用邮、大客户资费政策以及邮资机管理情况的检查，重点检查有否违章降低资费标准或高资费业务按低资费业务收寄受理，资费优惠是否符合相关要求等；加大对违规销售邮资票品、跨区经营邮政业务等情况的检查力度，加强邮政各类业务档案资费稽核、业会对账工作，堵塞跑、冒、低、漏和违规情况；加大对规范经营的考核，将违规经营纳入区公司对盟市局、专业局的年度绩效考核，做到严检查、严考核、严管理，从而将集团公司“八条禁令”落到实处，杜绝违规经营行为的发生。全区开展了“广州亚运会、亚残运会期间邮件安全”“邮件时限测试检查”“调审邮政视察基础管理资料和邮政各业务原始档案”等专项检查活动。

二、服务质量

1991年，邮政总包邮件1151万件，邮件损失7件，总包邮件损失率为0.00608%；给据函件4148.8万件，损失30件，给据函件损失率0.00723%。总包邮件延误率、邮政通信事故均为0。

1992年，邮政总包邮件1183.2万件，邮件损失2件，总包邮件损失率为0.00254%；给据函件4384.2万件，损失24件，给据函件损失率0.00548%。总包邮件延误率、邮政通信事故均为0。

1993年，呼和浩特市邮政局设立社会监督岗。4月22日，呼和浩特市邮政局召开社会监督员座谈会。向被聘请的51名社会监督员颁发了聘书。年内，内蒙古自治区邮电管理局、中国邮电工会内蒙古自治区委员会下发了《内蒙古自治区邮电“优质服务”竞赛办法》。本年，邮政总包邮件1381万件，邮件损失4件，总包邮件损失率为0.0029%；给据函件4149万件，损失2件，给据函件损失率0.00048%。总包邮件延误率、邮政通信事故均为0。

1994年，兴安盟邮电局的邮政业务窗口在1994年底实现微机作业，全局开展了“实现电子化，我怎么办？”的大讨论，引导大家以实现电子化为新起点，树立更高的服务标准。营业科重新修订了《邮政营业窗口文明服务细则》和《服务公约》，要求营业员统一着装，化淡妆上岗，并规范了服务用语和礼仪程序。本年邮政通信质量指标统计取消。

1995年4月，自治区邮电管理局印发了《内蒙古邮电通信服务规范》，其中对邮政营业服务操作规范作了详细的说明。根据邮电部《关于下达邮电服务质量考核办法的通知》规定要求，下半年自治区邮电管理局寄发征询用户意见函2000件，收回144件，收回率为7.4%。经统计全区6项指标综合满意率为93.3%，其中各单项指标满意率分别为92.03%；邮政投递员（乡邮员）服务态度满意率为94.37%；执行各项业务资费标准情况满意率为87.40%；受理和答复邮件查询情况满意率为90.37%；营业服务时间执行情况满意率为96.4%；局容局貌美观清洁满意率为99.26%。其中综合满意率达到95%以上的局有呼和浩特市邮政局、呼和浩特市电信局、巴彦淖尔盟邮电局、呼伦贝尔盟邮电局、兴安盟邮电局、锡林郭勒盟邮电局、赤峰市邮电局、乌海市邮电局。年内，邮政通信质量指标统计总包邮件损失为3个。

1996年，全区邮电部门继续开展“树邮电新风、创优质服务”活动，服务质量明显改善。各级邮电部门针对“热点”“难点”问题，通过邀请自治区纠风办、消费者协会、技术监督局、部分新闻单位与管理局组成检查组深入基层明查暗访。8月12日，邮电部印发《关于在全国邮电通信企业实行服务承诺制度有关问题的通知》，全区邮电部门开展承诺服务。11月，邮电部公布了全国33个文明服务示范窗口，呼和浩特市邮政局麻花板支局发投部榜上有名。这个发投部连续2年被呼市和自治区团委授予“青年文明号”称号。1996年从加快信报箱群建设，解决通邮难和实施“缺一赔二”制度入手治理缺报少刊问题，先后得到用户表扬近百次。年底，内蒙古邮电在全国邮电通信服务质量用户评价中的情况和在全国所处位次如下：通信服务质量，用户评价邮电综合满意度75.92分，发函数5938张，回函数1944张，回函率32.74%；邮政服务质量用户评价情况，在全国排第18位，总满意度75.86分，其中服务人员态度79.56分；执行资费标准71.40分、限时服务情况77.66分、处理邮件查询70.78分、局容局貌情况79.68分，共发函2999件，有效回函1023件、回函率34.11%。本年邮政通信质量统计：总包邮件损失59件；给据邮件损失3件；抽查邮件总数1082354件，抽查的邮件逾限数1143件。

1997年，自治区邮电管理局成立了“树创”办，负责抓服务工作。4月18日，包头市邮电行业第一个规范化服务示范窗口——昆区邮电中心营业厅开业。包头市昆区邮电中心营业厅服务面积2000平方米，邮政和电信业务分别在一楼和二楼办理，营业采用低柜台、面对面洽谈式服务形式，营业大厅还设立了新业务演示和触摸式电子查询屏。6月23日至7月15日，自治区邮电管理局组成验收组先后对包头市昆区邮电局中心营业厅、呼伦贝尔盟邮电局中央街邮政支局营业厅、满洲里市邮电局邮政营业厅和呼和浩特市邮政局中山东路邮电营业厅4个拟建的全区邮电“规范化服务示范窗口”进行了考核验收，授予内蒙古邮电“规范化服务示范窗口”铜匾。8月至9月，锡林郭勒盟邮电局程控楼营业厅、二连浩特市邮电局综合业务营业厅、赤峰市昭乌达路储蓄汇兑中心、哲里木盟邮电局和平路邮政营业厅、兴安盟邮电局邮政储蓄汇兑中心、乌海市局储汇中心、阿拉善盟局新浩特支局、巴彦淖尔盟局电信营业厅、伊克昭盟局东胜市邮电大楼营业厅、乌兰察布盟局恩和路邮电营业厅和呼和浩特市兴安南路电信四分局营业厅被授予全区邮电规范化服务示范窗口铜匾。11月13日，呼和浩特市电信局兴安南路营业厅规范化服务示范窗口通过管理局组织的验收，至此自治区邮电管理局确定在全区邮电部门建成15个规范化服务示范窗口的目标如期实现。年内，邮政总包邮件损失0件；给据邮件损失4件；抽查邮件5300582件，抽查的邮件逾限数8893件；抽查邮件4458560件，抽查的邮件处理不合格数9128件。

1998年，在全区邮电部门继续开展“邮电服务年”和“树创”活动。1月15日起将“优质服务”竞赛活动交“树创”办负责。3月，自治区邮电管理局决定授予孟淼等97名职工为1997—1998年度全区邮电星级营业员，并从1998年1月份开始每月加发50元奖金，挂牌上岗。月31日，自治区邮电管理局“树创”办对呼和浩特市邮政局火车站支局营业厅、北门支局营业厅和乌兰察布盟邮电局工业区分局营业厅进行考核，授予内蒙古邮电“规范化服务示范窗口”铜匾。年内，邮政抽查邮件59362件，抽查的邮件处理不合格数1596件。

1999年，自治区邮政局继续开展“树邮政形象，创优质服务”活动；成立“树创”活动领导小组。先后制定《内蒙古邮政通信服务规范》《内蒙古邮政局邮政服务社会监督员聘任管理办法》《内蒙古自治区邮政通信服务质量考核评奖办法》《邮政通信服务规范检查标准（营业厅部分）》《邮政通信服务规范检查标准（投递部分）》等办法和标准。确定5项服务承诺：（1）城市楼房具备通邮条件的

15 日内通邮；（2）缺报少刊由订销局 3 日内补送用户，无法补送的 15 日内补；（3）非用户责任的邮件丢损，由收寄局赔偿，时限最长不超过 1 个月；（4）对预订用户保证及时、足量供应纪特邮票；

（5）保证邮储异地存取畅通。4 月，在全区范围内聘任 15 名邮政服务社会监督员，聘期为 2 年，并颁发聘书。年内，自治区邮政局向旗县邮政局所在地共发出“用户意见征询函”5000 件，收回 1499 件，回函率为 29.98%。全区旗、县邮政局综合满意度为 81.86 分。回函中收到用户表扬意见 49 条，占反馈意见的 39.52%；批评意见 50 条，占反馈意见的 40.32%；建议 25 条，占反馈意见的 20.16%。国家邮政局对内蒙古地区的邮政用户（各盟市所在地）综合满意度的测评中，内蒙古邮政综合满意度为 80.36 分。年内共处理用户来信来访 13 件，其中表扬 2 件，批评和投诉 11 件。批评及投诉主要集中在邮件丢损和延误及邮件报刊投递服务上。全区共处理进出口国内普通查单 44859 件、验单 6658 件，因邮政内部原因造成邮件丢损（含区外责任丢损）的向用户赔偿 24104.92 元（计 76 件）；特快查单 8286 件，因邮政内部原因造成邮件丢损（含区外责任丢损）的向用户赔偿 53360 元（计 10 件）；另外，自治区邮政局直接受理并即时处理各类邮件业务催查 66 件，清理普通邮件查验积案 9 件，补偿用户计 8900 元。

2000 年，自治区邮政局为进一步深化“树创”活动，结合邮政窗口规范化服务，制定了“先进集体”“先进个人”评优条件，开展“树创”评优活动，印发了《关于深入开展“树创”活动，做好命名表彰工作的通知》。年底，自治区邮政局命名表彰了 13 个“先进集体”和 13 个“先进个人”。年内，自治区邮政局向旗县邮政局所在地共发出“用户意见征询函”5021 件，收回 1522 件，有效回函 1505 件，有效回函率为 29.97%；全区旗县邮政局综合满意度为 82.86 分，比上年综合满意度提高了 1 分。回函中收到用户另附回函 56 件，提出表扬、批评和建议共 103 条。其中：表扬 35 条，占反馈意见的 33.98%；批评 48 条，占反馈意见的 46.6%；建议 20 条，占反馈意见的 19.42%。国家邮政局对内蒙古地区邮政用户（各盟市所在地）综合满意度的测评结果是 80.82 分，比上年综合满意度提高 0.46 分。本年，处理用户来信来访 19 件，批评及投诉主要集中在邮件查询、邮件丢损延误和邮件报刊投递服务上。19 件用户来信来访均予以圆满解决。全区共处理进出口国内普通查单 50422 件、验单 7002 件，因邮政内部原因造成邮件丢损（含区外责任丢损）向用户补偿 24128.7 元（计 66 件）；特快查单 8055 件，因邮政内部原因造成邮件丢损（含区外责任丢损）向用户补偿 32142 元（计 14 件）；另外，自治区邮政局直接受理并处理各类邮件业务催查 62 件，清理各类邮件查验积案 6 件。

2001 年，自治区邮政局在全区邮政窗口开展“树创”活动的基础上，开展“规范化服务达标”和“双十优、双百佳”竞赛活动。4 月 29 日，成立竞赛活动领导小组，竞赛活动领导小组下设办公室，办公室由机关党委和业务视察室组成。年内，自治区邮政局与自治区文明委联合命名 30 个规范化服务示范窗口。

2001 年内蒙古邮政规范化服务示范窗口名单

表 2-98

盟市局名称	示范窗口
呼和浩特市邮政局	中山路邮政支局、麻花板投递部、新城邮政支局
包头市邮政局	百灵庙邮政一支局、九原区铁西邮政一支局、青山区富强路邮政支局
乌海市邮政局	乌达区梁家沟邮政支局、乌海市海河北路邮政支局
赤峰市邮政局	红山区昭乌达路邮政储汇中心、发行投递公司、喀喇沁旗东街邮政支局

续表 2-98

盟市局名称	示范窗口
通辽市邮政局	和平路邮政储汇中心、和平路邮政支局、西门邮政储蓄所
呼伦贝尔盟邮政局	海拉尔市中央街邮政支局、海拉尔市河东邮政支局、满洲里市海关路邮政支局
兴安盟邮政局	乌兰浩特市乌兰街邮政支局、乌兰浩特市都林邮政支局
乌兰察布盟邮政局	集宁市恩和路邮政支局、凉城县胜利路邮政支局、商都县新安街邮政支局
锡林郭勒盟邮政局	锡盟锡林大街邮政支局、苏尼特右旗赛汗街邮政支局
鄂尔多斯市邮政局	东胜区准格尔北路邮政支局、鄂托克旗乌仁都西北街邮政支局
巴彦淖尔盟邮政局	临河市胜利路邮政储汇中心、临河市车站邮政支局
阿拉善盟邮政局	阿拉善左旗广场邮政支局、额济纳旗居延路邮政支局

年内，聘请社会监督员 15 人。自治区邮政局向旗县邮政局所在地发出“用户意见征询函”4860 件，回函总数 1308 件，回函率 26.91%，其中有效回函 1302 件。回函中表扬意见 17 条，占反馈意见 20.73%；批评意见 47 条，占反馈意见 57.32%；建议 18 条，占反馈意见 21.95%。全区旗县邮政局综合满意度为 82.67 分，比上年提高 0.19 分。国家邮政局对全区邮政用户（各盟市所在地）综合满意度的测评结果为 81.27 分，比上年提高 0.91 分。自治区邮政局视察室共处理用户来话来信来访投诉 30 件。投诉主要集中在邮件丢损和延误、邮件报刊投递服务方面。全区邮政部门共处理进出口国内普通查单 57264 件、验单 9577 件，因邮政内部原因造成邮件丢损（含区外责任丢损）的 12 件，向用户补偿 28826.25 元；进出口国内特快查单 9285 件，因邮政内部原因造成邮件丢损（含区外责任丢损）的 10 件，向用户补偿 28810 元；进出口国际特快查单 507 件，因邮政内部原因造成邮件丢损（含国外责任丢损）的 4 件，向用户补偿 1440 元。自治区邮政局直接受理各类邮件业务催查 318 件。

2002 年，自治区邮政局开展全区邮政部门的“邮政服务形象工程活动”。4 月 24 日，印发《在全区邮政部门深入开展邮政服务形象工程活动的实施意见》，确定了 2002—2004 年的工作方案，成立“邮政服务形象工程”领导小组。领导小组下设办公室，办公室设在区局业务视察室。8 月 12 日，自治区邮政局印发《内蒙古自治区“邮政服务形象工程”检查考核办法（试行）》，9—11 月分东、中、西（即 9 月由中部 4 盟市查东部 4 盟市；10 月由西部 4 盟市查中部 4 盟市；11 月由东部 4 盟市查西部 4 盟市），3 个互查小组对全区“邮政服务形象工程”进行互查督导，并抽查盟市所在地的投递、185 及 30% 的邮政支局所。上半年，自治区邮政局向全区盟市、旗县邮政局所在地共发出“用户意见征询函”10000 件，回函总数 1645 件，回函率为 16.45%。其中有效回函 1572 件，全区盟市、旗县邮政局综合满意度为 81.20 分。下半年，自治区邮政局向全区盟市、旗县邮政局所在地共发出“用户意见征询函”5000 件，回函总数 1537 件，回函率为 30.74%。其中有效回函 1526 件，综合满意度为 85.03 分。自治区邮政局对全区盟市、旗县邮政用户综合满意度的测评结果是 83.11 分，比上年度提高 1.84 分。国家邮政局对内蒙古邮政用户综合满意度的测评结果是 83.43 分，比上年度提高 2.26 分。社会监督员增加到 30 人，聘期为 2 年。年内，自治区邮政局共处理用户来话来信来访投诉 45 件。批评及投诉主要集中在邮件报刊投递服务上。受理的 45 件用户来话来信来访投诉均予以件件落实，圆满解决。全区邮政部门共处理进出口国内普通查单 44782 件、验单 10382 件，因邮政内部原因造成邮件丢损（含区外责任丢损）向用户补偿 19805 元（计

36 件）；进出口国内特快查单 9898 件，因邮政内部原因造成邮件丢损（含区外责任丢损）向用户补偿 50060 元（计 15 件）；进出口国际特快查单 470 件，因邮政内部原因造成邮件丢损（含国外责任丢损）向用户补偿 13870 元（计 14 件）；区局直接受理并及时处理各类邮件业务催查 316 件。

2003 年，全区邮政继续开展“邮政服务形象工程”活动。自治区邮政局向全区各盟市、旗县发 10000 份用“户征询意见函”；回函总数 3888 件，其中有效回函 3827 件，全区对盟市、旗县邮政局综合满意度的测评结果是 83.44 分，比上年度提高 0.33 分。国家邮政局测评公布用户满意度，全区为 85.34 分。全区邮政部门聘请社会监督员 306 人。自治区邮政局向社会公布邮政服务监督电话：0471- 6291548、0471-6965108，各盟市邮政局服务监督电话统一是：185。统一印制“客户留言簿”，投放在全区邮政营业各窗口。年内，自治区邮政局共处理用户来话来信来访投诉 78 件，批评及投诉主要集中在邮件报刊投递服务上。自治区邮政局对用户来话、来信、来访投诉均予以件件落实，圆满解决。全区共处理进出口国内普通查单 42555 件、验单 7841 件，因邮政内部原因造成邮件丢损（含区外责任丢损）共计 27 件，向用户补偿 28533 元；进出口国内特快查单 9582 件，因邮政内部原因造成邮件丢损（含区外责任丢损）共计 14 件，向用户补偿 8502 元；进出口国际特快查单 462 件，因邮政内部原因造成邮件丢损（含国外责任丢损）共计 4 件，向用户补偿 4580 元。直接受理并即时处理各类邮件业务催查 380 件。

2004 年，全区邮政继续实施“邮政服务形象工程”，开展服务质量问题专项整治活动，重点解决“4 个问题”：（1）强迫用户使用高资费业务的问题；（2）强迫用户使用邮政特快送款业务和汇兑回执业务；（3）解决投递服务质量不高查询难的问题；（4）解决信箱信筒的设置、缺报短刊等热点问题。6 月 21 日，成立自治区邮政局邮政用户投诉受理中心，确定邮政用户投诉受理中心职责，对受理用户投诉（电话、信函、传真、电子邮件、来访等）做到逐件记录、逐件落实、逐件回访；答复用户提出的业务咨询；按日向国家邮政局服务投诉中心上报每日全区邮政受理用户投诉及处理落实情况的报告；按日汇总各盟市邮政局每日上报的邮政受理用户投诉及处理落实情况的报告；对用户投诉信息进行汇总、分析及定期通报。同时要求各盟市旗县局所有邮政支局所、营业厅都要在显著的位置对外公布国家邮政局、自治区邮政局及当地的用户投诉电话，自治区邮政局邮政用户投诉受理中心电话：0471-6291548、0471-6962888，各盟市邮政局服务监督电话统一为 11185。邮政用户投诉受理中心工作时间为每日 8：30 至 17：30，下班时间、节假日将投诉电话转移到录音电话上，次日上午处理。年内，邮政用户投诉受理中心受理用户来信、来访、来话投诉 104 起，件件落实。9 月，自治区邮政局从本局名址信息库选取 1 万条和各局上报 1 万条，作为本年用户测评名址信息，测评范围是各盟市、旗县邮政局；发用户意见征询函 10000 份；回函总数 3358 件，回函率 33.58%，其中有效回函 3252 件，全区对盟市、旗县邮政局综合满意度的测评结果是 84.26 分，比上年度提高 0.82 分。国家邮政局公布测评用户满意度，内蒙古地区为 84.34 分，达到国家邮政局要求用户满意度 80 分的考核标准。自治区邮政局共处理用户来话来信来访投诉 104 件。批评及投诉主要集中在以下几个方面：（1）对外服务窗口，服务意识不强，服务不主动，存在着“僵、冷、硬”的情况；（2）存在着乱收费，变相强迫用户使用高资费业务，如：不经用户同意收取汇款回执费、收取投递包裹服务费、收取投递汇款特快专递费等；（3）缺报短刊情况；（4）特快邮件时限达不到、邮件丢失时有发生；（5）农牧区委代办网点管理混乱，个别乡镇（苏木）的邮件不投递，强迫用户自取；（6）邮政信箱分布少且有的破旧。全区共处理进出口国内普通查单 40288 件、验单 7863 件，因邮政内部原因造成邮件丢损（含区外责任丢损）向用户补偿 35247 元（计 54 件）；进出口国内特快查单 6555 件，因邮政内部原因造成邮件丢损（含区外责任丢损）向用户补偿

71636元（计32件）；进出口国际特快查单364件，因邮政内部原因造成邮件丢损（含国外责任丢损）向用户补偿60701元（计10件）。

2005年，内蒙古邮政开展“提高服务质量，让用户满意”专项活动。自治区邮政局和盟市局均成立专项活动领导小组。3月25日—4月15日进行宣传动员和自查自纠。4月15日—5月15日，自治区邮政局对盟市局进行督导检查。共抽查24个旗县局、62处邮政网点、25个金库、38个农村分支机构，走访用户120户。年内，自治区邮政局邮政用户投诉受理中心受理用户来信、来访、来话投诉64起（国家邮政局转区局处理的有18件），比上年下降39%。其中查证确属邮政责任的有42件，件件落实。确属邮政责任的用户投诉情况。(1)营业、投递对外服务问题19件，占查证确属邮政责任总数的45.23%，其中营业窗口服务的14件、投递服务5件；(2)邮件延误问题8件，占查证确属邮政责任总数的19.04%，其中反映特快邮件延误6件；(3)违规收费问题5件，占查证确属邮政责任总数的11.90%，其中营业违规收费问题4件、投递违规收费问题1件；(4)邮件丢失问题4件，占查证确属邮政责任总数的9.52%，其中特快专递邮件丢失2件；(5)缺报少刊问题4件，占查证确属邮政责任总数的9.52%；(6)邮政储汇问题1件，占查证确属邮政责任总数的2.3%；(7)集邮问题1件，占查证确属邮政责任总数的2.3%。年内，自治区邮政局向全区各盟市、旗县局缮发用户征求意见函1万件，回收3066件，调查表有效张数2979件，回收率为30.66%。全区用户评价的10项服务质量指标综合满意度分值为86.5分，比上年上升2.11%。其中，10项服务质量指标用户满意度分值最高的为投递人员服务指标90.02分，10项服务质量指标用户满意度分值最低的为信箱信筒设置指标82.43分。用户评价意见调查表附有文字内容的共计134件。其中属于表扬内容的59件，占附有文字意见调查表总数的44.03%，主要集中表扬投递人员风雨无阻、任劳任怨地准确将邮件、报刊投递给用户；表扬邮政局所布局合理、局所都悬挂邮政徽标、资费执行合理、营业时间安排也合理等。属于批评内容的29件，占附有文字意见调查表总数的21.64%，其中相对比较集中的是针对信箱信筒设置方面提出的，反映信箱信筒设置偏少，不能满足用户邮寄信件的需要；其次是针对邮件、报刊传递时限慢等。属于建议内容的6件，占附有文字意见调查表总数的34.33%。自治区邮政局共处理用户来话来信来访投诉42件。批评及投诉主要集中在以下问题：营业员、投递员对外服务问题；邮件时限延误问题；违规收费问题；未向用户提供告知服务，让用户使用高资费业务、汇兑回执业务及拒绝收寄用户使用自带邮票交寄的包裹问题；邮件丢失及内件短少问题；信箱信筒设置偏少，不能满足用户邮寄信件的需要。自治区邮政局受理42件用户来话来信来访投诉均予以落实。

2006年，内蒙古邮政服务管理工作以解决“收寄邮件把关不严、邮件逾限、投递质量不高、缺报短刊、邮件丢失”等5个问题为重点，强化内部管理，落实规章制度，优化作业组织，加快邮件的传递速度，规范服务工作，改善服务环境，做到有诺必承、“软件、硬件”两个并重。年内，区局邮政用户投诉受理中心受理用户投诉（电话、信函、传真、电子邮件、来访等）29起，其中查证确属邮政责任的有16件；仲裁解决本区邮件丢失损毁疑难案件60余件。区局向全区各盟市、旗县局发用户征求意见函1万件，回收4097件，调查表有效张数3080件，回收率为40.97%。全区用户评价的10项服务质量指标综合满意度分值为88.63分，比上年上升2.13%。其中10项服务质量指标用户满意度分值最高的为投递人员服务指标91.78分，10项服务质量指标用户满意度分值最低的为信箱信筒设置指标85.38分。2006年重新调整聘请30名邮政服务社会监督员，制定社会监督检查员的工作标准，按照《内蒙古自治区邮政局邮政服务社会监督员聘任管理办法》，由自治区邮政局所聘任的邮政服务社会监督员对各邮政服务窗口单位的服务环境、设施、态度、承诺及邮政资费执行情况进行监督和反馈，并按季向区邮政局反馈一次邮政服务综合评价结果。

2007年，自治区邮政公司用户投诉受理中心受理用户投诉（电话、信函、传真、电子邮件、来访等）47起，其中：查证确属邮政责任的有21件；仲裁解决全区邮件丢失损毁疑难案件69件。向全区盟市局、旗县局发“用户征求意见函”10000张，回函总数为1791张，有效张数为1722张，有效回函率为17.22%。全区用户评价的10项服务质量指标综合满意度分值为87.83分。其中邮政服务质量用户满意度达到90分以上的有乌海市邮政局、通辽市邮政局、阿拉善盟邮政局、呼和浩特市邮政局4个盟市局；邮政服务质量用户满意度达到85—90分的有锡林郭勒盟邮政局、巴彦淖尔市邮政局、兴安盟邮政局、鄂尔多斯市邮政局4个盟市局；85分以下的有呼伦贝尔市邮政局、赤峰市邮政局、包头市邮政局、乌兰察布市邮政局4个盟市局。

2008年，制定《内蒙古邮政服务社会监督员管理办法》，重新调整聘请了王江汇等20人为内蒙古邮政公司邮政服务社会监督员，组织社会监督检查员开展对邮政营业、投递两大对外窗口服务质量的日常检查，社会监督员以暗查的方式检查各盟市局邮政营业窗口。公告服务承诺内容为：城市楼房具备通邮条件的住宅楼房自登记之日起一周内通邮；缺报少刊由订销局3日内补送或15日内退款；收寄局负责对非用户责任的邮件丢失、损毁的赔偿工作，自用户查询起时限最长不超过1个月（国际邮件2个月）。为确保奥运期间邮政安全，组织奥运安全知识培训26次，各类演练252次，在奥运期间坚持“守土有责”的原则，严格执行收寄验视制度，明确收寄验视的责任人，加大检查力度，并对主要营业窗口、中心局安检点、网运检查点、速递、邮航站、物流等部门选派综合素质强、业务素质过硬的安检人员共400余人，专门负责邮件安检验视工作，奥运期间邮政安全资金投入378万元，配备安检机2台，制定《内蒙古自治区邮政公司奥运邮政安全工作预案》，并加强邮政生产各环节规章制度的落实力度，严格各生产环节交接验收手续。区公司受理用户来信、来访、来话投诉 49 件，其中是邮政责任的为20件，件件落实，回访率达100%；仲裁解决全区邮件丢失损毁疑难案件 69 件。区公司向全区盟市局、旗县局发用户征求意见函4915张，回函总数为1608张，有效张数为1606张，有效回函率为32.72%。全区用户评价的十项服务质量指标综合满意度分值为85.56分。

2009年，自治区邮政公司用户投诉受理中心受理用户投诉（电话、信函、传真、电子邮件、来访等）68起，其中：查证确属邮政责任的有27件；仲裁解决邮件丢失损毁疑难案件45 件；做到了逐件记录、逐件落实、逐件回访。自治区邮政公司向全区各盟市、旗县缮发“用户征求意见函”11259件，回收1846件，调查表有效张数1846件，回收率为16.40%。全区用户评价的10项服务质量指标综合满意度分值为86.24分。其中：10项服务质量指标用户满意度分值最高的为营业和投递人员服务指标89.86分，10项服务质量指标用户满意度分值最低的为办理邮政业务等候时间设置指标83.38分。

2010年，自治区邮政公司受理用户投诉立项核查处理76件，经查证是邮政局责任的60件，无责任为16件。年内，区公司测评全区客户满意度为89.47分，比上年度提高3分。

三、计划财务

1991年，邮电财务工作贯彻“十六字”和“四个一起上”的方针，认真落实“立足生产，着眼生财，欲取先予，放水养鱼”的理财思想。积极争取邮电部和地方政府的资金支持；与厂矿企业共同投资、联合建设通信设施；对经济效益好、有还贷能力的项目，大胆使用外国政府贷款。加强建设资金的宏观调控。针对专项资金被挤占和管理薄弱的问题，为确保重点建设，使资金的宏观管理和微观管理有机地结合，采取以下措施：一是逐步补充流动资金，有生产发展基金的企业，要按规定将实际被占用又无法抽回的部分专项资金逐步转为企业流动资金，以解决专项资金结余的“虚肿”问题；二是制定并实施专项资金和流动资金管理考核办法，加强资金调度中心工作，加快资金周转，发挥资金使用效益；三是采取有力措施，做好清理回收用户欠费、职工欠款的工作，认真清理“三角债”及各种应收应付款项，使资金运动起来。当年，经济核算制进一步得到完善和补充，以旗县邮电局为基本核算单位和以统一价格的企业产品量为基础的结算收入计算法在通信企业内产生积极的影响，自实行以来，对合理进行邮电业务收入再分配、增加全网收入和协调全网作业起到了鼓励和刺激作用。邮电通信企业经济核算制是邮电部门适应改革需要、转换企业经营机制的一项重大举措，也是中国邮电发展史上的一项重大改革。经济核算在全区旗县以上的邮电通信企业全部得以推行，企业开始树立起独立核算、自负盈亏观念，经营目标更加明确，经营机制也进一步健全起来。本年继续进行自1990年开始的清产核资工作，固定资产清查基本规范了固定资产管理，达到固定资产管理的基本要求。当年，国家对邮电等行业免征基本折旧的“双金”，对增强企业活力起到积极推动作用。邮电业务收入23311万元，业务支出24733万元，支差3532万元。1991年计算邮政业务总量所使用的不变单价是1990年制定的。邮政业务总量8126.6万元，比上年增长14.4%；邮政业务总收入6945.5万元，比上年增长35%。

1992年，继续坚持“十六字”方针和“立足生产，着眼生财，欲取先予，放水养鱼”的理财思想。继续争取各级政府对加快通信建设的投资和优惠政策；积极利用国内贷款、租赁等办法筹集资金；坚持互利互惠原则，共同投资，联合建设；争取邮电部给予支持。在广筹资金的同时，加强建设资金的管理，使宏观调控与微观搞活相结合，集中与分散相结合，把有限资金用在发展通信上，充分发挥投资效益。年内出台了《关于专项资金管理的若干规定》。清理、回收用户欠费的工作和查违章、查漏收活动，对于增量增收、缓解资金紧张状况发挥了很大作用。自治区邮电管理局还加强对在建工程全过程的管理，工程从编制下达设计任务书到资金落实、施工图会审，以及概算、预算直到决算，都注重管理与监督、审计，尽可能降低工程造价。邮电业务收入30048万元，业务支出29025万元，支差1335万元。邮政业务总量0093.2万元，比上年增长24.2%；邮政业务总收入8371万元，比上年增长20.5%。

1993年，邮电部门被列入国务院清产核资扩大试点范围。根据国家及邮电部的要求，自治区邮电管理局从组织领导、宣传动员到人员培训、具体实施都进行了周密的安排和部署。全区100多个单位，3000多人参加了清产核资，经过资产清查、所有权界定、价值重估、资金核实、产权登记到国有资产管理制度的建设，历时一年半，清产核资工作取得预期效果。一是核实了企业的资金、资产情况，摸清了企业家底。二是界定了企业所有权，明确了财务关系。三是进行企业资产重估，基本解决了资产账面价值与实际价值相背离问题，这也是这次清产核资成效比较显著的一个重要标志。全区重估后中央国有固定资产原值净增4.13亿元，约相当于1989年全区邮电固定资产的净值。四是核实了企业的资本结构，核定了邮电企业的国家资本金，更进一步落实了资本保全制度。五是从法律和价值上确立了国家对国有资产的所有者地位，落实了邮电企业对国有资产的权利和责任。通过这次清产核资还陆续建立了一些国有资产管理制度，对逐步规范国有资产管理产生影响。本年，国家发布并实施了“两则”“两制”，即：《企业会计总则》《企业财务通则》《邮电通信企业会计制度》《邮电通信企业财务制度》。为保证新制度顺利实施，全区邮电财会部门统一领导，团结协作，在完成好正常核算任务的同时，做了大量的衔接准备工作。自治区邮电管理局先后组织新制度培训班3次，参加学习的人员达400多人次。各盟市局也分层次地对有关人员进行了培训，培训率基本达到100%。新制度在全区100多个建账单位顺利实施，从而打破了多年来财会制度按所有制和行业主管部门分别制定、资金管理过于呆板的计划经济做法，开创了全区邮电财务会计由计划经济模式向市场经济模式转变的新局面。从运行情况看，各单位基本能按新制度要求进行财务管理和会计核算，新制度有效地促进了企业面向市场，转换机制，增强了企业活力，对通信建设起到了加速作用。在进行财会制度改革的同时，会计基础工作也有了长足的进步。各单位基本能按《会计法》的要求，健全会计机构，充实会计人员，开展会计核算，实施会计监督。在“会计证”发放，会计达标，会计账簿设置，会计信息和档案管理方面也逐渐规范起来。有效地保障了企业依法经营、规范管理，促进了企业的健康发展。邮电业务收入45644万元，成本费用49175万元，通信企业支差6272万元。邮政业务总量达11866.4万元，比上年增长17.6%；邮政业务总收入11495万元，比上年增长37.3%。

1994年，按照邮电部关于加强邮电企业财务会计检查的有关文件精神，自治区邮电管理局成立了财务监督检查办公室，人员编制3人，负责全区邮电财务检查日常指导工作。各盟市、旗县局和各直属单位也陆续成立了财务检查机构或配备了专职、兼职检查员。全区配备财务检查员169名，其中专职检查员21名，副科级检查员11名，初步建立起一支有较强业务能力的财务检查队伍，开始了比较全面系统的日常工作，在当年税收财务物价大检查及自治区邮电管理局组织的各类专项检查中发挥了主要作用，取得良好效果。当年，在资金筹集方面，立足于用好现有政策，积极面向社会各种融资渠道。继续坚持负债建设，充分使用国内外贷款和融资租赁，积极主动地协调与地方各方面的关系，使地方切块的资金及时到位。对贷款和已有的建设资金实行集中管理，统一调度，保证重点工程的资金需求。为集中资金，保证重点，新上土建项目，自治区邮电管理局一律不予补贴。继续抓好新财务会计制度的学习和贯彻，在会计实务操作上和会计观念上实现转轨。加强资金管理，建立健全资金管理制度，积极清理用户欠费和邮电内部的“三角债”，盘活资金，提高支付能力。做好固定资产清查的扫尾工作，建立和完善固定资产管理制度，巩固清查成果。邮电业务收入70581万元，成本费用89618万元，通信企业支差20861万元。邮政业务总量15316.8万元，比上年增长29.1%；邮政业务总收入17736万元，比上年增长54.3%。

1995年，继续从严控制低值易耗品的购置和各种非生产性开支。继续采取落实责任、实行奖励政策等措施，清理和回收用户欠费。加强审计监督检查，特别是加强对财务、基建工程的审计工作。多种经营一是大力发展，二是健康发展，三是开拓新市场。多种经营企业的人、财、物应与通信企业脱钩，划清资产界限，实行自主经营、自负盈亏。通信主业的各项业务一律不准纳入多种经营范围。邮电财务工作紧紧围绕“以通信建设为主线，以经营为中心，以改革为动力，以服务为宗旨”这一指导方针，以及“欲取先予，放水养鱼”的理财指导思想，把“开源”作为财务管理的着眼点，在取得“不发展就没有出路”这样一个共识的前提下，紧紧抓住国家给予邮电发展的有利政策机遇和全社会关注邮电发展的环境机遇，充分利用“统筹规划、条块结合、分层负责、联合建设”的十六字方针，多渠道、广泛筹集建设资金，推进全区通信建设步伐。各级财务部门在尽可能利用企业自有资金的同时，积极争取社会各方的支持，克服困难，敢于负债，做了大量的筹资工作。年内，经济核算办法进一步简化，自有收入达到13.3亿元，高出同期业务收入3.1亿元，较好地体现自治区邮电企业的经营成果。邮电业务收入102425万元，成本费用114575万元，通信企业支差14160.7万元。邮政业务总量19031.2万元，比上年增长24.3%；邮政业务总收入25333万元，比上年增长42.8%。

1996年，全区邮电财务工作以积极推进“两个根本性转变”为出发点，以资金管理为中心，继续解放思想，更新观念，突出重点，狠抓落实，充分发挥财会工作职能，在保证全区通信建设和提高企业经济效益中发挥了重要作用。加强宏观调控，适当集中管理。加强资金的集中管理，保证重点建设。发挥资金调度中心的作用，盘活资金，最大限度地提高资金效益。设备折旧费、邮电附加费全部用于通信建设。财务核算和管理向盟市局集中，逐步淡化旗县局核算职能。进一步完善现行经济核算办法。以财务管理为核心的企业管理得到加强，非生产性开支有所控制，资金、资产管理水平有所提高，沉淀资金明显减少。各单位盈利情况开始趋于合理。呼和浩特市场、赤峰市、兴安盟、哲里木盟、伊克昭盟、巴彦淖尔盟邮电局甩掉了亏损帽子，消化了部分挂账，开始步入良性发展轨道。企业负债增长适度。年末负债总额为22.3亿元，比上年增长4.4亿元，其中流动负债4.1亿元，长期负债增长0.4亿元。资产负债率在全面完成固定资产投资及还贷计划、资金缺口较大的情况下保持了合理的比例，年末为34.8%，且比上年下降2个百分点。流动比率和速动比率年末分别为142.8%和131.4%。资金自给能力增强。全年自筹资金达到13.8亿元，比上年增加1亿元，占固定资产投资及还贷任务的72%，其中固定资产折旧6.2亿元，初装费及附加费6.8亿元，企业净利0.8亿元，年末固定资产原值53.4亿元，是1991年7.75亿元的7倍。年内，自治区邮电管理局资金调度中心针对盟市局及直属单位采取银行余额限额存储、有偿调度、存贷挂钩、计划考核等措施，鼓励和引导各单位积极参与资金调度，货币资金闲置现象得到有效控制，年末为2.2亿元，比上年减少1.5亿元。全年累计吸收调度存款1.2亿元，银行借入7500万元，邮电部借入4000万元，形成可调度资金2.6亿元，调度存款日平均余额达7000万元，共向各单位发放调度借款2.3亿元，减少区内债务负担1.5亿元，降低资金成本约1200万元。非货币流动资产增长趋缓，全年净增4.2亿元，增长量比上年减少2亿元；通信企业流动资产年周转次数有所提高，半数局达到了1次以上，包头、乌海局已分别达到2.41和2.38次，全区综合周转次数亦比上年提高了0.1次。全年实际资金来源为19.9亿元，固定资产及在建工程等运用为21.2亿元，资金利用率为106.5%。财务检查体系进一步确立，日常工作趋于规范。按照国务院及邮电部要求，完成了单位自查、重点检查、总结整改各个阶段的工作。其中重点检查22单位／次，查出基础工作不够规范的单位3户，违纪违规金额110万元，收缴违纪罚款21万元。清产核资继续深化，完成了土地评估、作价入账工作，资产总额和资本公积增加账面值8900万元。全年新增甩账单位12户。全区通信企业已基本实现了微机替代手工记账，为建立会计管理信息系统奠定了基础。存在的问题主要有7个。一是资金管理的措施和力度还不够，流动资产比年初增加了2.7亿元，其中其他应收款增加2.8亿元，存贷增加0.6亿元，资金不合理占用较严重；用户欠费居高不下，年末达1亿元，大部分局的欠费率在10%以上，个别局接近20%；资金综合周转率有待提高，有一半的局年流动资产周转次数不足一次，最低的仅有0.42次。二是近年来对会计基础工作的要求和监督有所放松，在会计核算、会计监督、内控制度的建立和执行等方面与会计基础工作规范要求差距较大，一些单位会计基础工作薄弱，工作秩序不够严谨，存在很多违纪违规现象。三是个别单位效益观念淡薄，成本费用动态管理不够，对成本费用计划的严肃性认识不足，造成部分可控项目严重超计划支出，致企业继续亏损。四是固定资产投资财务管理薄弱，参与基建投资决策不够，工程概预算审核把关不严，有的单位工程竣工交付使用后长期不做决算，产生了一些账、卡、物不符现象。五是企业长期负债逐年增大，负债明细核算和信息管理不够，不利于资金统筹安排和合理调配。六是财检工作力度不够，各单位普遍存在只检查不处罚现象，个别单位的专职检查员仍兼任别的工作，不利于工作的开展。七是财会人员素质参差不齐，知识结构单一，高水平的财会骨干人员较缺乏，还有一些财会人员缺乏敬业精神。12 月 24 日，自治区邮电管理局印发《关于加强我区邮电企业资金管理的意见》，各盟市局、管理局各直属单位遵照执行。该意见指出当前资金管理方面的主要问题是：资金沉淀积压，统一调度困难；观念转变缓慢，全局观念较差；有的地方经济相对落后，筹措资金困难；盲目扩大非生产性投资，造成资金较大缺口；有的基建财务不归口管理，财务部门难以参与监督和决策；筹资渠道单一，结算工具落后。年内，邮电业务收入 131008 万元，成本费用 161959 万元，通信企业支差 32547 万元。1996 年，邮政业务总收入 31344 万元，突破 3 亿元，比上年增长 23．67%；邮政业务总量 21677.1 万元，比上年增长 13.9%。全区邮政运输专业成本约 8690 万元，其中工资 2320 万元、福利费 324 万元、折旧费 1500 万元、修理费 1000 万元、低值易耗品 500 万元、业务费 500 万元、邮政运输费 2546 万元。全年邮政支差 2.1 亿元，负利润 9000 万元。邮电部在确定 1996 年自有收入折算系数时，扣除内蒙古邮运结算收入 3430 万元。由于扣除后折算系数降低，对内蒙古 1996 年自有收入的影响是 6353 万元（即扣除自有收入数），故内蒙古邮运结算收入仅为 3100 万元，与邮运成本相差 5590 万元，与旧办法相差 3265 万元。

1997 年，全区邮电积极推进投资体制改革。按照“联合投资、有偿使用、按资分利、照章纳税”的原则，进一步拓宽思路，运用市场机制，筹集通信建设资金。同时按照有关规定，积极探索利用外资的新途径，逐步形成依靠政策筹资和依靠市场融资、以市场融资为主的投资格局。进一步完善经营承包责任制，突出投入产出、经济增长质量和效益指标及市场占有率、成本利润率、劳动生产率的考核，引导企业强化集约经营，优化结构，努力实现资源合理配置，提高经营管理水平。以资金、资产管理为重点，加强企业各项管理工作。采取多种措施，盘活资金，加快资金运作周转。加强对资金、资产的审计监督，确保国有资产保值增值。发挥资金调度中心的作用，调剂余缺，提高资金使用效率。本年继续进行了用户欠费收缴工作，年底，用户欠费数额仍达 15713 万元，占收入的 7.4%，且有继续上升势头，严重影响了通信正常的开支和建设资金的到位。中央国有邮电业务收入 189276 万元，成本费用 218668 万元，通信企业支差 35202 万元。地方国有通信业务收入 15410 万元，通信业务成本 18014 万元，通信业务支差 6768 万元。

1998 年 1 月 1 日，开始执行邮电部印发《邮电通信企业成本费用分摊办法》，1993 年制定的《邮电通信企业专业核算办法》同时废止。新的专业核算办法将核算对象由邮政、长途电信、市内电话 3 专业调整为邮政、电信 2 专业。2 月 26 日，自治区邮电管理局转发各相关单位，并提出 5 点要求。明确各项成本费用分摊比例要一年测算一次。规定了管理局财务处及行政处成本费用项目分摊系数。工资及福利费（只指财务处）：邮政 0.47，电信 0.53。共用设备修理费：邮政 0.20，电信 0.80；应分摊的业务费：邮政 0.56，电信 0.44。管理费用：邮政 0.43，电信 0.57；财务费用：邮政 0.24，电信 0.76；投资效益：邮政 0.03，电信 0.97。营业外收入、支出：邮政 0.28，电信 0.72。10 月，各盟市、旗县邮电局全部实行了邮电分营，根据分营后邮政、电信企业成本费用实际情况，自治区邮电管理局于 11 月 20 日将全区各盟市邮政局、电信局中央费用计划重新核定（见附表）。成本费用计划是指通信业务成本、管理费用及财务费用的总和；可控成本费用是指成本费用中不包含工资、新增效益工资，福利费、折旧费、劳动保险费的部分。电信局成本费用计划中不包括已剥离出的寻呼公司。

1998年邮政、电信企业成本费用计划表

表2-99　　单位：万元

单位	核定的成本费用计划	其中：可控成本费用
呼和浩特市邮政局	15117	7830
呼和浩特市电信局	28892	11101
包头市邮政局	9885	6498
包头市电信局	21741	6528
乌海市邮政局	2771	1768
乌海市电信局	5986	2339
赤峰市邮政局	9071	5666
赤峰市电信局	20335	8300
呼伦贝尔盟邮政局	10951	6317
呼伦贝尔盟电信局	19642	7966
兴安盟邮政局	3259	1888
兴安盟电信局	6953	2517
哲里木盟邮政局	6878	3546
哲里木盟电信局	12890	5333
锡林郭勒盟邮政局	5470	2834
锡林郭勒盟电信局	8010	3256
乌兰察布盟邮政局	6983	4253
乌兰察布盟电信局	11495	3713
伊克昭盟邮政局	5362	3535
伊克昭盟电信局	7347	3475
巴彦淖尔盟邮政局	4835	2419
巴彦淖尔盟电信局	9170	3362
阿拉善盟邮政局	2095	1143
阿拉善盟电信局	3365	1001

1998年12月29日，自治区邮电管理局将1998年初的集中资金基数分解下达各局，以各局1997年底累计完成的通信业务收入中邮政业务收入、电信业务收入所占比重计算划分。集中资金已缴数是1998年9月底累计上缴数。因此数先是邮、电共缴，故本次同时分解，分解依据是各局1998年9月底累计完成的通信业务收入中邮政业务收入、电信业务收入所占比重。各局根据附表通知数据，年终由自治区邮政局、自治区邮电管理局（电信）分别对所属进行清算，清算后应上缴的余额交与自治区邮电管理局联合清算组。

1998 年集中资金分配表

表 2-100 单位：万元

单位	集中资金基数	集中资金基数分配（邮政）	集中资金已交数（邮政）	集中资金基数分配（电信）	集中资金已交数（电信）
呼和浩特市电信局	1227	—	—	1227	1206
包头市邮电局	1178	212	212	966	877
乌海市邮电局	231	61	64	170	161
赤峰市邮电局	837	187	173	650	637
呼伦贝尔盟邮电局	879	195	197	684	622
兴安盟邮电局	219	52	49	167	158
哲里木盟邮电局	482	90	102	392	356
锡林郭勒盟邮电局	260	70	65	190	178
乌兰察布盟邮电局	341	112	114	229	210
伊克昭盟邮电局	362	102	104	260	238
巴彦淖尔盟邮电局	351	82	77	269	256
阿拉善盟邮电局	91	35	39	56	51
合计	6458	1198	1196	5260	4950

全区邮电分营中，邮电资产总额 1023346 万元，划归邮政局 192821 万元，占 18.84%；划归电信局 830525 万元，占 81.16%。货币资金 54141 万元，划归邮政局 19578 万元，占 36.16%；划归电信局 34563 万元，占 63.84%。负债总额 486498 万元，划归邮政局 67193 万元，占 13.81%，全区邮政资产负债率 34.85%；划归电信局 419305 万元，占 86.19%，全区电信资产负债率 50.49%。所有者权益 536847 万元，划归邮政局 125628 万元，占 23.4%，划归电信局 411219 万元，占 76.6%。具体人员、财务、固定资产的划分办法是：电信人员约按 54%，邮政人员约按 46% 的比例划分；财务约按电信 60%，邮政约按 40% 的比例划分；固定资产约按电信 60%，邮政约按 40% 的比例划分。年内，邮电通信业务收入 223508.3 万元，邮电通信业务成本 205006.1 万元，通信业务收支差额 11172.8 万元。

1999 年 3 月 2 日，自治区邮政局印发《邮政固定资产投资计划及资金管理暂行规定》。固定资产投资计划实行统一计划，国家邮政局和自治区邮政局两级管理；由长期、中期和年度计划相结合并实行动态管理；同时，明确项目管理权限，2000 万元以上项目属国家局管理项目，2000 万元以下 30 万元以上项目属自治区邮政局局管项目；建设资金实行相对集中，分级管理和“事随钱走”的办法，并实行国家局、内蒙古邮政局、盟市邮政局三级管理，并明确自治区邮政局集中资金比例和使用范围。3 月 16 日，制定了《全区邮政通信企业收支差额包干管理办法》，基本内容：差额包干、超支自负、节约全留。为保证全区收支差额指标的完成及邮政经营方针和扭亏目标顺利实现，根据国家邮政局经营责任制考核办法，于 7 月 9 日制定了《自治区邮政局对各盟市邮政局经营责任制考核办法》，明确了考核指标体系、考核计分办法、奖惩办法和考核指标负责单位等细则，其中收支差额包干基数完成指标实行一票否决制。4 月 5 日，印发《内蒙古自治区邮政局直属单位折旧资金管理暂行规定》。规定中明确除内蒙古邮电印刷厂折旧资金自留自用外，直属单位的折旧资金全部集中上缴和统筹。4 月 20 日，邮政局和内蒙古工商银行（以下简称工行）协商长期合作事宜，双方达成一致意见，并于 5 月 5 日签署合作协议。协议明确全区邮政单位的基本核算户在工行开设，工行为全区邮政单位提供优惠，可优先贷款，并尝试在业务领域的合作。6 月份开展了清产核资工作，到年底基本上完成了清产核资实施阶段的任务。本年，全区实行盟市及以下普通通信用邮票由财务部门入账管理的新办法。据此，盟市邮票公司与盟市财务部门进行了交接工作。同时，对集邮票品的管理相应做了调整。集邮利润不再上缴，全部留基层企业；实行预交款制，预订年票一次上缴分月返回；集邮预交款通过财务部门上缴下拨。全区共完成邮政业务收入 62845 万元，成本费用 89276 万元，实现收支差额 29190 万元，完成了 1999 年的通信生产经营任务。根据《自治区邮政局对各盟市邮政局经营责任制考核办法》，自治区邮政局对各盟市局经营责任制各项指标进行了考核，呼伦贝尔市盟、通辽、兴安盟、包头市场、锡林郭勒盟、呼和浩特市、乌海市和阿拉善盟共 8 个盟市局得分在 100 分以上，受到邮政局的奖励；赤峰市、巴彦淖尔盟、乌兰察布盟和伊克昭盟等盟市局因服务、违规等问题被考核否决。

1999 年全区邮政业务收入明细表

表 2-101　　　　单位：万元

项目	本年累计数	项目	本年累计数
一、邮政业务收入合计	59745	其他收入	71
其中：贴票收入	2532	其中：零售	27
邮资封片收入	331	7. 储蓄收入	23 613
1. 函件收入	4823	储蓄业务收入	23 555
其中：商函收入	372	代办保险收入	3
国内函件收入	4292	其他收入	55
国际及港澳台函件收入	6	8. 集邮收入	15 804
其他收入	525	集邮邮票收入	8 836
2. 包件收入	4222	集邮品收入	6 359
国内包件收入	2003	其他收入	609
国际及港澳台包件收入	93	9. 邮政附加费收入	40
其他收入	2126	二、其他业务收入	3 139
3. 汇票收入	2477	1. 出售商品收入	693
国内汇票收入	2460	其中：出售品收入	180
国际及港澳台汇票收入		出售音像制品收入	37
其他收入	8	出售图书等出版物收入	155
4. 特快专递收入	3229	2. 出租商品收入	72
国内特快专递收入	2594	其中：出租音像制品收入	45
国内同城特快专递收入	88	3. 邮政代办收入	129
国际及港澳台特快专递收入	388	4. 其他收入	2 245
其他收入	159	其中：邮政媒体收入	840
5. 机要通信收入	385	邮购收入	260
机要通信收入	383	三、营业外收入	210
其他收入	2	1. 处理固定资产净收益	67
6. 报刊发行收入	5152	2. 固定资产盘盈	84
报纸收入	3095	3. 教育费附加返还款	
其中：零售	53	4. 罚款收入	2
杂志收入	1986	5. 内部滞纳金	
其中：零售	531	6. 其他收入	57

2000 年 1 月 7 日，自治区邮政局印发《内蒙古邮政资金调度管理办法（试行）》。同日，自治区邮政局资金调度中心正式运行。资金调度中心面向全区邮政系统内部，综合利用邮政的经营资金、建设资金和业务资金中的长期报刊款、集邮预订款，在系统内部合理调度，调剂余缺，有偿融通，以最大限度地盘活资金，有效地提高资金使用效果。同年 1 月 17 日，印发《关于加强邮政企业对外负债管理的通知》，加强全区邮政企业对外负债的管理，通知明确贷款审批权限集中于区局管理，盟市邮政局、直属单位无权自行贷款，旗县邮政局不准贷款；并突出贷款的使用效益。年内，制定 6 个统计制度：邮政统计工作责任制度、邮政统计报表管理制度、邮政统计数字质量检查制度、邮政统计资料管理制度、邮政通信企业原始记录及统计台账制度、邮政统计分析制度。8—10 月，自治区邮政局按照国家局要求，采取抽样调查的方式，对 2 个盟市局、16 个旗县局、40 个支局开展了 2000 年邮政不变单价的测算工作。年内，完成上年度清产核资的后期工作，多数局的房屋证、产权证办理完毕；进一步理顺通信用票和集邮管理办法，对清产核资清理出的通信邮票、集邮品损失，按照国家邮政局制定的统一政策，进行了账务处理；做好工程竣工决算和固定资产入账工作，加强了固定资产日常管理。根据国家局印发的《邮政通信企业专业核算办法》要求，8 月 1 日，自治区邮政开始实行专业核算和环节核算。该办法规定了邮政通信企业专业核算的原则、通信业务收入会计核算的内容、通信业务成本会计核算的内容、共同费用会计核算的内容、其他业务收入会计核算的内容、其他业务支出会计核算的内容、会计科目调整和推进邮政环节核算等问题。为配合邮政企业专业化核算和环节核算，根据国家局“统一全国邮政企业会计电算化软件”的部署和安排，10 月 1 日，全区邮政通信企业、直属单位和邮政其他企业开始试行 WINDOWS 版的“中国邮政财务软件”，与旧的 DOS 版财务软件并行使用。新版的财务软件，解决了专业核算和环节核算对财务软件的要求也使邮政财务电算化工作上了一个新的台阶。10 月 1 日，对差旅费开支标准进行了调整：市内交通费按区内每人每天 5 元，区外每人每天 10 元包干使用；带车出差人员不发市内交通费；赴县以下（不含县）农村、牧区邮政分支机构检查工作人员不核发交通补助费；伙食补助一般地区每人每天 20 元，特区每人每天 30 元（特区按实际住宿天数计发）；赴县以下（不含县）农村、牧区邮政分支机构检查工作人员伙食补助费减半；邮政系统内短训班按实际累计天数每人每天补助 10 元，不核发市内交通费；复退军人岗前培训住宿标准为 20 元，伙食补助每人每天 8 元，不核发市内交通费；订票费最高限额为、火车硬座每票 20 元，卧铺每票 30 元，飞机每票 10 元。全区共完成邮政业务收入 74436 万元，比上年增长 18.5%，增幅高于全国邮政平均水平 3.8 个百分点，在全国排名第 6 位；成本费用 89520 万元，实现收支差额 -21025 万元，完成了国家局核定的—21032 万元的收支差额包干任务。邮政业务总量完成 3.93 亿元，比上年增长 13.9%。集邮业务收入完成 1.83 亿元，比上年同期增长 16.17%；邮递类业务收入完成 2.15 亿元，比上年同期增长 20.35%，占邮政业务收入的 31%。邮政新业务中，邮政广告业务收入完成 2309.22 万元；直递业务完成收入 1999.58 万元；邮购业务完成收入 441.14 万元。

2000 年，全区邮政业务收入 68892 万元收，支差额总额—21025 万元。

2000 年全区业务收入明细表

表 2-102 **单位：万元**

项目	本年累计数	项目	本年累计数
一、邮政业务收入合计	68892	1. 函件收入	5706
其中：贴票收入	2708	其中：商业信函收入	959
邮资封片收入	309	企业明信片收入	638

续表 2-102

项目	本年累计数	项目	本年累计数
杂志收入	2306	其中：零售收入	78
其中：零售收入	1079	7. 储蓄收入	26289
其他收入	300	储蓄业务收入	26125
邮送广告收入	322	代办保险收入	70
国内函件收入	5225	其他收入	94
国际及港澳台函件收入	10	8. 集邮收入	18355
其他收入	471	集邮邮票收入	5303
2. 包件收入	4657	集邮品收入	12977
国内包件收入	2189	其他收入	75
国际及港澳台包件收入	141	二、其他业务收入	5544
直递收入	2280	1. 出售商品收入	764
其他收入	47	其中：出售品收入	202
3. 汇票收入	2730	出售音像制品收入	66
国内汇票收入	2720	出售图书等出版物收入	401。
国际及港澳台汇票收入	2	2. 出租商品收入	28
其他收入	8	其中：出租音像制品收入	27
4. 特快专递收入	4723	3. 邮政代办收入	227
国内特快专递收入	3643	4. 其他收入	4525
国内同城特快专递收入	434	其中：邮政媒体收入	2864
国际及港澳台特快专递收入	416	邮购收入	1245
其他收入	230	三、营业外收入	101
5. 机要通信收入	287	1. 处理固定资产净收益	23
机要通信收入	284	2. 教育费附加返还款	
其他收入	3	3. 罚款收入	3
6. 报刊发行收入	6145	4. 内部滞纳金	
报纸收入	3539	5. 其他收入	75
其中：零售收入	214		

2000 年业务量完成情况表

表 2-103

指标	单位	本年累计完成	比上年增长（%）
邮政业务总量	元	393974831	13.9
国际邮政业务量	元	2350286.2	5.7
主要分类业务量			
一、函件总数	件	95090975	4.1
1. 国内函件总数	件	94986935	4.1
(1) 信件	件	72869366	-1.6
其中：大宗信件	件	2224349	
邮政商业信函	件	7323968	56.3
其中：账单类	件	2663791	
义务兵免费信件	件	29899470	16.1

续表 2-103

指标	单位	本年累计完成	比上年增长（%）
(2) 印刷品	件	3719863	1.4
其中：大宗印刷品	件	628345	
(3) 邮送广告	件	15407759	41.0
其中：中邮专送广告	件	10943180	
2. 出口国际及港澳台函件	件	104040	-21.7
进口国际及港澳台函件	件	193657	
二、邮资广告明信片制作量	件	1938470	57.0
三、机要邮件	件	240741	-8.5
四、包件	件	1301519	1.5
1. 国内包件	件	1296589	1.5
2. 出口国际及港澳台包件	件	4930	-3.6
进口国际及港澳台包件	件	2478	
五、特快专递	件	1106296	10.5
1. 国内同城特快专递	件	79969	57.6
2. 国内异地特快专递	件	1008573	7.9
3. 国际及港澳台特快专递	件	17754	13.8
六、直递业务	吨	41795	63.4
七、邮购业务	件	1063173	
邮购商品销售额	元	10091850	
八、邮政礼仪业务	件	515 21	39.6
九、汇票	张	3233359	-0.4
1. 国内汇票	张	3233357	-0.4
其中：普通汇票	张	2938142	-0.3
电报汇票	张	295215	
快件汇票	张		
2. 国际汇票	张	2	
十、报纸累计份数	份	248180546	9.0
其中：订阅	份	238212982	7.5
零售	份	9967564	61.6
十一、杂志累计份数	份	19731226	12.9
其中：订阅	份	13818014	14.4
零售	份	5913212	9.6
十二、邮政储蓄平均余额	元	8423664005. 6	25.9
邮政储蓄期末余额	元	8894395468	24.3
其中；定期储蓄余额	元	5990929406	21.3
活期储蓄余额	元	2903466062	31.1
邮储异地存取款交易笔数	笔	1248030	2085.5
邮储异地存取款交易金额	元	2900496422	552.3

续表 2-103

指标	单位	本年累计完成	比上年增长（%）
十三、集邮邮票	枚	78294031	-22.3
集邮品册数	册	783720	-1.0
十四、邮政出租代维及其他	元	30687166	-3.8
十五、邮政其他业务量	元	37277528	39.7
其中：代办电信业务量	元	924810	-10.2

2000 年业务量计划完成情况表

表 2-104

单位	完成（万元）	比上年增长（%）	完成年计划（%）
全区	39397.48	13.9	103.68
呼和浩特市邮政局	7078.16	4.4	93.13
包头市邮政局	6028.26	19.2	105.57
乌海市邮政局	1602.03	28.8	116.34
赤峰市邮政局	4330.08	17.0	106.39
兴安盟邮政局	4930.76	9.2	100.63
呼伦贝尔盟邮政局	1359.70	17.3	106.23
通辽市邮政局	3160.23	5.6	100.01
锡林郭勒盟邮政局	1888.15	21.5	109.14
乌兰察布盟邮政局	2983.94	7.6	100.47
伊克昭盟邮政局	2667.36	22.3	108.87
巴彦淖尔盟邮政局	2236.69	19.0	108.05
阿拉善盟邮政局	851.17	11.9	104.95
呼和浩特邮区中心局	280.97		

2001 年 1 月 11 日，自治区邮政局制定《2001 年业务收入计划及有关奖励办法》。明确：邮政业务计划由原来自治区邮政局指令下达改为盟市邮政局指导性申报。奖励办法为：增长第一档 12%，人均奖励 100 元，奖建设资金 150 万元；第二档 15%，人均奖励 300 元，奖建设资金 100 万元；第三档 17%，人均奖励 500 元，奖建设资金 50 万元；虚列收入超过 10 万元的，取消评奖资格；集邮收入超计划完成部分在计算总收入增长比例时予以剔除。同日，印发《全区会计核算体制改革若干意见》。明确：改变原有收支差额“以包代管”的会计核算管理办法，实行收入全部上交、成本和费用按月核拨款的“收支两条线”管理。1 月 15 日，印发《2001 年盟市邮政局经营责任制考核办法》。该办法由考核指标体系、考核计分办法、考核等级划分和奖罚办法 4 部分组成。其中基本档考核指标：(1) 三大经营目标，即收支差额包干计划、业务收入计划和全员劳动生产率计划。(2) 用户满意度。(3) 邮政通信质量。升级档考核指标：(1) 业务收入增长率。(2) 减（扭）亏贡献率。(3) 总资产产出率。(4) 邮储市场占有率。(5) 百万元国内生产总值邮政业务收入。(6) 集邮商品库存率。办法规定对考核结果当年不合格的，给予企业领导班子黄牌警告，连续 2 年不合格的，予以免职。同时实施追究制和公布制。同日，印发《修订邮政建设资金管理和使用暂行规定的意见》。该意见由邮政建设资金的集中管理、建设资金的使用、技

术建设资金的拨划和对外投资（或债权）管理 4 部分组成。明确了从 2001 年起，自治区邮政局对全区盟市邮政局的建设资金实行集中管理，分级使用，即收支两条线的管理办法。折旧资金按季全部上缴，分期拨付使用，年终清算，并调整分级使用比例：（1）各盟市邮政局上缴国家邮政局、自治区邮政局折旧资金比例为 40%，自行安排使用折价资金比例为 60%。（2）一级干线折旧上缴自治区邮政局资金比例为 80%。（3）呼和浩特邮区中心局上缴自治区邮政局折旧资金比例为 35%。（4）内蒙古邮电印刷厂折旧资金全部自留自用，项目管理仍按自治区邮政局有关办法执行。（5）内蒙古邮政职工培训中心、内蒙古集邮公司、内蒙古邮政信息技术局、内蒙古邮政储汇局、内蒙古邮政报刊发行局和内蒙古邮政广告总公司等直属单位折旧全部上缴。2 月 5 日，制定《内蒙古邮政收支差额及资金缴拨款管理办法》。该办法由收支差额缴拨款管理的目的、原则、范围、内容和方法及罚则等组成。明确了应缴（拨）收支差额是指按内蒙古邮政局核定的当年收支差额包干计划应拨补或上缴的资金；应缴折旧是指按照《修订邮政建设资金管理和使用暂行规定的意见》应由盟市邮政局和直属单位上缴的折旧资金（含集中资金）。每年年初，内蒙古邮政局按照各项资金来源制定收支差额缴拨款计划，盟市邮政局和直属单位按照计划定期上缴或由内蒙古邮政局定期拨补。其中盟市邮政局折旧的 40% 及一级干线折旧的 80% 纳入经费按现金缴拨，折旧的 60% 进行转账缴拨。本办法于 2001 年 1 月起执行。6 月 7 日，成立内蒙古邮政机关财务中心，属自治区邮政局直属单位。主要负责自治区邮政局机关及直属单位的财务、资金及资产的管理工作。年内，各盟市邮政局所在地的专业化公司会计机构进行撤并，会计核算由盟市邮政局统一组织。同时，盟市邮政局加大对旗县邮政局财务的监管力度，会计核算改变原有的收支差额以包代管的传统管理办法，基本上实现盟市邮政局对旗县邮政局实行收入全部上缴、成本和费用按月核拨的“收支两条线”管理。7 月 24 日，制定《自治区邮政企业盘活固定资产财务管理实施细则》。该细则由总则、不动产的盘活、动产的盘活、盘活资产的财务管理及附则 5 章 15 条组成。明确了盘活资产采取的方式为出租、内部调配、投资、联营、对外出售等。年内，通过开展清理回收报刊欠费工作和削减邮购商品、集邮商品及图书等库存的方式，加速了流动资金周转，减少了邮政企业的不良资产。年内，顺利完成新旧会计电算化软件的衔接与运行。在利用新软件功能的基础上，开展邮政通信企业专业成本核算和生产环节成本核算，创建新的会计核算体系。自治区邮政局对直递业务专业核算、海尔产品运输配送财务处理进行规范，部分盟市邮政局对直递、邮购、广告、图书批销等新业务进行单独核算。年内，完成邮政企业普遍服务情况调查、报刊发行业务财务情况调查及 2000 年度邮政通信企业成本费用评价标准指标体系等报表的编制、报送和分析工作。顺利实现 1990 年及 2000 年不变单价的转换和运行。截至年底，自治区邮政局机关、直属单位及部分盟市旗县邮政局参加了医疗保险。福利性实物分房制度取消后，各级邮政部门积极研究当地住房补贴有关政策，在不违背当地政府制定的有关房改政策的前提下，陆续制定本单位住房补贴办法，逐步实现住房分配货币化。9 月起，为消除业务收入水分和大收大支现象，避免虚假收入和多重纳税，自治区邮政局 3 次对全区各盟市邮政局 2001 年度集邮业务收入计划调减，并相应调减各盟市邮政局业务总收入计划。10 月，组织开展全区邮政统计工作执法大检查，发现存在收入的真实性（水分问题）和通过审计发现的成本列支违纪违规问题。本年，全区邮政业务收入完成 8.38 亿元，比上年增加 12.4%；总支出累计完成 9.2 亿元，同比下降 1.25 个百分点；管理费用同比下降 2.9%，财务费用同比下降 12.58%；实现支差 1.1 亿元，同比减亏 1 亿元。

2002 年 2 月 21 日，自治区邮政局将原经营承包责任制考核办法和工效挂钩办法合并，印发《2002 年区邮政局对盟市局效绩考核激励办法》。该办法明确考核指标体系为：（1）收支差额总额。（2）全员劳动生产率。⑶安全生产，人身安全、资金资产安全、邮件安全。（4）业务收入增长率。（5）用户满意度。⑹违规经营。⑺总资产回报率。⑻用户欠费率。⑼集邮商品库存量。2月26日，制定《企业经营管理者、会计工作人员专项奖惩办法》。该办法对有弄虚作假列入企业账内或报表的收入、成本费用，私设工资性支出以外“小金库”的，截留业务收入的违规、违纪行为之一的执行专项奖罚。即违反本规定事项的主要责任人每次处罚500-1000元；次要责任人每次300-500元；一个单位年内发生3起以上的，罚单位负责人5000元，1名会计人员年内发生2次次要责任或1次主要责任的，调离会计岗位，3年内不得上岗；检举人每次视检举违纪程度给予500-1000元奖励。3月12日自治区邮政局印发《盟市局财务核算一体化指导意见》和《盟市收支两条线财务核算管理办法》。决定：自2002年4月1日起，先对2001年度已扭亏为盈的呼和浩特市、包头市、乌海市等邮政局实行收支两条线财务管理，与其他支差局在维持现有收支差额管理办法的基础上逐步推行收支两条线财务管理；各盟市邮政局取消所有旗县邮政局财务核算，旗县邮政局一律改为备用金报账单位，盟市邮政局对旗县邮政局统一实行财务核算一体化管理。5月，组织开展普遍服务调查工作，全区共抽取邮政农村网点154处、城市网点6处样本单位。6月，组织盟市邮政局填报邮电分营以来1999—2001年的“邮政通信企业基本情况表”。审核了全区旗县邮政局以上3万多个指标，300多张资料卡片，这次资料的整理为各级领导及企业经营提供了全面的统计资料。按照国家邮政局的统一部署，全区邮政开展清产核资工作。经清查，全区设备类固定资产账面金额57765万元，净值25867万元；盘盈原值35万元，净值35万元；盘亏原值258万元，净值55万元；损毁原值318万元，净值145万元；待报废原值11263万元，净值1615万元；清查原值45951万元，净值24084万元。其中土地、房屋类固定资产清查情况：房屋总面积77.4万平方米，全区房屋原值账面值96128万元，净值80066万元；盘盈原值15.7万元，盘亏原值82万元，净值49万元；损毁原值17.7万元，净值9.6万元；待报废原值3532万元，净值1612万元；清查原值92507万元，净值78409万元。全区占用土地面积122万平方米。其中在用116万平方米，待用3万平方米，租出0.5万平方米，闲置5.9万平方米，其他8.9万平方米，账面金额5223万元。邮资票品清查情况：全区邮资票品（含邮票、邮品、用具）(A)时点账面值23328万元，进销差价总值11423万元，进价总值11904万元，盘亏值2万元，损毁待报废值321万元，清查值23004万元，预计减值10033万元，待处理总值10329万元，待处理进销差2504万元，待处理进销总值7825万元；全区邮资票品（含邮票、邮品、用具）(B)时点账面值24436万元，进销差价总值11619万元，进价总值12817万元，盘盈值1.6万元，盘亏值7.2万元，损毁待报废值350万元，清查值24090万元，预计减值10033万元，待处理总值10384万元，待处理进销差2536万元，待处理进销总值7847万元。邮资封片2002年1月31日盘存金额993万元，2—6月销售81万元，6月30日清查值912万元，拟转邮资票品账365万元，拟销毁547万元。报刊应收款项账面值为省内5125万元，省际146万元，其他12万元，实际清查额4981万元。应付款项账面值为区局报纸815万元、杂志26万元，报刊局报纸411万元、杂志261万元，实际清查额为498万元。资产损失为26912万元，其中流动资产损失13361万元，固定资产损失4853万元，其他损失852万元，邮资票品损失7847万元。年内，制定清理回收用户欠费、盘活资产的奖励措施，并下达盘活资产收入计划，核定集邮商品库存定额。4个月内回收6000多万元的欠费，截至年末盘活资产收入1300万元。10月，进行“国内特快专递资费状况”抽样调查，调查3天的业务量，抽取3000多笔统计数据；11月，在全区城市以上近500个支局所进行通信票调查。在流动资产管理方面，重点加强清欠工作，年内收回用户欠费6000多万元；同时大力盘活资产，实现收入1300万元。年内，存在的主要问题是收入“水分”仍然存在，会计核算中随意调节收支指标现象严重，造成会计信息失真，企业效益不实。本年，全区邮政业务收入 89433 万元，比上年同期增长 7.13%，完成国家邮政局收入计划的 100.15%。业务总量完成 8.04 亿元，比上年增长 5.84%，完成年计划的 98.10%。完成邮政业务总成本 93371 万元，比上年增长 1.98%，其中邮政专业成本 60739 万元，比上年增长 0.51%；管理费用成本 21997 万元，比上年下降 8.15%；其他业务支出 9165 万元，比上年增长 47.92%；财务费用 1470 万元，比上年增长 50.15%。收支差额 -6636 万元，比上年减亏 4000 万元，完成年计划的 99.96%。2003 年 2 月 20 日，自治区邮政局通报 2002 年盟市邮政局效绩考核结果：全区除兴安盟邮政局得 96 分为合格外，其余各局均不合格。为此，对兴安盟邮政局给予奖励，对其他局领导班子给予黄牌警告。

2002 年，自治区邮政局对全区范围收入质量、会计基础工作、盘活资产情况进行全面检查，并开展业务收入专项检查，检查后，及时与被查单位交换检查意见，并提出相应的整改意见。此次检查，理顺了会计核算秩序，规范了财务规章制度，维护了财经纪律，进一步提高了企业管理水平。同时，完成对多种经营企业的普查工作。在增收创收的同时，全区各级邮政财务部门继续把成本控制作为工作的重点。加强计划管理，推行定额成本控制，有效地控制成本的增长。乌海市、巴彦淖尔盟、阿拉善盟等邮政局本着“计划为主，优化为辅，杜绝浪费”的指导原则，实行“以收定支，多收多支，少收少支”的收支系数成本费用管理办法，努力降低生产性支出，压缩非生产性支出。乌海市邮政局把市内转趟与物流配送业务所用汽车整合在一起，优化了成本开支，提高了设备的利用率，节约了费用开支。赤峰市邮政局继续牢固坚持“可花可不花的款项一律不花；可晚花的款项不早花；可少花的款项不多花”的费用管理原则。乌兰察布盟邮政局把可控成本费用计划列入企业经营责任制考核指标进行考核。自治区邮政局改革部分直属单位经费支出核拨办法，更好地做到增收节支。在业务收入管理方面，全区各级邮政部门牢固树立开源第一的思想，努力增加有效收入。财务部门积极支持业务部门发展业务，开拓市场，制定引导业务发展的各种激励政策。针对储蓄业务市场环境的变化情况，实施动态管理，按季考核，分段奖励；抓住代办保险业务刚起步的特点，制定特殊优惠的激励政策。乌海市邮政局针对邮政报刊发行业务的发展情况，改革投递人员和社区服务人员的工资支付手段，实行保底工资和计件工资报酬相结合的工资支付形式，进一步提高了职工的积极性，促进了邮政业务的发展。在业务收入计划管理方面，自治区邮政局认真分析历年的业务收入情况，及时调整计划，最大可能地消除不良收入，提高了业务收入的质量。在业务收入日常管理方面，强化收入在收取、报账、交款、核算、欠费清理等环节的工作，杜绝了跑、冒、滴、漏现象。3 月 31 日，根据《2002 年清理回收用户欠费奖励办法》，自治区邮政局对各盟市邮政局清理回收用户欠费情况进行考核，对用户欠费占业务收入比重在 2.5% 以下的盟市邮政局给予奖励，

2002 年清理回收用户欠费奖励表

表 2-105 **单位：万元 %**

单 位	应收账款	其中：储蓄利差收入	用户欠费	业务收入	欠费占业务收入的比重	奖金
呼和浩特市邮政局	1845	229	1616	19050	8.48	
包头市邮政局	1740	801	939	12919	7.27	
乌海市邮政局	117		117	3460	3.38	
呼伦贝尔市邮政局	1850	1469	381	10496	3.63	
通辽市邮政局	191	50	141	5820	2.42	1
赤峰市邮政局	1285	1110	175	10190	1.72	1.7

续表 2-105

单　　位	应收账款	其中：储蓄利差收入	用户欠费	业务收入	欠费占业务收入的比重	奖金
锡林郭勒盟邮政局	168	110	58	2830	2.05	1.4
乌兰察布盟邮政局	989	475	514	5470	9.40	
鄂尔多斯市邮政局	353	0	353	5741	6.15	
巴彦淖尔邮政局	162	206	556	5200	10.69	
阿拉善盟邮政局	99	54	45	1812	2.48	1
兴安盟邮政局	194	71	123	2990	4.11	

2003 年 1 月 1 日起，各盟市邮政局向各类金融机构的贷款，统一由自治区邮政局集中统贷，取消盟市邮政局及以下单位向金融机构贷款权，以前年度贷款由自治区邮政局按原还款期限逐步集中区局分期统借分还。折旧资金管理办法规定：自治区邮政局负责总规模与投资方向，盟市邮政局负责零星项目。折旧资金全部按季上划，自治区邮政局与盟市邮政局四六比例不变，仍按 60% 按季分项目返回盟市局，并对盟市邮政局折旧 60% 部分分块管理。同时，明确盟市邮政局及邮区中心局、物流公司、印刷厂自行安排的单项工程权限为 20 万元以下，超过 20 万元需由自治区邮政局立项列为区项目。2 月 10 日，自治区邮政局印发《关于对邮政虚拟经营电信业务及新增营业网点给予收支差额补贴的通知》，明确：2002 年已签订协议及开办虚拟经营电信业务的局，按照当年形成虚拟经营收入的多少，分档给予开办费补贴。收入在 20 万元（含 20 万元）以上的，补贴 5 万元；收入在 9 万元（含 9 万元）—20 万元之间的，补贴 3 万元；收入在 9 万元以下的（包括当年开业或已签订虚拟经营协议但未形成收入的），补贴 2 万元。2003 年 6 月 30 日前开业的虚拟经营电信业务的局，补贴开办费 8 万元；第三季度内开业的，补贴 5 万元；第四季度内开业的，补贴 3 万元。盟市所在地新增邮政营业网点，使用面积在 100 平方米以上的，给予装修费补贴 15 万元；使用面积在 200 平方米以上（含 200 平方米）的，补贴 25 万元。旗县所在地新增邮政营业网点，使用面积在 50 平方米以上的，给予装修费补贴 6 万元。根据此办法，自治区邮政局对 2002 年全区虚拟经营电信业务的各局补贴资金 60 万元；对 2003 年的补贴 291 万元。2 月 17 日，自治区邮政局为减少资金在途时间，加速资金周转，保证全区固定资产折旧的按时上划和缴拨款的正常进行，以及自 1 月 1 日起全区银行贷款实行统贷统还后能够确保各局按时归还银行贷款本息，决定自 1 月起在全区范围内暂时实行部分收入“收支两条线”管理，即，各盟市按季度集中上交储蓄利差收入，区局根据各局收支差额包干基数计划和应交折旧资金与各盟市局清算后再下拨，并逐步向全区财务“收支两条线”管理过渡。2003 年全区邮政业务收入完成 83119 万元，比上年同期减少 7.06%，完成国家邮政局调整后的计划；业务总量累计完成 85115 万元，比上年增长 5.8%，完成年计划的 100.13%；邮政业务总成本 88501 万元，比上年减少 5.26%。其中：邮政专业成本 59887 万元，比上年减少 7.32%；管理费用 24634 万元，比上年增长 9.45%；其他业务支出 2916 万元，比上年减少 40.61%；财务费用 1064 万元，比上年减少 22.84%。收支差额 -8218 万元。全员劳动生产率达到 5.51 万元 / 人。年内，全区邮政实现归还银行贷款 1500 万元，归还拖欠工程款 2800 万元；不断削减集邮商品、邮购商品、图书的库存，以减少企业的不良资产；在工程管理上，加强在建工程的管理，本年转入固定资产 5000 万元。

2003 年，全区邮政计划管理工作在认真分析企业现有状况、能力、发展潜力和市场需求的基础上做好财务收支计划、固定资产投资计划、更新改造计划。在做好短期计划的同时，做好中长期发展规划，使计划贴近实际，指导企业发展。在财务检查方面，继续加大财务检查力度，维护财经纪律。总结财务检查出的问题，认真分析、整改、规范。3 月 18 日，自治区邮政局印发《关于会计检查工作安排及有关要求的通知》，重点对收入缴款、出租房屋、代办业务资金的结算上缴、用户欠费清理情况、会计基础工作的检查。特别是对旗县业务收入款上划期限长、银行账户分散、营业网点和分支机构不执行营业收入日报制度、营业款不能按时入账、开办电子汇兑后汇费收入不能当日结交等问题进行规范。根据国家邮政局《关于组织开展邮政企业 2003 年财务收支联合检查的通知》要求，组织全区所属邮政企业完成财务收支检查的自查工作。把房屋出租收入和出售品收入等其他业务收入作为第二季度日常检查工作的重点内容进行检查，确保了房屋出租收入的全部入账，杜绝了“跑冒滴漏”现象的发生；完成对包头市邮政局财务状况的剖析工作；完成对 5 个盟市邮政局和 6 个旗县邮政局经营业绩的考核工作。在统计工作方面，全区邮政开展统计分析工作，对经营管理中的热点、难点业务进行统计调查，为科学管理企业和正确决策提供真实、完善的统计资料；完成 2002 年邮政投入产出调查，报刊量收比例及平均单价调查、国际特快专递业务季度调查、特快专递邮件航空运量调查、国内挂号信件、挂号印刷品、特快专递、普通包裹、快递包裹业务调查工作；完成 2000-2003 年《内蒙古邮政统计资料汇编》的编审出版工作；开展全国省际间产品量审查工作，对统计工作中存在的问题及时发现纠正，杜绝统计工作中少报、漏报、瞒报现象的发生。继续加强区局机关财务中心基础工作，各项成本费用支出得到有效控制。2003 年，除完成日常核算工作外，进一步完善备用金制度，重新核定备用金数量、备用金管理人员，以防出现资金安全问题。对 2003 年以前机关直属单位及转入的关停的二级单位的应收、应付挂账款项进行了一次清理，强化了往来账款管理工作。基建会计核算更加细化，把按资金、工程项目同一账套核算，改为按项目分账套对每一工程项目进行明细核算，便于工程项目的管理。完成普遍服务、邮政企业房屋土地、邮政资费、城市自办支局所等调查工作。

2004 年 1 月 1 日起，全区邮政通信企业折旧资金全部集中区邮政局管理，由区局集中使用，统筹安排，取消各盟市局及直属单位固定资产投资决策权。区邮政局集中全区折旧资金实行透明化管理。全区折旧资金区局集中 25%，用于全网性固定资产投资。将各盟市局上交折旧的 65% 集中管理，用于各盟市局。将盟市局上交折旧的 10% 集中管理，用于盟市局日常生产上突发应急性固定资产投资在 5 万元以下的零星开支。内蒙古邮电印刷厂、物流公司仍实行企业折旧自提自用原则，在使用前向区局计财处备案。截至年底，全区财务费用平均降低 15% 左右。1 月 12 日，自治区邮政局印发《关于核定盟市、旗县局管理用车配置标准的通知》。标准为旗县局配置综合管理用小汽车 1 台，车价在 20 万元以内。按旗县局管理的区局可按旗县局标准配置，暂核定乌海市的乌达、海南局，包头市的白云、石拐、东河、青山、九原局，赤峰市的元宝山、松山局等 9 个局。盟市局一般配置综合管理用小汽车 2 台，首府呼和浩特市邮政局可配置 3 台，车价在 30 万元以内，领导干部不得专车专用。二连浩特、满洲里市邮政局配置综合管理用小汽车 1 台，车价在 25 万元以内。盟市局所属专业化公司不配小汽车。同时，要求各盟市、旗县局将多余车辆在 1 个月内清理调配出售。3 月 24 日，在全区各级邮政企业内试行财务收支预算管理，范围是各盟市、旗县邮政局，呼和浩特邮区中心局，内蒙古快递物流有限责任公司，内蒙古集邮公司及全区各盟市集邮专业公司，区局各直属单位。4 月起在全区范围内组织开展清理回收用户欠费的“攻坚战”，截至 12 月底，全区共收回用户欠费 1.79 亿元，回收率达 83%。4 月 14 日，自治区自邮政局印发《2004 年度区邮政局对盟市局效绩考核办法》，由效绩考核指标体系、评分办法、考核办法、附则 4 部分组成。6 月 15 日，印发《内蒙古邮政企业资产盘活管理办法》，提出资产盘活管理和资产出售、转让的程序和要求，加大对资产盘活的激励力度，提出盘活的重点和目标。7月底，专门印发传真电报，要求各局把资产经营提升一个高度，提出资产盘活工作的方案和措施。1—12月，全区邮政系统实现房屋出租收入1270万元。在全区范围内开展在建工程的清理工作，清理在建工程项目132个，涉及金额6180万元。年内，自治区邮政局继续把现金流量状况纳入效绩考核范围，并印发《加强资金资产管理的若干意见》，控制投资，加强对存货和用户欠费的管理，增加企业现金流入量，加快资金周转。归还外部工程欠款3000万元，归还银行借款1500万元。按照国家邮政局《关于重申处理邮政企业禁止财务行为有关规定的通知》和《关于开展邮政企业禁止类财务行为和财务收支专项检查的通知》要求，6月1—28日，自治区邮政局抽调财务检查人员和审计人员组成3个检查组，对12个盟市邮政局进行全面的自查督导和普查工作，普查面达到100%。7月28日、8月8日，按时向国家邮政局上报阶段报告。检查结果涉及违规、违纪金额4987.69万元。10月26日，自治区邮政局印发《报刊业务资金集中管理办法》。明确报刊业务资金上缴方式从以前的各旗县邮政局直接上缴区报刊发行局改变为各旗县局先将报刊款上缴到盟市邮政局，由各盟市邮政局按规定的时限上缴区报刊发行局。各旗县邮政局报刊业务资金必须全部上划各盟市邮政局报刊专户。大收订期间，每周上划一次；大收订结束后，每月25日前上划一次。报刊长期款在大收订结束后10日内必须上划盟市邮政局。盟市邮政局自身报刊资金每日送存报刊专户。11月10日，自治区邮政局重新修订《内蒙古邮政建设资金管理办法》，对2003年修订印发的《内蒙古邮政建设资金管理办法》进行修订。规定全网性资金全区折旧资金区局集中比例由原来的25%改为30%，用于全网性固定资产投资；定性资金将各盟市使用折旧的65%下调为60%，仍然采用区局集中管理，具体项目需报区局审批后方可实施。近期投资方向仍主要用于归还拖欠的工程款。当年，业务收入85732万元，比上年增长3.12%，其中邮政通信业务收入82270万元，其他业务收入3462万元。邮政业务总支出98823万元，比上年增长11.66%，其中通信业务成本65983万元，比上年增长10.18%；管理费用29960万元，比上年增长21.62%；财务费用1142万元，比上年增长7.3%；其他业务支出1738万元，比上年下降40.40%。实现支差8991万元（剔除资产损失、列损益部分），支差额控制在国家邮政局调整后的指标范围内，较好地解决不实收入、成本挂账等历史遗留问题，经济运行质量进一步提高。存在的问题有：库存商品存在账物不符、“白条顶库”和会计信息失真现象。

各盟市邮政局管理用车核定表

表2-106 **单位：辆**

盟市	机关	旗县	合计
呼和浩特市	3	5	8
包头市	2	8	10
乌海市	2	2	4
赤峰市	2	11	13
呼伦贝尔市	2	14	16
兴安盟	2	4	6
通辽市	2	7	9
锡林郭勒盟	2	11	13
乌兰察布市	2	10	12
鄂尔多斯市	2	8	10
巴彦淖尔市	2	6	8
阿拉善盟	2	2	4
合　计	25	88	113

2005年，内蒙古自治区邮政局以预算、核算、结算为三大重点，全面推动财务管理改革，出台《内蒙古自治区邮政局企业全面预算管理办法》《关于完善全区邮政企业成本费用定额建立成本费用预算标准体系的意见》《内蒙古自治区邮政局速递专业模拟核算实施办法》。3月份，根据国家邮政局《一级干线运费结算办法》和《国际航空运费结算补充办法》，开始一级干线运费结算和国际航空运费结算模拟运行。10月份，正式开始结算。根据国家邮政局的要求，按照“上分下合”的原则，进行内部的储蓄模拟核算。9月底，完成各项准备工作，从10月份起全面实行储蓄专业分账核算。5月31日，国家邮政局对内蒙古自治区邮政局《关于农资分销经营项目有偿投入借款的请示》给予批复，决定给予自治区邮政局800万元的半年期无息调度借款，自治区邮政局在2005年11月30日前向国家邮政局偿还该笔资金。从7月份到年底，网上银行调度闲散资金1亿元，使银行贷款得到及时偿还，降低财务费用，为储蓄、农资配送等业务提供有力支撑。全年共回收欠费1.5亿元（其中报刊欠费2186万元），收回率达到85%，出售房屋收入6460万元。截至年底，全区盘活房屋资产收入达7971万元，其中出售房屋实现资产盘活收入6460万元，出租房屋收入1511万元，从国家邮政局得到资产盘活补贴1846万元。年内，全区邮政业务收入完成89262.8万元，同比增长4.11%；邮政业务总量完成89350.6万元，同比增长3.6%；邮政业务总成本完成104　729万元，同比增长5.98%；其中邮政专业成本完成76077万元，管理费用完成25965万元，财务费用完成1153万元，其他业务支出完成1534万元；完成支差15118.8万元。存在的问题有：核算体系建设相对滞后，同全网经营体制和机制改革的要求存在很大差距；对现代企业制度下现金净流量、现金营运指数、自有现金流量等经济质量监控指标研究和分析不够，计财人员的管理观念还不同程度地停留在计划经济模式下，市场意识淡薄，对新事物、新问题研究滞后。

2006年，自治区邮政局以速递专业为突破口，推进损益核算工作。根据国家邮政局制定的《关于邮政企业现业局开展速递专业损益核算的指导意见》，制定《内蒙古邮政速递专业化改革总体方案》《内蒙古自治区邮政局速递业务专业化经营财务管理和会计核算办法》，在速递专业模拟核算的基础上，全区邮政企业从9月份开始初步进行速递专业损益核算，8月份，由人教处和计财处分别牵头，相关部门配合，组成2个工作组，对全区各盟市局速递专业损益核算实施情况进行督导、调研。7月起开始对盟市局进行“国际航空运费”结算工作。通过对盟市局的结算，提高全网成本意识，规范经营秩序，遏制低资费收寄现象。8—11月，全区开展全行业清产核资工作。22户独立核算单位对各类资产进行全面清点，固定资产逐一贴签核对，应收款项逐笔函证核实。通过清产核资揭示全区普遍存在“重投资、轻管理”“重收入，轻现金”等现象，外部欠款催收薄弱、内部往来款拖欠等问题比较严重。这次清产核资，是分营以来最彻底的一次。经会计师事务所审定，全区共清查出各类资产损失和资金挂账1.45亿元，作冲减权益或自列损益的账务处理，历史遗留的资产不实、潜亏、挂账等资金资产问题基本得到了解决。截至年底，全区邮政量收系统进行系统管理、多维分析、绩效指标、预警稽核、自定义机构、统计、报表等功能模块多项功能点的开发，并完成区、盟市局2005年1月—2006年9月量收历史数据的导入，开展邮政机构基础信息全面调查核对工作，进行邮资机联网建设推广工作、电子化支局版本升级等。随着系统数据完整性和准确性的不断提高，量收系统应用不断深入，全区用户达584个，月登录系统近2049次，系统数据在收入稽核、业务分析、大客户管理、生产作业组织优化等方面得到了初步应用。国家局从10月份起，将“一级干线运费”数据清分到各盟市局，区局对清分的数据核实后对盟市局进行结算。本年开始执行盟市及旗县局分等分级管理办法。邮政业务总收入实现了较快增长，同比增幅达到6.03%，超集团公司下达收入预算2700万元。业务总成本同比增长7.2个百分点，财务费用同比增长3.17个百分点，管理费用同比增长 8.12 个百分点，其他业务支出同比下降 18.2 个百分点。年内，全区邮政业务总收入完成 95414 万元，同比增长 6.89%。

2007 年，全区邮政开展辅业改制工作，对呼伦贝尔、赤峰、通辽局规模较小且无资质的物业公司进行了关停，呼和浩特市鸿翔公司、邮科通公司完成税务、工商注销工作；邮电印刷厂、呼和浩特市邮政经贸公司完成评估和审计工作，上报中国邮政集团公司。自治区邮政公司完成上划净资产和产权变更登记，完成邮政储蓄银行首期注入资产的确定、剥离、评估、验资等工作，确保改革的平稳过渡。本年，完成邮政业务收入 10.8 亿元，新增收入 1.3 亿元，同比增长 13%。邮务类业务实现收入 2.6 亿元，同比增长 21%。速递物流类业务实现收入 1.63 亿元，同比增长 15%。金融类业务保持持续增长，实现收入 61627 万元，同比增长 10.5%。

2008 年，自治区邮政公司深化“三算”工作，强化预算管理功能，调整预算目标，适时动态管理，提高预算执行的刚性；进一步明确了责任中心损益核算的工作流程和各相关部门在损益核算工作中的主要职责；开展了区对盟市局、专业公司的“国际邮件终端费”结算工作和“省内干线运费结算”“一级干线分专业结算”测试、数据核对工作；通过实施资金收支两条线管理，有效地节约财务费用，年底财务费用同比下降 19%，节约 251 万元，并已实现支出户零余额管理。完成邮政储蓄银行和盟市分行组建工作，完成了邮政企业与邮储银行分账核算；加大成本集中力度，强化企业成本集中管理。年内，全区邮政业务收入再创历史新高，完成 12.89 亿元，全国排名第 23 位；完成中国邮政集团公司下达预算的 112.58%，收入同比增长 19.8%，全国排名第 5 位，增收绝对值 2.13 亿元。总收入实现全国排序前移一位。邮政金融类收入完成 6.71 亿元，同比增长 8.82%，拉动收入增长 5.05 个百分点。邮务类业务收入完成 3.63 亿元，同比增长 39.67%，占总收入比重为 28.14%，比上年提高 3.81 个百分点，拉动收入增长 9.58 个百分点。

2009 年，全区邮政业务总收入完成 12.25 亿元（不含银行），收入绝对值全国排名第 24 位；完成集团公司下达预算的 103.64%，超收绝对值 4300 万元；收入同比增长 11.43%，全国排名第 21 位，增收绝对值 12570 万元。邮务类业务 2009 年收入完成 36218 万元，同比增长 3.09%，占总收入比重为 21.75%，比上年提高 1.64 个百分点。

2010 年，自治区邮政公司全面推行成本费用预算标杆管理，狠抓财务管理基础工作，建立以考核有效收入为重点的收入评价机制。引进“有效收入”概念，强调对印制费、代办费和用户欠费的管理，通过建立以考核有效收入为重点、以公司价值取向为主要内容的收入考核评价机制，实现对盟市和专业局的业绩评价；通过将营业网点有效收入和营业利润等作为支局所和营业人员的绩效考核指标，科学激励员工关注有效收入，引导营业网点大力发展高效业务。改变了以历史数据作为成本费用预算编制依据的传统做法，推行成本费用预算标杆管理，是分营以来首次对收支差额预算做出的大的调整。通过建立以“成本费用标杆”为重点的成本削减机制和成本费用集中管理，达到降本增效的目的。区公司将 90% 以上的成本费用分别制定了对盟市局及直属单位的各项成本费用的定额标准，并合理地按照成本费用标杆测算每个单位各项成本费用开支标准。成本费用定额标准执行后，全区的成本空间增加，进一步加大了区公司层面成本费用集中管理力度，2010 年比 2009 年多集中成本费用 2500 万元。用于对城市网点、电动自行车、标志服、商易通、POS 机等提高核心竞争力方面的投入，确保了对重点业务、竞争性业务、高效业务的成本投入。制定了内蒙古邮政成本费用集中管理办法，采用集中核定、集中采购、集中支付、集中使用等方式，在区公司、地市局层面加大对本级及所属分支机构成本费用的管控。集中的成本费用占到总支出的 80% 以上。按照集团公司有关营业网点损益核算工作要求并结合全区实际情况，制定了营业网点损益核算实施方案及相关的工作职责、流程，测定了计算网点有效收入的结算价格；设计了统一的台账格式（Excel 格式），能够方便地计算营业网点有效收入，也方便对营业网点成本费用明细进行归集。开展了营业网点损益核算和旗县局分销业务损益核算工作，全区共确定 66 个城市自营营业网点开展损益核算工作，其中集团层面重点关注网点 2 个，区公司层面重点关注网点 15 个。从 3 月份起，在全区部分旗县局（除乌海、阿盟局外每个盟市局选择 1 个旗县局）开展了分销业务损益核算工作。年初往来账款金额高 12.32 亿元，其中：应收款项 4.45 亿元，应付款项 7.87 亿元。为了加速企业资金周转，提高资金使用效率，降低企业经营和财务风险，从 5 月至 10 月份开展全区往来账清理工作。10 月份又专门召开了全区往来账清理现场核对会议，对往来账逐项逐笔进行了核对，同时，各盟市与区公司之间、盟市局与盟市局之间、各盟市局与各专业局之间的往来账款也逐一进行了核对。这次往来账款清理工作是分营以来规模最大的一次，也是清理的比较彻底的一次，掌握了往来账管理的现状，对往来账账龄重新进行了核实，债权、债务单位相互间进行了确认，更重要的是通过清理暴露出了往来账管理中存在的问题，为下一步切实加强往来账管理找准切入点。年内，全区收入 11.75 亿元，同比增长 16.8%，完成中国邮政集团公司预算 109.6%，绝对值超预算 1.03 亿元；全区有效收入完成 8.91 亿元，完成预算 104.18%，绝对值超 3600 万元；函件业务中毛利率较高的账单业务增幅 32.13%；电子商务业务中有效收入很高的短信收入同比增长 69.73%；全区成本费用总支出增幅低于总收入增幅 5.12 个百分点，其中业务代办费占总成本的比重由上年的 10.8% 下降为 10.37%，降低了 0.43 个百分点；财务费用较上年下降 22.9%。

四、审计

1991 年，国务院在全国开展“质量、品种、效益”年活动，邮电部审计局提出“大力开展经济效益审计”，自治区将经济效益审计作为一项重要的审计工作纳入年度计划，自治区各级审计机构选择对自治区邮电通信行业影响较大的单位和项目，开展经济效益审计。同时，根据行业审计特点，广泛开展了各种专项审计，在自治区范围内先后开展了业务资金审计、经济责任（离任）审计、内控制度、承包经营责任和局（厂）长离任审计等专项审计。4 月，自治区第一次邮电审计工作会议在呼和浩特市召开，会议总结了 1985 年内蒙古邮电审计机构组建以来的工作，讨论制定了《内蒙古邮电审计工作 1991 年至 1993 年规划（草案）》和《内蒙古邮电审计标准》，表彰了 1990 年度全区邮电审计工作先进单位和个人。

1992 年 1 月 1 日起，内蒙古邮电管理局划归驻邮电部审计局的审计范围。为了使内蒙古邮电审计制度齐全配套，实现制度化，出台了《内蒙古邮电经济效益审计办法》《内蒙古邮电基本建设项目审计暂行办法实施细则》《内蒙古邮电企业承包经营责任审计试行办法》等 11 项审计制度，涉及了效益审计、基本建设竣工决算审计、锅炉安装工程审计、农村电话、器材、承包经营、局（厂）长离任、经济合同、邮电业务资金等方面的内容，使内蒙古邮电审计规章制度初步形成了一个体系。

1993 年 6 月 5 日，成立内蒙古自治区邮电审计事务所。审计事务所现有从业人员 12 人，其中在编 3 人、兼职 4 人、聘任离退休人员 5 人，其中有经国家注册的审计师 10 人。年底，自治区邮电审计构发展到常设机构 16 个、专职审计人员 74 名，其中处（副处）级审计人员 3 名、科（副科）级审计人员 21 名，具有大专学历以上的审计人员28名、中专学历的27名，有高级职称人员4名、会计师13名、审计师5名、工程师3名。建立起一支人员结构合理、专业门类齐全、基本适应邮电审计工作需要的审计队伍。

1991—1995年，实施各类审计项目973个，开展审计调查108项，共查出违纪违规金额7554万元，查出损失浪费金额262万元，促进企业增收节支1136万元，工程项目审减额900万元。共开展财务收支审计476项，发现违纪违规金额5507万元，收缴罚没111万元，增加利润161万元。全区邮电工程项目审计122项，审计总金额28292万元，审减工程费用900万元。全区邮电开展承包经济责任和局（厂）长离任审计119项。开展经济效益审计87项，其中重点包括市话专业、邮政业务资金（邮储、报刊、汇兑资金）、专项资金管理和使用、设备利用等效益审计。针对企业经营过程存在的带有普遍性、倾向性、难点和热点问题开展了审计调查。五年中共开展108项审计调查，多数审计调查报告被有关领导和部门采纳。还就企业如何走向市场、改进经营、提高效益等提出许多建设性意见。

1996年，内蒙古邮电审计工作紧紧围绕促进“两个根本性转变”和提高邮电企业经济效益，全面贯彻落实《审计法》《邮电审计工作规定》，加强了对自治区邮电企业国有资产的经营状况的审计监督，严肃了财经法纪，规范了企业经济行为。自治区邮电管理局对《内蒙古邮电审计工作考核评比办法》《内蒙古邮电审计工作实施细则》《内蒙古邮电企业局（厂）长离任审计暂行办法实施细则》等重新进行修订印发；还出台《关于加强内蒙古邮电审计廉政建设的几项规定》。年内，共完成审计单位137个，为年计划的107.87%，比上年增长了98.55%；完成审计项目284项，为年计划的142.71%，比上年同期增长了264.1%；查出违纪金额1654万元，比上年增长575.1%；纠正违纪金额1275万元，为查出违纪金额的77.09%，其中收缴64万元、增加净利润66万元；工程项目审减874万元，比上年增长343.65%；促进企业增收节支110万元；配合审计署进行京呼银兰、京沈哈光缆审计和邮电行业审计任务。全区邮电共完成财务收支审计86个（其中含资产负债损益审计和多种经营审计），共查出违纪金额981.16万元，其中转移截留收入、利润58.97万元，挤占成本166.27万元，虚列支出108.44万元，权益不实97.99万元，偷漏税款18.75万元，其他530.74万元。根据邮电部《关于对多种经营企业实施审计等问题的通知》要求，对13个盟市局、5个直属单位和区管理局的61个各类多种经营企业（含全民27个，集体31个，股份制3个）实施审计，审计覆盖面占全区多种经营企业总数的30%，查出违纪违规及有问题金额720多万元，其中挤占成本费用33.5万元，截留收入和利润16万元，造成损失浪费28万元。围绕提高投资效益，节约建设资金，开展了固定资产投资项目审计，全年共完成该类审计49项，完成零星工程审计108项。其中，完成的工程项目审计中含土建工程审计25项，通信工程审计24项。工程项目审计金额共11262万元，审减732万元，占审计金额的6.5%。零星工程审计总金额850万元，审减142万元，占审计金额的16.7%。在继续坚持开展土建工程项目审计的同时，大力向通信工程审计延伸，并注重了土建工程和通信工程项目竣工结、决算的审计。呼伦贝尔盟邮电局对7个土建工程和14个通信工程进行审计，审减额达456万元，占全区邮电审减额的62.9%；赤峰市邮电局重点抓了零星工程审计，共审计76项，送审金额508万元，审减工程费用81万元，占送审金额的16%。局（厂）长离任审计全年共开展济责任审计17项。审计处开展离任审计8项，查出违纪金额232．85万元，其中：转移截留收入、利润18.75万元，挤占成本费用29.8万元，其他184.3万元；查出国有资产流失28.3万元，其他有问题金额506万元；促进企业增收节支39.9万元，为领导及相关部门提出建议18条。邮电审计事务所全年共开展各类审计项目146个，实现收入34万元，净利润3.4万元。

1997年，全区各审计机构及人员共对141个单位进行了357项审计，审计单位比上年增加2.91%。

全年共查出违纪金额2032万元，比上年增长22.85%；查出损失浪费金额14万元；促进增收节支257万元；工程项目审减1646万元，比上年增长88.32%；年内邮电管理局还被内蒙古自治区审计厅、人事厅、财贸工会评为“全区内部审计机构先进集体”。全区各级审计机构及人员坚持以财务收支审计为基础，重点对所属企业“两本账”，资金、资产管理、资产的所有权及增减变动；各种业务收入、利润、税金有无转移、截留、挪用、漏缴；成本费用中有无将通信建设资金用于非生产性支出，加大消费基金增长；有无将工资性支出重复列支等进行审计。全区共完成财务收支审计83项，查出转移截留收入和利润36万元、虚列支出19万元、挤占成本226万元、权益不实28万元、偷漏税款6万元、小金库14万元，其他违纪金额1302万元。全区共完成工程项目审计235项（含零星工程），完成审计金额18380万元，审减工程投资1646万元，占送审金额的8.96%。全区审计工程项目数和审减工程费用比上年有较大幅度的增长，分别增长了49.68%和88.83%。

1998年4月7日，自治区邮电管理局按照审计署驻邮电部审计局《关于开展“全行业邮政储蓄业务资金专项审计”的通知》求，从当月起，对全区13个盟市和90多个旗县邮电局开展了邮政储蓄业务资金专项审计，审计总金额52.2亿元。7月底，各单位全部完成任务，审计覆盖面100%，纠正和查处违纪金额2054.7万多元，提出整改措施和合理化建议67条，促进增收节支43.2万元，收回出借的邮储资金及利息748.2万元。具体有：个别单位发生少计和漏计业务收入计43.2万元；虚报储蓄存款余额309万元；累计发生储蓄借用和占用汇兑业务资金约466.7万元；一名储蓄业务员利用工作之便，冒取储户存款38万元，经清查发现后追回26万元，其余无法追回造成邮储资金损失12万元；某旗县局储蓄会计携款141万多元潜逃，案件未破获；一些单位违反储蓄管理规定受理转账支票存款计356.7万元；1997年11月某局擅自与当地财政信托投资公司签订借款协议，出借资金2000万元，实际出借邮储业务资金700万元，审计督促于1998年8月底将700万元借款和应得借款利息48.2万元全部收回。

1999年，自治区邮政局完成对129个单位的322项审计，查出违规资金1879万元，企业审计覆盖面76%，工程审计覆盖面100%。通过审计促进增收节支总额1518.3万元。同时，自治区邮政局审计室被内蒙古审计厅和内蒙古审计协会授予1999年度全区内部审计先进单位。本年，开展财务收支审计项目34个，财务收支审计覆盖面达到30%，查出违规金额833万元。对全区邮政企业经济责任负责人进行了18项离任经济责任审计。对完工项目进行审计，审计总额8518万元，审减金额1300万元，查出违规金额162.4万元。通过审计核实了工程投资支出，堵塞了建设资金损失浪费的漏洞。按照国家邮政局审计局确定的各省（自治区、市）邮政局对所属邮政企业汇兑业务资金审计覆盖面达到100%的目标要求，组织力量对全区12个盟市局、87个旗县局的汇兑业务资金进行了审计，共查出违纪违规金额840.3万元。

2000年，对138个单位开展了345项审计，其中财务收支审计42项，经济责任审计41项，业务资金审计103项，土建工程审计38项，零星工程审计106项。审计查出违规资金4012万元，促进企业增收节支2278万元。完成财务收支审计42项，审计覆盖面达30%以上。按照国家邮政局下发的《邮政企业领导人员任期经济责任审计实施办法》，对乌兰察布盟邮政局局长、通辽市邮政局局长、伊克昭盟邮政局局长和区局邮购公司经理进行了离任审计，总计41项；各盟市局审计室对旗县局长、盟直属单位负责人进行了离任经济责任审计，覆盖面达到100%。完成工程审计144项，审计资金总额16079万元，审减工程费用2133万元，审减率13.27%。年内，按照国家邮政局审计局关于开展全行业报刊发行业务资金专项审计的通知要求，进行了全区邮政报刊发行业务资金审计，截至8月25日，全区完成报刊发行业务资金专项审计对象99个，覆盖面100%，涉及报刊流转额20412.85万元，其中零售报刊流转额为

3436.10万元，查出违规违纪金额2769.81万元。针对审计中发现的问题，提出300条审计建议。

2001年，对121个单位开展162项审计，其中财务收支审计25项、经济责任审计45项、业务资金审计24项、土建工程审计64项、零星工程审计197项。审计查出违规行为金额2769万元，促进增收节支3015万元。年内，配合国家邮政局审计局对呼和浩特市邮政局、呼伦贝尔盟邮政局及满洲里市邮政局进行2000年、2001年1—4月邮资票品及2001年新邮预定情况的专项审计。完成财务收支审计25项，审计覆盖面达30%。4月16日，转发国家邮政局审计局《开展全行业邮资票品专项审计的通知》。5月，聘请有关专业人员讲解邮资票品业务资金的操作流程，并制定邮资票品业务资金审计实施方案。5—月，采取联合互审的方式，抽调16人，组成4个审计组，对全区10个盟市邮政局和13个旗县邮政局开展邮资票品专项审计，共查出违纪违规金额2113万元，提出审计建议100余条。开展离任领导经济责任审计45项，覆盖面达100%。按照国家邮政局审计局的部署，对土建工程、通信工程和零星工程审计覆盖面达100%。全年共完成工程审计261个，审计金额22609万元，审减金额2961万元。年底，全区邮政有独立审计机构12个，专职审计人员33人。

2002年，邮政审计对122个单位进行373项审计，查出违规金额1724.44万元，工程审减额2026.08万元，工程审减率10.95%，工程审计覆盖面100%，促进增收节支34.92万元。全年完成工程项目审计265项，其中土建工程50项，零星工程214项，工程审计金额18510.04万元，审减金额2026.08万元，审减率10.95%，审计覆盖面达到100%。8月5—31日，国家邮政局对批复的海拉尔邮件处理中心4157万元项目工程进行竣工决算审计，审计组对呼伦贝尔建工集团等26项工程结算书进行审核，送审金额22599644.58元，最终认定工程结算价为20589141.67元，审减2010503.18元，审减率为8.9%。工程实际完成建筑面积13708.41平方米。通过审计，核定工程造价为41643951.39元。工程账面支出37098226.09元，工程总造价共计48524651.39元。年内，开展内控制度评审25项。通过对各单位内控制度的健全性、合理性和有效性进行测评，揭示内部管理的薄弱环节，促进堵塞漏洞，防范经营风险。年内，对呼和浩特市邮政局、兴安盟邮政局、赤峰市邮政局、巴彦淖尔盟邮政局、内蒙古邮政广告总公司、内蒙古邮政职工培训中心一把手开展领导干部离任审计39项，覆盖面达到100%。3月20日，在全国邮政第四次审计工作会议上，自治区邮政局因审计力度大，审计覆盖面达到百分之百，审减金额达2961万元；在工作中能够严格依法审计，受到国家邮政局的通报表彰。截至年底，内蒙古邮政设独立审计机构的有呼和浩特市邮政局、包头市邮政局、乌海市邮政局、赤峰市邮政局、呼伦贝尔市邮政局、通辽市邮政局、锡林郭勒盟邮政局、乌兰察布盟邮政局、鄂尔多斯市邮政局和巴彦淖尔盟邮政局。全年完成财务收支审计17项，其中呼和浩特市邮政局2项、赤峰市邮政局3项、通辽市邮政局1项、乌兰察布盟邮政局2项、鄂尔多斯市邮政局3项、巴彦淖尔盟邮政局6项。按照国家邮政局审计局《关于在全行业开展特快专递业务专项审计的通知》要求，4—6月在全区邮政企业开展特快专递业务专项审计，共查出违纪违规金额126万元，审计覆盖面100%。针对审计中查出的问题，提出审计建议30多条。

2003年，对183个单位进行283项审计，查出违规金额5737.79万元，工程审减率12.28%，工程审计覆盖面100%，促进增收节支134.62万元。全年开展“应收应付审计调查”等专项审计调查16项，针对调查中发现的本企业管理中存在的问题，提出整改意见和防范经营风险的合理化建议。首次进行“重大资金流向及管理专项审计调查”和“物资购销比价审计”。全区邮政工程审计金额7227.23万元，其中土建工程审计金额5736.12万元、通信工程审计金额57.64万元、零星工程审计金额1433.47万元；审减违规金额887.61万元，其中土建工程审减金额587.37万元、零星工程审计审减金额299.74万元；

工程审减率达 12.28%；土建工程、通信工程和零星工程审计覆盖面达 100%。开展经济责任审计 56 个，对阿拉善盟邮政局、二连浩特市邮政局、乌兰察布盟邮政局、内蒙古集邮公司、鄂尔多斯市邮政局、赤峰市邮政局、通辽市邮政局一把手进行离任或任期经济责任审计，审计覆盖面 100%。全年开展财务收支审计 24 项，经济效益审计 8 项，内控制度审计 17 项。9 月 15 日，自治区邮政局印发《内蒙古自治区邮政企业物资采购比价审计实施办法（试行）》。该办法由总则、审计范围、审计内容、审计程序、审计方法、审计原则及附则 7 章组成。9 月 18—30 日，自治区邮政局对呼和浩特市邮政局和乌海市邮政局应收应付账款、重大资金流向及管理进行专项审计检查。年内，采取多种方式进行审计素质教育，开展联审、互审，对重大审计项目抽调全区审计人员集中使用，以审代培。根据内蒙古内部审计协会行业自律要求，为 40 人办理内部审计人员上岗资格证书。年底，全区邮政共有审计机构 11 个；有专职审计人员 24 人，兼职审计人员 1 人。

2004 年，对 104 个单位进行 316 项审计，其中财务收支审计 11 项、经济责任审计 49 项、业务资金审计 8 项、购销比价审计 4 项、专项审计 18 项、审计调查 10 个、土建工程审计 16 个、零星工程审计 210 个。8 月 30 日至 9 月 27 日，分别对包头市邮政局、乌海市邮政局和巴彦淖尔市邮政局一把手进行任中经济责任审计，将经济责任审计关口前移。对发现的问题，做到早警示，早规范，促进领导干部廉洁自律。同时，百分之百完成离任经济责任审计 42 项。8 月 18 日—20 日，对邮政储汇传统汇兑业务资金清理工作进行专项审计。完成赤峰邮件中心和通辽市邮政局综合楼等工程审计。全区工程审计总金额 10965 万元，审减不合规金额 1409 万元，审计覆盖面 100%。7 月 9—29 日，对国拨资金项目综合网、电子汇兑、邮政 185、中间业务平台、银联卡等 15 项工程进行竣工决算审计。本年 6 月至 11 月在全区开展固定资产盘活专项审计，审计调查的时间范围为 2001 年起到审计日止（各局审计的时间是不同）。审计调查情况分为 3 部分。一、全区邮政企业固定资产状况（不含区局直属单位，下同）。

（一）固定资产存量情况。截至审计日，全区被审计调查单位的固定资产存量（原值）为 151496.94 万元。其中呼伦贝尔市、赤峰市和包头市邮政局分别以 2.19 亿元、1.99 亿元和 1.98 亿元，排全区被审计调查单位固定资产存量的前 3 名，阿拉善盟邮政局以 4512 万元列被审单位固定资产存量的最后 1 位。（二）房屋及建筑物类固定资产状况。截至审计日，被审计调查单位固定资产中房屋及建筑物类固定资产为 95339.13 万元，占存量固定资产的 62.93%。其中占比例最高是巴彦淖尔市邮政局为 74.29%，最低的为包头市邮政局 47.33%。在全区房屋及建筑物类固定资产中，除呼和浩特市邮政局 25 年以上房屋类固定资产占该局同类固定资产的 90% 以上外，其余各盟市邮政局均在 5% 以下，账龄结构较为理想。（三）新增固定资产状况。邮电分营后，被审计单位总计新增固定资产 85980.52 万元，占存量固定资产的 56.75%。其中新增房屋及建筑物类固定资产 57358.25 万元，占新增固定资产 66.71%；电子、电源及其他设备 12892.14 万元，占新增固定资产的 14.99%；邮运设备 7717.04 万元，占新增固定资产的 8.98%。（四）全区邮政固定资产创收能力。邮电分营后，由于全区邮政企业新增固定资产以每年平均 1.78 亿元的速度增加，其增长速度大于业务收入的增长速度，导致全区固定资产平均获利能力近年来有所下降，2001 年、2002 年、2003 年的全区被审计调查单位平均百元固定资产创收能力分别为 59.27 元、62.25 元、50.59 元（2001 年、2002 年未剔除收入水分）。3 年来，平均百元固定资产创收能力最高的呼和浩特市邮政局为 124 元，其次为巴彦淖尔市邮政局为 66 元，最低的是锡盟邮政局为 28.55 元。2003 年，呼和浩特市邮政局、包头市邮政局、兴安盟邮政局分别以 112 元、62 元、60.57 元列全区前 3 位。从 2002 年后，新增固定资产的速度较前几年大幅下降。截至审计日，全区各盟市邮政局在建工程项目只有2060余万元，仅为有前几年平均增量的11%左右。（五）闲置固定资产状况。截至审计日，被审计调查单位约有3106.99万元的固定资产处于闲置状态。闲置固定资产主要是由部分账龄长且地理位置不佳和部分老化、运行维护成本高及功能落后的机器设备构成。二、全区邮政企业资产盘活情况。（一）闲置固定资产盘活方式及现状。截至审计日，全区共计盘活145669.31平方米的闲置房屋类固定资产，固定资产原值15627.73万元，占这次被审计调查单位存量固定资产的10.31%，占房屋类固定资产存量16.39%。全区各盟市邮政局资产盘活的方式除包头市局的邮电大厦是以投资方式盘活外，其余各盟市局均以出租或出售方式进行盘活。（二）闲置固定资产盘活收益情况。近年来全区各盟市邮政局在资产盘活（出租）中年均收益为1744.64万元，虽然其百元固定资产创收能力（11元）远远低于全区邮政企业的平均水平，但由于固定资产盘活业务的营运成本非常低（基本上只有交纳的税费），资产盘活还是可以为企业创造贡献边际的。因此，在没有新增业务需求时，租赁闲置的固定资产为一种有效的资产盘活手段。（三）出售方式盘活固定资产情况。全区各盟市邮政局在2001—2003年间，以出售形式盘活固定资产2172.24万元。在出售的固定资产中以邮运设备为主（汽车），另外还有部分农村分支机构及年久失修、利用价值不大的房屋等。这些固定资产在出售时的净值为751.84万元，变现值为1079.52万元，效果尚可。三、固定资产管理和资产盘活过程中存在的不足。（一）有关数据不精确。在这次专项审计调查中，各盟市局填报的闲置固定资产为3106.99万元，但审计调查中发现实际的闲置数据远不止这些，这是因为一方面许多房屋类固定资产不一定是整体出租，未租出部分因存在丈量困难、无法准确确定其价值等原因未计入闲置固定资产；另一方面是部分盟市局的资产使用部门及管理部门与财务部门脱节，使部分闲置资产不能及时、准确的计入闲置固定资产造成的，使这部分较为特殊资产信息失真。（二）收入的核算存在一些问题。主要表现在一是未严格按照“权责发生制”进行会计核算；存在人为调整收入入账时间的现象；二是虽然绝大多数被审计调查单位的房屋租赁收入是按照规定列“其他业务收入—房屋租赁收入”科目进行核算，但也有部分局为避税或其他原因将部分房屋租赁收入列入其他会计科目核算。三是截至审计日，被审计调查单位应收未收房屋租赁收入为473.80万元，除呼伦贝尔市邮政局外，多数盟市局对这部分欠费未进行核算；四是部分盟市局由于房屋租赁业务管理部门与财务部门衔接不顺畅，致使部分房屋租赁收入款项暂时滞留于账外的现象时有发生。（三）固定资产盘活管理存在制度不健全、执行不力的现象。主要表现在：一是多口管理，随意性较大，所调查的单位一般是指定临时的部门，造成各局在资产盘活过程中管理上存在不确定性和不连续性；二是各局在资产盘活过程中，虽然制定一些相关的监督机制和内部控制制度，但普遍执行不好；三是各局（包括旗县局）在进行固定资产处置时，报批手续不健全，2001至2003年间，全区各盟市局共计处置固定资产约2172.24万元，这些固定资产在处置时，大部分未上报区局，有的盟市局只是与区局相关部门打个招呼便了事；四是各局在流动资产的核销过程中，对其中存在的实物型流动资产的残值均未进行处置，致使部分有价值的资产流失。年内，按照国家邮政局要求，全区邮政审计人员实行双重管理，人员归属在盟市局，业务权限由区局统一调配、集中使用。独立核算的直属单位设兼职审计员。年末，全区审计机构11个，其中独立机构3个；专职审计人员21人，兼职审计人员8人。

2005年，全区邮政完成审计项目总计401项，其中企业审计项目145项，工程审计项目256项。查出企业不合规金额7070万元，纠正5575万元，审减工程不合规金额1297万元，审减率15.74%。全区年初上报审计项目计划共220项，年中调整为258项，实际完成401项，完成年计划的155%。其中财务收支审计19项，任中经济责任审计23项，离任经济责任审计54项，内控审计19项，业务资金审计11

项，专项审计 17 项，基建工程审计 55 项，零星工程审计 199 项。同时为加强全区邮政审计项目计划管理，4 月出台《内蒙古邮政审计项目计划管理实施细则》。根据审计署《关于内部审计工作的规定》和国家邮政局《关于加快推行审计派驻制的指导意见》，自治区邮政局对所属单位实行内部审计机构和审计人员派驻管理体制。各盟市邮政局和直属单位认真遵照《内蒙古自治区邮政局审计机构派驻制管理办法》，落实审计派驻制，并充实专兼职审计力量。年内，共开展任期经济责任审计 77 项。其中离任审计 54 项，任中审计 23 项。工程审计项目计划 84 项，实际完成 256 项。工程审计总金额 8240.37 万元，审减 1297.04 万元，审减率 15.74%。对包头市东河邮政综合生产楼进行 2 次事中审计，重点对工程招投标、合同、工程预算和进度等几个重点环节进行审计，为工程的有序实施做好支撑。同时完成邮区中心局作业系统和储蓄统一版本等国家局委托的审计项目。上半年根据国家邮政局审计局统一布置，百分之百的完成集邮专项审计调查，重点对票品内控管理方面开展审计调查。下半年对农资业务的内控管理进行审计调查，同时各盟市局审计派驻机构围绕本局重点积极开展各项审计调查。全区邮政开展财务收支审计 19 个，重点对呼伦贝尔市邮政局、阿拉善盟邮政局、区集邮公司和区快递物流公司进行财务收支审计。完成对呼伦贝尔市邮政局、锡林郭勒盟邮政局等 4 个局的干部考核和案件调查工作；审计部门配合网运部门开展设备集中采购，同时配合计财处完成国家邮政局对内蒙古邮政的调研及财务审计。

2006 年，自治区邮政局对 6 个单位进行财务收支审计，主要是针对上年度财务审计中发现的收入少计、漏计、截留和专业间随意调整收入、成本费用不实等问题，审计纠正 4197 万元，促进增收节支 61 万元。全区完成经济责任审计 63 个，离任领导人员 100% 审计，加大对领导人员任中经济责任审计的比重，每个盟市局至少完成 1 项任中经济责任审计；并依据国家局、区局绩效考核办法，对近两年来绩效完成情况进行核实审计。全区完成工程审计项目 271 个，其中基本建设项目 8 个，零星工程项目 263 个。共计报审额 16916.95 万元，审减额 590.02 万元。2 月 20 日至 4 月 30 日，对全区邮政使用国拨资金、国债资金建设和购置项目竣工决算进行审计。本次审计项目包括邮政绿卡网、综合计算机网、邮区中心局和邮件处理中心、地县局房建设、工艺设备技术改造、车辆购置等共 37 项。投资概算 49282 万元，审计实际完成投资 54640 万元，其中完成国拨和国债资金投资 39947 万元，企业自筹 14693 万元。4 月 10 日至 6 月 7 日，就报刊发行业务资金管理制度执行情况、存货管理情况、往来账款管理及禁止类财务行为等内容，在全区范围内开展报刊发行业务资金专项清理工作。共计查出和整改不规范核算及违纪违规金额 784 万元，清理期间各盟市局陆续清理收回报刊欠费 848.70 万元，占全区报刊欠费的 44.38%。提出整改意见和建议 115 条。

2007 年，全区邮政审计部门共完成了 437 个审计项目，其中离任经济责任审计 49 项、任中经济责任审计 20 项、财务收支审计 2 项、经济效益审计 1 项、内控制度审计 6 项、专项审计 6 项、审计调查 6 项、工程建设投资与技术改造和零星工程审计 353 项，送审额 4766 万元。其中基本建设送审额 173 万元，审减额 30 万元，审减率 17.5%；技术改造项目送审额 2210 万元；零星工程项目送审额 2383 万元，审减金额 496 万元，审减率 20.77%。企业审计查出成本挂账，少、漏列和截留收入等 5287 万元，指明要求纠正 3877 万元，纠正违规金额 3728 万元，促进增收节支 212 万元，提出建议意见被采纳 237 条。在百分之百完成离任审计的基础上，继续强化任中经济责任审计。完成全区经济责任审计项目 69 个。从 3 月初至 11 月末，区公司审计部完成了对所属的呼和浩特市、包头市、赤峰市、巴彦淖尔市、乌海市、阿拉善盟、满洲里市 7 个局和物流公司、邮电印刷厂、报刊零售公司、邮区中心局 4 个直属单位领导干部离任经济责任审计；对所属的鄂尔多斯市、通辽市和兴安盟 3 个局任中经济责任审计。按照集团公司审计部的授权委托，自治区邮政公司审计部完成了对全区信息类工程建设项目决算审计工作，信息工程和车辆购置等 22 个项目，审计额 2210 万元；对全区邮政零星维修工程进行百分之百的审计。全区邮政零星项目送审额 2383 万元，审减额 496 万元，审减率 20.77%。按照年初专项审计计划，区公司对呼伦贝尔市、乌兰察布市局 2007 年上半年预算管理情况进行专项审计调查。调查的范围是从预算的组织机构、管理制度、预算编制、预算执行和预算调整等。重点对预算执行中存在的差异及其原因，影响预算执行且导致执行差异的 12 项因素作了认真剖析，并据此提出 7 条针对性较强的审计建议。年末，全区邮政审计机构 15 个，其中专职机构 1 个；审计人员 29 名。

2008 年，自治区邮政公司完成各类审计项目 498 个，其中企业类审计项目完成 118 个，工程类审计项目完成 380 个，企业类审计项目共计查出各类违纪违规金额 1533 万元（包括收入不实、成本费用不实、账外资产及财务核算中其他不规范问题）；指明要求纠正金额 1482 万元，纠正金额 1110 万元；促进增收节支 190 万元；提出并被采纳审计建议 196 条。全年实际完成经济责任审计项目 110 项，其中离任审计项目完成 78 项，任中审计项目完成 32 项，同时对盟市局所属 12 个单位进行了延伸审计。全区邮政经济责任审计项目累计审计资金总额 12 亿元，查出各类违纪违规并要求指明纠正的问题，如收入及支出中存在的多计和少计及漏记问题、财务管理不规范问题、内控制度漏洞等问题共计金额 1513 万元。审计部门提交审计报告并出具审计意见书 120 份，针对存在的相关问题提出整改意见及建议 190 余条。其中区公司审计部完成的审计项目金额 6.6 亿元，占全区审计金额的 55%，指明纠正违纪违规金额 533 万元，占全区指明纠正违纪违规金额的 35%，出具审计报告及审计意见书 16 份，提出整改意见及建议 35 条。全年共计完成工程审计项目 380 个，送审金额 4251 万元，审减金额 918 万元，综合审减率达 22%。其中：基本建设项目送审金额 511 万元，审减金额 107 万元；零星工程送审金额 3400 万元，审减金额 628 万元。特别是区公司审计部对赤峰邮政局 22 项普遍服务网点改造工程进行决算审计，送审金额为 246.79 万元，审减额为 108.26 万元，审减率为 43%。2008 年全区工程审计的工作重点为“邮政普遍服务网点改造工程”，为确保这些项目的顺利实施和施工质量及财政资金的有效使用，审计部派员参加了部分盟市局网点改造项目的验收工作，并对已完成验收的项目开展了决算审计，对验收及审计中发现的个别项目与现场实际施工不符、缺少施工图纸或图纸不全、没有施工现场记录等问题，在全区做出了通报。全年共计完成经济效益审计 1 项，内控审计 1 项，财务收支审计 4 项，专项审计 2 项，其中，区公司审计部根据集团公司审计函〔2008〕22 号文件精神，对全区报刊零售公司开展了经济效益审计，在出具的审计报告中，对被审单位的效益情况进行了总体评价，并查出收入、成本存在不实及低效等违纪违规金额 62.72 万元，取得了较好的效果。年底，全区共有专职审计机构 1 个，审计派驻人员 25 人，有 5 人专职从事工程审计，其余为财务审计或财务兼工程审计。

2009 年，自治区邮政审计全年完成 438 个审计项目，其中财务收支审计 7 项，经济责任审计 47 项，专项审计调查 39 项，其他审计 8 项，工程建设项目审计 337 项，送审额 4582 万元，审减额 1349 万元，审定额 3233 万元，审减率 29%。提出审计建议和意见 173 条，处理处罚金额 2909 万元。全年完成经济责任审计项目 47 项，其中离职审计 46 项。完成对 5 个盟市局、3 个直属单位一把手经济责任审计。就企管、财经政策和纪律、资金资产管理、收入成本效益等问题，提出了意见和建议，全年完成工程审计项目 337 个，送审额 4582 万元，审定额 3233 万元，审减额 1349 万元，审减率 29%。按照集团公司《关于做好中西部农村邮政基础设施建设项目审计工作的通知》要求，加大对农村邮政基础设施建设项目审计力度。开展新邮预订资金、报刊收订资金、贺卡资金到账及管理情况和速递代收款业务资金到账及管理情况专项审计调查工作。全年完成专项审计调查 39 项。对各局、各专业的“两岗”履职考核情况和通信服务质量指标完成情况分别纳入区邮政公司对各盟市局、专业化公司的绩效考核中，加大了考核力度。制定了《内蒙古邮政金融资金安全管理奖惩暂行办法》等文件，加强监督检查，预防邮政金融资金案件的发生。加大任中审计、专项审计和对农村邮政基础设施建设项目的审计力度，重点加强中央预算内资金建设项目的监督，审减额达到 1027 万元；保证专款专用，将全区列入西部网点和营投场地改造计划的 630 个项目、10484 万元国拨资金的使用和管理纳入效能监察范围。

2010 年，全区邮政审计按照转结构、改方法、重质量、揭示问题和风险的基本要求，提高审计人员的思想认识和工作的主动性，切实履行审计服务和监督职能。全年完成经济责任审计项目 44 个，财务收支审计 7 个，内控制度审计 2 个，土建项目审计 142 个，技改项目审计 5 个，其他项目审计 6 个；零星工程审签 95 个，专项审计调查 28 个。审计中共查出违规金额 4720 万元，处理违规金额为 1053 万元，工程建设项目审减额 801 万元。全区邮政完成经济责任审计项目 44 项，共查出违规金额 4634 万元，处理违规金额为 968 万元，提出审计意见或建议 165 条。全年完成建设项目审计 242 项，工程建设送审金额为 3561 万元，审减额为 801 万元，审减率为 22.50%。审计部门参加设备等购置评审会议 18 次；审查审签设备、车辆、消防用具等采购合同共计 130 个。重点关注对“邮政普遍网点改造工程项目”审计工作，为确保执行投资计划和有关程序，杜绝超规模、超标准、超范围和损失浪费等现象，保证中央预算资金的有效使用，对已验收完成的一、二、三、四批网点改造项目开展了竣工决算和结算审计；对审计中发现未严格按照集团公司公布的网点改造建设标准要求施工的、工程建设管理程序不到位的、企业财务未能按要求列账等问题，提出整改要求。同时，重点对呼市邮政物流仓储中心、包头市邮政中心局生产楼和鄂尔多斯市邮政局综合楼工程建设的建设工期、设计招标、合同变更、隐蔽工程记录等环节进行了跟踪审计。积极整合全区邮政审计资源，保质保量地完成了邮政业务印制费、集邮票品和零售库存、贺卡经济效益和邮政业务代办费管理和使用情况的专项审计调查工作；开展了对部分盟市局2009年预留成本、2010 贺卡印制费与代办费、邮政储蓄营销费标杆执行情况和包头市邮政局储蓄代办费管理和使用情况等专项审计调查。全区邮政 2010 年共完成专项审计调查 28 个，提出审计建议 102 条。

五、人力资源

1991 年，由劳动工资处、人事处和老干部处按照职责范围负责人力资源管理。9 月 1 日，执行邮电部《关于技师、业务师聘任制试点工作的通知》和《关于开展技师、业务师聘任制工作有关事项的通知》，自治区邮电管理局在呼和浩特市邮政局、电信局，赤峰市邮电局，哲里木盟邮电局开展了技师，业务师考核，聘任制试点工作，制定了各工种相应的考核标准、规则、制度，制定了考核大纲，制定了内蒙古自治区邮电企业《实行技师业务师聘任制实施细则》《技师、业务师考核办法》《技师、业务师聘任与考核管理办法》。年内，根据国家及邮电部有关政策规定，将粮油统销价格 6 元进入邮电企业职工工资标准，调整了工资等级标准。对全区邮电企业职工进行了考核升级工作，并出台了考核升级办法。对新入局职工，大、中专毕业生，转复、退伍军人的工资待遇问题，做出了明确规定，制定了《内蒙古自治区邮电企业职工工作年限累计贡献奖发放办法》。年底，全区邮电职工 30602 人，其中中央国有 26140 人、地方国有 4462 人。工资总额 8344.5 万元。

1992 年 7 月，自治区邮电管理局决定在全区邮电通信企业全面开展技师、业务师评聘工作，印发了《关于实行技师、业务师聘任制实施细则》《关于技师、业务师的考核办法》《关于技师、业务师聘任制与考核管理办法》。全区邮电通信企业的技师、业务师评聘工作在9月底全部结束。年内，自治区邮电管理局批复8个盟市局的195人具有技师、业务师任职资格。依据企业经营效益情况以及工资支付能力，对全区邮电企业职工发放了一级浮动工资，并明确了发放范围、考核内容、审批权限等。在全区邮电企业实行了岗位职责补贴，提出了享受岗位职责补贴标准，在什么岗、履行什么职责、执行什么补贴标准。为进一步调动企业和职工积极性，对全区邮电企业职工进行考核升级，明确了考核升级范围及升级标准。调整了知识分子生活补贴待遇，调整了计划内临时工工资待遇标准。年底，全区邮电职工31339人，其中中央国有26874人、地方国有4465人。工资总额9576.3万元。年内，邮电部批准张春生、陈中行、杨殿纯、张子述、施国才享受每月60元政府特殊津贴。

1993年6月，自治区邮电管理局作《出关于加强对出国人员管理有关问题的通知》。通知指出，随着通信建设步伐的不断加快，对外交流活动日益频繁起来，出国团组和人员逐年增。据统计，1991—1993年上半年，派出近50个团组计216人次，其中1993年上半年派出109人次。派出的绝大多数人员能够遵守外事纪律，认真履行公务，完成任务。但是也发生了个别人出国后滞留不归的现象，给国家和企业造成了极坏的影响。为了加强出国管理工作，出国人员归国半年内，须将出国护照送交本单位人事部门，人事部门集中寄送管理局劳人处。7月1日起，实施邮电企业岗位技能工资制（试行）方案。全区邮电企业职工增加物价、风沙、高寒补贴，每人每月发放80元，进入成本。10月，自治区邮电管理局作出《关于设置助理职务和三总师副职（副总工程师、副总经济师、副总会计师）的通知》，根据现有领导班子的需要和优秀中青年干部的条件决定处级单位设置助理职务和配备三总师副职。印发《关于加强全区邮电部门领导班子建设和后备干部工作的意见》《内蒙古自治区邮电部门干部交流的暂行规定》《关于内蒙古自治区邮电部门专业技术职务评聘工作的实施办法》《关于抓好当前劳动制度改革工作和企业实行管理人员聘任制问题的意见》。年内，全区邮电系统处级干部平均年龄48.4岁；具有大专以上学历的处级干部比例58%。管理局批复专业技术职务任职资格有：112人具有技师、业务师任职资格，5人具有高级讲师任职资格，2人具有馆员职务任职资格，1人具有经济师职务任职资格，2人具有主治医师职务任职资格，1人具有工艺美术师职务任职资格。成立了自治区邮电企业岗位技能工资改革领导小组和办公室。印发《内蒙古自治区邮电企业岗位技能工资制实施细则（试行）》，并组织实施。同时印发《关于内蒙古自治区邮电企业岗位技能工资制度实施（试行）中若干具体政策问题的处理意见》。年底，全区邮电从业人员31943人，其中，中央国有27485人，地方国有4458人。工资总额14595.5万元。

1994年，按照海南全国邮电人事工作会议提出的建设一支跨世纪的能担当重任的领导干部队伍，建设一支高素质的跨世纪的专业技术骨干队伍的要求，自治区邮电管理局制定了贯彻落实的具体办法，出台了《关于加强全区邮电部门领导班子和后备干部队伍建设的意见》《关于加强全区邮电部门干部管理工作的意见》等文件，以提高领导干部政治、业务素质，调整领导班子年龄结构、专业知识结构为突破口，通过采取岗前培训、岗位培训、交流锻炼等措施，按照“届中考察，个别调整，按时换届，先进后出”的思路，从下半年开始着手对全区邮电系统处级领导班子进行考察调整。自治区邮电管理局还陆续安排部分青年干部到基层邮电企业交流锻炼，盟市邮电局到管理局交流锻炼。本年盟市邮电局到管理局交流锻炼的干部名额分配为呼伦贝尔盟局、哲里木盟局、兴安盟局、阿拉善盟局、伊克昭盟局、乌兰察布盟局、巴彦淖尔盟局、锡林郭勒盟局、乌海局各1名，共9名，分别到自治区邮电管理局电信处. 计财处、邮政处、办公室、基建处挂职锻炼。年内，自治区邮电管理局批复专业技术职务任职资格有：19人具有高级经济师职务任职资格；4人具有高级会计师职务任职资格；37人具有高级工程师职务任职资格；8人具有高级政工师职务任职资格；1 人具有高级行政管理师职务任职资格；14 人具有讲师、1 人具有实验师职务任职资格；2 人具有主管药师、2 人具有主管护师、3 人具有主治医师职务任职资格；105 人具有工程师、1 人具有助理工程师职务任职资格；61 人具有政工师、8 人具有助理政工师职务任职资格；59 人具有技师、业务师职务任职资格；2 人具有统计师职务任职资格；3 人具有副主任医师职务任职资格；8 人具有行政管理师、7 人具有助理行政管理师、3 人具有行政管理员职务任职资格；3 人具有档案馆员、35 人具有档案助理馆员、29 人具有档案管理员职务任职资格。年内，调整全区邮电岗位技能工资标准，同时不再执行工资区类别，按现行岗位技能工资类别和级别分别套入所定岗位技能工资标准相对应的类别、等级。严格控制企业增员、基本上实现人员“零”增长，工资总额实行弹性计划管理，减少新增效益工资使用比例，由原工效挂钩新增效益工资按 90% 安排使用，调整为按 70% 安排使用。进一步加强了工资总额计划管理。改进完善各盟市中央国营邮电企业工效挂钩办法，使企业的工资总额增长与企业自身的有效劳动紧密地联系在一起，工资总额基数挂全区邮电业务收入增长的 30%，挂本局邮电业务收入增长率的 70%，充分体现企业自身的效益情况。年底，全区邮电从业人员 32656 人，其中中央国有 28108 人、地方国有 4548 人。工资总额 21171.3 万元。

1995 年，自治区邮电管理局机关贯彻实施《中华人民共和国劳动法》，根据邮电部及自治区政府的有关文件精神，自治区邮电管理局机关从 12 月起全面实行劳动合同制。12 月 11 日成立局机关劳动合同制领导小组，12 月 29 日下午，自治区邮电管理局副局级领导，呼和浩特市邮政局、电信局及直属单位的正职领导与自治区邮电管理局法人代表、局长张春生签订劳动合同书。年内，自治区邮电管理局批复专业技术职务任职资格有：10 人具有高级经济师职务任职资格；30 人具有高级工程师职务任职资格；9 人具有高级政工师职务任职资格；10 人具有高级讲师、1 人具有高级实验师、2 人具有实验师、13 人具有讲师、1 人具有幼儿园高级教师职务任职资格；1 人具有主治医师职务任职资格；1 人具有主管药剂师职务任职资格；140 人具有工程师、1 人具有助理工程师职务任职资格；56 人具有政工师职务任职资格；37 人具有技师职务任职资格；4 人具有副主任医师任职资格；6 人具有行政管理师、3 人具有助理行政管理师、1 人具有幼儿园高级教师专业技术职务任职资格。年内，进一步完善和调整了邮电企业岗位技能工资标准，生产岗位标准每个岗位提高 20 元，管理技术岗位每岗提高 30 元。技能工资标准同时做了相应调整，一类技能起点工资由原 60 元提高到 90 元，二类技能起点工资由原 80 元提高到 112 元，三类技能起点工资由原 100 元提高到 136 元，四类技能起点工资由原 124 元提高到 160 元，各级别工资相应提高。贯彻实施劳动法，制定《内蒙古自治区邮电企业全面实行劳动合同制暂行办法》，从劳动合同的内容、订立、变更、续订、工资、保险、福利待遇等方面作了明确规定，建立全员劳动合同用工制度，企业与职工在平等自愿、协商一致的基础上，通过订立劳动合同明确双方的权利和义务，以法律形式确定劳动关系。12 月 29 日下午，全区 3 万余名邮电职工中有 1.7 万余名职工与企业签订了劳动合同，其他职工于 1996 年上半年全部与企业签订了劳动合同。当年改革劳动保险制度，建立起企业补充养老保险和职工个人储蓄性养老保险缴纳、支付、管理等项制度。年底，全区邮电从业人员 32713 人，其中中央国有 28151 人、地方国有 4562 人。工资总额 26623.3 万元。

1996 年 1 月 3 日，自治区邮电管理局发出《关于选派援藏专业技术干部有关问题的通知》，7 月 25 日，自治区邮电部门首批援藏干部孟钢、张建成飞往成都，抵渝后参加了邮电部组织的短期援藏干部集训，之后赴拉萨工作三年。年内，自治区邮电管理局党组任命 18 名平均年龄 37 岁、全部是大专以上学历的年轻干部，其中有 4 名平均年龄仅 39 岁的干部担任了盟市局党政一把手，全区处级领导班子的平均年龄达到了45岁以下。年底，有现职处级干部179人，大专以上学历的为156人，占87.15%；40岁以下的42人，占23.5%。全年提拔使用46名干部（含无委办15人）。接收毕业生244人，其中本科及以上66人，大专41人，中专137人。共评审高级专业技术人员63人，中级专业技术人员239人。年底，全区邮电系统3.2万人，其中高级专业技术人员260人，中级1440人，初级4021人，总计6652人；硕士生8人，本科生754人，专科生1287人，中专生3167人，知识层次明显提高。年内，全区邮电部门享受政府特殊津贴的9人，部级突出贡献专家8人，部级优秀青年知识分子3人，自治区邮电管理局级有突出贡献的科技工作者20人。科技拔尖人才100人，经营管理拔尖人才20人。

1996年起，对邮电职工暂实行分类管理，第一类为邮电员工（主要包括原固定职工、合同制职工、1986年9月30日前招用的计划内临时工和今后按国家政策规定新接收的各类统配人员）、第二类为邮电聘用工（主要包括已进入劳资报表统计并由企业工资总额支付工资的原计划外用工、1986年10月1日以后招用的计划内临时工和经管理局批准新招用的政策性增员之外的人员）、第三类为邮电企业分流人员（即邮电企业分流到集体所有制和股份制等非全民所有制邮电多种经营企业以及具有自主经营、自负盈亏、自我发展、自我约束的法人实体和市场竞争主体的邮电全民多种经营企业的人员）。管理局对各盟市邮电局、各直属单位的第一、二类人员实行指令性“负”增长控制，并根据邮电部下达的职工人数计划，核定各单位的邮电员工和邮电聘用工年度控制数。凡有突破的单位，每超出1人扣减下半年度工资总额计划基数2万元。对第三类人员，可以保留其邮电员工身份。鼓励职工去多种经营企业。停止国营合同制职工的招收工作，新成立局、所及新扩建项目投产所需增员一律由企业内部调剂解决，不安排增员指标。停止系统外人员调入。特殊需要的人员，必须报管理局人事调动审批小组特批。严格控制各类统配人员的接收人数，邮电技校毕业生进局严格考核，实行“毕业证书”和“职业技能等级证书”双认证制度，不符合要求的不录用。设立职工交流服务中心，配合劳动合同制工作的实施合理组织人才流动。职工在全区邮电企业内部流动，实行指标划拨制度。凡经调出调入双方单位协商同意，经管理局审核后，由管理局划拨人员和工资总额计划指标。管理局各直属单位必须按季、半年、年进行较详细的劳资统计和计划执行情况分析，并以书面形式报管理局劳动人事处。10月1日起，调整部分工种的岗位类别和技能类别一是调整岗位技能工资标准。（1）生产人员、管理和专业技术人员岗位工资标准每岗分别增加20元、30元。（2）生产岗位1—4类技能工资等级由原14级正延伸到17级正，管理和专业技术人员技能工资等级在原基础上也相应延伸4级。（3）生产人员技能工资类别由原1—4级增加到1—6级；对技能工资实行考核升级，即1996年9月30日在册，且已实行岗位技能工资制的邮电职工，按照《内蒙古自治区邮电企业职工考核升级实施办法》进行考核；考核合格，胜任本职工作，表现突出的职工可以晋升2级技能工资（原则上在职工总数5%以内，由管理局统一下达升级指标）；考核合格、表现良好的职工可以晋升1级技能工资；凡考核不合格的职工不得升级。二是调整新参加工作人员的工资待遇。新参加工作的人员在定级前的临时月工资待遇按下列标准执行：熟练期，170元；学徒期，第一年170元，第二年180元，第三年190元；技工学校毕业生，200元；中专毕业生，220元；大学专科毕业生，250元；大学本科毕业生，290元；双学士学位毕业生和未取得硕士学位的毕业研究生，330元；硕士毕业生，370元；博士毕业生，450元。新参加工作人员正式上岗后，岗位工资按所在的岗位确定。技能工资经考核合格后予以定级并按下列标准执行：新招收的工人、职工学校毕业生、技工学校毕业生、中专毕业生，定一级；大专毕业生，定二级正；本科毕业生，定三级正；取得双学士学位的本科毕业生和未取得硕士学位的研究生毕业生，定四级副；硕士学位研究生，定五级副；“五大”毕业生技能工资定级标准，按上述同学历人员低定半级（上述定级工资等级均指相关人员所在岗位相应的技能工资类别的等级）。考核期为1年（1995年10月1日至1996年9月30日）。地方国有农村电话局参照执行。年底，全区邮电从业人员33613人，其中中央国有29092人、地方国有4521人。工资总额31017.4万元。

1997年，自治区邮电管理局提拔使用36名处级干部，其中正处级9名、副处级27名。这批干部平均年龄轻、学历层次高。同时还加大对盟市局、直属单位、机关处级干部的考核力度。全年共考核了12个直属单位和盟市局的领导班子，与260余名科级干部进行了谈话。年底，对管理局机关的全体处级干部进行了考核。机关52名处级干部分别在所属支部大会进行述职，并接受民意测评。同时由分管局长对正处级干部、正处级对本处室副处级干部进行了书面鉴定。在对管理局处级干部加大考核力度的同时，还在机关范围内进行了科级干部的“一推双考”工作，共有72人通过竞争上岗。对全区邮电处级后备干部队伍中年龄偏大，学历层次偏低的人员进行调整，补充年富力强的人员进入后备干部队伍。全区邮电处级后备干部共有132名，其中本科生66名、大专生66名，平均年龄34.6岁。全区邮电系统处级干部平均年龄46.4岁；具有大专以上学历的处级干部比例81.6%。年内，共评审高级专业技术人员76人。全区邮电部门共计接收安置大中专毕业生340名，其中邮电院校本科毕业生30名、专科毕业生35名、邮电中专学校毕业生136人、内蒙古邮电学校中专函授毕业生49名、非邮电院校本科生90名。全年共派出54个团组、218人次进行培训，其中出国培训90人次，1月3日，管理局根据邮电部《关于1996年调整邮电企业离退休人员基本养老金的通知》精神，对年内邮电企业离退休人员基本养老金进行调整：1995年12月31日前办理离退休手续的人员，从1996年7月1日起进行调整；1996年1月1日至9月30日办理离退休手续的人员，从1996年10月1日起进行调整。离休人员：1937年7月6日前参加革命工作的，每月增加基本养老金110元；1937年7月7日至1945年9月2日参加革命工作的，每月增加基本养老金90元，1945年9月3日至1949年9月30日参加革命工作的，每月增加基本养老金70元。退休人员：1984年12月31日前办理手续的，每月增加基本养老金65元；1985年1月1日至1993年6月30日办理手续的，每月增加基本养老金60元；1993年7月1日起办理手续的，每月增加基本养老金50元。退职人员：每月增加基本养老金40元。为了进一步调动专业技术人员的工作积极性，完善企业等级工资制度，管理局决定：设立专业技术职务人员企业等级工资系数，从1997年4月1日起执行。

1997年专业技术职务人员企业等级工资系数表

表2-107

人员	管理局	盟市局	旗县局	直属单位
主任高级工程师	1.45	1.35	1.35	1.30
高级工程师及相当职务	1.25	1.3	1.3	1.25
工程师及相当职务	1.15	1.2	1.2	1.15
助理工程师相当职务	1.0	1.0	1.0	1.0

4月开始进行的清理整顿“未列入邮电统计报表人员”工作，于1997年底全部结束。全区邮电部门共有“未列入统计报表人员”5247人，主要集中在边远旗县邮电局。从岗位分布情况看，主要集中在乡邮投递、无线寻呼、驻段线务、装拆移机、后勤服务、门卫和其他邮电终端业务等工种。多数“未列入统计报表人员”的报酬从工资总额中支付。通过清理整顿，本次共清退未列入统计报表人员159人，占

应清理整顿人数的3.04%；转为委代办的3542人，占应清理整顿人数的67.5%；转为劳务工的1546人，占应清理整顿人数的29.46%。通过清理整顿规范了企业用工行为和工资支付渠道。7月16日，自治区邮电管理局以1996年年末职工人数为基数核定下达全区邮电企业职工人数计划，目标是进一步落实邮电全行业职工人数"零增长"或"负增长"，提高企业的劳动生产率。本年对原工效挂钩办法进行修订，修订后，呼和浩特市邮政局、电信局，各盟市邮电局实行工资总额同全区邮电业务收入、本局邮电业务收入、本局成本费用收入率与全国实现利润复合挂钩。即：工资总额基数的30%同全区邮电业务收入挂钩，50%同本局邮电业务收入挂钩，20%同全国邮电实现利润和本局成本费用收入率复合挂钩。挂钩浮动比例：呼和浩特市邮政局1：0.85；锡林郭勒盟、阿拉善盟邮电局1：0.75；呼和浩特市电信局、包头市邮电局1：0.68；其余盟市局1：0.7。年底，全区邮电从业人员为35991人，其中：中央国有为31279人，地方国有为4712人。按业务收入计算的全员劳动生产率为63764元/人，其中：中央国有劳动生产率为69279元/人。全区邮电职工收入有较大幅度增长，工资总额为34758.2万元，比上年增长12.1%；全区邮电职工人均报酬为11032元/人，比上年增长13%。

1998年8月14日，自治区邮电管理局依据1997年度各局全员劳动生产率，经测评，将伊敏河和霍林河邮电局企业由5等5级，调整为5等4级。执行企业等级工资的起始时间为1998年4月1日，其他各盟市旗县邮电局的企业等级不作变动。

9月10日，经邮电部批准，全区邮电企业首次企业等级划分，实行6等7级的等级结构。通信企业按业务收入、固定资产、管理责任3项指标的得分划分为6等，并根据全员劳动生产率的水平划分为7级。呼和浩特市、包头市辖区为3等2级，等级工资160元；乌海市海勃湾区、赤峰市辖区、海拉尔市、乌兰浩特市、哲里木盟、锡林浩特市、东胜市、集宁市、临河市、阿拉善左旗为3等3级，等级工资140元；满洲里市为4等3级，等级工资130元；二连浩特市为5等3级，等级工资120元；牙克石市、鄂伦春旗为4等4级，等级工资110元；石拐区、巴林左旗为5等4级，等级工资100元；扎兰屯市为4等5级，等级工资90元；其余旗县为5等5级，等级工资80元。

1998年内蒙古自治区邮电企业等级工资表

表2-108　　单位：元

效益工资规模	一级	二级	三级	四级	五级	六级	七级
管理局	200	180	160				
一等局	200	180	160	140	120	100	80
二等局	190	170	150	130	110	90	70
三等局	180	160	140	120	100	80	60
四等局	170	150	130	110	90	70	50
五等局	160	140	120	100	80	60	40
六等局	150	130	110	90	70	50	30

自治区邮电分营人员划分的原则是，服从工作需要和人随事走的原则，并考虑个人专业背景、专业特长、力量搭配等因素，综合人员的个人情况，以档案为准进行划分。全区共有邮电在职职工31633人，划分到邮政局13670人，占43.21%；划分到电信局17963人，占56.79%。离退休职工13157人，划分到邮政局6228人，占47.34%；划分到电信局6929人，占52.66%。年内，因邮电分营，影响了干

部职称评定工作的正常进行，使之停顿。9 月 2 日，自治区邮电管理局根据信息产业部要求，结合本区邮电部门实际，为加强分营后旗（县）邮政局、电信局领导班子建设，制定了《旗（县）邮政局、电信局领导班子配置原则》。规定：旗（县）邮政局、电信局领导班子平均年龄要保持在 40 岁左右，本年 50 岁以上（含 50 岁）的旗（县）邮电局领导干部原则上不再进入新的旗（县）邮政局、电信局领导班子，改任非领导职务。旗县邮电分营工作结束后，271 人走上新的旗县邮政局、电信局领导岗位。新的领导班子与过去相比呈现 4 个特点。第一是年纪轻，富有朝气。分营前全区旗县邮电局领导班子平均年龄 42.2 岁，分营后旗县邮政局、电信局领导班子平均年龄分别下降到 39.9 岁和 38.4 岁。47 名 35 岁左右年轻干部进入新的领导班子。第二是学历层次明显提高。具有中专以上学历的领导班子成员比例分营前为 83%；分营后，旗县邮政局提高到 91.1%，旗县电信局提高到 97.8%。同时，本科生比例也大大提高。第三是干部交流力度加大。本次分营共有 47 名干部交流到异地任职，其中原任局长的有 12 人。同时，一定数量的少数民族干部和妇女干部进入新的领导班子。第四是干部任职留有余地。全区旗县邮政局、电信局领导班子中共有 76 名干部以副职身份主持工作。年内，全区邮电接收 73 名邮电院校毕业生、194 名非邮电院校毕业生、113 名内蒙古邮电学校及区外邮电学校 1998 年中等专业学校毕业生，全部为通信企业急需的本科学历专业人员，主要面向基层分配。年内，呼和浩特市邮政局 8 名普通职工通过激烈竞争，分别被聘为正副科长，原 2 名正副科长分别被免降职使用。普通的职工被聘为正副科级干部，没犯错误的科长却被免降职，这在内蒙古邮电系统还是头一回。

1991—1998 年邮政生产人员统计表

表 2-109　　　　**单位：人**

专业＼年度	1991	1992	1993	1994	1995	1996
合计	10065	10337	9956	10074	9858	10017
营业	2410	2478	2241	2625	2370	2545
储蓄	826	945	1225	1232	1352	1427
汇兑检查			247	228	198	193
分拣	1005	997	945	998	1047	1106
城市投递	1203	1255	1165	1112	1030	978
乡邮	1365	1361	1130	1034	969	900
运输	1110	1106	1133	1036	1035	1006
其中，火车押运	182	158	156	155	146	147
其中，汽车运输	789	714	977	881	889	859
集邮	151	179	178	175	192	186
特快专递	38	48	50	92	124	167
报刊发行合计	658	694	723	596	532	477
机务	76	38	35	46	76	100
业务档案			181	188	198	197
电子信函			1	3	13	5
其他	860	851	432	474	488	506

1999 年初，自治区邮政局对呼和浩特市邮政局和内蒙古邮政储汇发行局等 4 个直属单位领导班子进行补充调整。下半年，对全区 11 个盟市局的领导班子进行考察，任命了 33 名盟市局正、副处级干部，新提拔 4 名年轻的副处级干部，选拔 55 名处级后备干部，其中具有大学本科学历的 24 人，占后备干部

队伍43.6%；具有大专学历的31人，占56.4%；平均年龄为34.36岁；少数民族干部9人，占16.4%；妇女干部8人，占14.5%。11月1-22日，举办全区邮政首期中青年干部培训班，各单位推荐的49名处级后备干部参加了为期3周的学习与培训。根据国家邮政局的总体要求和具体部署，年内，顺利完成内蒙古自治区邮政局及盟市邮政局、直属单位的机构设置、机关“三定”（定编制、定岗位、定人员）工作。内蒙古邮政系统管理人员和专业技术人员总数为2156人。其中女性738人，占总数的34.23%；少数民族392人，占总数的18.18%；具有大专以上学历876人，占总数的40.63%；党员965人，占总数的44.75%；年龄在35岁以下的806人，占总数的37.38%；有专业技术职称的1859人，约占全区邮政职工总数的11.18%。其中高级40人，占专业技术人员总数的2.15%；中级335人，占专业技术人员总数的18%；初级907人，占专业技术人员总数的48.78%。各专业系列的结构为经统会系列1227人，占专业技术人员总数的66%；工程系列300人，占专业技术人员总数的16.13%；政工系列247人，占专业技术人员总数的13.28%；教育卫生系列49人，占专业技术人员总数的2.6%；图书、档案、新闻、工艺美术等系列35人，占专业技术人员总数的1.8%。录用104名大中专院校毕业生，其中邮电院校毕业生23人，自治区内高校81人。全年选派8个团组、33人次前往美国、日本、德国等国家和中国香港特别行政区进行考察和技术培训。其中考察团组3个、8人参加；培训团组5个、25人参加。

2000年1月21日，自治区邮政局印发《内蒙古邮政局机关科级干部任用与管理暂行办法》《机关各部门科级干部岗位职数核定方案》，并据此考核任用49名科级干部。2月18日，印发《内蒙古邮政局关于进一步加强机关作风建设的通知》。同时，完成机关职工考勤监控系统工程。6月，经内蒙古自治区邮政局相关专业的专业技术职务任职资格评审委员会评审，38人取得高级经济师和高级会计师，32人取得工程师，27人取得政工师专业技术职务任职资格。同时，各盟市邮政局也开展了工程系列初级专业技术职务的评审工作。7月3日，印发《关于进一步深化邮政通信企业人事、用工和分配制度改革的实施意见》。年内，制定《内蒙古邮政系统领导干部业绩考核暂行规定》，对部分盟市和直属单位的领导班子进行充实和调整。通过调整，领导班子的平均年龄从上年的47.6岁下降到44.6岁。全区共接收大中专毕业生101人，其中本科生74人、专科生18人、邮电学校中专生9人。这些人主要来自内蒙古大学、内蒙古工业大学、内蒙古财经学院、石家庄邮政高等专科学校等。招收的专业主要是计算机应用、通信工程、金融、财会、市场营销、广告设计策划等。区邮政局共选派17个团组、73人次前往美国、法国、德国、日本、新加坡等国家和中国香港特别行政区进行现代邮政企业经营管理业务培训、考察和访问。其中，参加国际邮政组织活动4人，技术业务考察12人，技术和业务培训55人，工程和设备验收2人。接收安置了4名军队转业干部。内蒙古邮政管理人员和专业技术人员总数为2546人。其中女性917人，占总数的36%；少数民族400人，占总数的15.71%；具有大专以上学历的1275人，占总数的50.07%；党员1112人，占总数的43.67%；年龄在35岁以下的1006人，占总数的39.51%；有专业技术职称的1760人。2000年，全区邮政共有专业技术人员1875人，约占职工数11.82%。其中高级82人，占专业技术和管理人员总数的4.37%；中级495人，占26.4%；初级1183人，占63.1%；未聘专业技术职务的115人，占6.1%。各专业系列结构为：工程技术人员365人，占19.47%，比上年有所提高；经统会系列1063人，占56.7%；政工系列381人，占20.32%；教育卫生系列41人，占2.18%；图书档案新闻、工艺美术等系列25人，占1.3%。

2001年2月27日，自治区邮政局印发《内蒙古邮政企业竞争上岗实施意见》。明确：打破干部、工人身份界限，建立企业管理岗位，专业技术岗位人员竞争上岗、双向选择、择优聘用，能上能下、合理流动的用人机制。3 月 2 日，制定《内蒙古邮政部门副处级以上领导干部任前公示制》。年内，对 5 名拟提任的干部实行任前公示。选拔和补充 30 岁左右、1992 年以后院校毕业的有培养前途的大学本科及以上学历的人员进入后备干部队伍的行列。4 月 12 日，印发《内蒙古邮政企业科级干部实行聘任制的暂行办法》。4 月 24 日，印发《内蒙古邮政企业优秀人才津贴制度实施办法》。明确优秀人才分 3 个等级，月津贴标准分别为 1500 元、1000 元、500 元。其中优秀专业人才月津贴的 80% 发给个人，其余 20% 存入个人专户，每 10 年向本人结算。如在 10 年内调离邮政企业，其专户基金由企业收回。全区邮政首次评选出 2001-2002 年度享受三等津贴的优秀专业人才 49 人。6 月 7 日，印发《关于加强高等院校毕业生试用、见习期管理等有关问题的意见》，明确了高校毕业生试用、见习期及见习期满的有关待遇。7 月中旬，对自治区邮政局机关 51 名科级干部实行聘任制。10 月，完成自治区邮政局机关 104 名在职职工与企业法人代表签订《劳动合同书》的工作。全年共派出考察、培训人员 19 人。接收大学毕业生 98 人，接收安置 3 名军队转业干部。年内，全区邮政聘任专业技术人员 1807 人，其中高级 73 人；中级 481 人；初级 1179 人。全区邮政管理人员及专业技术人员总数为 2465 人，其中女性 945 人，占总数的 38.3%，比上年度提高 2.3 个百分点；少数民族 422 人，占总数的 17.1%，比上年度提高 1.4 个百分点；具有大专以上学历的 1433 人，占总数的 58.1%，比上年提高近 8 个百分点；党员 1223 人，占总数的 49.6%；年龄在 35 岁以下的 1038 人，占总数的 42.1%；有专业技术职务的 1807 人。管理人员及专业技术人员比例占全部在岗人员总数的 19.5%。

2002 年 8 月 14 日，自治区邮政局对全区邮政高、中级专业技术职务职数进行调整。在全区邮政开展高级经济系列、中级工程系列的专业技术职务评审工作，专业技术职务评审和聘任逐步向重能力、重业绩转变。10 月 17 日，自治区邮政局审核评选出 2002—2003 年度企业优秀专业人才 57 人，其中首次评选出享受二等津贴的优秀专业人才 3 人，月标准津贴 1000 元；评选出享受三等津贴的优秀人才 54 人。对呼和浩特市、赤峰市、呼伦贝尔市、兴安盟、巴彦淖尔盟、乌海市等邮政局和内蒙古邮政快递物流公司、内蒙古邮政职工培训中心的领导班子进行调整。调整后的领导班子在年龄结构、学历层次、专业结构等方面都有所改善。截至年底，全区邮政领导班子的平均年龄为 43.46 岁；现职处级干部中，具有大专以上学历的 71 人，占全区现职干部总数的 95%。新增处级后备干部 43 人，达到 74 人。全区邮政管理人员和专业技术人员总数为 2371 人，占全部在岗职工总数的 19.34%，所占比例比上年减少 0.18 个百分点。全区邮政专业技术人员总数为 1761 人，其中高级职务 105 人，占专业技术人员总数的 5.96%，比上年提高近 2 个百分点，比分营之初提高 3.81 个百分点；中级职务 482 人，占 27.37%，比上年提高近 1 个百分点；初级职务 1084 人，占 61.55%。在全区专业技术人员中，工程系列专业技术人员所占比例基本保持稳定，为 357 人，占 20.27%；经、统、会系列专业技术人员成为全区邮政专业技术队伍的主体，为 1054 人，占比 59.85%；政工系列 315 人，占 17.88%；其他系列占 2%。接收内蒙古邮电学校的中专毕业生 62 人，全部安排到旗县邮政局工作，进一步充实了旗县邮政局的专业技术力量。出国人员为 23 人次。年内，聘任科级干部 48 人；对机关 89 名专业技术人员的履职情况进行年度考核；对机关在职职工 106 人的工资进行改革；对 124 名离退休（含内退）人员的养老金进行调整；安置原呼和浩特邮电医院职工 34 人。

2003 年 2 月 25 日，自治区邮政局印发《关于对邮政企业领导者实行岗位责任津贴的通知》，决定对内蒙古邮政企业领导者实行岗位责任津贴。盟（市）邮政局领导（实职）岗位责任津贴标准：盟（市）邮政局正职每人每月 1000 元；盟（市）邮政局副职每人每月 800 元。直属单位及区局机关各处室领导（实职）岗位责任津贴标准：直属单位正职、机关处室正职每人每月 900 元；直属单位副职、机关处室副职每人每月 700 元。同时规定：在实行邮政企业领导者岗位责任津贴后，不再享受专业技术职务津贴。邮政企业领导者岗位责任津贴实行动态管理，随岗位变动的次月起执行新岗位责任津贴，离开领导岗位后，不再享受本津贴。实行企业领导者岗位责任津贴所需资金从企业工效挂钩工资中支付。津贴从 2003 年 1 月 1 日起执行。自治区邮政局对鄂尔多斯市、呼和浩特市、阿拉善盟、巴彦淖尔盟、锡林郭勒盟、乌兰察布盟等 6 个邮政局的领导班子进行调整。截至年底，全区邮政盟市局领导班子的平均年龄为 43.86 岁，较上年同期下降 1.91 岁；具有大学本科学历的 45 人，比上年提高 15.43 个百分点。全区邮政处级后备干部平均年龄 34.27 岁；具有本科以上学历的 40 人，占全区邮政处级后备干部总数的 63. 49%；其中取得学士学位的 27 人，占后备干部总数的 42.85%；具有大专学历的 22 人，占后备干部总数的 34.92%。有 10 人被国家邮政局选入全国邮政信息技术和外语专业人才库。全区邮政出国培训、考察共 23 人。年内，招聘大中专毕业生 89 人。年底，全区邮政管理人员和专业技术人员总数为 2097 人，占全部在岗职工总数的 18.45%，比上年减少 0.89 个百分点，总数减少 274 人。专业技术人员 1634 人，占管理人员和专业技术人员比重 77.92%，比上年提高 3.65 个百分点。

2004 年，自治区邮政局对 11 个盟市局和 7 个直属单位的领导班子进行调整补充。调整补充后的领导班子在年龄结构、学历层次、专业结构等方面有明显改善。其中 35 岁以下的处级干部由 7 人增加到 16 人，领导干部研究生以上学历的比例由 3.14% 提高到 4.7%。截至年底，全区邮政盟市局领导班子的平均年龄为 42.67 岁，较上年同期下降 1.19 岁，其中“一把手”的平均年龄较上年下降 0.92 岁。选拔处级干部 3 人和科级干部 2 人到山东省邮政局进行挂职交流。加大盟市局“一把手”、直属单位和机关处级干部的交流力度。对 4 个盟市局的“一把手”和部分直属单位、机关处室的干部进行交流。年内，新增后备干部 24 人。机关专业技术职务聘任的聘期改为一年一聘。

2004 年内蒙古邮政局机关专业技术职务岗位职数设置方案

表 2-110 **单位：人**

部门名称	编制人数	高级专业技术职务职数	中级专业技术职务职数
办公室	12	2	7
行管法规处	4	1	2
人事教育处	10	2	6
公众服务处	9	3	5
邮资票品处	3	1	2
安保视察处	6	1	4
网路运行处	6	2	4
计划财务处	17	4	10
监察审计处	7	2	4
机关党委	3	1	2
区邮政工会	6	1	4

10 月 19 日，自治区邮政局印发《处级以上干部异地调动住房补贴暂行办法》。明确：因工作需要并按照组织程序办理异地调动且搬迁安家的正副处级及局级（包括助理巡视员）领导干部（以下简称调动干部），不含临时或短期异地交流的以及异地调动后已经参与新调入单位房改的副处级以上领导干部，

住房补贴建筑面积标准：副处级，100 平方米；正处级，110 平方米；副厅级，120 平方米；正厅级，130 平方米。调动干部被聘专业技术职务为高级职称的 125 平方米，住房补贴建筑面积标准，可按职务职称就高的原则享受。考虑到按国家规定住房补贴偏低，房价上涨等实际情况，凡调动干部在调入地安家，除正常享受住房补贴外，调入单位再给予一次性的福利费补助。具体补贴标准为处级 3 万元，局级 4 万元。10 月 22 日，自治区邮政局出台《面向社会引进人才暂行办法》。重点引进经营、金融、电子信息技术、财务、物流、广告、保险及其他企业急需的专业人员。制定面向社会的高层次人才引进办法和优惠政策，开始向社会吸收和引进高层次人才。全年，全区邮政共引进普通高校毕业生 55 人。

2005 年，自治区邮政局对呼伦贝尔市、通辽市、锡林郭勒盟、巴彦淖尔市以及集邮公司、速递物流局、快递物流公司、报刊零售公司、邮电印刷厂、电子信息业务局的领导班子进行调整补充，共新提任正处级干部 6 人，副处级干部 34 人。领导班子的年龄结构、知识结构和专业结构得到较大改善，全区邮政处级领导干部的平均年龄为 43.3 岁，学历在本科以上文化程度的占到 76%。年内，通过采取盟市局间交流、区局机关与盟市局间交流、跨省对口交流的形式共进行干部交流 8 人次。其中盟市局之间交流干部 2 人，自治区邮政局与山东省邮政局合作，跨省交流干部 3 人。全区新增 28 名处级后备干部；评选出优秀专业人才 70 人；26 人取得高级专业技术职务任职资格，28 人取得中级专业技术职务任职资格。出台《内蒙古邮政局人才引进办法》，从各类院校接收大中专毕业生 18 人，大部分毕业生充实到基层。全区邮政部门公开招聘 3 名副处级领导干部。

2006 年 6 月 19 日，自治区邮政局印发《内蒙古邮政企业处级干部实行聘任制的暂行办法》，聘任处级干部 16 人。截至年底，盟市局领导班子中 40 岁以下的占 20.8%，大学本科以上文化程度占 77.1%。，全区邮政处级后备干部平均年龄 34.7 岁；大学本科以上文化程度的 49 人，占全区邮政处级后备干部总数的 86%。年内，自治区邮政局制定印发《内蒙古邮政企业干部交流实施办法（试行）》，全年共交流干部 36 人，其中赴山东跨省交流处级干部 4 人，盟市局到区局交流 7 人，区局到基层交流锻炼 6 人，盟市间对口交流 6 人，盟市局邮储管理人员到区储汇局交流培训邮政金融业务 13 人。

2007 年，自治区邮政公司按照《关于印发集团公司总部和省（区、市）邮政公司内设机构职务序列表的通知》，对自治区邮政公司三级经理领导职务人员进行重新聘任。完成区公司内部机构设置及职能调整，对 4 个直属单位进行岗位竞聘。录用接收了 50 多名大中专毕业生，缓解了基层人才紧缺问题。年内，按照《内蒙古邮政企业聘用工招聘管理办法（试行）》，通过对各盟市邮政局公开推荐人员统一组织考试，依据考试成绩，结合下达各局聘用工计划，共录取 148 名聘用工，其中：邮政营业员 54 名，储蓄营业员 61 名，发投员 20 名，营销员 13 名。将 6 名优秀劳务工直接招聘为聘用工。根据《关于内蒙古邮政企业薪酬集中发放的指导意见》，12 月起，直属单位和盟市邮政局领导班子 76 人的工资由区公司集中统一发放，减少了薪酬发放的中间环节，规范了全区邮政企业领导班子薪酬发放行为。全面清理整顿各类用工，推进依法用工管理，实施薪酬集中发放制度，严格控制人工成本增长。

2008 年，调整补充了 12 个盟市局和部分直属单位领导班子，新组建了 12 个二级邮储分行领导班子。下发《关于进一步加强全区邮政企业机构设置、领导岗位干部配置和管理人员编制管理的通知》。年内，依据中国邮政集团公司薪酬改革统一部署，开展全区岗位职级体系及薪酬分配体系建设工作，按照规模和效益对企业进行分类，按照责任和贡献对部门进行分类，按照岗位价值对岗位进行分级。根据集团公司划分原则及要求结合全区邮政企业实际情况，将岗位分成“5+1”岗位序列，分别为领导序列、管理序列、技术序列、营销序列、操作序列、非领导序列。“5+1”序列中每一个岗位职级对应一个岗位工资薪级，每一个薪级分为9档工资标准。自治区邮政公司机关11个职能部门、12个直属单位（不含印刷厂）、12个盟市局共计8748名合同工进行了岗位职级的确定和岗位工资的套入工作，增设资深营销经理和高级资深营销经理等岗位，明确了员工的岗位职级和薪酬标准。修订《内蒙古邮政企业从优秀劳务用工中招用合同用工实施办法（试行）》，373名劳务工参加全区B类用工招聘考试，择优录取181名B类用工，另有102名优秀劳务工直接转为B类用工。年底，全区专职营销人员达到1623人，占从业人员的10.53%。

2009年，自治区邮政公司下发《2009年区公司对盟市局绩效考核办法》《2009年区公司对直属单位绩效考核办法》和《区公司对盟市局领导班子成员效绩考核奖励办法》，对盟市局实行分类分级考核，实行业务收入增长及重点业务增长与效益挂钩考核的措施。下发《关于明确盟市局、直属单位领导班子成员薪酬标准的通知》，明确盟市局、直属单位领导班子成员的月绩效奖金考核办法，并由自治区邮政公司按月统一集中发放。完成803名领导序列、37名非领导序列人员的新岗位标准执行工作。对全区180名旗县局长进行了邮政独立运营后第一次远程培训；调整补充了8个盟市局和6个直属单位的领导班子，提任20名三级经理，调整16名三级经理。下发《关于做好干部交流锻炼工作的通知》，年内，选派了33名干部进行交流锻炼。下发《关于内蒙古邮政企业开展“双定”工作的通知》，自治区邮政公司、各盟市局和相关直属单位都成立“双定”工作领导小组，推行“交叉作业法”“梯形排班法”和“累计工时法”等做法，实行大营业支局管理体制、管理人员竞聘上岗、调整营业时间和重新组合投递道段等优化方案。9月，完成“双定”工作。全区12个盟市局及呼和浩特邮区中心局从业人员减少432人，管理岗减员230人，共减少、盘活人力资源802人。

2010年，全区邮政专业技术人才队伍达到1193人，占全部从业人员的8.31%。通过组织开展职业技能鉴定和竞赛等措施，培养和选拔了144名技能人才，占邮政通信生产人员的1.49%，较好地满足了邮政信息化、流程优化和新业务发展的需要。打破平均主义的传统分配方式，确立“为岗位付薪、为能力付薪、为绩效付薪”的理念，在由身份管理向按岗位管理转变方面实现突破。通过开展竞聘上岗、履职考核、绩效考核等措施，着力解决“人岗匹配”等问题，进一步巩固和深化了改革成果。年内，关注低职级员工和劳务工的收入增长问题，凡考核合格的都晋升了工资薪档，实现了向一线员工的倾斜。对三级副以上领导人员薪酬实行集中发放管理的基础上，盟市局层面也实现了员工薪酬的集中发放，规范了各级邮政企业的薪酬支付行为和成本列支渠道。提高了生产岗位的津贴补贴水平，强化了岗位薪酬的保障作用。

六、养老保险

1990年起，对全区邮电企业的固定职工实行离退休费用行业统筹，并制定下发《内蒙古邮电企业离退休（退职）费用统筹实施细则》。随后，自治区邮电管理局、各盟市局相应成立组织机构，修订和完善规章制度，对统筹工作的统计、财务管理、核算等办法做出明确规定。1993年，制定《内蒙古自治区邮电企业补充养老保险和职工个人储蓄性养老保险实施细则》，自治区邮电企业在基本养老保险实行统筹的基础上，又建立了企业补充养老保险和个人储蓄性养老保险，形成国家、企业、个人三方合理负担的邮电养老保险制度。1993年底，参加行业统筹的离退职工，中央国有邮电企业7805人，地方国有农村电话退休人员1101人。

1997年1月3日，自治区邮电管理局为了保障邮电企业离退休人员的基本生活，使离退休人员的收入随在职职工工资的增长而适当增加，根据邮电部《关于1996年调整邮电企业离退休人员基本养老金的通知》精神，对1996年邮电企业离退休人员基本养老金进行调整，调整范围为1995年12月31日前已办理离退休手续的人员。根据邮电企业的实际情况，对1996年1月1日至9月30日办理离退休手续的人员也按该文件规定调整基本养老金。调整时间：1995年12月31日前办理离退休手续的人员，从1996年7月1日起进行调整；1996年1月1日至9月30日办理离退休手续的人员，从1996年10月1日起进行调整。增加基本养老金的标准，离休人员：1937年7月6日前参加革命工作的，每月增加基本养老金110元；1937年7月7日至1945年9月2日参加革命工作的，每月增加基本养老金90元；1945年9月3日至1949年9月30日参加革命工作的，每月增加基本养老金70元。退休人员：1984年12月31日前办理手续的，每月增加基本养老金65元；1985年1月1日至1993年6月30日办理手续的，每月增加基本养老金60元；1993年7月1日起办理手续的，每月增加基本养老金50元。退职人员：每月增加基本养老金40元。调整基本养老金的费用，在基本养老保险基金中列支，统计在"基本养老金（离退休金）"项下。

1998年4月28日，自治区邮电管理局就全区邮电企业结余工资基金使用问题通知：以1997年末在册的邮电企业全部职工及离退休人员人数，按每人3000元标准，从本单位工资储备金中一次性转入企业补充养老保险基金专户，实行专户存储，专款专用。其中在职职工增加的部分计入个人账户，并将基金于1998年5月30日前转入内蒙古邮电社会保险办公室企业补充养老保险专户；离退休人员增加的部分暂列入应付账款，如何使用另行通知。各单位按照人均3000元转入企业补充养老保险基金专户后，剩余工资基金全部作为工资储备金，不得动用。各单位可将中央、地方历年结余工资基金合并使用。由于各盟市局之间结余工资基金不平衡，个别局在按标准转入企业补充养老保险基金后，出现了工资储备金不足的问题。为了解决这一矛盾，由管理局统一调剂，自治区邮电管理局直属储汇局、线务局、邮校、技校、医院由管理局统一拨付，其他直属单位比照盟市局办理。资金调剂问题与财务处办理。

1999年，自治区邮政局根据国务院《关于实行企业职工基本养老保险省级统筹和行业统筹移交地方管理有关问题的通知》的规定及内蒙古自治区劳动和社会保障厅的要求，在完成与原邮电管理局关于养老保险基金、资产划分的基础上，开设了内蒙古邮政基本养老与企业补充养老保险专门账户，实行全局养老金的收支两条线管理。对全区1.3万余名邮政职工的基本养老金账户进行复核，并代为自治区社保局管理。根据内蒙古劳动和社会保障厅的统一部署，9月，为全区6000多名离退休人员调整和增加养老金。

1999年全区邮政职工补充养老保险情况统计表

表2-111 **单位：人、万元**

	参加补充养老保险人数	单位缴纳补充养老保险费	补充养老保险基金增值收益	本期办理离退休人数	本期支付补充养老保险金	期末累计结余补充养老保险金	补充养老保险基金结存形式	
							活期存款	其他
总计	13864	9.9431	0.520	4	0.5207	52.9054	50.000	2.9054
企业	13864	9.9431	0.520	4	0.5207	52.9054	50.000	2.9054

2000年12月29日，自治区邮政局报请自治区劳动和社会保障厅同意，制定《内蒙古自治区邮政企业养老保险金计发办法》，建立全区邮政职工基本养老保险和补充养老保险数据库，使养老保险工作实现了计算机网络化管理。在基本养老保险基金实行收支两条线管理的基础上，建立了离退休人员基本养

老保险社会化发放数据库，实现了社会化发放。

2000年全区邮政职工补充养老保险情况统计表

表2-112　　单位：人、万元

	参加补充养老保险人数	单位缴纳补充养老保险费	补充养老保险基金增值收益	期初累计给余补充养老保险金	本期办理离退休人数	本期支付补充养老保险金	期末累计结余补充养老保险金	补充养老保险基金结存形式：活期存款
合计	14026	1443	141	5616	11	4671	2529	2529

2002年4月27日，自治区邮政局执行自治区劳动和社会保障厅《调整养老保险自治区统筹企业离休人员基本养老金的通知》。该通知明确离休人员在现行工资标准基础上调增一级职务工资，并规定确定职务工资的新标准和增加的审批程序。6月21日，印发《邮政企业职工内部离岗退养有关问题的通知》。该通知明确内退生活费按工资改革前本人所在岗位的岗位工资、技能工资、企业等级工资3项之和计算内退生活费，其工龄及计算标准为连续工龄满30年及以上者，发本人工资（岗位、技能、等级工资之和，下同）的90%；连续工龄满20年不满30年者，发本人工资的85%；连续工龄满15年不满20年者，发本人工资的80%。除工资按上述比例计算外，其他津贴、补贴等一律停发。其他待遇：职工在内退期间，须按规定缴纳基本养老保险和医疗保险金，工龄连续计算。其他福利待遇与退休人员享受同等待遇。职工内退后，如从事其他职业造成伤亡事故的，一切责任均由本人承担。规定一次性办理内部离岗退养截止时间为2002年9月30日。7月1日起，调整企业退休人员基本养老金。调整基本养老金的人员范围为2000年12月31日前已办理退休手续的退休（退职）人员。其具体标准为：按劳动人事部《关于建国前参加工作的老工人退休待遇的通知》规定领取100%退休费的老工人，每人每月增加养老金150元，调整后月基本养老金不足800元的，补齐到800元；1993年12月31日前退休的职工，每人每月增加养老金35元。1994年1月1日后至2000年12月31日前退休的人员，每人每月增加养老金28元，退职人员每人每月增加养老金20元；退休人员调整养老金后，基本养老金仍低于当地企业退休人员平均养老金60%的，盟市邮政局可根据养老金支付能力和财政承担能力，在不超过当地企业退休人员平均养老金60%的范围内，自主决定退休人员最低养老金保障水平。7月1日起，参加自治区养老保险统筹的企业离休干部，均按照自治区人事厅及自治区财政厅联合下发《驻呼和浩特市区的机关事业单位实行岗位、生活补贴政策的通知》规定的标准，发给生活补贴，即每人每月100元。增加离休干部生活补贴的费用从自治区统筹基金中支付。年底，全区共有离退休职工8319人。其中离休干部174人，退休职工5844人，内退职工2301人。

2003年1月14日，自治区邮政局执行内蒙古自治区劳动和社会保障厅《关于调整企业职工和离退休人员非因工死亡遗属生活困难补助标准的通知》《关于因病或非因工致残完全丧失劳动能力的职工退职问题的通知》《关于调整职工个人缴纳基本养老保险费比例的通知》《关于公布2002年企业职工基本养老保险个人账户记账利率的通知》，1月1日起，退休人员由原来的每年一次性发放冬菜款和取暖费，改为每月随退休金发放。企业职工和离退休人员非因工死亡的遗属生活困难补助费，全区按照统一的基数计算。计算遗属生活困难补助费的基数（简称计算基数）由自治区劳动保障厅依据自治区工资增长率、物价上涨水平、离退休人员基本养老金水平及城镇居民最低生活费水平确定，并适时进行调整。遗属生活困难补助费的计算基数统一确定为700元。遗属生活困难补助费计算比例：具有城镇户口的，配偶按计算基数的35%计发，其他供养亲属按25%计发；非城镇户口的，配偶按计算基数的30%计发，其他供养亲属按20%计发。孤寡老人或者孤儿在上述标准的基础上加发10%。企业离休人员和符合原劳动人事部《关于建国前参加工作的老工人退休待遇问题的通知》规定领取100%退休费的工人非因工死亡的，在上述标准基础上增加5%。全区邮政系统职工和离退休人员非因工死亡遗属840人平均每人每月领取生活补贴245元。4月23日，自治区邮政局执行内蒙古自治区党委组织部、老干部局、财政厅、人事厅、劳动和社会保障厅联合印发《关于调整离休干部几项经费标准的通知》，对全区邮政企业离休干部的几项经费标准进行调整，离休干部公用经费标准调整为：厅局级干部由每人每年500元提高到1000元；处级及以下干部每人每年500元提高到700元。生活困难补助：1937年7月6日前参加革命工作的老红军、老干部及其遗孀的生活困难补助费由每人每年200元提高到1500元；享受对象、经费来源及发放办法仍执行内党老通〔1997〕120号文件规定。厅局级（含享受待遇的，下同）离休干部交通费由每人每月15元提高到100元；处级离休干部由每人每月10元提高到30元。按此标准领取交通费的离休干部因私用车，按成本付费。年底，全区参加基本保险的全部职工为12081人，离退休人员为5983人，其中离休167人，退休5790人，退职26人。2003年，全区上缴基本养老金4830万元；支付离退休人员养老金6170万元，其中离休322万元，退休5835万元，退职13万元；支付丧葬补助和抚恤救济费288万元。9月23日，印发《关于邮政企业内部离岗退养人员生活待遇的通知》，明确：邮政企业内部离岗退养人员比照国家现行退休有关政策规定，以2002年度全区职工月平均工资和相关数据为计算依据计发内退人员生活费。按上述规定计算的生活费额与原规定计发的生活费额增加的部分，从2004年1月1日起分3年到位，即：第一年，2004年1月1日起按35%到位；第二年，2005年1月1日起按70%到位；第三年，2006年1月1日起100%到位，按到位的应发生活费额，在内退期间，按国家政策规定缴纳基本养老保险和医疗保险，计入个人账户，工龄连续计算，到法定退休年龄后，正式办理退休手续；比照退休政策享受生活待遇后，执行退休人员的有关政策待遇。

2004年，全区邮政离退休和遗属人员生活费实现社会化发放率为100%。截至年底，全区邮政从事离退休管理工作的专职工作人员6人，兼职工作人员9人；全区邮政离退休人员总数为5235人，其中离休干部162人，退休职工4993人，退职职工80人。

2005年初，自治区邮政局按照自治区人民政府文件要求，为全区邮政退休人员5763人调整基本养老金，人均增幅40元。年内，为116名职工办理退休手续。内退人员执行退休人员的政策待遇，调整基本生活费，人均增幅36元。在纪念抗日战争胜利60周年之际，全区邮政有19位老职工荣获“抗日战争胜利60周年纪念章”。截至年底，全区参加养老保险的职工为11835人；离退休统筹人员为5934人（其中离休人员为150人，退休人员5763人，退职人员21人），发放养老金6790.1万元，全区享受抚恤救济的遗属人员971人，发放遗属生活费282万元，发放伤葬补助费为63万元，发放率为100%。按时足额上缴基本养老金6066万元。

2006年，内蒙古邮政按照《国务院关于完善企业职工基本养老保险制度的决定》《内蒙古人民政府关于完善企业职工基本养老保险制度的实施意见》，执行企业职工基本养老保险计发办法：参加城镇企业职工基本养老保险的人员，退休均按本办法计发养老保险金。“统账结合”后参加工作且缴费年限累计满15年的人员，退休后按月发放基本养老保险金，基本养老金由基础养老金和个人账户养老金组成。

“统账结合”前参加工作，本意见实施后退休且缴费年限（含视同缴费年限）累计满15年的人员，在发给基础养老金和个人账户养老金的基础上，再发给过渡性养老金和过渡性调节金。基础养老金、个人账户养老金、过渡性养老金、过渡性调节金分别以不同办法计算。基础养老金月标准以当地上年度在岗职工月平均工资和本人指数化月平均缴费工资的平均值为基数，缴费每满1年发给1%。计算公式为：基础养老金=（参保人员退休时当地上年度在岗职工月平均工资+本人指数化月平均缴费工资）÷2×缴费年限×1%。个人账户养老金月标准为个人账户储存额除以计发月数。计算公式为：个人账户养老金=参保人员退休时个人账户累计储存额÷计发月数。过渡性养老金月标准以本人指数化月平均缴费工资为基数，“统账结合”前的缴费年限每满1年发给1.2%。计算公式为：过渡性养老金=本人指数化月平均缴费工资×统账结合前的缴费年限×1.2%。按以上公式计算过渡性养老金时，平均缴费工资指数低于1的，按1计算。过渡性调节金以当地现行标准为基数，2006年至2014年退休的按一定比例计发。2015年以后退休的不再发给过渡性调节金。为了保持待遇水平平稳过渡，设立3年过渡期。在过渡期内按照新办法计算的基本养老金，低于原办法的，差额部分予以补齐。高于原办法的，2006年退休的发给高出部分的30%；2007年退休的发给高出部分的70%；2008年退休的发给高出部分的90%；2009年以后退休的，基本养老金按新办法计算。按原办法计算基本养老金时，职工平均工资基数封顶到2005年。基本养老金中，个人账户养老金由个人账户基金支付，个人账户不足支付时，由统筹基金支付。人员达到退休年龄，缴费年限累计不满15年的，养老金一次性结算，同时终止养老保险关系。一次性养老金领取额按下列公式计算：一次性养老金=参保人员退休时个人账户累计储存额+本人指数化月平均工资×缴费年限。办法从2006年1月1日起实施。根据劳动和社会保障部、财政部《关于调整企业退休人员基本养老金的通知》精神，经自治区人民政府同意，从2005年起，连续3年提高企业退休人员基本养老金。调整基本养老金的人员范围：2005年调整范围为2004年12月31日前已按规定办理退休手续的退休人员，2006年调整范围为2005年12月31日前已按规定办理退休手续的退休人员。调整基本养老金的执行时间：2005年、2006年调整基本养老金分别从该年的7月1日起执行。参加城镇企业职工基本养老保险的退休人员基本养老金调整标准。2005年企业退休人员基本养老金调整标准为：退休人员每人每月增加55元，退职人员每人每月增加30元；2006年企业退休人员基本养老金调整标准按下表所列标准执行。

2006年退休人员基本养老金调整标准表

表2-113

2005年调整养老金后的基本养老金	缴费年限（含视同缴费年限）	每人每月增加基本养老金标准（元）		
		1985年底以前退休	1986年至1997年退休	1998年至2005年退休
低于或等于500元	25年及以下	125	120	115
	25年至36年之间	130	125	120
	36年及以上	135	130	125

续表 2-113

2005 年调整养老金后的基本养老金	缴费年限（含视同缴费年限）	每人每月增加基本养老金标准（元）		
		1985 年底以前退休	1986 年至 1997 年退休	1998 年至 2005 年退休
高于 500 元且低于或等于 600 元	25 年及以下	120	115	110
	25 年至 36 年之间	125	120	115
	36 年及以上	130	125	120
高于 600 元且低于或等于 700 元	25 年及以下	115	110	105
	25 年至 36 年之间	120	115	110
	36 年及以上	125	120	115
高于 700 元	25 年及以下	110	105	100
	25 年至 36 年之间	115	110	105

在上表所列标准基础上，按原劳动人事部文件规定领取 100% 退休费的老工人，每人每月另加 80 元；具有正教授级高级专业技术职称的人员，每人每月另加 60 元；具有副教授级高级专业技术职称的人员（含具有高级技师职业资格的技术工人），每人每月另加 40 元。退职人员退职生活费调整标准为 60 元。调整基本养老金所需资金。参加企业基本养老保险统筹的，由企业职工基本养老保险统筹基金承担。

根据自治区人民政府的文件规定，截止到 2006 年 6 月 30 日已办理离休手续的离休人员，从 2006 年 7 月 1 日起按下列标准增加离休费：厅局级正职 1220 元，厅局级副职 940 元，正处级干部 670 元，副处级干部 490 元，正科级以下 350 元。调整基本养老金所需资金：参加企业基本养老保险统筹的，由企业职工基本养老保险统筹基金承担；7 月 1 日起停止办理企业补充养老保险和职工个人储蓄性养老保险，各单位停止扣缴职工个人储蓄保险；对于各单位以前年度所欠缴的保险金要继续上交，由区局统一管理，存入保险基金专户；待职工到达法定退休年龄，批准退休后一次性结算，发给职工本人。根据国家和自治区有关劳模、先进工作者待遇的政策和精神，改善提高全区健在并保持荣誉称号的劳动模范、先进工作者待遇，主要内容；1997 年 12 月 31 日以后获得（省、部）级以上劳动模范、先进工作者荣誉称号的企业职工，由奖励单位给予一次性奖励或由本单位为其办理企业年金（补充保险），离退休时不另外提高基本养老保险计发标准。1997 年 12 月 31 日以前获得国家规定可享受养老保险优惠待遇的劳动模范、先进工作者等称号的企业职工，统一实行养老保险制度后退休的，退休时可按原加发退休费比例的 60% 在本人每月平工资的基础上加发养老金。获得一次全国劳动模范、先进工作者称号的，加发养老金 6%，两次的加发 9%；后获得一次自治区（省、部）级劳动模范、先进工作者称号的，加发养老金 3%，两次的加发 6%；提高标准后的退休费不超过其原工资标准的 100%。对全国劳动模范、先进工作者及其他享受全国劳动模范待遇的人员，每人每月发给 100 元劳动模范荣誉津贴；对自治区（省、部）级劳动模范、先进工作者及其他享受自治区（省、部）级劳动模范待遇的人员，每人每月发给 80 元劳动模范荣誉津贴。全国劳动模范、先进工作者及其他享受全国劳动模范、先进工作者待遇的人员，其工资待遇（不包括荣誉津贴）低于所在盟市职工平均工资水平 120% 的，每年补齐到所在盟市职工平均工资水平 120%。自治区（省、部）级劳动模范、先进工作者及其他享受自治区（省、部）级劳动模范、先进工作者待遇的人员，其工资待遇（不包括荣誉津贴）低于所在盟市职工平均工资水平 115% 的，每年补齐到所在盟市职工平均工资水平115%。全国劳动模范、先进工作者和其他享受全国劳动模范、先进工作者待遇的人员，已享受全国统一待遇的，不再享受自治区的同类待遇。2006年新办理职工退休141人，离退休人员总数5887人，上缴自治区地税局基本养老保险金6464万元。按照自治区政府要求，为145名离休干部调整护理费和级别工资，人均增加80元；为退休人员调整退休金，人均增加160元；为2053名内退人员调整内退生活费，人均增加160元。年底，全区邮政离退休管理专职工作人员8人，兼职工作人员9人，主管1人；全区邮政离退休人员总数为5980人，其中离休141人，退休干部1155人；全区邮政离退休党支部共25个。

2008年1月1日起，调整企业离休人员基本养老保险金标准，为全区5839名退休人员调整了基本养老保险金，人均增幅120元。为全区遗属人员增发了遗属生活费，人均增幅70元。为离休人员调整了护理费，提高了400元。为内退人员调整了基本生活费，人均增幅120元。

2009年1月1日起，调整企业离退休人员基本养老保险金，为全区98名离休人员调整了基本养老保险补贴。为全区5955名退休人员调整了基本养老保险金，人均增幅120元。为符合条件已故的84名离退休人员遗属办理了审批手续，按时发放遗属生活费。根据有关文件规定，内退人员实行退休人员政策待遇，为1719名内退人员调整了基本生活费，人均增幅120元。

2010年，落实老干部政治待遇的有关政策规定，及时订阅党报、党刊。确保离退休人员基本养老金的按时足额发放，按年度为退休人员办理发放医疗费补贴，年终为退休人员中的大、重病号办理特困补助。落实离休干部医药费按规定据实报销的政策规定和离退休人员危重病住院慰问工作，及时办理离休人员特困补助。

七、法律事务

1991年1月，自治区邮电管理局成立法规室，挂靠在企业管理处。配备2名高等院校法律专业毕业，并有一定邮电企业管理经验的干部专职从事法制工作。明确政策法室为合同综合管理部门的同时，要求各盟市局法制工作机构负责所属单位经济合同的综合管理，要求各处室、各直属单位设立合同管理员，负责本单位的经济合同管理。自治区邮电管理局、盟市局均按照规定进行了合同的综合管理，自治区邮电管理局机关各处室、各直属单位均指定了合同管理员。部分旗县局设了兼职合同管理员。年内，开始实施全区邮电部门“二五”普法规划。自治区邮电管理局重点培训了旗县局副局长以上干部、执法人员、法制工作人员和普法骨干。

1992年12月，撤销企业管理处，设政策法规室，列为正处级建制。在加强管理局法制机构建设的同时，着力抓了盟市邮电局法制工作机构的建设，要求各盟市局配备法制工作人员。全区13个盟市局都成立了法制工作机构，有工作人员26名。在接受大专院校毕业生名额很困难的情况下，各盟市局在选配工作人员时注意吸收法律大专院校的毕业生，同时也注意调配一些文化素质和政策水平较高的管理干部，使他们能够做到优势互补，增强了队伍的整体素质。管理局法规处3人通过了全国律师资格考试取得了律师资格，2人持有律师执业执照。从1992年开始，“二五”普法进入实施阶段。上半年，重点学习了《民族区域自治法》《宪法讲话》《社会主义法制建设若干问题讲话》及有关基本法律。为了推动学习深入和检验学习效果，从5月份开始，管理局和区邮电工会联合举办了全区邮电职工法律知识竞赛。竞赛内容涉及《宪法》《民族区域自治法》等十几个法律法规。这次竞赛共分2个阶段：5月至6月为学习阶段，采取多种形式，组织职工系统地学习法律知识，动员全体职工积极参加竞赛活动。7月份为答题阶段。通过试卷答题，检验职工学习情况，巩固学习成果。全区3万多名邮电职工参加竞赛。根据“二五”普法要以宪法为核心，以专业法为重点，增强法制观念，学会依法办事，促进依法管理，把各项工作纳入法制轨道的要求。《内蒙古自治区邮电通信管理条例》（简称《条例》）经自治区人大常委会通过并颁布后，管理局立即成立了宣传贯彻《条例》领导小组，管理局局长张春生担任组长，副组长由鲍晓英、达瓦、张传惠副局长担任，并对学习、宣传、贯彻《条例》做了具体安排，用3个月的时间集中干部、职工进行学习，组织学习的时间不得少于35小时。管理局确定4月份为《条例》宣传月。全区各级邮电部门按照管理局的安排，普遍成立了宣传贯彻《条例》领导机构，由主要领导亲自抓，并确定了具体分管部门。在学习、宣传、贯彻《条例》活动中，管理局请自治区人大常委会副主任周荣昌作了学习宣传贯彻《条例》电视讲话；在内蒙古人民广播电台“法制园地”举行了《条例》系列宣传。盟市、旗县邮电局积极取得当地人大、政府及有关部门的支持，利用广播、电视、报纸等宣传媒介采取多种形式向社会作广泛的宣传，并有针对性地召开有土地、公安、交通、建设、规划、工商、市政等部门参加的各种类型座谈会，重点宣传了邮电通信的社会性和受到社会保障的必要性，以及《条例》的有关规定。在组织全区邮电职工认真学习《条例》的同时，继续学习《邮政法》《邮政法实施细则》，开展了学法、懂法、守法、用法的教育，以《邮政法》《条例》等专业法，规范企业的业务活动和经营行为，规范邮电工作人员的行为，增强了广大职工的法律意识。管理局组织机关干部、职工集中时间对《条例》进行了学习、讨论，并进行了辅导和考试。除了抓好行业专业法的学习外，还着重抓了岗位专业法的学习，本着干什么、学什么，缺什么、补什么的原则，根据不同的专业和岗位确定了不同的学习内容。作为专业法学习重点对象的各级领导干部，以及公安、保卫、统计、财会、档案、监察、审计、质量管理、合同管理、生产第一线尤其是与用户交往密切的人员，通过学习与本岗位密切相关的法律、法规，增强了法制观念，掌握了本岗位专业法律知识，依法管理、依法办事的水平有了新的提高。

1993—1994年，根据中宣部、司法部的要求，全区邮电部门重点进行有关市场经济法律法规的宣传学习。为适应学习需要，管理局编印《普法资料选编》，发至全区邮电部门的基层支局、班组，供全体干部、职工学习。对普法重点——旗县局长以上领导干部，管理局采取了集中面授的方法，共举办旗县局长以上干部普法学习班7期，每期10天；法制干部普法学习班1期，有300余名盟市旗县局长、法制工作干部参加了面授学习。在旗县局长、支局长参加的其他培训班上，也安排了法律课，进行法律知识学习。管理局机关的普法学习以处室组织为主，并在全体干部中进行集中辅导，分别对《行政诉讼法》《邮政法》《邮政法实施细则》《内蒙古自治区邮电通信管理条例》进行宣讲。通过法制宣传教育，全区邮电干部、职工的法律意识不断增强，依法管理、依法经营、依法维护自身合法权益的自觉性和能力得到提高。

1995年，为防范企业经营风险，进一步加强经济合同管理工作，管理局制定了《内蒙古自治区邮电企业经济合同管理办法（试行）》，对经济合同的管理作出了规定，包括部门职责、资信调查、合同签订、审查程序、授权委托制度、合同专用章的使用和管理、合同履行监督和合同档案管理等具体内容。各盟市局，各直属单位也根据管理局的要求制定了本单位的具体管理办法，从而建立了较完善的合同管理制度，使合同管理工作做到有章可循，规范操作。在全区“二五”普法考核评比中，管理局被自治区党委宣传部、司法厅评为“二五”普法先进单位。

1996年8月20日，自治区邮电管理局印发《全区邮电部门普及法律知识的第三个五年规划》，明确主要任务，教育对象、内容、目标和基本要求，方法和步骤，措施。11 月 19 日，管理局成立“内蒙古自治区邮电管理局普法领导小组”，负责全区邮电部门普及法律知识工作的领导。12 月 5 日，管理局发出《关于依法规范邮电业务宣传有关问题的通知》，指出：邮电部门在经营发展中邮电业务宣传比重逐年提高，促进了邮电通信事业的全面发展，但也发生了多起因使用他人肖像、作品引起肖像权、知识产权纠纷的情况，故管理局要求依法规范邮电业务宣传活动。全年共审查各类经济合同 1452 份，标的金额 99935.74 万元人民币，517.69 万美元。还采取多种形式加强对合同管理人员的培训和辅导，提高了这部分人员审查、管理合同的业务水平。对于重大合同提前介入，法规处参加了管理局新办公楼金宇大厦产权交换合同谈判、签订和履行的全过程并进行动态监督。年底，12 个盟市邮电局建立了合同综合管理机构，配备了专兼职合同管理员；管理局各直属单位、各处室也设了兼职合同管理员，部分旗县局亦开始设置兼职合同管理人员，一个较为完整的合同管理网络框架初步形成；合同统计资料定期上报制度进一步完善，全区各季度合同签订情况能够比较及时、准确地掌握。1995 年末 1996 年初，按照邮电部要求，自治区邮电管理局对全区邮电部门执行《邮电企业经济合同管理规定》情况进行了检查。检查 50 万元以上经济合同履行情况 245 份，合同标的合计分别为 42782.25 万元人民币、4627 万美元、2700 万法郎。

1997 年，落实法制宣传教育规划，盟市局都制定了具体的措施，除定期的学习检查外，辅之以不定期的考试考核，有的单位还将考试考核结果与职工的经济利益挂钩，有效地促进了学习的开展。为了解决师资问题，管理局举办了 2 期普法骨干培训班，培训普法骨干 104 人。各盟市局又以本局的骨干为师资，相继举办了普法宣传员培训班，使每个普法考核单位都有能宣讲、辅导的人员，保证了学习法律知识的质量。全区邮电系统购买了各类普法教材，达到人均一册，满足了职工对学习资料的要求。结合《邮政法》实施 10 周年、《自治区邮电通信管理条例》实施 5 周年，组织了全区范围内的邮电专业法规宣传活动。各单位因地制宜、结合实际，组织了相关部门座谈会、法律知识竞赛、邮电法规研讨会，并开展街头咨询、印发宣传单，在主要营业厅前悬挂横幅标语，促进了邮电专业法律知识的社会普及。本年全区邮电企业的合同管理工作基本步入正轨。各级领导干部对合同管理工作越来越重视，盟市局和直属单位都配备了合同管理人员，大部分旗县局也设立了合同管理员，建立了基本的管理制度，各专业部门承办合同时自觉履行审批程序，对合同管理工作予以积极配合。6 月，在各单位自查的基础上，管理局组织人员对全区各盟市、管理局各直属单位的合同管理工作进行了检查。通过检查，发现有的单位合同管理制度不健全，或有章不循。7 月，管理局举办合同管理人员培训班暨合同管理工作研讨会，就合同检查中发现的问题进行了有针对性的培训。促进盟市局建立了合同台账、合同档案、合同管理工作交流等制度，进一步完善规章制度，从而促进了合同管理的规范化。全区经审查的经济合同 2448 份，金额 151721.23 万元人民币；其中 50 万元以上的合同 453 份，金额 130920.68 万元人民币。

1998 年 3 月下旬，自治区邮电管理局执行自治区党委宣传部、自治区直属机关党工委、自治区司法厅和自治区普法领导小组办公室《关于在全区开展“百日法制宣传活动”的通知》，在全区邮电系统范围内组织开展“百日法制宣传活动”，学习宣传邓小平民主法制建设理论和依法治国的基本战略与依法治区的目标任务，以宪法为核心，以邮电专业法为重点，组织学习《刑法》修改后有关惩治通信领域犯罪的规定、《反不正当竞争法》、《消费者权益保护法》等基本法律、社会主义市场经济法律法规和《邮政法》及其实施细则、《国务院中央军委关于保护通信线路的规定》《内蒙古自治区邮电通信管理条例》《内蒙古自治区专用电信网管理条例》《内蒙古自治区电信业务市场管理办法》等邮电专业法律法规。

1999 年 3 月，下发《内蒙古自治区邮政企业经济合同管理办法（试行）》，办法沿袭和借鉴邮电合营期间经济合同管理的成果，重新确立了合同委托授权、合同印鉴管理、合同审查、合同综合分析和统计报表、重大合同报备、合同履行情况报告、合同文书归档等专项制度。各盟市邮政局也相继出台了合同管理办法，确保了邮电分营后合同管理的制度衔接和工作的连续性。全区各级邮政企业相继组建了法律事务机构，专职合同管理人员基本到位，兼职合同管理员逐级落实。针对全区专兼职合同管理人员队伍新、基础弱的实际情况，4 月，自治区邮政局组织了呼市地区邮政部门干部职工参加《合同法》讲座；在全区邮政行业管理暨法律事务培训班上，专门讲授了新《合同法》知识。全年全区合同综合管理部门共审查合同 793 份，标的金额 4.26 亿元；其中重大合同 105 份，标的金额 3.69 亿元。合同综合管理部门积极履行“事前预防、事中监督、事后补救”职能，落实各项合同管理制度，跟踪检查合同履行情况，合同签订履行未发生重大问题，没有引发合同纠纷和诉讼，保证了全区邮政企业经营活动的正常秩序。3 月，自治区邮政局成立了由苏和副局长任组长，办公室、人事教育处、安全保卫处、精神文明办公室、监察室、行业管理和法律事务处负责人参加的“三五”普法领导小组，领导小组工作机构设在行业管理和法律事务处。按照“三五”普法规划实施进度要求，制定了全区普法教育年度计划。各盟市邮政局和直属单位相继建立健全了普法领导小组和工作机构，邮政独立运营之初的组织建设基本完成。呼盟邮政局实行干部登记学习制度，包头市邮政局制定目标责任制，赤峰、锡盟、乌盟、阿盟等局举办培训班和普法知识竞赛。12 月，自治区邮政局机关和直属单位参加了自治区直属机关工委组织的年度普法考试，普遍取得了好成绩。全区以办理企业工商登记为工作重点，在全区范围内进行了邮政通信企业的工商登记注册工作，内蒙古自治区邮政局于 7 月 12 日领取了企业法人营业执照，各盟市和旗县邮政局也陆续领取了营业执照，为邮政独立运营后的经营工作取得合法资格。自治区邮政局和各盟市法律事务部门还会同相关部门，协调处理邮电分营后的遗留问题，办理邮电分营划归邮政的房地产的产权变更手续，参与财务部门开展的清产核资工作，处理邮电分营在资产划分方面存在的疑义，巩固了分营成果，维护了企业的合法权益。针对企业诉讼难点问题，克服“畏讼”“避讼”心理，掌握了企业诉讼的主动权，成功解决多起企业民事经济纠纷。

2000 年 3—4 月，自治区邮政局组织人员对全区合同管理进行了检查，各盟市局在进行自查的同时，也相继对所属旗县局进行了检查。检查表明，全区合同管理工作经过一年的运行，已逐步走向规范化轨道。合同承办部门、合同审查会签部门、合同综合管理部门工作关系逐步协调，工作衔接和配合不断融洽，合同管理制度得到有效的贯彻落实。年内全区合同综合管理部门共审查合同 519 份，标的金额 2.004 亿元；其中重大合同 75 份，标的金额 1.38 亿元；没有发生纠纷和诉讼。“三五”普法开始转入考核验收阶段。5 月，由区局统一组织的全区邮政系统普法考试圆满结束，全区实际参考人数 13361 人，参考率达到 98.6%，合格率 100%。随后，区邮政局普法领导小组根据《全区邮政部门“三五”普法考核验收标准》，通过各单位自查自验为主、区邮政局普法验收小组重点抽查为辅的形式，开始着手进行“三五”普法的考核验收工作。11 月，区普法领导小组根据验收结果，评出普法先进单位 5 个，合格单位 11 个，并对普法先进单位进行了表彰奖励。企业法律事务工作以贯彻落实国家邮政局《邮政企业法律顾问工作办法》为工作重点，工作范围不断拓展，办理企业工商登记，参与企业的招投标、资产转让、投资、公司改建等重大活动，代理企业与其他单位和个人的诉讼与非诉讼活动，处理企业与职工之间的法律纠纷等，同时在参与企业的重大经营决策中提供了相关的法律意见。

2001 年 2 月 28 日，自治区邮政局制定《内蒙古自治区邮政企业合同管理办法》。该办法完善了合同审查会签流程制度、合同委托授权制度及合同履行监督管理制度。截至年底，全区合同综合管理部门审查合同9份，标的金额11004.31万元。其中，全区各级邮政部门包括附属非主业单位和辅助部同43份，标的金额7920.61万元；自治区邮政局机关共审查合同40份，标的金额4019.09万元，其中50万元以上合同17份，标的金额3849万元。出具合同审查意见书16份。全区共发生各类诉讼案件40余起，涉案标的金额数百万元。全区各级法律事务部门办理案件胜诉率明显提高，比较典型的有：呼和浩特市邮政局储蓄存款纠纷案，赤峰市邮政局种子邮购纠纷案，乌海市邮政局邮电分营遗留问题纠纷案，通辽市开鲁县邮政局储蓄存款冒领纠纷案。内蒙古邮政局法律事务室参与处理内蒙古邮电印刷厂、赤峰市邮政局主辅、主附分离试点；内蒙古邮电幼儿园撤销及清理；呼和浩特市托克托县邮政局、鄂尔多斯市达拉特旗邮政局种子邮购纠纷；内蒙古邮政保险代理公司筹建工作，共出具法律意见书12份。10月16日，制定《内蒙古邮政案件报告备案管理办法》。该办法明确了下列案件应逐级报备自治区邮政局法律事务室（1）涉及中国邮政整体权益的案件。（2）涉及邮政部门行政执法的行政复议和行政诉讼案件。（3）涉及邮政企业经营资格和违法违规经营的行政处罚案件。（4）涉及邮政企业内部犯罪行为的刑事案件。

（5）案件发生单位认为案情复杂需要上级协助处理的案件。（6）邮政部门自行提起诉讼的案件。另外，案件发生单位必须在案件发生次日3天内向上级主管部门提出书面报告，对各级邮政部门自行提出诉讼的案件应在起诉前15日提出书面报告。11月29日，制定《内蒙古自治区邮政企业委托授权管理办法》。该办法由总则、委托授权适用范围、委托授权办理程序、委托授权的监督管理、法律责任及附则6章计31条组成。12月18日，制定《内蒙古邮政企业法律顾问工作管理办法》。该办法由总则、法律顾问机构、法律顾问的权利和义务、企业法律顾问的等级管理、附则计5章27条组成。同时，规定内蒙古邮政企业法律顾问设置3个等级：（1）总法律顾问。（2）法律顾问。（3）助理法律顾问。自治区邮政局组织订购国家邮政局推荐的《企业经营管理者法律培训讲座》VCD光盘。利用“世界邮政日”、“12·4”全国法制宣传日及《邮政用品用具监督管理办法》颁布实施的时机，开展形式多样的法制宣传教育活动。为稳步推进法制宣传教育，以点带面，实行分类指导，确立内蒙古邮政储汇局、呼和浩特市邮政局为全区普法试点单位。8月24日，在自治区直属机关工委、普法依法治理领导小组组织的“三五”普法总结表彰活动会上，自治区邮政局被确认为全区“三五”普法合格单位，内蒙古邮政储汇局被评为全区“三五”普法依法治理先进单位。9月14日，自治区邮政局成立全区“四五”普法领导小组，组长苏和，领导小组下设办公室；同日，制定《全区邮政系统开展法制宣传教育的第四个五年规划》，明确了开展“四五”普法的指导思想、目标和任务、工作要求、步骤和方法、组织领导及保障措施等。截至年底，全区各盟市邮政局基本完成普法领导机构的组建和普法规划的起草，“四五”普法工作全面启动。

2002年，全区合同审查会签、委托授权、合同检查和重大合同备案等管理制度逐步完善，进一步加强了合同管理工作。截至年底，全区各盟市邮政局及直属单位法律事务部门共参加合同谈判83次，参与起草合同文本84份，办理合同委托授权162份，处理合同纠纷5起，涉案金额73.96万元。开展合同普查、抽查活动34次，检查范围覆盖现业及旗县邮政局，审查合同563份，标的金额7192万元。其中重大合同15份，标的金额1751万元。自治区邮政局法律事务室共审查合同51份，标的金额1302万元人民币、27.13万美元。其中重大合同6份，标的金额853万元人民币、22.86万美元，出具合同审查意见书7份。全区法律事务部门积极参与企业决策，处理企业纠纷和诉讼，规范企业经营行为，提供法律指导和法律意见。截至年底，全区各级法律事务部门共处理企业纠纷和诉讼案件48起，涉案金额893.23万元，参加企业规章制度的起草审核66件，代写法律文书28件，受理法律咨询177件，办理工商登记155件，参与公司设立4件，参加商务谈判和招投标活动40起，出具法律意见书23份。全区共配备专职普法工作人员15人，兼职普法工作人员140余人；各盟市邮政局及直属单位平均订购普法教材4种，共计2300余册；各单位自行组织普法培训79次，组织人员参加系统外普法培训16次，参加人数2700余人；组织普法宣传活动29次，参加人数1600余人；组织普法考试22次，参加人数4200余人。2月5日和3月25日，自治区邮政局分别印发《全区邮政系统2002年法制宣传教育工作安排》及《区局机关和直属单位2002年普法教育工作安排》。同时，提出“四五”普法学习方式要努力实现两个转变，即由被动学法向自发学法转变，由纸上谈法向学以致用转变；并采取“三个结合”的形式开展普法学习，即以国家邮政局“四五”普法统编教材为主，结合视听资料；以自学为主，结合集中学习；以学习为主，结合培训、讲座和活动等形式。自治区邮政局统一组织征订国家邮政局统编的《邮政四五普法教材》；《邮政普法案例选编》，并自行组织征订部分普法视听资料，作为“四五”普法的辅助学习资料，初步建立以教科书、案例、法律法规等纸质资料为主，视听资料为辅的普法教育资料库，并制定了具体的普法学习进度表，明确开展普法学习的具体时间、内容、方式、学时等。各盟市邮政局及直属单位按照区邮政局制定的全区“四五”普法规划和年度普法工作安排拟订了具体的学习计划，确定学习重点、学习时间，制定详尽可行的学习进度安排，并通过自学和集中学习、举办培训和讲座、开展活动等方式，促使普法工作开展起来。

2003年，各盟市邮政局共配备专职普法人员11人，兼职普法人员87人，内聘企业法律顾问5人，外聘企业法律顾问10人。订购普法资料22种440余册，组织或参加各类法制宣传教育的培训31次，其中自行组织14次，参加系统内培训4次，系统外培训13次，参加培训人数541人。组织普法宣传活动22次。年内，自治区邮政局采取分片审查、评分定级方式组织全区东部、中部、西部进行3次合同会审。会审从合同基础管理、合同审查会签程序和合同文本内容对全区邮政系统各单位2002年度合同管理工作进行综合考核。本次会审共设置5个项目，20项内容，参审单位共16家，提交合同502份，标的金额7192.04万元。共评出合同管理AA级单位8家：呼和浩特市邮政局、包头市邮政局、乌海市邮政局、通辽市邮政局、鄂尔多斯市邮政局、呼伦贝尔市邮政局、乌兰察布盟邮政局、内蒙古邮政信息技术局；A级单位4家：赤峰市邮政局、锡林郭勒盟邮政局、巴彦淖尔盟邮政局、阿拉善盟邮政局。B级单位4家：兴安盟邮政局、呼和浩特邮区中心局、内蒙古邮政快递物流公司、内蒙古邮电印刷厂。1月20日，自治区邮政局印发《关于实行重大、重要合同集中预审管理的通知》。通知明确重大合同是指标的金额在50万元以上的合同。重要合同具体范围是：1. 合同相对人为涉外主体或合同内容有涉外因素的合同。

2. 合同内容涉及中国邮政整体权益或全网利益的合同。3. 以国有资产进行投资入股的合同。4. 国有资产转让、抵押、出售、收购、租赁等合同。5. 企业兼并、重组、参股及联营合同。6. 土地使用权转让合同和以土地使用权投资入股的合同。7. 联合经营邮政新业务的合同。8. 国家重点建设项目或区管重点工程建设项目合同。9. 合同标的对邮政企业可能产生深远影响的其他合同。同时，规定：集中预审合同范围是重大合同和重要合同，集中预审内容和形式、集中预审办理程序、集中预审监督检查、各直属单位以自己名义签订的重大、重要合同，适用和执行本规定。9月3日，自治区邮政局印发《内蒙古自治区邮政局合同专用章管理办法》。该办法明确合同专用章使用范围、使用方式、使用程序、交接保管等内容。规范合同书面审查意见，将合同修改区分为实质性修改和非实质性修改，要求合同管理人员对承办部门提交审查的合同草本有实质性修改意见的，应出具书面《合同审查意见书》。5月28日，自治区邮政局印发《关于实行合同项目责任制的通知》。通知明确在全区邮政系统实行合同项目责任制，并规定：合同项目责任制的范围和形式；合同项目责任制内容；合同综合管理部门（法律事务部门和承担合同综合管理职能的其他部门）和合同职能部门（计划财务、审计、档案管理等部门）按照合同管理办法规定的职责权限范围，对合同进行法律审查、专业审查和档案管理，支持和保障合同项目责任制的正常运行；奖励和处罚。6月12日，自治区邮政局印发《关于区邮政局法定代表人合同审批签订授权的通知》，明确自治区邮政局法定代表人苏和通过文件授权方式，将合同审批、签署的部分权限授予刘晓兵、肖庆宝、凌志行使，并对权限范围作具体划分。下列合同由法定代表人行使最终审批权：（1）合同标的额在500万元（人民币，下同）以上的合同；（2）含有涉外主体或具有涉外因素的合同（包括涉及港澳台地区的合同）；（3）合同的订立、履行涉及内蒙古邮政整体权益的重大重要合同；（4）承办单位（或部门）认为须由法定代表人审批的合同；（5）根据法律规定、合同约定或企业规章要求，须由法定代表人审批、签署的其他合同。除应由法定代表人亲自签署的合同外，上述其他合同的签署权可以通过一事一授权方式，由法定代表人授予副局级领导和直属单位负责人为签字代表人（被授权人）。下列合同由区邮政局法定代表人授权刘晓兵、肖庆宝、凌志在其分管行政工作范围内行使最终审批权：（1）属于分管行政工作范围内合同标的额在50万元以下的合同；（2）经局务会议、局长办公会议审定，其合同标的额在50万元以上至500万元以下的合同；（3）由法定代表人授权审批的其他合同。上述合同最终审批权的授权期限为副局级领导的任职期间，副局级领导的分管行政工作范围发生变化的，其授权审批范围相应移转。除应由副局级领导亲自签署的合同外，上述合同的签署权可以通过转授权方式，由副局级领导授予机关各处室、各直属单位负责人或承办人为签字代表人（被授权人）。转授权只能进行一次，被授权人无权再对他人授权。转授权期限为合同签订的合理期间，具体期限以授权委托书为准。授权文件适用于区局机关发生的合同及直属单位以区邮政局名义订立或按规定须经区邮政局批准的合同。本授权文件自2003年6月12日起执行，原《关于内蒙古自治区邮政局法定代表人对合同签约授权范围的通知》同时废止。本年，全区各级法律事务部门共审查合同718份，标的金额11203万元，包括重大重要合同30份，标的金额7414万元。其中各盟市邮政局共审查合同650份，标的金额9917.79万元，包括重大重要合同22份，标的金额6324.5万元。出具审查意见160份，参加合同谈判48次，起草合同文本103份，办理合同委托授权250份，开展合同普查、抽查活动56次。自治区邮政局行管法规处审查合同43份，标的金额1285.21万元，其中重大合同8份，标的金额1089.51万元；预审盟市邮政局报送重大重要合同13份，协审直属单位报送合同12份，出具合同审查意见书20份。4月8日，自治区邮政局印发《全区法制宣传教育工作计划》，对2003年普法工作的学习内容、学习形式、学时、学习进度提出具体要求。同日，印发《区局机关和直属单位2003年普法教育实施安排的通知》，明确区邮政局机关和直属单位开展普法工作的目标、内容和进度。7月16日，印发《全区邮政系统“四五”普法年度考核标准》《全区邮政系统“四五”普法工作年度考核评分细则》及《全区邮政系统“四五”普法工作年度考核评分表》。明确年度考核共分2个项目，20项内容，总分值为100分。年度考核采取次年考核上一年度的形式，对普法制度建设、组织建设、普法活动开展情况提出具体的考核指标。10—11月，举办全区《内蒙古自治区邮政管理办法》知识竞赛和调查问卷活动。此次参赛单位24家，共下发竞赛试卷10067份，调查问卷1200余份，回收答卷9806份，参赛率为94%。12月4日，在自治区司法厅、自治区人事厅和自治区直属机关工委联合组织的企业经营管理人员法律知识考试中，邮政系统副处级以上干部51人参加考试。全区法律事务部门充分发挥预防、监督和补救职能，参与企业决策，处理企业纠纷和诉讼，规范企业经营行为，提供法律指导和法律意见。截至年底，全区各级法律事务部门共处理诉讼和非诉讼案件 39 起，涉案金额 794.85 万元。其中民事诉讼案件 32 起，行政诉讼案件 1 起，劳动仲裁案件 3 起，行政复议案件 1 起，协商解决纠纷 1 起，申请公示催告 1 起。上述案件审结 28 起，其中胜诉 15 起，败诉 2 起，调解解决 10 起，诉讼中止 1 起。2003 年，各盟市邮政局参与公司设立 2 起，企业改制 1 起。个别盟市邮政局参与盘活固定资产涉及的法律事务工作，共办理工商登记 225 起，参与广告审查 31 起，商务谈判 26 起，法律代书 42 起，开展法律咨询 163 起，办理委托授权 183 件，参与审核企业规章制度 8 件，参加招投标活动 8 次。

2004 年 2 月份，开展全区合同文本使用情况调查，了解和掌握全区合同文本使用的基本情况。7 月份，区邮政局通过交叉审查、评分定级方式组织全区 2003 年度合同会审，从合同基础管理、合同审查会签程序、合同文本内容 3 个方面对全区邮政系统各单位 2003 年度合同管理工作进行综合考核。经过考核，5 家被评为合同管理优秀单位。9 月份，区邮政局组织开展全区旗县局合同检查，检查通过联合会审和实地检查相结合的方式，对旗县邮政局合同签订、文本使用和合同管理及存在的问题等情况进行检查。为加强对业务类合同管理，预防和减少合同纠纷，10 月 8 日，自治区邮政局印发《内蒙古邮政业务类合同管理办法》。本年，全区合同综合管理部门共审查合同 636 份，标的金额 11046.49 万元年内，印发《2004 年全区法制宣传教育工作计划》，组织学习《中华人民共和国宪法》《中华人民共和国行政许可法》《中华人民共和国人民银行法》《中华人民共和国商业银行法》《中华人民共和国合同法》《中华人民共和国劳动法》《中华人民共和国广告法》《内蒙古自治区邮政管理办法》。7 月份，举办全区普法工作人员培训班，全区 28 名普法工作人员参加本次培训。年内，自治区邮政局荣获 2003—2004 年度工商登记免检企业。全区各盟市共发生诉讼和非讼案件 36 起，其中民事诉讼共 32 起，劳动仲裁 2 起，经济仲裁 1 起，其中胜诉 11 起，对方当事人撤诉 3 起，调解解决 8 起，败诉 5 起。为企业避免或挽回经济损失 580．62 万元。年底，在审阶段的案件 9 起，审结 27 起，行政处罚 1 起。共涉及金额 1143.69 万元，其中 50 万元以下案件 28 起，50 万元以上、100 万元以下案件 2 起，100 万元以上 200 万元以下案件 1 起，200 万元以上案件 2 起。

2005 年 4 月 1 日，内蒙古自治区邮政局印发《关于调整重大合同审核标准的通知》，将原重大合同标准调整为支出类合同为标的金额在 30 万元以上、收入类合同为标的金额在 50 万元以上。4 月 14 日，印发《关于实行业务类合同示范文本更新论证制度的通知》，明确业务类合同示范文本更新论证制度的含义、范围、职责分工、程序等。同月，印发《全区“四五”普法总结验收实施方案》《全区邮政系统“四五”普法工作考核验收标准》《全区“四五”普法总结验收日程安排》《全区邮政系统“四五”普法工作考核评分表》，组织开展全区“四五”普法总结验收考试，全区 12 个盟市局、14 家直属单位共 1 万余人参加考试。同时各盟市局还自行组织或参加地方普法部门组织的普法考试 20 次，参加人数 10257 人次。7 月份，组织开展全区 2005 年度全区合同会审，对连续 3 年在合同管理、审查工作中涌现出的先进个人进行表彰奖励。合同管理先进单位：乌兰察布市邮政局、呼和浩特市邮政局、赤峰市邮政局、包头市邮政局、区信息技术局、呼和浩特邮区中心局。合同管理先进个人：一等奖：任丽英；二等奖：屈跃生、白晓灵；三等奖：刘云龙、张涛、袭春萍、朱凤德。同月，组织召开邮政独立运营以来全区第一次专门的法律事务工作会议，座谈会总结交流 6 年来全区法律事务工作取得的典型经验和做法，分析全区法律事务工作面临的新形势，探讨全区法律事务工作的若干重点问题，研究全区法律事务工作发展的方向等问题。年内，全区各盟市邮政局共发生民事诉讼案件 31 起，涉及金额 532.68 万元，其中 50 万元以下案件 27 起，50 万元以上至 100 万元以下案件 3 起，100 万元以上至 200 万元以下 1 起，截至年底，上述案件处于在审阶段的10起，审结21起，其中胜诉6起，对方当事人撤诉4起，调解解决8起，败诉3起。已经审结案件共为企业避免或挽回经济损失173.73万元。全区各级合同综合管理部门共审查合同721份，标的金额14566.54万元。其中各盟市局合同综合管理部门共审查合同619份，标的金额10773.98万元，包括一般合同591份，标的金额3243.76万元；重大合同28份，标的金额7530.22万元。

2006年，自治区邮政局规范统谈统签类、统谈分签类合同管理，明确统谈统签类、统谈分签类合同的具体范围、管理模式和管理流程，以及最终用户在统谈统签类、统谈分签类合同管理、履行方面的权利义务。对施行4年的《合同会审标准》进行修订，细化会审的等级、内容和程序，建立健全会审匿名审查制度、三审制度、抽签制度、现场公布制度、异议制度和扣分说明制度，同时适应目前经济合同和业务合同分类管理的要求，将业务类合同从原合同会审中剥离出来另行制定《业务类合同会审标准》，基本实现了合同管理标准化、制度化和规范化的目标。区局通过一般授权方式，对直属单位签约主体资格进行确认，将直属单位按照单位属性、规模和合同管理能力分为3类，并授予不同范围的签约权，其中将部分业务类合同的独立管理权明确授予直属单位，同时将经济类合同的审查批准权全部收归区局，并明确各直属单位订立的业务类合同应按照《内蒙古邮政业务类合同管理办法》的有关规定，规范管理，建立内部审查会签机制，建立健全合同审查、合同签字盖章、合同台账、合同项目责任制、合同档案管理等各项制度，各直属单位签订或承办的经济类合同与业务类合同纳入区局每年组织的全区合同会审范围。年内，组织开展全区邮政第4次合同会审，会审单位16家，会审合同619份，标的金额1.08亿元。组织开展“四五”普法总结表彰活动，表彰普法先进单位7个，先进个人9人。全区邮政系统普法工作中1人获得自治区党委、政府授予的“学法用法先进个人”称号，5人荣获市（盟）“四五”普法先进个人称号，2个盟市局荣获全市（盟）“四五”普法先进集体称号。根据国家邮政局统一部署，全面启动“五五”普法工作，印发《全区邮政系统关于开展法制宣传教育的第五个五年规划》，举办全区普法骨干培训班，28人参加培训。自治区邮政局合同综合管理部门审查各类合同146份，标的金额1.39亿元，其中审查局机关各处室和直属单位承办的以区局名义订立的合同100份，标的金额6893.38万元；审查各盟市邮政局报送的重大重要合同34份，标的金额6818.26万元；审查直属单位以自己名义订立的合同12份，标的金额203.15万元。

2007年，自治区邮政公司对原《内蒙古邮政企业委托授权管理办法》进行修订，出台《内蒙古自治区邮政公司委托授权管理办法（试行）》，明确授权种类和适用范围，授权办理的程序，授权的变更、中止、撤销和终止、监督检查等内容。制定《内蒙古自治区邮政公司印信管理办法》《内蒙古自治区邮政公司章程》，明确组织机构、职责和权限等内容。

2008年，自治区邮政公司制定《内蒙古自治区邮政公司法律事务工作管理办法》，明确法律事务工作的基本职责，建立健全了企业法律顾问参与企业重大经营决策工作机制、重大事项的法律预先审核制度，内部授权制度、法律风险报告制度、涉法事项审批制度、法律责任制度、考核评价制度、法律风险预警制度等。同时对合同管理制度、诉讼和非诉讼案件管理制度、法律意见书制度、委托授权制度、法制宣传教育制度、法律事务信息披露制度、外聘律师管理制度、一般法律事务管理制度进行了细化和明确。

2009年，自治区邮政公司加强企业重大项目的法律咨询审核工作，为重大项目和重大决策提供法律支持。注重打破法律事务工作的封闭性，变被动应对为主动出击，挖掘企业经营管理中的法律问题，从中发现隐含的法律问题和存在的法律风险，并通过采取不同措施和手段防范和控制法律风险。为规范全区邮政分销业务合同管理，防范和控制分销业务法律风险，制定《内蒙古邮政分销业务合同管理办法》，建立了分销业务合同项目责任制，明确了分销业务合同的审批流程和监督检查等内容。针对合同审查会签中发现的问题，严格执行各项合同管理制度，规范合同审查会签、委托授权、签字盖章管理，实现合同管理规范化、制度化和标准化的目标。

2010 年，自治区邮政公司为加强全区邮政重大重要合同管理，防范和控制合同法律风险，出台《内蒙古邮政重大重要合同审查管理规范指引》，明确和细化了重大重要合同的种类、标准、审查流程、审查时限，管理要求，建立健全了重大重要合同二级审查机制。为规范合同审查会签程序，实现合同管理规范化、制度化和标准化，防范和控制合同法律风险，对合同审查会签报审材料提出明确要求，为合同审查关口前移后置提供制度保障。

八、安全生产

1991 年，自治区邮电管理局根据第二十五次全国邮电工作会议上提出的把邮电通信案件列入承包经营责任制考核内容的要求，在全区推行了安全保卫承包责任制。各盟市局均制定了综治领导责任制和目标管理责任制，同时对安全保卫目标逐项分解，层层落实。根据邮电部《关于加强邮电通信要害安全管理的规定》，对全区的省级通信枢纽和一般通信要害部位进行了全面核定，先后 3 次对要害人员进行了认真审查，对不适合在要害岗位工作的人员及时进行了调整，并建立了比较规范的通信要害档案。为了加强通信要害部位的防火安全工作，呼和浩特市电信局、邮政局的枢纽大楼，包头市、巴彦淖尔盟的电信大楼，以及各盟市的程控机房普遍安装了火灾自动报警装置，有的还安装了自动喷淋灭火系统。各局都配备了相当数量的灭火机，组建了义务消防队，加强了全员的防火知识教育，提高了自防自救能力。

1992 年，自治区邮电管理局组织开展护线宣传，收到了很好效果。通过采取请当地政府或公安机关负责人发表电视讲话，利用报纸、电台进行宣传报道，组织开展护线宣传月活动，召开宣判大会弘扬法制，以及深入沿线乡镇、村屯实物宣传等多种形式，广泛深入地开展护线宣传教育活动。运用出动宣传车、组织护线宣传队、走访企事业单位、张贴宣传材料、立护线宣传牌等形式开展护线宣传，收到了很好效果。广大群众的法制观念和护线意识有了明显提高，维护线路安全，制止破坏、损害线路行为，保护发案现场，协助公安机关侦破线路案件成为许多群众的自觉行动。

1993 年，全区邮电部门新建改建基本符合标准的金库 19 个，面积达 425 米；票库 9 个，面积达 376 米。建起简易仓库 61 个，票库 30 个。配备押送款车 71 辆，守库和押送资金人员 227 人。旗县以上营业厅室和较大分支机构的“三铁一器”（防盗门、铁窗栅栏、铁皮柜或保险柜、报警器）建设基本达标，并配置了必要的报警防卫器。各盟市局公安科做到了集中时间、警力，专案专办，并在案件高发区开展了区域性专项斗争。对破获的影响大的案件，管理局还邀请新闻单位进行采访，及时报道，扩大宣传效果。

1994 年，自治区邮电管理局党组制定《关于实行邮电治安综合治理责任制的具体实施办法》，明确各级领导和职能部门在综治工作中的职责任务、综治目标、否决条件、考核办法等，从制度、措施上进一步强化了这项工作。全区有 11 个盟市局组建了经警队伍，编制达 506 人。他们在守卫通信枢纽，守护金库、票库，押送储汇资金和维护内部治安秩序等方面发挥了重要作用。本年案件：锡盟白音锡勒牧场邮政所负责人兼营业员林某某（男，27 岁）1991 年至 1993 年 4 月期间，利用职务之便，贪污公款 24364 元，挪用公款 28112 元。案发后，林某某携款潜逃，后在邮电与地方公安部门全力追捕下投案自首。

1994年2月，锡林浩特市人民法院以贪污和挪用公款罪判处林某某有期徒刑10年。

1995年，自治区邮电管理局以资金安全为重点，加强防范盗窃、抢劫犯罪工作，各局加大资金投入，强化安全管理，重点抓了营业网点，运钞车和金库、票库3个环节的安全防范设施建设和安全管理工作。年底，全区98%的邮电分支机构安装了“三铁一器”，新建、改建金库82个，面积达1500平方米，票库21个，面积达725平方米，配备运钞车118辆，专职守库、押运人员达220多人，大多数盟市局实行了双人守库、押款。同时各局还加强了对相关人员的安全防范教育，明确了各岗位职责和操作程序，制订了防抢劫预案，配备了必要的通信联络工具和防卫器械，从而为保障职工人身安全和票款安全提供了必要条件。在全区邮电系统开展了邮电治安综合治理落实年活动，全区旗县以上邮电部门全部成立了综合治理领导小组。

1996年1月10日，自治区邮电管理局印发《内蒙古邮电防火安全管理规定》。年内，全区邮电系统共发生各类案件61起，经济损失1268929元。其中，邮政案件4起，占6.6%；电信案件48起，占78.7%；其他刑事案件9起，占14.7%。破案43起，破案率70.5%。与1995年相比，发案下降24.7%，经济损失上升30.5%。全区邮电系统职工伤亡人数在全国各管理局安全名次排列中区管局列第30名，死亡人数1人，1995年转1996年考核人数1人，死亡人数折算为1.35；千人死亡率0.036，综合计算伤亡率0.107；安全总名次列第28名。年内，发生4起邮政案件情况。一是3月31日至4月15日，呼和浩特市邮政局分拣员费某利用夜间工作之机，先后3次在接发班休息室，盗窃包裹内羊绒衫、毛衣、鞋等物品，价值1500余元。4月15日凌晨费再次作案时被当场抓获，并被移交当地公安机关处理，赃物全部追回。二是8月13日下午6时左右，包头市邮电局白云矿区邮电局营业厅班长张某乘汇兑营业员擅离工作岗位去营业厅门口聊天之机，利用私配的钥匙打开汇兑营业员的抽屉，盗走汇兑现金1万元，并迅速跑到其父亲家，将钱藏在凉房内。6时30分，营业员结账时发现少了1万元现金，向当地公安机关报案，很快将作案嫌疑人张某传唤审讯，张交代了上述作案经过，并交回全部赃款。张被依法判处有期徒刑6年。三是12月4日，呼伦贝尔盟局公安科与扎兰屯市局保卫股的干警经过近2个月的内查外调，配合地方公安机关将携带30万元营业款潜逃的扎兰屯市局电信经营核算员牟某抓获，追回赃款28万多元，并将牟移交检察院审理。四是4月12日18时50分，呼和浩特市邮政局承担派押任务的呼和浩特—海拉尔95次旅客列车邮政车厢在海拉尔铁路车辆分段客车库6线停放期间，由于押运人员和列车乘务员（共8人）严重违反邮运和铁路纪律，在邮政车上和铁路乘务人员打麻将，乱扔烟头，随后又擅离职守，致使烟头引起大火。虽经各方人员奋力抢救，使邮车装载的272袋邮件中的215袋安全转移，但仍有57袋邮件被烧毁，损失5000元；烧坏邮政车厢，损失5万元。当晚，该邮车1名当班押运员即被公安部门收审。4月26日，呼和浩特市邮政局召开局长办公会议，经研究决定，对造成这次重大火灾事故的直接责任人张某（押运员）给予开除局籍的处分，对主要责任人于某（押运班班长、值班员）、武某（押运员）分别给予开除局籍留用察看2年和1年的处分。

1997年，全区12个盟市局按照《内蒙古邮电防火安全管理规定》《通信大楼防火基本要求》，成立防火安全委员会113个，配备专（兼）职消防干部155人，共有义务消防队110个，人数2325人。年内，全区邮电部门投资550多万元，购置消防器材和防毒面具等防火设备。90个局安装了火灾自动报警装置，48个局有易燃材料装修的机房有50%进行了全部拆除或做阻燃处理。1997年5月26日，赤峰市阿鲁科尔沁旗邮电局储蓄出纳员袁某携款潜逃。案发后确定：1994年以来，袁某多次作案，3年内共贪污挪用储蓄款1718400.11元。公安部门追回赃款204259.58元，实际损失1514140.53元，袁某仍在逃。1997

年 9 月 24 日 18 点，哲里木盟霍林郭勒市邮电局临时工王某抢走出纳室正在清点的现金 285954 元后逃跑。晚 10 点 30 分，在珠斯花火车站个体旅店将王某抓获，并追回全部赃款。

1998 年 7 月 16 日，巴彦淖尔盟磴口县邮电局一辆解放牌客货车在前往火车站抢运邮件返局途中，由于路面不平，邮件未加防护网等原因，致使邮件下滑，将乘坐在邮件上的接发员摔到路面上，头部受伤，经抢救无效于 7 月 21 日死亡。8 月，内蒙古自治区邮电管理局组织储汇资金安全、防火安全等安全大检查。年内，全区邮电系统共发生各类案件 8 起，破获 6 起，造成直接经济损失 2348112 元。9 月 25 日，对邮储营业网点安全防范设施建设费用实施补贴。

1998 年各盟市局安全防范建设费用补贴数额表

表 2-114　　**单位：万元**

单位	投资数	补贴数
呼和浩特市邮政局	190	63.3
包头市邮电局	367	122.3
赤峰市邮电局	230	76.7
乌海市邮电局	250	83.3
呼伦贝尔盟邮电局	241	80.3
兴安盟邮电局	14	4.7
哲里木盟邮电局	61	20.3
锡林郭勒盟邮电局	123	41
乌兰察布盟邮电局	92	30.6
伊克昭盟邮电局	248	82.6
阿拉善盟邮电局	55	18.3
合计	1871	623.4

1999 年 1 月，内蒙古自治区邮政局社会治安综合治理领导小组成立。随后，12 个盟市邮政局和直属单位也相继调整或组建了治安综合治理领导小组。年初，自治区邮政局社会综合治理领导小组与机关各处室签订《1999 年度内蒙古自治区邮政局机关综合治理目标管理责任书》。2月，制定《邮政营业、金库、运钞安全防范操作规则》，通过演练来提高职工防范能力。全年累计投资 1169 万元，152 个局所安装防弹玻璃，9 个局所安装电视监控设备，700 个邮政储蓄网点配备身份证验证仪，新增防弹运钞车 26 辆，配备防弹衣 65 件。这些技防设施在预防和打击犯罪的过程中发挥重要作用。3 月 14 日凌晨 2 时，伊克昭盟杭锦旗邮政局财务室发生盗窃，值班人员接到红外报警器报警后，果断处置，仅用 4 小时将犯罪分子抓获。全区有 33 个旗县邮政局在新建局房时，金库设计通过局安全保卫处的会审后建设，金库建设达到标准化、规范化。5 月，成立“内蒙古邮政局机关防火安全领导小组”，组建 25 人义务消防队。6 月，在对自治区邮政局机关大楼防火工作进行全面检查后，针对存在的问题进行整改，投资 8 万元，将大楼内自动水喷淋系统老化和损坏的 36 个喷淋头进行更换，并对整个系统进行调试。10 月 12 日，自治区邮政局编制委员会印发了《关于盟市邮政局设置安全保卫机构的通知》。通知决定：呼和浩特市邮政局、包头市邮政局、赤峰市邮政局、呼伦贝尔盟邮政局、乌兰察布盟邮政局单独设置安全保卫部，科级建制；乌海市、阿拉善盟、兴安盟设专职保卫干部，负责安全保卫工作。10 月 25 日，乌海市邮政局发生一起使用假存折、假身份证冒领邮政储蓄款案件，犯罪嫌疑人被保卫人员当场抓获。全年未发生有责任上报伤亡事故。

2000年4月17日，自治区邮政局机关综治领导小组与机关14个处室签订了《2000年度内蒙古邮政局机关治安综合治理目标管理责任书》。同时，全区各级邮政部门按照“谁主管，谁负责”的原则，相继逐级签订了综治目标管理责任书。4—5月，区局综治办对机关大楼防火设施检查后，针对存在的问题进行整改，投资14000元，维修灭火器108具，购置逃生面具21具。为加强计算机网络安全管理，自治区邮政局计算机安全管理领导小组会同公安机关计算机监察部门，对区局机关、直属单位和呼市邮政局的计算机网络安全管理情况进行了大检查，对互联网用户进行备案，并配发杀毒软件。组建了全区邮政企业二级安全生产监督检查网，加强了安全生产的监督检查工作。组织“安全生产周”活动，共出动安全生产检查组41个，车辆19台次，检查人员131人次，查出大小隐患30处，整改22处。为提高企业防范能力，加快了全区安全防范设施建设，全年累计投资1322万元，有189个营业网点安装了电视监控设备，新增了防弹运钞车27辆，配备了防弹衣61件等设备。8月，区邮政局举办了全区首期保卫干部培训班，30多名安全保卫部主任及保卫干部参加了业务培训。年内，全区邮政系统共发生抢劫案件1起，盗窃案件2起，其中破获1起盗窃案件，抓获犯罪分子1人。2月26日，2名犯罪分子骗取呼和浩特市邮政局火车站分局集邮门市部值班人员李某的信任后进入门市部，并将其捆绑，抢走面值为76777.80元的邮票；4月20日，乌兰察布盟商都县邮政局财务室被盗，丢失面值为81320.20元的邮票，此案未破；10月12日，呼和浩特市邮政局中山路储蓄中心发生被盗案件，犯罪嫌疑人杨某天被抓获，损失全部追回。

2001年1月9日，自治区邮政局印发《全区邮政部门安全保卫工作管理岗位职责》。职责明确了盟市邮政局安全保卫工作职责、盟市邮政局主管保卫工作副局长岗位职责、保卫部主任岗位职责、内勤人员岗位职责、邮政通信保卫人员岗位职责、消防安全管理人员岗位职责、国家安全小组工作人员岗位职责及经济民警分队（小队）队长岗位职责。同日，下发《内蒙古邮政通信消防安全管理规定》，修订《邮政安全保卫工作奖惩暂行规定》。4月，自治区邮政局机关综合治理领导小组与机关14个处室签订了《2001年度内蒙古邮政局机关治安综合治理目标管理责任书》。本月，对通辽市、赤峰市、兴安盟及呼伦贝尔盟4个邮政局的50个储蓄网点、8个金库、6台运钞车及3个综合网、绿卡网机房进行安全检查，对存在的隐患下发整改通知书。年内，各盟市邮政局安全保卫部门会同视察、稽核等业务部门对旗县市邮政局567个储蓄网点进行安全检查，共出动检查人员431人次，发隐患整改通知书90次。有348个营业网点进行了反抢劫演练。4月底之前，各盟市邮政局依照《消防法》和《内蒙古邮政通信消防安全管理规定》，对邮区中心局和“绿卡”网、综合网机房进行认真细致的防火安全大检查，对发现的漏洞和隐患进行整改。6月，国家邮政局对呼和浩特邮区中心局邮政枢纽进行防火安全大检查。4月，自治区邮政局计算机安全管理小组会同内蒙古公安机关计算机监察部门，对自治区邮政局机关、直属单位和呼和浩特市邮政局计算机网络安全管理情况进行大检查。9月26日，转发呼市公安局《关于对“尼姆达”(NIMDA)病毒迅速采取防治措施的紧急通知》。各直属单位根据通知要求组织有关技术人员对网络进行全面清理检查，有效地防止了该病毒进入邮政计算机系统。9月3日，自治区邮政局调整了治安综合治理领导小组成员，明确了各部门在邮政治安综合治理工作中的职责分工。全年累计投资552万元，有80个营业网点安装了电视监控设备，部分营业网点进行了改造。

2002年1月，自治区邮政局安全保卫处会同视察室对包头市、鄂尔多斯市、巴彦淖尔盟、乌海市等4个邮政局的45处储蓄网点、8个金库、8台运钞车及4个综合网、“绿卡”网机房进行安全检查。年内，各盟市邮政局安全保卫部门会同视察、稽核等业务部门对旗县市邮政局606处储蓄网点进行安全检查，发现隐患144处，要求立即整改69处，限期整改75处。4月，自治区邮政局机关综合治理领导小组与机关 14 个处室签订《2002 年度内蒙古邮政局机关治安综合治理目标管理责书》。年内，内蒙古邮政用于硬件安全防范资金投入达 600 余万元，其中购置防弹运钞车 10 辆，安装防弹玻璃 378 平方米；有 29 处网点安装了电视监控设备，有 72 处储蓄网点与当地公安机关 110 报警系统进行了联网，部分储蓄营业网点进行了改造。8 月 7 日，自治区邮政局执行国家邮政局关于《重申枪支弹药管理有关要求的紧急通知》，并强调各级安全保卫部门对守库押款用枪要加强管理，经常监督检查，严格执行枪支弹药使用、交换、发放、存放和枪弹分离保管等制度，未执行任务期间严禁携带枪支，对持枪人员要加强安全教育，进行必要的枪支基础知识管理操作、维护、培训等，严防枪、弹丢失、被盗和涉枪案件发生。年内，自治区邮政局保卫处对全区邮政枪支弹药使用管理情况进行专项检查，强化了内部安全管理。5 月 16 日凌晨，呼和浩特市托克托县新营子邮政支局发生一起犯罪嫌疑人入室盗窃邮政储汇资金的特大案件，造成直接经济损失 9.8 万元。

2003 年，自治区邮政局成立全区邮政预防“非典”工作领导小组，印发《加强“非典”防控工作的紧急通知》，要求各盟市邮政局为营业、投递分拣、运输等一线职工发放药皂、口罩、手套、消毒液等防护用品。对发生“非典”疫情地区的营业、投递局所和信箱、邮车等生产部位采取严格的消毒和预防措施，没有发生疫情的地区也按规定进行严格的消毒预防。同时建立确保邮政生产正常进行的预案，做好因发现“非典”患者而被封闭的应急准备。全区邮政重要生产场地采取半封闭式管理，严格控制外来人员和车辆。7 月 18 日，自治区邮政局印发《2003 年内蒙古邮政储汇资金安全专项整治工作验收规定》。年内，共出动检查人员 850 人次，检查 697 个储蓄网点，发现隐患 116 处。全区有 30 个旗县邮政局储汇资金在当地银行金库寄存，有 9 个旗县邮政局的储汇资金由当地金融部门负责押运，确保了储汇资金安全，降低了运营成本。全区用于安全防范设施建设累计投资 411.6 万元。新增防弹运钞车 10 辆，邮政局（所）新装防弹玻璃 252 平方米，有 14 个营业网点安装电视监控设备，52 个网点与当地公安机关 110 报警系统联网，446 个储蓄网点配置防抢、防盗警示牌，部分营业网点进行改造。自治区邮政局计算机安全管理领导小组会同公安机关计算机监察部门，对邮政计算机网络安全管理情况进行大检查。年内，全区 12 个盟市邮政局共配备专职保卫干部 32 人，84 个旗县局共配备兼职保卫干部 84 人。年内，发生案件 2 起：张某任呼和浩特市邮政局投递总公司总经理兼报刊发行局局长期间，2002 年 12 月 20 日开始至 2003 年 11 月，查清张某挪用报刊发行款 80 万元，被检察机关批准逮捕；王某任呼和浩特邮政局昭乌达路储汇中心主任期间，利用职务之便，骗取储户信任，冒领储户储蓄存款 2289348.08 万元，被公安机关逮捕，追回 55 余万元。

2004 年 3 月，自治区邮政局机关综合治理领导小组与机关 11 个处室签订《2004 年度自治区邮政局机关治安综合治理目标管理责任书》。年内，全区用于安全防范设施建设累计投资 1100 万元。其中，更新防弹运钞车 31 辆，新装防弹玻璃的邮政局（所）217 处，安装电视监控设备的营业网点 14 处，新增与当地公安机关 110 报警系统联网网点 52 处，并为全区 695 个储蓄网点配置防火枪，部分营业网点进行改造。自治区邮政局计算机安全管理领导小组会同公安机关计算机监察部门，对邮政计算机网络安全管理情况进行大检查，并及时转发公安机关计算机监察部门印发的预防新病毒的通知，保障邮政网络安全。4 月 24 日，自治区邮政局按照国家邮政局《关于开展邮政消防安全专项整治的通知》要求，成立专项整治领导小组。对 12 个盟市局的重点部位邮区中心局、综合网机房、营业网点、邮车及邮政自办的宾馆、饭店、网吧等进行安全检查，做到边检查、边落实整改，使安全防火工作真正落到实处。各盟市邮政局对所属旗县局全年共出动检查人员 850 人次，检查 697 个储蓄网点，发现隐患 116 处，大部分整改落实。全区现有30个旗县局储汇资金在当地银行金库寄存，有9个旗县局的储汇资金由当地金融部门负责押运。年内，发生案件2起：2月28日，包头市东河区和平路邮政支局发生一起13.65万元储蓄款被抢劫的特大案件，当地公安机关接到报案后，及时赶到发案现场后，但歹徒逃逸；3月24日，乌海市乌达邮政分局何某因赌博挪用营业款，案发后，何某被公安机关逮捕，追回款额8163元。

2005年1月，自治区邮政局机关综合治理领导小组与机关11个处室签订《2005年度内蒙古邮政局机关治安综合治理目标管理责任书》。5月11日，区局与自治区综治委签订2005年度自治区综治成员单位《社会治安综合治理领导责任书》。年内，经自治区和街道办事处两级综治委检查验收，自治区邮政局均达标通过，并被人民路街道委员会和人民路地区综治委评为年度治安综合治理先进集体。年内，全区用于安全防范设施建设投资1266万元，更新防弹运钞车9辆；为全区77个储蓄网点安装防弹玻璃；为119个邮政储蓄网点新安装电视监控系统；为227个邮政储蓄网点重新改造电视监控系统；有104个网点与当地公安机关110报警系统进行联网，并改造、更新部分消防设施；新购置防弹衣115件、头盔50个、狼牙棒190个；改造储蓄网点13个，购置储蓄网点6个，改造金库20个；新安防盗门8个；为全区配置防暴枪34支、子弹3000余发、灭火枪4支，枪柜36个、防火枪4支。12月8日，自治区邮政局分别给予内蒙古邮政快递物流公司30万元、兴安盟邮政局30万元、锡林郭勒盟邮政局15万元的救灾资金补贴。年内，发生案件2起：5月5日，巴彦淖尔市建设路邮政支局发生一起入室盗窃保险柜案件，犯罪分子盗走资金385元，存折74个，银联卡26个；9月7日凌晨，赤峰市邮政局喀喇沁旗大牛群邮政支局发生一起入室盗窃案件，犯罪分子盗走资金46230.16元。

2006年，自治区邮政局制定《内蒙古邮政局服务及安全生产违规经济处罚暂行办法》《内蒙古邮政局服务及安全生产违规经济处罚补充规定》《内蒙古邮政储汇资金案件领导责任追究规定》，明确责任，强化资金邮件的管理、安全工作的防范和内控制度的落实。对全区12个盟市局和呼和浩特市邮区中心局的业务管理、规章制度、服务质量、安全防范等方面进行检查，对30个管理岗、监控岗履职情况进行严格考核，同时还抽查24个旗县局、65个邮政储蓄营业网点、24个金库、12个农村分支机构，走访60个用户。为进一步落实资金邮件安全工作，下半年对12个盟市局的服务及安全生产情况，按照《内蒙古邮政局服务及安全生产违规经济处罚暂行办法》进行了逐条对照检查，对服务及安全生产违规行为进行了经济处罚，处罚金额为16060元，并将检查的情况和发现的问题定期向全区进行了通报。年内，自治区邮政局机关综合治理领导小组与机关11个处室签订《2006年度内蒙古邮政局机关治安综合治理目标管理责任书》。2006年，经自治区和街道办事处两级综治委检查验收，自治区邮政局均达标通过，并被人民路街道委员会和人民路地区综治委评为年度治安综合治理先进集体。本年全区用于安全防范设施建设投资2266万元，更新防弹运钞车21辆，126个储蓄网点安装防弹玻璃，216个邮政储蓄网点新安装电视监控系统，有309个邮政储蓄网点新改造电视监控系统，55个金库改造电视监控系统，计划106个储蓄网点与当地公安机关110报警系统进行联网，改造、更新、部分消防设施，更新防弹衣169件，头盔149个，新购置狼牙棒、灭火枪、胶皮棒326个，储蓄网点安装应急照明灯50个，计划更新储蓄网点防尾随门146个，新购置防暴枪35支，子弹6000发，枪柜26个，保险柜41个。年内，发生案件3起：2月23日，满洲里市邮政局在交接款过程中发现短少储蓄款20万元（此案未破）；3月12日晚，乌兰察布市凉城县天城邮政支局夜间值守人员被杀；6月17日，包头市昆区一分局三八路邮政支局突然闯进2名头戴遮阳帽的男性持刀歹徒，持刀威逼营业人员打开保险柜，抢走保险柜内现金28.8万元。

2007年，自治区邮政公司按照中国邮政集团公司《关于开展邮政储蓄安全评估工作的通知》要求，成立专项检查领导小组，先后对呼和浩特市、锡林郭勒盟、乌兰察布市邮政局现业进行检查评估。各盟市邮政局组织评估小组对所属旗县邮政局100%进行检查评估。通过对12个盟市局、68个金库、713个储蓄网点、145台ATM自动取款机、128台运钞车、10个综合网机房、9个“绿卡”网机房等重点部位进行安全检查评估，有1个盟市局现业、10个旗县局安全防范达到95分以上，分别占盟市局、旗县局总数的8%和12%；有11个盟市局现业、55个旗县局安全防范达到85分以上，分别占盟市局、旗县局总数的92%和65%；有10个旗县局安全防范达低于85分以下，占旗县局总数的12%；有9个旗县局安全防范达低于80分以下，占旗县局总数的11%。经人民路办事处综治委检查验收，自治区邮政公司被人民路街道委员会和人民路地区综治委评为年度治安综合治理先进集体。更新11台防弹运钞车，180个网点新改造电视监控系统，凡没有安装防弹玻璃的储蓄网点全部安装到位，更新56个储蓄网点110报警设备、更新防弹衣38件、头盔8个，新购置狼牙棒、灭火枪10个，配备身份证识别仪56台，储蓄网点安装应急照明灯58个，改造部分金库和储蓄网点联动门，改造储蓄网点59个，购置移动金库3个，增加部分邮政生产场地和综合网机房消防设备，41个金库锁具全部改造完毕。

2008年，自治区邮政公司执行中国邮政集团公司《关于开展安全隐患排查工作的通知》，先后下发《关于确保奥运邮政安全的通知》《关于做好奥运邮件寄收工作的通知》《内蒙古自治区邮政公司奥运邮政安全工作预案》，对奥运安全和邮政资金安全进行检查。全区用于安全防范设施建设投资1942余万元。更新防弹运钞车15辆，储蓄网点更新防弹玻璃1071平方米，有91个网点新改造了电视监控系统；改造金库24个，购置移动金库21个，改造金库锁具2个，配置身份证联网设备71个，改造、更新消防设施230个；更新防弹衣104件，头盔52个；新购置防暴枪92支，新购置防暴枪子弹1200发，新购置灭火枪30个，电警棍30个；安装应急照明灯79个，安装疏散指示灯138个；改造柜台20个，改造卫生间27个，改造储蓄网点71个；安装报警器21个，安装防尾随门522个，枪柜14个，保险柜10个。

2009年，自治区邮政公司按照中国邮政集团公司《邮政金融资金安全检查规定（试行）》的要求，成立金融资金安全管理领导小组，制定《内蒙古邮政金融资金安全管理奖惩暂行办法》，对全区8个盟市邮政局和邮储分行、7个旗县邮政局和邮储支行进行了安全检查，通过金融检查，经济处罚577人，处罚金额52720元，下发隐患整改通知书165份，查出安全隐患450处，整改381处，限期整改69处。年内，全区邮政更新防弹运钞车20台，改造金库43个，购置移动金库2个，更新防弹玻璃134平方米，改造电视监控291个，储蓄网点改造配置卫生间44个，安装防尾随门30个，安装应急照明灯71个，改造储蓄网点86个，金库锁具改造15个，更新维护报警器196个，更新防弹衣104件，头盔47个，购置电警棍30个，更新检修消防设施2313个，安装消防报警器5个，购置保险柜77个，购置防暴枪20支，购防暴枪子弹100发，购置防火枪60支，购置枪柜2个，以上安全防范设施建设投资1826.52万元。年内，发生1起安全事故：12月4日，赤峰市邮政局副局长刘慧带领赤峰市邮政局报刊发行局工作人员去旗县督导党报发行工作，当日下午15：30分左右在去往喀啦沁旗途中，因道路积雪结冰，车辆出现侧滑冲下路基，致使刘慧重伤，经全力抢救无效，于18：20去世。

2010年，自治区邮政公司按照集团公司《关于开展邮政金融现金业务专项检查活动的通知》要求，开展邮政金融现金业务专项检查活动。8月下旬，对6个盟市局，12个旗县局守护押运和枪支弹药安全管理情况进行专项重点检查，预防了涉枪案件发生。年内，全区邮政更新防弹运钞车37台，改造金库19个，购置移动金库6个，更新防弹玻璃755平方米，改造电视监控116个，储蓄网点改造配置卫生间57个，新安装防尾随门60个，安装应急照明灯272个，改造储蓄网点120个，金库锁具改造13个，更新维护报警器114个，更新防弹衣125件，头盔34个，购置电警棍57个，更新检修消防设施1417个，安装消防报警器26个，购置保险柜182个，购置防暴枪9支，购防暴枪子弹1160发，购置防火枪197支，购置枪柜3个，安全防范设施建设投资4877.83万元。对自治区邮政公司机关大楼消防控制系统和140余台灭火器进行了检修，并对机关大楼电缆竖井进行了封堵，使机关大楼消防设施进一步完善。

九、职工教育

1991年，自治区邮电管理局注重加强以岗位培训为主，把“超前育人”作为教育工作的战略思路。邮电学校、技工学校注重把教学与生产紧密结合起来，努力使教学适应先进通信技术迅速发展的需要。邮电在职教育方面注重以岗位培训为重点，有计划地改变企业专业技术人才缺乏、业务知识老化和管理水平低的状况。

1992年，自治区邮电管理局继续落实“超前育人”的战略思路。邮电学校、职工中专、技工学校把深化教学改革、改善办学条件、调整专业结构作为工作重点。职工在职教育贯彻学用结合、按需施教原则，对管理和技术人员有针对性地举办程控、光纤、数字微波、卫星、移动通信等新技术短训班；对生产岗位的职工进行岗位培训和职前培训，以适应邮电通信事业发展的需要。

1993年，自治区邮电管理局在学校教育方面加强与企业的联系，跟踪通信发展变化，着眼于跨世纪新型通信技术人才，调整专业结构和课程设置，通过对学生的技能训练，培养实践能力。职工教育的重点是继续抓好在职职工的新技术培训和专业技术人员的知识更新及继续教育工作。通过送出去、请进来等多种途径和办法，尽快在各专业技术岗位普及程控、光纤、数字通信、卫星通信、移动通信、微机应用、邮政机械等新技术知识，以适应通信建设和日常生产维护工作的需要。

1994年，自治区邮电管理局在学校教育方面以通信发展和企业生产实际为出发点，在调整专业结构和课程设置的基础上，强化技能训练。在职教育方面，为使职工队伍形成合理的技术业务和文化知识结构，根据不同层次的需要，举办新技术、新业务培训班。与此同时，为提高全网的管理水平和运行质量，对通信行业各类人员进行技术业务标准化、规范化培训。年内，邮电学校招收“电报通信专业”1个班。根据实际，该专业已不能适应本区邮电通信发展的需求，故“电报通信专业”当年被取消，并由“数据通信专业”所代替。该班从招生入学开始，一直按照邮电部颁发的“数据通信专业”教学大纲和计划进行教学。1998年6月10日，管理局向自治区教育厅申报邮电学校9418班“电报通信专业”更改为“数据通信专业”。

1995年，自治区邮电管理局强调面向生产、面向通信现代化、面向未来，多层次、多渠道培养适应邮电发展需要的各类专门人才。学校教育继续落实跟踪通信新技术发展步伐，培养合格人才的方针。在职教育，一方面利用区内现有教育培训基地，另一方面以委托培养方式与大专院校联合办学。按照岗位标准要求，对在职人员进行轮训。注重工程技术人员再教育，对从事较高层次工作的年轻技术业务骨干进行高级培训，增加外语训练，以适应对外交往的需要。同时鼓励在职学习，岗位成才。9月1日，开始执行管理局重新修订的全区邮电职工参加脱产学历教育学费管理办法。

1996年，自治区邮电管理局根据邮电部提出的全员素质工程的要求结合自治区邮电的实际情况，提出全区邮电在职教育到2000年的“7381”全员素质工程。“7”，即全区邮电职工中高中以上文化程度的比例达到 70%；“3”，即全区邮电职工中中专以上学历或具有初级以上职称的人数达到 30%；“8”，即新进入通信生产岗位的人员接受过系统教育的达到 80%；“1”，即每年全区邮电职工有 1 万名接受不同层次的在职培训，每 3 年全区邮电职工轮训一遍。6 月，哲盟邮电局与吉林省长春邮电学院联合举办首届邮电通信管理专业大学专科自学考试助学班开学典礼在哲盟邮电局举行。自考助学班学制 2 年半，设置了高等数学、邮电经济学等 14 门课程。首届学员 171 名，有科级干部 18 名，管理人员和专业技术人员占学员总数 85%。当年，经国家教委批准，邮电部下达内蒙古邮电定向、委托培养招生计划，招生对象为邮电直系子女，由考生家长所在单位按报考条件报名。招收的定向、委培专业生 43 人，其中：邮电财务会计 4 人，通信线务 3 人，光纤通信 5 人，程控交换技术 10 人，移动通信 7 人，邮政通信管理 1 人，劳动经济 2 人，邮政金融 2 人，会计电算化 3 人，计算机与邮政通信 4 人，市场营销 2 人。

1997 年，全区邮电“7381”全员素质工程进入全面实施阶段。自治区邮电管理局决定在实施“7381”全员素质工程中，将培训目标和任务层层分解，列入企业经营目标责任制，对盟市级邮电企业进行考核。3 月 25 日，自治区邮电管理局、内蒙古教育厅联合拟定《关于在全区邮电部门开展高中文化教育的实施意见》，对开展高中层次文化教育的总体要求、教育对象和采取的办学形式提出了具体的要求。管理局与教育厅制定了相关政策措施，调动职工学习和教育部门办学的积极性。全区有 5000 名职工参加中等职业技术教育的学习和培训（占应培对象的 58%）。经教育厅同意，管理局决定，委托自治区重点职业高中批准职业中专，对全区邮电部门的在职职工开展职业中专层次的学历教育。下半年全区招收邮电在职职业中专学生 640 人，其招生计划在自治区单列。开设专业为“邮政业务”，招生 440 人；“综合电信”招生 200 人。学制 3 年，学生年龄在 40 周龄以下。学生在学期间经考试、考核合格达到毕业所要求的学分，即视为达到教学要求，发职业中专毕业证书，国家承认其中专学历，在工资、职称晋升等方面享受中专待遇。首次与北京邮电大学联合举办了一期全区通信高新技术培训班。全区各盟市局、直属单位的 42 名分管电信的副局长、总工、电信科长接受 1 个月的系统培训。1997 年 5 月，由管理局科技处和内蒙古大学电子系联合开发的国内邮政业务前台微机处理强化培训系统通过鉴定。此系统主要利用计算机随机显示用户快件、汇兑、包裹等业务单册，使营业员能按业务流程进行操作，进而提高其对业务处理程序和计算机操作的熟练程度。6 月 5 日，管理局组织各盟市局邮政科人员学习使用该系统，并作了模拟演示。

1998 年，自治区邮电管理局与自治区自学考试业务主管部门协商，高等教育自学考试开考“计算机通信工程”和“邮电管理工程专业”，这 2 个独立本科段自学考试专业的开考，实现了自治区邮电部门许多职工的长期期盼，开辟了全区培养高层次专业技术人才的新途径。年内，全区举办各类技术业务短训班 81 期，培训 4189 人。培训班主要有：本地网业务管理、市话生产组织机制、九七前端软件、九七系统安全管理、九七数据流量控制、电信资费、电报技术改造、智能业务、声讯业务、语音信箱业务、大用户经理市场营销、市场调查及市场营销、电信业务宣传、礼仪公关、对外宣传语言技巧、电信电源技术指标测试与阀控式电池原理与维护、IDR 卫星地球站原理与维护、本地网使用及技术交流、全区 NO.7 信令规程、同步网规程、接入网技术、城市线路网络优化及户线工程管理工作、SDH、PDH 电路、光缆监控系统、有线电视技术培训班 GSM 技术、无线寻呼技术、实时计费系统、SIM 卡、TACS 局数据整改及话务统计、分组网计费、多媒体通信网信息制作、全区 DDN 业务技术、数据新业务技术、分组交换业务技术、视检员微机、副处级以上干部培训、高级专业技术职务人员培训、旗县局长培训班等。

1991—1997年职工教育概况统计表

表2-115　　单位：人

培训年度	岗位资格培训		技术等级培训		高等教育		中专教育	
	学习	结业	学习	结业	学习	结业	学习	结业
1991	1161	1161	815	814	443	71	517	246
1992	2063	1833	1054	950	394	105	586	79
1993	1318	1309	1006	923	357	85	697	148
1994	1213	1266	532	530	552	89	701	183
1995	1180	1177	698	698	678	72	950	220
1996	346	100			1460	96	623	52
1997	607	607			1456	138	2014	72

1998年，随着邮电体制改革的不断深化，职工教育的重点也逐步适应体制改革、新的业务、经营策略的需要，邮购、广告、速递、市场营销策略、公共关系、服务礼仪、邮区中心局体制、邮政综合网、“绿卡”、电子化局所等内容成为新的职工教育的内容。

1998年全区统一举办的邮政技术业务短训班计划表

表2-116

培训班名称	主办单位	办班时间	天数（天）	人数（人）	承办地点
视检员微机培训	邮政运营部	5月	15	50	赤峰
视检人员培训	邮政运营部	7月	15	50	工业公司
邮运产品量统计培训班	邮政运营部	5月	15	50	邮校
邮政礼仪业务培训班	邮政运营部	5月	15	50	邮校
速递管理人员培训班	邮政运营部	12月	15	50	赤峰
邮政广告培训班	邮政运营部	2月	15	60	邮校
邮购业务培训班	邮政运营部	3月	30	50	工业公司
综合网培训班	邮政运营部	3月	20	50	包头
邮政设备管理培训班	邮政运营部	6月	10	50	邮校
邮政设备维护人员培训班	邮政运营部	8月	30	50	工业公司
计算机网络数据培训班	邮政运营部	8月	10	40	技校
邮购管理人员培训班	邮政运营部	10月	15	50	集宁
副处级以上干部培训班	培训中心	10月	30	40	邮电部管院
副处级以上干部培训班	培训中心	10月	30	40	邮电部管院
高级专业技术职务人员培训班	培训中心	10月	30	40	长邮成教院
高级专业技术职务人员培训班	培训中心	10月	30	40	长邮成教院
旗县局长培训班	培训中心	5月	30	40	临河
旗县局长培训班	培训中心	9月	30	40	临河

续表 2-116

培训班名称	主办单位	办班时间	天数（天）	人数（人）	承办地点
旗县局长培训班	培训中心	7 月	30	40	通辽
旗县局长培训班	培训中心	7 月	30	40	海拉尔
WTNDOWS95 培训班	培训中心	10 月	30	40	海拉尔
WORD 培训班	培训中心	10 月	30	40	呼和浩特市
EXCEL 培训班	培训中心	10 月	30	40	呼和浩特市
教育科长培训班	培训中心	10 月	30	30	呼和浩特市
管理人员微机入门培训班	培训中心	2 月	10	35	呼和浩特市
全区邮储高级管理人员培训班	储汇局	3 月	90	40	邮校
全区邮储经营培训	储汇局	9 月	15	60	赤峰
报刊发行业务微机培训	储汇局	7 月	15	60	集宁
报刊发行业务微机培训	储汇局	6 月	15	60	乌海
中邮音像租赁业务培训	储汇局	3 月	15	60	工业公司
全区邮储通存通兑培训	储汇局	4 月	10	60	赤峰
全区邮储通存通兑培训	储汇局	5 月	10	60	临河
全区邮储微机提高培训	储汇局	10 月	10	60	集宁
全区邮储稽查人员会计业务培训	储汇局	6 月	15	60	集宁
大、中专毕业生岗前培训（97）	人事处	2 月	90	300	集宁
大、中专毕业生岗前培训（98）	人事处	8 月	90	300	集宁
高级通信技术培训	人事处	5 月	30	40	技校
干部信息管理微机培训	人事处	9 月	15	40	赤峰

1999 年，全区邮政教育工作坚持“以人为本，科教兴邮”的方针，根据全区邮政职工队伍文化层次、年龄结构和技术业务等级现状，对教育培训资源进行规划和配置；围绕邮政企业发展，以岗位培训和继续教育为重点，坚持“按需培训、学用结合、注重实效”的原则，着重提高职工的岗位技能和业务水平，重点做好市场营销人员和窗口、前台营业人员的培训。1999 年，举办 3 期市场营销培训班，261 人参加；举办 5 期营业员规范标准培训班，391 人参加；举办邮政储蓄、金融、邮政汇兑、稽查、邮政礼仪等业务培训班，有 421 人参加；举办复员退伍军人、高校毕业生岗前培训班，分别有 91 名复员退伍军人和 81 名高校毕业生参加；在“两网（综合计算机网、绿卡网）”建设中，共举办 11 期技术业务培训，培训 589 人次。全年，参加各类培训的职工有 5986 人次，培训率达 44.17%（国家邮政局要求不得低于 35%）。按照国家邮政局的安排，全年选送了 29 名盟市局领导参加国家邮政局举办的地市局长培训班；选送 90 名旗县局长参加国家邮政局举办的县局长培训班；选送 18 名业务骨干参加国家邮政局举办的高

级营销培训班。年内，自治区邮政局纪检监察、审计、人事教育、安全保卫、机关党委、计划财务、网络运行、工程建设、公众服务、行业管理和法律事务等部门都安排了相关专业的培训。全区各级管理人员培训300多人次。6月，呼和浩特、包头、赤峰、通辽、海拉尔5个局开办全球优先函件（GPM）业务，11月，国家邮政局速递局和美国西方联合金融服务有限公司香港办事处派专人来呼和浩特市进行国际特快送款业务培训。针对全区邮政职工整体文化层次偏低，业务素质不高，高层次学历、高级管理和高级专业技术人才匮乏的现状，鼓励职工参加专业对口的邮电高等、中等函授、自学考试和其他形式的学历教育，鼓励和倡导职工自学成才、岗位成才。同时，制订《内蒙古邮政局机关干部职工参加学历教育的管理办法》。全年，参加高等教育的在学人数519人，毕业133人，结业18人；中等教育在学人数1788人，毕业717人，结业24人。参加各类学历教育的人数占职工总数的17.56%（国家局邮政局要求不低于5%）。加强对专业技术人员的培训，注重人才的二次开发和创新能力的培养。全年有1260名专业技术人员参加了邮政经营管理、法律法规、邮政新业务、新技术等专业知识的培训，培训率达60%以上。内蒙古邮政职工培训中心，经过改制和扩建，基础设施建设初具规模，办学条件逐步完善，较好地承担了培训任务。

1999年全区邮政职工文化素质基本情况统计表

表2-117 **单位：人**

总人数	研究生	本科	专科	中专	专业证书	党校			技校	高中	初中	小学
						本科	专科	中专				
13550	14	337	1161	2040	157	79	210	42	627	4657	4166	60

1999年全区邮政职工在职学历教育情况统计表

表2-118 **单位：人**

高等教育			中等教育			文化基础教育		合　计		总经费（万元）
在学	毕业	结业	在学	毕业	结业	在学	毕业	学习	结业	
591	133	18	1788	717	24	153	10	2512	902	89．715

1999年全区邮政职工在职培训情况统计表

表2-119 **单位：人**

管理培训		邮政业务培训		岗位技能培训		其他培训		合　计		总经费（万元）
学习	结业	学习	结业	学习	结业	学习	结业	学习	结业	
561	561	2269	2269	2683	2683	473	473	5986	5986	220．01

2000年2月下旬，自治区邮政局举办中速（TNT）国际快件业务开办前的全区培训；年内，内蒙古邮政局先后举办3期科级干部培训班，局机关和直属单位的72人参加了培训；选送68名旗县邮政局长参加国家邮政局组织的县局长培训班；选送41人参加国家局各部门组织的业务培训；举办了纪检监察、审计、人事劳资、计划财务、安全保卫、机关党务、行业管理和法律事务业务等管理人员培训班。继续坚持“学以致用、注重实效”的原则，突出针对性、实用性和先进性，从企业需求出发，做好重点业务和“两网”建设的培训。同时，开展了多形式、多层次的岗位培训。全年，参加各类培训的有6685人次，培训率

51.5%(国家邮政局要求不得低于35%)。通过国外培训、国家邮政局培训和区内培训等多种途径，培训专业技术人员1390人。有268人通过远程教育手段，参加了国家邮政局举办的市场营销、金融保险知识系列培训。开展职工学历教育，鼓励和支持职工参加各类学历教育。制定下发了全区邮政职工学历教育管理办法及有关规定。全年，高等教育在学人数619人，毕业254人；中等教育在学人数841人，毕业525人；职业中专（职业高中）毕业559人。在石家庄邮政高等专科学校的支持下，经内蒙古教育厅批准，4月份成立了“石家庄邮政高等专科学校内蒙古函授总站”，首届招收“市场营销”专业专科函授生46名。内蒙古邮政职工培训中心经过2年的建设，初具规模，具备了一定的综合培训能力。为提高邮协专职干部的集邮知识和专业水平，区邮协派出20多名专职干部参加了北京第一期集邮知识培训班。

2000年全区邮政职工文化素质基本情况统计表

表2-120　　单位：人

国民教育								党校			总人数
研究生	本科	专科	中专	技校	高中	初中	小学	本科	专科	中专	
16	406	1190	2386	586	4845	3493	60	112	259	15	13368

2000年全区邮政职工在职学历教育情况表

表2-121　　单位：人

国民高等教育			国民中等教育			党校学历教育		文化基础教育		合计		总经费（万元）
在学	毕业	结业	在学	毕业	结业	在学	毕结业	在学	毕结业	在学	毕结业	
454	183	3	841	525	0	165	68	0	559	1460	1338	80.68

2000年全区邮政职工在职培训情况表

表2-122　　单位：人

岗位培训		继续教育		出国培训		研究生课程班		其他培训		合计		总经费（万元）
实培	结业	实培	结业	实培	结业	实培	结业	实培	结业	实培	结业	
5645	5645	778	778	16	16	7	7	439	439	6885	6885	156

2000年全区教育资源情况表

表2-123

教师人数（人）		管理人员人数（人）		培训基地建筑面积（平方米）		教学设备台（套）数		教育经费（万元）	教育经费占工资总额的比例(%)
总计	专职	总计	专职	总计	教室	总计	微机		
66	22	88	24	10276	1602	182	180	236.68	1.18

2000年全区职工教育完成情况考核表

表2-124　　单位：人%

考核内容	完成情况		
	应培（应学）人数	实培（在学）人数	百分比
邮政职工年培训率达35%	4726	6885	51.5
国民教育系列学历教育在学率达5%	678	1460	10.9

2001年3月23日，自治区邮政局与联通内蒙古分公司联合举办为期2天的193长途业务培训班。全区各盟市邮政局和联通分公司的36名学员参加了培训。此次培训除讲授193业务外，还对G网、IP业务、165业务等相关知识进行了介绍。选送2名优秀中青年处级干部参加国家邮政局举办的第一期中青年干部学习班，并获得国家经贸委颁发的“工商管理培训结业证书”；选派6名盟市邮政局副局长参加国家邮政局举办的全国邮政地市局长高级市场营销培训班；有40名处级干部参加自治区邮政局机关党委组织的理论学习培训班。组织自治区邮政局机关干部参加WTO基本规则讲座的培训，同时举办邮政运输管理、财务、审计、人事等部门的管理人员培训班，各级管理人员培训达380人次。年内，选送89名经营业务骨干参加国家邮政局培训中心举办的市场营销和金融保险等业务的培训班；选派36名专业技术人员参加国家邮政局举办的“两网”建设和电子汇兑业务培训班；有69人参加国家邮政局举办的远程教育培训。从经营服务和市场开发的需求出发，抓好重点业务和“两网”建设的培训。基于ORACLE数据库的特殊性及在邮政系统的广泛应用，针对全区技术人员ORACLE基础相对薄弱的现状，3月28日—4月17日、5月29日—6月15日，在内蒙古邮政培训中心举办ORACLE数据库基础培训和中高级培训。全年参加各类培训有6665人次，培训率53%。利用函授、自学考试等形式，鼓励职工积极参加国民系列学历教育，2001年，高等学历教育在学人数722人，毕业254人；中等学历教育在学人数517人，毕业387人。全区有11人通过全国经贸委组织的MBA研究生考试，被南开大学工商管理MBA（硕士学位）正式录取；有46人被石家庄邮政高等专科学校市场营销专业函授学院录取。

2002年5月，自治区邮政局选送处级干部2人参加国家邮政局第二期中青年干部学习班，并获得国家经贸委颁发的“工商管理培训证书”；7月，选派全区旗县邮政局长57人参加国家邮政局培训中心举办的全国邮政县局长市场营销培训班；年内，选送盟市邮政局副局长9人参加全国邮政地市局长高级市场营销培训班；选派盟市邮政局副局长5人参加国家邮政局组织的境外培训；选送管理人员和业务骨干69人参加国家邮政局举办的各类专业和业务培训班；组织自治区邮政局机关干部及直属单位76人参加国家邮政局组织的全国远程教育培训；组织自治区邮政局机关干部及盟市邮政局副局长23人参加“企业管理卫星现场”相关业务课题的培训；举办新闻、宣传、年鉴写作、档案、行业管理与法律事务、财务、审计、人力资源、中青年后备干部等管理人员的培训班，参加人数达396人次。年内，全区邮政举办工程技术人员计算机网络运行维护、中间业务平台和金融管理等培训班，参加培训人数达186人次；选送专业技术人员16人参加国家邮政局培训中心举办的专业技术培训班。年内，举办“四五”普法、会计制度、电信业务、小型邮资机维护、报刊发行、电子汇兑、代理保险业务、邮政储蓄、银联卡业务、邮购物流配送业务等培训班，全区参加各类岗位培训班培训人数达6610人次，培训率达53.9%。充分利用函授、自学考试等形式，逐步提高职工队伍的学历层次。全区邮政职工学历教育在学人数达867人，在学率达7.1%。完成全区邮政成人招生录取工作，招录计算机信息管理专业（大专函授）新生98人。组织干部职工参加内蒙古经贸委组织的高级工商管理MBA硕士研究生学位全国统考的报考工作，有2人被内蒙古大学经济管理学院正式录取。在原有“石家庄邮政高等专科学校内蒙古邮政函授总站”的基础上，完成与西安邮电学院筹建“西安邮电学院内蒙古自治区邮政高等学历教育函授总站”的建站工作。9月6日，经内蒙古教育厅批准：西安邮电学院内蒙古自治区邮政高等学历教育函授总站成立。函授站设在内蒙古邮政职工培训中心。

2003年，全区邮政有处级干部2人参加国家邮政局第三期中青年后备干部培训班学习；处级干部36人分5期参加国家邮政局工商管理学习培训；管理人员和业务技术干部39人参加国家邮政局举办的各类专业培训班；机关干部和直属单位相关管理人员52人参加国家邮政局全国邮政远程教育培训；机关干部16人和直属单位管理人员12人参加“企业管理卫星现场”举办的人力资源管理、市场营销等专题讲座培训。举办大客户管理、邮运调动管理、财务管理、市场营销及人力资源管理等培训班，培训人数421人次。组织财务会计、电信业务、小型邮资机、广告策划、电子汇兑、储汇稽查、储蓄会计及集邮业务等培训，培训人数6100人次，培训率达51%。举办中间业务平台、计算机网络及信息技术等培训212人次。选送19人参加国家邮政局培训中心举办的专业技术培训班。年内，全区邮政职工学历教育在学人数达899人，在学率达7.1%；石家庄邮电职业技术学院、西安邮电学院顺利完成在内蒙古的成人招生录取工作，招收“会计电算化”专业25人、“工商管理”专业39人；有3人被中国人民大学“公共管理（MPA）”硕士研究生学位录取，3人被内蒙古大学“工商管理（MBA）”硕士研究生学位录取。

2004年7月20—25日，自治区邮政局举办三级邮区中心局系统操作及系统维护培训班，5个三级邮区中心局和内蒙古邮政信息技术局的生产管理人员和业务操作人员共计30余人参加培训学习。年内，选派处级干部25人参加国家邮政局全国工商管理处级干部培训班。选派盟市局人力资源部主任12人参加全国邮政地市局人力资源部主任培训班。选派主管教育干部2人参加全国邮政教育管理干部和培训中心主任学习班。举办普法工作管理、人力资源管理、大客户管理、邮件容器管理、财务管理、审计业务、邮政视察业务等管理人员培训班，培训人数达486人。举办财务会计、电信业务、国际速递、邮政礼仪、报刊发行、邮政储蓄统一版本上线工程（3期）、邮票辨伪、电子汇兑（2期）、稽查业务、代理保险业务、商函数据库、电子化支局等岗位培训班，培训810人。派送专业技术人员和业务骨干136人参加国家邮政局举办的相关专业和业务技术培训班。举办邮储统一版本工程上线技术人员培训班、计算机综合网运行维护、中间业务平台等专业技术人员培训班，培训169人。招收石家庄邮电职业技术学院“邮电经营”专业新生64人（专科），招收西安邮电学院工商管理专业新生51人（专升本）。2人被中国人民大学录取为公共管理（MPA）硕士研究生，1人被内蒙古大学录取为工商管理（MBA）硕士研究生，1人被中央党校录取为经济管理硕士研究生。全区邮政职工学历教育在学人数达643人，在学率达6%。

2004年全区邮政各类专业技术培训班统计表

表2-125

培训班名称	承办部门	办班时间	天数	人数	举办地点	培训对象
邮票辨伪培训班	行管处	3月	6	50	呼和浩特市	行管视察人员
普法工作人员培训班	行管处	7月	6	36	呼和浩特市	普法工作人员
财务基建及税务培训班	计财处	8月	6	60	呼和浩特市	基建主办会计
财务统计培训班	计财处	6月	5	50	赤峰	统计人员

续表 2-125

培训班名称	承办部门	办班时间	天数	人数	举办地点	培训对象
电信业务培训班	公众处	5月	6	60	呼和浩特市	电信业务人员
邮政礼仪培训班	公众处	4月	6	56	呼和浩特市	礼仪业务人员
邮件容器管理培训班	网路处	8月	6	35	赤峰	邮袋管理人员
条码设备维护培训班	网路处	3月	6	30	呼和浩特市	机电设备维护员
邮政审计人员培训班	监审处	5月	7	40	呼和浩特市	审计人员
邮政视察档案业务培训班	安视处	5月	7	60	赤峰	档案视察员
邮政国际速递培训班	安视处	6月	6	40	呼和浩特市	国际速递员
统一版本培训班	储汇局	5月	7	60	呼和浩特市	业务会计员
汇兑业务培训班	储汇局	10月	7	60	呼和浩特市	业务会计员
稽查业务培训班	储汇局	11月	7	60	呼和浩特市	稽查业务人员
报刊发行培训班	发行局	7月	7	65	呼和浩特市	报刊发行员
计算机综合网运行维护培训班	信息局	4月	7	50	呼和浩特市	综合网维护员
邮储统一版本系统培训班	信息局	8月	7	110	呼和浩特市	系统维护员
商函数据库营销培训班	广告公司	9月	6	45	呼和浩特市	数据库管理员
邮政代理保险业务培训班	保代公司	10月	7	50	呼和浩特市	业务管理员
处级干部工商管理培训班	人教处	4月	18	36	呼和浩特市	处级干部
人力资源管理培训班	人教处	11月	7	50	呼和浩特市	人教部门
电子信息业务培训班	电子信息业务局	11月	7	38	呼和浩特市	相关业务人员
统一版本第一期业务培训班	信息局	5月	7	115	呼和浩特市	相关业务人员
统一版本第二期业务培训班	储汇局	6月	7	127	呼和浩特市	相关业务人员
信息技术电子化支局技术推广业务培训班	信息局	2月	9	67	呼和浩特市	相关业务技术人员
卡哈拉国际业务培训班	视察安保处	3月	5	57	呼和浩特市	相关业务技术人员
基本养老保险软件培训班	人教处	7月	9	42	呼和浩特市	相关业务技术人员
电子汇兑技能第一班培训班	储汇局	5月	12	20	呼和浩特市	相关业务技术人员
电子汇兑技能第二班培训班	储汇局	5月	7	25	呼和浩特市	相关业务技术人员
中心作业系统上线工程培训班	网路处	7月	8	38	呼和浩特市	相关业务技术人员
大客户培训班	公众服务处	12月	5	52	呼和浩特市	相关业务技术人员

2005年，自治区邮政局举办电信业务、速递业务、物流业务、商函广告业务、储蓄业务、中间业务、报刊发行业务、会计核算业务、代理保险业务、集邮业务、网络运行维护等岗位培训班，培训1680人次。派送全区邮政处级干部56人（分6期）参加国家邮政局统一举办的全国邮政处级干部工商管理学习班，选派386名业务技术和管理人员参加国家邮政局石家庄邮政干部培训中心举办的各类培训班。年内，全区邮政统一举办集中面授培训班15期，培训1260人；视频教学培训班22期，培训4986人。派送专业技术人员和业务骨干160多人参加国家邮政局和石家庄培训中心举办的相关业务技术培训班。举办全区

邮政计算机综合网运行维护和中间业务平台以及储蓄上线工程技术人员培训班，培训220人次。继续加强石家庄邮电职业技术学院和西安邮电学院函授站教学管理和面授考试工作，完成成人招生录取工作，录取专科“物流管理”专业22人，“金融”专业9人；录取本科“市场营销”专业32人，录取北京邮电大学MBA工商管理硕士研究生20人。全区邮政学历教育在学人数达555人，在学率达3.8%，本专科毕业人数416人，MBA和MPA硕士研究生毕业6人。7月6日，中国邮政远程教育培训网（一级中心站）开通，按照国家邮政局建设中国邮政远程教育培训网的总体部署和规划，内蒙古邮政远程教育培训网（二级中心）工程于6月初立项，7月1日启动，12月底建成试运行。

2005年各类专业技术培训班

表2-126

培训班名称	承办部门	办班时间	天数	人数	举办地点	培训对象
行业管理人员培训班	行法处	3月	5	40	视频教学	行业管理人员
项目营销方案策划培训班	公众处	5月	5	50	视频教学	经营部，大客户主任
邮件容器管理人员培训班	网路处	8月	5	40	视频教学	容器管理人员
128条码设备维护操作培训班	网路处	5月	6	30	呼和浩特	维护使用人员
邮政审计人员业务培训班	审计处	5月	5	30	呼和浩特	专兼职审计人员
邮政纪检监察业务培训班	监察处	6月	5	30	视频教学	纪检监察人员
邮政统计指标解释及统计检查培训班	计财处	6月	6	50	呼和浩特	综合统计人员
邮政处级干部工商管理培训班	人教处	3月	30	50	视频教学	处级干部
邮政人力资源管理培训班	人教处	11月	6	40	呼和浩特	人力资源管理人员
邮政代办电信业务培训班	电子信息业务局	9月	5	40	视频教学	业务管理人员
邮政物流业务培训班	速递物流局	3月	5	40	视频教学	经营部主任经理
邮政商函广告营销培训班	函件广告局	7月	5	40	视频教学	负责人业务主管
报刊发行会计核算办法培训班	发行局	4月	5	40	视频教学	业务会计
邮政综合网运行维护培训班	信息技术局	9月	6	100	赤峰、包头	维护操作人员
全区邮政保险代理业务培训班	保险代理公司	10月	5	40	视频教学	业务管理人员
邮资票品管理综合网培训班	集邮公司	3月	4	30	呼和浩特	分公司管理人员
邮政储蓄业务管理人员培训班	储汇局	6月	5	50	视频教学	经营部业务会计
邮政汇兑业务人员培训班	储汇局	10月	5	50	呼和浩特	汇兑业务会计
邮政储蓄会计（新制度）培训班	储汇局	10月	5	50	视频教学	清算会计人员
邮政储蓄中间业务培训班	储汇局	5月	6	50	视频教学	中间业务人员
邮政储蓄稽查人员培训班	储汇局	9月	6	50	视频教学	稽查人员

2006年，全区邮政派送189名各类管理人员参加国家邮政局和石家庄邮政培训中心举办的各类管理人员培训班。举办普法骨干、法律管理人员、人力资源、监察干部、固定资产管理、大客户管理、邮政视察人员、网运管理、审计业务、营销体系建设等各类培训班35期。其中集中面授培训班16期，培训1096人；举办视频教学培训班19期，培训4960人。派送邮政业务宣传员、大客户管理人员、市场开发和营销策划人员、营销管理人员106人参加石家庄国家邮政局培训中心举办的营销互动课培训。举办会计业务、速递物流、储蓄业务、汇兑业务、报刊发行业务、集邮市场营销业务、农资分销业务、邮政财险业务、二代身份证专递业务等岗位培训学习班，培训2900人次。派送工程技术人员和专业骨干89人参加国家邮政局和石家庄邮政培训中心举办的各类专业技术培训班。举办计算机综合网维护、储蓄业务信息管理系统、中邮物流信息系统作业、票品库储运管理综合网、速递综合信息平台上线、报刊发行业务上线、电子化上线培训班，培训611人次。年内，完成年度成人招生录取工作，录取专科“市场营销”“计算机信息管理”“金融管理”专业40人；录取本科“工商管理”专业25人；获得MBA工商管理硕士学位研究生4人。全区邮政职工学历教育在学560人，毕业573人。利用中国邮政远程教育培训网，组织90人参加国家邮政局举办的2次远程网培训。同时，全区邮政有120名各类营销人员登陆中国邮政远程教育网，在网上进行学习。

2006年各类专业技术培训班

表2-127

培训班名称	承办部门	办班时间	天数	人数	举办形式	培训对象
全区邮政普法骨干培训班	法规处	7月	5	30	视频	普法人员
全区邮政法律事务人员培训班	法规处	5月	6	30	面授	法律人员
固定资产管理系统培训班	计财处	5月	6	50	面授	资产管理
全区邮政大客户业务培训班	公众处	4月	6	40	面授	经理科长
全区邮政营销体系建设培训班	公众处	6月	6	40	视频	主任科长
邮政网运管理人员培训班	网络处	11月	6	25	面授	管理人员
邮运车辆管理软件使用培训班	网络处	9月	6	30	面授	管理人员
全区邮政视察员业务培训班	安视处	10月	6	60	视频	视察人员
全区邮政监察干部培训班	监察室	8月	6	30	面授	监察干部
全区邮政审计业务软件管理培训班	审计处	4月	6	35	面授	审计人员
全区邮政计算机综合网络维护培训班	信息局	9月	6	50	面授	技术人员
全区储蓄业务信息管理系统使用培训班	储汇局	4月	6	36	面授	管理人员
全区邮政储蓄会计人员培训班	储汇局	9月	5	120	视频	会计人员
全区邮政国际汇兑业务培训班	储汇局	10月	6	60	视频	汇兑人员
二代身份证专递业务培训班	速递物流局	4月	3	30	视频	业务人员
中邮物流信息系统作业培训班	速递物流局	5月	3	50	面授	业务人员

续表 2-127

培训班名称	承办部门	办班时间	天数	人数	举办形式	培训对象
电信业务代理信息培训班	电子业务局	5月	5	30	面授	业务人员
票品库储运管理及综合网业务培训班	集邮公司	3月	3	20	面授	管理人员
太平洋保险代理查勘现场培训班	保险代理公司	4月	3	60	视频	业务人员
全区储蓄业务管理人员、营业人员培训班	储汇局	6月	3	500	视频	营业窗口
全区电子稽查培训班	储汇局	4月	3	120	视频	稽查人员
全区邮政储蓄中间业务培训班	储汇局	8月	3	80	视频	业务人员
全区报刊发行业务培训班	发行局	4月	3	60	视频	发行员
国际速递业务培训班	速递物流局	7月	2	30	视频	管理人员
速递综合信息平台上线培训班	速递物流局	9月	2	40	视频	业务人员
农资分销业务培训班	速递物流局	11月	2	100	视频	业务人员
增值电信业务培训班	电子业务局	9月	2	30	视频	业务人员
集邮市场营销新业务培训班	集邮公司	3月	2	50	视频	业务人员
集邮审计业务企业目标化管理培训班	集邮公司	5月	2	50	视频	业务人员
全区邮政财险业务及中华保险业务培训班	保险代理公司	4月	3	350	视频	业务人员
保险代理系统业务发展培训班	保险代理公司	3月	2	50	视频	业务人员
中青年干部学习班	人教处	8月	60	45	面授	后备干部
人力资源管理干部培训班	人教处	11月	7	45	面授	管理人员

2007 年，全区邮政举办各类培训班 45 期，培训人数达 3942 人，其中集中面授 36 期，视频培训 9 期。派送 126 名专业技术骨干参加全国邮政举办的各类培训班。组织 500 多名支局（所）长参加远程培训，458 人完成网上培训并领取结业证书。11 月，528 名专职营销人员参加远程培训。选送 1 名劳动模范参加石家庄邮电职业技术学院举办的大专学历培养脱产学习班。选送 2 名信息技术骨干参加石家庄邮电职业技术学院举办的信息工程硕士研究生半脱产学习班。组织 40 多名支局长参加在职大专学历培养入学考试。完成年度 2 个函授站成人招生录取工作。接收“市场营销”、“财务管理”和“计算机应用”等专业大学毕业生 110 人，全部充实到旗县邮政局工作。协助做好邮储分行毕业生招聘工作，经过前期报名、资格审查、笔试和面试等几个环节的选拔，择优录取了应届大学毕业生 56 人，移交邮储分行进行了全区分配。与内蒙古退伍军人安置办沟通，择优接收 25 名退伍军人，全部安置于生产一线工作。

2008 年，全区邮政举办各类培训班 28 期，培训 1400 多人次。分 4 期举办邮政独立运营后第一次旗县局长远程培训，180 名旗县局长参加培训。举办企业营销远程培训，企业营销项目注册 886 人，支行（局）长金融业务远程培训项目注册 530 人。举办全区市场经营培训班，70 多人参加培训。与北京邮电大学、中国人民大学合作开办支局长、支行长、城市营业人员大专化培养，44 人被录取。鼓励员工参加在职函授学历教育，专升本录取 43 人，专科录取 42 人。接收 121 名大学毕业生和 22 名退伍军人，全部充实到生产一线工作。组织全区邮政职业技能大赛，2300 多人参加初赛，6 名选手参加全国决赛。

2009 年，全区邮政举办各类培训班 18 期，培训学时 584 课时，培训人数达 1100 人次。举办全区邮政理财业务培训班，对全区近 100 名盟市局代理金融业务局局长、内训师、理财经理进行系统培训。与北京邮电大学、中国人民大学合作开办支局长、支行长、城市营业人员大专化培养，23 人被录取。参加在职函授学历教育，专升本、专科录取 22 人。接收 90 名大学毕业生。

2010 年 4 月，自治区邮政公司组织 76 名安保视察干部进行业务培训学习。年内，全区有 15 人次参加中国邮政集团公司和当地相关部门组织的业务培训。

第五节　自治区邮政银行经营管理

一、经营

2008年，邮政储蓄银行自治区分行独立运营。个人业务保持平稳较快发展，在稳定既有盈利项目的同时，分行努力实现增长方式和赢利模式的转变。年内，分行牢固树立“存款立行”的观念，与邮政企业加强合作，促进存款余额的呈规模化增长，全年吸收存款余额40.2亿元，累计存款余额达到297.08亿元，其中邮储银行新增存款7.33亿元，总余额达到77.74亿元，占比为26.17%；活期比重为43.9%，较年初增长3.85个百分点。银行代收付业务发展迅速，代收付业务总量完成3000万笔，金额达到136亿元，其中代发涉农资金总量为223万户，金额为11亿元。分行新开设了固定电话支付业务、个人即期结售汇业务、代销国债业务、电话银行业务等，大量新增业务的上市，极大地满足了用户的需要。其中，固定电话支付业务（“商易通”业务）发展势头良好，共计发展客户数达5067台，户均余额6.45万元。分行利用邮政金融网点多，覆盖面广的优点，本年共计发卡117万张，累计卡户数345.45万户，卡面平均余额2001元。

信贷业务方面，面对宏观经济形势和金融政策的冲击，全行积极响应中央服务“三农”和中小企业的号召，充分发挥自身优势，紧密融入地方经济，围绕零售类和批发类2项业务，超额完成了年初确定的收入和利润目标。零售类方面，全区零售类资产规模达21亿元，为全区3万户中小企业主和农户提供了贷款服务，成为全区信贷服务“三农”和中小企业覆盖面最广的银行。初步形成了以质押、抵押、信用贷款为基础的个人信贷产品线，信贷业务规模累计达到8亿元。其中小额信贷业务量呈“几何级数”扩张，累计发放贷3.7亿元，结余3.2亿元，累计发放量、贷款结存在全国排第20位；完成收入582万元，预算完成百分比达到259%。小额质押累计发放贷款4.2亿元，结余8500万元，完成收入675万元。个人商务贷款9月份在呼和浩特市分行试点开办后，逐步扩大开办范围，年内12个盟市全部完成了业务准入工作，共发放贷款1136万元。批发类资产业务全年共协助总行签订银团贷款合同20个，合同金额44.7亿元，累计达成项目32个，签订合同金额80亿元；达成协议存款合同5亿元，完成票据回购业务3.6亿元。批发类超额收益分配收入累计实现2700万元，有效提升了全行的收益，获得总行业务推广超额奖和银团贷款贷后管理奖。

公司业务方面，全区累计为机关、企事业单位及社会团体开办单位银行结算账户532户，吸收存款6.54亿元，全国排名第24位；活期比重为98.5%，在全国排名第12位；其中500万元以上大客户数量占比为4.5%，在全国排名第10位。

年内，分行根据邮政储蓄银行总行的要求，在人民银行和银监局的监督下，完成由邮政金融机构向商业银行的初步转轨。全区邮政金融共实现业务总收入6.72亿元，同比增长9.09%。银行自营收入完成1.89亿元，占比为28.13%，完成总行下达的收入预算目标；利润完成总行调整后的目标。在全区金融业务总收入中，储蓄收入完成6.18亿元，同比增长8.04%；信贷业务收入完成582万元；对公业务收入完成340万元。

2009年，全区邮政金融保持了平稳较快的发展势头，在金融危机和政策环境变化的不利影响下，坚持加快发展不动摇，全年实现业务总收入8.85亿元，同比增长31.7%。银行自营收入完成3.21亿元，同比增长69.84%，占金融业务总收入的比重达到36.27%，完成总行预算目标的124.96%，完成自定预算目标的115.46%；实现利润700万元。在自营业务收入中，个人业务收入完成1.85亿元，按同口径计算较上年增长9.95%；信贷业务收入完成9931.82万元，绝对值增加9178.75万元；对公业务收入完成3653.2万元，绝对值增加3344.23万元。邮储银行内蒙古分行已具备了个人业务、信贷业务、公司业务三大板块，并成为一家布局合理、功能齐全、业务完备、特色鲜明的现代化商业银行。

个人业务坚持“存款立行”的理念不动摇，储蓄存款规模实现稳步增长。全年新增储蓄存款34亿元，余额规模达到331亿元，同比增长10.27%，活期占比52.01%，创历史新高。银行当年新增余额3.47亿元，达到81.21亿元，活期占比50.66%，较年初提高6.76个百分点。全区累计实现国内汇兑收入5912.81万元，同比增长11%；累计开发密码汇款20.47万笔，金额517.36亿元；累计开发国际汇款1261笔，兑付合规比率为98%；累计发卡27万张，卡户452.8万户，户均余额2048元；信用卡发卡4260张，银行员工发卡比例达91.38%。理财类业务增幅显著。累计销售理财类产品8.02亿元，同比增长281%；银行销售6.85亿元，同比增长497%；全区基金定投新增户数1.65万户，银行新增1.59万户；第一项个人理财产品——天富3号产品老客户展期率在全国排第1位。

信贷业务新增贷款17亿元，实现收入9931.82万元，占自营收入比重达到30.84%。小额质押贷款累计发放3.19亿元，结余1亿元。小额贷款累计发放16.9亿元，结余10.8亿元。个人商务贷款累计发放10.87亿元，结余9.54亿元。二手房贷款累计发放5584万元，结存5400万元。有22个二类支行获批开办小额贷款业务，累计发放贷款2268万元。全区不良贷款率为0.27%，逾期率控制良好，全国排名第5位；拨备覆盖率达到140%，资产质量持续保持优良。批发类方面，全年协助总行签订2个银团贷款合同，签订3项自营贷款合同，合同金额达31.5亿元，放款金额突破30亿元，自营贷款比例达20%以上。达成协议存款合同34亿元，票据回购业务5.48亿元，超额完成计划目标，实现了批发类业务的全面协调发展。全年回流地方资金69亿元，累计回流地方资金169亿元，为促进自治区地方经济建设发挥了应有的作用。小企业贷款试点顺利启动，2009年11月底正式确定并推动了包头地区小企业贷款试点，成为全国第五家试点行，试点工作进展顺利，并成功授信办理了第一笔业务。

公司业务方面，分行按照“扩大规模，夯实基础”的经营方针，充分发挥邮政储蓄网点、网络和结算三大优势，实现了公司业务起步后的快速发展。公司存款余额累计达到21.5亿元，市场占有率0.44%，全国排名20位；全年新增公司存款15亿元，累计日均余额达15亿元；公司业务收入完成3653.2万元，占自营收入的比重达到11.4%。公司项目营销成果显著，全区共开发涉及财政、社保、钢铁、房地产、通信、烟草等100万元以上的行业客户199户，余额19.2亿元，占公司存款总数的89.3%。

2010年，全区邮政金融业务收入和利润实现快速增长。全年各盟市邮政金融完成收入12.18亿元，同比增长37.63%，全国排名13位。其中，邮储银行自营收入5.83亿元，超额完成全年收入预算40个百分点，绝对值增加1.68亿元，同比增长81.62%，全国排名第5位。代理金融完成业务收入6.35亿元，增长 12.73%，邮银发展实现了协调推进。信贷和公司业务收入大幅增长，分别实现 3 亿元和 0.8 亿元。信贷收入占比已达 51%；公司业务收入占比逐年提高，达到 13.85%，较 2009 年底提高 2.48 个百分点。

负债类业务。全区各项存款累计达 417 亿元，较上年增加 65 亿元。其中个人储蓄存款 362 亿元，同比增长 9.43%，净增 31 亿元；公司存款 58 亿元，净增 37 亿元，市场占有率由年初的 0.44% 提高到 1.1%，列全国第 18 位；新增额市场占有率达到 3.14%，列全国第 7 位，对公存款市场份额稳步提高。全行本外币账户超过 1200 万户，累计发行绿卡超过 570 万张，绿卡户均余额 2138 元，全国排名 13 位。全区商易通数量 1.84 万台，沉淀资金余额 5.43 亿元，POS 机 6249 台，回流金额 31 亿元。全区销售理财类产品 46 亿元，较上年底增加 38 亿元，其中，银行销售 28 亿元，较上年底增加 20 亿元；理财类客户达到 6.13 万户，同比增长 33%，全国排名第 6 位；个人理财客户户均资产余额达 2.79 万元，高出活期账户平均余额的 8.47 倍。

资产类业务。全行各项贷款余额达到 156.42 亿元，零售信贷余额 58.2 亿元，较年初净增 36.3 亿元；零售信贷余额市场占有率提高 0.39 个百分点。其中，个人贷款业务实现翻番，较年初增长 33.95 亿元，市场占有率提高 0.82 个百分点，达到 2.7%，高于全国平均水平。小额贷款新增 9.95 亿元，结存 20.77 亿元，列全国第 17 位；个人商务贷款新增 20 亿元，结存 29.6 亿元，列全国第 9 位；住房按揭贷款新增 3.9 亿元，结存 4.4 亿元。全区有 56 个二类支行获批开办小额贷款业务，累计发放贷款 3.47 亿元，结余 2.2 亿元，业务基本覆盖了全区所有旗县。小企业贷款稳健起步，已建成小企业信贷中心 7 家，累计授信 94 户，贷款结余 2.35 亿元，列全国第 9 位。协助总行签订银团贷款合同 7 个，合同金额 16.77 亿元，结余 61 亿元。总行直接贷款结余 34 亿元。办理票据转贴业务 20 笔，交易金额 28.81 亿元，结存 3.15 亿元，实现利润 212 万元。

业务结构及质量。全区储蓄存款活期占比达 56.83%，创历史新高；公司存款活期占比达 93%，处于同业较高水平。全行存贷比为 37.49%，较年初提高 8.43 个百分点。各项监管指标持续优化，专项准备、一般准备较为充足，拨备覆盖率达到 140%，处于同业优秀水平。信贷资产质量总体保持良好，票据业务实现零不良，个人贷款逾期率、不良率分别为 0.49% 和 0.38%，低于全国平均不良率，处于同业最低水平。

二、管理

（一）财务管理

2008 年，自治区邮政储蓄分行财务会计管理也跟随分行转型步伐，完成了管理模式的转变。分行顺利完成邮银分账核算，初步建立起邮储银行独立的财务会计体系，并成功协助邮政企业完成了对银行的二次注资工作。在此基础上，分行加强资金资产管理，制定出台《集中采购管理办法》《资金头寸管理办法》等，规范了集中采购行为，加强了资金头寸管理，提高了资金运用和使用效益。分行切实做好与邮政企业的收入清分、资金结算工作，为经营工作提供了有效、可行的指导依据。着眼于实现财务管理规范化，加大对财务基础管理的检查和制度建设力度，有效防范了财务风险。

2009 年，分行强化全面预算和会计核算管理，加强计划指导，实行“二级”预警管理及通报制度，强化了预算约束。进一步加强会计基础管理，使会计结算、资金清算渠道进一步顺畅，会计内控监督检查体系进一步完善，确保了业务资金的安全和年终决算的有效开展。全力推进“降本增效”，加强成本费用管理，积极推进二级支行损益核算，全面推行财务费用开支预算和费用定额，合理压缩开支，“降本增效”取得预期效果。加强固定资产核算和投资管理，完善固定资产管理制度，本着“量入为出，适度超前，合理安排”原则，将自有建设资金和总行补贴资金全部用于优化网点布局、购置生产设备和改造店招形象等方面，有效提升了网点服务竞争能力。分行着力细化资金管理，通过加强对资金来源、计划、分账户管理等情况的分析及编制监控工作，使资金计划及头寸管理取得明显成效，财务核算和业务资金结算流程更加规范，关联交易与财务分析工作更趋完善。

2010年，充分发挥财务管理在资源配置中的关键作用，集中财力重点加强了对全网信息化、网点购置和迁址改造、终端机具等提高盈利和服务能力等固定资产项目的支持。2010年，固定资产投资共计2873.14万元（总行投入1349万元），购置网点1处，装修改造完工19处，购置车辆19台，完成区分行信息化项目3个，有力地支撑了业务发展。2009年、2010年2年足额争取到了总行固定资产建设项目建设资金补贴3141万元，有效弥补了基础建设资金不足。以财务管理基础工作规范化达标活动为契机，认真开展“小金库”治理工作，加大对各项财务行为的检查、规范力度。通过实施全面预算管理和加强会计核算管理，逐步强化预算执行过程控制。深入推进网点损益核算，扎实推进增收节支工作，强化成本费用管控，加强营销费用管理，会计监督检查工作高效落实，财务会计管理水平有效提高，有力地推动了全行经营管理向现代商业银行的稳步转型。

（二）审计工作

2009年，分行采取多项措施，促进审计工作适应业务需要。一是加强审计基础工作，建立和完善审计制度体系，强化了电子稽查系统的应用和对审计计划管理的监督考核。二是认真开展常规审计，完成12个二级分行、6个一级支行、19个旗县邮政局、76个网点的常规审计，分别完成全年计划的100%、125%和108%，共检查整改问题2454条，确保了“零案”件防控目标的实现。三是深入推进案件风险排查，指导各盟市分行自查所属机构543个，有效防止了资金案件的发生。四是开展了对小额贷款业务和公司业务的专项审计，有效防范了风险。五是完成对各盟市分行和邮政局的内控评价，并对77个二级支行和储汇网点进行抽查，增强了内控建设的积极性和主动性。六是全面推行违规积分管理，充分发挥“积分、通报、处罚、教育”工作机制，对被积分人员进行相应处罚，有力地遏制了违规现象的扩大。七是与区公司联合开展“三个规定”落实情况大检查，全区各级邮政金融机构按要求分阶段完成了三级机构自查和两级机构重点检查任务，将邮政金融风险防范工作推向深入。

2010年，审计工作根据新业务发展情况，按照风险导向的审计理念，积极落实“全面审计、突出重点，提高质量，防范风险”审计方针，在网点检查和操作风险防范的基础上，把审计重心移向新业务和关键风险领域，先后组织开展了全区城市零售信贷业务、代收付类中间业务、代理保险业务、公司业务等专项审计活动，不断适应新业务风险审计需求，促进业务健康发展。组织各盟市分行完成了银监局和总行的多项自查活动，继续开展了盟市分行内控评价工作，对7个盟市分行网点迁址改造工程进行了审计。区银监局牵头组织商业银行的专家对内控体系建设进行帮扶活动，从信贷授信、柜面业务、中间业务、会计结算及审计5个方面强化制度建设，有效地推动了合规文化的培育和内控体系建设。积极推进审计专业化改革，加强违规积分管理，提高审计效能，发挥审计督导作用，内控管理水平有效提升。安全管理工作总体平稳，银行成立3年来保持资金零案件，为邮储银行改革发展提供了坚实保障。

（三）风险防控

2008年，分行各级风险管理和审计稽查部门按照风险管控要求，进一步落实各项风险管理制度规定，加大稽核检查力度和频次，提高稽查质量，促进邮政金融业务合规、稳健经营。分行立足基础金融业务，加大常规检查力度，全年区分行共开展了2次大规模、广覆盖的集中检查，盟市现业、市县储汇和网点的检查面分别达到200%、80%和60%。各盟市分行也按规定频次和要求开展了辖内自查，保证了零案件防控目标的实现。分行积极跟进新业务审计，适时安排审计项目，下发检查办法，为新业务发展起到了规范和保障作用。分行建立起规范经营、合规操作的长效机制，在管理层试点实施了“内控管理考核评价制度”，在操作层试点推行“从业人员违规积分管理制度”，取得了明显效果。分行开展案件风险排查，查出并解决了一些历史遗留问题，发现了多年来存在的风险隐患，并迅速采取措施及时予以制止，防止了违规事件的进一步蔓延。大力加强电子稽查系统应用，落实非现场检查，风险预警核销率与及时率明显提高，对操作现场监管的作用进一步增强。

2009年，分行对小额贷款和个人商务贷款及反洗钱等3项内容进行评估，开展“合规管理年”活动，加强规章制度梳理，为业务发展营造了良好的合规氛围。期间，出具评估报告16份，梳理规章制度213项，修改完善36项，补充制定18项，“合规管理年”活动取得预期效果。在制度建设方面，分行努力构建风险管理运行机制。初步建立起风险信息联络员制度和风险报告制度，进一步加强了风险分析、监测和控制。年内，分行扎实推进反洗钱工作，进一步加强法律事务工作，严格了合同审查和相关诉讼流程，促进了业务合规合法有效开展。

2010年，分行按照“业务发展，内控先行”的思路，继续完善风险防控机制，深入开展“业务行为规范年”活动，充分发挥“三道防线”联动作用。针对信贷业务、公司业务、中间业务以及三级权限密码管理，梳理出风险点2727个，出台控制措施4747条，促进了业务合规经营和健康发展。在呼和浩特市、包头、鄂尔多斯分行试点开展风险经理派驻，实现了网点内控监督关口前移，网点业务差错率和操作风险明显降低，对网点业务转型起到了有力的支撑作用。积极推进资产保全工作，认真开展法律事务和反洗钱工作，全面风险管理理念进一步树立，合规合法经营意识显著增强。

（四）渠道建设和信息化建设

2008年，在建设资金紧张的情况下，邮储银行内蒙古分行围绕渠道和信息化建设两大核心，努力进行服务能力建设，使邮政金融服务网络的硬件条件得到初步改善。在渠道建设方面，分行顺利完成10个新增一类网点的批筹、选址、装修、开业等工作，并大力推进支付结算终端布放，全年共布放“商易通”固定电话支付终端5700台。年内，分行积极与内蒙古银联合作，共同推进我区二级地市与发达县市银行卡用卡环境建设，并开始试点。分行积极推进营销体系建设，在呼市分行试点取得较好效果，并向全区推广。配合总行，分行完成了“95580”电话银行的上线和开通工作，使邮政银行内蒙古分行成为第一批上线分行。在信息化建设方面，按照总行的统一安排部署，配合完成了小额信贷系统、公司业务系统、统计数据集中报送系统、绿卡通工程、人力资源管理系统、农民工卡工程、电话银行系统等信息化工程建设，根据全区业务需求完成了财政厅代发惠农资金项目、财税库银系统、银联POS合作项目、VOIP内部电话系统、区行局域网改造等项目的实施。在总行开展的邮政金融计算机系统安全运行竞赛活动中，配合邮政企业保证了全网的系统安全，同时按照集团公司及银监部门要求督促落实有关科技信息系统奥运保障的安全检查、应急预案、系统演练等，确保了奥运会期间邮政金融计算机系统平稳、高效运行，并获评全国“奥运”期间安全保障工作先进单位。

2009 年，分行继续加强渠道和信息化建设，服务网络的硬件条件得到较大改善，服务能力稳步提升。分行营销体系建设初见成效。通过健全制度、完善服务规范、细化考核指标等措施，使营销体系建设在促进业务转型中发挥了应有的效用。通辽市分行代理国家开发银行建设工程贷款项目荣获总行 2009 年度“金雁奖”优秀营销项目奖，呼和浩特市分行 2 名营销经理获评总行“金雁奖”优秀客户经理称号。全年共改造网点 25 处，其中一类网点 8 处，改造面积 7800 平方米。全区新增 ATM 机 69 台、商易通 14089 台（银行 7459 台）、间联 POS 机 1003 台，促进了个人结算交易量大幅提升。同时，启动并推广了电话银行业务，深入开展了营业网点服务规范化活动。在信息化建设方面，分行加强了信息化建设和维护，圆满完成了年内各项金融信息化系统工程上线任务，完成了各类设备的集中采购。同时加强对金融信息网的安全维护，确保了系统的安全稳定运行。

2010 年，全年新建、改造、装修迁址一类网点 27 处，有效推动了网点功能从交易型向销售型转变。受理环境明显改善，全年共布放 POS 机 5282 台，结存 6249 台，占全区总量的 18.27%，全区同业排名第二，全国邮储排名第一，荣获总行和中国银联颁发的“全国最佳受理环境建设奖”。ATM 布放力度进一步加大，ATM 投入使用超过 400 台，较 2009 年增加 150 台。网上银行和自助银行建设步伐加快，电子渠道在分流柜面业务，拓展交易、销售与服务功能等方面发挥了积极作用。全区个人网上银行注册客户数达 5.4 万户，累计交易笔数达 33 万笔，交易金额 2.65 亿元。各盟市分行积极推进专业化营销体系建设，着力打造客户经理、产品经理队伍。根据客户个性化、差异化需求，加强对个人和公司产品的交叉销售，促进了传统业务、零售信贷和公司业务协调发展。通过总部营销和重点项目营销，公司业务的大项目、大客户营销取得明显成效，形成了多元化的客户结构，财政、社保、医保、烟草等重点项目存款规模达 35 亿元，占公司存款总额的 63%。通过开展明星支行、明星个人及“金雁奖”评选活动，加大“示范网点”建设力度，积极应对负面舆情和服务投诉处理，推动规范化服务活动深入开展，持续改进客户服务水平，服务质量明显提高。逐步从支撑生产向支撑经营与管理并重转变。按照总行统一安排，圆满完成了总行储蓄统版 2.0 二期、公司业务会计稽核、公司信贷、个人信审、终端加密改造、网点柜员身份认证等 20 余项金融信息化系统的上线工作。完成了财政集中支付、非税系统及代收福彩预缴款系统的开发和建设工作。平稳接管了全国中心的运维工作，加强了对现有金融信息网的安全维护力度和手段，保证了各系统安全稳定运行。

（五）制度建设

2008 年，分行坚持转型步伐，加大改革力度，提出了一系列的适应新形势新需要的规章制度。制定了《中国邮政储蓄银行内蒙古自治区分行标识规范》《中国邮政储蓄银行内蒙古自治区分行业务章戳管理办法》《邮政储蓄银行内蒙古分行经济合同管理办法（试行）》《中国邮政储蓄银行内蒙古分行网点业务分类指导本法（试行）》《中国邮政储蓄银行内蒙古分行理财经理管理制度实施细则（试行）》《内蒙古邮政储蓄公司业务对账管理办法》《内蒙古邮政储蓄公司业务营业网点岗位设置方案指导》《内蒙古邮政储蓄公司业务单位客户预留印鉴管理办法》《内蒙古邮政储蓄银行小额贷款业务操作流程实施细则》《内蒙古邮政储蓄银行小额贷款业务操作流程实施细则（试行）》《内蒙古邮政储蓄公司业务事后监督管理办法（试行）》《内蒙古邮政储蓄银行小额贷款业务防止贷款逾期及催收指南（试行）》《中国邮政储蓄银行内蒙古分行公文处理办法（试行）》《内蒙古分行会计结算工作考核办法》《中国邮政储蓄银行内蒙古分行机关公务用车管理暂行规定》《中国邮政储蓄银行内蒙古分行要岗员工轮岗及强制休假办法（试行）》《中国邮政储蓄银行内蒙古分行辖内二级支行负责人代职工作管理办法（试行）》等 99 项规章制度，涉及业务、管理、支撑、服务、建设等各个领域，初步建立起了较为全面的运行和管理制度体系。

2009 年，分行进一步加强制度建设，坚持深化改革、创新经营、服务市场的原则制定了《中国邮政储蓄银行内蒙古分行机关各部门岗位设置及岗位职责》《中国邮政储蓄银行内蒙古分行信息工作管理办法（试行）》《中国邮政储蓄银行内蒙古分行协助有权机关查询、冻结、扣划工作管理办法实施细则》《中国邮政储蓄银行内蒙古分行授权管理办法实施细则》《内蒙古邮政金融宣传工作管理暂行办法》《中国邮政储蓄银行内蒙古分行公司业务单位客户预留印鉴管理办法实施细则》《中国邮政储蓄银行内蒙古分行个人贷款贷后管理暂行办法》《中国邮政储蓄银行内蒙古分行规范化服务活动实施方案》《中国邮政储蓄银行内蒙古分行民事诉讼工作管理办法实施细则（试行）》《中国邮政储蓄银行内蒙古分行客户再投诉处理工作实施细则》《中国邮政储蓄银行内蒙古分行中间业务会计对账管理办法（试行）》《中国邮政储蓄银行内蒙古分行渠道建设工程项目管理办法（试行）》《内蒙古邮政储蓄定期存单小额质押贷款业务管理办法（2009 年 8 月）》《中国邮政储蓄银行内蒙古分行客户身份识别客户身份资料和交易记录保存管理办法》。

（六）人力资源

2008 年，全行共有员工 2300 人。2009 年，不断提高干部工作能力和技术人员的专业水平，形成了良好的工作和学习风气，全年员工参加培训 31 人次，建立了一支政治立场坚定、作风优良、精通专业技术的技术人才队伍。年底，全行共有员工 3035 人。2010 年，加强全行增员计划管理，盘活现有人力资源，把优秀人才调整充实到公司、信贷等新业务和营销一线，尽最大努力来缓解结构性缺员矛盾。人工成本管理水平不断提高，全行人均劳动生产率由 2009 年的 12.56 万元 / 人提高到 19.19 万元 / 人。同时，让职工共享银行发展的成果，不断提高员工收益和改善员工工作条件。加强岗位管理与人员配置，全面推行竞聘上岗，逐步推进全行基于岗位管理的绩效管理体系。积极贯彻落实“人才兴行”战略，实施全员素质提升培训工程。全行针对管理类、专业类、营销类和营业类等人员开展了大规模培训，全年共举办集中培训 750 期，培训约 1.8 万人次。同时，组织邮储银行从业人员参加银行从业资格考试，累计共有 1100 多人次通过考试。

第六节　邮政速递物流公司经营管理

一、经营

内蒙古自治区邮政速递物流有限公司拥有EMS邮政特快专递和CNPL中邮物流2大国内知名品牌，经营范围包括：国际、国内、同城邮政特快专递业务（EMS），以及代收货款、电子商务、收件人付费、一体化物流、中邮快货、冷链物流、医药物流、快递包裹和国际包裹等业务。

2009年，自治区邮政速递物流公司牵头与各盟市邮政局建立了协调发展机制，成立了速递物流业务发展推进小组，定期召开沟通协调会，研究制定发展政策和应对市场的措施，有效促进了专业化公司和地面局速递物流业务的共同发展。在研究制定发展政策时，坚持统筹兼顾、协调一致，保护和调动了专业化公司和地面局发展业务的积极性。全区完成速递物流业务收入25014万元，同比增长20.1%。其中速递业务全年实现业务收入15909万元，同比增长22.2%。国内异地、国际、同城速递业务增长均高于地方经济增速，新型业务成为拉动速递业务发展的新动力。电子商务速递迅速推进，全年形成业务收入483万元，市场占有率达到了39.1%。代收货款业务在呼和浩特、包头、赤峰全面启动，全年形成业务收入264万元，同比增长68%。移动积分礼品、天音手机、二代证等重点项目发展迅速，业务收入均实现翻番。医务专递、银企对账单、驾驶证、车牌照寄递、国际航空货代等项目均已取得新突破。物流业务全年实现业务收入9105万元（不含农资分销），同比增长16.7%，完成集团公司预算目标的100.6%，专业公司完成物流收入8920万元。全年成功开发了雪原羊绒、通辽药业、大牧场肉食品、烟叶等28个项目。冷链物流合作范围进一步扩大，肯德基项目由华北地区扩展到了西北地区。全年专业化公司累计实现业务收入13555万元，同比增长27.6%，高于全区平均增幅7.5个百分点，占全区速递物流业务收入（不含农资分销）的51.9%。其中：速递实现业务收入4635万元，同比增长37.3%，占全区速递业务收入的29.1%；物流实现业务收入8920万元，同比增长23.1%，占全区物流业务收入（不含农资分销）的98%。

2010年，自治区邮政速递物流公司投资3065万元直接用于能力建设。其中，用于速递投入650万元，物流投入2415万元。全区建成揽投部21个、揽投站62个、道段311条，揽投人员达到328人。新开通了呼包鄂至全国重点城市14条航空邮路，使呼包鄂地区的邮件传递时限缩短了0.5—1.5天。鄂尔多斯省际出口分拣封发正式运行。实施了“正点工程”，对邮件处理中心、转趟车和投递等重点部位进行认真的梳理，使内部处理流程得到了明显优化，在业务量迅猛增长的情况下，主要时限和质量指标有了明显提升。完成了对速递信息系统机构代码审核和修改工作；实现了网运信息系统三期工程、邮袋调拨管理系统、国际邮件地址翻译系统上线运行；初步完成了“11183”客户服务中心建设的前期准备工作。年内，全区速递物流业务累计完成业务量 33481万件，同比增长461.3%；累计实现业务收入3亿元，同比增长

8.8%。其中：速递业务完成收入18200万元，同比增长14.4%；物流业务完成收入9850万元，同比增长8.18%；国内快包业务完成收入1620万元，同比增长-28.4%；国际包裹业务完成收入330万元，增幅持平；代理速递物流业务完成收入13986万元。速递方面：国际业务收入960万元，同比增长64.7%；国内异地业务实现收入15010万元，同比增长30.3%；同城业务收入1240万元，同比增长-8.4%。物流方面：合同物流业务收入3840万元，同比增长43.82%；中邮快货业务收入970万元，同比增长44.35%。合同物流和中邮快货业务收入占比分别比上年提高10个和2.5个百分点。电子商务速递业务收入1060万元，同比增长205%，市场占有率排全国第1位；代收货款业务收入725万元，有4家客户收入超过100万元以上；天音、移动等项目平稳运行，会计凭证寄递、票据交换、积分礼品配送、驾驶证寄递等项目成功启动并见到实效。物流方面：冷链物流开通了肯德基项目北京至西安、上海至北京、西安、青岛、沈阳、广州等方向的19条线路，规模进一步扩大；合同物流相继开发了通信物料、建行档案、齐鲁制药等一批百万元以上的新项目，实现了突破性进展。全年"一体化"6个盟市实现收入17373万元。其中：速递业务实现收入7760万元，同比增长67.4%，专业收入占比较上年提高了12个百分点；物流业务实现收入9613万元，同比增长7.77%。

二、管理

（一）财务管理

2009年，自治区邮政速递物流公司建立财务预算管理流程，加大业务收入、成本支出、业务欠费、周转资金、代收货款的管控力度，使财务管理得到了完善和加强。建立健全人力资源管理制度，重点强化了劳动用工、薪酬发放、干部队伍的优化工作，使人力资源管理得到了进一步规范。制定并完善速递物流运营质量指标和运行质量监控管理体系，通过强化职能管理、调整作业计划、优化生产流程、细化流程等管理，使网络运行管理得到了进一步加强。2010年，配合总部和普华永道内控检查，出台财务报账管理办法、物资集中采购管理办法、招投标管理办法等。各项制度基本建立，运行流程得到规范，并顺利通过了股份公司的内控制度测试以合同物流损益核算为切入点，启动重点项目、重点线路和单车的损益核算工作，确立6个责任损益核算中心，制定成本预算和投资预算，控制成本费用的支出，促进了经营质量的有效提升；按照经营管理的"五条禁令"，强化协议客户资费管理，对低资费客户进行资费调整，全年提高利润近200万元。

（二）人力资源

2010年，自治区邮政速递物流公司调整充实盟市速递物流领导班子，一批优秀干部充实到了速递物流队伍中来。明确了区速递物流公司各部门和各级干部岗位职责，使工作节奏明显加快，执行力明显增强。各级领导干部按照新班子提出的"增强五种能力和加强五种作风建设"的要求，积极转变观念、提升素质、以身作则，主动深入一线，关心职工，及时解决生产经营中的各类问题。

（三）安全生产

2009年，建立健全安全生产管理制度，实行安全生产责任制管理，重点加强人员、车辆、仓储、邮件收寄处理、资金及生产作业场地的安全管理工作，全年未发生重大安全事故。2010年，出台了运营质量指标"保证金"处罚办法；通过建立健全安全生产制度和安全生产责任制，全年未发生重大安全事故。

第七节　快递企业经营管理

一、注册快递企业经营概况

民航快递内蒙古有限责任公司　经营国内快件。派送区域为呼和浩特市内玉泉区、新城区、赛罕区、回民区、金川开发区、如意开发区；远程派送区域为呼和浩特所辖土默特左旗、托克托县、和林格尔县、清水河县、武川县；包头所辖土默特右旗；乌兰察布所辖凉城县。内蒙古自治区所辖盟市包头、海拉尔、通辽、赤峰、鄂尔多斯、巴彦淖尔、乌海市、乌兰浩特、锡林郭勒、阿拉善、二连浩特的进港快件，委托当地民航货运企业投递。生产用车有1台厢式汽车，4台面包车。只有呼和浩特当地的民航快递营业点收取快件，其他地区的代办点均不收取快件。2008年实现收入146万元。2009年平均每天进港50票左右，出港10票左右，出港的包裹主要是羊绒制品，每票寄递费在400元左右，当年收入381万元。2010年收入370万元。

中铁快运呼和浩特分公司　中铁快运呼和浩特分公司担负着6个城市（呼和浩特、包头、鄂尔多斯、集宁、巴彦淖尔、乌海）的快运工作。2006年，分公司完成主营业务收入2929.61万元，同比增长20.23万元，增幅0.69%。其中，客车行李车铁路运输收入完成2289.83万元，同比增长16.03万元，增幅0.7%；快递业务收入完成638.28万元，同比减少3.62万元，降幅0.56%；保价收入完成84.8万元，同比增长5.5万元，增幅6.9%。2011年完成主营业务收入6810.77万元，其中快递业务收入完成2758.28万元。

申通快递　2003年成立后，经营国内快件和国际快件。经过几年的发展，在呼和浩特快递市场形成了一定的影响力，公司领导人于2007年在内蒙古快递协会成立大会上，作为民营快递企业的代表当选为常务理事。申通快递在内蒙古的服务配送区域是：（1）呼和浩特公司，派送范围为市区（新城区、赛罕区、回民区、玉泉区）、开发区（如意开发区、金川开发区、金桥开发区），不派送范围为机场路、部队、机密单位、党政大楼及其他县镇乡村一律不派送；（2）包头公司，派送范围为青山区（除：电话311开头）、昆都仑河区（除：张家营子）、东河区（除包铝集团）、九原区，不派送范围为其他乡镇村均不派送；（3）鄂尔多斯公司，派送范围为市区、东胜区市区，不派送范围为达拉特旗、伊金霍洛旗、乌审旗、鄂托克旗、鄂托克前旗、杭锦旗、准格尔旗；（4）赤峰公司，派送范围为红山区、松山区、新城区、东郊高新技术开发区、红山开发区、平庄镇、喀喇沁旗（即锦山镇），不派送范围为赤峰下辖6个旗（克什克腾旗、翁牛特旗、阿鲁科尔沁旗、巴林左旗、巴林右旗、敖汉旗）、2个县（林西县、宁城县）、元宝山区以及其他乡镇，（5）乌海公司，派送范围为市区、海勃湾区、蒙西工业园；不派送海南区、乌达区；（6）呼伦贝尔市公司，派送范围为市区内，不派送范围为满洲里市、牙克石市、扎兰屯市、根河市、额尔古纳市、阿荣旗、新巴尔虎右旗、鄂温克族自治旗、莫力达瓦达斡尔族自治旗、新巴尔虎左旗、鄂伦春自治旗、陈巴尔虎旗及乡镇村；（7）通辽公司，派送范围为市区、科尔沁区、河西经济技术开发区、工业开发区、奈曼旗（大沁他拉镇）；（8）乌兰浩特公司，派送范围为市区、工业开发区、经济开发区，不派送范围为阿尔山市、扎赉特旗、科尔沁右翼前旗、科尔沁右翼中旗、突泉县；（9）集宁公司，派送范围为市区、新区、平地泉开发区；（10）巴彦淖尔公司，派送范围为市区、万丰开发区、新区、铁道南先锋桥北、临五路、乌拉特前旗、乌拉特中旗磴口县、杭锦后旗（陕坝镇）、五原县，不派送范围为乡镇村。2008 年，由于金融危机影响，在经营上出现困难。2009 年 1 月 1 日，通过转让方式变更法定代表人，转让金 65 万元。新的领导人接收企业后，在组织管理上加大了力度，设置了业务部、操作部、客服部、中转部、财务部。注册资金由原来的 10 万元扩展为 300 万元。并且加强了与申通总部的沟通和联系，成为申通华北区理事会理事。在设施上也加大了投入，新增了 600 平方米的中转场地，购置了 3 台厢式货车、2 台“金杯”面包车、2 台微型面包车。营业厅也进行了装修改造，使服务环境得到较大的提升。在劳动管理上，注重人性化管理，员工的收入较以前有了一定的提高，2009 年有员工 61 人，员工队伍较以前明显稳定。公司负责鄂尔多斯、巴彦淖尔、乌兰察布、包头、乌海、锡林浩特、阿拉善的快件经转工作。快件运输，发往区外是飞机运输，发往区内是火车运输。呼伦贝尔、乌兰浩特、通辽、赤峰的快件分别由东北三省的省会所在地经传。申通总公司在时限管理上特别严格，每件快件延误 1 天罚款 200 元，所以对进港快件必须当天投递完毕，这样也就保证了寄递时限。2009 年 1—8 月公司还是亏损，经过艰苦的的努力开拓，业务得到较快发展，9 月开始持平，主要是网购，每天出港 500 票左右，进港 2000 票左右，进港每件总公司补贴 0.5 元，出港大多是土特产、羊绒制品。2009 年业务收入达到 170 万元。2010 年业务收入达到 200 多万元。包头市申通快递服务有限责任公司有员工 7 人，业务量平均每天出港 160 票左右；每天进港 1400 票，进港配送费每票 1 元。2009 年春节期间，进港的业务量突然增大，公司员工不足，适应不了业务需求，所以停止营业近一个月，进港快件委托其他快递公司代理投递，直到 3 月公司才开始营业。公司新增了 1 台 3.8 米的厢式货车，2 个面包车。2009 年业务收入达到 70 万元。2010 年业务收入达到近 100 万元。2008 年 10 月，鄂尔多斯东胜区申通快递服务部负责人生病，经营受到影响，到 2009 年 3 月一直处于停业状态，2009 年 4 月开始又逐渐恢复经营，有员工 5 人，平均每天进港 600 票左右，派送费每件补贴 1 元。网络购物占 80%左右；出港 50 票左右，起价根据地区不同分别为 10 元、12 元、15 元。2008 年业务收入 13 万元。2009 年收入 12 万元。2010 年业务收入 15 万元。

圆通速递　圆通速递的业务具体包括：同城区域当天件、国内次晨达和次日达、国际件、到付件业务、代取件业务、代收货款业务。圆通速递在内蒙古有 13 个网点，除呼和浩特为自营公司外，其余均为加盟快递企业。具体是：呼和浩特、包头、鄂尔多斯、乌海、巴彦淖尔、乌兰察布、通辽、赤峰、乌兰浩特、呼伦贝尔、满洲里、牙克石、达拉特。圆通在内蒙古的网点相互之间没有隶属关系，各网点均由华北区管理。圆通在呼和浩特设置的自营公司为“呼圆快递有限责任公司”，2006 年成立，属于加盟企业，2008 年停业，2009 年公司依然注册存在。新注册的“呼圆快递有限责任公司”为独立法人单位，2009 年 3 月 1 日成立，注册资金 3 万元。有员工 27 人，其中大专以上文化程度的 14 人，内部机构设有：业务部、综合部、财务部、客服部。在快递网络和业务发展方面归设在北京的圆通华北区管理。平均每天出港 30 多票，进港 500 多票，网购占业务量的 30%左右。企业有 1 台厢式货车，2 台面包。鄂尔多斯的圆通网点设置为“圆通快递信息服务部”。2006 年成立。2008 年 3 月将经营权转让。上海总部要求加盟费2万元，但接收的经营者只交纳了加盟费5000元。网点的业务和网络全部归华北区管理。有员工11人，2009年平均每天进港700票左右，每件派送费0.6元；每天出港100票左右，一般快件起价15元，网购快件起价10元。由于秋冬季网络购买羊绒制品的较多，所以网购量占50%左右，春夏季几乎没有网购。服务部有汽车2台。2008年收入5万多元；2009年收入11万多元。

宅急送 2002年12月10日，宅急送在内蒙古自治区域的呼和浩特成立第一家公司，以后陆续在包头、鄂尔多斯等地成立分公司，到2008年1月，全区12个盟市都建立了分公司，其中只有阿拉善是加盟企业（宅急送自称为外网），其余均为自营公司（宅急送自称为内网）。全区有10个营业所，其中呼和浩特5个营业所，仓库1040平方米；包头4个营业所，鄂尔多斯1个。全区员工140人。共有31台投递用汽车。宅急送在内蒙古地区已辐射到部分县级城市。服务项目为：门到门、当日递、次日递、隔日递、限时递等。宅急送内蒙古分公司服务主要以通信、电子、羊绒等传统行业客户为主。2008年受金融危机影响，出现亏损。全年进港快件617500件，出港快件567101件，工作单收入1461万元，亏损60万元。为节约支出，降低成本，2008年10月把乌兰浩特分公司改为外网。2009年3月又将海拉尔分公司改为外网。根据总公司的要求，2009年在发展业务的同时，特别注重了成本控制，采取了裁员、减少费用垫付等多种措施，使企业经营状况逐渐好转。2009年1—8月收入931.3万元，上半年还处在亏损状态，下半年止跌回升，2009年收入1600万元，开始盈利。在发展战略上，内蒙古宅急送根据总部的要求，把全区分为2部分。一部分是潜力型的网点，具体确定为：呼和浩特、包头、鄂尔多斯，这3个城市的经济规模总量大，地区发展活跃，业务发展潜力巨大。例如，2009年8月，内蒙古宅急送就根据业务发展需求，在鄂尔多斯召开业务扩展会议，邀请部分地方企业参加，使宅急送与地方企业的联系进一步密切，业务也得到有效发展。一部分是保障型的网点，区内其他9个盟市，经济活跃度相对低一些，缺乏带动地方经济发展的龙头产业，所以快递业发展也受到制约，由此，这些地区设置网点主要是保障网络的完整和服务功能的完善。宅急送包头市分公司，宅急送公司内部称之为“营业所”，设在包头市开发区，下设4个营业厅：萨拉旗、昆区、青山区、东河区营业厅，共有员工41人，平均每天出港90票左右，每天进港130票左右，网购20%占左右。有运递汽车1台。鄂尔多斯营业所有员工16人，其业务范围已经覆盖到伊金霍洛旗、杭锦旗、乌审旗，网络是以合作人方式运行，每个旗有一个合作人，负责收取和派送快件，在快件安全风险控制上与合作人签订协议，合作人交纳一定的保证金。平均每天出港310件左右，进港350件左右，45%为网购，派送费每件电动车0.6元、汽车2元。有运递汽车5台。

中通速递 中通速递的服务项目有国内快递、国际快递、物流配送与仓储等，提供“门到门”服务和限时（当天件，次晨达、次日达等）服务。同时，开展了电子商务配送、代收货款、签单返回、到付和代取件等增值业务。中通速递在内蒙古设置的第一家网点是呼和浩特中通物流有限责任公司，2005年4月8日成立。是独立法人的民营企业，注册资金最初为5000元，2008年追加到10万元，组织关系归总部直接管理，业务由华北区管理，加盟费3万元。2009年有员工24人，其中大专以上文化程度4人。自2007年开始，中通公司加快了网络的发展速度，到2009年，网点就增加到目前的14个，这14个网点分布在14个盟市旗县，为呼和浩特下属的二级加盟商，每个加盟商交纳加盟费3000元。这些加盟商和员工人数具体情况为：海拉尔10人，满洲里3人，通辽10人，乌兰浩特5人，赤峰10人，锡林浩特4人，乌兰察布3人，包头18人，巴彦淖尔5人，鄂尔多斯10人，乌海9人，阿拉善4人，二连4人，丰镇3人。平均每天呼和浩特出港400票左右，全区78000件左右，每件起价10－15元；出港快件运输方式为：飞机占30%，汽车占50%，火车占20%。每天呼和浩特进港600票左右，全区45000票左右，每件派送费 0.8 元。网购比例，出港约占 60%，进港约占 50%。呼和浩特负责中转二连浩特的快件，阿拉善的快件由银川经传。呼和浩特有 2 台面包车。2009 年呼和浩特新购置了 300 多平方米的集营业与快件处理为一体的商铺，为今后的发展提供了更加有力的物质保障。2008 年业务收入 220 多万元。2009 年业务收入 320 多万元。鄂尔多斯市鑫运通物流有限公司，2006 年 10 月 16 日成立，注册资金 10 万元，以货运为主，兼做中通快递业务，每天出港 60 票左右，起价 12—13 元；每天进港 200 票左右，派送费 0.5—1 元。当地邮政企业快递价格下降以后，对公司出港的网购快件影响较大，主要是羊绒衫快件寄递，业务下降约 60%。公司有运递汽车 2 台。2008 年收入 6 万元。2009 年收入 7 万多元，

韵达公司　2007 年，呼和浩特韵达快递服务有限公司注册资金 3 万元，经营国内快件。公司经过 2 年的运行，原经营者鉴于市场竞争的激烈和自身经营的困难，于 2009 年转让了经营权，转让费 6 万元，2009 年有员工 20 人，大学以上文化程度有 6 人。内部机构设有客服部、财务部、操作部、业务部，有 4 台运递快件汽车。每天进港、出港各 300 票左右。电子网络购物占 70%左右，每票平均 7.3 元。包裹类快件占 95%。韵达在内蒙古的网络服务范围只限于 9 个城市市区，如：呼和浩特韵达只派送市区内，不派送的地区是：金川开发区，金山开发区，蒙牛盛乐园经济园区，110 国道 528 公里以外地区；裕隆园区，呼托旧公路，呼青公路二环路以外；机场周边地区，洪盛高科技园区；金桥开发区大桥以南地区，炼油厂，化肥厂，金桥热电厂，以及周边乡镇。乌海市只派送海勃湾区。巴彦淖尔市只派送临河区。赤峰市只派送红山区、松山区、新城区。

全一快递　在内蒙古有 2 家加盟公司。其一是包头市全一物流有限公司，公司为民营企业。2005 年 3 月成立，注册资金 50 万元。分公司有员工 11 人，大专以上 4 人。分公司设有财务部、内务部、外务部。经营范围是国内快件业务，兼做货运。作为加盟企业直接归上海总部管理，加盟费每年 4200 元，一次性保证金 5 万元，每月管理费 1100 元，咨询费 160 元。主要做国内快件，业务大约占 80%，兼做货运业务占 20%。2009 年 3 月 20 日，上海总部通知全一与中外运 E 速的快递业务合并。随后中外运 E 速把快递业务的客户移交给全一公司，包括中外运 E 速部分员工也随之来到全一。每天出港 70 票左右，网购约占 10%。全一快递的价格比其他民营快递公司价格高一些，公司认为，北方不能搞薄利多销，成本高，南方可以搞，量大能摊薄成本，全一快递每票起价 16 元，业务员自己揽收的业务每件提成 2 元，激励业务员开发市场。每天进港 60 票左右，网购约占 20%，业务员按照快件重量和距离提取进港派送费每件 1—2 元。2008 年快递营业额 80 余万元。2009 年 1—9 月业务有所下降，10 月回升，年底达到 80 余万元。2010 年业务收入 1067950 元。员工队伍比较稳定，公司与员工协商没有上保险，但工资较高，员工基本认可这种薪酬方式，最低 1200 多元，高的拿到 3000 多元。公司有面包车 1 台，厢式货车 2 台。包头市全一物流有限公司在呼和浩特设置了分公司，2005 年 9 月 7 日成立。公司有员工 15 人，大专文化程度以上 6 人，公司设有财务部、办公室。公司有面包车 3 台。分公司 2008 年业务收入 60 多万元，2009 年业务收入近 70 万元，2010 年业务收入 96.27 万元。每天出港 130—140 票，主要是服装、电路板、地方土特产等；每天进港 100 票左右，文件类 30%左右，物品 70%。其二是鄂尔多斯东胜区如风快递有限责任公司，2007 年成立，注册资金 30 万元，公司以物流为主，兼做快递，经营全一品牌快递业务。2010 年，公司有员工 13 人。公司有厢式汽车 2 台。每天出港 50 票左右，起价 16 元，主要是内蒙古的土特产和羊绒制品，网购占 10%，每天进港 30 票左右。2008 年业务收入 20 余万元，其中快递收入约 10 万元。2009 年业务收入 50 多万元，其中快递收入 20 余万元。公司在运递时，货物与快件混装，直接运输地点有康巴什、伊旗、上湾，还有陕西神木的大六塔。全一总部时限管理严格，每件延误一天罚

款300元，所以公司不能丝毫疏忽，必须快速运递。

天天快递 天天快递的服务项目有国内快递、同城快递、国际快递、代收货款、货物运输保险和电子商务配送（天天快递快e发）业务。快件主要以小件包裹为主。天天快递在内蒙古的网点有8家，具体是：海拉尔天天、包头天天、通辽天天、鄂尔多斯天天、呼和浩特天天、乌海天天、赤峰天天、巴彦淖尔天天。天天快递在内蒙古设立的第一家网点是包头天天快递，2004年成立，属于加盟企业。同年，在呼和浩特设立网点，为包头天天快递驻呼和浩特办事处。2009年4月16日，天天快递呼和浩特办事处由于经营困难转让经营权，继任经营者以3万元转让费取得天天快递在呼和浩特的经营权，并将办事处改为呼和浩特天天快递，注册资金3万元。有员工9人，设有：客服部、业务部、操作部、财务部4个部。经营国内快件。归华北区管辖。有1台面包车。自接收以后，5月开始经营，每天出港30票左右，网购占25%左右，主要是衣服、配件、土特产。每月出港收入5000元左右。每天进港180票左右，进港每件补贴0.5元。开业初期，总部给予一定数额补贴，每月补贴2000元，但每月支出需要1万多元左右，经营处在亏损阶段。呼和浩特天天快递又下设了2个办事处，即：呼和浩特市驻鄂尔多斯办事处和呼和浩特市驻乌海办事处。鄂尔多斯办事处有员工4人，这4人全部是2008年毕业的大学生。在当地注册名称为“天天快递服务部”，注册资金2万元。每天出港15—20票，起价15元；每天进港50—60票，派送费0.5元，网购占80%左右，投递工具是每人一台电动车。当年收入近3万元。乌海有员工3人，每月出港120票左右，进港1000票左右。由于经营困难，包头和巴彦淖尔的天天快递于2009年10月1日正式停业。

北京乐畅快递有限公司 北京乐畅快递有限责任公司在内蒙古设置盟市网点12个，设置旗县网点13个。其中分公司有3个，属于自营网点（内网），即：呼和浩特分公司、包头分公司（3人），鄂尔多斯分公司（2人）。其余有8个盟市是加盟公司，即：包头、海拉尔、通辽、锡林浩特、赤峰、巴彦淖尔、乌兰察布、乌兰浩特、乌海。加盟公司全部由呼和浩特分公司管理。有5个盟市公司已经在旗县设置了网点，他们负责管理本地区的旗县网点。旗县网点都是只有1名业务员，具体如下：呼和浩特—和林；包头—土右旗；海拉尔—满洲里、扎兰屯、牙克石、根河市；通辽—扎鲁特、科右中；锡林浩特—二连、西乌、东乌、正蓝旗、镶黄旗。另外，乌海公司负责管理阿拉善网点。北京乐畅快递设在内蒙古的第一家网点是呼和浩特的分公司，于2009年3月成立。经营国内快件。有员工11人，大专以上7人；呼和浩特每天出港50票左右，起价自治区内东部区12元，西部区10元，华北区12元，其他地区16元，续每公斤4元。每天进港20票左右，配送费每件4元。10公斤以上，每公斤加0.4元。快件主要是服装、羊绒、纱线、电子产品、电脑、打印机、宣传资料等，网购和文件很少。快件的运输方式，火车占50%左右，飞机占10%左右，与其他单位拼车占40%左右。公司在快件安全风险控制方面采取交风险抵押金的方式，旗县网点的业务员根据业务量的预计，交纳2000—5000元的风险抵押金。员工工资：盟市员工工资2000左右，旗县派送人员工资100—500元。2009年收入近60多万元。

希伊艾斯快递有限公司 内蒙古境内，希伊艾斯快递有限公司在呼和浩特、包头、鄂尔多斯、赤峰、通辽、乌兰浩特、临河、集宁、乌海、锡林浩特设有网点。呼和浩特新城区希伊艾斯快递服务部2007年1月成立。2009年有员工7人，大专以上1人。加盟费1.5万元。由华北区（北京）管理。每天出港30票左右，起价15元；每天进港80票左右，每票补贴派送费1.5元，中转补贴5元。有运递面包车1台。快件几乎没有网购，文件类占5%左右。2008年收入20多万元。2009年经营状况比2008好，收入30多万元。

北京急脚递　呼和浩特广友快递有限责任公司。2007 年 11 月 8 日成立，加盟北京急脚递公司，加盟费 5.3 万元。经营国内快件。2009 年公司有员工 5 人，有 1 台运递面包车。经营者认为急脚递公司网络先天不足，所以业务量一直发展不起来，而且越来越萎缩。为了公司的生存，经营者不断咨询寻找有发展潜力的可以加盟的快递公司，2009 年 8 月以来，除了做急脚递公司的业务外，与呼和浩特韵达公司达成合作意向，开始试行代理韵达快递业务，暂为韵达的网点（内部称“点部”），向呼和浩特韵达公司交纳保证金 3000 元。平均每天出港 10 票，起价 10 元，网购起价 7—8 元。每天进港 10 票。2008 年收入不足 1 万元。2009 年 1—7 月收入 1 万多元，8 月以后，经营状况有所好转，年底达到 2 万元。

一统、鑫飞鸿　呼和浩特回民区传志快运服务部，2002 年成立，属于民营个体经营者。开始加盟“一统”公司，加盟费 5000 元；2007 年“一统”被鑫飞鸿收购。每天出港 20 票左右，每件起价：到北京 10 元，每增加 500 克以上加价 3 元；其他地方 12 元，每增加 500 克以上加价 5 元；每天进港 10 票左右，投递免费，中转 2 元左右（按重量加价）。2008 年传志快运服务部业务收入 4 万多元，2009 年以来，业务急剧萎缩，1—9 月只收入了 1 万元，年底经营者停业转行。

鑫飞鸿　呼和浩特鑫飞鸿快递服务部，2007 年 9 月成立，民营加盟企业，一次性加盟费 1 万元，系统使用费每月 100 元。2008 年 7 月 30 日经营权转让给新的继任者。鑫飞鸿总部在深圳，呼和浩特鑫飞鸿由华北区（设在北京）管理，经营国内快件。平均每天出港 60 票左右，收件起价 12 元；每天进港 100 票左右，每票派送费补贴 1.5 元；10 公斤以上，每超 1 公斤再加 0.3 元。快件中文件类占 25%左右，物品为服装、建材配件。鑫飞鸿不做网购业务，网购价格太低，鑫飞鸿的成本支撑不了网购业务。呼和浩特鑫飞鸿主要是汽车快运，由鑫飞鸿、天天快递等几家快递和物流企业拼车跑北京，每天一班，拉运快件。2008 年、2009 年业务收入均为 10 多万元。

DDS、北京飞豹　2006 年 5 月 15 日，呼和浩特顺一通物流服务部成立，属于民营个体加盟企业。代理 2 个品牌的快递业务。一是总部设在上海的 DDS 当大速递有限公司，二是总部设在北京的中铁物流集团北京飞豹快递有限公司。2009 年有员工 10 人 ，设有业务部、客服部、财务部。企业有 2 台面包、1 台厢式货车。经营者称：企业的快递业务比较稳定，每天进港 100 票左右，派送费 1 件 2 元以上；出港 30 票左右，主要是包裹、货物，包裹较大，最大的出港快件 1.9 吨，有多晶硅、机电设备等。经营者认为网络的优势就是运递基本是空运，速度快，所以客户比较稳定、认可。2008 年收入 40 多万元 。2009 年 1—9 月 30 多万元。呼和浩特顺一通物流服务部负责管辖 7 个加盟网点，这 7 个加盟网点有做物流业务的，也有做快递业务的。具体是：巴彦淖尔临河吉瑞通物流、鄂尔多斯东胜吉瑞通物流、二连吉瑞通物流、包头鹿邦公司、锡林浩特鑫飞鸿快递。海拉尔吉瑞通物流、赤峰吉瑞通物流。上述企业的年收入大约是 20 万元。

汇通快运　2007 年 5 月，呼和浩特汇通快递公司成立，2009 年 4 月 20 日停业，经营者称，主要原因为内蒙古的快件出港少，进港多；公司初期给予支持少；员工素质与服务对象不适应等原因，

联邦快递（FedEX）　联邦快递（中国）有限公司呼和浩特分公司，原为大田公司呼和浩特分公司，2007 年 3 月被联邦快递（中国）有限公司收购。经营国内和国际快件。按联邦快递公司生产组织环节的设置，属于支持性站点，即快件收取和投递直接由联邦快递（中国）有限公司总部的客服中心、调度中心电话或传真指挥，负责收取、投递快件，收取货款或催交货款。在管理层次上归联邦快递华北区管辖，华北区管理机构设在北京，下属有天津、河北等地区，呼和浩特分公司归天津管理。2009 年呼和浩特分公司有员工 4 人，厢式汽车 2 台。其服务范围只限于呼和浩特市区，快件基本是国际包裹，每天出港 20

票，进港 70—80 票，2009 年业务收入约 100 万元。包头鼎立通国际货物运输代理有限公司与包头市鹿邦全通联运有限责任公司属于一套人马两块牌子。主要经营国际货运，代理联邦快递业务。每天出港 50 票左右，起价按 9 个国际区域计价。每天进港 30 票左右，配送费每票 37 元，10 公斤以上再加价。2008 年公司收入 300 余万元，其中快递收入 150 余万元。2009 年 1—9 月收入 100 余万元，快递收入 50 余万元。快递包裹主要是羊绒、稀土、电子产品等物品。公司有 6 台厢式货车。公司着装统一，有员工号牌，员工的每一个工作程序，都要记录员工号牌，以便于分清责任。公司在业务上完全接受联邦快递的领导，并且按照联邦快递的管理模式，分别以管理功能接受 3 个地区的领导：代理联邦快递业务的财务管理部门在北京；负责业务操作流程管理的部门在唐山；负责销售管理的部门在西安。如：负责销售管理的部门要对业务员进行培训，带领业务员与客户见面，并把与客户见面作为业务员的实际操作作业进行考核。目前有员工 30 人，其中大专以上文化程度的 18 人。总部的人力资源部门不定期分层次对经理培训，对员工培训，总部每个月都要进行一次考核。员工的工作流程必须规范化，包括搬运货物的姿势，都要求标准化。公司在鄂尔多斯设有分公司，有员工 5 人，每天出港 3—5 票。在呼和浩特设置的分公司由于业务量少，难以维持，2009 年 9 月停业。

美国联合包裹公司（UPS）（简称联合包裹）　联合包裹 UPS 在内蒙古的业务延伸，主要是通过代理公司经营货运和快递业务。在内蒙古为 UPS 做代理业务的有 3 家快递企业。其一是中外运空运发展股份公司内蒙古分公司，成立于 2000 年，目前有员工 20 人，有 1 名具有物流师职称的管理人员。内部设有综合部、业务部。公司经营业务为国际、国内、港澳台货运和快递业务，以货运为主，兼做快递。经营模式为：企业自身经营发往中国台湾、香港地区的货物和快件。同时代理日本 OCS、荷兰 TNT、美国 UPS 的货运和快递业务。2008 年货运收入 1000 多万元，快递收入 170 多万元。由于受金融危机影响，业务有所下降，2009 年快递收入 120 万元 。在快递业务中，信件类占 10%，包裹占 90%，有 4 台投递用厢式汽车。其二是呼和浩特市君立国际货运代理有限公司。公司属于民营货运代理企业，2007 年 4 月成立，注册资金为 200 万元，员工 16 人，其中大专文化以上 6 人。经营国际快件，为服务承包商，代理 UPS 在呼和浩特的国际快递业务，交 UPS 在中国的总部 5 万元押金。同时代理日本的佐川急便。由呼和浩特发往世界各地的快件，在 48—72 小时到达；由呼和浩特发往日本的快件 48 小时到达。公司同时经营国内空运货运。其国内空运和国际快递代理业务收入各占 50%。快递收入 2008 年 160 万元，2009 年 210 万元。每天出港 20 票左右，发往世界各地的快件分为 9 个区域，最高每 0.5 公斤 625 元，最低 167 元。每天进港 5—10 票，进港每票服务费 50 元。公司有厢式运递车辆 4 台，计算机 8 台，扫描仪 1 台。其三是包头中天快运有限公司，2002 年 12 月成立。注册资金 150 万元。以货运及报关业务为主，同时代理 UPS 快递，经营国际快递业务。2009 年有员工 6 人。公司平均每天进、出港各在 3—4 票。2008 年全部收入 80 多万元，其中快递收入占 30%左右；2009 年由于金融危机影响，外贸出口下降，直接冲击快递业务，1—9 月全部收入近 60 万元，快递收入不到 20 万元。经营者称：2006 年，曾经在鄂尔多斯设置网点，后由于竞争太激烈，价格压得太低，在 2007 年把网点撤掉，只是派送快件，不再揽收快件。

中外运敦豪公司（DHL）　内蒙古有 2 家中外运敦豪的分公司。其一是中外运敦豪呼和浩特分公司，2003 年成立，由西北区（西安）管辖。业务主要依托外贸厂商，办理国际快递业务，客户比较稳定。公司有员工 8 人，全部为大学以上学历。企业注重员工培训，管理比较人性化，员工收入高于其他快递企业，员工队伍比较稳定。分公司设有作业部、销售部、财务部。有 3 台厢式汽车。其二是中外运敦豪包头分公司，有员工 4 人，有厢式汽车 2 台。中外运敦豪公司实行全网核算，2008 年 2 家分公司的营业额合计约 400 多万元；2009 年 1—9 月比上年同期下降 20%左右；从 10 月开始，市场逐渐回暖，当年收入达到与 2008 年持平。据当地人说，有的个人与鄂尔多斯某些羊绒制品商联系密切，所以能够揽收到快件，但并未从内蒙古出港，而是从西安出港。这在某种程度上反映了竞争的激烈情况。

中外运天地快件有限公司（TNT）　TNT 在内蒙古有 3 家代理公司。其一是中外运空运发展股份公司内蒙古分公司，如前所述，这家公司代理 3 个外资快递企业的业务，即：代理日本 OCS、美国 UPS 与荷兰 TNT 的快递业务。其二是呼和浩特长胜联运有限责任公司。这家公司 2006 年 5 月成立，以货运为主，兼做国际快递业务代理。独立法人，注册资金 30 万元。有员工 3 人。公司同时代理日本佐川急便和荷兰 TNT 的业务。货运和快件全部为出港，每月 100 多票，主要是羊绒制品和多晶硅等物品。公司不代理进港派送业务。2008 年收入 10 多万元；受金融危机影响，自治区对外贸易减少，国际货运和快递业务明显下滑，2009 年收入 5.4 万元，支出 8.5 万元，亏损 3.1 万元。其三是内蒙古德美多式联运有限责任公司，公司 1995 年成立，注册资金 660 万元，现有员工 112 人，公司注册总部在呼和浩特，而实际工作在包头，因为业务主要在包头，所以在包头设置了分公司。由于货运业务需要，公司在北京、天津均设置了分公司。公司主业做货运，主要客户是北方重工、北方奔驰、包头铝业、希望铝业。公司通过中运、中海的商船运输货物，仅铁路货物运输费每年就要支出 1 个多亿人民币。公司兼做国际快递业务，代理 TNT，业务量不大，2008—2009 年年均收入约 20 万元。

顺丰速运　2007 年 7 月 9 日，顺丰速运在呼和浩特设置分公司。顺丰速运公司管理结构为：广州顺丰速运有限公司总部—大区总部—地区总部—分部—点部，呼和浩特分公司属于分部，归华北大区总部下属的河北地区总部管辖。分公司目前有员工 51 人，内部设有综合部、业务部。经营国内、港澳台快递业务，平均每天 130 票左右，信件类占 60%左右、包裹类占 40%左右。2009 年，分公司在呼和浩特设置了 3 个网点，即公司内部称之为“点部”，其功能是按区域集中快件处理的场所，负责快件的揽收和投递，没有营业功能，投递员在点部领取整理快件，然后由此出发投递快件。分公司还有一个中转场，功能为内部作业，分拣封发处理快件。分公司 2008 年收入为 70 万元，2009 年收入 60 万元。公司有 4 台投递用汽车。

嘉里大通物流有限公司呼和浩特分公司　属于大陆与香港合资企业，总部在香港，总公司在北京。呼和浩特分公司归华北区管理，1996 年成立，以货运为主，兼做快递。2008—2009 年，每天进港快件约 30 票，出港 30 票，快件主要是返修电子产品、手机等物品。2008 年公司总收入 200 多万元，2009 年公司总收入约 260 万元，其中快递收入约占总收入的 25%。公司有员工 15 人，其中 6 人做站点工作。嘉里大通物流有限公司在包头、满洲里也设有机构，包头归华北区管辖，满洲里归东北区管辖，主要做国内货运和快递业务。

二、纳入统计的快递企业经营状况

2008 年，内蒙古自治区邮政管理局对自治区内规模以上快递企业（不包括邮政速递）业务发展情况进行统计。当年，纳入统计的规模以上快递企业有民航快递等 10 家，业务量 1061 万件，业务收入 2.78 亿元。

2008年纳入统计的规模以上快递企业名单表

表2-128

所属品牌	机构名称
民航快递	民航快递有限责任公司内蒙古分公司
宅急送	北京宅急送快运股份有限公司呼和浩特分公司
顺丰速运	广州顺丰速运有限公司呼和浩特分公司
申通快递	内蒙古伊健申通电子商务有限责任公司
申通快递	包头市申通快递服务有限责任公司
申通快递	通辽申通物流快运代理有限责任公司
天天快	包头市华儒鑫业快递服务有限公司
FedEx Express	联邦快递（中国）有限公司呼和浩特分公司
北京中外运	联邦快递（中国）有限公司呼和浩特分公司
单一公司	内蒙古德美多式联运有限责任公司

2008年规模以上快递企业发展情况表

表2-129

指标	单位	2008年累计	12月当月	占全部比例（%）	
				累计	当月
快递业务量	万件	1061.48	102.35	100.00	100.00
同城	万件	142.42	15.20	13.42	14.85
异地	万件	910.06	86.53	85.74	84.54
国际及港澳台	万件	9.00	0.62	0.85	0.61
快递业务收入	亿元	2.78	0.27	100.00	100.00
同城	亿元	0.13	0.01	4.63	3.48
异地	亿元	2.30	0.22	82.93	82.06
国际及港澳台	亿元	0.11	0.01	4.06	3.99
其他	亿元	0. 23	0.03	8.37	10.48

2009年，纳入统计的规模以上快递企业增加至17家，业务量达到1196.43万件，业务收入达到3.35亿元、同比增长20.50%。

2009年纳入统计的规模以上快递企业名单

表2-130

所属品牌	机构名称
民航快递	民航快递有限责任公司内蒙古分公司
DHL Express	中外运—敦豪国际航空快件有限公司内蒙古自治区分公司
宅急送	北京宅急送快运股份有限公司呼和浩特分公司
顺丰速运	广州顺丰速运有限公司呼和浩特分公司
申通快递	内蒙古伊健申通电子商务有限责任公司
申通快递	包头市申通快递服务有限责任公司
申通快递	通辽申通物流快运代理有限责任公司
圆通速递	呼和浩特市呼圆快递有限责任公司

续表 2-130

所属品牌	机构名称
汇通快运	呼和浩特市君立国际货运代理有限责任公司
天天快	包头市华儒鑫业快递服务有限公司
北京中外运	北京中外运速递有限公司呼和浩特分公司
嘉里大通	嘉里大通物流有限公司内蒙古分公司
嘉里大通	嘉里大通物流有限公司包头分公司
嘉里大通	嘉里大通物流有限公司满洲里分公司
中外运空运发展	中外运空运发展股份有限公司内蒙古分公司
单一公司	内蒙古德美多式联运有限责任公司
FedEx Express	联邦快递（中国）有限公司呼和浩特分公司

2009 年规模以上快递企业发展情况表

表 2-131

指标	单位	2009 年	12 月	比上年同期增长（%）		占全部比例（%）	
		累计	当月	累计	当月	累计	当月
快递业务量	万件	1196.43	120.80	12.71	18.03	100.00	100.00
同城	万件	136.41	12.61	-4.22	-17.00	11.40	10.44
异地	万件	1050.74	107.28	15.46	23.99	87.82	88.82
国际及港澳台	万件	9.28	0.90	3.17	43.86	0.78	0.74
快递业务收入	亿元	3.35	0.27	20.61	-0.37	100.00	100.00
同城	亿元	0.17	0.01	32.92	-33.48	5.10	2.32
异地	亿元	2.78	0.26	20.50	18.06	82.86	97.23
国际及港澳台	亿元	0.15	0.02	36.51	51.07	4.60	6.05
其他	亿元	0.25	-0.02	7.15	-153.28	7.44	-5.60

2010 年，纳入统计的规模以上快递企业增加至 27 家，快递业务总量为 1432.11 万件，实现收入 3.73 亿元、同比增长 11.3%。

2010 年纳入统计的规模以上快递企业名单

表 2-132

所属品牌	机构名称
民航快递	民航快递有限责任公司内蒙古分公司
DHL Express	中外运敦豪国际航空快件有限公司内蒙古自治区分公司
宅急送	北京宅急送快运股份有限公司呼和浩特分公司
顺丰速运	广州顺丰速运有限公司呼和浩特分公司
顺丰速运	北京顺丰速运有限公司包头分公司
申通快递	内蒙古一函申通科技有限公司
申通快递	包头市申通快递服务有限责任公司
中通速递	呼和浩特市中通物流有限责任公司
中通速递	赤峰市中通速递服务有限公司
圆通速递	呼和浩特市呼圆快递有限责任公司

续表 2-132

所属品牌	机构名称
圆通速递	鄂尔多斯市东胜区众合圆通速递有限公司
韵达快运	呼和浩特市韵达快递服务有限责任公司
天天快	呼和浩特市天天快递有限责任公司
全一快递	包头市全一物流有限公司
FedEx Express	联邦快递（中国）有限公司呼和浩特分公司
UPS	包头市中天国际货运代理有限公司
嘉里大通	嘉里大通物流有限公司内蒙古分公司
嘉里大通	嘉里大通物流有限公司包头分公司
嘉里大通	嘉里大通物流有限公司满洲里分公司
中外运空运发展	中外运空运发展股份有限公司内蒙古分公
CCES	呼和浩特市新城区希伊艾斯快递服务有限
单一公司	呼和浩特君立国际货运代理有限责任公司
单一公司	呼和浩特市速通快递有限责任公司（鑫飞鸿）
单一公司	内蒙古德美多式联运有限责任公司
单一公司	内蒙古百富东方快运服务有限责任公司
单一公司	北京乐畅快递有限公司呼和浩特分公司
单一公司	包头鼎力通国际货物代理有限责任公司

2010 年规模以上快递企业发展情况表

表 2-133

指标	单位	2010 年	12 月	比上年同期增长（%）		占全部比例（%）	
		累计	当月	累计	当月	累计	当月
快递业务量	万件	1432.11	167.12	19.70	38.35	100.00	100.00
同城	万件	123.55	8.43	-9.43	-33.17	8.63	5.04
异地	万件	1296.99	157.43	23.44	46.74	90.57	94.20
国际及港澳台	万件	11.57	1.26	24.64	40.75	0.81	0.76
快递业务收入	亿元	3.73	0.42	11.30	55.32	100.00	100.00
同城	亿元	0.15	0.00	-10.84	-21.72	4.09	1.17
异地	亿元	3.16	0.35	13.87	31.09	84.77	82.07
国际及港澳台	亿元	0.21	0.03	38.61	66.38	5.72	6.48
其他	亿元	0.20	0.04	-18.93	-385.22	5.42	10.29

第三章

监督管理

第一节 邮政行业管理

1995年3月，全区邮政通信行业管理工作正式纳入自治区邮电管理局通信行业管理处。年内，在技术监督、工商行政管理部门的配合下，主动开展邮政通信行业管理工作。一是继续贯彻《内蒙古自治区信封生产监制管理办法实施细则》，抓好信封国家标准的推行工作。严格执行审批程序，按规定标准审查考核，把好审批关。全区印刷企业批准生产信封的81家，其信封生产能力基本能满足全区信封使用需求。开展监督检查工作，共查处假冒证号生产信封企业4个，超审批生产规格生产信封企业5个，销售非标准信封网点19个，查封非标准信封近2万枚，对信封生产存在严重质量问题的15家企业责令进行整改。通过上述工作，全区标准信封使用率达到90%以上，为邮政机械化、自动化打下良好基础。二是制定了全区《邮电日戳、夹钳、各类通信业务印章刻制和使用管理补充规定》，明确了刻制管理部门和权限，明确了邮政、电信两大专业对所属机构的使用管理职责，同时进行了日戳更换准备工作。三是对全区速递市场、集邮市场开展了摸底调查工作。初步查明非邮政部门开办速递业务主要集中在呼和浩特、包头2市，其中呼和浩特市8家、包头3家，均存在办理信函和具有信函性质物品寄递业务的违法行为。为此，根据邮电部的规定，同自治区工商、安全、保密等部门联合下发了《关于制止非法办理信函和具有信函性质物品速递业务的通知》，转发了邮电部《关于认真贯彻〈中华人民共和国邮政法〉有关邮政企业专营业务规定进一步整顿邮政通信市场秩序的通知》和《信件和其他具有信件性质的物品具体内容的规定的通知》，并对依法整顿全区速递市场提出了具体要求。初步查清全区集邮市场情况，非邮政部门及个人从事集邮票品销售活动主要集中在邮政开办的集邮门市部门前，以无证、散摊、流动的形式进行销售、交换活动。除满洲里、海拉尔集贸市场销售进口集邮品，巴彦淖尔盟有一工商户申请开办集邮门市部外，全区集邮市场基本处于无序状态。四是为进一步加强邮政行业管理工作，政务处起草了《自治区邮政行业监督检查办法（试行）》《邮政用品用具监制管理办法》《内蒙古自治区邮票和集邮品管理办法（试行）》。

1996年，根据自治区人民政府要求，自治区通信行业管理办公室在各盟市派驻了“特派员”，派驻各盟市的通信行业管理特派员29人。并在邮电部和自治区人民政府支持下召开了首次全区通信行业管理工作会议，培训了干部，明确了工作职责。按照邮电部要求，结合自治区实际情况，就速递和集邮市场管理、信封的生产监制等陆续出台管理制度，明确信封用户办理信函业务时须一律使用国家标准信封交寄，未经自治区技术监督部门检测和自治区通信行业管理部门监制生产的信封不能使用。批准87个单位取得信封生产资格。年内，获准生产标准信封的厂家有内蒙古邮电印刷厂、内蒙古统计局印刷厂等15个企业；第四批取得“信封生产监制证书”的厂家有呼和浩特市玉泉区红光印刷厂、内蒙古阿鲁科尔沁旗天山印刷厂等29个企业。自治区产品质量监督检验所对取得信封生产监制证的66家印刷企业的72个批次信封产品进行了抽检。

1997年1月30日，呼和浩特市邮政局举办由呼和浩特市地区16家信封监制企业厂长、经理参加的培训班，自治区通信行业管理办公室、自治区产品质量检验所的领导在培训班上，就信封生产企业如何执行好国家信封标准，生产符合国家标准的信封以及信封产品质量要求做了讲解。还就第一个信封生产监制期内执行国家信封标准情况做了通报。年内，自治区邮电管理局通信行业管理处对全区信封生产、销售、使用环节进行了检查，全区信封生产批次合格率比上年提高了32个百分点。年内，完成信封生产企业复审换证工作，对第一个监制期取得生产资格的80多家印刷企业进行了严格的审查，批准68家印刷企业在第二个监制期生产标准信封。完成全区邮电日戳新（地名）旧（编码）更换工作。在自治区法制局的统一安排下，全区通信行业管理干部分3批参加了行政执法培训，并顺利通过考试，提高了依法行政的水平。

1998年3月13日，自治区邮电管理局印发《关于加强邮政用品用具标准化工作的通知》。4月，全区通信行业管理部门对本地区邮政信封的生产、销售情况进行检查。6月7日，自治区邮电管理局发出《关于对违法经营邮资凭证开展检查工作的通知》，全区通信行业管理部门对本地区邮资凭证销售情况进行检查。巴彦淖尔盟邮电局会同工商行政管理和公安部门查处了临河地区14个商店经营普通邮票的违法行为，现场查获4600枚，其票源来自石家庄。

1999年4月，内蒙古自治区邮电管理局、自治区邮政局联合报备内蒙古人民政府，对邮政行业管理行政职能和行政执法主体进行变更，内蒙古自治区邮电管理局将邮政行政管理职能移交内蒙古自治区邮政局，自治区邮政局根据国家邮政局的授权同日起行使辖区内邮政行政管理的政府职能。全区盟市邮政局组建了行业管理工作机构。5月，全区有30人领取了内蒙古政府法制办核发的行政执法证。年内，呼和浩特市邮政局对全市45个邮票代售点和20个集邮品经营点进行全面审查，对邮票代售合同书和邮票经营许可证统一进行更换。赤峰市邮政局对全市88家个体工商户非法经营邮票行为进行查处。6月，全区集中开展速递市场调查，对全区经营速递（快运、快递）业务的企业、其他组织和个人进行了逐一调查。调查结果显示：全区经营速递业务的企业除邮政EMS外，尚有6家，主营地集中在呼和浩特和包头两市。这些公司不同程度上存在违法经营行为，如不进行工商登记、偷税漏税、违法利用其他运递渠道、冒用邮政名义、盗用邮政EMS特快封套和单式揽收业务、违法经营信件和具有信件性质的物品，对违法经营者按有关规定进行了处罚。

2000年初，自治区邮政局统一全区行政执法文书格式和执法程序。执行国家邮政局和国家工商行政管理局联合颁布的《集邮市场管理办法》及《仿印邮票图案管理办法》。3月，自治区邮政局查处了巴彦淖尔盟乌拉特前旗邮政局强行收取录取通知书专送费问题和伊克昭盟集邮公司擅自发行民族大团结版票仿印件的问题。呼和浩特市邮政局会同呼和浩特市国家安全局，查处申通公司违法经营速递业务，取缔该非法经营组织，并处以罚款1000元。5月，全区进行标准信封的复审换证工作，受理申请复审换证厂家69个，经审查确认51家有信封生产资格，核发了信封生产监制许可证。8月，自治区邮政局联合自治区人民政府法制办公室举办第二期行政执法人员培训班，全区邮政参加培训的81人领取了内蒙古自治区人民政府核发的行政执法证。

2001年3月10日，自治区邮政局印发《内蒙古自治区邮政行业管理工作规定（试行）》，明确了邮政行业管理的机构设置、职责和任务、人员编制、待遇、工作条件等。同时，部分盟市邮政局根据各自的实际情况制定相应的管理办法。5月28日，自治区邮政局、工商行政管理局、公安厅、安全厅及保密局5个单位联合发布《清理整顿寄递市场联合通告》。明确经营寄递业务的企业和个人，必须履行有关批准登记手续合法经营；信件类寄递业务由邮政企业专营；国家邮政主管部门对信件类具体规定内容。内蒙古邮政局先后2次派人分赴区内东、西部开展行业管理检查，检查采取明察暗访的形式，重点走访了集邮市场、出售普通邮票和信封的文化用品商店及信封生产厂家。同时，各盟市邮政行业管理人员以维护邮政专营权为重点，采取独立检查和联合执法相结合的方式，积极开展市场执法检查。其中，呼和浩特市邮政局先后查处了大中专院校学生违法使用邮资凭证、非标准信封、违规出售普通邮票问题，规范了集邮品交易市场。包头市邮政局会同包头市工商局和包头市安全局查获“一马当先”“全通速递公司”“跑速递公司”等3家违法经营信件业务的速递公司。乌海市邮政局查处“乌海市创通科贸有限责任公司浪潮快运部”非法经营信件寄递业务的违法行为。截至年底，全区共执法检查3310人次，检查3603处，发现问题481起，下达行政处罚或整改通知262次，罚款金额20430元，暂扣通信性质违规物品16万余件。6月，内蒙古邮政行业管理办公室成立，由自治区邮政局和自治区政府办公厅相关人员组成，具体办事机构设在自治区邮政局行业管理处；同月，自治区邮政局组建内蒙古邮政执法大队，并印发《关于建立健全邮政执法队伍的通知》，对全区建立健全邮政执法队伍提出具体要求，明确了全区各级行政执法队的组建形式、执法人员数量、专用执法车辆和执法服装的配备等问题。截至年底，各盟市邮政局行政执法队全部组建完毕，全区初步建立了由29名专职执法人员和127名兼职执法人员组成的行政执法队伍。部分盟市邮政局为执法大队配备了执法车辆，为执法人员落实了执法补贴。

2002年，自治区邮政局按照信息产业部、对外贸易经济合作部、国家邮政局《关于进出境信件和具有信件性质的物品的寄递业务委托管理的通知》精神，对区内国际货物运输代理业务的企业开展摸底调查，掌握了全区国际货代企业组织类型、分布区域、经营范围等基本情况，并受理经营信件和具有信件性质物品寄递业务企业的委托申请。8月2日，内蒙古邮政局核准大通国际运输有限公司内蒙古分公司、大通国际运输有限公司包头分公司、内蒙古德美多式联运有限责任公司、包头鼎力通国际货物运输代理有限公司、包头鼎力通国际货物运输代理有限公司鄂尔多斯市分公司等5家国际货物运输代理企业办理邮政委托业务，签订《委托书》，同时核发《邮政委托证书》。按照国家邮政局简化国际货代企业办理邮政委托手续的规定，12月18日自治区邮政局对申请办理邮政业务的国际货代企业进行重新审核，同意委托内蒙古德美多式联运有限责任公司、包头鼎力通国际货物运输代理有限公司及内蒙古大田国际货运有限公司3家企业办理邮政委托业务，并重新签订《委托书》，换发《邮政委托证书》。自治区邮政局开展新普票在集邮市场违规销售行为、2003年邮政贺年（有奖）明信片低面值销售行为等专项检查工作。其中兴安盟邮政局查处个体商店销售外省流入的“假普29邮票案”成为全区自1999年以来发现的假票第一案；呼和浩特市邮政局联合呼和浩特市工商局和呼和浩特市安全局对内蒙古伊健申通快递中心进行执法检查，一举查获该中心超范围经营快递业务的违法行为。年内，全区共出动检查2772人次，检查对象4770个，发现问题325个，下发行政处罚或整改通知4次；暂扣邮票1170枚，面值8181.9元，集邮册30本。在全区范围内开展信封和邮政特快专递封套质量检查工作，并对全区生产楼房信报箱和信筒的企业进行现场摸底调查。同时审核批准呼和浩特市金川开发区红苹果快速印务有限公司分公司、通辽市三兴印刷厂生产信封，并核发《信封生产监制证》。

2003年，是《内蒙古自治区邮政管理办法》颁布实施的第一年，4月，自治区邮政局对全区从事速递业务的企业开展摸底调查、上门宣传和建立档案工作，并对全区范围内的邮政寄递市场进行全面检查，建立月检月报制度，进一步规范了邮政寄递市场秩序。开展信封生产监制的复审换证工作，将“邮筒”“明信片”等书面通信用品纳入信封生产监制管理范围，允许印刷企业一并申请生产。自治区邮政局针对假邮资凭证大量流入邮政通信领域的现状，在全区建立打击假邮资凭证的月报制度，先后为盟市邮政局行管执法人员配备辨伪工具及手册。3次组织人员抽查呼和浩特邮区中心局处理的全区收寄平信情况，掌握区内假邮资凭证范围、比例、种类等资料，并通过电台、报纸等媒体，广泛宣传假邮资凭证的危害。11月，组织专项抽查活动，共抽查平信6866件，发现使用假邮资凭证196件，比例为2.86%。组织各盟市邮政局先后查堵“北戴河”“报春花”“百合花”“小鲤鱼跳龙门”“中秋节”“黄腹角雉”“上海民居”等假邮资凭证。12月，对全区标准信封使用情况进行抽查，共抽查信件7945件，其中使用非标准信封的1170件，占总数的14.7%。检查发现存在的主要问题为邮政编码框是黑蓝绿等非标准色，采用黑红棕等颜色的纸张，彩色图案占用条码区，规格尺寸和纸质不符合标准等。年内，各盟市邮政局开展市场检查，共出动检查2099人次，检查对象4722个，发现问题285起，暂扣邮票14523枚，邮资封103个，伪劣信封1万余个。

2004年初，内蒙古自治区邮政局举办全区邮票辨伪培训班，邀请国家邮票印制局资深专家专门讲授邮票辨伪知识，全区行管、视察等人员共50余人参加本次培训。6月1日，邮政信函收寄执行新的信封国家标准GB/T1416-2003后，为做好新旧标准的衔接，引导区内各信封生产企业执行新标准，区邮政局组织新标准的宣传贯彻工作，并专门针对全区信封印刷企业制作《内蒙古邮政局行业标准光盘》，为实现新旧标准的平稳过渡创造有利条件。同时，为加强对标准信封使用的监督检查，自治区邮政局通过抽查方式，多次对呼和浩特邮区中心局集中处理的全区收寄平信情况进行检查通报。区邮政局通过对各盟市邮政局初审后报送的信封生产企业申请材料的复审，对符合条件的38家企业信封生产资格予以确认，为其核发《信封生产监制证》并在《内蒙古日报》进行公告。为配合全国联动执法检查，遏制假邮资凭证进入内蒙古地区通信领域，通过直接检查、指导检查、督促检查等多种形式，对假邮资凭证进行围堵，先后多次赴呼和浩特邮区中心局进行现场检查和抽查，从宏观上掌控全区假邮资凭证的基本信息和发展动态，同时从微观上加大对各盟市邮政局开展查处假邮资凭证的指导和督促力度，先后多次组织开展全区假邮资凭证联动执法检查，检查涉及中国鸟——黄腹角雉、小鲤鱼跳龙门、北戴河、百合花、世界大学生运动会、中国—伊朗联合发行2003-6(T)、中秋节等浮现市面的假邮资凭证，遏制了假邮资凭证在全区蔓延的趋势。为加快落实办法给予邮政企业优惠政策的步伐，积极联系政府主管部门，就邮政规划纳入各级地方规划问题、邮政设施用地划拨使用问题、税费减免问题、邮政专用车辆过路过桥费的减免问题、新办邮政企业所得税优惠问题等提出解决方式、解决途径。12月，内蒙古自治区发展和改革委员会为邮政局提供边境邮政基础设施建设预算内投资资金60万元。年内，各盟市局积极开展市场检查，共出动检查2996人次，检查对象4602个，暂扣邮票7983枚，下达整改通知书26次。

2005年3月28日，自治区邮政局对全区函件、印刷品、包裹使用邮资凭证情况进行检查，共检查信函32163件，其中使用假邮资凭证269件，重复使用邮资凭证68件。检查印刷品3612件，包裹2467件，未发现使用假邮资凭证。4月，自治区邮政局在全区开展“规范函件业务市场，促进邮资封业务发展专项活动”，采取综合治理，“打”“疏”并举的方式，全区平信收寄合格率、邮资广告信封使用率和标准信封使用率明显提高。同时市场销售、使用假邮票和重复使用邮票的现象得到进一步遏制。全区平信收寄合格率由治理前的平均75%，达到治理后的90%，提升15个百分点。并且全区邮资广告信封制作量到8月份同比增长63%，特别是校园邮资封的开发制作量达到总制作量的35%。6月14日，自治区邮政局在呼和浩特邮区中心局对全区收寄平信的信封规格、使用邮资凭证情况进行抽查。共查3198件，其中使用非标准信封443件；使用假邮票52件；重复使用邮票9件。7月1—31日，自治区邮政局在全区组织开展“规范速递市场活动”。此次活动是为促进对速递市场的监管工作，履行邮政行业管理职能，打击违法经营信件和具有信件性质物品的行为。12月1—15日，自治区邮政局在全区开展“整顿市场，打击销售使用假邮资凭证专项活动”。全年全区共对邮政通信市场检查 2046 次，检查单位为 3895 个，查处假邮资凭证 3908 枚；对集邮市场检查 1397 次，检查单位为 2508 个；对邮政用品用具市场检查 1601 次，检查单位 2305 个，查处非标准用品用具 13564 个。

第二节　普遍服务监管

2006 年 11 月 20—23 日，自治区邮政管理局对呼和浩特市邮政局执行《邮政普遍服务标准》情况进行调查，走访了 4 个营业分局、3 个县局、1 个发投公司、8 个农牧区分支机构。调查显示：呼和浩特市区每个局所平均服务半径 0.5—1 公里，符合国家邮政局服务标准要求。乡邮投递到行政村委会，行政村通邮率达 100%。邮政企业执行《邮政普遍服务标准》存在的问题和困难：（1）撤乡并镇后，农牧区支局所减少；（2）乡、镇、苏木所在地农村信用社撤销后不能办理汇兑业务；（3）城市信报箱没有纳入建设规划中；（4）城市道路改造拓宽时，将信筒拆掉；（5）投递人员 70% 左右为劳务工，无标志服，自备交通工具，工资收入低，队伍不稳定；（6）乡、镇、苏木邮政局所亏损严重。12 月 14 日在《内蒙古日报》刊登公告，公布内蒙古自治区邮政管理局邮政普遍服务监督电话及通信地址。

2007 年 2 月至 11 月中旬，自治区邮政管理局分 11 批次 29 人次，对 5 个盟市邮政局、22 个县旗级邮政局和 30 个农村牧区邮政自办、委代办邮政局（所）的普遍服务情况进行了监督检查，走访了 2 个边防驻军部队，5 个乡镇政府和 6 个行政村委会，2 个邮件接转点。检查以听取汇报、不打招呼现场检查、寄发试信、相互交流等方式展开。检查范围达到全区盟市、旗县总数的 30%。

核查发现旗县城市邮政局（所）在明显位置标有营业时间表，张贴了资费价目表、包装用品出售价格表。城市邮政营业服务时间每周 7 个工作日，每个工作日 8—10 小时。农牧区邮政局（所）基本是 1 个人，既是营业员也是投递员，邮政局（所）的明显位置张贴营业时间表和资费价目表。每周 5 个工作日，每天营业 4—6 小时。高于“服务标准”中规定的“农村邮政局所，根据当地用邮量和大多数用户用邮习惯确定营业服务时间，每周一般工作不少于 3 个工作日，每个工作日不少于 4 小时”标准。农牧区局所开办的普遍服务业务范围至少达到 3 项（函件、包裹、汇票），有的达到 4 项，符合“邮政局经办不少于普遍服务业务范围中的两项业务”的服务标准。旗县及农村牧区邮政局（所）设置符合“服务标准”要求。所到地区大都具有人少地大，居住分散特点，特别是农牧区邮政网点服务区域较大，服务人口平均在 4000 人。有些乡镇撤并后，邮政服务网点没有撤销，邮政服务依旧保留，并继续在原乡镇地为暂未动迁的人民群众提供服务，而其他社会公共服务单位（如信用社，卫生站，派出所等）已搬迁。由于乡政府撤并后，邮政局业务量减少，只负责投递党报党刊和少量的信函。为了减少开支，邮政企业采取委代办形式提供服务，这种情况在自治区较为普遍。投递主要以当地财政统一拨款收订的党报党刊为主。调研组实地走访征求了 3 个乡镇政府和 2 个村委会，当地乡镇政府和村委会对邮政的服务表示满意。旗县城区及乡镇所在地邮件的投递能满足每天 1 次，投交单位传达室或投到协议指定地点。县以下农村和半农半牧区邮政投递频次大都每周 2 次。牧区邮政投递频次基本每周 1 次。对于距离邮政局（所）较远的嘎查（最远的嘎查距离邮政局 150—200 公里），与各嘎查签订自取协议。自取信箱有的设置在邮政局（所）内；有的设置在乡镇政府办公楼入口处，还有的投递到当地乡镇政府办公室设置的文书格口，采取用户（村委会主任）自取和由乡政府工作人员下乡时捎转的方式。如：西乌珠穆沁旗邮政局为了切实解决报刊、邮件投递难、时限长的问题，经与白音呼硕乡政府协商，将白音呼硕邮政代办所改由乡政府代办，原邮政所名称不变，代办员由乡政府指定 1 人（乡协理员）负责信件收寄及报刊的投递工作，代办员工资由西乌旗邮政局每月按 300 元支付。乡政府从完成党报党刊发行量基数任务后，用旗报社每份奖励乡政府 50 元、旗财政每份奖励 30 元、邮政局每份奖励 9 元中每月拿出 200 元作为投递员自备摩托车的油费。为确保用户能及时收到邮件报刊，邮政局制作 19 个报刊投递箱放置到嘎查指定的牧户处。撤乡并镇后，当地政府要求邮政局（所）继续保留，扩大了服务投递范围，增加了投递工作难度，并且邮政乡邮投递人员收入低于当地社会平均工资水平，大都不愿意干。针对这种情况，有的局积极主动向政府汇报，提出邮政面临的困难，争取了当地政府的扶持。如鄂尔多斯邮政局的准格尔旗局和伊金霍洛旗局，通过积极协商，取得当地旗政府的支持，由邮政局和地方财政各拿 300—400 元，适当提高投递人员工资，稳定了乡邮投递员队伍。各级邮政企业统一制作了邮政业务基本资费价目表并张贴在营业局（所）的明显位置，执行国家有关邮政基本资费政策比较规范，各类基本资费执行到位。邮政资费公示情况城市好于农村。没有发现强迫用户使用高资费业务情况，但从收到的用户投诉反映中，有个别局强迫用户使用高资费业务情况。有个别邮政局的工作人员在不作宣传或不告知的情况下，给用户办理快包业务，从而引起用户不满，形成服务纠纷和投诉（已解决并得到用户谅解）。乌兰察布盟四子王旗一个边防部队提出，希望将部队邮件由自取改为投递。检查组现场与乌兰察布邮政局和四子王旗邮政局协商后，认为部队处于邮路与邮政局所中间位置，可以将部队邮件单独封装由转运邮车直接送到部队，圆满解决了四子王旗边防部队通邮问题。

年内，自治区邮政管理局制定了《内蒙古邮政管理局普遍服务、特殊服务监督管理办法》《内蒙古邮政管理局机要通信监督管理办法》《内蒙古邮政投诉管理办法》等制度，建立了《邮政业务收入表》《邮政业务量表》《通信服务水平表》《邮政企业投递量表》《机要通信基础资料表》《义务兵、盲人读物基础资料表》《党报党刊基础资料表》等 7 种邮政普遍服务、特殊服务季度、半年、年度统计报表制度。上半年，对呼和浩特市邮政局以及所属 6 个旗县、乡镇等农牧区分支机构承担邮政普遍服务、特殊服务情况进行抽样调研，进一步核准邮政企业报送相关数据的真实性。针对城镇住宅楼房和住宅小区的快速发展和信报箱建设相对滞后的现状，组织相关人员经过实地调研，依据《中华人民共和国邮政法》《邮政法实施细则》《内蒙古自治区邮政管理办法》和建设部、信息产业部、国家邮政局等有关规章制度，结合自治区城乡建设实际，积极与当地建设部门联系，于 6 月 14 日联合下发了《关于加强城市住宅楼房信报箱建设工作的通知》，将信报箱建设监管纳入城市建设的日常工作范畴。

2008 年 4 月，内蒙古自治区副主席赵双连在听取了邮政管理局的工作汇报后，指示由政府法制办牵头，组织开展《内蒙古自治区邮政管理办法》的执法检查，随后，内蒙古自治区政府办公厅下发《关于开展〈内蒙古自治区邮政管理办法〉执法检查的通知》。6 月，内蒙古自治区政府法制办和邮政管理局联合组成执法检查组，到自治区相关厅局及呼和浩特市、包头市、鄂尔多斯市，对贯彻执行《内蒙古自治区邮政管理办法》情况开展执法检查，对于在执法检查中发现的问题，进行梳理，提出改进措施和意见，进一步推动《内蒙古自治区邮政管理办法》的有效实施。年内，自治区邮政管理局协调自治区地方税务局联合发文，落实自治区政府关于免征邮政企业房产税的批复；联合自治区建设厅、区邮政公司赴山西、江苏两省考察学习，合力推进编制信报箱地方标准。与自治区建设厅联合印发《关于加强城市住宅楼房信报箱建设工作的通知》《内蒙古自治区信报箱建设标准》《内蒙古自治区信报箱建设图集》。年内，对 10 个盟市 41 个旗县的 109 个网点的普遍服务、特殊服务以及邮政通信安全情况进行实地检查。重点对满洲里武警边防大队，额尔古纳、莫尔道嘎边防部队的普遍服务和特殊服务情况进行了专题调研。

2009 年 1 月，自治区党委下发《内蒙古党委、政府关于进一步推进农村牧区改革发展的意见》，明确“加强农村牧区邮政设施建设”“邮政储蓄银行要坚持为农服务的方向”。这是自治区党委、政府近年来首次将邮政发展服务明确纳入 1 号文件中。1 月 22 日，内蒙古自治区人民政府办公厅下发《内蒙古自治区人民政府办公厅关于印发全区 2008 年民生工作总结和 2009 年民生工作安排及任务分解的通知》，将全区农村牧区邮政基础设施建设纳入 2009 年重点实施的“十项民生工程”，投资 5277 万元用于农村邮政牧区投递网点、邮政营业、邮路设施改造和建设，这是内蒙古自治区政府首次将邮政基础设施建设纳入自治区民生工程。4 月，自治区人民政府出台《内蒙古自治区人民政府关于加快自治区电信和邮政业发展的意见》，明确要加强邮政业发展的领导和协调服务，统筹规划邮政基础设施建设，进一步落实邮政企业税收优惠政策和车辆通行优惠政策，切实解决邮政业发展用地和服务场地问题，努力营造邮政基础设施建设保护环境，提高邮政业自主创新能力和人才队伍建设。根据意见精神，自治区邮政管理局与自治区地税局、交通厅协调，自治区地税局同意继续免征邮政企业 2009 年至 2011 年的房产税，此项政策每年为邮政企业节约资金近 940 多万元；交通厅同意为全区 120 辆邮运专用车辆在 2 年内减半征收过路过桥费。7 月 22 日，内蒙古自治区人民政府转发自治区发改委、财政厅和邮政管理局等 7 个厅局联合拟定的《关于推动农村牧区邮政物流发展的意见》，支持邮政企业进入农资市场，完善政策扶持，提升邮政服务“三农”的能力和水平。7 月 24 日，内蒙古自治区人民政府在赤峰召开全区农村牧区邮政物流现场会，会议提出加快农村牧区邮政物流发展的 5 项措施：一是认真抓好《邮政法》、国务院《物流业调整和振兴规划》、自治区发改委等部门《关于推动农村牧区邮政物流发展的意见》的贯彻落实；二是大力推进邮政基础网络建设；三是进一步深化邮政改革，加快发展快递物流；四是充分发挥邮政网络覆盖面广、服务功能强的优势，为农牧民提供物流、资金、信息、科技等综合服务；五是自治区各有关部门按照职责分工，制定和完善各项配套政策，加强指导，推进农村牧区邮政物流加快发展。会议期间，与会代表考察了赤峰邮政“三农”服务中心，听取了赤峰市政府的专题发言、赤峰市邮政局的经验介绍和自治区邮政公司邮政服务“三农三牧”的情况介绍。11 月 19 日起，自治区邮政管理局委托自治区纳税人协会开展全区邮政营业网点情况调查。此次调查历时 5 个月，共涉及邮政营业网点名称、地址、邮编、从业人数、服务面积和人口、营业时间、业务范围、经营方式、设置地点、地形地貌等 21 项内容，受调查网点将被标注在地图上，调查数据汇总成表后，以邮政营业网点图册的形式发布。通过此次调查，及时更新全区邮政营业网点资料，为做好邮政营业网点设置和撤并审批等工作奠定基础。年内，自治区邮政管理局配合国家邮政局完成对呼和浩特市和呼伦贝尔市的邮件时限监测工作；监督检查全区 6 个盟市的旗县邮政局（所）37 个，监督检查旗县以下网点 64 个，监督检查 213 人次；与自治区邮政公司建立了工作联系制度，成立了领导小组，确定以联席会议的形式共同研究解决有关邮政普遍服务的问题。

2010 年 2 月 5 日，自治区邮政管理局根据全国空白乡镇邮政局所补建工作会议精神，向自治区副主席赵双连作了专题汇报。赵双连副主席指示自治区邮政管理局协同自治区相关单位，对全区目前还没有设置邮政局所的空白乡镇做出专项规划，之后，自治区邮政管理局积极与区发展改革、财政、国土资源和环保等部门建立健全协调机制，集中解决了配套资金、土地和统一环评审批等关键环节问题，制定了《自治区邮政基础设施空白乡镇邮政局所补建规划》。8 月 5 日，内蒙古自治区发展和改革委员会下发《关于对内蒙古自治区空白乡镇邮政局所补建工程可行性研究报告的批复》，全区共计补建空白乡镇邮政局所 146 个，每所建设面积控制在 150 平方米之内。146 个局所的总投资为 4485.2 万元。其中国家补助 2336 万元，自治区政府配套 2044 万元，企业自筹 105.2 万元。建设期为 2010—2012 年。建设地点为全区 89 个旗县的所属乡镇。

2010年空白乡（镇、苏木）邮政局所补建计划表

表3-1　　单位：万元

盟市	所属旗县	未设邮政局所的乡镇	拟建设局所选址位置	费用估算
呼和浩特市	赛罕区	西把栅乡	西把栅乡辛家营村南	28
	赛罕区	八拜乡	八拜乡格图村村委会旁200米处	28
	赛罕区	攸攸板乡	攸攸板乡乡政府旁200米处	70
	土左旗	只几梁乡	只几梁乡乡政府南侧乡派出所旁	28
	土左旗	塔布赛乡	塔布赛乡塔布赛村旧供销社	28
	土左旗	察素齐镇	察素齐镇瓦窑新村村委会旁	28
	武川	大青山乡	武川经济开发区管委会东20米	28
	武川	上秃亥乡	上秃亥乡政府旁10米	28
	武川	哈拉合少乡	哈拉合少乡政府旁15米	28
包头市	达茂旗	明安镇	新宝苏木	28
	九原区	哈林格尔镇	厂汉村	28
	九原区	阿嘎如泰苏木	阿嘎如泰苏木旁	28
	九原区	莎如拉街道办事处	黄河乳牛场（麻池南）	28
	昆区	卜尔汉图镇	哈业脑包村	28
	青山区	青福镇	昌福窑子村	28
	青山区	兴胜镇	210国道0公里处	28
	石拐区	大德恒办事处	新马场（包白公路东）	28
	土右旗	苏波盖乡	苏波盖乡政府东110国道北	28
	土右旗	沟门镇	110国道高速公路入口交叉口	28
	土右旗	公山湾（九峰山管委会）	九峰山管委会旁	28
乌海市	乌达区	乌兰淖尔镇	乌兰淖尔镇镇政府所在地商业街	28
	海勃湾区	千里山镇	千里山镇三金集团江南水乡商铺15号	30
赤峰市	巴林右旗	巴彦塔拉	巴彦塔拉政府西侧路北	31
	巴林左旗	查干哈达苏木	查干哈达苏木政府办公楼东	31
	克旗	乌兰布统开发区	乌兰布统开发区派出所对面	25
	林西县	大井镇	大井镇新民路北	20
	林西县	大营子乡	大营子乡政府北路西	31
	喀喇沁旗	牛营子镇	牛营子镇和美工业园区	50
	松山区	王府镇	松山区王府镇北街	40
呼伦贝尔市	阿荣旗	那克塔	中央街政府对面	31
	鄂温克旗	大雁镇	大雁北河神雁大街3栋3-4号	33
	根河市	敖鲁古雅鄂温克族乡	敖乡中央路东侧	35
	海拉尔市	建设乡	建设乡晨鸣纸业附近	50
	满洲里市	扎赉诺尔政府新区	扎赉诺尔政府新区附近	31
	新巴尔虎右旗	阿日哈沙特镇	政府前大街派出所附近	25
	新巴尔虎左旗	乌布尔宝力格	中央街西侧	25
	牙市石市	牧原镇	光明路南段附近	40
	牙克石市	博克图镇	博克图道北新华市场附近	40
	鄂伦春旗	大杨树镇	大杨树能源路林业电影院附近	40

续表 3-1

盟市	所属旗县	未设邮政局所的乡镇	拟建设局所选址位置	费用估算
兴安盟	科右前旗	乌兰毛都苏木	派出所北侧	31
	科右前旗	保门办事处	办事处所在地道东	31
	科右前旗	公主陵牧场	卫生院东侧	31
	科右前旗	好仁办事处	办事处路南	31
	科右前旗	满族屯满族乡	乡政府南侧	31
	科右前旗	居力很镇	卫生院西侧	31
	科右前旗	科尔沁镇（老大坝沟）	兴科家园三期	31
	科右中旗	杜尔基镇	杜尔基镇一街 80 号	33
	乌兰浩特	乌兰哈达镇	镇政府道南 10 米	29
	乌兰浩特	义勒力特镇	中心校后	31
	乌兰浩特	永联镇	永联镇政府南 100 米	31
	扎赉特旗	好力保乡	好力保乡政府西侧道北第五家	31
	扎赉特旗	宝力根花苏木	宝力根花苏木政府西侧第三家	31
	扎赉特旗	努文木仁乡工作部	努文木仁乡工作部政府西侧第八家	31
	扎赉特旗	阿拉坦花苏木	阿拉坦花苏木网通公司东侧第一家	31
	扎赉特旗	都尔本新苏木	都尔本新苏木政府南侧第二家	31
通辽市	开鲁县	国有辽河农场	农场前街	31
	开鲁县	国有保安农场	农场前街	31
	科左后旗	阿都沁苏木	镇内主街道	31
	科左后旗	双胜镇	镇内主街道	31
	科左后旗	吉尔嘎朗镇	镇内市场东侧	24
	科左中旗	协代镇	政府主街	31
	科左中旗	白兴吐镇	政府主街	31
	科左中旗	巴彦塔拉农场	政府主街	31
	科左中旗	丰库牧场	政府主街	31
	科左中旗	图布信苏木	政府主街	31
	科左中旗	花胡硕苏木	政府主街	31
	科左中旗	舍伯吐镇	舍伯吐镇商城一楼	24
锡林郭勒盟	东乌旗	嘎达布其镇	镇供电所东侧	31
	苏尼特右旗	额仁淖尔苏木	苏木政府东侧	31
	乌拉盖管理区	贺斯格乌拉	场部东侧 100 米	31
	锡林浩特市	宝力根苏木	敖包图居委会汽车站西侧	31
	锡林浩特市	阿尔善宝力格镇	镇卫生院东侧	31

续表 3-1

盟市	所属旗县	未设邮政局所的乡镇	拟建设局所选址位置	费用估算
乌兰察布市	察右前旗	乌拉哈乡	乡医院对面	28
	察右中旗	宏盘乡	乡政府西侧	28
	察右中旗	库伦苏木	乡政府东侧	28
	察右中旗	巴音乡	乡政府附近	28
	丰镇市	巨宝庄镇	实验小学旁	29
	化德县	公腊胡洞乡	乡政府前	28
	集宁区	白海子镇	新开发区（镇政府、服务区与商业区交汇处）	28
	集宁区	马莲渠乡	新集镇（公众服务区与商业区交汇处）	28
	商都县	小海子镇	镇政府东 30 米	28
	商都县	卯都乡	乡政府南 50 米	28
	商都县	西井子镇	镇政府西 70 米	28
	兴和县	鄂尔栋镇	镇政府西北角	28
	卓资县	梨花镇	土城村（镇政府旁）	28
	卓资县	巴音锡勒镇	什字村（镇政府旁）	28
	卓资县	红召多	东河子村（镇政府旁）	28
鄂尔多斯市	东胜区	泊江海镇	泊江海镇政府所在地四周	28
	东胜区	罕台镇	罕台镇政府四周	28
	鄂托克旗	阿尔巴斯苏木	草籽场厂部周围	28
	鄂托克前旗	上海庙镇	中心区阳光北路与长城东路交汇处	28
	伊金霍洛旗	红庆河镇	红庆河镇主街道路两边	28
	伊金霍洛旗	伊金霍洛镇（成吉思汗陵）	伊金霍洛镇政府周围	28
	准格尔旗	大路镇	大路镇大路新区主街道两侧	28
	准格尔旗	纳日松镇	羊市塔主街道移动手机广场旁	28
	准格尔旗	布尔陶亥苏木	公营盖村村部四周	28

续表 3-1

盟市	所属旗县	未设邮政局所的乡镇	拟建设局所选址位置	费用估算
巴彦淖尔市	磴口县	纳林套海农场	纳林套海旅游区	28
	磴口县	渡口镇	渡口镇政府西 60 米	28
	乌前旗	先锋镇	先锋镇主街道（无门牌）	28
	乌前旗	额尔登布拉格苏木	苏木政府附近	28
	五原县	胜丰镇	胜丰镇主街道（无门牌）	28
	乌中旗	德岭山镇	德岭山镇主街道（无门牌）	28
	乌后旗	呼和温都尔镇（炭窑口）	呼和温都尔新镇政府主街道（无门牌）	28
	乌后旗	获各琦苏木	获各琦铜矿（无门牌）	28
	五原县	塔尔湖镇	塔尔湖镇新政府主街道	28
	五原县	新公中镇	新公中镇主街道（无门牌）	28
	杭锦后旗	蛮会镇	蛮会镇主街道（无门牌）	28
	杭锦后旗	头道桥镇	头道桥镇主街道（无门牌）	28
	杭锦后旗	团结镇	团结镇主街道（无门牌）	28
	临河区	新华镇	份子地东街（无门牌）	28
阿拉善盟	阿拉善右旗	阿拉腾朝格苏木	阿拉腾朝格苏木政府街道	28
	阿拉善左旗	敖伦布拉格镇	敖伦布拉格镇政府主街道	28
	阿拉善左旗	腾格里镇	腾格里镇政府主街道	28
	阿拉善左旗	乌斯太镇	八里庙生活区主街道	28
	额济纳旗	苏泊淖尔苏木策克口岸	苏泊淖尔策克口岸主街道	28
	额济纳旗	赛汉桃来苏木	赛汉桃来苏木政府街道	28
全区合计			建设 116 个乡镇邮政局所	3480

2010 年，内蒙古自治区建设厅下发了《关于实施内蒙古自治区工程建设标准〈住宅信报箱建设标准〉〈住宅信报箱图集〉的通知》。《通知》明确：各盟市建设局、建委和各设计单位从设计、设计审查、工程预算、安装监管、项目验收等五个环节严格落实《住宅信报箱建设标准》和《住宅信报箱图集》。年内，自治区邮政公司按照自治区邮政管理局要求上报《邮政企业设置邮政营业场所登记表》《邮政普遍服务业务和特殊服务业务开办种类情况表》。

第三节 邮政市场监管

2006 年 9 月，自治区邮政管理局对呼和浩特、包头、鄂尔多斯部分快递企业进行调查，了解快递企业的管理和经营状况。

2007 年初，根据国家邮政局的要求，自治区邮政管理局与自治区调查总队联合对全区 98 家快递企业（包括邮政快递）进行调查。4 月 9 日，内蒙古自治区邮政管理局和工商局联合下发《关于加强邮政市场监管的通知》，明确：根据国务院 27 号文件和国办发 7 号、8 号文件精神，内蒙古自治区邮政管理局依法负责对全区邮政市场的监管，凡从事寄递业的企业（快递、速递、急递、急送、国际货代等），按现行规定先到当地工商行政管理部门登记注册，并于登记之日起 7 个工作日内到内蒙古自治区邮政管理局备案。9 月 7 日，根据国家邮政局和国家工商行政管理总局要求，内蒙古自治区邮政管理局和工商行政管理局决定联合成立“规范快递服务行为、促进快递行业发展”工作领导小组，组长：孙志安，副组长：李彦，成员：鲍格日乐、郝红兵、索聪明、乌兰托娅。在内蒙古自治区成立 60 周年庆祝活动及党的十七大召开期间，自治区邮政管理局下发《关于建立快件（物品）内件验视制度的通知》，并进行专项检查。年内，对 12 个盟市所在地的全部快递企业组织执法检查 85 次，共下达处罚通知书 38 份，查处违规经营行为 40 起，查处了一辆违法使用邮政“EMS”标识的汽车，强制去除邮政专用标识，没收 5 个非法使用的邮政专用袋。对 12 个地区集邮市场检查 33 次，使制售假邮票、违规使用邮票等行为得到一定的遏制。在市场检查中发现并现场没收 2 套《中国与奥运》邮册，其中有 10 枚奥运会福娃假邮票，价值 4400 元。在邮区中心局分拣车间检查时发现有重复使用邮票的现象，退回处理。对全区邮政用品用具生产企业审查后在《内蒙古日报》上刊发公告，重新换发生“产监制证书”。

2008 年初，自治区邮政管理局组织召开全区部分快递企业负责人座谈会，提出贯彻落实《快递市场管理办法》具体要求，并印发 500 册《快递市场管理办法》下发各快递公司。通过集中培训、上门督办，现场指导的形式，监督企业落实快递服务标准。向邮政社会监督员、企业用户、社会公众组织开展对快递企业公众满意度调查。召开《快递服务标准》达标工作推进会，指导快递企业落实快递服务达标工作。4 月 16 日、17 日，内蒙古自治区邮政管理局连续 2 天在内蒙古人民广播电台主办的《行风热线》栏目直播间，由自治区邮政管理局新闻发言人就《快递服务标准》和《邮政业消费者申诉处理办法》的主要内容、快递消费者如何维权等问题回答了主持人的提问，呼和浩特、呼伦贝尔、锡林浩特等地的听众纷纷打进热线电话，咨询使用快递业务中的相关问题，直播扩大了自治区邮政管理局执法检查活动的影响面，提高了公众对快递业务的了解和维权意识。4 月下旬，自治区邮政管理局对包头、鄂尔多斯、巴彦淖尔、乌海、阿拉善 5 个盟市的 35 家邮政、快递企业进行执法检查，检查发现个别快递企业仍存在收寄物品不验视的情况，执法人员现场警告批评、责令改正，并下发 5 份行政处罚决定书。6 月 16 日，针对自治区快递业务营业税缴纳标准不统一的现状，为了使邮政业的所有从业企业能够同步享受到国家赋予服务业的优惠政策，扶持自治区快递企业又好又快发展，自治区邮政管理局积极与自治区地方税务局协调，下发《内蒙古自治区地方税务局关于加强我区快递业务营业税征管工作的通知》，明确规定单位和个人从事快递业务，取得的快递业务收入按“邮电通信业”税目3%的税率申报纳税。

2009年4月，自治区邮政管理局与自治区工商行政管理局建立联合执法协作机制，加大快递市场执法力度。重点对无照经营、没有进行备案的“黑速递”以及快递企业侵犯邮政信件专营权、违规使用邮政包裹袋和邮政专用胶带、侵犯邮政企业合法权益的行为进行严厉查处，查封取缔了呼和浩特希伊艾斯货运信息部等快递企业。通过不间断的联合执法检查，快递市场秩序明显好转。9月23日，自治区邮政管理局举办全区快递企业负责人培训班，全区70家快递企业负责人参加培训。培训班对《邮政法》和《快递业务经营许可管理办法》进行宣贯，并组织了禁毒知识培训。10月27日，自治区邮政管理局与自治区工商局联合下发《关于做好全区快递业务经营许可和工商注册登记有关工作的通知》，明确工商部门按照邮政主管部门的审核事项和时限进行注册登记，同时从《快递业务经营许可证》的发放、变更和注销3个方面建立了衔接机制。年内，自治区邮政管理局与自治区公安厅、自治区国家安全厅联合举办全区邮政行业反恐怖培训教育；与自治区公安厅联合下发《关于加强邮政快递业治安案件处置工作的通知》；与自治区国家安全厅联合组织邮路寄递安全检查。制定下发《内蒙古邮政业突发事件应急预案》，强化了邮政行业运行安全的监测、预警和应急管理工作机制。年内，完成首批8家快递企业达标验收工作。年底，全区备案快递企业共136家。

2010年7月14日，根据《中华人民共和国邮政法》《快递业务经营许可管理办法》规定，经过材料审核、征求意见、网站公示等审批程序，向6家符合条件的快递企业颁发了自治区首批快递业务经营许可证。8月10日至9月3日，针对自治区地域东西狭长、幅员辽阔的实际情况，为推进全区快递业务经营许可工作，自治区邮政管理局在推进快递业务经营许可工作的过程中，积极开展快递企业“一对一”服务指导，分批在全区设立4个联系点，组成工作组分别在呼和浩特、包头等地分片召开快递业务经营许可申请现场受理指导会议，有55家快递企业在各地参加会议，实现快递企业就近提交许可申请材料，工作人员还现场解答企业在申请过程中遇到的问题。“一对一”服务指导既方便了快递企业申请经营许可，也提高了审批效率。截至10月31日，经审查，为全区74家快递企业颁发了“快递业务经营许可证”。11月15日—12月15日，组织开展了“规范市场秩序，维护用户权益”专项执法检查活动，成立执法检查活动领导小组，制定工作实施方案。在呼和浩特市、巴彦淖尔市等地开展执法检查，重点查处了一批企业未取得快递业务经营许可证从事快递业务、未认真执行收寄验视制度的违法违规行为。共检查快递企业32家，查处违法行为19起，下发整改通知书13份、行政处罚通知书6份，依法取缔了6家违法经营快递业务的企业，并在全区邮政行业范围内通报了检查情况。

第四节 安全监管

2007 年 7 月 9 日，自治区国家安全厅与自治区邮政管理局为做好邮路寄递物品安全监管工作，建立邮路反恐协作长效机制，联合成立“邮路寄递物品安全监管领导小组”，领导小组下设“邮路寄递物品安全监管领导小组办公室”，负责邮路寄递物品安全监管日常事务。

2008 年初，自治区邮政管理局为加强通信安全特别是奥运期间邮件寄递安全保障工作，下发《关于加强寄递物品安全检查的通知》《关于严密防范恐怖袭击的通知》，联合自治区安全部门、自治区党委防范办开展邮政、快递市场安全检查，与 71 家邮政、快递企业签订奥运物品寄递安全责任状。3 月 14 日，内蒙古自治区邮政管理局和内蒙古自治区国家安全厅就保障“两会”“奥运”期间邮政、快递寄递渠道安全和信息安全等，共同制定了联合安全监管方案。双方组成检查组对呼和浩特市部分邮政、快递企业进行信息安全监管方面的执法检查。先后到呼和浩特市乌兰察布路邮政支局、昭乌达路邮政支局，内蒙古伊健申通电子商务有限责任公司、内蒙古民航快递公司、呼市中铁快运公司、内蒙古百福东方快递公司等企业进行安全检查，检查了相关单位在快件收寄验视制度和禁寄物品规定方面的落实情况，作业现场的安全监控情况。通过检查，发现 5 家快递公司在落实快件收寄验视制度和禁限寄物品规定方面存在严重问题，营业员在快件收寄环节上不执行验视制度，存在重大安全隐患，对其当场提出了限期整改的处理意见。4 月 21—30 日，内蒙古自治区邮政管理局对包头、鄂尔多斯、巴彦淖尔、乌海、阿拉善 5 个盟市的邮政、快递企业进行了执法检查，检查重点是企业收寄物品是否执行安全验视制度。共抽查邮政、快递公司 38 个网点，检查发现，只有呼和浩特市邮政局乌兰察布支局、包头市中外运—敦豪国际航空快运有限公司严格执行验视制度，而中铁快运股份有限公司呼和浩特分公司、中铁快运股份有限公司鄂尔多斯分公司、内蒙古伊健申通电子商务有限公司、鄂尔多斯市申通快递公司、包头市鼎立通国际代理有限公司不进行安全验视。其余网点均不同程度存在验视不严格现象，验视合格率仅为 5.3%。对检查发现存在安全隐患的企业，在全行业提出通报批评，并要求各邮政、快递企业要层层落实安全防范责任。7 月初，自治区邮政管理局在《内蒙古日报》《北方新报》刊登《关于进一步加强寄递物品安全监管工作的通告》，要求在奥运会和残奥会期间（2008 年 7 月 20 日至 9 月 20 日）间，凡涉及北京、天津、上海、青岛、沈阳、秦皇岛 6 个奥运赛区城市的寄递业务，寄件人必须出示有效身份证件，并认真登记寄递物品和收寄件人信息，主动配合国家有关部门的安全查验，否则不予收寄。邮政企业和其他寄递服务企业应按照“谁经营，谁负责”的原则，向当地邮政管理部门提交安全运营承诺书，并在企业内部逐级签订安全生产责任书，切实将安全生产责任落实到人。凡发现交寄含有禁寄物品的邮件或快件的，国家有关部门将依法予以行政处罚；造成人身伤害或财产损失的，由寄件人依法承担赔偿责任；构成犯罪的，依法追究刑事责任。

2009 年 5 月 7 日，自治区邮政管理局召开部署防控甲型 H1N1 流感疫情工作会议，成立防控工作领导小组，下发《关于做好甲型 H1N1 流感疫情防控工作的通知》，要求邮政企业和快递企业成立防控工作领导机构，明确责任，建立联防联控协调工作机制。9月9日，自治区邮政管理局召开“建国60周年邮路安全工作会议”，部署全区邮政业国庆期间的安全保卫工作。有26家邮政、快递企业负责人参加了会议。会议传达了国家邮政局“新中国成立60周年邮路安保工作”会议精神，通报了市场安全检查情况，进行了反恐教育培训，并与26家企业现场签订了安全责任书。10月19日，自治区邮政管理局与自治区公安厅联合下发《关于加强邮政快递业治安案件处置工作的通知》。明确要求各级公安机关对辖区内邮政业报案或公民、法人和其他组织控告、举报的邮政业治安案件，应当及时受理、及时查处。11月23日，针对内蒙古自治区部分地区出现中到大雪天气情况，自治区邮政管理局下发《关于做好全区邮政业强降雪冰冻天气防范工作的紧急通知》，明确要求邮政企业、快递企业做好降雪冰冻防范应对工作，严防邮件、快件积压、延误或损毁，确保通信生产安全畅通。实行24小时值班制度，一旦出现重大灾情，立即启动应急预案，迅速开展处置工作，并及时向自治区邮政管理局进行报告。

2010年1月14日，自治区邮政管理局与公安厅、交通运输厅、住房和城乡建设厅、工商局联合下发《关于保障快递企业运输车辆便捷通行的通知》，明确5项政策规定：一是允许经过区邮政管理部门审核，喷有快递企业专用标志的12座（含12座）以下载客汽车在城区装卸快件；二是快递企业运输车辆喷涂统一标志，不需办理户外广告登记；三是经公安机关交管部门同意，在保障安全的前提下，确需通过禁行路段的快递企业运输车辆可以通行；在驾驶员不离开驾驶室的前提下，快递车辆在禁停路段可以临时停车。四是本着简化处理程序的原则，及时放行发生轻微交通事故的快递企业运输车辆；对发生一般以上交通事故、因调查取证确需暂扣的快递车辆，交警部门应在12小时内核实车辆所载货物的重量、体积后，及时通知驾驶员或其所属企业进行处理，在检验鉴定后迅速放行；五是优先放行进出车站、机场的快递企业运输车辆及相关工作人员。3月25日，自治区邮政管理局出台上海世博会期间全区邮路安保工作10项措施，主要包括：成立自治区上海世博会邮路安保工作领导小组，明确工作职责；制定《内蒙古自治区上海世博会邮路安保工作实施方案》《关于2010年上海世博会期间寄递物品安全工作的通告》《关于做好上海世博会期间邮路安保工作的通知》；召开邮政企业和快递企业负责人专题会议，安排部署世博会期间邮路安保工作；对邮政企业和快递企业提出具体要求，落实工作责任；与邮政企业和快递企业签订《上海世博会期间安保工作责任书》。世博会前夕，自治区邮政管理局联合自治区国家安全厅对20家寄递企业及其分支机构进行了安全生产专项执法检查，并对联合检查情况在全区范围内进行了通报。按照国家邮政局的统一部署，制定《广州亚运会邮路安保工作方案》，召开全区邮政业广州亚运会邮路安保动员会议，分东部和西部组织进行了安全检查，确保了广州亚运会、亚残运会邮路安全。

第五节 地方立法

1991 年，内蒙古自治区第七届人民代表大会常务委员会把《内蒙古自治区邮电通信管理条例》列入立法计划。12 月 18 日至 24 日，内蒙古自治区七届人大常委会第二十四次会议召开，会议审议了《内蒙古自治区邮电通信管理条例（草案）》。

1992 年 2 月 29 日，经内蒙古自治区第七届人民代表大会常务委员会第二十五次会议审议，通过了《内蒙古自治区邮电通信管理条例》（简称《条例》）。《条例》把许多发展邮电事业的优惠政策、社会保障条件法制化。例如：第三十四条规定“执行邮件运输和投递任务的车、船及邮电工作人员通过桥梁、渡口、隧道、检查站时，有关方面应当优先放行。邮电通信专用车辆的过桥费和养路费，可根据当地实际酌情减免”等。《条例》的另一个特点是较早地把通信行业管理专门作为一章进行了规定，对违反《条例》行为的处罚作出了明确规定，使全区邮电行业管理有法可依。

1998 年 8 月 27 日，《呼和浩特市邮政通信管理条例》由呼和浩特市第十届人民代表大会常务委员会第三十一次会议通过，11 月 27 日，内蒙古自治区第九届人民代表大会常务委员会第六次会议批准。该条例共 7 章 40 条，是自治区第一部规范地区邮政通信管理的地方性法规，内容包括立法目的、适用范围、邮政通信行业主管部门、基本原则、规划与建设、设施保护与通信保障、邮政通信行业管理、服务与社会监督及相应法律责任等。

2001 年 5 月 13 日，经内蒙古自治区第九届人民代表大会常务委员会第 22 次会议批准，《包头市邮政管理条例》正式颁布实施。该条例由总则、规划与建设、设施保护与通信保障、业务与市场管理、服务与社会监督、法律责任、附则等 7 章 57 条组成。是全区第二部邮政地方性法规，也是邮政独立运营后颁布的首部邮政地方性法规。

2002 年 8 月 23 日，《内蒙古自治区邮政管理办法》（简称《办法》）经自治区人民政府第九次常务会议审议通过，并于 9 月 1 日以自治区人民政府第 122 号政府令予以发布，自 10 月 1 日起实施。该办法共分 6 章 38 条，即总则、规划与建设、市场管理、服务与保障、法律责任、附则等。《办法》体现维护国家信息安全，保护公民通信自由和秘密，保障邮政通信畅通，规范邮政市场秩序，维护广大邮政用户的合法权益，向用户提供优质、高效、方便的邮政服务，促进邮政事业健康发展的立法宗旨。《办法》在现行《邮政法》及《邮政法实施细则》的基础上，规定邮政行业管理部门依法履行国家赋予的行业管理职能，依法管理寄递、集邮等邮政市场，对违法经营者可依法实施行政处罚；还具体规定对邮政企业经营服务中的不规范行为，对邮政经营者违法经营邮政业务，违法从事集邮票品经营活动，可依法实施行政处罚。《办法》科学地界定邮政企业为国有公用企业，承担着向社会提供普遍服务的义务，并规定地方各级人民政府对承担普遍服务的邮政企业应当给予扶持。《办法》在邮政规划，邮政服务网点的建设、用地、邮政服务网点或其他邮政设施的拆迁，运邮专用车辆的通行、检查、缴费等方面做具体的扶持规定和优惠政策。《办法》的实施强化了全区邮政行业管理部门的职能和法律地位，为自治区邮政发展营造了良好的法治环境。

2007 年，《内蒙古自治区邮政管理条例》列入自治区人大 2007 年的立法调研项目。10 月 13 日至 11 月 1 日，自治区邮政管理局与自治区人大财经委组成邮政地法立法调研考察组，分别对云南、广西、湖南的邮政地方立法进行了调研考察，为《内蒙古自治区邮政管理条例》立法的可行性进行前期准备工作。

2010 年 1 月 23 日，内蒙古自治区人大常委会下发《关于印发内蒙古自治区人大常委会 2010 年立法计划的通知》，正式将《内蒙古自治区邮政条例》列为立法计划的 18 个项目之一。

第四章

党群组织

第一节 中国共产党组织工作

一、中国共产党内蒙古自治区邮电管理局机关委员会

1991 年，邮电学校、线务局、工程公司、机要局、器材公司等单位新配齐党委、总支、支部书记；新成立的通讯技术服务中心建立党支部，任届期满的器材公司党总支和局机关离休老干部、办公室、科技工业处等党支部等进行改换选届工作。新发展党员 16 名，审批预备党员转正 28 名。

1992 年，发展新党员 16 名，转正 26 名。当年对 3 名违犯党纪的党员给予了党纪处分。

1993 年，建立工业公司基层党委；成立机关文史中心、公安处、科通贸易公司 3 个党支部；合并劳人处党支部和机关党委、党组办、行管处党支部；6 个党支部按时进行换届选举；重新任免 2 个支部的党支部书记。当年，新发展党员 24 名，预备党员转正 17 名。

1994 年，发展预备党员 21 名，预备党员转正 20 名。9 月 23 日，召开局机关第八次代表大会，118 名代表出席会议。会议选举产生新一届委员会和机关纪律检查委员会。第八届委员会人员组成：书记肖庆宝，组织委员云槐秀，青年委员田鸿玉，统战保密委员王黑虎，群工委员巴图，生产委员王德，青年委员李鸿国。纪律检查委员会书记杨先锋，委员胡建民、张树旺、尚文绪、陈富娟。

1995 年，各直属党组织相继任期届满，各党组织首先从加强支部领导班子建设入手，按时搞好换届选举的各项准备工作。按照基层党委和总支三年、支部两年的任期时间规定，任期届满的党委、总支、支部基本上完成了换届选举任务。当年共发展新党员 26 名 ，预备党员转正 8 名。按照《中国共产党发展党员工作细则》的要求，对 36 名入党积极分子进行培训。年底，机关党委共有党员 972 名。直属基层党委 3 个，总支 3 个，支部 29 个，共计 60 个基层党支部。其中设基层党委的有：内蒙古线务局、内蒙古邮电学校、内蒙古邮电工业公司。设总支的有：内蒙古邮电工程公司、内蒙古邮电器材公司、局机关行政处。设支部的有：内蒙古邮政储汇发行局、内蒙古农话局、内蒙古房地产公司、内蒙古集邮公司、内蒙古邮电设计院、呼和浩特邮电医院、内蒙古邮电技校、内蒙古无委会办公室、内蒙古通讯技术服务中心和机关 19 个支部。

1996 年，新发展党员 30 人，其中青年学生党员 4 人，预备党员转正 25 人；培训入党积极分子 31 人。

1997 年，新发展党员 27 名，预备党员转正 26 名，培训入党积极分子 32 名。本年共有 31 个直属党组织，其中包括 4 个党委、3 个总支、24 个直属支部，加党委、总支所含支部共有 63 个支部。

1998 年 6 月 4 日，局机关党委批复管理局机关退休党支部由 1 个党支部变更为成立 2 个党支部。12 月 9 日，管理局批复：北京内蒙古邮电宾馆成立党支部。

1999 年 1 月 1 日邮电分营后，邮政、电信分别成立局机关党委。

二、中国共产党内蒙古自治区邮政局机关委员会

1999年，内蒙古自治区邮政局成立，中共内蒙古直属机关工委于1月5日发文，同意内蒙古自治区邮政局成立机关党委。2月14日，内蒙古自治区邮政局机关第一次党员代表大会召开，大会选举产生中共内蒙古自治区邮政局第一届机关委员会（以下简称机关党委）。机关党委成立后，着重抓了基层党组织的组织建设。年末，机关党委辖党总支1个，党支部16个，共有党员249名。

2000年4月5日，中共内蒙古自治区邮政局机关委员会批复以下单位（部门）组建党组织：内蒙古邮政储汇局组建党总支部委员会；内蒙古邮政报刊发行局组建党支部委员会；内蒙古邮政信息技术局组建党支部委员会；内蒙古邮政广告总公司组建党支部委员会；内蒙古邮政局邮政业务视察室成立党支部。7月19日，中共内蒙古自治区邮政局机关委员会批复：经由中共内蒙古自治区直属机关工作委员会批复，同意成立呼和浩特邮区中心局基层委员会，并同时成立邮区中心局纪律检查委员会。12月19日中共内蒙古自治区邮政局机关委员会批复：同意内蒙古邮政职工培训中心党支部换届选举。12月29日，经征得中共内蒙古自治区直属机关工作委员会的同意，中共内蒙古自治区邮政局党组决定：吕守山为中共内蒙古自治区邮政局机关委员会副书记（正处级）。年内，局机关党委共举办入党积极分子培训班2期，党员学习班1期，培训42人次。共发展新党员14名，批准预备党员转正12名。年末，局机关党委辖基层党委1个，党总支1个，党支部32个，共有党员477名。

2001年初，新增4个党支部，对任期满3年的党总支和任期满2年的党支部进行换届改选。3月，按照《机关党支部活动制度》要求，重新修订《不定期抽查党支部活动记录制度》，并通过内蒙古直属机关党工委电化教育网，为局机关及直属单位提供录像资料。4月，派13名入党积极分子参加内蒙古直属机关党工委举办的培训班，并取得结业证书。12月，举办38人参加的党务干部学习班。培训班上，学习了《中国共产党发展党员工作细则》和《中国共产党党费收缴、管理和使用规定》等，进一步强调要认真执行入党积极分子培养、发展预备党员及预备党员转正等制度，并就加强基层党建工作的途径和办法进行研讨。年内，组织直属单位的8名党务干部在内蒙古邮政职工培训中心进行党内统计计算机应用软件培训。截至年底，自治区邮政局机关党委所属基层党委1个，党总支1个，党支部36个。共有党员498人，其中女性党员126人，少数民族党员85人。在党员总数中，研究生2人，大学本科95人，大学专科111人。

2002年2月，加入内蒙古自治区直属机关党工委电化教育网，为区局机关及直属单位提供全年的录像学习资料。4月，组织区局机关及直属单位42人参加公民义务无偿献血活动。5月，聘请内蒙古党校教授为直属机关部分支部书记、入党积极分子、新党员和机关干部约60多人讲授党课。5月13日、6月10日，分别组织区局机关及直属单位党员干部观看区直属机关党工委和自治区邮政局组织的戴成均先进事迹报告会的录像。6月，组织区局机关及直属单位496人参加内蒙古党委组织部举办的“包铝杯”迎十六大党建知识竞赛活动。9月，订购党的十六大报告辅导录像讲座光盘、报告全文和新党章等音像学习资料，供区局机关及直属单位的广大干部职工学习。10月，区局机关及直属单位400多人参加内蒙古党委和内蒙古文明办组织的《公民道德建设实施纲要》知识竞赛；同月，组织区局机关及直属单位213人参加区直属机关党工委组织的世界贸易组织基本法律制度答卷。年内，发展预备党员13人，批准预备党员6人按期转正。

2003年3月31日，局机关党委向机关党员发出“献爱心救助贫困学生”的号召，截至4月23日，共80人捐款3940元，使7名贫困学生重返校园。4月，内蒙古部分地区发生非典型肺炎疫情，区局机关各处室、区邮政工会及9个直属单位广大党员、团员和干部职工共捐资23440元。6月9日，凌志

兼任局机关党委书记，肖庆宝不再兼任局机关党委书记职务。7月，515名党员参加局机关党委组织的十六大报告和新党章知识竞赛活动。年底，局机关及直属单位共有党员523人；基层党委1个、党总支1个、党支部32个。

2004年2月，将《中国共产党党内监督条例》《中国共产党纪律处分条例》学习培训教材发放到每个处级干部和基层党组织，并把学习内容、要求纳入主题教育活动之中。5—12月，组织处级干部集中收看“两个条例”专题辅导电视讲座、任长霞先进事迹报告片，学习牛玉儒先进事迹座谈会，处级干部和机关全体干部进行两个条例学习测试考核等，重点加强对处级干部权力观、廉洁自律意识、法制观念和拒腐防变能力的教育。3月8日，经征得中共内蒙古直属机关工委同意，自治区邮政局党组决定：郝和平为中共内蒙古邮政局机关委员会副书记（正处级，试用期一年）。3月下旬，召开中共内蒙古自治区邮政局机关第二届党代会，选举产生新一届机关党委、纪委领导班子。提出按照“五个加强”和“五个好”的目标要求，全面开展创建党建工作先进单位活动。审批（或备案批准）中共预备党员10人，预备党员6人按期转正。

2005年6月28日，成立先进性教育活动领导小组及办事机构。7月12日，召开局机关先进性教育活动动员大会，自治区邮政局保持共产党员先进性教育活动正式启动。活动中新组建成立直属单位党支部2个，对任期届满或委员数量不齐的10个党支部按党章规定完成换届选举和补选委员工作。8月18日前，组织党课和形势任务报告会，集中学习交流和专题研讨会、录像教育、学习测试、先进事迹报告会等各类学习教育活动12次，各基层党组织开展各类活动53次，受教育党员覆盖率达到98%以上。机关、直属单位各级基层党组织联系本单位（部门）实际，采取自学与集中学习交流相结合、理论学习与业务学习相结合，学习牛玉儒、王顺友先进事迹与岗位工作相结合，以及开展知识竞赛、开展“服务社会为人民，我为邮政做贡献”主题实践活动、党员佩戴党徽上岗活动等多种学习教育形式。8月19日—9月25日，按照广泛征求意见、深入开展谈心活动、撰写党性分析材料、召开专题民主生活会和组织生活会、提出评议意见、反馈评议意见、通报评议情况7个环节开展活动。11月中旬，召开先进性教育活动总结暨表彰先进大会，局机关党委对5个先进党支部、10名优秀共产党员、5名优秀党务工作者进行表彰奖励。年内，批准12名同志为中共预备党员，4名预备党员按期转正。

2006年，机关党委进一步加大培训力度，充分利用区直工委党校对基层支部书记、委员进行分批培训教育，年内有15名党务干部和入党积极分子接受培训。为健全基层党组织建设，对一些单位（部门）由于领导成员调整后出现的书记、委员空缺，按照党章规定及时进行改选或补选工作，保持了支部工作的组织健全。年内机关党委审批中共预备党员13人，预备党员14人按期转正。

三、中共内蒙古自治区邮政管理局机关总支委员会

2006年9月，成立中共内蒙古自治区邮政管理局机关总支委员会，书记张子旗，副书记樊敏，委员：索聪明、殷雨。设综合处、普遍服务处、市场监管处3个党支部，有党员15人。

2008年3月，局机关党总支委员会改选，书记吴邦柱，副书记黑英，委员：索聪明、乌兰托娅、殷雨。本年通过国家公务员考试招录1名公务员；按照军转干部接收安置政策，接收了1名军转副团职干部。2人均为中共党员，局机关党员增加到17人（包括2名办理了退休手续的党员）。

2010 年 7 月，免去黑英党总支副书记职务，韩冬任党总支副书记。有党员 18 人（包括 2 名办理了退休手续的党员和 1 名聘用人员党员）。

四、内蒙古自治区邮政公司机关党委

2007 年，内蒙古自治区邮政公司机关党委以邓小平理论和“三个代表”重要思想为指导，围绕区公司党组推进全区邮政“二次创业”战略工程目标和改革发展稳定大局，以加强领导班子建设和推进基层党组织先进性建设为重点，以深入开展“三创一落实”活动和“二次创业、科学发展”主题实践活动为载体，全面推进区公司党的思想、组织、作风和制度建设。在“送温暖、献爱心”活动中，区公司机关和直属单位的员工共计捐款 28770 元。

2008 年 3 月，机关党委组织开展“科学发展、服务基层”主题学习研讨活动。根据党章规定，经内蒙古自治区邮政公司机关党委会议决定并报请内蒙古自治区邮政公司党组同意，于 6 月上旬筹备召开中共内蒙古自治区邮政公司机关第一次代表大会，并选举产生了新一届机关委员会和纪律检查委员会。年内，审批 10 名为中共预备党员，9 名预备党员经过考核审批按期转正，有 16 名党务干部和入党积极分子接受了培训教育。

2009 年，区公司机关、直属单位各基层党组织把深入开展学习实践活动作为党建工作的重大任务，组织开展向王顺友、全二平、尼玛拉木、北京东四邮政局等全国邮政行业先进典型学习活动。各基层党组织以贯彻落实“三会一课”制度为基础，以开展“三创一落实”活动为载体，进一步规范了基层党支部日常工作制度。

2010 年，机关党委采取党员干部自学、集中学习讨论、观看专题讲座、专题研讨等方式，组织认真学习、深入宣传、全面贯彻十七届五中全会精神。4 月，青海玉树地震发生后，区公司机关党委组织向青海玉树地震灾区捐款活动，党员干部员工捐助现金 96460 元。在中国共产党建党 89 周年纪念日，召开纪念“七一”表彰大会，对 3 个先进基层党组织、24 名优秀共产党员和 10 名优秀党务工作者予以表彰奖励。

五、内蒙古自治区邮政银行机关党总支

内蒙古分行机关党总支于 2008 年 11 月 26 日成立。选举王培军、李一军、邢科峰、牧仁、张萍 5 人为中共中国邮政储蓄银行内蒙古分行机关第一届委员会委员，选举牧仁为党总支书记。邮储银行机关一支部书记董启涛，二支部书记孙丽华，三支部书记刘建忠，四支部书记李广，五支部书记王培军。

六、内蒙古自治区邮政速递物流公司党委

2012 年中共内蒙古邮政速递物流有限公司党委成立，党委书记廉福臣，委员宋安一、张江玲。

第二节 工会组织工作

一、中国邮电工会内蒙古自治区委员会

1991年1月7日，自治区邮电管理局党组转发邮电部党组1990年12月20日党任〔1990〕68号《关于孙希强同志任职的通知》决定：孙希强任内蒙古自治区邮电工会委员会代主席。4月9日至12日，中国邮电工会内蒙古自治区第九次代表大会在呼和浩特市召开。大会选举产生区邮电工会第九届委员会，经费审查委员会、女职工委员会和出席中国邮电工会第五次代表大会的代表，表彰全区邮电工会先进集体和个人，交流典型经验。参加这次代表大会的正式代表为160名，受大会表彰的工会先进集体15个，优秀（五好）工会小组69个，优秀工会工作者41名。特邀工会积极分子28名，优秀工会积极分子144名。中国邮电工会内蒙古自治区第九届委员会主席孙希强，副主席巴图（蒙古族）。中国邮电工会内蒙古自治区第九届经费审查委员会主任巴图。内蒙古自治区邮电工会第一届女职工委员会主任侯凤英，副主任赵如意。

1992年，继续采取多种形式组织开展社会主义劳动竞赛活动。表彰了1991年度全区邮电部门先进集体48个，先进生产（工作）者118名；表彰了全区邮电“最佳十员”412名；表彰了“电信一条”龙先进线务段12个，先进电路小组52个，先进线务员135人，先进电路小组252人，先进管理人员28人；表彰“双增双节”先进局14个，其中2个局受到内蒙古自治区竞赛委员会表彰；表彰优秀党委（支部）书记、局长、工会主席35名。另有2个班组、4名职工受到内蒙古自治区竞赛委员会表彰。表彰了劳动竞赛优秀组织单位5个，优秀组织者15名。表彰全区电报投递同工种竞赛先进单位2个、先进个人13名。表彰全区邮袋管理先进分片局5个。表彰全区邮电安全生产劳动保护先进集体22个，先进个人56名。表彰全区机要通信“双无”竞赛先进集体15个，先进个人23名。协助全国邮电体协举办的全国邮电职工“周口通信电缆杯”女子篮球赛，自治区邮电女子篮球队获第四名，并荣获“体育道德风尚奖”。在“祖国在我心中”呼和浩特—北京象征性长跑活动中，自治区邮电工会获优秀组织奖。年内还组织了全区“鸿雁杯”业余歌手赛。安排疗养249名职工。

1993年，下发《内蒙古自治区邮电“优质服务”竞赛办法》《内蒙古自治区邮电通信企业“经济效益流动杯”竞赛办法》《内蒙古自治区邮电通信建设竞赛办法》。为了宣传全国劳模拉斯嘎的事迹，与北京电影制片厂联合拍摄了3集电视连续剧《遥远的驿站》，这部电视剧先后在通辽、哲里木盟、内蒙古自治区、中央电视台进行播放，收到了弘扬先进人物精神的效果。在全国第七届运动会上，自治区邮电工会选派的宝音图获得48公斤级摔跤银牌，敦德格获52公斤级铜牌，浩斯巴雅尔获柔道78公斤级第三名，照日格图获86公斤级第四名。自治区邮电工会被邮电部、中国邮电工会全委会、中国邮电体

协评为“为进军七运会做出贡献的单位”。中国工会十二大表彰决定中，哲里木盟邮电工会主席马元双被评为“全国优秀工会工作者”，乌兰察布盟邮电工会工委主任麻勇被评为“全国优秀工会积极分子”。

1994 年，继续抓好竞赛活动，评比表彰 1993 年度全区邮电先进集体 36 个，先进生产工作者 102 名；全区邮电“双增双节”局际竞赛先进企业 8 个；内蒙古邮电社会主义劳动竞赛优秀组织单位 6 个，优秀组织者 18 名；全区干线邮路创文明邮车站先进集体 32 个，先进转运、押运员 84 名，先进调度员 13 名；全区邮电安全生产先进集体 15 个，先进个人 96 名；邮袋管理 13 个先进分片调拨局和 79 个分局(科、公司)；电报同工种竞赛电报营业先进集体 2 个，优秀营业员 16 名，电报投递先进集体 3 个，优秀投递员 16 名，优秀管理人员 1 名。“五一”前夕，四子王旗乡邮员李有弟被全总授予 1993 年度“五一劳动奖章”获得者。在内蒙古自治区竞赛委员会组织的“上质量、增品种、促销售、降成本、保安全、创效益”竞赛活动中，区邮电有 2 个企业、1 个班组、4 名个人受到表彰。年内有 240 名职工进行了休疗养。

1995 年 6 月 23 日至 24 日，在呼和浩特市召开中国邮电工会内蒙古自治区第十次代表大会，选举产生中国邮电工会内蒙古自治区第十届委员会及经费审查委员会和内蒙古邮电工会委员会和内蒙古邮电工会第二届女职工委员会。会上还表彰了一批基层工会先进集体和个人。参加这次会议的正式代表 171 名，特邀代表 7 名，列席代表 3 名。中国邮电工会内蒙古自治区第十届委员会主席孙希强，副主席巴图；中国邮电工会内蒙古自治区第十届经费审查委员会主任巴图（蒙古族）。内蒙古邮电工会第二届女职工委员会主任赵如意，副主任伊丽英。

1996 年，全区各级邮电工会继续开展以“经济效益”“优质服务”“通信建设”为主要内容的社会主义劳动竞赛和“树创”活动。贯彻实施《中华人民共和国劳动法》的规定，通过平等协商签订集体合同，全区 143 个邮电企事业单位有 111 个签订了集体合同，128 个基层单位建立了由工会主席担任主任委员的劳动争议调解委员会，占全区基层工会总数的 90%。对全区邮电系统的职工生活状况进行专题调查，建立困难职工档案。全区邮电职工人均生活费 100 元以下的有 60 户，其中人均 80 元以下的 15 户，70 元以下的 4 户，60 元以下的 4 户。年内，全区共安排 725 人到庐山、黄山、峨眉山、桂林、青岛和北戴河等地及区内疗养院疗休养，占职工总数的 2.3%。12 月 9 日，在全国邮电工会第六次代表大会上，呼和浩特市邮政局工会、巴彦淖尔盟邮电局工会、锡林郭勒盟阿巴嘎旗邮电局工会受到“全国邮电模范职工之家”表彰，包头市土默特右旗邮电局程控机房等 6 个工会小组受到“全国邮电模范职工小家”表彰；张学谦等 6 人被评为“全国邮电优秀工会工作者”，何风捷等 8 人被评为“全国邮电优秀工会积极分子”。

1997 年元旦、春节期间，自治区邮电管理局及全区各盟市、旗县局和直属单位共发放慰问款 38.9 万元，慰问离退职工、劳动模范、困难职工和病休职工 1944 人。3 月 6 日，自治区总工会举办纪念“三八”国际劳动妇女节女职工知识竞赛暨技能表演。由呼和浩特市电信局报务员荣玲，呼和浩特市邮政局营业员朱俊梅、平信组分拣员黄玉萍组成的邮电代表队获得了第二名，区会生活女工部获优秀组织奖。为庆祝香港回归暨内蒙古自治区成立 50 周年，7 月 24—26 日，在呼和浩特市乌兰恰特影剧院举办了全区邮电职工文艺调演，全区 12 个盟市邮电局选送 200 多名演员参加了以合唱、舞蹈、快板、小品、二人台等形式的演出。7 月 18 日—28 日，举办了为期 10 天的全区邮电职工第三届书法、美术、摄影展。8 月中旬至 11 月上旬，自治区邮电工会对全区邮电部门 11 个全国及省部级模范“职工之家”进行了逐个复查验收，合格率为 100%。3 月 26 日，《内蒙古日报》刊登关于表彰全区 11 个窗口行业“文明杯”竞赛优胜单位的决定，全区邮电部门有 13 个单位获“文明杯”竞赛奖。第一名呼和浩特市邮政局麻花板发投部、阿拉善盟邮电局吉兰泰支局；第二名呼和浩特市电信局 90 局寻呼台、赤峰市平庄矿区邮电局、呼伦贝尔盟邮电局海拉尔市中央街支局、巴彦淖尔盟五原县邮电局营业班；第三名兴安盟科右前旗邮电局和平路营业厅、乌海市邮电局移动科寻呼台、哲里木盟邮电局邮政营业科营业班、乌兰察布盟邮电局(现业）邮政营业班、伊克昭盟伊金霍洛旗邮电局营业厅、包头市昆区邮电局麻池邮电支局、锡林郭勒盟太仆寺旗邮电局营业班。

1998 年 1 月 13 日，自治区邮电工会对特殊困难的职工按每户 800 元给予一次性补助，全区邮电部门有特困职工 81 户，计 6.48 万元。对其他有困难的职工由各局酌情给予适当补助。1 月 22 日，区邮电工会主席、副主席和生活女工部部长分别带领 3 个慰问组赴伊克昭盟、呼和浩特市和乌兰察布盟进行了慰问。慰问小组专程慰问了杨伊平烈士的父亲。3 月 25 日，中华全国总工会中国职工之家劳模休养部“五一”国际劳动节期间组织选派劳动模范、先进生产（工作）者、工会干部进京观光，自治区邮电 51 名劳模、先进生产（工作）者，36 名工会干部（含基层主席）受邀进京观光。7 月 10 日，组织自治区邮电系统全国劳模、省部级劳模、“五一劳动奖章”和“五一劳动奖状”获得者 32 人分 4 批赴区外进行荣誉休养。10 月，对全区 1997 年度社会主义劳动竞赛、合理化建议和工会系统“帮助亏损企业扭亏增盈”活动中涌现出的先进集体和先进个人进行表彰。呼和浩特市邮政局被授予“全区社会主义劳动竞赛先进集体”称号。年内，总工会表彰了一批“模范职工之家”和“模范职工小家”。其中，哲里木盟邮电局工会委员会被命名为“模范职工之家”、达尔罕茂明安联合旗希拉穆仁邮电支局被命名为“模范职工小家”。11 月 3 日，自治区邮电工会明确：邮电分营后，各盟市邮政局、电信局直属现业部分，要召开会员代表大会选举产生工会委员会，名称为：“中国邮电工会Ｘ Ｘ盟（市）邮政局委员会”和“中国邮电工会Ｘ Ｘ盟（市）电信局委员会”。与盟市邮政局、电信局工会工作委员会实行“一套机构、两块牌子”。

1999 年 1 月 1 日邮电分营后，邮政、电信分别成立工会组织。

二、中国邮电工会内蒙古自治区邮政委员会

1999 年初，经内蒙古自治区邮政局党组研究并报请中国邮电全委会和内蒙古自治区总工会同意，成立内蒙古自治区邮政工会筹备组。春节期间，全区各级邮政部门共慰问特困职工 839 户，发放慰问金 30.5 万元。4 月 6—7 日，中国邮电工会内蒙古自治区邮政第一次代表大会在呼和浩特市召开。出席会议正式代表共 58 名。选举产生了中国邮电工会内蒙古自治区邮政第一届委员会和经费审查委员会。工会主席肖庆宝，副主席张紫英。4 月 7 日，全区邮政女职工代表会议召开。19 名女代表参加会议。会议选举产生了中国邮电工会内蒙古自治区邮政委员会第一届女职工委员会，主任张紫英，副主任伊丽英。9 月 7 日，中共内蒙古自治区邮政局党组批复，中国邮电工会内蒙古自治区邮政委员会工作机构设 2 部 1 室：基层工作部、权益维护部、办公室。全区 12 个盟市局工会工作委员会作为区邮政工会的派出机构。84 个旗县局和 4 个直属单位相继成立工会组织。工会会员 13369 人，其中女会员 4483 人。年内，制定《全区邮政企业开展扭亏为盈竞赛活动的办法》，修订《农牧区邮政支局所升级竞赛办法》和《检查评分标准》。全区邮政部门 93 个单位签订了集体合同；有 84 个单位建立了劳动争议调解组织；87 个单位建立了劳动法律监督组织。89 个基层工会建立了职工互助保险组织，入会人数 11212 人，金额 520 万元。建立特困职工档案，将 100 名职工列为全区特困职工户，每户给予 500 元补助。与 7 个邮电疗养院建立疗休养关系，

安排疗休养职工364名。

2000年春节前夕，自治区邮政工会组成2个慰问组分赴乌兰察布盟、伊克昭盟等地对特困户、烈属、劳模等13户家庭走访慰问。4月1—2日，中国邮电工会内蒙古邮政工会一届二次委员扩大会议在呼和浩特市召开。表彰奖励了全区邮政企业扭亏为盈竞赛“1999年度经济效益先进企业（旗县局组）”的一至三名：包头市白云鄂博矿区邮政局、赤峰市元宝山区邮政局、呼伦贝尔盟满洲里市邮政局。会议讨论制定《全区邮政工会工作目标考核管理办法》和《全区邮政部门集体合同监督检查实施办法》。选举肖庆宝、郝档柱、孙洪学、陈蓓4名代表出席中国邮政工会第一次代表大会。按照中国邮电工会全委会的要求，对邮电分营前获国家和省部级“模范职工之家”称号的8个盟市邮政局、12个旗县邮政局、14个邮政支局所的建家工作进行复查验收，全部通过，并拨款20万元用于基层工会“职工之家”建设。“五一”前夕，通辽市邮运局长途司机温利平和赤峰市邮政局昭乌达路支局营业班长王素霞2人被自治区政府评为劳动模范，出席了自治区劳动模范表彰大会。4月27日，自治区邮政局领导班子全体成员接见王素霞和温利平，同时，奖励两位劳模各5000元人民币。4月29日，自治区邮政工会发出《关于开展向自治区劳动模范王素霞、温利平同志学习的通知》。年底，全区有99个基层单位签订了集体合同，占应签总数的99%。建立集体合同监督检查小组94个。建立劳动争议调解委员会97个，劳动法律监督组织93个。成立“内蒙古自治区邮政工会确认基层法人资格工作小组”，依照法人资格的程序和必须具备的条件，对全区19个基层邮政工会组织给予确认，颁发了“内蒙古自治区工会社团法人资格证”及副本。经摸底调查，将134户列为特困户并建立了特困职工档案。自治区邮政局和区邮政工会共拨款6.7万元对特困职工给予了补助。年末，国家邮政工会副主席常凤山一行到赤峰市5个旗县区局慰问2名劳模和11户特困职工。各级邮政工会组织也以不同方式对特困职工、劳动模范、离退休职工、生产一线职工等2200余人进行慰问，慰问金额49.6万元。截至年底，全区有96个基层单位建立了职工互助保险组织，入会人数1.01万人，累计互助保险金额816.8万元，累计享受保险待遇2334人，累计享受金额160.4万元。安排155名职工分赴桂林、庐山、北戴河、青岛等地疗休养。贯彻全总《工会女职工委员会条例》，全区邮政女职工组织组建率100%。全区女职工人数4483人，占职工总数的35%。其中科级干部1857人，处级干部13人；大学本科以上学历247人，大专学历748人，中专（高中）学历2723人；高级职称15人，中级职称189人。

2001年2月26—27日，中国邮电工会内蒙古邮政一届三次委员（扩大）会议在呼和浩特市召开。会上对全区邮政系统竞赛委员会评选出的2000年度经济效益先进企业进行奖励：盟市邮政局组为包头市邮政局和乌海市邮政局，分别奖励50万元和40万元；旗县邮政局组为呼伦贝尔盟鄂伦春旗邮政局、额尔古纳市邮政局和根河市邮政局，分别奖励20万元、16万元和12万元。6月30日，组织呼和浩特市150名邮政职工参加“庆祝建党80周年万人长跑”活动，获优秀组织奖。97%的企业建立了集体合同监督检查小组和劳动争议调解委员会。在元旦、春节期间，核定150户特困职工家庭，对每户给予500元的困难补助。全年用于慰问特困职工资金17万元。全年用于慰问劳模和一线职工、退休职工资金24万元。对全国劳模通辽市科左后旗邮政局色音德力格尔一次性补助5000元。1月22日，因内蒙古地区遭受特大暴风雪袭击，中国邮电工会全委会发来慰问电，并拨3万元救灾专款。区邮政工会为受灾地区邮政工会组织救灾工作和解决职工生活困难拨款3.8万元。3月8日，在全国总工会开展的“女职工双文明建功立业”竞赛活动中，鄂尔多斯市邮政局安建兰被授予全国先进女职工称号；同日，在全国妇联开展的“创建巾帼文明示范岗”活动中，呼和浩特市邮政局中山路支局和阿拉善盟邮政局阿拉善右旗储蓄班被授予全国巾帼建功文明示范岗位称号。锡林郭勒盟锡林街邮政支局被授予全国邮政先进女职工集体称号；乌兰察布盟邮政储汇局李雪青、包头市邮政投递局张秀清、呼伦贝尔盟满洲里市邮政局王芳被授予全国邮政先进女职工称号。在自治区总工会开展的“女职工双文明建功立业”竞赛活动中，通辽市邮政局储汇中心、鄂尔多斯市邮政局邮政营业厅被评为全区女职工文明示范岗。自治区邮政工会对邮电分营以来涌现出的先进集体和个人予以表彰奖励，14 个单位被评为全区邮政部门先进女职工集体；22 人被评为先进女职工。

2002 年春节前夕，内蒙古自治区邮政局局长苏和、工会主席肖庆宝分别率领 2 个慰问组，赴包头市、鄂尔多斯市、乌海市和巴彦淖尔盟等地，对特困职工家庭进行走访慰问。全区各级邮政部门在送温暖活动中共筹措慰问资金 39.6 万元，其中行政筹集 32.2 万元，工会筹集 7.4 万元；慰问特困职工 323 人，慰问劳动模范、一线职工、离退休人员 3103 人。同时，建立特困职工档案 144 户，对每户给予 500 元的困难补助。3 月 13—14 日，中国邮电工会内蒙古自治区邮政一届四次委员（扩大）会议在内蒙古邮政职工培训中心召开。会议表彰了全区邮政企业扭亏为盈竞赛活动中获“2001 年度经济效益先进企业”盟市局组第一名的呼和浩特市邮政局和旗县局组前 3 名的包头市固阳县邮政局、包头市石拐区邮政局及通辽霍林郭勒市邮政局。3 月 21 日，对 2001 年度全区邮政工会工作目标考核中获盟市局组一等奖的呼和浩特市和包头市邮政局工会工委，获盟市局组二等奖的呼伦贝尔市、通辽市、赤峰市、乌海市、锡林郭勒盟、鄂尔多斯市、乌兰察布盟、阿拉善盟邮政局工会工委，获盟市局组三等奖的巴彦淖尔盟和兴安盟邮政局工会工委及获直属单位二等奖的呼和浩特邮区中心局工会，获直属单位三等奖的内蒙古邮政储汇局、内蒙古邮政报刊发行局、内蒙古邮政信息技术局、内蒙古集邮公司、内蒙古邮政职工培训中心、内蒙古邮电印刷厂、内蒙古邮政广告总公司和内蒙古邮购直递公司工会工委进行表彰奖励。制定《开展“全区邮政职工投身西部大开发职工素质行动”的实施意见》，从 2002—2004 年在全区邮政企业中开展“全区邮政职工投身西部大开发职工素质行动”活动。4 月，在北京召开的首届“全国邮政系统先进集体和先进个人”表彰会上，呼和浩特邮区中心局分拣科和鄂尔多斯市邮政储汇局荣获“全国邮政先进集体”称号；王莉、刘春萍、李军远、谢爱军荣获“全国邮政先进个人”称号。12 月 27 日，国家人事部和国家邮政局联合召开“全国邮政系统先进集体和劳动模范”电视电话表彰大会，呼和浩特邮区中心局分拣科和鄂尔多斯市邮政储汇局被授予“全国邮政系统先进集体”称号；王莉、刘春萍、李军远被授予“全国邮政系统劳动模范”称号。截至年底，全区邮政部门建立互助补充保险组织 83 个，会员 9460 人，保险金余额 825 万元。3 月 8 日，在国家邮政工会召开的“全国邮政先进女职工、先进女职工集体”电视电话表彰会上，李雪青、张秀清、王芳被授予“全国邮政先进女职工”称号；锡盟锡林街邮政支局被授予“全国邮政先进女职工集体”称号。同时，区邮政工会授予 22 人“全区邮政部门先进女职工”称号；授予锡盟邮政局锡林街支局、呼和浩特市邮政局 185 客户服务中心、包头市邮政局邮区中心局女职工委员会、乌海市邮政局梁家沟支局、赤峰市邮政局昭乌达路邮政营业班、呼伦贝尔盟邮政局河东支局、兴安盟邮政局储汇中心、通辽市邮政局科尔沁邮政营业班、乌兰察布盟邮政局恩和路邮政营业厅、鄂尔多斯市邮政局女职工委员会、巴彦淖尔盟邮政局储汇中心、阿拉善盟邮政局新华街邮政营业班、呼和浩特邮区中心局分拣科、内蒙古邮政信息技术局技术推进部等为全区邮政部门先进女职工集体称号。年底，全区邮政工会所辖基层工会 104 个，其中盟市邮政局工会工委 12 个，旗县邮政局工会 82 个，区局机关及直属单位工会 10 个。全区邮政工会会员总数 12010 人，其中女职工会员 5051 人，劳务工会员 2565 人。

2003 年元旦、春节期间，国家邮政局拨救灾专款 50 万元，全区各级邮政部门筹措“送温暖”慰问资金 58.9 万元。其中行政筹集 49.2 万元，工会筹集 9.7 万元。慰问特困职工 467 人，慰问劳动模范、一线职工及离退休人员3549人。3月12—13日，中国邮电工会内蒙古自治区邮政一届五次委员（扩大）会议召开。会议表彰全区邮政企业扭亏为盈竞赛活动荣获“2002年度经济效益先进企业（旗县组）”前3名的乌兰察布盟丰镇市邮政局、呼和浩特市土默特左旗邮政局、乌兰察布盟化德县邮政局，并分别奖励5万元、4万元、3万元。根据国家邮政局对全国邮政系统先进集体、劳动模范和先进个人的奖励决定，对内蒙古邮政系统获此殊荣的劳模和先进个人予以奖励。奖励劳动模范刘春萍、王莉、李军远每人5000元，奖励先进个人谢爱军2000元。奖励经费由国家邮政局统一拨付，并由自治区邮政局为其办理补充养老保险。按照建设“模范职工之家”的标准，对全区“职工之家”的情况进行摸底调查，并拨专款11万元用于基层单位的“职工之家”建设。5月15日，区邮政工会制定《内蒙古邮政工会防控非典型肺炎工作方案》，向盟市邮政局工会工委划拨防控“非典”期间慰问生产经营一线职工专项经费19.5万元。8月和10月，分东、西部分别在通辽市扎鲁特旗邮政局和包头市邮政局举办邮政营业窗口计算机应用练功比赛。全区12个盟市邮政局72名营业员参加营业、邮政储蓄、电子汇兑3个项目的比赛，22人分获3个项目的前3名，6个盟市邮政局工会工委获优秀组织奖。9月25日，在北京市召开的中国工会第十四次代表大会上，包头市邮政局青山区邮政投递局荣获“全国模范职工小家”称号；通辽市邮政局陈蓓荣获“全国优秀工会积极分子”称号。截至年底，全区邮政有101个单位建立和完善平等协商集体合同制度，占应签总数的99%；有98个单位建立集体合同监督检查组织。建立互助补充保险组织92个，会员8500人，保险金余额1053万元。有2700名会员得到保险给付金，支付保险金177万元，其中为493人支付医疗保险金30万元，为2210人支付养老保险金140万元。全区各级邮政工会互助补充保险结存额共计871万元。全区邮政工会所辖基层工会104个，其中盟市局工会12个，旗县局工会82个，直属单位工会10个；共有工会会员11282人，其中女会员5272人；有工会专职干部35人，工会兼职干部107人。

2004年1月11—13日，自治区邮政工会组成慰问组，对邮政特困职工家庭进行走访慰问，慰问劳模、一线职工、离退休职工和特困职工的资金61.4万元。4月22日，包头市邮政局青山分局呼得木林支局被内蒙古总工会命名为全区“五一女职工示范岗”。6月15日，在自治区总工会“八大”会议上，自治区邮政工会被授予“自治区工会工作先进集体”，呼和浩特邮区中心局工会被授予自治区“模范职工之家”，鄂尔多斯市乌审旗邮政局和兴安盟阿尔山市邮政局被授予自治区“模范职工小家”称号；刘雨萍、郗胜利、马志刚、郭淑珍、麻勇5人分别被授予“优秀工会工作者”“优秀工会积极分子”“荣誉工会积极分子”称号；自治区邮政工会被授予“职工经济技术创新工程活动优秀组织单位”称号；鄂尔多斯市邮政信息技术局、乌兰察布市商都县邮政局、包头市邮政局昆区分局被授予“职工经济技术创新工程活动”奖状；张亚伟、苏政、王卉、王栋义、王海俊被授予“职工经济技术创新工程活动”奖章。同时，呼伦贝尔市中央街邮政支局、通辽市邮政局李敏和乌海市邮政局张秀被评选为“十佳单位”和“十佳个人”。11月1日，自治区邮政局党组印发《实行局务公开民主管理工作责任制的实施办法》，明确工会的职责。截至年底，全区邮政有103个单位建立和完善集体合同制度，占应签总数的99%。有98个单位建立集体合同监督检查组织。建立互助补充保险组织92个，会员8500人，保险金余额1053万元。有2700名会员得到保险给付金，支付保险金177万元，其中为493人支付医疗保险金30万元，为2210人支付养老保险金140万元，互助补充保险结存额共计871万元。全区邮政系统计划内劳务工3232人，加入工会组织的2873人，劳务工入会率89%。

2005年元旦、春节期间，全区邮政部门共筹集资金47.8万元，用于慰问困难职工495人、劳模20人，一线职工、离退休人员 2900 人。其中对省部级劳模每人补助 1000 元，省部级特困劳模每人补助 2000 元；全国劳模每人补助 1500 元，全国特困劳模每人补助 2500 元。4 月 29 日，锡林郭勒盟邮政局工会、兴安盟阿尔山市邮政局伊尔施支局分别被全国总工会授予“全国模范职工之家”“全国模范职工小家”称号。12 月 25 日，中国国防邮电工会授予呼和浩特邮区中心局转运科工会小组“模范职工小家”称号。截至年底，全区 104 个基层单位全部推行职代会和局务公开制度。共安排疗休养人员 247 人。全区邮政企业有 90% 的计划内劳务工加入工会组织。全区邮政建立职工互助保险组织 92 个，入会人数 7838 人；职工互助保险资金总额 1106.9 万元，支出总额 205.7 万元，累计余额 904.2 万元；享受保险待遇职工 261 人，支出保险金额 26.4 万元。

2006 年 1 月，自治区邮政局、自治区邮政工会联合印发《关于在全区邮政企业开展创建“劳动关系和谐单位”活动的通知》。春节、元旦期间，全区邮政共筹集“送温暖”资金 56.967 万元，慰问困难职工 820 人，受灾职工 8 人，资助困难职工子女就学 22 人。5 月，在全区邮政企业开展量收系统“三确保”、营销体系建设“创建优秀团队、争做优秀营销员”、速递物流“创优争先比贡献”、网运“四确保、两提高”等项目劳动竞赛活动。7 月份，从各盟市邮政局选拔出有代表性的 3 名优秀营销能手，2 名营销先进单位代表，赴全区 12 个盟市邮政局和部分旗县邮政局进行巡回报告。9 月份，选调 5 名大客户营销和管理工作开展比较突出的专职客户管理人员，组成大客户营销、管理培训讲师团，赴全区 12 个盟市邮政局举办大客户营销、管理流动培训。9 月 1—2 日，在包头市举办全区邮政职工职业技能大赛，全区 12 个盟市邮政企业选拔出 48 名选手参加比赛。这次比赛项目为储蓄汇兑、邮政业务 2 个工种，分为理论和实际操作 2 部分进行。通辽市邮政局获得技能大赛团体第一名，呼和浩特市邮政局、包头市邮政局分别获得团体第二名和第三名；廉晓菲、黄新颜、王卉分别获得邮政储蓄汇兑工种第一、二、三名；那立秋、李敏、赵志宏分别获得邮政营业工种第一、二、三名。11 月，呼和浩特市邮政局、乌海市邮政局被评为 2006 年度“劳动关系和谐单位”，受到表彰奖励。

三、自治区邮政公司工会

2007 年元旦、春节期间，全区邮政共筹集“送温暖”资金 6924 万元，其中区邮政公司、区邮政工会筹集 1818 万元，各盟市行政和工会筹集 49.46 万元，争取地方工会和通过社会筹集 1.6 万元，总额较上年增加 12.273 万元。慰问员工 3576 人，其中：劳模 36 人，困难员工（含离退休、内退）1635 人，受灾员工 6 人，资助困难员工子女就学 13 人，慰问一线员工 2225 人。5 月，自治区邮政工会组织开展了“我为内蒙古邮政企业发展献计献策”合理化建议征集活动，共征集合理化建议 1000 余项，经过认真评选，推荐上报区邮政工会有价值的合理化建议 50 项。经评审，刘源《关于加快运转接发火车邮件速度的建议》等 3 项合理化建议被评为一等奖，金莲《关于提升服务质量的四条建议》等 5 项合理化建议被评为二等奖，韩新在的《如何进一步做好大客户开发维系工作的建议》等 15 项合理化建议被评为三等奖。组织开展了邮政储蓄、函件业务发展、种子化肥销售、邮政贺卡和自治区 60 周年大庆项目专项营销竞赛活动。7 月 21 日，在通辽市召开全区邮政农村牧区支局（所）职工小家建设现场经验交流会，通辽市邮政局等 7 个单位的职工小家作了经验介绍。9 月 1 日，自治区邮政公司、自治区邮政工会在包头市举行了全区邮政通信特有职业技能选拔赛，48 名选手参加全区选拔赛，张利平和胡飞宇分获邮政投递竞赛第一名和第二名，寿桂云获得第三名；田平、马丽华获得邮政营业竞赛第一名和第二名，那立秋获得第三名；赤峰、通辽、巴彦淖尔市邮政局获得选拔赛的优秀组织奖。年内，内蒙古自治区邮政公司工会把“创建学习型班组、争做知识型职工”活动作为职工素质工程的重要载体，普遍开展了业务技能练兵和岗位培训活动，参加人数3100人次，涌现出一批“创争”活动先进班组和个人，自治区邮政工会授予呼和浩特市邮政局新城支局等30个单位“学习型班组”称号，授予廉晓菲等26名“岗位成才能手”称号。在“女职工建功立业工程”和“女职工素质提升工程”活动中，自治区邮政工会表彰13个集体、24名女职工和13名女职工工作者。22个基层工会组织被评为全区邮政系统“模范职工小家”称号。呼伦贝尔市邮政局工会工委、巴彦淖尔市邮政局工会工委、乌拉特前旗邮政局工会被自治区总工会授予“模范职工之家”称号，呼和浩特市邮政局营业四分局工会分会、土默特左旗邮政局工会、通辽市邮政局科左中旗舍伯吐支局工会小组被自治区总工会授予“模范职工小家”称号。

2008年初，自治区邮政工会筹集专项资金35.1万元，为全区117名患重病员工每人一次性补助3000元。在春节期间，全区邮政共筹集送温暖资金90.85万元，慰问员工2788人，其中慰问劳模29人，特困员工828人，受灾员工3人，资助困难员工子女就学23人，慰问一线生产班组135个。4月17日至18日，召开内蒙古自治区邮政工会第三次代表大会，大会代表80名，选举产生了中国邮电工会内蒙古自治区邮政第三届委员会、经费审查委员会，协商产生了第三届女职工委员会。主席凌志，副主席恩和；经费审查委员会主任兰利厚；女职工委员会副主任李亚平。大会表彰了29个先进基层工会、32名优秀工会工作者、30名优秀工会分子。年内，巴彦淖尔市邮政局全二平被授予“全国五一劳动奖章”称号；自治区邮政工会副主席恩和被授予“全国优秀工会工作者”称号；呼和浩特邮区中心局干线汽车运输分局、赤峰市邮政局刘然民分别被评为全国邮政系统“抗冰雪保畅通”先进集体和先进个人；呼和浩特市邮政局、鄂尔多斯市邮政局准格尔北路支局被授予“自治区五一劳动奖状”，德红梅、钱振国、刘玉霞被授予“自治区五一劳动奖章”；呼和浩特市和林县邮政局等18个单位被评为全区邮政系统先进集体，呼和浩特市邮政局王宗萍等28名被评为全区邮政系统先进个人。在全区“工人先锋号”活动中，包头市邮政局昆区一分局光彩街支局、鄂尔多斯市邮政局准格尔北路支局、赤峰市宁城县邮政局三座店支局、锡林郭勒盟白旗邮政局乌宁巴图东街支局被自治区总工会授予自治区“工人先锋号”称号；通辽市站前邮政支局被中国国防邮电工会授予“工人先锋号”称号；呼和浩特市邮政局新城支局等13个班组（支局）被区邮政工会授予全区邮政系统“工人先锋号”称号。在全区创建劳动关系和谐单位活动中，呼和浩特市邮政局等5个单位被自治区创建劳动关系和谐单位活动领导小组授予“自治区劳动关系和谐单位”称号；巴彦淖尔市邮政局、赤峰市邮政局被自治区邮政公司创建劳动关系和谐单位活动领导小组授予“内蒙古邮政企业劳动关系和谐单位”称号。年内，自治区邮政工会为“职工小家”建设投资62万元“职工小家”建设取得成效，通辽市科左中旗邮政局舍伯吐支局工会小组被授予“全国模范职工小家”称号，55个农村牧区“职工小家”被区邮政工会命名为“模范职工小家”。在中秋节前夕，区邮政工会购买食品慰问了转押运生产一线员工，为投递网点员工配备了35台饮水机，解决了员工饮水难的问题。出台《内蒙古邮政员工重病医疗互助保障管理办法》，对患有五种大病的员工为补助对象，每人一次性补助1万元。有8名患重病员工受益。向全区邮政员工发出“倡议书”，救助呼伦贝尔市邮政局尿毒症患者郑立杰肾移植，收到捐助款11.8万元。

2009年元旦、春节期间，自治区邮政公司、自治区邮政工会组成慰问组分4路赴盟市旗县困难员工家庭慰问，全区邮政共筹集“送温暖”资金80万元，慰问员工2966人，其中：劳模29人，困难员工678人，受灾员工6人，资助困难员工子女就学18人，慰问一线单位10个。5月份，投入7万多元为呼伦贝尔市、赤峰市、通辽市等6个盟市760名乡邮投递员配备了便携式保温壶，解决了乡邮员饮水难的问题。开展“职工书屋”建设活动，为全区20个旗县邮政局购置3320本图书。6月，中国国防邮电工会常委郑建华率领第六调研组一行三人，到呼和浩特市邮政局、呼和浩特邮区中心局，调研创建和谐劳动关系、干部职工队伍稳定、工会组织切实维权、普遍服务等方面的情况。8月9日，开展第二届全区邮政通信特有职业技能“邮件分拣员”“邮件转运员”职业技能选拔赛。

2010年元旦、春节期间，全区邮政共筹集“送温暖”资金102万元，慰问基层困难员工家庭1081户。年初，内蒙古自治区邮政工会在全区邮政系统组织开展函件、代理金融、报刊发行、电子商务、集邮等重点业务营销创优劳动竞赛活动。武翠萍、覃述臣荣获“全国优秀客户经理”；张伟光团队荣获“全国优秀营销团队”；鄂尔多斯市邮政局等10个营销部门荣获“全区邮政十佳营销团队”；呼伦贝尔市邮政局唐燕等40名同志荣获“全区邮政优秀客户经理”；呼和浩特邮区中心局报刊分发分局，呼伦贝尔市邮政局网运部李继臣等3名员工分别荣获网路运行“创优争先”劳动竞赛“先进集体”和“先进个人”称号。各级邮政工会开展岗位练兵、技术比武和操作技能比赛6000人次。征集合理化建议310项，其中采纳15项。“五一”前夕，中华全国总工会授予巴彦淖尔市乌拉特中旗乌加河邮政支局为“全国工人先锋号”，宁城县邮政局为“全国模范职工之家”，呼和浩特市邮政局郊区四分局为“全国模范职工小家”，巴彦淖尔市邮政局工会为“全国优秀职工书屋示范点”，通辽市邮政局工会、包头市邮政局东河区分局工会、赤峰市敖汉旗邮政局工会为“全国优秀职工书屋”，赤峰市邮政局女子投递班为“全国五一巾帼标兵岗”。内蒙古自治区总工会授予赤峰市邮政局自治区“五一劳动奖状”，授予呼伦贝尔市莫力达瓦旗邮政局纳文西大街支局、兴安盟邮政局陵园路支局、内蒙古邮政函件局账单业务部内蒙古自治区“工人先锋号”；授予王晓燕、左永杰内蒙古自治区“五一劳动奖章”，授予呼和浩特市、赤峰市、巴彦淖尔市、通辽市邮政局“女工委内蒙古自治区女职工组织建设示范单位”。7月，举办庆祝建党90周年“党在我心中”红色经典歌曲演唱会。组织区邮政公司机关、直属单位及专业局15个单位的600多名员工参加了红歌演唱会。包头、巴彦淖尔、乌海、呼伦贝尔、阿拉善等盟市邮政局工会都举办了庆祝建党90周年员工文艺会演，其他盟市局也以不同形式开展了庆祝活动。8月，在赤峰市举办“和谐杯”全区邮政员工乒乓球比赛，共有13支代表队、39名优秀运动员参加了男女混合团体、男子单打、女子单打比赛。开展“读书—助我素质提升”主题征文活动，收到征文71篇，选出一等奖3名、二等奖6名、三等奖10名，优秀奖52名。全年安排185名劳模先进、营销能手、生产一线员工赴黄山、张家界、桂林和庐山休养。继续开展员工重病医疗互助保障工作，补偿19名职工，支出19万元。投入30万元，为部分盟市局投递、转运、营业等生产场所购置净水机25台，为代办储蓄业务的农村牧区邮政支局（所）夜勤人员配发被褥300套，为25个旗县局“职工书屋”配送图书5000册。组织劳务工参加工会活动，增强劳务工对企业的认同感和归属感，劳务工入会率95%以上。

四、自治区邮政管理局机关工会

2008年12月11日，内蒙古直属机关工会工作委员会下发《关于内蒙古邮政管理局成立机关工会的批复》，同意内蒙古邮政管理局成立机关工会。随后，管理局召开会员大会，选举产生内蒙古邮政管理局机关工会委员会，工会主席黑英。2010 年 7 月，免去黑英工会主席职务。

五、自治区邮政银行工会

2010 年，成立中国邮政储蓄银行内蒙古自治区分行工会筹备组。2012 年 4 月 9 日，选举产生工会第一届委员会，主席林志刚，委员王胜东、王继文、王海林、方俊杰、邓旭燕、邢光亮、刘志军、刘桂元、杜强、李俊伶、吴泽亮、吴胜全、张萍、林志刚、尚智、郑仙云、常虹、董文杰、董启涛。

六、自治区邮政速递物流公司工会

2012 年 11 月，内蒙古自治区邮政速递物流公司工会成立，工会主席张江玲。

第三节 共青团组织工作

一、自治区邮电管理局机关团委

1991年，自治区邮电管理局机关团委开展基层团组织“双合格建设”活动（合格团委、合格团支部）和“团支部活跃达标”活动。1993年，有12名青年加入共青团。为17名超龄团员办理了离团手续。有4名优秀团员、团干部被党组织吸收为中共预备党员。1994年，新发展团员34名，为10名超龄团员办理了离团手续。年内，局机关团委被内直团工委评为1992至1994年度“先进团组织”，同时被内蒙古团委评为“全区共青团工作先进集体”，授予“五四”奖杯。8名团员、团干部被党组织发展为中共预备党员。1995年，召开自治区邮电管理局机关团委第十四次团员代表大会，选举产生第十四届机关团委委员会。年底，辖2个基层团委，4个团总支，43个团支部。青年1577名，团员1154名。孟建国任机关团委副书记。“双合格”建设验收中，2个基层团委、39个团支部被验收为合格团委和合格团支部。年内，被内蒙古自治区团委评为“全区共青团工作先进集体”，并授予“五四”奖杯。1996年，新发展团员39名，为30名到龄团员办理离团手续。向党组织推荐6名团员加入中国共产党。1997年，发展团员27名，为35名超龄团员办理了离团手续，推荐8名团员加入了中国共产党。1999年1月1日邮电分营后，邮政、电信分别成立团组织。

二、共青团内蒙古自治区邮政局机关委员会

1999年4月2日，召开共青团内蒙古自治区邮政局机关第一次代表大会，选举产生第一届共青团内蒙古自治区邮政局机关委员会，罗建军任团委副书记。机关团委下设1个团总支和7个基层团支部，团员总数为117名。年内，在揭批邪教“法轮功”、中国驻南使馆被炸、迎澳门回归等重大活动和事件中，组织团员青年开展爱国主义教育，增强团员青年的政治责任感和历史使命感。在“希望工程”10周年之际，购买纪念明信片，将所筹的1785元人民币上报区直属团工委，统一用于“希望工程”。

2000年，组织开展学习邓小平理论和“三个代表”重要思想学习教育活动；开展“认真读书学习，争当跨世纪人才”读书活动；开展“青年文明号”创建活动；开展以“爱祖国、爱企业、爱岗位”知识竞赛答题等活动。

2001 年初，组织团员青年开展普法教育，学习《合同法律知识》《WTO 基本法知识》《企业经营管理中的重要法律问题》，并组织普法考试。7 月，在内蒙古自治区团委、内蒙古自治区邮政局、中国网通内蒙古通信公司、内蒙古移动通信公司和中国联通内蒙古分公司联合举办的“通信行业 2001 年度自治区青年文明号”评比活动中，呼和浩特市邮政营业局新城支局、呼伦贝尔市邮政发投局投递组、呼伦贝尔市海拉尔区邮政局伊敏街邮政支局及鄂尔多斯市伊金霍洛旗东街邮政储蓄所被新命名为自治区级“青年文明号”；呼和浩特市邮政局中山路邮政支局、呼和浩特市邮政局投递总公司麻花板分公司、包头市青山区局呼德木林邮政支局、乌海市邮政局储汇中心、赤峰市邮政发行投递公司投递班、通辽市邮政储汇局储汇中心、鄂尔多斯市邮政局邮政综合营业厅、呼伦贝尔市海拉尔区中央街邮政支局、锡林郭勒盟邮政局锡林街邮政营业厅、乌兰察布盟邮政局恩和路邮政营业厅、阿拉善盟邮政局报刊发投部、巴彦淖尔盟邮政局大楼邮政营业厅和邮政局投递班被继续认定为自治区“青年文明号单位”。9 月，在内蒙古自治区团委等 20 个单位联合开展的首届“全区杰出青年文明号”及首批“全区青年文明号信用建设示范创建单位”活动中，通辽市邮政局营业班被命名为杰出“青年文明号单位”；通辽市邮政局营业班、赤峰市邮政局红山分局储汇中心、乌兰察布盟邮政发投局投递班及呼伦贝尔市海拉尔区中央街邮政支局被确定为全区首批青年文明号信用建设示范创建单位。

2002 年 3—6 月，组织团员青年参加自治区直属机关团工委组织的“纪念建团 80 周年‘奥淳杯’读书和知识竞赛”活动。4 月，在自治区直属机关团工委开展的“命名表彰自治区直属机关先进团组织和优秀个人”活动中，呼和浩特邮区中心局团总支被评为“先进团组织”；1 人被评为“优秀团干部”；3 人被评为“优秀团员”；3 人被评为“有为青年”。“五四”期间，组织“庆祝建团 80 周年，我为邮政做贡献”演讲比赛。6 月，组织学习江泽民总书记“5 · 31”重要讲话及在纪念建团 80 周年大会上的讲话。组织团员青年学习中共十六大精神，增强广大团员青年实践“三个代表”的自觉性和坚定性。

2003 年 3—5 月，组织团员开展扶困捐助活动，捐款 889 元。4 月，组织团员青年参加共青团中央和《求是》杂志社联合举办的“学习中共十六大精神和‘三个代表’重要思想知识竞赛”活动。

2004 年，组织团员青年学习中共十六届三中、四中全会，共青团十五大和自治区团委十一届三次全委会议精神，开展“讲文明、树新风”“认真读书学习，争当跨世纪人才”活动。8 月 20 日，召开共青团内蒙古自治区邮政局机关团员大会，邢志敏当选机关团委第二届委员会书记。

2005 年，组织学习中共十六届三中、四中、五中全会精神和自治区团委十一届一次全委会议精神，开展“增强团员意识主题教育活动”。9 月，举办“投身内蒙古邮政，建设内蒙古邮政”演讲比赛。

2006 年，组织学习中共十六届五中全会精神，配合自治区邮政局机关党委举办“纪念建党 85 周年歌咏比赛”活动。

三、自治区邮政公司团委

2007 年，组织团员青年学习中共十七大精神，下发《关于在团员青年中深入开展学习贯彻党的十七大精神的通知》。组织参加直属机关团工委组织的“弘扬五四精神，展示青春风采”文艺会演。组队参加直属机关团工委举办的“纪念建团 85 周年暨迎庆党的十七大、自治区成立 60 周年”党史、团史、区情知识竞赛。组织开展向全国道德模范全二平学习活动。

2008 年，组织团员青年参加中国邮政集团公司“迎奥运、讲文明、树新风” 礼仪知识竞赛答题活动。组织为汶川地震灾区献爱心活动，向灾区捐款 5000 余元，组织开展“青年人话改革”和“与奥运同行、为中国喝彩”征文活动。

2009 年，在“5·12”汶川地震一周年暨“六一”儿童节前夕，组织团员开展“爱心包裹”捐赠活动，每名团员都为四川灾区的小学生捐赠了 1 份“爱心包裹”。组织团员青年参加学习《社会主义核心价值体系学习读本》和《六个“为什么”——对几个重大问题的回答》有奖知识竞赛活动，强化团员青年思想政治教育。

2010 年，组织团员青年参加直属机关团工委“大唐托电杯”爱国主义教育读书竞赛活动。在内蒙古自治区直属机关团工委的评优选先活动中，自治区邮政公司机关团委获“先进团组织称号”，呼和浩特邮区中心局团总支书记毕红卫获“优秀团干部称号”，区信息技术局团支部邢辉获优秀团员称号。组织举办团员青年学习《邮政法》知识培训班。

第四节 其他组织团体

一、内蒙古自治区通信学会

1991—1992 年，先后邀请邮电部邮政司，邮电部设计院以及部分研究所的专家进行了“邮政技术及邮政网络发展”“优先发展哪些邮电新业务”等专题技术讲座。1993 年 7 月，举办邮政储蓄计算机联网学习班、现代高新通信技术发展工程师学习班、通信新技术、新业务处级干部学习班。编发《现代通信网发展》《邮电技术经济与管理现代化专辑》等专题资料。1994 年，自治区邮电管理局确定学会秘书处定编 3 人，并明确了级别待遇。1995 年，12 个盟市建立通信学会，全区会员发展到 2000 多人（一、二级会员）、6 个专业委员会、1 个科普创作部、1 个咨询部、1 个实体。1996 年 11 月 12-13 日，召开内蒙古通信学会第四次会员代表大会，选举张春生为理事长，孙学博、张泽、武力、柴胜利、阿拉塔、刘晓兵、刘雪峰为副理事长，阿拉塔为秘书长，王剑为副秘书长，云金元等 37 人为内蒙古通信学会第四届理事会理事；讨论通过《内蒙古通信学会章程实施条例》，确定本届理事会设立的组织和学术科普两个工作委员会以及邮政、长途传输、电信网路及交换、无线通信、计算机、技术经济、基础理论等 7 个专业委员会的组成人员名单，聘任鄂文凌等 15 人为本届理事会名誉理事；表彰奖励了 54 位学会工作积极分子，3 个学会工作先进集体，发展团体会员单位 21 个，个人会员 61 名。年底，有直属会员 584 人，其中高级职称 107 人，中级 383 人。1998 年 2 月 16 日，内蒙古通信学会邮政委员会委员调整，主任委员刘晓兵，副主任委员李英云，秘书长孙志安。1999 年，内蒙古通信学会划归自治区邮电管理局。

二、内蒙古自治区邮电企业管理协会

1991 年 9 月 28 日，召开内蒙古自治区邮电企业管理协会第一次代表大会，选举产生第一届理事会，理事 34 人，其中常务理事 13 人。张春生为名誉理事长，张传惠为理事长，张广山、鞠德鸿、陈文林为副理事长，张广山兼秘书长，索炳瑞为副秘书长。会议通过了《内蒙古邮电企业管理协会章程》。截止到 1995 年，内蒙古邮电企协在区内有 107 个团体会员和 295 名个人会员，有 13 个盟市邮电工作委员会和计划建设、质量用户 2 个专业委员会。

1996 年 2 月 29 日，召开自治区邮电企业管理协会第二次代表大会。张传惠理事长作了题为《面向企业，为邮电事业大发展服务》的工作报告，大会讨论通过了重新修订的邮电企业管理协会章程，选举产生了第二届理事会理事、常务理事和理事长、副理事长，审议确定了秘书长。大会授予已经离任的上届常务理事“荣誉理事”称号，并向离任的上届理事颁发了荣誉证书。自治区邮电企协第二届理事会理事为苏和等 34 人；常务理事为云金元等 12 人；名誉理事长为张春生；理事长为张传惠；副理事长为张广山、鞠德鸿、陈茂水；秘书长为张广山。第二次代表会议决定，拟将原有的 2 个专业委员会增至 5 个，即原经营财会委员会改为财务会计委员会，计划统计委员会改为计划建设统计委员会，增设劳动委员会、审计委员会和质量用户委员会。5 月，组建财务会计委员会。年内，发展新会员 165 人。年底，协会共有 13 个工作委员会，1 个专业委员会，107 个团体会员单位，295 名会员；50 名中国邮电企协会员。

1997 年 1 月 20 日，企协二届四次常务理事会审定计划建设委员会候选人、质量用户委员会候选人、审计委员会候选人名单。1 月 23 日，委员会全体会议选举，产生了计划建设统计委员会主任委员和副主任委员，委员会由 17 名委员组成。同时，制订《内蒙古邮电企业管理协会计划建设统计委员会组织条例》。3 月 13 日，委员会全体会议选举，产生了质量用户委员会的主任委员和副主任委员，委员会由 15 名委员组成，制订《内蒙古邮电企业管理协会质量用户委员会组织条例》。7 月 18 日至 8 月 10 日，以通信形式召开委员会全体会议，选举产生了审计委员会的主任委员和副主任委员，委员会由 15 名委员组成，制订《内蒙古邮电企业管理协会审计委员会组织条例》。7 月，以通信形式召开的委员会全体会议，选举产生了劳动委员会副主任委员，委员会由 15 名委员组成，制订《内蒙古邮电企业管理协会劳动委员会组织条例》。12 月 25 日，自治区邮电管理局党组任命云槐秀为秘书长；免去张广山秘书长职务。

1999 年 1 月 1 日，内蒙古自治区邮电企业管理协会解体。

三、内蒙古自治区邮电体育协会

1991 年，内蒙古自治区邮电管理局党组决定对内蒙古自治区邮电体育协会组成人员进行调整，名誉主席张春生，主席孙希强，副主席鲍晓英、巴图，秘书长巴图，副秘书长张永请。7 月，呼和浩特市体委和市总工会为庆祝“篮球运动一百周年”组织呼和浩特市地区职工男女篮球赛和中老年混合赛，内蒙古自治区邮电派出 3 支球队参赛，均为亚军。内蒙古自治区召开第七届运动会，邮电女子篮球队获第二名，男子篮球队获第六名。8 月，哲里木盟邮电局代表内蒙古邮电参加全国第四届导引养生功比赛，获一等奖。1992 年 8 月，内蒙古自治区邮电体协承办全国邮电职工女子篮球赛，内蒙古邮电女队获第四名，并获体育道德风尚奖。1993 年 7 月 1 日至 15 日，内蒙古邮电女子篮球队参加呼和浩特地区女子甲级篮球赛，获得第一名。8 月，内蒙古邮电摔跤队以中国邮电体育代表团身份，参加第七届全国运动会摔跤比赛，宝音图获银牌，敦德格获铜牌。9 月，内蒙古邮电柔道队代表全国邮电参加第七届全国运动会柔道比赛，浩斯巴雅尔获第三名。1994 年 3 月 29 日，内蒙古自治区邮电管理局党组决定对内蒙古自治区邮电体协成员进行调整，名誉主席春生，主席孙希强，副主席鲍晓英、张传惠、巴图，秘书长巴图，副秘书长武振彪。8 月，中国邮电体协在乌鲁木齐召开的中国邮电体协理事扩大会议，对全国邮电体育先进单位和先进个人进行了表彰，内蒙古邮电体协、哲里木盟邮电体协、赤峰市邮电体协、兴安盟邮电体协、呼和浩特市邮政体协、丰镇县邮电体协、包头市邮电体协、额济纳旗邮电体协、鄂托克旗邮电体协、乌拉特中旗邮电体协、海拉尔市邮电体协受到表彰；赵珍、巴图、赵如意、武振彪、周桂先、张松文、陈蓓、李占宽获“全国邮电体育先进工作者”称号。年内，内蒙古自治区举办第八届体育运动会，内蒙古邮电女子篮球队获女篮铜牌。1995 年 8 月，内蒙古邮电男子篮球队参加由内蒙古体委、内蒙古篮球协会主办，由内蒙古邮电管理局、内蒙古自治区邮电工会赞助的全区“邮电杯”男子篮球赛，邮电代表队获第三名。1996年5月1日，内蒙古邮电派出100人组成的方队参加呼和浩特—北京象征性长跑活动。5月7日，内蒙古自治区全民健身领导委员会召开第一次会议，内蒙古邮电被评为先进单位。1997年，开展成年人体质测定，举办“成年人体质测试员”培训班，培训体质测试员128名，购买测试器材52套，为全区邮电职工进行体质测定9632人。积极推广普及第八套广播体操，举办2期“第八套广播体操领操员”培训班，培训领操员126名。第八届全国运动会期间，国家体委在上海召开全国群众体育先进集体、先进个人表彰大会。内蒙古邮电体育协会、哲里木盟邮电局被国家体委授予“全国群众体育工作先进单位”称号；张春生被国家体委授予“全国群众体育工作先进个人”称号。1999年1月1日，内蒙古自治区邮电体育协会解体。

四、内蒙古自治区集邮协会

1991年8月10—18日，内蒙古自治区集邮协会与内蒙古自治区邮电管理局、内蒙古自治区党委宣传部，自治区精神文明建设委员会，在呼和浩特市图书馆联合举办了内蒙古自治区纪念中国共产党成立70周年集邮展览。展出邮集23部，共计1244贴片，130框。参观人数5000余人。

1993年7月26—30日，应蒙中友好协会邀请，内蒙古集邮协会和蒙古国集邮爱好者协会在蒙古国首都乌兰巴托联合举办“中国内蒙古集邮展览”。蒙古国交通邮电部长山德勒汗、副部长巴特尔，邮票公司总裁兼蒙古国集邮爱好者协会主席热德那巴泽尔、蒙中友协秘书长其米德策耶等官员出席开幕式，中国驻蒙古国大使馆一等秘书兼领事李景阳和内蒙古集邮协会副会长达瓦等一行4人，也出席了开幕式。主席热德那巴泽尔和副会长达瓦在开幕式上发表了讲话。邮展展出内蒙古选送的5部邮集：钟恕的《勿忘国难爱我中华》，杨廷斌的《中国建筑艺术》，王露的《同根同生共繁荣》，王信的《五星红旗高高飘扬》，于永会的《华夏揽胜》，邮集内容展示了中国社会主义建设成就，弘扬了中华民族的文化艺术。9月4—7日，根据内蒙古自治区对外友好协会与蒙古国蒙中友好协会文化交流计划的安排，应自治区对外友协、内蒙古自治区邮电管理局和集邮协会的邀请，蒙古国集邮展览在呼和浩特市内蒙古科技大厦举办。自治区人大常委会副主任刘珍、蒙古国驻呼和浩特市副领事策德布·宝音巴达尔呼、蒙古国集邮代表团成员出席开幕式。邮展展出蒙古国选送的《蒙古邮政史》《世界各国民族服饰》《珍罕鸟类》《列宁邮票》等4部邮集和内蒙古自治区的优秀邮集。9月25—29日，内蒙古集邮协会与自治区邮电管理局、自治区党委宣传部、自治区精神文明建设委员会、内蒙古总工会、内蒙古团委、内蒙古妇联在呼和浩特内蒙古科技大厦联合举办内蒙古自治区纪念毛泽东同志诞辰100周年集邮展览。展出21部邮集，共计1800贴片，150框。参展邮集分为2大部分：一是纪念毛泽东的展品，歌颂了毛泽东伟大光辉的一生，歌颂了伟大的中国共产党和欣欣向荣的社会主义祖国；二是综合性展品，其中又分为传统、专题、邮政历史、邮政用品、航空航天、极限、青少年等7个类别。这次邮展评审委员会参照全国邮展规则，采用百分制评分方法评定奖级，共评出金奖邮集2部，镀金奖邮集3部，银奖邮集3部，镀银奖邮集4部，铜奖邮集4部，纪念奖邮集5部。

1994年8月25日，《昭君出塞》邮票首发式在呼和浩特市举行，自治区集邮协会举办了五少数民族自治区集邮邀请展。

1996年6月1—4日，赤峰市、哲里木盟、兴安盟、呼伦贝尔盟邮协在赤峰市博物馆联合举办内蒙古东部四盟市集邮联展，展出25部邮集。6月7—9日，联展转到通辽市哲里木盟博物馆展出。6月13—16日，联展转到兴安盟乌兰浩特市。6月20日，联展转到呼伦贝尔盟海拉尔市展出，之后，又到伊敏矿、满洲里等地巡回展出。6月30日，在满洲里市闭幕。10月16—20日、11月8—10日，内蒙古集邮协会、内蒙古集邮公司和包头市集邮协会、包头市邮票公司，先后在呼和浩特市和包头市举办了“中国内蒙古·蒙古国邮票展”。呼和浩特市展区展出20部邮集和蒙古国发行的部分邮票，共80框。包头展区展出10部邮集，计558贴片，观众15000余人。

1996年6月9日，举办“草原集邮万里行”活动，由钟恕、王景云、赵承俊等5人组成宣讲团，历时3个月，行程2万里，遍及12个盟市及部分旗县，沿途向广大集邮者和青少年宣传和普及集邮知识。7月16—17日，内蒙古集邮协会第四次代表大会在呼和浩特召开。出席大会的代表103人，大会选举产生内蒙古自治区集邮协第四届理事会，会长达瓦（蒙古族），副会长崔国柱、孙希强、呼日查（蒙古族）、韩毅顺、钟恕（满族），秘书长吉雅泰（蒙古族），副秘书长海棠（女、蒙古族）常务理事21人，理事51人。

1996年底，全区84个旗县（市）成立集邮协会，基层集邮协会736个，会员39245人，集邮爱好者约36万人。集邮已成为全区一项具有广泛影响的群众性活动。

1996年内蒙古自治区盟市集邮协会统计表

表4-1

行政区	设集邮协会的盟市旗县	成立时间	设集邮协会的盟市旗县	成立时间
呼和浩特市	呼和浩特 土默特左旗 托克托县	1983.8.3 1989.12.15 1989.12.20	和林格尔县 清水河县 武川县	1990.9.10 1992.9.27 1992.10.6
包头市	包头市 土默特右旗	1983.7.6 1990.10.30	固阳县 达尔罕茂明安联合旗	1990.10.26 1992.10.12
乌海市	乌海市	1983.9.29	乌达区	1990.9.1
赤峰市	赤峰市 阿鲁科尔沁旗 巴林左旗 巴林右旗 林西县	1983.10.18 1989.11.28 1987.12.26 1991.8.20 1991.8.27	克什克腾旗 翁牛特旗 喀喇沁旗 宁城县 敖汉旗	1991.8.25 1990. 7.3 1989.7. 5 1991.8.31 1991.9.6
哲里木盟	通辽（原哲里木盟） 霍林郭勒市 科尔沁左翼中旗 科尔沁左翼后旗	1984.7-10 1992.9.20 1992.9.20 1992.8.8	开鲁县 库伦旗 奈曼旗 扎鲁特旗	1993.4.8 1989.10.27 1988.8.16 1993.6.10
呼伦贝尔盟	呼伦贝尔盟 海拉尔市 满洲里市 扎兰屯市 牙克石市 根河市 额尔古纳市	1987.5.17 1984.5.17 1988.4.3 1985.6.13 1985.6.23 1992.10.5 1993.6.8	阿荣旗 莫力达瓦达斡尔族自治旗 鄂伦春自治旗 鄂温克族自治旗 新巴尔虎右旗 新巴尔虎左旗 陈巴尔虎旗	1992.9.22 1992.8.20 1991.9.18 1993.6.21 1993.11.26 1993.12.4 1993.11.30

续表 4-1

行政区	设集邮协会的盟市旗县	成立时间	设集邮协会的盟市旗县	成立时间
兴安盟	兴安盟 乌兰浩特市 阿尔山市 科尔沁右翼前旗	1986.10.10 1983.10.14 1986.10.10	科尔沁右翼中旗 扎赉特旗 突泉县	1992.11.10 1992112.9 1992.11.7
锡林郭勒盟	锡林郭勒盟 锡林浩特市 阿巴嘎旗 苏尼特左旗 苏尼特右旗 二连浩特市 东乌珠穆沁旗	1988.8.13 1983.9.7 1992.11.15 1993.6.1 1982.10.25 1992.11.7 1993.5.22	西乌珠穆沁旗 太仆寺旗 镶黄旗 正镶白旗 正蓝旗 多伦县	1993.5.1 1990.1.3 1986.1.5 1992.7.20 1993.3.11 1983.6.6
乌兰察布盟	乌兰察布盟 集宁市 察哈尔右翼前旗 丰镇县 卓资县 化德县	1987.10.27 1984.4.25 1991.9 1984.11.28 1991.11 1990. 10	商都县 兴和县 凉城县 察哈尔右翼中旗 察哈尔右翼后旗 四子王旗	1992.10 1992.5 1992.8 1992.3 1992.9 1992.10
伊克昭盟	伊克昭盟 东胜市 达拉特旗 准格尔旗 鄂托克前旗	1984.12.22 1984.12.22 1985.5.1 1991.10.15 1991.11.10	鄂托克旗 杭锦旗 乌审旗 伊金霍洛旗	1991.11.5 1986.10.1 1988.8.20 1989.10.8
巴彦淖尔盟	巴彦淖尔盟 临河市 五原县 磴口县	1987.7.31 1983.10.28 1988.8.24 1984.5.1	乌拉特前旗 乌拉特中旗 乌拉特后旗 杭锦后旗	1984.10.1 1988.8.18 1989.10.28 1988.8.31
阿拉善盟	阿拉善盟 阿拉善左旗	1984.9.21 1984.9.21	阿拉善右旗 额济纳旗	1994.5 1992.5.17

1997 年 5 月 1 日至 4 日，为庆祝《内蒙古自治区成立 50 周年》纪念邮票的发行，中国集邮总公司、中国邮票博物馆、自治区邮电管理局、自治区集邮协会在呼和浩特市展览馆联合举办邮展，展出 11 部邮集，计 250 框。6 月 21 日至 22 日，自治区精神文明建设委员会，内蒙古集邮协会，内蒙古集邮公司和呼和浩特市郊区西菜园村党总支联合举办了呼和浩特市郊区西菜园村首届邮票展览。这是全区首次在乡村举办的邮展。8 月 8 日至 10 日，自治区集邮协会与自治区邮电管理局、内蒙古党委宣传部、自治区精神文明建设委员会、内蒙古总工会、内蒙古团委、内蒙古妇联在呼和浩特市内蒙古图书馆联合举办内蒙古自治区成立 50 周年集邮展览。展出邮集 79 部，计 3568 贴片，252 框。这次邮展分竞赛级和非竞赛级 2 部分，设有传统、专题、邮政史、邮政用品、极限、航天、税票、青少年、现代集邮和文献等 11 类。评审委员会参照全国邮展评审规则，评出金奖 3 名，镀金奖 6 名，银奖 8 名，镀银奖 9 名，铜奖 17 名，一框邮集优秀奖 6 名。

1999 年 9 月 30 日，在包头召开内蒙古自治区集邮协会第五次代表大会。大会选举出新一届协会会长：刘晓兵，副会长肖庆宝、韩毅顺、钟恕、芮开元；秘书长吉雅泰，副秘书长海棠；常务理事 23 人。10 月 1 日，内蒙古邮协在包头市举办“庆祝中华人民共和国成立 50 周年集邮展览”。同日，在包头市召开第二次全区集邮学术研讨会，编辑整理出版《第二次全区集邮学术研讨会论文集》，全书共收集论文24篇，内容包括邮政历史、青少年集邮、邮票欣赏和集邮市场等。

2000年6月1日，内蒙古邮协与内蒙古团委、少工委、关工委等单位联合主办的“全区展望新世纪少年儿童集邮活动”。年底，全区基层集邮组织已有481个，会（组）员35000余人，爱好者约有18万人。

2001年4月，自治区集邮协会印发《关于开展盟市集邮协会工作竞赛活动有关事宜的通知》及实施细则。7月1日，自治区集邮协会与自治区党委组织部、宣传部、精神文明办、总工会、团委、妇联、文化厅在呼和浩特市联合举办庆祝中国共产党成立80周年集邮展览，展出269框，设竞赛和非竞赛2部分。竞赛类包括：邮政史、邮政用品、专题、传统、极限、航天、青少年、税票、文献、一框和开放类11个类别。邮展历时4天。7月2日，召开全区集邮学术研讨会。会上评出优秀论文6篇，其中2篇入编《全国2000—2001年论文汇编》。同时，审议并通过《关于调整自治区集邮协会学术委员会议案》，选举产生新一届学术委员会成员。主任：周玉平，副主任：朱沙沙、金立和、胡玉良。

2002年1月31日，内蒙古集邮协会召开五届三次常务理事会，会议审议通过调整集邮协会副会长和替补、常务理事、理事，聘任学术委员会主任，修改收取会费管理办法和奖励全国邮展获奖作者的议案。接受肖庆宝辞去副会长的请求，增补张英伟、王景云为副会长。8月，《内蒙古集邮史》由内蒙古人民出版社出版。

2003年1月16日，自治区集邮协会第六次代表大会在呼和浩特召开，选举产生集邮协会六届理事会，会长刘晓兵，副会长韩毅顺、张英伟、王景云，秘书长张伟，副秘书长海棠。大会确定包钢七小、通辽一中、锡林浩特三中为全区“青少年集邮活动示范基地”。5月30日，内蒙古自治区邮政局决定：内蒙古集邮协会按直属单位管理，与内蒙古集邮公司合署办公，即“一套人马两块牌子”。

2004年1月6日，增补贾学义、马树河为自治区集邮协会副会长。8月6-8日，举行“颂草原文化、展集邮风采”为主题的集邮文化展。展览期间，召开邮票设计家与集邮爱好者座谈会、《那达慕》题材邮票发行研讨会、青少年邮票电脑图稿现场设计竞赛、青少年集邮演讲及邮展规则讲座等。8月31日，内蒙古企业家集邮协会成立，在全国省级邮协尚属首家。

2005年2月1日，自治区集邮协会增补孟树德、董恒宇、麻勇为副会长。9月18日，中共内蒙古自治区邮政局党组决定张少波任副会长。8月7—9日，由中国·内蒙古第二届国际草原文化节暨包头鹿城第20届文化艺术节组委会、自治区党委宣传部、总工会、团委、文化厅、教育厅、旅游局、邮政局、集邮协会和包头市委宣传部联合主办的“中国·内蒙古第二届国际草原文化节暨包头第二十届鹿城文化艺术节集邮文化展”在包头市国贸会展中心举行，展出国家邮政局邮票博物馆馆藏辨伪邮票珍品40框。自治区集邮协会在内蒙古电建三公司召开全区“集邮与企业文化”专题交流现场会。8月8日，在集邮文化展期间，内蒙古集邮协会在包头邮电大厦召开呼和浩特市、包头市集邮与旅游学术研讨会，21人参加研讨会。8月29日—9月1日，由中华全国集邮联合会学术工作部主办，内蒙古集邮协会、包头市集邮分公司承办“纪念抗日战争胜利60周年集邮学术研讨会”在包头市举行。9月25—27日，在由全国集邮联合会、扬州市政府主办、中共高邮市委和高邮市政府举办的“第三届中国集邮文化节”上，锡林浩特第三中学、通辽第一中学、扎兰屯林业学校、内蒙古农业大学荣获第二批“全国青少年集邮活动示范基地”称号。

2006年6月30日—7月4日，为纪念中国共产党成立85周年，由中华全国集邮联合会、中共山西省委宣传部主办的“光辉的历程”纪念中国共产党成立85周年全国邮展在山西博物馆隆重举行。协会选送通辽市赵淑杰的《中国民居普通邮票》、呼和浩特市张正弟的《绳结》、蔡明德的《水利工程》、包头市海宝的《航天》4 部邮集分别获奖。12 月 2—6 日，2006 年全国专题邮展在北京举办，协会选送的张景光的专题邮集《手》、南子文的专题邮集《树》、郭金凯的专题邮集《狗》获大银奖，刘树林的专题邮集《力学》、吉毅的一框邮集《骆驼》获银奖，闫双全的一框邮集《书法鉴赏》获镀银奖，唐伟忠的一框邮集《远古与土著文明》获铜奖。

2007 年 7 月，自治区集邮协会举办以“颂草原文化、展集邮风采”为主题的“中国 · 内蒙古第四届国际草原文化节暨呼和浩特第八届昭君文化节集邮文化展”，同时进行了“全区青少年集邮知识百题竞赛”抽奖活动。9 月中旬承办了《北方七省（市）、自治区集邮与构建和谐社会》集邮学术研讨会。

2008 年 5 月 12 日，自治区集邮协会与自治区邮政公司共同主办“为奥运干杯”大型集邮品首发式活动。7 月 9 日，姚素芹代行协会秘书长职务，聘请毕力夫担任协会副会长。5 月 31 日，协会参加“福娃爱心传递，共享和谐奥运”大型公益活动内蒙古站启动仪式，为黑兰布塔小学学生捐赠了 200 套“2008 我的梦想我的奥运”明信片。7 月，制订《内蒙古自治区集邮协会会士荣誉会士评选细则》，8 月中旬召开各专业委员会部分负责人评定会议，经集邮协会会士资格审核委员会审核通过，32 位对自治区集邮工作有突出贡献的集邮骨干、集邮家为自治区级会士、荣誉会士，并颁发证书。8 月，评定呼伦贝尔第五中学、包头市第一实验小学、乌兰察布市直属蒙古族小学、兴安盟和平小学为自治区“青少年集邮活动示范基地”。

2009 年 4 月 10—16 日，协会选送胡玉良的邮集《声音》参加中国洛阳 2009 世界集邮展览，获得镀金奖，这是内蒙古世界邮展取得的第二块金牌。协会推荐儿童绘画小作者宋妍，参加洛阳世界邮展 3600 名小画家现场作画，作品获优秀奖。8 月 13 日，集邮协会遴选 10 位对集邮工作有突出贡献的青年集邮骨干、集邮家为自治区荣誉会士、会士。年底，集邮协会有 7 位荣誉会士，35 位会士。

2010 年 5 月 18 日，召开自治区集邮协会第七次代表大会，选举产生新一届会长、常务理事、理事，20 人被授予“全区集邮协会荣誉理事”，表彰全区集邮活动先进集体 24 个、先进个人 37 人，表彰奖励参加全国邮展和世界邮展的 24 部邮集作者，表彰奖励了 70 篇获奖论文作者。5 月 23 日—25 日，中华全国集邮联合会全国青少年集邮活动示范基地检查组对扎兰屯林业学校的集邮活动进行检查验收，对集邮文化“五进”工作给予肯定。9 月 7 日，包钢十小、十七小、万水泉中心小学、包头市第一实验小学被评为全国青少年集邮活动示范基地。12 月 10 日至 13 日，在杭州举办的全国集邮展览上，王景云的《发展中的铁路》邮集、刘永新的《中华民国华北区税票（1913—1934）》邮集荣获大镀金奖；张正第的《绳子》邮集获得镀金奖；蔡明德的《水》邮集获得银奖；康国文主编的《邮票与图书馆》、张忠民主编的《赤峰邮政日戳图谱》文献作品荣获银奖和大银奖。《赤峰邮政日戳图谱》《民族集邮邮（论）文精选汇编》《包头集邮》在全国民间集邮文献邀请展上分别获得书籍类一等奖和三等奖。

五、内蒙古自治区邮政企业管理协会

2000 年 6 月 27 日，内蒙古自治区邮政企业管理协会成立，苏和担任名誉理事长，肖庆宝担任理事长。年内，内蒙古邮政企协开展了全区邮政服务质量用户调查工作，向全区旗县邮政局所在地共发出“用户意见征询函”5021 件，回函总数 1522 件，其中有效回函 1505 件，有效回函率为 29.97%。经统计和测算，2000 年度全区旗、县邮政局服务质量综合满意度为 82.48 分，比 1999 年提高了 0.62 个百分点。12 月 28 日，内蒙古邮政企协召开了第二届理事会议，会上增补了2名理事，1名常务理事，选举吕守山为内蒙古邮政企业管理协会秘书长。

2001年初，企协从国家邮政企协邮购“WTO”知识讲座光盘，发到各盟市局和各直属单位，组织机关全体干部收看。7月，组织机关干部收看《中国邮政与现代物流》知识讲座。上半年，协助行政主管部门围绕全区邮政普遍关注的热点、难点问题进行调研，为企业领导决策提供依据。4—5月，根据国家邮政局办公室开展“新世纪邮政改革、发展和管理现代化”征文活动的通知要求，组织选送10篇论文报送国家邮政局，其中1篇论文被国家邮政局评为三等奖，2篇被评为优秀奖。

2002年4—5月，在国家邮政局和国家邮政企协联合主办的“新世纪邮政改革、发展和管理现代化”征文评比活动中，内蒙古邮政企协征集论文23篇，选送10篇论文报送国家邮政局参评，其中黄莉《从服务谈电子邮政中业务与技术的结合》获三等奖，方冬《依法治企亟待解决的几个问题》、苏政《构建现代物流系统提高邮政竞争力》获优秀奖。6—7月，企协与内蒙古邮购直递公司联合组织专题调研。11月，企协在全区邮政组织“邮政发展战略研究”专题征文活动，征集论文12篇，并陆续发表在企协秘书处主办的《经营管理参考》简刊上。12月20日，企协创办不定期简刊《经营管理参考》。年内，发放用户调查函15000份，调查显示综合满意度为83.11分。截至年底，全区12个盟市邮政局及内蒙古邮政储汇局、呼和浩特邮区中心局成立邮政企协工作委员会。

2003年初，企协围绕“如何提升和打造邮政企业的核心竞争力”“如何启动邮政企业文化建设工程”为主题开展征文活动，收到论文30篇，择优刊登在企协《经营管理参考》，向国家邮政局企协推荐10篇，2篇在《现代邮政》发表。9月，配合国家邮政局“对普邮分拣封发关系调整工作实施情况调查”活动，企协与自治区邮政局网路运行处联合开展调研，撰写调研报告给国家邮政局。9—11月，开展服务质量用户调查活动，发放调查问卷10000份，回函3888份，全区服务质量用户综合满意度为83.44分。12月28日，内蒙古邮政企业协会第二届理事会在内蒙古邮政职工培训中心召开，会议讨论修订《内蒙古邮政企业协会章程》，选举产生第二届理事会，理事长苏和，副理事长凌志、孙志安，秘书长吕守山。

2004年4月29日，召开企协常务理事会议，审议通过关于对内邮企协常务理事会组成人员和理事长、秘书长人事调整的议案。调整如下：苏和不再担任内邮企协理事长和常务理事职务，吕守山不再担任内邮企协秘书长和常务理事职务，刘晓兵担任内邮企协理事长。5月，企协协调相关部门成立调研工作组，印发《关于组织开展〈青年文摘〉月刊全程时限跟踪调研的紧急通知》，安排组织调研，并将调研报告呈报给国家局邮政企协。年内，企协向全区发出“用户意见征询函”10000件，回函总数3358件，回函率33.58%，其中有效回函3252件，全区对盟市、旗县邮政局综合满意度为84.26分。

2005年4月，配合国家邮政局企协秘书处和国家局软科学研究中心进行集邮、邮政营投网调研。向全区发出“用户意见征询函”10000件，回函总数3066件，综合满意度为86.50分。7月，根据国家邮政局邮政企业协会、全国邮政新闻宣传中心《关于开展“竞争、共赢、发展”征文活动的通知》要求，推选6篇征文报送国家局征文活动办公室，姜春岩《“赢”销低端市场——旗县局邮政业务发展之我见》获三等奖。为总结推广全区邮政企业近年来在服务“三农”，积极启动农村市场营销，发展农资物流分销配送、开拓邮储、保险、报刊、邮购等项业务市场的管理成果，组织1次论文征集活动。11月21日，中共内蒙古自治区邮政局党组决定：任命张铎为内蒙古邮政企业协会秘书长；免去郝和平的内蒙古邮政企业协会秘书长职务。

2006年8月，内蒙古通信行业协会举办“联通杯”书法、绘画、摄影展，自治区邮政局作为被邀单位参加此次活动，自治区邮政企协征集作品40余幅送展。年内，向全区发出“用户意见征询函”10000件，回函总数4097件。

2007年初，企协结合全区邮政改革和经营工作中的热点、难点问题拟定6个主题，组织论文征集活动，收到征文12篇，其中8篇在企协主办的刊物《经营管理参考》发表。5月，内蒙古质量协会、自治区总工会、自治区团委、自治区妇联、自治区科技协会联合组织评选“2007年全区用户满意服务明星活动”，自治区邮政企协选送的呼和浩特市邮政局被评为“内蒙古自治区用户满意企业”，乌海市邮政局的邮政储蓄服务被评为“内蒙古自治区用户满意服务”，呼伦贝尔市邮政局的中央街邮政支局被评为“内蒙古自治区用户满意服务明星班组”，巴彦淖尔市邮政局乌拉特前旗小佘太邮政所乡邮员全二平被评为“内蒙古自治区用户满意服务明星”。6月20日，内蒙古邮政企业协会常务理事会组成人员进行重新选举，会长由肖庆宝担任，副会长由凌志担任，秘书长由张铎担任。10月，按照中国邮政集团公司邮政企协《关于推荐全国通信行业用户满意企业的通知》要求，企协推荐的呼和浩特市邮政局被评为全国通信行业用户满意企业。年内，向全区发出“用户意见征询函”10000件，全区综合满意度为87.83分。

2008年，自治区邮政企协向全国邮政企业管理现代化创新成果评选委员会申报的“集邮专业化经营的创新与实践”获二等奖。在内蒙古质量协会等多家单位联合组织的2008年全区用户满意工程先进单位和先进个人评选活动中，自治区邮政企协选送的呼和浩特市邮政局被评为“内蒙古自治区用户满意企业”，乌兰察布市邮政局的邮政投递服务被评为“内蒙古自治区用户满意服务”，呼伦贝尔市邮政局的中央街邮政支局被评为“内蒙古自治区用户满意服务明星班组”，巴彦淖尔市邮政局乌拉特前旗小佘太邮政所所长兼乡邮员全二平被评为“内蒙古自治区用户满意服务明星”。

2009年，组织参加中国邮政集团公司开展的全国邮政企业管理现代化创新成果的评选活动，自治区邮政企协选送的《邮政冷链物流业务经营与管理》获得二等奖。组织开展关于深化改革、协调发展、服务“三农”、投递网建设、降本增效等热点问题的专题研讨。

2010年，组织全区邮政系统的营业和投递部门开展“文明爱心杯”邮政规范化服务竞赛活动，走访用户和社会监督员。编发《情况通报》20余期，反映基层一线的经营、改革、服务等方面的动态和成果，为领导决策提供依据。8月，在呼伦贝尔市承办《现代邮政》发行座谈会，组建全区《现代邮政》杂志通讯员网络。

六、内蒙古自治区邮政职工思想政治工作研究会

2000年4月2日，内蒙古自治区邮政职工思想政治工作研究会（简称自治区邮政政研会）成立，会长由肖庆宝担任。12月28日，自治区邮政政研会召开第二届理事会议，选举吕守山为政研会秘书长。2001年4-7月，自治区邮政政研会在部分盟市以问卷形式对邮政职工思想状况进行抽样调查。年末，组织了一次思想政治工作论文的征集、评选活动。2002年2月17日，中国邮政职工思想政治工作研究会举办“2002年度邮政职工思想政治工作优秀研究成果”表彰活动，李鸿国《劳模精神乃中华民族之魂》、安建兰《新时期加强邮政职工思想政治工作浅析》获三等奖。5月，自治区邮政政研会编辑出版《内蒙古邮政思想政治工作研究优秀论文选编（一）》。2003年6—8月，组织全区邮政部门开展思想政治工作论文征集活动，收到征文6篇，推荐3篇优秀论文在中国邮政政研会华北区学组2003年年会上发表。

9月，在全区邮政职工中开展思想状况抽样调查活动，发放调查问卷1000份，回收问卷982份，回收率为98.2%。12月28日，召开自治区邮政政研会第二届理事会，会议讨论修订《内蒙古邮政职工思想政治工作研究会章程》，选举产生第二届理事会，会长凌志，副会长孙志安，秘书长吕守山。2004年5月14日，由于吕守山工作变动，不再担任秘书长，增补郝和平为自治区邮政政研会常务理事和秘书长。年内，组织职工观看《学习十六届四中全会文件特别辅导》讲座和“两个条例”辅导讲座。组织干部职工观看任长霞、汪洋湖、李守发先进事迹报告会。6—11月，在全区邮政部门举行论文征集活动，收到征文20篇，推荐3篇优秀论文在中国邮政政研会华北区学组2004年年会上发表。2005年4月，对全区邮政推荐参评的思想政治工作研究论文进行评审，评出一等奖2篇，二等奖3篇，三等奖5篇，鼓励奖10篇。6月，组织论文征集，收到征文8篇，择优刊登在《经营管理参考》。9月，中国邮政职工思想政治工作研究会和中国邮政报社联合举办主题为“构建和谐邮政”的征文活动，邢志敏《浅议构建和谐邮政之道》获征文三等奖。2006年7月28日，中国邮政政研会华北区学组2006年度研讨会在乌兰浩特市召开，自治区邮政政研会推荐2篇在华北区学组年会上进行交流。2007年初，自治区邮政政研会在全区组织“如何构建邮政企业文化”为主题的征文活动，收到征文12篇，其中8篇在《经营管理参考》发表，选送3篇论文参加中国邮政思想政治工作研究会。2007年度优秀研究成果专家评审，方圆的《建立学习型邮政企业 实现企业现代化战略目标》被评为一等奖，闫广江《浅谈如何围绕邮政企业中心任务抓好党建工作》被评为二等奖，畅哲《浅谈如何贯彻“三贴近”原则做好邮政企业职工思想政治工作》被评为三等奖。2008年，组织开展“科学发展、服务基层”主题学习研讨活动，有16人撰写研讨文章，部分论文刊登在《经营管理参考》。2009年，组织开展“我与祖国同行”征文活动，收到诗歌、散文、照片等参赛作品20余件。组织参加第三届中国邮政发展论坛全区征文活动，收到征文31篇，其中10篇选送中国邮政集团公司。2010年，组织开展年度思想政治工作研究征文活动，收到征文33篇，报送中国邮政集团公司政研会17篇，其中，获一等奖1篇，获二等奖1篇，获三等奖4篇，获优秀奖一篇。

七、内蒙古快递协会

2007年10月18日，内蒙古快递协会第一届一次会员大会，在内蒙古自治区呼和浩特市新城宾馆多功能厅召开。出席第一届会员大会的会员单位44个，个人会员15名。大会审议通过《内蒙古快递协会章程》《内蒙古快递协会会员守则》《内蒙古快递协会选举办法》。选举了内蒙古快递协会首届理事会成员。第一届一次理事会会议选举内蒙古快递协会会长刘怀北；内蒙古快递协会常务副会长兼秘书长孙志安；内蒙古快递协会副会长廉福臣；内蒙古快递协会常务理事刘怀北、孙志安、廉福臣、巩富、张江玲、冯磊。第一届一次理事会会议决定：聘请王占、哈斯巴根、包俊臣为内蒙古快递协会名誉会长，聘任张树旺、张江玲为内蒙古快递协会副秘书长。

2008年6月19日，召开内蒙古快递协会第一届一次常务理事会会议，会议审议并通过顺丰速运有限公司呼和浩特分公司、中外运敦豪国际航空快件有限公司呼和浩特分公司、呼和浩特圆通速递服务有限公司的入会申请；增补内蒙古快递协会会员王凤兰为副秘书长。7月30日，内蒙古快递协会按照《内蒙古快递协会章程》有关规定采取通信方式，对增补的候选理事进行等额投票选举，闫宏伟、林新建、海花、张渊志、谭劲武当选为内蒙古快递协会理事。10月，内蒙古自治区邮政管理局、内蒙古快递协会联合召开《快递服务》达标动员会，有16家快递企业的负责人参加了会议，下发《快递服务》达标实施方案及相关资料。11月，内蒙古快递协会开展《快递服务》达标受理、评定工作。截至2009年2月，有9家快递企业提出达标申请，其中4家通过考评验收。

2009年5月，内蒙古快递协会受内蒙古自治区邮政管理局委托作《推进内蒙古快递业发展的目标和措施》的课题研究报告。协会常务理事会成立课题研究小组，对全区快递业的发展情况进行调查研究和资料收集工作，并根据调研内容撰写了《内蒙古快递企业发展研究》报告，邀请有关专家进行评审，并印制成册。7月28日，内蒙古快递协会召开一届二次常务理事会会议，会议讨论通过《关于补充修改常务理事、理事会组成的决议》，增补副会长王宏斌。12月，内蒙古快递协会根据《内蒙古快递协会章程》有关规定，经一届三次常务理事会会议审议通过，吸纳62家经营快递业务的企业入会。

2010年5月8日，内蒙古快递协会第一届五次理事会会议在呼和浩特市召开，出席会议理事25人。7月21日，中国快递协会在内蒙古自治区满洲里市召开快递企业发展座谈会。会议传达学习了国家邮政局上海会议精神，针对我国快递行业出现收购、兼并、重组情况，与会领导、专家、学者进行了研讨。国家邮政局党组书记、局长马军胜参加会议指导并讲话。中国快递协会和全国各省、市、自治区快递行业协会的负责人参加了会议。

八、内蒙古自治区直邮协会

2006年8月28日，内蒙古自治区邮政局批复同意成立内蒙古自治区直邮协会。该协会为非营利性社会团体，业务主管部门是内蒙古自治区邮政局。9月30日，内蒙古民政厅正式核准“内蒙古直邮协会”成立。10月9日，内蒙古直邮协会第一次会员大会在内蒙古饭店召开，共吸收会员单位56家，内蒙古直邮协会是全国第一家省级直邮协会。

人 物

革命烈士 杨伊平

杨伊平，1958 年 5 月 26 日出生，汉族，1978 年 3 月 6 日参军入伍，1979 年 12 月 24 日加入中国共产党，1980 年 1 月 1 日退役，进入邮电局工作。1995 年 3 月 12 日，作为伊克昭盟邮电局邮政运输公司驾驶员的杨伊平驾驶的 11-08066 号邮客车行驶到薛家湾至准旗 20 公里下大坡处时，突遇汽车右刹车管断裂，制动失灵。面对突如其来的险情，杨伊平把自己的生死置之度外，果断采取应急措施。他边让人打开车门，边大声呼喊车上乘客迅速跳车，自己却紧握方向盘控制着越来越快的汽车，当最后一名乘客跳出车后，杨伊平毅然选择了向左靠崖急停的处置办法。车受阻急停后向右侧翻，杨伊平从前挡风玻璃上重重地摔了出去，18 名乘客的生命得救了，邮件保住了，车也保住了，而他自己却献出了宝贵的生命，年仅 37 岁。同年 4 月 28 日，中共伊克昭盟委员会追授杨伊平“优秀共产党员”称号。1996 年，经自治区人民政府同意，内蒙古自治区民政厅追认杨伊平为革命烈士。

全国劳动模范

表 4-2

姓名	性别	民族	所在单位及职务	获奖时间	授奖机关
色音德力格	男	蒙古	哲里木盟科左后旗衙门营邮电支局花灯苏木驻段乡邮员	1995-4	国务院
马瑞发	男	汉	通辽市开鲁县邮政局	2005-4-28	

全国“五一劳动奖章”获得者

表 4-3

姓名	性别	民族	所在单位及职务	获奖时间	授奖机关
周友盟	女	汉	兴安盟邮电局助理工程师	1991-5-1	中华全国总工会
董清富	男	汉	阿拉善盟邮电局呼鲁斯太支局	1992-5-1	
魏明仁	男	汉	巴彦淖尔盟乌拉特中旗邮电局		
李有弟	男	汉	乌兰察布吗四子王旗邮电局	1993-5-1	
于显洋	男	汉	兴安盟邮电局局长	1996-4-29	
贡瑞平	男	汉	赤峰市邮政局喀拉沁旗楼字店支局	2006-4	

全国先进女职工

表 4-4

姓名	性别	民族	所在单位及职务	获奖时间	授奖机关
银金华	女	汉	兴安盟突泉县邮电局工会主席	1996-3	中华全国总工会

全国邮电特等劳动模范

表 4-5

姓名	性别	民族	所在单位及职务	获奖时间	授奖机关
拉斯嘎	男	蒙古	哲里木盟科左后旗吉尔嘎郎邮电支局支局长	1991-4	邮电部

全国邮电劳动模范

表 4-6

姓名	性别	民族	所在单位及职务	获奖时间	授奖机关
段恒柱	男	汉	阿拉善盟线务局吉兰太线务段段长	1991-4	邮电部
莫桂英	女	汉	赤峰市克旗热水塘支局支局长		
石进旺	男	汉	锡林郭勒盟邮车站长		
周友盟	女	汉	兴安盟邮电局助理工程师		
祁小宁	女	汉	包头市邮电局投递员		
史桂娟	女	汉	呼和浩特市邮政局分拣员		
宋立成	男	汉	呼伦贝尔盟扎兰屯市库堤河邮电所乡邮员		
袁桂君	女	汉	乌兰察布盟邮电局营业员		
裴金花	女	汉	锡林郭勒盟阿巴嘎旗邮电局长话班班长		
吉凤鸣	男	汉	内蒙古自治区邮电管理局机关车队副队长		
潘生诸	男	汉	阿拉善盟长途线务局线务员		
郝档柱	男	汉	伊克昭盟邮电局乡邮员		

全国邮政劳动模范

表 4-7

姓名	性别	民族	所在单位及职务	获奖时间	授奖机关
王莉	女	蒙古	呼和浩特市邮政局中山路邮政支局	2002-12-27	国家人事部、国家邮政局
刘春萍	女	汉	赤峰市邮政储汇中心		
李军远	男	汉	阿拉善盟邮政局社区服务中心		

全国邮政系统模范投递员

表 4-8

姓名	性别	民族	所在单位及职务	获奖时间	授奖机关
贡瑞平	男	汉	赤峰市喀喇沁旗邮政局楼子店支局	2005-6-10	国家邮政局
杨根魁	男	汉	乌兰察布市四子王旗邮政局		
刘文元	男	汉	巴彦淖尔市邮政局		

内蒙古自治区劳动模范

表 4-9

姓名	性别	民族	所在单位及职务	获奖时间	授奖机关
色音德力格	男	蒙古	哲里木盟邮电局	1995-4	自治区政府
史桂娟	女	汉	呼和浩特市邮政局		
齐志国	男	汉	赤峰市邮电局		
郑杰	男	汉	赤峰市邮电局		
邵霁坤	男	汉	呼伦贝尔盟扎兰屯市邮电局		
周友盟	女	汉	兴安盟邮电局,		
李有弟	男	汉	乌兰察布盟四子王旗邮电局		
郭春珍	女	汉	巴彦淖尔盟邮电局,		
田福祥	男	汉	巴彦淖尔盟线务局		
温利平	男	汉	通辽市邮运局长途司机	2000-4	
王素霞	女	汉	赤峰市邮政局昭乌达路支局营业班长		
马瑞发	男	汉	通辽市开鲁县邮政局	2005-4-26	
张凤岚	女	汉	呼伦贝尔市新巴尔虎右旗邮政局		
柯长青	男	汉	呼伦贝尔市鄂伦春旗邮政局		
王宏伟	男	汉	呼和浩特市邮政信息技术局		
吕歆	女	汉	包头市邮政局		

其他先进个人

表 4-10

姓名	性别	民族	所在单位及职务	荣誉称号	获奖时间	授奖机关
刘承发	男	汉	兴安盟局邮政科副科长	自治区“优秀青年标兵”称号并获“五四”青年奖章。	1996-5	自治区团委、青联
翟雨生	男	汉	包头市邮电局局长	全国通信企业优秀管理工作者	1996-6	邮电部
齐志国	男	汉	赤峰市邮电局局长			
苏和	男	蒙古	呼和浩特市邮政局局长			
祁小宁	女	汉	包头市邮电局投递员	内蒙古十杰青年	1996-11	见备注
赵淑英	女	汉	包头市邮政信息技术局	自治区五一劳动奖章	2006-4	自治区总工会
陈青波	女	蒙古	兴安盟邮政局	全国邮政系统先进个人	2009-4-2	中国邮政集团公司
那立秋	女	满	通辽市邮政局			
白二秀	女	汉	鄂尔多斯市邮政局			
范丽霞	女	汉	邮储银行巴彦淖尔市分行资产保全部总经理	自治区五一劳动奖章	2012-4	自治区总工会

备注：自治区团委、青联、青少年发展基金会《内蒙古日报》社、内蒙古电视台、内蒙古人民广播电台 联合主办

劳模色音德力格事迹

色音德力格是兴安盟科左后旗衙门营邮电支局花灯苏木驻段乡邮员，自打走上乡邮路一干就是16个年头，整整走了近24万公里，相当于绕地球6周，投递报刊邮件40万件，为用户办理邮电业务1600余件，替用户购买商品价值121.6万元。自1980年以来，连续14次被旗局授予先进工作者称号。1986年被授予盟级优秀乡邮员，1993年被授予自治区先进个人。

先进集体

表4-11

单位	日期	荣誉称号	授奖机关
赤峰市松山区邮电局	1997-4	全国“五一劳动奖状”	中华全国总工会
满洲里市邮电局	1991-4	全国邮电先进企业	邮电部
哲里木盟邮电局邮政营业班	1991-4	全国邮电先进集体	
呼和浩特市电信局长话科113班	1991-4	全国邮电先进集体	
赤峰市元宝山矿区邮电局	1996-12	全国邮电先进集体	
阿拉善盟吉兰泰邮电支局	1996-12	全国邮电先进集体	
呼和浩特市邮政局麻花板发投部	1996-11	全国文明服务示范窗口	
呼和浩特邮区中心局分拣科	2002-12-27	全国邮政系统先进集体	国家人事部、国家邮政局
呼和浩特市邮政局新城邮政支局	2006-4	自治区“五一劳动奖状”	自治区总工会
巴彦淖尔市乌拉特后旗塞乌素邮政支局	2009-4-2	全国邮政系统先进集体	中国邮政集团公司
赤峰市宁城县邮政局	2009-4-2	全国邮政系统先进集体	
呼和浩特市火车站邮政支局	2010-3	全国邮政“创新服务理念创建服务窗口”示范窗口	
包头市林荫路邮政支局	2010-3	全国邮政“创新服务理念创建服务窗口”示范窗口	

自治区邮电管理局领导

表4-12

姓名	任免职时间、职务	备注
张传惠	1990年12月20日，任内蒙古自治区邮电管理局总经济师。1992年8月14日，任内蒙古自治区邮电管理局党组成员、内蒙古自治区邮电管理局副局长（兼总经济师）。1997年12月19，免去内蒙古自治区邮电管理局党组成员、副局长职务，办理退休手续	
王文珊	199年9月26日前为内蒙古自治区邮电管理局党组成员、内蒙古自治区邮电管理局副局长	1991年9月26日，因公以身殉职
达瓦	1992年1月22日，任内蒙古自治区邮电管理局党组成员、自治区邮电管理局副局长。1996年12月24日，免去达瓦内蒙古自治区邮电管理局党组成员、内蒙古自治区邮电管理局副局长职务，调邮电部邮政总局工作	

续表 4-12

姓名	任免职时间、职务	备注
荣建华	1992 年 1 月 22 日，任内蒙古自治区邮电管理局党组成员、中共内蒙古自治区邮电管理局纪律检查组组长。1996 年 1 月 10 日，免去党组成员、纪检组长职务，离职休养	
孙学博	1992 年 1 月 22 日，任内蒙古自治区邮电管理局党组成员、内蒙古自治区邮电管理局副局长	
杨殿纯	1994 年 5 月 11 日，任内蒙古自治区邮电管理局副局级巡视员	
鲍晓英	1995 年 8 月 14 日，免去内蒙古自治区邮电管理局党组成员、内蒙古自治区邮电管理局副局长职务，调邮电部劳动工资司工作	
肖庆宝	1996 年 3 月 21 日，任内蒙古自治区邮电管理局党组成员、纪检组长	
朱立军	1996 年 9 月 3 日，任内蒙古自治区邮电管理局党组成员、内蒙古自治区邮电管理局副局长。	
苏和	1996 年 12 月 24 日，任内蒙古自治区邮电管理局党组成员、内蒙古自治区邮电管理局副局长	
鞠德鸿	1996 年 12 月 24 日，任内蒙古自治区邮电管理局助理巡视员	
张晨霜	1998 年 2 月，任内蒙古自治区邮电管理局党组副书记、内蒙古自治区邮电管理局局长	
李华	1998 年 2 月，任自治区邮电管理局党组成员、自治区邮电管理局副局长	
张春生	1998 年 2 月，免去自治区邮电管理局局长职务	

自治区邮政局领导

表 4-13

姓名	任免职时间、职务	备注
苏和	1998 年 12 月 25 日，任中共内蒙古自治区邮政局党组副书记，内蒙古自治区邮政局副局长（主持工作）。1999 年 7 月 12 日，任中共内蒙古自治区邮政局党组书记，内蒙古自治区邮政局局长。2004 年 2 月 19 日，免去内蒙古邮政局党组书记、内蒙古邮政局局长职务	2004 年 2 月调任北京市邮政局党组书记、局长
鞠德鸿	1998 年 12 月 25 日，任中共内蒙古自治区邮政局党组成员，内蒙古自治区邮政局副局长。2000 年 2 月 28 日，免去中共内蒙古自治区邮政局党组成员、内蒙古自治区邮政局副局长职务	2000 年 4 月调任中国联通内蒙古分公司党组成员、副总经理
肖庆宝	1998 年 12 月 25 日，任中共内蒙古自治区邮政局党组成员、纪律检查组组长、工会代主席。2003 年 5 月 22 日，任内蒙古邮政局副局长	
刘晓兵	1999 年 7 月 12 日，任中共内蒙古自治区邮政局党组成员，内蒙古自治区邮政局副局长。2004 年 7 月 6 日，任内蒙古邮政局党组书记、内蒙古邮政局局长	
黄以群	2000 年 7 月 2 日，任中共内蒙古自治区邮政局党组成员、内蒙古邮政局副局长。2002 年 4 月 23 日，免去中共内蒙古邮政局党组成员、内蒙古邮政局副局长职务	2002 年 4 月 23 日，工作调动
孙志安	2002 年 2 月 5 日，任内蒙古自治区邮政局助理巡视员	

续表 4-13

姓名	任免职时间、职务	备注
张少波	2004 年 1 月 15 日，任中共内蒙古邮政局党组成员、内蒙古邮政局副局长	
沙迪	2004 年 7 月 6 日，任内蒙古邮政局党组成员、内蒙古邮政局副局长。2006 年 10 月 26 日，免去内蒙古邮政局党组成员、内蒙古邮政局副局长职务	2006 年 10 月 26 日，工作调动
麻勇	2004 年 8 月 24 日，任内蒙古邮政局助理巡视员	
张子旗	2005 年 3 月 3 日，任内蒙古邮政局助理巡视员	

苏和　男，蒙古族，1956 年 9 月出生，内蒙古科左后旗人，1976 年 8 月加入中国共产党。1982 年毕业于吉林工业大学（今吉林大学）汽车工程系汽车运输专业，工学学士。1988 年任内蒙古机要通信局副局长。1990 年任呼和浩特市邮政局副局长。1993 年任呼和浩特市邮政局局长。1994 年兼任呼和浩特市邮政局党委书记。1996 年任内蒙古邮电管理局党组成员、副局长。1998 年任内蒙古邮政局党组副书记、副局长（主持工作）。1999 年任内蒙古邮政局党组书记、局长。2004 年任北京市邮政管理局局长、党委副书记。2006 年任国家邮政局党组成员、副局长。2013 年 7 月 6 日，从事公务返回途中，因突发心脏病，心源性猝死，经抢救无效，于当日 19 时 05 分在北京逝世，享年 56 岁。

自治区邮政管理局领导

表 4-14

姓名	任免职时间、职务	备注
孙志安	2006 年 8 月 28 日，任中共内蒙古自治区邮政管理局党组书记、内蒙古自治区邮政管理局局长。2007 年 12 月 26 日，免去中共内蒙古自治区邮政管理局党组书记、内蒙古自治区邮政管理局局长职务	2008 年 4 月 1 日，办理退休
张子旗	2006 年 8 月 28 日，任中共内蒙古自治区邮政管理局党组成员、内蒙古自治区邮政管理局副局长（副局级）。同年 11 月 10 日，任中共内蒙古自治区邮政管理局党组纪律检查组组长。2007 年 12 月 26 日，任中共内蒙古自治区邮政管理局党组书记、内蒙古自治区邮政管理局局长	
吴邦柱	2006 年 8 月 28 日，任中共内蒙古自治区邮政管理局党组成员。2007 年 12 月 26 日，任内蒙古自治区邮政管理局副局长。2008 年 2 月任中共内蒙古自治区邮政管理局党组纪律检查组组长	
张树旺	2009 年 6 月，任中共内蒙古自治区邮政管理局党组成员。2010 年 11 月 22 日，任内蒙古自治区邮政管理局副巡视员	

孙志安　男，汉族，1947 年 3 月出生，河北省阳原县人，1968 年 7 月参加工作，1978 年 7 月加入中国共产党。先后担任内蒙古邮电学校会计、教师；1984 年任呼和浩特市邮政局副局长；1985 年任内蒙古邮电职工中专学校副校长；1990 年任内蒙古机要通信局副局长；1992 年任内蒙古邮政储汇发行局副局长；1993 年任内蒙古邮政储汇发行局局长；1999 年任内蒙古自治区邮政局人事教育处处长；2002 年任内蒙古邮政局助理巡视员、人事教育处处长；2006 年任内蒙古邮政管理局党组书记、局长；2007 年退休，同年担任内蒙古快递协会常务副会长、秘书长。2015 年 9 月 3 日因病逝世，享年 68 岁。

自治区邮政公司领导

表 4-15

姓名	任免职时间、职务	备注
刘晓兵	2007 年 1 月 10 日，任内蒙古自治区邮政公司总经理。同年 2 月 1 日，任中共内蒙古自治区邮政公司党组书记。2009 年 11 月 18 日，免去中共内蒙古自治区邮政公司党组书记、内蒙古自治区邮政公司总经理职务	
肖庆宝	2007 年 2 月 1 日，任中共内蒙古自治区邮政公司党组成员、纪检组长、内蒙古自治区邮政公司副总经理。2010 年 6 月 18 日，免去中共内蒙古自治区邮政公司党组成员、纪检组长职务。同年 8 月 2 日，免去内蒙古自治区邮政公司高级资深经理职务，办理退休手续	
张少波	2007 年 2 月 1 日，任中共内蒙古自治区邮政公司党组成员、内蒙古自治区邮政公司副总经理。2008 年 2 月 18 日，解聘张少波内蒙古邮政公司副总经理职务	2008 年 1 月，任内蒙古自治区邮政储蓄银行行长
凌　志	2007 年 2 月 1 日，任中共内蒙古自治区邮政公司党组成员、工会主席、内蒙古自治区邮政公司副总经理。2010 年 9 月 18 日，任中共内蒙古自治区邮政公司党组纪检组组长	
廉福臣	2007 年 8 月 13 日，任中共内蒙古自治区邮政公司党组成员、内蒙古自治区邮政公司副总经理。2010 年 9 月 18 日，免去内蒙古自治区邮政公司副总经理职务	2010 年 9 月 18 日，任内蒙古自治区邮政速递物流有限公司总经理
麻　勇	2008 年 2 月 18 日，由助理巡视员改任内蒙古邮政公司资深经理	
王勇军	2008 年 2 月 18 日，任内蒙古邮政公司资深经理	
牧　仁	2008 年 2 月 18 日，任内蒙古邮政公司资深经理	
王克俭	2009 年 11 月 18 日，任中共内蒙古自治区邮政公司党组书记、内蒙古自治区邮政公司总经理	
刘承发	2010 年 9 月 18 日，任中共内蒙古自治区邮政公司党组成员、内蒙古自治区邮政公司副总经理	
兰利厚	2010 年 9 月 18 日，任中共内蒙古自治区邮政公司党组成员、内蒙古自治区邮政公司副总经理	
王宏斌	2010 年 9 月 18 日，任内蒙古自治区邮政公司资深经理	

自治区邮政储蓄银行领导

表 4-16

姓名	任免职时间、职务
张少波	2008 年 1 月 15 日，任中国邮政储蓄银行内蒙古自治区分行行长
麻　勇	2008 年 1 月 15 日，任中国邮政储蓄银行内蒙古自治区分行副行长
林志刚	2008 年 1 月 15 日，任中国邮政储蓄银行内蒙古自治区分行副行长
牧　仁	2008 年 1 月 15 日，任中国邮政储蓄银行内蒙古自治区分行副行长
魏东斌	2008 年 1 月 15 日，任中国邮政储蓄银行内蒙古自治区分行总审计师

自治区邮政速递物流公司领导

表 4-17

姓名	任免职时间、职务
王宏斌	2008 年 12 月 26 日，负责内蒙古自治区邮政速递物流公司的组建工作，并临时负责主持全面工作
张江玲	2008 年 12 月 26 日，聘任内蒙古自治区邮政速递物流公司副总经理
王世国	2008 年 12 月 26 日，聘任内蒙古自治区邮政速递物流公司副总经理
廉福臣	2010 年 9 月 18 日，任内蒙古邮政速递物流有限公司总经理
宋安一	2010 年 10 月 21 日，任内蒙古邮政速递物流有限公司副总经理

附 录

内蒙古自治区邮电通信管理条例

（1992 年 2 月 29 日自治区第七届人大常委会第二十五次会议通过）

第一章 总则

第一条 为促进邮电通信事业发展，保障邮电通信设施安全和畅通，根据《中华人民共和国宪法》《中华人民共和国民族区域自治法》《中华人民共和国邮政法》和有关法律、法规，结合自治区实际，制定本条例。

第二条 本条例适用于自治区内邮电通信管理。

第三条 自治区邮电管理局是自治区邮电通信的行政主管部门，管理自治区的邮电通信工作。

盟市、旗县邮电局（含邮政局、电信局）经自治区邮电管理局授权，管理本行政区域内邮电通信工作。

第四条各级人民政府对发展邮电通信事业要坚持统筹规划、条块结合、分层负责、联合建设的原则和优先扶持的政策，把邮电通信建设规划纳入区域经济发展规划和城乡建设规划。

对边远地区邮电通信事业，各级人民政府和有关部门要给予特殊照顾。

第五条 通信自由、通信秘密和邮电通信设施受法律保护；禁止侵犯他人通信自由、通信秘密和侵占、毁坏邮电通信设施。

第六条 邮电企业应当为用户提供迅 速、准确、安全、方便的邮电通信服务。

第七条 对在发展和建设邮电通信事业中做出显著成绩的单位、集体和个人，各级人民政府应给予表彰、奖励。

第二章 通信自由和通信秘密的保护

第八条 邮电企业对用户交寄的邮件、交发的电报和使用的其他邮电业务，依法予以保护。

除法律、法规另有规定者外，邮电企业和邮电工作人员不得向任何组织或者个人提供用户使用邮电业务的情况。

任何组织或者个人不得私拆、隐匿，或者毁弃他人邮件、电报，不得窃取他人邮件上的邮票和其他邮资凭证。

第九条 国际邮袋出入境、开拆和封发由海关依法监管查验。邮电企业应将作业时间事先通知海关，海关应派员按时到场监管查验。

海关依法查验国际邮包时，在设关地应当与用户当面查验。收寄件人不能到场的，由海关开拆查验，邮政工作人员在场配合。被开拆查验的邮包，由海关和邮政企业共同封装’双方加具封签或者戳记。海关依法开拆查验的印刷品，应当重封并加具海关封签或者戳记。

第十条　实施卫生检疫或者动物、植物检疫的邮件，由检疫部门依照法定程序及时进行检疫。

第十一条　依法没收的国际邮递物品或者经卫生、动物、植物检疫必须依法销毁的邮件，海关或者检疫部门应当出具没收或者检疫处理通知单，在四十八小时内通知邮电企业，并及时通知寄件人或者收件人。

第三章　邮电通信的规划和建设

第十二条　自治区邮电通信设施建设，以邮电部门为主，实行多种渠道筹集资金、多种形式联合建设、多种技术手段并用的方针，加快邮电通信设施的建设和更新改造。

第十三条　长途通信建设以自治区邮电管理部门为主，各级人民政府给予支持；市内通信建设由盟市及盟市以下邮电部门和当地人民政府共同负责；农村牧区通信建设属于旗县至苏木乡的，以旗县以上人民政府为主，邮电部门给予支持；属于苏木乡以下的由旗县、苏木乡人民政府统筹安排，统一管理。

新建工矿企业及住宅区，应将邮电通信设施作为配套工程纳入建设计划。大型工矿企业等单位与邮电部门联合建设共用邮电通信设施，邮电部门应遵循互惠互利的原则，对参加联合建设的单位给予优惠。

第十四条　邮电企业在方便群众的地方设置服务设施，或者进行流动服务，有关单位应给予配合和支持。

较大的火车站、民用机场和宾馆等，要在方便旅客的地方提供办理邮电业务的场所，邮电企业应当提供邮电业务服务。

第十五条　新建需要安装电话的建筑物，设计时应有电话管线、室内分线盒等设施，高层建筑应设置电话线路进出交接分线房间。电话管、线、盒应按标准设置。当地邮电部门应参加扩初建筑设计会审和竣工验收。

第十六条　住宅楼应在每一单元地面首层适当部位安装与住房室号相对应的信报箱，或者就近设信报箱群、信报收发室。

第十七条　邮电局、所建设，电话管道、电缆、杆线的布设，应符合城市规划的要求，并纳入城市建设规划和年度计划。

新建、改建主要道路、桥梁、铁道、隧道、立交桥等，有关部门应预设电话管线或者预留电话管线位置。

第十八条　邮电部门在通信线路施工中损毁农作物、树木或者其他土地附着物的，按国家有关法律法规补偿。

邮电部门架设电杆、敷设通信电缆，应尽量节约用地，少占或者不占耕地，必须占用的土地要及时恢复利用。可免交土地使用费。

第四章　通信行业管理

第十九条　自治区通信行业管理部门，负责公用通信网的规划和建设，对公用通信网的社会服务实施监督，并对非邮电部门通信网的设立和运行实施行业管理；负责协调专用通信网和公用通信网之间的关系，做好科学合理组网工作。

第二十条　通信网的建设要统筹规划，避免重复。邮电部门应积极发展公用通信网，适应社会通信需求。公用通信网不能满足需求或者因特殊需要建立专业通信网的，须经自治区通信行业管理部门同意。

第二十一条　专用通信网限于本部门内部通信使用，未经自治区通信行业管理部门同意，不准对外营业和提供服务。在公用通信网覆盖范围以外的地区，经通信行业管理部门或者授权单位审查同意，临时经营部分公众业务，须到工商行政管理部门办理登记注册手续，并依法纳税。

第二十二条　专用网、地区网、用户交换机进入公用通信网、为外部门或者院外装机，在通信网上加装复用设备，交换机之间联通时，必须符合国家的有关标准和进网规定，经通信行业管理部门或者授权单位审批，并经质量认证后方可实施。

第二十三条　进入公用通信网使用的通信终端设备，应符合国家有关规定和技术标准。生产、销售、使用通信终端设备的单位和个人应遵守国家有关管理规定。

第二十四条　公用电信业务和信件及其他具有信件性质物品的寄递业务，由邮电企业专营，除国务院另有规定的外，其他单位和个人不得经营。

第五章　邮电通信设施的保护

第二十五条　任何单位和个人都有保护邮电通信设施的义务，禁止擅自移动、毁坏邮电通信设施。

第二十六条　邮电通信设施的保护范围:

（一）邮电局（所）、报刊门市部、集邮门市部以及其他办理邮电业务的场所;

（二）邮亭、信筒（箱）、信报箱、信报箱群、邮政编码牌、邮件转运站、邮电标志牌、宣传栏、邮电通信车辆及其他邮电运输工具;

（三）无线电台、微波站、机务站、增音站、线路巡房、卫星地面站及其附属设施、电缆、管道、人（手）孔、标桩、标石、天线、馈线、地线、公用电话亭、电杆、电线、拉线及隔电子等杆上设备;

（四）其他邮电通信设施。

第二十七条　除依法指定的废旧物资收购单位外，其他任何单位和个人不得收购电线、电缆和其他邮电通信器材。

依法指定的废旧物资收购单位，不得收购个人出售的电线、电缆和其他邮电通信器材。

第二十八条　禁止下列危及邮电通信设施安全的行为:

（一）向信筒（箱）、公用电话亭、信报箱及信报箱群等邮电通信设施投掷易燃、易爆物品及其他物品;

（二）在电杆、拉线、标桩等邮电通信设施上拴牲畜、拉挂电力线、广播线及其他物品;

（三）在距电杆5米内挖沙、取土，在架空线路两侧各2米、天线区域周围2米内地面上植树、建房、搭棚;

（四）在市区外电缆两侧各2米，在市区内电缆两侧各0．75米的范围内植树，在埋有地下电缆的两侧各1米内建房、搭棚，3米内挖沙、取土、挖沟、掘井、钻井、设置粪池、沼气池、牲畜圈、垃圾堆;

（五）在埋有地下电缆的地面上倾倒含酸、碱、盐等腐蚀性的物质;

（六）在危及邮电通信设施安全的范围内点火、烧荒、烧窑、堆放易燃易爆物品;

（七）对线路鸣枪、投掷物品或者距离线路300米内爆破;

（八）在设有水底电缆的规定水域内抛锚、拖网、挖沙、爆破以及从事危及电缆安全的作业;

（九）擅自拆迁或者毁坏邮电通信设施;

（十）其他危及邮电通信设施安全的行为。

第二十九条　为确保通信畅通，任何单位和个人实施下列行为，影响通信设施安全或者通信信号传输质量的，应事先征得邮电管理部门同意，采取有效的防护措施并承担相应费用:

（一）因建设或者施工需要搬迁、拆除邮电通信设施和改变通信方式的;

（二）新建或者改建道路、铁路、桥涵、隧道、房屋、农田水利工程以及敷设管道、疏通渠道的;

（三）架设输电线路、电气化铁路、电车线路、专用通信线路、广播线路以及敷设电气设备的;

（四）工矿企业排放腐蚀性废气、废渣、废液，在无线电台附近使用高频或者超高频工业设备的;

（五）其他影响邮电通信设施安全的。

第三十条　在国家一级、二级微波干线通道净空控制范围内不得建设影响通信的建筑物。必须建设时，应向当地城市规划部门申请，由城市规划部门征求自治区无线电管理部门、自治区邮电通信行政主管部门意见后，予以审批。

第三十一条　对可能影响架空线路、地下电缆通信安全的新植树木，管护单位或者个人应及时修剪;对危及通信线路安全的树木，邮电部门会商有关部门修剪、截干。在发生自然灾害或者其他突发事故的特殊情况下，邮电部门可以修剪、伐除危及通信线路的树木，并在三日内通知树木所有人或者管理单位。

第六章　邮电通信的社会保障

第三十二条　铁路、公路、水运、航空等运输单位负有载运邮件的责任，保证邮件的优先运出，不得随意停运，并在运费上给予优惠。

邮电企业应当与承运单位签订运邮合同。

第三十三条　火车站、机场、码头应为邮电部门安排装卸、储存、转运邮件作业的场所和出入通道。在新建、扩建、改建时应将装卸、储存、转运作业设施纳入建设计划，同步施工。

第三十四条　执行邮件运输和投递任务的车、船及邮电工作人员通过桥梁、渡口、隧道、检查站时，有关方面应当优先放行。

邮电通信专用车辆的过桥费和养路费，可根据当地实际酌情减免。

带有邮政专用标志的邮政车辆在运递邮件时，凭公安机关核发的特别通行证，可不受禁行路线、禁停地段和交通高峰管制时间的限制。在确保安全的情况下，邮电通信抢险车辆可在单行线上运行。

抢险、救援、排除障碍的邮电通信车辆驶入雨天禁行路线，征得当地交通部门同意后准予通行。

运邮车辆或者邮电工作人员在运递邮件途中违章，在一般情况下有关部门应记录后放行，待其完成运递任务后再行处理。

第三十五条　禁止非法拦截邮电运输工具和非法截留、检查邮件、电报，禁止在邮电局、所门前和通道上摆摊、设点、堆放物品，严禁非法妨碍邮电工作人员执行任务。

第三十六条　新建、搬迁、更名的单位，需要提供邮电通信服务，应按有关规定提供服务的基本设施及条件，到所在地邮电企业办理手续。

第三十七条　对邮电通信生产用电，供电部门应当按国家有关规定供电。

第七章　邮电通信服务和社会监督

第三十八条　邮电企业和邮电工作人员要严格遵守国家邮电通信法律、法规和本条例。

邮电企业要加强内部管理，实行岗位责任制，为社会提供文明优质服务。

第三十九条　邮电工作人员不得拒绝办理依法应当办理的邮电业务和无故延误投递邮件、电报；不得擅自中止对用户的邮电通信服务和改变邮电业务收费标准；不得利用工作之便谋取私利。

第四十条　邮电部门必须按有关规定受理用户安装、迁移、拆除电话的申请，定期对所负责的邮电通信设施进行维修，及时排除故障，保持设备完好，保障邮电通信畅通。

第四十一条 邮电局（所）、邮亭必须公开营业时间、经办业务种类、收费标准和各种业务办理手续。

邮政信筒（箱）必须标明开启频次和时间，并按时开启。

第四十二条 农村牧区的邮件，投递到苏木乡或者嘎查村的固定地点；嘎查村以下邮件，由苏木乡人民政府与邮电企业协商妥交收件人的方式。

第四十三条 邮件寄递过程中，丢失、损毁、内件短少的，依照《中华人民共和国邮政法》和《中华人民共和国邮政法实施细则》的规定赔偿。

无法投递的邮件，应当退回寄件人或按有关规定处理。

第四十四条 邮电部门应采取设置监督电话、举报箱、接待信访等方式，接受用户对邮电通信质量和服务质量的监督，受理举报和投诉，并将处理结果及时答复举报人或者投诉人。

第八章 罚则

第四十五条 违反本条例，有下列行为之一的，由自治区邮电通信行政主管部门或者其授权单位给予处罚：

（一）违反第二十条规定，未经批准擅自建设专用通信网的，责令其停止建设；

（二）违反第二十一条、二十二条规定的，责令恢复原状或者没收其非法所得，可并处罚款；

（三）违反第二十八条、二十九条、三十条规定的，责令其停止侵害行为，恢复原状；损坏邮电通信设施、阻断通信的，除责令其赔偿修复费用和阻断通信所造成的损失外，可并处赔偿金一至五倍的罚款；违章建筑的，责令限期拆除，逾期不拆除的，申请人民法院强制执行。

第四十六条 违反第二十七条规定的，由工商行政管理部门没收非法所得和非法收购物品，可并处罚款；构成犯罪的，依法追究刑事责任。

第四十七条 对故意损毁、盗窃邮电通信设施，私拆、隐匿或者毁弃他人信件、电报、邮票和其他邮资凭证，阻碍邮电工作人员执行公务，情节轻微的，依照《中华人民共和国治安管理处罚条例》予以处罚；构成犯罪的，依法追究刑事责任。

第四十八条 伪造或者冒用邮电专用标志、专用品，或者以营利为目的，伪造邮资凭证的，由自治区邮电通信行政主管部门或者其授权单位按有关规定没收非法物品和非法所得，并处以罚款；构成犯罪的，依法追究刑事责任。

第四十九条 邮电工作人员私自开拆或者隐匿、毁弃邮件、电报的，依照《中华人民共和国刑法》第一百九十一条第一款的规定追究刑事责任。

犯前款罪并窃取财物的，依照《中华人民共和国刑法》第一百九十一条第二款的规定，按贪污罪从重处罚。

第五十条 违反第三十九条、四十条、四十一条规定的，由邮电部门给予行政处分。邮电工作人员玩忽职守，致使公共财产、国家和人民利益遭受重大损失的，依照《中华人民共和国刑法》第一百八十七条的规定追究刑事责任。

第五十一条 当事人对行政处罚不服的，可按《中华人民共和国行政诉讼法》和《行政复议条例》的规定申请复议或者提起诉讼。

第九章 附则

第五十二条 本条例实施中的具体问题由自治区邮电通信行政主管部门负责解释。

第五十三条 本条例自 1992 年 5 月 1 日起施行。

内蒙古自治区邮政管理办法

第一章　总则

第一条　根据《中华人民共和国邮政法》和有关法律法规的规定，结合自治区实际，制定本办法。

第二条　本办法适用于自治区行政区域内的邮政建设和管理。

第三条　自治区邮政主管部门负责全区邮政行业的管理工作。

自治区盟市邮政主管部门负责本行政区域邮政行业的管理工作。

各级人民政府的有关部门按照各自的职责，依法配合邮政主管部门做好邮政管理工作。

第四条　邮政企业是经营邮政业务的国有公用企业，承担向全社会提供普遍服务的义务。

邮政企业应当为用户提供迅速、准确、安全、方便的邮政服务，保障用户使用邮政的合法权益。

各级人民政府和有关部门对邮政企业承担的普遍服务和边远地区的邮政设施建设应当给予扶持。

第五条　任何单位或者个人均负有保护通信自由、通信秘密和邮件安全的责任。任何单位或者个人不得利用邮政业务进行法律、法规等禁止的活动。

第二章　规划与建设

第六条　各级人民政府应当将邮政建设纳入国民经济和社会发展计划以及城市总体规划。

邮政主管部门应当依照国民经济和社会发展计划以及城市总体规划编制邮政建设规划，经有关行政主管部门审查同意并报当地人民政府批准后执行。

编制苏木乡镇、嘎查村总体规划和建设规划，应当含有邮政设施设置的内容。

第七条　邮政通信设施属国家基础设施和公用设施，邮政通信建设用地经批准可以以划拨方式取得土地使用权。经划拨方式取得的土地，邮政部门不得改变用途。

邮政企业根据城市规划和社会需要设置的邮政信筒（箱）、邮亭、邮政报刊亭、阅报橱窗等邮政设施，其用地经有关部门批准可以无偿使用。

第八条　建设城市新区、开发区、独立工矿区、旧城区成片改造等建设项目时，按照城市规划部门批准的规划设计方案，必须同时设置与之配套的邮政设施，并与建设项目同时设计、施工、验收。进行邮政配套局所建设，邮政企业可以自行建设，也可以委托开发建设单位建设，所需建筑成本由邮政企业承担。

进行前款规定的建设项目的设计、会审和竣工验收，邮政主管部门应当参加。

第九条　在建设城市居民住宅楼时，建设单位应当按照国家规定设置信报箱或者收发室。建设信报箱或者收发室所需费用应当纳入建设项目总投资中。未将信报箱或者收发室列入设计图纸的，城市规划部门不予审批。

新建并投入使用的城市居民住宅未按照前款规定设置信报箱或者收发室的，建设单位应当自收到邮政主管部门补建通知之日起3个月内予以补设。

第十条　通邮单位应当在楼房的地面层或者院落的主出入口设置收发室；两个以上通邮单位使用同一通邮地址的，应当设置联合收发室，并使用统一的收发章。

行政村应当在村民委员会办公地或者邮政企业同意的其他地点设置收发室或者代收点。

第十一条　机场、港口和较大的车站、宾馆、商场、医院、集贸市场等公共场所应当提供办理邮政业务的场所。

机场、港口和较大的车站还应当在邮件装卸、转运作业场所、邮政车辆出入通道等设施的配套建设方面为邮政企业提供方便。

第十二条　因进行城市建设需要征用、拆迁邮政局所或者其他邮政设施的，征用、拆迁单位应当事先征得邮政主管部门同意，予以重建或者给予货币补偿。采用重建方式的，应当在保证邮政业务正常进行、方便社会用邮和不降低邮政服务标准的前提下签订协议，并按照先安置后拆迁的原则进行，所需费用由征用、拆迁单位承担。

第三章　市场管理

第十三条　邮政主管部门依法对邮政市场实施行业管理。除国务院另有规定以外，下列邮政业务由邮政企业专营:

（一）信函、明信片和其他具有信件性质的物品的寄递;

（二）普通邮票的销售;

（三）邮政编码簿（图集）和其他形式的邮政编码资料的编印、发行;

（四）法律法规规定由邮政企业专营的其他业务。

第十四条　邮政企业应当根据当地经济发展状况、社会用邮需要、城市总体规划和邮政行业标准设置邮政分支机构。

暂未设置邮政分支机构的，邮政企业可以委托具有相应条件的单位或者个人代办邮政业务。

代办邮政业务的单位或者个人应当严格执行有关邮政业务规则、资费标准和服务标准，接受邮政主管部门的监督管理。

第十五条　仿印邮票图案的，应当依照仿印邮票图案的有关规定，报邮政主管部门批准。

印制通信使用的信封应当符合国家标准，印制明信片应当符合行业标准，并且应当由邮政主管部门负责监制。

第十六条　申请经营集邮票品的单位和个人应当到所在地工商行政管理部门办理登记手续，并于登记之日起 7 个工作日内到当地邮政主管部门备案。

第十七条　从事速递经营业务的单位应当到所在地工商行政管理部门办理登记手续，并于登记之日起 7 个工作日内到当地邮政主管部门备案。

经营速递业务的非邮政企业，应当接受邮政主管部门的监督检查，未经邮政企业委托，不得从事信件和信件类物品的寄递业务。

个人不得从事速递经营活动。

第四章　服务与保障

第十八条　新建的企业、事业单位，居民住宅，应当由其产权单位或者管理单位到所在地邮政局办理通邮手续。

邮件接收单位名称、地址、楼号、门牌号等变更的，应当在变更前 10 日内到原登记的邮政局办理变更登记手续。

对具备法定通邮条件的用户，邮政企业应当自用户办理邮件投递登记手续之日起 15 日内予以通邮。

第十九条　对尚不具备通邮条件的，邮政企业可以将邮件投递至用户指定的已通邮的邮件代收点或者用户租用的邮政信箱。

用户不具备通邮条件，又未依照前款规定与邮政企业商定妥投方式的，邮政企业可以按照地址不详、无法投递退回寄件人；无法退回寄件人的，作为无着邮件处理。

第二十条　邮政企业可以根据用户的要求，与用户签订延伸投递服务协议，约定延伸投递的位置和方式。接受延伸投递服务的用户，应当依照价格主管部门核定的标准缴纳服务费。

第二十一条　邮政企业应当在营业场所的明显部位公布营业时间、业务范围和资费标准。邮政信筒（箱）应当标明开筒（箱）的频次和时间。

邮政企业应当按照规定的频次、时限和投递范围投递邮件。

邮政企业办理邮政业务，应当执行规定的资费标准。

第二十二条　邮政企业的工作人员不得实施下列行为：

（一）私拆、隐匿、毁弃、盗窃邮件，撕揭邮票，贪污、挪用、冒领用户款项；

（二）故意延误投递邮件；

（三）拒绝办理依法应当办理的邮政业务；

（四）擅自终止对用户的邮政服务；

（五）违法提供用户使用邮政业务的情况；

（六）擅自改变邮政业务收费标准或者增加收费项目；

（七）强迫用户使用高资费邮政业务；

（八）法律法规禁止的其他行为。

第二十三条　邮政企业应当通过设置用户监督信箱，公布监督电话号码或者其他方式，受理用户的举报和投诉，接受用户对邮政服务质量的监督。

邮政企业应当自接到用户的举报或者投诉之日起 15 日内予以答复。

第二十四条　发生邮发报刊丢失的，用户可以向邮政企业查询，邮政企业应当自接到用户查询之日起 3 日内予以答复。属于邮政企业过错造成邮发报刊丢失的，邮政企业应当在规定的期限内予以补投或者赔偿。

第二十五条　邮政用户因使用不符合国家标准或者通信行业标准的信封、明信片造成损失的，邮政企业不承担责任。

第二十六条　由于邮政企业的责任，造成给据邮件的丢失、损毁、内件短少或者汇款被冒领，邮政企业应当按照有关法律、法规的规定赔偿或者采取补救措施。

通邮单位的收发人员接收给据邮件时，应当点核无误，并在清单上盖章签收。由于收发人员的过错造成给据邮件丢失、损毁、内件短少或者邮政汇款被冒领的，通邮单位应当先行承担赔偿责任，然后向有过错的收发人员追偿。

第二十七条　执行任务的邮政专用车辆凭公安机关核发的通行证，可不受禁止驶入、禁止停放和各种禁止机动车通行标志的限制。

邮政专用车辆通过检查站、桥梁和隧道时，凭邮政专用标志优先通行。

邮政专用车辆在通过收费的道路、桥梁和隧道时，应适当减免车辆通行费。

运邮车辆或者邮政工作人员在运递邮件途中违章，有关主管部门应当记录后放行，待其完成运递任务后再行处理。

第二十八条　任何单位和个人不得实施下列行为：

（一）擅自迁移、损毁邮政信筒（箱）、邮亭、邮政报刊亭、信报箱、邮政编码牌等；

（二）私开、违法封闭邮政信筒（箱）或者向邮政信筒（箱）、自动收寄机、自动柜员机、自动出售机等邮政设施内投放易燃、易爆、腐蚀性物品或者其他杂物；

（三）在邮政局（所）门前通道或者邮政信筒（箱）、邮亭、邮政报刊亭、信报箱等邮政设施周围设摊、堆物、停放非邮政专用车辆，妨碍邮政业务正常进行；

（四）伪造、冒用邮政专用名称、邮政专用标识；

（五）利用邮政网络进行违法的邮购业务；

（六）法律法规禁止的其他行为。

第五章　法律责任

第二十九条　违反本办法第八条第一款规定，建设工程未按照规定配套建设邮政设施，擅自改变邮政设施设计或者配套建设的邮政设施不合格的，由邮政主管部门会同建设主管部门责令限期建设或者改正，并由责任单位承担邮政企业为解决用户用邮采取的临时措施所需的费用，直至配套建设的邮政设施验收合格。

第三十条　违反本办法第九条规定，已建成的居民楼未按照规定设置信报箱或者收发室的，由邮政主管部门责令建设单位限期补建，可以并处1000元以下罚款。

第三十一条　违反本办法第十三条第（一）项规定，擅自经营信函、明信片和其他具有信件性质的物品寄递业务的，由工商行政主管部门或者邮政主管部门责令其将收寄的物品及收取的资费退还寄件人，并处违法经营额一倍以下的罚款。

违反本办法第十三条第（二）项至第（四）项规定经营邮政专营业务的，由邮政主管部门予以警告，可以并处违法经营额一倍以下的罚款。上述两款的罚款金额最高不得超过15000元。

第三十二条　违反本办法第十五条第一款规定，擅自仿印邮票图案和销售未经批准的仿印邮票图案制品的，由邮政主管部门责令停止印制和销售，并按照有关法律、法规的规定予以处罚。

第三十三条　违反本办法第十六条规定未办理经营集邮票品备案手续，擅自从事集邮票品经营活动的，由邮政主管部门视情节予以警告或者处10000元以下罚款。

第三十四条　违反本办法第十七条规定，经营速递业务未办理备案手续，由邮政主管部门责令其限期补办备案手续，并处以5000元以下罚款。

第三十五条　邮政企业或者邮政工作人员违反本办法第二十二条规定的，由其主管部门责令改正，并视情节对负有责任的主管人员和其他责任人员给予处分或者经济处罚；给邮政用户造成经济损失的，依法承担赔偿责任；构成犯罪的，依法追究刑事责任。

第三十六条　违反本办法第二十八条规定的，由邮政主管部门协助公安、工商行政管理部门依照有关规定处理。

第六章　附则

第三十七条　本办法下列用语的含义是：

（一）信函：是指以套封形式传递的缄封的信息的载体。具体内容包括：书信、各类政务、商务性文件、各类单据、票据、证件、工程图纸、合同资料、商品样本或者说明，各类通知、有价证券。

（二）具有信件性质的物品：是指以符号、图像、音响等方式传递的信息的载体。具体内容包括：印有“内部”字样的书籍、报纸、杂志，具有通信内容的音像制品、计算机信息媒体，国务院邮政主管部门规定的其他具有信件性质的物品。

第三十八条 本办法自2002年10月1日实施。

内蒙古自治区邮政条例

（2011年11月16日内蒙古自治区第十一届人民代表大会常务委员会第25次会议通过）

第一章 总 则

第一条 为了保障邮政普遍服务，加强对邮政市场的监督管理，维护用户合法权益，促进邮政业健康发展，适应经济社会发展和人民生活需要，根据《中华人民共和国邮政法》和国家有关法律、法规的规定，结合自治区实际，制定本条例。

第二条 在自治区行政区域内从事邮政业规划、建设、服务、经营和监督管理等活动，应当遵守本条例。

第三条 邮政普遍服务是国家重要的社会公用事业。

旗县级以上人民政府应当将邮政业纳入国民经济和社会发展规划，保障邮政业与当地经济社会协调发展，支持邮政企业提供邮政普遍服务。

第四条 自治区邮政管理部门负责本行政区域内邮政普遍服务和邮政市场的监督管理工作。

发展和改革、公安、国家安全、民政、财政、国土资源、住房和城乡建设、规划、交通运输、工商行政管理、进出口检验检疫、海关、铁路、民航等有关部门按照各自职责，做好邮政管理的相关工作。

第五条 鼓励、支持和规范多种所有制快递企业发展，推进快递服务体系建设，满足社会各方面需求。

第六条 邮政企业、快递企业应当加强服务质量管理，完善安全保障措施，为用户提供迅速、准确、安全、方便的服务，保障用户的合法权益。

第二章 规划与建设

第七条 旗县级以上人民政府应当将邮政设施的布局和建设纳入城乡规划，重点扶持农村牧区邮政设施建设，对邮政营业场所、邮件和快件处理场所、快件园区的规划建设和使用土地提供支持。

编制苏木乡镇、嘎查村规划，应当含有邮政设施设置的内容。

第八条 各级人民政府应当按照城乡公共服务均等化的要求，对农村牧区通邮给予重点扶持。

苏木乡镇人民政府应当指导、支持嘎查村民委员会设立嘎查村邮站或者其他接收邮件的场所，承担本嘎查村邮件接收和投递。鼓励和倡导嘎查村集体经济组织投入嘎查村邮站建设。

邮政企业应当按照有关规定加大对嘎查村邮站建设的投入，并对嘎查村邮站提供业务指导。

第九条 建设城市新区、独立工矿区、开发区、住宅区和商业区或者对旧城区进行改造，应当按照城市总体规划建设配套的提供邮政普遍服务的邮政设施。

第十条 邮政企业应当按照国家规定的邮政普遍服务标准和城乡规划在机场、车站、城市街道、广场、公园等公共场所设置邮筒（箱）、邮政报刊亭等邮政设施。

第十一条 较大的车站、机场、陆路口岸、高等院校、宾馆、旅游区和集贸市场应当设置提供邮政普遍服务的邮政营业场所、邮件处理场所等邮政设施，并为邮政企业装卸、转运邮件和邮政车辆出入提供必要的场所和通道。

第十二条 新建城镇居民楼，建设单位应当按照国家和自治区规定标准在便于投递的位置设置接收邮件的信报箱（群、间），并与主体工程同时设计、同时施工、同时验收。对未设置信报箱（群、间）或者设置的信报箱（群、间）未达到国家和自治区规定标准的，不予验收。

已建成的城镇居民楼未设置信报箱（群、间）的，由产权所有者、管理者负责设置或者委托邮政企业设置，所需费用由产权所有者协商解决或者由业主大会决定。

城镇居民楼维修改造时，应当将信报箱（群、间）作为公用设施集中安排维修和更换，所需费用由该居民楼的产权所有者协商解决或者由业主大会决定。

第十三条　机关、团体、企业、事业单位以及其他组织应当在楼房地面层或者单位主出入口设置接收邮件的收发室；两个以上单位使用同一用邮地址的，可以设置联合收发室。

商用写字楼应当设置接收邮件的收发室，未设置收发室的，由物业管理单位负责代收。

第十四条　提供邮政普遍服务的邮政设施建设所需的土地按照城市基础设施用地依法划拨，免征市政公用基础设施建设配套费。

邮政企业设置占地面积四平方米以内的邮筒（箱）、邮政报刊亭和其他邮政设施，经所在地人民政府批准，免缴城市道路占用费。

工商行政管理部门应当根据自治区邮政管理部门核定的邮政企业及其所属分支机构、服务网点的表册，办理工商登记或者年检手续。

第十五条　因城市改造、重点建设等确需征收邮政营业场所或者邮件处理场所的，城乡规划主管部门应当按照方便用邮、就近安置和不少于原有面积的原则，对邮政营业场所或者邮件处理场所的重新设置作出妥善安排；未作出妥善安排前，不得征收。

重新设置的邮政营业场所、邮件处理场所交付使用前，应当安排过渡场所，保证邮政普遍服务正常进行。

邮筒（箱）、邮政报刊亭确需迁移的，应当就近安置。

第三章　邮政服务

第十六条　邮政企业应当按照国家规定承担自治区行政区域内的邮政普遍服务义务。

邮政企业向用户提供邮政普遍服务，应当符合邮政普遍服务标准。

第十七条　邮政营业场所调整营业时间，应当提前五日发布公告。

第十八条　邮政企业设置邮政营业场所，应当事先书面告知自治区邮政管理部门。

邮政企业撤销提供邮政普遍服务的邮政营业场所、停止办理或者限制办理邮政普遍服务和特殊服务，应当向自治区邮政管理部门提出书面申请。自治区邮政管理部门在受理申请之日起二十日内作出是否批准的决定，并在作出批准决定之日起十日内向社会公告。

因不可抗力或者其他特殊原因暂时停止办理或者限制办理邮政普遍服务业务的，邮政企业应当及时公告，采取相应的补救措施，并向自治区邮政管理部门报告。暂时停止办理或者限制办理邮政普遍服务业务的时间不得超过三个月。

第十九条　邮政企业应当在苏木乡镇人民政府所在地设置至少一个提供邮政普遍服务的邮政营业场所。

苏木乡镇人民政府所在地邮政场所每周营业时间不少于五日且逢赶集日应当营业，投递邮件每周不少于五次；嘎查村投递邮件每周不少于二次。

第二十条　首府城市到其他盟行政公署、设区的市人民政府所在地互寄的信件，应当在四日内送达；属于邮政普遍服务的印刷品、包裹应当在六日内送达。盟行政公署、设区的市人民政府所在地互寄的信件，应当在五日内送达；属于邮政普遍服务的印刷品、包裹应当在六日内送达。首府城市到旗县级人民政府所在地互寄的信件，应当在五日内送达；属于邮政普遍服务的印刷品、包裹应当在七日内送达。同一盟市内旗县级人民政府所在地互寄的信件和属于邮政普遍服务的印刷品、包裹，应当在三日内送达。

交通不便的边远地区的邮件投递频次、全程时限等，应当按照国务院邮政管理部门规定标准执行。

第二十一条　自治区邮政管理部门应当按照国家有关规定，根据经济社会发展需要，对自治区行政区域内邮件寄递的全程时限标准适时调整。

第二十二条　邮政企业应当按照国家规定的邮件投递方式或者与用户约定的方式及时、准确、安全投递邮件。

第二十三条　邮政企业对具备通邮条件的新用户，应当自办理邮件投递登记之日起十五日内通邮；对不具备通邮条件的新用户，应当将邮件投递至与用户商定的邮件代收点。

第二十四条　苏木乡镇人民政府所在地的给据邮件，邮政企业应当及时投递到户；其他邮件投递到嘎查村邮站或者与用户协商的邮件代收人，并逐步实现全部邮件投递到户。

第二十五条　邮政企业应当设置用户监督信箱或者意见簿、公布监督电话号码，接受用户对邮政服务质量的监督，并对用户的举报和投诉在十五日内予以答复。

第二十六条　邮政企业及其从业人员不得有下列行为：

（一）私自开拆、隐匿、毁弃、盗窃邮件，撕揭邮票，冒领用户款物；

（二）无故拒绝、拖延、中断邮政业务；

（三）泄露用户使用邮政服务的信息；

（四）擅自变更邮政普遍服务业务收费标准或者增加收费项目；

（五）强迫、误导用户使用高资费邮政业务；

（六）转让、出借、出租邮政专用的用品用具；

（七）法律、法规禁止的其他行为。

第二十七条　民政部门应当确定城镇街道、农村牧区自然村标准地名，对单位和居民住宅设置统一编制的门牌号码，标明邮政编码。标准地名和门牌号码发生变更，民政部门应当及时公布，邮政企业应当定期核对，并根据变更后的标准地名和门牌号码进行投递。

第二十八条　用户交寄信函、明信片时，应当使用符合国家标准的信封、明信片，并正确书写收件人姓名、地址、邮政编码。

第二十九条　用户变更名称、投递地址的，应当在变更十日前书面通知邮政企业；未及时通知或者变更后地址不具备通邮条件导致邮件无法投递的，邮政企业应当退回寄件人。

第三十条　用户对交寄的给据邮件和汇款，可以在国家规定的时间内持据向收寄、收汇的邮政企业查询。邮政企业应当提供免费查询服务，并按照国家规定的期限将查询结果告知查询人。

第三十一条　有下列情形之一的，城镇居民楼的物业管理单位应当为投递提供必要协助：

（一）尚未设置信报箱（群、间）的；

（二）信报箱（群、间）因维修、破损等原因无法投递邮件的；

（三）信报箱（群、间）设置于城镇居民楼门禁以内无法投递邮件的。

第四章 快递业务

第三十二条 在自治区行政区域内经营快递业务，应当按照《中华人民共和国邮政法》相关规定，向自治区邮政管理部门申请快递业务经营许可。

自治区邮政管理部门应当向社会公布取得快递业务经营许可企业的名单。

第三十三条 《快递业务经营许可证》的企业名称、企业类型、法定代表人、股权关系、注册地址、注册资本、经营范围、经营地域和分支机构等事项发生变更的，应当报自治区邮政管理部门办理变更手续，并换领许可证。

第三十四条 快递企业向用户提供快递服务，应当符合快递服务标准。

第三十五条 快递企业临时性停止经营快递业务的，应当提前七日向社会公布，并书面告知自治区邮政管理部门。对已收寄的快件，应当按照原服务承诺进行投递。

第三十六条 快递企业及其从业人员不得冒领、私自开拆、隐匿、毁弃或者非法检查快件；不得向任何单位和个人泄露用户使用快递服务的信息。

第五章 安全保障

第三十七条 用户交寄的邮件、快件和汇款在运输、传递以及处理过程中，除法律另有规定外，任何单位或者个人不得阻碍、检查、扣留。

第三十八条 任何单位和个人不得交寄、夹寄带爆炸性、易燃性、腐蚀性、放射性、毒害性、传染病病原体等危险有害物品以及非法出版物等国家规定禁止寄递的物品。

第三十九条 邮政企业和快递企业应当建立并严格执行收寄验视制度。

对用户交寄的信件，必要时邮政企业和快递企业可以要求用户开拆，进行验视，但不得检查信件内容。用户拒绝开拆的，不予收寄。

邮政企业和快递企业对用户交寄的除信件以外的邮件、快件，应当当场验视内件。用户拒绝验视的，不予收寄。

邮政企业和快递企业在收寄过程中，发现有国家规定禁止寄递或者限制寄递物品的，应当按照国家有关规定处理。

第四十条 邮政企业和快递企业应当落实安全管理责任，建立突发事件应急预案和应急保障机制。发生突发事件时，应当及时向自治区邮政管理部门报告。

第四十一条 经自治区邮政管理部门和自治区道路运输管理机构核定的带有邮政专用标志的普遍服务运邮车辆，免办道路运输营运证。

带有邮政专用标志的车辆运递邮件时，凭公安交通管理部门核准的通行证，在确保安全畅通的情况下，可以不受禁行路线、禁停地段的限制；进出陆路口岸和通过桥梁、检查站、高速公路时，应当优先放行。

带有邮政专用标志的车辆运递邮件时，发生严重违章或者重大交通事故，公安交通管理部门应当及时通知邮政企业，并协助保护邮件安全。

邮政企业不得利用带有邮政专用标志的车辆从事邮件运递以外的经营性活动，不得以出租等方式允许其他单位或者个人使用带有邮政专用标志的车辆。

第四十二条 快递企业凭自治区邮政管理部门的有关文件，向公安交通管理部门申请核发快递揽收、投递车辆通行证。凭通行证，快递揽收、投递车辆可以在市区通行、停靠。

第四十三条 任何单位和个人不得有下列行为:

（一）擅自迁移、毁损邮筒（箱）、邮政报刊亭、信报箱（群、间）等邮政设施;

（二）在邮政出入通道设摊、堆物，妨害用邮或者影响运邮车辆通行;

（三）伪造、涂改邮资凭证以及其他邮政有价证券、卡;

（四）伪造、买卖、盗用、转借邮政专用标志或者邮政用品用具生产监制证;

（五）私自开拆、非法扣留、隐匿、抽取、毁弃、盗窃他人邮件、快件或者撕揭邮票;

（六）非法拦截邮政专用运邮车辆，阻碍邮件、快件运输;

（七）擅自仿印邮票或者邮资图案;

（八）法律、法规禁止的其他行为。

第六章　监督管理

第四十四条　自治区邮政管理部门应当加强对邮政行业协会的监督指导，并指导职业技能鉴定机构开展邮政行业特有工种职业技能鉴定工作。

第四十五条　自治区邮政管理部门应当建立健全邮政和快递服务社会监督体系。

第四十六条　邮政企业和快递企业应当根据自治区邮政管理部门的要求报告企业有关经营情况，及时、准确报送统计资料。

第四十七条　自治区邮政管理部门依法行使监督检查职责时，被检查单位和个人应当予以配合，如实提供情况和有关资料，不得拒绝、拖延、阻拦；不得隐匿、销毁、转移原始资料。

自治区邮政管理部门进行监督检查时，监督检查人员不得少于二人，并应当出示自治区人民政府核发的行政执法证件；对监督检查中知悉的国家秘密、商业秘密、个人隐私负有保密义务。

第四十八条　邮政企业应当按年度向自治区邮政管理部门提交邮政普遍服务工作情况报告，经自治区邮政管理部门审核，报自治区人民政府批准后，向社会发布。

第四十九条　自治区邮政管理部门应当加强对邮政普遍服务和特殊服务补贴资金使用的监督管理。

邮政企业对邮政普遍服务和特殊服务的补贴资金应当专款专用，补贴资金项目计划报自治区邮政管理部门审核，并接受监督和评估。

第七章　法律责任

第五十条　违反本条例规定的行为，《中华人民共和国邮政法》等法律、行政法规已经作出具体处罚规定的，从其规定。

邮政普遍服务业务范围内的邮件和汇款的损失赔偿，适用《中华人民共和国邮政法》的有关规定；邮政普遍服务业务范围以外的邮件和快件的损失赔偿，适用有关民事法律的规定。

第五十一条　违反本条例第二十条规定，邮政企业未按照寄递时限送达邮件的，由自治区邮政管理部门责令改正，并可处以1万元以下的罚款；情节严重的，处以1万元以上3万元以下的罚款。

第五十二条　违反本条例第二十三条规定，新用户具备通邮条件，并办理了投递登记，十五日内未通邮的，由自治区邮政管理部门责令限期改正；逾期未改正的，处以1万元以上3万元以下的罚款。

第五十三条　违反本条例第二十六条规定，邮政企业有下列行为之一的，由自治区邮政管理部门责令改正，并处以5000元以上3万元以下的罚款:

（一）无故拒绝、中断邮政业务的;

（二）擅自变更邮政普遍服务业务收费标准或者增加收费项目的;

（三）强迫、误导用户使用高资费邮政业务的。

第五十四条　违反本条例第三十四条规定，快递企业经营快递业务不符合快递服务标准的，由自治区邮政管理部门责令改正，并按照国家有关规定处理。

第五十五条　违反本条例第三十五条规定，快递企业临时性停止经营快递业务，未书面告知自治区邮政管理部门或者对已收寄的快件未按照原服务承诺进行投递的，由自治区邮政管理部门责令限期改正；逾期未改正的，处以1万元以下的罚款。

第五十六条　邮政管理部门工作人员有下列行为之一的，由其所在单位或者上级主管部门对直接负责的主管人员和其他直接责任人员依法给予行政处分；构成犯罪的，依法追究刑事责任：

（一）未依法审批快递业务经营许可证的；

（二）未依法履行监督检查职责的；

（三）未依法受理有关服务质量投诉的；

（四）有其他滥用职权、玩忽职守、徇私舞弊行为的。

第八章　附 则

第五十七条　本条例自2012年1月1日起施行。2002年8月23日经自治区人民政府第九次常务会议审议通过的《内蒙古自治区邮政管理办法》同时废止。

内蒙古自治区邮电分营实施方案

（内蒙古自治区邮电管理局于1998年7月23日上报信息产业部）

为确保我区邮电分营工作的顺利实施，根据信息产业部《邮电分营工作指导意见》精神，结合内蒙古自治区邮电实际，制定本实施方案。

全区邮电分营工作总的指导原则是：

1. 邮电分营要有利于邮政、电信企业适应社会主义市场经济的要求，实现两个根本性转变，建立现代企业制度。

2. 邮电分营要有利于保持国家邮政网、国家电信主干网及其运营系统的统一性和完整性，保障国家通信与信息安全。

3. 邮电分营要有利于邮政、电信事业的长远发展，并保证邮政、电信服务工作的延续性。

4. 邮电分营要有利于邮政、电信两大专业继续团结合作，相互配合，协调发展。结合

5. 邮电分营要与深化邮电企业改革相结合，促进邮政、电信企业转变经营机制。

6. 邮电分营工作要坚持公平公正、透明合理，统一领导，统一步调，积极稳妥地进行。

一、分营范围及管理体制

1. 设立内蒙古自治区邮政局和内蒙古自治区电信局，作为国家邮政局和中国电信集团的地区经营管理机构，分别负责内蒙古自治区境内邮政网和电信网的建设、运行管理与经营服务工作。

2. 盟市、旗县（市）邮电局全部实行邮电分营，分别设立邮政局和电信局，纳入国家邮政局和中国电信系统，实行垂直管理。分营后仍然实行盟市局管理旗县局的经营管理体制。即：各盟市邮政局、电信局分别对所辖各旗县（市）邮政局、电信局实行直接管理。呼市地区的旗县邮电局分营后，所设立

的邮政局、电信局分别归呼市邮政局、呼市电信局管理。

3.装有电信交换设备的农村牧区邮电支局(所)实行邮电分营,对人财物进行划分,设立邮政支局(所)和电信支局（所），分别归所属旗县（市）邮政局、电信局管理。

不分设的农村牧区邮电支局（所）划归邮政局管理，代办电信业务，继续使用“邮电”称谓，其电信机线设施和电信专业人员划归电信局，电信网的规划、建设、维护、运营统一由电信局负责。其余资产和人员划归邮政局。电信设备等生产经营设施所占用的房屋面积可长期使用，电信局支付物业管理费。电信机线设施及电信专业人员的具体管理由其所在上级邮政、电信局共同协商解决。

4．城区邮电营业厅人员及营业用设备按属性分别划归邮政局、电信局，房屋资产按固定资产划分办法划分。产权划分后，需合用的，双方仍按现占用面积继续无偿使用，物业管理由一方负责，另一方支付物业管理费；能够各有一处分开营业的，双方协商可互为代办。

5．呼市郊区，包头市青山区、东河区、郊区，乌海市乌达区、海南区，赤峰市松山区邮电局撤销其区邮电局建制，分营后不再设立区邮政局、区电信局。

未经管理局批准设立的旗县级邮电局（包头市昆区邮电局、兴安盟科右前旗邮电办公室、哲盟通辽市农村邮电局）在分营中纳入盟市局现业，不另设立邮政局、电信局。

二、机构设置

（一）各盟市邮政局、电信局机构设置

1．各盟市邮政局职能机构设置（一室五部）：

(1) 办公室（含：综合、文秘、文史、档案、安全保卫）。

(2) 计划财务部（含：计划、统计、财务管理、会计核算、资金调度、供应、多种经营）。

(3) 人事教育部（含：人事、劳动工资、离退休管理、教育培训）。

(4) 党群工作部（含：党务、工会、团委、纪检监察）。

(5) 经营服务部（含：市场开发研究、规划、市场营销服务、业务宣传）。

(6) 运行维护部（含：生产调度、业务管理、网络运行管理、设备维护管理、视察、工程建设、科技）。

乌海市、兴安盟、阿盟邮政局不设办公室和党群工作部，设综合办公室，其职能合并。

2．各盟市电信局职能机构设置（一室六部）：

(1) 办公室（同邮政）。

(2) 计划财务部（同邮政）。

(3) 人力资源部（含：人事、劳动工资、离退休管理、教育培训）。

(4) 党群工作部（同邮政）。

(5) 市场经营部（含：市场开发研究、规划、市场营销服务、业务宣传、业务管理、服务网管理）。

(6) 运行维护部（含：网络运行管理、调度、设备维护管理、科技、应急通信）。

(7) 通信建设部（引进、工程建设管理）。

乌海市、兴安盟、阿盟电信局不设办公室和党群工作部，设综合办公室，其职能合并。

3．盟市邮政局、电信局另设审计员2-3名，法律顾问1-2名，为对外开展工作需要，保留审计室、法律事务室名称。

4．各盟市邮政局、电信局现业生产机构本着减少管理层次、适应生产体制改革要求的原则设置，机构总量应相对控制，名称应相对统一。市场营销部门一般称为“部”，内部运行部门一般称为“中心”。

（二）各旗县（市）邮政局、电信局机构设置

各旗县（市）邮政局、电信局主要职责是营销和服务，邮政局设经营服务部和综合办公室，电信局设市场经营部和综合办公室，生产运行及建设职能均归入上级局。

经营服务部（市场经营部）职能包括：市场营销、服务、业务宣传、业务管理等。

综合办公室职能包括：文秘、档案、保卫、劳资、人事、离退休管理、教育培训、党务、工会、团委、会计核算、统计、后勤、多种经营等。

（三）党群组织

1. 各盟市邮政局、电信局分别设党组；各旗县（市）邮政局、电信局及盟市局机关现业按党章和有关规定分别设立党的基层委员会、总支部委员会、支部委员会。

2. 各盟市邮政局、电信局分别设立工会工作委员会，各旗县（市）邮政局、电信局及盟市局现业分营后按《工会法》的规定，召开工会会员代表大会（会员大会），选举产生新的基层工会委员会。

三、领导班子职数和管理人员的配置

（一）领导班子职数

1. 各盟市邮政局、电信局领导班子职数设一正二副。各旗县（市）邮政局、电信局（包括满洲里市、二连市邮政局、电信局）领导班子职数设一正二副。

2. 各盟市、旗县（市）邮政局、电信局局长和书记由一人担任，副局长、纪检组长、工委主任（工会主席）互相兼任。

（二）分营后邮政局、电信局主要领导干部按分营前邮电局级别进行管理。

（三）分营后的盟市邮政局、电信局职能管理部室负责人按一正或一正一副配置，称谓为主任、副主任。生产管理机构负责人按一正配置，市场营销部门称谓为经理，内部运行部门称谓为主任。

（四）分营后因职数和年龄原因不再担任领导职务或改任低一级职务的同志，保留原级别待遇。

（五）管理人员应按照因事设岗、合理兼职、工作量满负荷的原则配置。分营后，各盟市、旗县（市）邮政、电信局管理人员总数应按下表从严控制：

表 4-18

	生产人员数（人）	管理人员比例
盟市局	500 以下	<13%
	501-1000	<12%
	1000 以上	<11%
旗县局	200 以下	<11%
	201-300	<10%
	300 以上	<9%

上表中生产人员均指通信企业正式职工，盟市局人员不含所辖旗县局人员，管理人员范围从劳部发C1997D292 号文规定。

四、人员划分

人员划分要坚持服从工作需要和人随事走的原则，并按照先生产人员、后管理人员、最后宣布领导班子成员的顺序进行。

1. 生产人员（含聘用工）和专业管理人员按1998年3月31日所在岗位属性分别划归邮政局、电信局。

2. 综合人员按邮政、电信专业人员比例划分，具体划分应考虑个人专业背景、专业特长、年龄结构及直系亲属分开等因素。

实行邮电分营的农村牧区支局（所），其专职支局长、所主任以及邮电营业员（邮政营业、电信营业一人兼任）按综合人员划分。

3. 后勤服务人员按资产归属划分，资产归属不明或实行物业管理的按综合人员划分。

4. 其他人员。长期脱产学习人员按其所学专业划分，通用性专业按其脱产前所在岗位划分；待岗、停薪留职及退养人员按其最后一个工作岗位划分。

5. 职工遗属、退职等领取定期生活补助费的人员按遗属供养人生前的岗位或退职前的岗位属性划分，属综合岗位的按邮政、电信专业人员比例划分。

6. 分流到邮电多种经营企业的人员按其所在多种经营企业的归属分别划归邮政局、电信局；在邮政局、电信局联办多种经营企业的人员，按其分流前所从事工作属性划分，属综合岗位的，按照综合人员的划分办法划分。分营后，在邮电多种经营企业工作的分流人员，保留其“邮政”或“电信”职工身份，退休时可回到其所属单位，但在多种经营企业工作期间，其基本养老保险金、补充养老保险金和个人储蓄养老保险金必须由所在多种经营企业按年度划转其归属企业。

7. 离退休人员按其离退休前工作时间最长的专业岗位属性划分，属综合岗位的原则上按邮政、电信在职人员比例划分。

五、职工工资基金及养老保险基金等的划分职工工资基金按分营后的邮政、电信在职职工人数比例划分

企业基本养老保险基金、企业补充养老保险基金按分营后职工人数（含离退休人员）比例分别划归邮政局、电信局。

职工个人储蓄养老保险基金按照职工个人账户累计储存额（含利息），分营后随人划转所在邮政局、电信局。

六、业务划分

1. 按现有业务种类，属邮政业务的由邮政局经营，属电信业务的由电信局经营。分营前的邮政业务收入和电信业务收入按规定分别列入邮政局和电信局业务收入账户。

2. 邮政和电信互为代办业务，邮政局和电信局要签订代办协议，按国家和自治区有关代办业务的管理规定执行。代办费标准另文下发。

七、资产、负债和所有者权益的划分按附件一执行。工会资产的划分按区工会意见办理

八、对职工集资的处理办法

部分局为筹集资金加快发展而面向内部职工和社会其他组织进行的集资，在分营过程中应区分情况，分别处理。对用于主业发展的集资款，按国家有关规定退还本息，也可以按规定转为无线寻呼公司的职工股；对用于多种经营企业发展的，应建立规范的资产纽带关系，通过股份制改造，明确投资者的身份和权利义务。

九、多种经营企业的划分

各盟市、旗县（市）邮电局兴办的多种经营企业都要与通信主业脱钩，依法建立规范的资产纽带关系。分营中要确保多种经营企业中的国有资产不流失，职工合法权益不受损害。

1. 邮电企业投入到多种经营企业的国有资产在资产清查的基础上依照财务划分中长期投资的划分原则分别划归邮政局、电信局。

2. 资产划分清楚后，各盟市局可按以下原则，根据各自的实际情况，本着有利于分营后多种经营企业的发展和合理照顾邮政、电信职工利益的精神，提出具体划分方案。(1) 现有股份制企业在资产划分清楚、股权明确后，继续以股份制方式经营；(2) 具备联合经营条件的，以邮政局、电信局和集资入股职工的资本为纽带，依照公司法进行规范，按股份制方式联合经营；不具备联合经营条件的，可以视具体情况成建制分别划归邮政局、电信局；(3) 属于邮政、电信终端服务或延伸服务类多种经营企业，按其发展的依附性，成建制分别划归邮政局、电信局；(4) 对经营亏损或没有发展前景的小型多种经营企业可通过承包、租赁、清算、出售等多种方式退出，原则上应在分营工作结束前完成。

3. 集体所有制企业，都要与通信主业脱钩，按《中华人民共和国城镇集体所有制企业条例》规范运作。有国有资产投入的，按长期投资划分办法将国家资产分别划归邮政局、电信局，与其他投资者建立规范的资产纽带关系，依法联合经营；也可以在分营工作结束前将国有资产有偿转让后退出。

十、邮电附属事业单位的划分

各局附属的公共性事业单位，如培训中心、幼儿园、职工食堂、浴池、卫生所、职工活动室等，其所有资产和人员可成建制划归邮政局或电信局，由一家兴办，另一家有偿使用。规模较大的也可以由邮政、电信两局联合兴办。后勤服务要逐步实行社会化，分营后邮政、电信局混合工作生产场所、住宅，可以交给一方管理，另一方支付物业管理费，也可以交给物业公司进行管理。

十一、档案的划分

1. 业务档案按业务归属分别划归邮政局、电信局。

2. 人事档案按人员归属分别划归邮政局、电信局。

3. 其余档案（文书、科技、会计等）划归电信局管理。电信局应妥为保管，确保资料的完整齐全和符合归档的要求，同时必须保证邮政局的查阅使用。

十二、邮电分营工作的实施步骤和进度安排

全区邮电分营工作在管理局领导下自下而上逐级组织实施。旗县（市）邮电局的分营工作由盟市邮电局在管理局的具体指导下组织实施；盟市邮电局的分营工作由管理局组织实施。呼和浩特市所属旗县邮电局的分营工作由管理局牵头，会同呼市邮政局、电信局共同组织实施。

1. 根据信息产业部要求和我区邮电实际，盟市、旗县（市）邮电局的分营工作在10月底前完成。

2. 管理局完成全区邮电分营工作实施方案并报部审批后组织试点。8月底前各盟市、旗县（市）局的资产清查工作必须全部完成。

3. 实施方案经部批准后全区邮电分营工作全面展开，各盟市局要及时成立分营工作组，研究制定盟市局及所属各旗县（市）局的邮电分营具体操作预案。

4. 各旗县（市）邮电局分营工作中的财产移交后，在盟市邮电局分营工作组的主持下，由旗县（市）邮政局、电信局和原旗县（市）邮电局局长、盟市邮电局代表在交接清单上签字，交接清单应附有职工花名册、完整的会计报表、资产清册和划分时的原始记录。

从宣布分营之日起，盟市、旗县（市）邮政局、电信局挂牌运行。

5. 分营后的盟市、旗县（市）邮政局、电信局持相关文件办理营业变更登记手续。

6. 分营工作中，各局要结合资产清查工作对未履行完毕的经济合同进行清理，根据属性确定其分营后的权利主体或义务主体，分营后签订债权人或债务人的变更协议，或由对方当事人出具同意变更的书面意见。同时，要根据划分结果办理其他权益的归属变更法律文书。

7. 全区邮电分营财务分割时点统一定为1998年9月30日24:00。

十三、邮电分营工作中应处理好的几个问题

1. 广大邮电干部职工，特别是各级领导干部，要充分认识邮电分营的重要意义，统一思想，统一认识，统一步调，从大局出发，发扬团结协作、互让互谅的风格，站在邮政、电信长远发展的高度，服从工作需要和组织安排，正确对待邮电分营工作，合情、合理地做好邮电分营中人财物的划分工作。

2. 各盟市邮电局要由主要领导亲自挂帅，组织高效、精干的分营工作班子，按照管理局下发的邮电分营实施方案，结合本盟市的具体情况，精心组织好各旗县（市）邮电局的分营实施工作，确保邮电分营整体工作的顺利进行。

3. 要正确处理好改革、发展和稳定的关系。今年全区通信建设、业务发展和改革的各项工作任务都十分繁重。在搞好邮电分营工作的同时，各局不能放松通信建设、业务发展和服务工作，确保通信生产工作的正常运行和网路的安全畅通。

4. 邮电分营工作期间，各局要加强资金、资产管理，确保国有资产不流失。对外投资和担保必须经管理局批准，禁止以任何形式损害国家和全网的利益。

5. 各级领导干部要严守纪律，齐心协力，坚守岗位，尽职尽责。要防止和制止小团体主义和部门利益主义，防止以权谋私等违法乱纪行为。对在分营工作中出现的违法乱纪行为要追究相关人员责任，严肃查处。

6. 在邮电分营工作中要充分发挥各级党组织的战斗堡垒作用和共产党员的先锋模范作用，各级工会和职代会要积极参与和配合。要加强干部职工队伍思想政治工作，确保职工队伍的团结和稳定，确保邮电分营工作与通信生产服务工作的顺利进行。

资产、负债、所有者权益和在用低值易耗品划分的规定

一、资产、负债及在用低值易耗品划分原则

在邮电分营中，对企业资产、负债、所有者权益和在用低值易耗品的划分，应本着顾全大局，公平合理，简化手续，降低分营成本的原则进行，保持分营后的邮政、电信通信生产、服务工作的延续性，促进邮政、电信事业的长远发展。

邮电通信企业现有资产、负债中，凡能根据其性质确定其属性的，应按其属性分别直接划归邮政、电信企业。不能直接确定属性的资产、负债，区别不同情况，按下列原则分别确定比例划分：

（一）资产类

1．固定资产：包括生产用、非生产用、租出、融资租赁、未使用、不需用及土地资产等。

(1) 房屋及建筑物

根据实际使用情况划分总价值。对现有房屋的划分原则是：生产用房屋及建筑物能分清使用面积的，按邮、电实际使用面积比例划分；合用不能分清使用面积的，按邮、电生产人员比例划分；管理用房屋及建筑物按邮、电对半划分（以下简称三原则）。

为便于物业管理，降低分营成本，在实物划分中应注意保持资产的完整性，考虑到大量机械、管道、线路的电信用房的实际需要，应划归电信局，由此产生的价值差额用其他资产予以补偿。具体划分办法如下：

A、旗县邮电局只有一幢楼房或一处院落的，全部划归电信（不含中心营业厅），邮政局另外选址建房或买房，投资平均按 280 万元安排。建筑规模由各盟市局根据旗县局的实际需要安排，但最大不超过 2000m²。管理局对每个旗县（市）邮政局平均补贴 90 万元，190 万元待分营后由电信局按盟市汇总后的邮、电固定资产原值比例承担投资补贴（以实际发生局数计），在 1999 年上半年一次或分期付清，款付清后 18 个月内邮政应迁出，此期间邮政可无偿使用原场地。

B、有两幢楼房一处院落的，先按“三原则”划分占用面积，然后按搬迁方便、有利于生产的原则邮、电各划分一幢楼房的产权，产权归属明确后，多占面积的一方按两幢楼房平均每平方米原值给予对方经济补偿，补偿款应于 1998 年底前付清，款付清后 6 个月内接受补偿方搬出。

C、两幢或两幢以上楼房两处以上院落的，先按“三原则”划分邮、电实际占用面积，然后按搬迁方便、有利于生产的原则划分产权，尽量整幢整院划分。产权归属明确后，多占面积方按全部房屋资产平均每平方米原值向另一方进行经济补偿，补偿款应于 1998 年底前付清，款付清后 6 个月内接受补偿方搬出。

D、中心营业厅，已经分设的分别划归邮政、电信局；有两处的，邮、电各一处；只有一处的产权各一半。如果一方迁出，另一方按市场相适应价格收购。

E、城区邮电分局、支局（所）的房屋，装有电信交换设备的全部划归电信局，其余划归邮政局。

F、实行邮电分营的农村牧区支局（所），先按“三原则”划分邮、电占用面积。占用面积划分后原则上要合用，并按占用面积划分产权。

不分设的农村牧区支局（所）的房屋院落划归邮政局，电信的机、线设备划归电信局。

G、上述 A-F 所划分的房屋其附属设施，如空调、电梯、消防等配套设施随房屋产权的归属划分。A 项中的分摊投资补贴以及 B、C 项中因多占面积给对方的补偿款均由各盟市邮政局、电信局负责筹措、结算。

(2) 电源设备、采暖设备划归使用量大的一方，另一方支付使用费。

(3) 土地按房屋及建筑物的归属根据具体情况进行划分。合用的按对半划分。

(4) 其他属性不清资产（如办公自动化设备、集体福利设施、综合用车辆等）原则上视具体情况邮、电各分一半（整台、整处按价值搭配）。原通过各种工程购置的车辆，如现已改变用途的，按现用途划分。

(5) 职工宿舍（含分支机构）分别楼房、平房，按照邮、电职工人数（含离退休）比例划分，原则上按整幢（座）将产权划分。不能按整幢（座）划分的可按单元、套将产权划归某一方，原居住的职工不做调整，房改时一视同仁。

(6) 累计折旧随每项固定资产划分的归属逐项累计，分别建卡。

(7) 在建工程属于邮电合建的，划归一方，已投入资金部分，按设计使用面积或使用量比例，给予另一方补偿；不能确定比例的邮、电各分一半；合用的按各自占用面积承担投资。

(8) “固定资产清理”账户和“待处理固定资产净损失”账户的余额邮、电各分一半。

2. 流动资产

(1) 货币资金：50% 按扣除货币资金后的总资产中邮、电各占的比例划分；50% 按分营时点邮、电业务收入比例划分。最终划分给邮政的货币资金不得低于分营时点账面余额的 12.5%。已经明确为职工个人的尚未付出的各种款项（如住房公积金、个人养老保险金等）应事先扣除，并按人员归属划分。

(2) 存货：按邮、电生产人员比例划分。

(3) 待摊费用按邮、电固定资产原值比例划分。

(4) 应收账款、其他应收款按分营时点邮、电业务收入比例划分，并保持债务的完整性。

(5) 备用金按分营时点账面余额全部收回，分营后重新核发。

(6) 营业部门、分支机构应上缴财务部门的营业款在分营时点前全部上缴到财务账户，“营业款结算”账户不留余额。

(7) 待处理流动资产净损失、短期投资及其他流动资产的划分均按已经确定了属性的流动资产的比例划分。

3. 长期投资原则上按邮、电生产人员比例划分总投资额，具体的项目划分，可以投资项目为单位，兼顾项目的性质和收益水平，确定项目归属。

4. 无形资产：土地、房屋使用权按土地、房屋已划分的归属划分；其他无形资产按邮、电业务收入比例划分。

5. 递延资产和其他资产按固定资产原值比例划分。

（二）负债类

1. 流动负债

(1) 短期借款按邮、电业务收入比例划分。

(2) 应付工资及福利费按邮、电在职人员比例划分。

(3) 应付账款按邮、电业务收入比例划分，但要保持债务的完整性。

(4) 其他应付款：属于生产、管理性质的按固定资产原值比例划分；与人员有关的按邮、电生产人员比例划分；应付离退休统筹基金按离退休人员比例划分。划分账务时要保持债务的完整性。

(5) 应缴税金、应缴上级收支差额及其他应交款：按邮、电业务收入比例划分。

(6) 预提费用按邮、电生产人员比例划分。

(7) 用户预存款分不清属性的，由分营领导班子确定归属。

(8) 除上述以外的其他流动负债的划分均按邮、电业务收入比例划分。

2. 长期负债

(1) 长期借款、长期应付款：按邮、电固定资产原值比例划分。

(2) 其他长期负债：

住房周转金按邮、电生产人员比例划分；住房公积金不论是否交房改部门或银行代管，均按住房公积金备查簿中登记的余额随人员归属划分；职工建房集资款，按房屋产权归属划分，并按负债管理。

除上述以外的其他长期负债按固定资产原值比例划分。

（三）在用低值易耗品

1. 仪器仪表、专用工具、器材等原则上按使用用途划分，共用的划归用量较大的一方。

2. 办公桌、椅、柜等家具和其他办公用品按使用人员归属划分，共用的以套为单位，邮、电各分一半。

3. 会议室的物品，按房屋产权归属划分。

对在用低值易耗品应登记造册，办理交接手续。

二、所有者权益

所有者权益不分属性全部按下列比例划分：

（一）实收资本、资本公积、上级拨入资金、盈余公积：按邮、电固定资产原值比例划分。

（二）未分配收支差额：分营时点实现未分配收支差额按邮电生产人员比例划分。

三、资产负债表的调整

资产负债表按以上原则划分后的差额，各盟市局可根据实际情况在资产（首先是流动资产）、负债（首先是流动负债）、所有者权益（首先是资本公积）中进行调节，要注意总体控制企业资产负债率水平，分离后的邮政、电信资产负债率水平与分营前大体相当，但邮政资产负债率可相对略低一点。

四、其他事项

（一）财务划分后，要重新编制邮政、电信各一套完整的会计报表。

1. 必须附详尽的往来账款详情单。

2. 固定资产资产卡片、资产清册各一套，并与报表相符。

3. 划分时的原始记录各一份。

4. 可转让的经济合同双方各一份。

（二）资产划分要按照法律法规规范进行，依法妥善处理好有关的债权、债务、各类经济合同变更、产权归属文件等一系列问题。

1. 债权、债务合理划分后，要按照法律规定办理债权人或债务人的变更手续。

2. 全面进行经济合同的清理整顿，对邮电分营后尚在存续期的经济合同，按属性划分。属性不明确的由分营工作领导班子决定。划分完成后，对于具有限制性条件的经济合同，必须由合同对方出具变更同意函。

3. 对邮电分营后尚在存续期的经济担保合同、抵押合同，按属性划分。属性不明确的由分营工作领导班子决定。划分完成后，对于具有限制性条件的经济合同，由债权人、抵押人、债务人出具变更同意函。

4. 租用的固定资产按使用属性变更租赁协议。

五、附则

1. 在利用固定资产原值比例或资产总额比例作为划分依据时，如遇旗、县、市局需由邮政重新选址建房屋的情况，以其现有的全部房屋资产分别原值和净值按邮、电对半计算，作为邮、电固定资产原值比例和资产总额比例的计算依据。

2. 本规定适用于各盟市、旗县邮电局。

具体人员、财务、固定资产的划分办法是，电信人员约按 54%，邮政人员约按 46% 的比例划分；财务约按电信 60%，邮政约按 40% 的比例划分；固定资产约按电信 60%，邮政约按 40% 的比例划分。

内蒙古邮电实施邮、电分营会计核算衔接办法

1998 年 9 月 1 日，内蒙古自治区邮电管理局印发《内蒙古邮电实施邮、电分营会计核算衔接办法》。

第 1 条　根据《内蒙古邮电分营实施方案》和《内蒙古邮电实施邮电分营中资产、负债、所有者权益和在用低值易耗品划分的规定》，制定本办法。

第 2 条　资产、负债、所有者权益中个别项目的划分补充规定如下：

1. 分营时点的农话应缴上级收支差额不做划分。

2. 分营前应对中央应缴上级收支差额中转帐抵缴的“两费”和管理局（或盟市局）集中垫付的工程、设备款予以剔除并进行账务调整。对抵缴“两费”和抵缴垫付款进行调账处理时，一直调整至应缴收支差额为零。

3. 无房产且无属性的土地使用权，按分营方案应对半划分，如划归一方后由接收方向另一方按土地使用权摊余价值的一半进行经济补偿。

4. 资产负债率调整。分营后邮政资产负债率不应高于分营前的综合负债率若出现邮政资产负债率高于原负债率的应调整至原负债率水平，并以旗县为单位进行调整。调账时统一对“应交上级收支差额”和“上级拨入资金”账户进行调整。

如遇邮政选址新建楼房或一方多占面积向另一方提供经济补偿的情况，要分别按房屋资产对半或“三原则”对房屋资产价值进行调整后计算负债率和应调整负债额。

5. 坏账准备金按划分后的邮、电应收账款比例划分。

6. 调度存款一律按货币资金处理，核算不规范韵在分营前要进行必要的账务调整。

7. 调度借款按借款合同用途的属性划分，属性不清的按短期借款处理。调度借款未在“短期借款”账户核算的，在分营前应进行账务调整。

8. 职工住房集资款，在“其他应付款”或“长期应付款”账户核算的，应按划分后的房屋归属划分，并分别向邮政局、电信局提供住房集资款清单；在“住房周转金”账户核算的在分营前要进行调账处理，按债务核算，并根据房屋归属分别向邮政局、电信局提供住房集资款清单。

9. 分营时点银行未达账项应补做账务调平余额。

10．中心营业厅与楼房一体的，如需划分产权，以楼房每平方米原值计价划分。

11．预提费用中除服装款外，一律在分营前冲销余额。

第3条 损益类账户按现行专业核算办法划分。

1．通信业务收入据实划分。

2．通信业务成本中工资和提取的福利费按邮、电在职人员比例划分，其他各项成本按专业核算办法已实际列支数划分。

3．管理费用中工资、工资增长费用、工会经费、教育经费按邮电在职人员比例划分，其他各项费用采用综合比例划分：30%按邮、电业务收入比例划分，70%按邮、电在职人员比例划分。

4．财务费用有属性的按属性划分，属性不清的按邮、电业务收入比例划分。

5．其他业务收入和其他业务支出，有属性的按属性划分，属性不清的按邮、电业务收入比例划分。

6．营业外收、支有属性的按属性划分，属性不清的按在职人员比例划分。

7．投资收益按邮、电在职人员比例划分。

8．以前年度损益调整根据调整内容按相关划分办法划分。

9．业务招待费结余限额指标按邮、电对半划分。

第4条 收支差额孙贴或上交基数的划分及损益类账户的结转。

1．前三季以全年收支差额补贴或上交基数的3/4计算前三季补贴数额或上交数额，并与邮运结算收入及收支差额专项补贴合并计算，结转“收支差额分配——未分配收支差额”和“应交上级收支差额”。

2．当期实现的各项收入、支出、投资收益、营业税金等均不作账务结转，当期实现的收支差额（计算数）在分营前结转至“收支差额分配”账户。“收支差额”账户余额按其他损益类账户划分后的结果计算划分。

3．当期应交所得税结转“应交上级收支差额”和“收支差额分配——应交所得税”账户。

4．前三季应交集邮利润要进行清算，并结转“应交上级收支差额”和“收支差额分配”账户。

5．农话损益类账户余额不做划分。

第5条 分营时原有账务系统留给电信企业继续使用，从电信中分出邮政。电信方依据分营时编制的有关会计核算资料从原账户中以转账方式转出邮政的资产、负债、所有者权益和当期损益，作为当期减少，年初数据不变；邮政方另开新账，依据分营时编制的有关会计核算资料以转账方式转入邮政的资产、负债、所有者权益和当期损益，作为当期增加，年初数据为零。货币资金以货币支付，支付前以“其他货币资金——在途资金”转账。邮政和电信双方进行转账时统一使用“邮电分营过渡”账户。

第6条 分营时的账务核对。分营前各盟市邮电局与管理局及所属旗县邮电局间的缴拨款账户要核对相符。

第7条 目前尚未使用固定资产管理软件的单位，在分营前要使用固定资产管理软件录入数据。

第8条 分营前要对已交和欠交“两费”进行清理，正确核算欠交两费。

第9条 分营时要对已交折旧进行计算划分，按上年实交折旧中邮政、电信所占比重计算今年已交折旧中邮政、电信的折旧，不做账务调整，但要在分营资料中予以注明。

第10条 旗、县（市）局分营时点由分营领导班子确定，但最晚不超过9月30日；盟市局分营时点统一规定为9月30日。

第11条 在分营期间原则上不发生上下级缴拨款，特殊情况下发生的拨款作为货币资金处理。

第12条 五原、陈旗两个试点局分营后的资产负债率按本办法进行调整。

关于邮电分营工作中有关问题的通知

1998年9月2日，管理局发出《关于邮电分营工作中有关问题的通知》，就有关问题通知如下：

一、工资基金、养老保险基金的划分

1. 中央国有邮电企业分营前工资总额以工资总额基数的3/4按工效挂钩办法计提，分营时按在职职工人数比例将剩余的1/4工资总额基数分别划归邮政局、电信局，年终由管理局核定各盟市邮政局和电信局第四季度新增效益工资的计提数。地方国有农村电话分营前的工资总额以上年月均实提工资总额提取，分营后如何计提另行通知。呼市电信局、包头市邮电局本身在分营前不计提农话工资总额。

2. 分营前的结余工资基金按在职职工人数比例分别划归邮政局、电信局。

3. 企业基本养老保险基金中单位缴纳部分由管理局统一划分，职工个人缴纳部分随人划转。

4. 企业补充养老保险基金中记入个人账户部分按累计存储额随人划转，其余部分由管理局统一划分。

二、旗县邮政局、电信局管理人员的配置

分营后，旗县邮政局、电信局的管理人员按《内蒙古自治区邮电分营实施方案》规定计算不足8人时，如确有需要，可以接8人配置。

三、邮电分营工作组织实施程序

1. 各盟市邮电局成立分营工作组，并根据管理局分营工作进度要求和所辖旗县局的数量，分成若干个分营小组，分片负责旗县局分营工作的组织实施。

管理局将组成指导组分片负责指导旗县局分营工作。指导组要对每个旗县局的操作预案进行审核，并在每个盟市局深入1-2个旗县局具体了解情况。

盟市局分营工作开始后，管理局将另外组织若干分营工作组分片负责盟市局分营工作的组织实施。

2. 操作预案的制定。

旗县局操作预案由盟市局分营小组会同旗县局共同制定。操作预案提交盟市局党组会讨论通过并经管理局分营工作指导组审核同意后实施，同时报管理局备案。

盟市局操作预案由盟市局分营工作组提出具体意见，提交有管理局分营工作组参加的盟市局党组会讨论通过后报管理局审核批复，由管理局分营工作组组织实施。

呼市地区旗县邮电局的分营工作，由呼市电信局提出操作预案，由管理局组织呼市电信局、呼市邮政局审核同意后组织实施。

盟市局和各旗县局都要分别制定操作预案，其主要内容应当包括除财务人员和领导班子成员以外其他各个项目的具体划分意见，是一个未公布的划分结果。

各盟市邮电局党组讨论提出旗县邮政局、电信局领导班子配置意见，征得管理局同意后任命。分营后，盟市邮政局、电信局各职能部室负责人分别由盟市邮政局、电信局任命。由管理局管理的干部或需由管理局审核同意后任免的干部按干部管理权限的规定报批。

3. 在讨论批复操作预案的同时，盟市邮电局应向管理局报请撤销原邮电局并成立邮政局、电信局，盟市、旗县邮电局党组织、工会分别向上级党组（党委）、工会行文办理原党组织、工会组织的撤销和新设立组织的报批手续。

4. 操作预案批准印发后，召开职工大会公布分营结果，宣布领导班子任免名单以及财务人员划分情况。

5. 邮政局、电信局挂牌，启用两局公章。

6. 在上级分营工作组的主持下，办理交接手续，签订相关协议。

7. 邮政局、电信局分别按规定建立新账，开立银行账户。

8. 旗县局分营工作结束后，各盟市局要将旗县局的分营情况汇总报管理局。

9. 办理营业变更登记手续。

10. 召开党员代表大会(党员大会)，召开工会会员代表大会(会员大会)，选举产生党的基层委员会(总支部委员会、支部委员会)，工会基层委员会。

四、几点要求

1. 分营工作组进驻各局后要做好宣传、动员工作，稳定职工思想，确保正常的通信生产秩序，做到生产分营两不误。同时应及时向地方党委、政府通报情况，取得支持。

2. 在分营工作中，各局要严格按《内蒙古自治区邮电分营实施方案》的规定执行，个别情况需特殊处理的须书面报请管理局批准后执行。

3. 综合管理人员的划分要立足于邮政、电信今后工作的正常开展，考虑两局综合管理水平的大体平衡。

4. 分营后，盟市、旗县邮政局、电信局应尽快选配管理人员，任命各部室负责人，以确保企业管理工作的正常运转。

5. 各盟市邮电局要加强对分营工作的领导，严肃组织纪律，严格执行有关规定，重大问题、敏感问题必须经过党组会集体讨论决定。

各局在分营工作中发现问题应及时与管理局联系，以便及时处理。

内蒙古自治区邮电分营实施方案

1998 年 9 月 19 日，针对各局在按照《内蒙古自治区邮电分营实施方案》制定分营预案过程中遇到的一些具体问题，内蒙古自治区邮电管理局通知如下:

一、各局在制定邮电分营预案时，要严格执行《内蒙古自治区邮电分营实施方案》，正确理解其精神实质，不能随意变通。

二、按分营实施方案，对需分设的农村、牧区邮电支局（所）进行划分时，必须按分营方案的规定对每个支局（所）的资产和人员进行划分，不能以整处搭配处分。

三、按分营实施方案，对需分设的农村、牧区邮电支局（所）进行划分时，若出现只有一名人员而且是分营范围内人员的情况，资产、人员的划分按《内蒙古自治区邮电分营实施方案》规定执行（人员按综合人员纳入全局统一划分），人员归属明确后，代办对方业务。

四、分营后邮政局、电信局人数较少的（30 人左右或以下），领导班子原则上不设副职，也不设职能管理机构，管理人员按不超过 5 人配备。

五、现有一楼一院，又新购一处院落，但尚未投入使用的，原有院落划归电信局（不含中心营业厅），邮政局搬出，按《内蒙古自治区邮电分营实施方案》附件一资产类房屋建筑物划分中 A 条规定执行，由邮政局实施新院落的购买和改造，原已支付的新院落购置费用视作货币资金划分，在邮政应分得的货币资金中坐扣。

六、在划分货币资金时，如遇农话货币资金是负数的，农话资产和农话收入不参与现存货币资金的划分。

内蒙古自治区邮电管理局通知

10 月 7 日，管理局又就有关问题通知如下:

一、被撤销建制的区邮电局（含包头市昆区邮电局、兴安盟科右前旗邮电办公室、哲盟通辽市农村邮电局），在分营中纳入盟市局现业统一划分，即在计算盟市局划分比例时应将上述单位的人财物并入盟市局合并计算，并以此作为划分的比例依据。

二、各局直属的独立核算通信企业，如集邮公司、邮运公司、速递公司等，在分营时应将其人员、资产并入盟市局统一计算划分。

三、在分营中，要注意对多种经营企业的债权债务进行清理，在理顺关系的基础上进行划分，严格依法规范；同时在分营的资料中应附有多种经营企业的资产负债表、损益表。

政企分开文件

2006 年 8 月 24 日，国家邮政局下发国邮 [2006] 420 号《关于成立内蒙古自治区邮政管理局的通知》。

内蒙古自治区邮政局：根据《国务院关于印发邮政体制改革方案的通知》（国发〔2005〕27 号）和《国务院办公厅关于印发省（区、市）邮政监管机构设置主要职责和人员编制规定的通知》（国办发〔2006〕8）号精神，决定成立内蒙古自治区邮政管理局。一、邮政管理局为副厅级单位；局领导职数按 1 正 1 副配备。二、核定邮政管理局内设机构为综合处、市场监管处、普遍服务处。三、邮政管理局内设机构为正处级，领导职数按处室人员编制配备；人员编制 3 名及以下的配 1 职、4-7 名的配 1 正 1 副、8 名及以上的配 1 正 1 副。四、核定邮政管理局人员编制为 15 名。

中国邮政集团公司文件　　中国邮政〔2007〕45 号

关于同意组建内蒙古自治区邮政公司的批复

内蒙古自治区邮政局：

你局《关于组建内蒙古自治区邮政公司的请示》（内邮〔2007〕33 号）收悉。根据《国务院关于组建中国邮政集团公司有关问题的批复》（国函〔2006〕79 号）和《财政部、信息产业部关于印发中国邮政集团公司组建方案和中国邮政集团公司章程的通知》（财建〔2006〕542 号）精神，同意组建内蒙古自治区邮政公司。

请按照集团公司《关于印发省（区、市）邮政公司机构、职能和编制管理的指导意见的通知》（中国邮政〔2007〕14 号）要求，做好内蒙古自治区邮政公司的内设机构及编制、直属单位的设置方案，及时上报审批。同时，做好公司组建后的各项工作。

中国邮政集团公司　　2007 年 1 月 30 日

内蒙古自治区邮政局文件　内邮〔2007〕33 号

关于组建内蒙古自治区邮政公司的请示

中国邮政集团公司:

根据中国邮政集团公司《关于加快省（区、市）邮政公司工商注册登记工作的通知》（中国邮政电令〔2007〕5 号）要求，我局已于 2007 年 1 月 22 日完成了工商变更登记工作，相关准备工作基本就绪，具备组建内蒙古自治区邮政公司的条件，请予批准。

内蒙古自治区邮政局　　2007 年 1 月 29 日

中国邮政集团公司文件

中国邮政〔2007〕618 号关于中国邮政储蓄银行内蒙古自治区分行筹建方案的批复

内蒙古自治区邮政公司:

你公司《关于上报中国邮政储蓄银行内蒙古自治区分行筹建方案的请示》(内邮〔2007〕362 号)收悉。根据中国邮政集团公司《关于印发〈邮政储蓄银行省（市）分行及所属分支机构的组建方案〉的通知》（中国邮政〔2007〕601 号）精神依据《中国银监会关于同意中国邮政储蓄银行筹建内蒙古自治区分行及其所属分支机构的批复》（银监复〔2007〕546 号）意见，现批复如下:

一、原则同意中国邮政储蓄银行内蒙古自治区分行及其所属分支机构组建方案。同意设立内蒙古自治区一级分行、1 家直属分行、12 家二级分行、20 家一级支行，367 家二级支行（新增 10 家），同意从邮政企业中划转一类网点 83 个、二类网点 295 到邮储银行。

二、同意你区邮政储蓄银行的机构设置和人员划分方案。从邮政企业划转 2077 人到邮储银行，离退休及内部退养人员保持现有管理模式不变，邮储银行承担相应费用。

三、你区要按照集团公司《关于邮政储蓄银行资本金筹集有关问题的通知》(中国邮政电令〔2007〕4 号)规定的注册资金数额，统筹安排，做好资产的划分工作。

四、你区应严格遵照《中华人民共和国商业银行法》《中国银行业监督管理委员会中资商业银行行政许可事项实施办法》规定，积极做好中国邮政储蓄银行内蒙古自治区分行及其所属分支机构的开业工作，组建进展情况以及重大事项及时向集团公司报告。

五、中国邮政储蓄银行内蒙古自治区分行及其所属分支机构组建期间，要做好思想教育工作，保持干部职工队伍的稳定。要加强资金安全检查工作，确保邮政储蓄资金的安全与完整。要保障邮政储蓄银行在成立之初，能够正常运转，做到业务健康发展，管理不断加强，改革逐步深化。

中国邮政集团公司　　二零零七年十二月十一日

重大事件

（一）张晨霜局长率团赴蒙古国交流考察

1992 年 5 月，内蒙古自治区邮电管理局与蒙古国邮政总局签署相互合作交流协议书。1998 年 5 月 24 日至6月1日，蒙古国邮政公司第一副总裁巴特尔率团对自治区邮政进行考察，并就双方开办区域间邮购业务、开通乌兰巴托—呼和浩特航空邮路等问题进行会谈，达成了初步协议。根据1992年协议之规定和蒙古国邮政公司总裁巴特尔1998年6月15日来函邀请，邮电管理局由张晨霜局长率团于7月16—21日赴蒙古国正式签订上述两项协议并交流考察蒙古国邮政其他方面情况。在蒙古国期间的食宿交通等费用均由蒙古方负担。随行人员有邮政运营部主任刘晓兵以及呼和浩特市邮政局、二连浩特市邮电局有关负责人。经友好协商，双方就中国国家邮政局同意的互办邮购业务、开辟航空邮路等事项达成协议。航空邮路从8月1日开通，自治区部分盟市与乌兰巴托互寄的国际邮件可较以前加快1-2天。在邮购业务方面，双方商定：各方都要指定专人和机构负责这项业务，并要设置热线电话和传真设备以便联系；在合作期内，双方定期通报邮购供求信息，并将实际需求定期反馈给对方；双方应遵循五条原则，即寄递形式原则、品质确认原则、验货原则、数量原则、价格和结算原则；如发生争议，根据行为发生地，由仲裁机构调解和仲裁。在开辟航空邮路方面，双方商定：呼和浩特至乌兰巴托之间利用蒙古航空公司航班承运邮件，蒙古航空公司方面由蒙古邮政公司负责协商。邮件运输费及结算方式比照乌兰巴托至北京的航空邮路进行。发运邮件种类为航空函件、包裹、特快专递、水陆路函件、包裹总包。发运的范围为：寄往内蒙古的航空函件、包裹可直发呼和浩特，寄往内蒙古的特快专递，除呼盟、兴安盟、哲盟、赤峰市的发北京外，其他盟市的可直发呼和浩特。

（二）内蒙古邮政部门计算机系统“2000年世纪过渡”顺利实现

1998年9月17日，国家邮政局印发“关于全国邮政系统解决计算机2000年世纪过渡问题的通知”。11月20日，内蒙古邮电管理局转发了国家邮政局。按照通知要求，邮电管理局随即成立了内蒙古邮政部门计算机“2000年世纪过渡”领导小组和工作小组。工作小组分为邮政金融组和邮政综合组，分别挂靠在管理局“绿卡工程”建设办公室和“综合网”工程建设办公室，办公室分别设专人负责此项工作。管理局要求各局领导小组由主管副局长亲自挂帅，按照国家邮政总局的具体要求及操作办法，尽快开展工作，并把各小组名单及联络员于11月30日前报管理局邮政“2000年世纪过渡”工作小组，确定任务，制定本局的工作计划，认真组织实施。由联络员每月底向管理局工作小组书面反馈进展情况，存在问题及解决问题的办法或建议（工作进度安排见附表）。内蒙古自治区邮政局成立后，于1999年3月29日重新成立“解决计算机2000年问题”领导小组和办公室，并按照分级负责的原则，各盟市局相应成立“解决计算机2000年问题领导小组”，要求各局一把手亲自挂帅，领导此项工作，为全面完成该项工作提供了组织和人员保证。同年4月9日，为保证计算机系统安全渡过2000年，自治区邮政局和各盟市局制订了责任状和奖励办法。本项目资金共分4大块：（1）更新存在2000年问题的PC机324万元；（2）更新SCO -UNIX127.5万元（国家邮政局投资）；（3）更换绿卡一期应用软件版本68.39万元（国家邮政局投资80%）；（4）更换电子化支局应用版本100万元，合计619.89万元。为了确保计算机系统能顺利过渡到新千年，根据中国人民银行统一工作安排，全区邮政储蓄系统分别于1999年6月19日、7月17日和9月18日在包头局进行了3次停业测试（全区邮政储蓄系统停业、测试地点设在包头市），为顺利过渡提供了准确的测试资料。

2000 年世纪过渡工作计划表

表 4-19

时　　间	内容
1998.11.1-11.15	组织学习，提高认识，组建机构，包括各盟市局及二级单位机构。
11.16-12.30	问题详细清查。分两组进行，组为邮政金融组，另一组为邮政综合组。按国邮（1998）135 号文件附件内容逐一落实。
1999.1	与供应商、开发商签订解决“2000 年”问题合同。
2.1-2.28	制定解决方案。提供经费需求。
3.1-3.31	执行。对制定的解决方案开始进行各种计算机系统修改。
4-6 月	测试。由管理局组织技术人员对所有系统和设备逐一进行测试，彻底解决“2000 年”问题。
7-8 月	系统集成。将已解决“2000 年”问题的新系统在不影响工作的情况下更换旧系统。
199.6-2000.3	监督检查。组织技术人员对所有系统进行监测，现场检查指导。
1998.11-2000.3	随时和国家邮政局取得联系，每月初书面汇报一次。

关于自治区 1995—1997 年的盈利情况说明

自治区中央通信企业近几年虽然有点利润，但缴纳集邮利润后所剩无几。1995 年以前基本没有利润，1995—1997 年的净利润共有 31200 万元，1995—1997 年上缴集邮利润共 7060 万元，实际净利为 24140 万元，而农话的累计亏损挂账则有 29538 万元，中央企业的利润尚不能弥补农话的亏损。

内蒙古地域辽阔，人口分散，经济落后，在很多省份经营亏损的情况下，内蒙古居然有一定的盈利，甚至处于全国的前列，乍看起来令人费解，其实只要分析一下成本费用支出水平，其原因便一目了然。从 1990 年到 1996 年的会计决算资料看，百元业务收入业务费、百元固定资产修理费、百元固定资产低值易耗品、百元业务收入低值易耗品和人均管理费这几项指标，我区基本上都低于全国平均水平，尤其与云、贵、藏、甘、青、宁、新及内蒙古八个边远省区的成本费用支出水平相比，1996 年八省区的百元业务收入业务费的水平为 20.67 元，自治区只有 15.77 元，低于八省区平均水平 24%；八省区的百元固定资产修理费为 4.89 元，自治区为 2.08 元，低于八省区平均水平 57.5%；八省区的百元收入低值易耗品费用为 3.78 元，我区为 1. 53 元，低于八省区 60%；八省区百元固定资产低值易耗品费用为 0.96 元，自治区为 0.37 元，低于八省区 62%；人均管理费水平我区为 15267 元，全国平均水平为 18925 元，自治区低于全国 20%（详细资料见附表）。可见，我区之所以有一定的利润，根本原因是成本费用支出水平较低。如果自治区以上几项费用的支出水平达到八个边远省区的平均水平，以 1996 年计算，应增加成本费用 3.3 亿元，96 年自治区应该是亏损 1.9 亿元（实际利润 1.4 亿元）。

在内蒙古的通信建设过程中，有一个突出的困难就是银行贷款的难度很大，这在其他省份是少有的。加上农话亏损又占用大量中央企业资金，为保证通信建设，就必须加强成本费用管理，严格控制成本费用支出，确保有一定的盈利来补充建设资金来源，所以成本费用得到了有效控制并形成了一定的利润。

1990-1996 年成本费用水平说明：1996 年自治区百元业务收入业务费虽高于全国水平，但与云、贵、藏、甘、青、宁、新、蒙八个边远省区平均水平（20．67）相比仍低了很多。1996 年自治区百元固定资产修理费不足八个边远省区平均水平（4.89）的一半，百元收入低值易耗品和百元固定资产低值易耗品仅相当于八个边远省份平均水平（3.78 和 0.96）的 40% 和 38%。

自治区邮电 1990—1996 年成本费用表

表 4-20　　单位：元

年份	百元业务收入业务费		百元固定资产修理费		人均管理费		百元收入低值易耗		百元固定资产低耗	
	全国	我区	全国	我区	全国	我区	全国	我区	全国	我区
1990	9.92	12.59	3.32	3.27	1792	1632	2.16	1.73	0.92	0.45
1991	10.45	10.72	3.77	4.06	2475	2301	2.51	2.81	1.18	0.84
1992	11.47	8.85	5.04	2.44	1616	1177	2.50	2.36	1.24	0.69
1993	11.73	8.33	3.75	1.85	3992	3875	2.66	2.00	1.00	0.46
1994	11.53	12.84	3.63	1.78	13438	11035	1.99	1.77	0.74	0.44
1995	12.78	15.49	3.55	1.76	15786	11386	1.80	2.31	0.66	0.60
1996	13.92	15.77	3.52	2.08	18925	15267	1.91	1.53	0.66	0.37

一、函件

国际及港澳台邮件资费

表 4-21　　单位：元

邮件种类计费标准	执行年度						
	1991 年		1999 年		2002 年		2007 年
	国际	港澳台	国际	港澳台	国际	港澳台	港澳台
信函 20 克及 20 克以下	1.50	0.40	4.40	1.50	4.40	1.50	1.50
信函 20 克以上至 50 克	2.90	0.80	8.20	2.80			2.80
信函 20 克以上至 100 克		1.10		4.00	10.40		
信函 50 克以上至 100 克	4.50		10.40			4.00	4.00
信函 100 克以上至 250 克	8.89	2.30	20.80	8.50	20.80	8.50	8.50
信函 250 克以上至 500 克	17.90	4.50	39.80	16.70	39.80	16.70	16.70
信函 500 克以上至 1000 克	34.90	8.50	75.70	31.70	75.70	31.70	31.70
信函 1000 克以上至 2000 克	49.40	12.40	123.00	55.80	123.00	55.80	55.80
明信片（件）	1.10	0.30	3.20	1.00	3.20	1.00	1.00
航空邮简（枚）	1.90	0.40	5.20	1.80	5.20	1.80	1.80

续表 4-21

邮件种类计费标准	执行年度						
	1991 年		1999 年		2002 年		2007 年
	国际	港澳台	国际	港澳台	国际	港澳台	港澳台
印刷品 20 克及 20 克以下	1.00	0.20	3.00	0.80	3.00	0.80	0.80
印刷品 20 克以上至 50 克	1.50	0.40	4.00	1.50			1.50
印刷品 20 克以上至 100 克		0.60		2.30	6.80		
印刷品 50 克以上至 100 克	2.80		6.80			2.30	2.30
印刷品 100 克以上至 250 克	5.30	1.00	12.50	3.80	12.50	3.80	3.80
印刷品 250 克以上至 500 克	9.90	2.00	22.40	7.50	22.40	7.50	7.50
印刷品 500 克以上至 1000 克	15.80	3.80	37.50	14.30	37.50	14.30	14.30
印刷品 1000 克以上至 2000 克	26.10	6.80	59.50	25.50	59.50	25.50	25.50
印刷品 2000 克以上每续重 1000 克或其零数	11.00	3.10	26.10	11.50	26.10	11.50	11.50
印刷品专袋每重一千克或其零数	9.90	2.50	24.00	10.00	24.00	10.00	10.00
盲人读物	免费	免费	免费	免费	免费	免费	免费
小包 100 克及 100 克以下	3.50	1.50	7.80	4.40	7.80	4.40	4.40
小包 100 克以上至 250 克	7.00	3.00	15.70	9.00	15.70	9.00	9.00
小包 250 克以上至 500 克	12.60	5.40	28.30	16.20	28.30	16.20	16.20
小包 500 克以上至 1000 克	20.90	9.00	46.90	27.00	46.90	27.00	27.00
小包 1000 克以上至 2000 克	39.00	16.80	87.80	50.40	87.80	50.40	50.40
挂号费（件）	3.00	1.50	6.50	3.00	6.50	3.00	3.00
印刷品专袋挂号费（件）	15.00	6.50	32.50	15.00	32.50	15.00	15.00
确认投递费（件）	1.00	0.50	2.30	1.40	2.30	1.40	1.40
印刷品专袋确认投递费(件)	5.00	2.50	11.50	7.00	11.50	7.00	
保价信函、包裹保价费每保 200 元或其零数	2.00	2.00	3.00	3.00	3.00	3.00	
手续费（件）	2.00	2.00	3.00	3.00	3.00	3.00	3.00
邮件回执费（件）	2.00	1.00	5. 00	3.00	5.00	3.00	3.00
邮件查询费（件）	3.00	1.50	免费	免费	免收	免费	
撤回或修改更正收件人名址申请表（件）	3.00	1.50	7.00	4.40	7.00	4.40	4.40
破损包裹重封费（件）	2.00	2.00	免费	免费	免费	免费	
进口欠资函件处理费（件）	1.00	1.00	2.30	2.30	2.30	2.30	2.30
存局候领费（件）	1.00	1.00	2.30	2.30	2.30	2.30	2.30
逾期保管费（件 / 天）	1.00	1.00	1.50	1.50	执行规定	执行规定	3.00
补副收据费（件）	1.00	1.00					
快递费（件）	1.50		4.40		4.40		
收件人要求快投费（件）	1.00	1.00	2.30	2.30	2.30	2.30	
答复无法投递通知单费(件)	2.00	2.00			5.00	5.00	
送交海关验关费 非设关局收寄出口包裹、小包，进口纳税包裹、小包、印刷品、保价函件（件）	2.00	2.00	5.00	5.00	5.00	5.00	5.00

续表 4-21

邮件种类计费标准	执行年度						
	1991 年		1999 年		2002 年		2007 年
	国际	港澳台	国际	港澳台	国际	港澳台	港澳台
进口免税包裹、小包	免收	免收	免收	免收	免收	免收	免收
进口保价信函特别处理费				25.00			
进口纳税印刷品专袋（件）	10.00	10.00	25.00	25.00	25.00	25.00	25.00
航空附加费 信函、印刷品、盲人读物、小包每重 10 克或其零数	0.50	0.15	1.00	0.50	1.00	0.50	0.50
明信片（件）	1.00	0.50	1.00	0.50	1.00	0.50	0.50
全球优先函件	小号信封（限重 500 克）						18.00
	大号信封（限重 1000 克）						30.00

说明：1999 年 3 月 1 日起执行，国际信函航空附加费每 10 克加收 1.00 元。

亚太地区减低资费表

表 4-22　　单位：元

执行年度种类	1991 年	1999 年	2002 年
信函 20 克及 20 克以下	1.30	3.70	3.70
20 克以上至 50 克	2.50	7.10	
20 克以上至 100 克			8.80
50 克以上至 100 克	3.80	8.80	
100 克以上至 250 克	7.50	17.60	17.60
250 克以上至 500 克	15.20	33.80	33.80
500 克以上至 1000 克	29.70	64.30	64.30
1000 克以上至 2000 克	42.00	104.00	104.00
明信片（件）	0.90	2.70	2.70

说明：1991 年亚太地区减低资费适用国家：阿富汗、澳大利亚、不丹、孟加拉国、文莱达鲁萨兰、印度、印度尼西亚、日本、老挝、马来西亚、马尔代夫、瑙鲁、尼泊尔、新西兰、巴基斯坦、巴布亚新几内亚、菲律宾、新加坡、斯里兰卡、泰国。

1991 年 1 月 1 日起收寄的各类给据邮件（与我国有双边协议的国家除外），按下述标准补偿。

1991 年收寄国际收寄邮件补偿标准

表 4-23 单位：元

种类	单位	人民币（元）	特别提款权
挂号函件	每件	150	24.50
挂号印刷品专袋	每袋	750	122.51
保价信函和保价包裹	每件	最多不超过其保价金额	
5 千克及以下	每件	270	44.10
5 千克以上至 10 千克	每件	400	65.34
10 千克以上至 15 千克	每件	540	88.21
15 千克以上至 20 千克	每件	680	111.07

2002 年亚太地区减低资费适用国家增加越南、韩国。

2002 年国际电子信函资费：一、国际电子信函邮件的收寄资费按用户寄发的实际页数（不含传输页）计收资费，每 页字符多少不限。二、基本资费的计算方法，第一页资费为：邮件处理费加 3 分钟国际长途电路的使用费，其中：邮件处理费 37 元，其后每页资费为：邮件处理费加 1 分钟国际长途电路的使用费，其中：邮件处理费 22 元。

2004 年国际函件资费

表 4-24 单位：元

20 克以内国际信函资费	朝鲜、蒙古、越南、日本、韩国和中亚五国	除十个亚洲邻国外的其他亚洲国家	欧洲各国、美国、加拿大、澳大利亚、新西兰	美洲其他国家、非洲各国太平洋岛屿
航空信函	5.00	5.50	6.00	7.00
空运水陆路信函	4.50	5.00	5.50	6.50
水陆路信函	4.00 亚太邮联成员国 3.50			

2007 年国际函件资费

（一）航空函件资费

表 4-25 单位：元

项目	计费单位	第一组	第二组	第三组	第四组
信函	20 克和 20 克以内	5.00	5.50	6.00	7.00
	20 克以上续重每 10 克或其零数	1.00	1.50	1.80	2.30
明信片	每件	4.50			
航空邮简	每件	5.00			
印刷品	20 克和 20 克以内	4.00	4.50	5.00	6.00
	20 克以上续重每 10 克或其零数	0.90	1.20	1.50	1.80
盲人读物	（基本资费免收）每 10 克收取航空运费	0.60	0.80	1.00	1.20
小包	100 克和 100 克以内	14.00	16.00	18.00	20.00
	100 克以上续重每 100 克或其零数	9.00	12.00	15.00	18.00

续表 4-25

项目	计费单位	第一组	第二组	第三组	第四组
印刷品专袋	5000 克和 5000 克以内	325.00	425.00	475.00	550.00
	5000 克以上续重每 1000 克或其零数	65.00	85.00	95.00	110.00

第一组：部分亚洲邻国（朝鲜、蒙古、越南、日本、韩国、哈萨克斯坦、吉尔吉斯斯坦、塔吉克斯坦、乌兹别克斯坦、土库曼斯坦）；第二组：其他亚洲国家或地区；第三组：欧洲各国或地区、美国、加拿大、澳大利亚、新西兰；第四组：美洲其他国家或地区、非洲各国或地区、大洋洲其他国家或地区。

（二）空运水陆路函件资费

表 4-26　　单位：元

项　目	计费单位	第一组	第二组	第三组	第四组
信函	20 克和 20 克以内	4.50	5.00	5.50	6.50
	20 克以上续重每 10 克或其零数	0.50	0.60	0.70	0.80
明信片	每件	4.00			
印刷品	20 克和 20 克以内	3.50	4.00	4.50	5.00
	20 克以上续重每 10 克或其零数	0.50	0.60	0.70	0.80
盲人读物	（基本资费免收）每 10 克收取 SAL 运费	0.30	0.30	0.40	0.50
小包	100 克和 100 克以内	8.50	9.00	11.00	12.00
	100 克以上续重每 100 克或其零数	5.00	6.00	7.00	8.00
印刷品专袋	5000 克和 5000 克以内	200.00	225.00	250.00	275.00
	5000 克以上续重每 1000 克或其零数	40.00	45.00	50.00	55.00

空运水陆路函件通达国家或地区：

第一组：韩国、日本；第二组：塞浦路斯；第三组：亚美尼亚、阿塞拜疆、格鲁吉亚、阿尔巴尼亚、德国、安道尔、奥地利、白俄罗斯、比利时、波斯尼亚－黑塞哥维纳、保加利亚、克罗地亚、丹麦、西班牙、爱沙尼亚、法罗群岛、芬兰、法国、直布罗陀、英国、希腊、匈牙利、爱尔兰、冰岛、意大利、拉脱维亚、列支敦士登、立陶宛、卢森堡、马其顿、马耳他、摩尔多瓦、摩纳哥、挪威、荷兰、波兰、葡萄牙、圣马力诺、罗马尼亚、俄罗斯、斯洛伐克、斯洛文尼亚、瑞典、瑞士、捷克共和国、乌克兰、梵蒂冈、塞尔维亚和黑山、美国、加拿大、澳大利亚；第四组：科摩罗、亚速尔群岛和马德拉群岛、莱索托、圣多美和普林西比、安圭拉岛、阿松森岛、玻利维亚、巴西、格陵兰岛、百慕大群岛、圣皮埃尔和密克隆群岛、特里斯坦－达库尼亚群岛、美属维尔京群岛、巴拉圭、波多黎各。

（三）水陆路函件资费

表 4-27　　单位：元

项 目	计费单位	普通国际资费	亚太地区减低资费
信函	20 克和 20 克以内	4.00	3.50
	20 克以上续重每 10 克或其零数	0.50	0.40
明信片	每件	3.00	
印刷品	20 克和 20 克以内	3.00	
	20 克以上续重每 10 克或其零数	0.40	
盲人读物		免费	
小包	100 克和 100 克以内	7.00	
	100 克以上续重每 100 克或其零数	4.50	
印刷品专袋	5 千克和 5 千克以内	100.00	
	5 千克以上续重每 1000 克或其零数	20.00	

说明：对亚太邮联成员国实行减低资费具体适用的国家或地区如下：阿富汗、澳大利亚、不丹、孟加拉国、文莱达鲁萨兰、柬埔寨、斐济、印度、印度尼西亚、伊朗、日本、韩国、老挝、马来西亚、马尔代夫、缅甸、瑙鲁、尼泊尔、新西兰、巴基斯坦、巴布亚新几内亚、菲律宾、新加坡、所罗门群岛、斯里兰卡、泰国和越南。

（四）其他相关资费

表 4-28　　单位：元

项 目		计费单位	资费标准
全球优先函件		小号信封（限重 500 克）	40
		大号信封（限重 1000 克）	70
出售国际回信券		每枚	12
挂号费		每件	8
印刷品专袋挂号费		每袋	40
保价函件保价费		每保 100 元或其零数	1
回执费		每件	5
撤回或修改收件人名址申请费		每件	10
进口欠资函件处理费		每件	3
存局候领费		每件	3
逾期保管费		每件每天	执行国内业务的相关规定
送交海关验关费		进口纳税包裹、保价函件、印刷品、小包	8
		进口纳税印刷品专袋	40
		非验关局收寄的出口包裹	8
保价包裹	保价费	每保 100 元或其零数	1
	手续费	每件	8

二、特快专递

1993年国际及港、澳、台特快专递邮件资费表

表4-29　　单位：元

资费区	文件			物品		
	起重500克		续重500克或其零数	起重500克		续重500克或其零数
	定时	特需		定时	特需	
一区	65	70	20	115	120	20
二区	85	90	30	135	140	30
三区	95	100	30	145	150	30
四区	125	130	35	175	180	35
五区	150	155	55	200	205	55
六区	140	145	60	190	195	60
七区	165	170	60	215	220	60
八区	170	175	75	220	225	75
九区	245	250	80	295	300	80
十区	250	255	80	300	305	80

适用国家、地区
一区　香港、澳门
二区　日本、韩国、台湾
三区　东南亚：印度尼西亚、马来西亚、新加坡、菲律宾、泰国
四区　南太平洋：澳大利亚、新西兰、巴布亚新几内亚
五区　西欧：奥地利、比利时、丹麦、芬兰、法国、德国、英国、希腊、爱尔兰、意大利、卢森堡、挪威、荷兰、葡萄牙、马耳他、西班牙、瑞典、瑞士
六区　美国、加拿大
七区　南亚：孟加拉国、印度、老挝、巴基斯坦、土耳其、斯里兰卡
八区　中、南美：阿根廷、巴西、古巴、哥伦比亚、秘鲁、圭亚那、巴拿马、墨西哥
九区　中东、非洲：塞浦路斯、伊朗、伊拉克、约旦、科威特、阿曼、阿联酋、卡塔尔、以色列、科特迪瓦、吉布提、刚果、埃及、扎伊尔、莫桑比克、埃塞俄比亚、加蓬、加纳、几内亚、马达加斯加、布基纳法索、马里、摩洛哥、尼日尔、尼日利亚、卢旺达、塞内加尔、乍得、突尼斯、肯尼亚
十区　独联体、东欧及其他：匈牙利、波兰、罗马尼亚、捷克、斯洛伐克、俄罗斯、拉脱维亚

国际及港、澳、台特快专递业务资费表（自2000年7月1日起执行）

表4-30 单位：元

国际及港澳台特快专递邮件通达国家地区	起重500克		续重500克或其零数	中速快件通达国家地区
	文件	物品		
一区	90	150	30	
二区	115	180	40	
三区	130	190	45	三区
四区	160	210	55	四区
五区	220	280	75	五区
六区	180	240	75	六区
七区	250	325	90	七区
八区	260	335	100	八区
九区	370	445	120	九区
十区	380	455	120	十区

国际及港、澳、台特快专递通达国家地区

一区	香港、澳门
二区	日本、韩国、蒙古、台湾
三区	马来西亚、新加坡、泰国、越南、柬埔寨
四区	澳大利亚、新西兰、巴布亚新几内亚
五区	比利时、英国、丹麦、芬兰、希腊、爱尔兰、意大利、卢森堡、马耳他、挪威、葡萄牙、瑞士、德国、荷兰、瑞典
六区	美国
七区	老挝、巴基斯坦、斯里兰卡、土耳其、尼泊尔
八区	巴西、古巴、圭亚那
九区	巴林、伊朗、伊拉克、以色列、约旦、科威特、叙利亚、科特迪瓦、吉布提、肯尼亚、马达加斯加、阿曼、卡塔尔、塞内加尔、突尼斯、阿联酋、乌干达
十区	开曼群岛、捷克、俄罗斯、拉脱维亚、哈萨克斯坦、白俄罗斯

中速快件通达国家地区

三区	印度尼西亚、菲律宾
四区	文莱、新喀里多尼亚
五区	法国、西班牙、奥地利、斐济、瓦努阿图
六区	加拿大
七区	印度、孟加拉国、直布罗陀、缅甸
八区	阿根廷、哥伦比亚、墨西哥、巴拿马、秘鲁、巴哈马、巴巴多斯、玻利维亚、智利、哥斯达黎加、多米尼加联邦、多米尼加共和国、厄瓜多尔、萨尔瓦多、格林纳达、危地马拉、海地、洪都拉斯、牙买加、巴拉圭、特立尼达和多巴哥、乌拉圭、委内瑞拉

续表 4-30

九区	塞浦路斯、博茨瓦纳、刚果（金）、刚果（布）、布基纳法索、乍得、埃及、埃塞俄比亚、厄立特里亚、加蓬、加纳、几内亚、马里、摩洛哥、莫桑比克、尼日尔、尼日利亚、卢旺达、格陵兰岛、尼加拉瓜、马尔代夫、也门、黎巴嫩、沙特阿拉伯、阿尔及利亚、伯利兹、贝宁、布隆迪、喀麦隆、中非共和国、赤道几内亚、冈比亚、几内亚比绍、莱索托、利比里亚、利比亚、马拉维、毛里塔尼亚、毛里求斯、纳米比亚、塞舌尔、索马里、南非、苏丹、苏里南、坦桑尼亚、多哥、赞比亚、津巴布韦、安哥拉、佛得角、斯威士兰
十区	克罗地亚、爱沙尼亚、匈牙利、波兰、罗马尼亚、乌克兰、汤加、阿尔巴尼亚、保加利亚、亚美尼亚、阿塞拜疆、格鲁吉亚、立陶宛、马其顿、南斯拉夫、斯洛伐克、斯洛文尼亚、塔吉克斯坦、吉尔吉斯斯坦、图瓦卢、乌兹别克斯坦、土库曼斯坦、摩尔多瓦、朝鲜、冰岛、关岛、塞班、东萨摩亚、西萨摩亚、安道尔、所罗门群岛、塔希提、加那利群岛、海峡群岛、蒙特塞拉特、圣多美、安圭拉、安提瓜和巴布达、阿鲁巴、百慕大、瓜德罗普、马提尼克、波多黎各、科摩罗群岛、库克群岛、法属圭亚那、马绍尔群岛、马约特、瑙鲁、留尼汪岛、英属维尔京群岛、美属维尔京群岛、库腊索岛（荷属）、特克斯和凯科斯群岛、圣巴泰勒米、圣尤斯特歇斯、圣基茨、圣卢西亚、圣马丁、圣文森特、基里巴斯

说明：1．单件重量不超过500克的物品类邮件可按文件类收取资费。

2．寄往中国台湾的快件按台湾包裹资费收寄、标准为起重1000克190元，续重每500克或其零数52元。

2002年国际及港、澳、台特快专递邮件、安邦快件资费

表 4-31　　　　单位：元

国际及港、澳、台特快专递邮件通达地区、国家资费区	文件			物品			安邦快件通达地区、国家资费区
	起重500克		续重500克或其零数	起重500克		续重500克或其零数	
	定时	特需		定时	特需		
一区	97	105	30	172	180	30	
二区	127	135	45	202	210	45	
三区	142	150	45	202	210	45	三区
四区	187	195	52	262	270	52	四区
五区	225	232	82	300	307	82	五区
六区	210	217	90	285	292	90	六区
七区	247	255	90	322	330	90	七区
八区	255	262	112	330	337	112	八区
九区	367	375	120	442	450	120	九区
十区	375	382	120	450	457	120	十区

国际及港、澳、台特快专递邮件通达地区、国家

续表 4-31

一区	香港、澳门
二区	日本、韩国、台湾
三区	印度尼西亚、马来西亚、菲律宾、新加坡、泰国
四区	澳大利亚、新西兰、巴布亚新几内亚
五区	奥地利、比利时、丹麦、英国、芬兰、希腊、爱尔兰、意大利、卢森堡、马耳他、挪威、葡萄牙、西班牙、瑞士
六区	美国
七区	孟加拉国、印度、老挝、巴基斯坦、斯里兰卡、土耳其
九区	塞浦路斯、伊朗、伊拉克、以色列、约旦、科威特、布基那法索、乍得、刚果、科特迪瓦、吉布提、埃及、埃塞俄比亚、加蓬、加纳、几内亚、肯尼亚、马达加斯加、马里、摩洛哥、莫桑比克、尼日尔、尼日利亚、阿曼、卡塔尔、卢旺达、塞内加尔、突尼斯、阿联酋、扎伊尔
十区	匈牙利、波兰、罗马尼亚、捷克、斯洛伐克、俄罗斯、拉脱维亚、爱沙尼亚、克罗地亚、哈萨克斯坦、乌克兰

安邦快件通达地区、国家

三区	文莱
四区	斐济、瓦努阿图
五区	法国、德国、直布罗陀、冰岛、列支敦士登、摩纳哥、荷兰、斯威士兰、瑞典、梵蒂冈
六区	加拿大
七区	马尔代夫、尼泊尔、也门共和国
八区	巴哈马、巴巴多斯、玻利维亚、智利、哥斯达黎加、多米尼加、厄瓜多尔、萨尔瓦多、格林纳达、危地马拉、海地、洪都拉斯、牙买加、尼加拉瓜、巴拉圭、特立尼达和多巴哥、乌拉圭、委内瑞拉
九区	黎巴嫩、沙特阿拉伯、叙利亚、阿尔及利亚、安哥拉、巴林、伯里兹、贝宁、博茨瓦纳、布隆迪、喀麦隆、佛得角、中非共和国、赤道几内亚、冈比亚、几内亚比绍、莱索托、利比里亚、马拉维、毛里塔尼亚、毛里求斯、纳米比亚、塞舌尔、塞拉里昂、索马里、南非、苏丹、苏里南、坦桑尼亚、多哥、乌干达、赞比亚、津巴布韦
十区	阿尔巴尼亚、保加利亚、独联体、塞尔维亚、南斯拉夫、安圭拉、安提瓜和巴布达、阿鲁巴、亚速尔、百慕大、博内尔、凯科斯岛、加纳利群岛、开曼群岛、海峡群岛、库珀岛、库腊索、法属圭亚那、金杰岛、大特克斯岛、瓜得罗普、关岛、马恩岛、马德拉岛、马里亚纳岛、马提尼克、蒙特塞拉特、荷属安的列斯、尼维斯、新喀里多尼亚、波多黎各、留尼汪岛、圣巴泰勒米、圣克鲁斯、圣尤斯特歇斯、圣基茨、圣卢西亚、圣马丁、圣托马斯、圣文森特、托托拉岛、特克斯和凯科斯群岛、美属维尔京群岛、维尔京果尔达

说明：1．单件重量不超过 500 克的特快专递物品类邮件可按文件类收取资费。

2．安邦快件资费按特需业务资费标准收取。

3．对重点用户，可在统一资费标准基础上向下浮动 30%；对个别重点大用户，经管理局批准，其资费下浮幅度可超过 30%，并报部备案。

2007 国际及港、澳特快专递邮件资费

表 4-32　　单位：元

国际及港澳特快专递邮件通达国家地区	起重 500 克及以内		续重每 500 克或其零数	中速快件通达国家地区
	文件	物品		
一区	90	150	30	
二区	115	180	40	
三区	130	190	45	三区
四区	160	210	55	四区
五区	220	280	75	五区
六区	180	240	75	六区
七区	250	325	90	七区
八区	260	335	100	八区
九区	370	445	120	九区
十区	380	455	120	十区

国际及港、澳特快专递邮件通达国家地区

一区	香港、澳门
二区	日本、韩国、蒙古
三区	马来西亚、新加坡、泰国、越南、柬埔寨
四区	澳大利亚、新西兰、巴布亚新几内亚
五区	比利时、英国、丹麦、芬兰、希腊、爱尔兰、意大利、卢森堡、马耳他、挪威、瑞士、葡萄牙、德国、瑞典
六区	美国
七区	巴基斯坦、斯里兰卡、老挝、土耳其、尼泊尔
八区	巴西、古巴、圭亚那
九区	巴林、伊拉克、乌干达、约旦、以色列、阿曼、卡塔尔、科威特、伊朗、马达加斯加、叙利亚、科特迪瓦、吉布提、塞内加尔、肯尼亚、突尼斯、阿联酋
十区	开曼群岛、白俄罗斯、捷克、哈萨克斯坦、俄罗斯、拉脱维亚

中速快件通达国家地区

三区	印度尼西亚、菲律宾
四区	文莱、新喀里多尼亚
五区	法国、荷兰、西班牙、奥地利、斐济、瓦努阿图

续表 4-32

六区	加拿大
七区	印度、孟加拉国、直布罗陀、缅甸
八区	阿根廷、哥伦比亚、墨西哥、秘鲁、巴拿马、巴哈马、巴巴多斯、智利、玻利维亚、哥斯达黎加、厄瓜多尔、多米尼加联邦、特立尼达和多巴哥、多米尼加共和国、萨尔瓦多、海地、格林纳达、危地马拉、洪都拉斯、牙买加、巴拉圭、乌拉圭、委内瑞拉
九区	塞浦路斯、博茨瓦纳、刚果（金）、刚果（布）、布基纳法索、乍得、埃及、埃塞俄比亚、厄立特里亚、加蓬、加纳、几内亚、马里、也门、摩洛哥、莫桑比克、几内亚比绍、尼加拉瓜、马尔代夫、尼日利亚、卢旺达、格陵兰岛、沙特阿拉伯、尼日尔、利比里亚、阿尔及利亚、黎巴嫩、冈比亚、莱索托、利比亚、马拉维、毛里塔尼亚、毛里求斯、纳米比亚、塞舌尔、索马里、南非、苏丹、苏里南、坦桑尼亚、多哥、赞比亚、津巴布韦、安哥拉、佛得角、斯威士兰
十区	克罗地亚、爱沙尼亚、匈牙利、波兰、罗马尼亚、乌克兰、汤加、阿尔巴尼亚、保加利亚、亚美尼亚、阿塞拜疆、格鲁吉亚、立陶宛、马其顿、塞尔维亚、黑山共和国、斯洛伐克、斯洛文尼亚、塔吉克斯坦、吉尔吉斯斯坦、图瓦卢、乌兹别克斯坦、土库曼斯坦、摩尔多瓦、朝鲜、冰岛、关岛、塞班、东萨摩亚、西萨摩亚、安道尔、所罗门群岛、塔希提、加那利群岛、海峡群岛、蒙特塞+拉特、圣多美、安圭拉、安提瓜和巴布达、阿鲁巴、百慕大、瓜德罗普、马提尼克、波多黎各、科摩罗群岛、库克群岛、法属圭亚那、马绍尔群岛、马约特、瑙鲁、留尼汪岛、英属维尔京群岛、美属维尔京群岛、库腊索岛（荷属）、特克斯和凯科斯群岛、圣巴泰勒米、圣尤斯特歇斯、圣基茨、圣卢西亚、圣马丁、圣文森特、基里巴斯

注：1. 单件重量不超过 500 克的物品类邮件可按文件类收取资费。

2. 本表中的一区资费指广东、福建以外其他省份寄往香港、澳门的特快专递邮件的资费。

3. 中速快件的体积重量大于实际重量的必须按体积重量计收资费。体积重量按每 6000 立方厘米折合 1 公斤计算。体积重量的计算公式为：体积重量 =（长 X 宽 X 高）/6000。

4. 中速快件燃油附加费根据相关文件收取。

港、澳地区特快专递邮件资费（文件类）

表 4-33　　单位：元

收寄范围	通达范围	起重 500 克及以内	续重每 500 克或其零数
福建、广东（不含深圳至香港、珠海至澳门）	香港、澳门	70	30
深圳	香港	60	
珠海	澳门	60	
其他省份	香港、澳门	90	

港澳地区特快专递邮件资费（物品类）

表 4-34　　单位：元

收寄范围	通达范围	起重 500 克及以内	续重每 500 克或其零数
福建、广东（不含深圳至香港、珠海至澳门）	香港、澳门	140	20
深圳	香港	120	20
珠海	澳门	120	20
其他省份	香港、澳门	150	30

台湾地区快件资费

表 4-35　　单位：元

项　目	计费单位	资费标准	备注
文件类	起重 500 克	90	
	续重每 500 克或其零数	40	
物品类	起重 500 克	130	
	续重每 500 克或其零数	40	
无法投递退回快件	按收寄资费 70% 向寄件人收取退件费。		

EMS 留学速递业务资费标准（试行）

表 4-36　　单位：元

资费区	一区	二区	三区	四区	五区	六区
通达国家地区	香港	日本、韩国、新加坡	美国	法国、澳大利亚、新西兰、西班牙、加拿大	英国、比利时	德国、意大利、瑞典、俄罗斯、乌克兰
资费标准（500 克及以内）	60	80	100	130	150	180

2009 年中速快件经济快递资费

表 4-37　　单位：元

寄达区域	起始资费	每千克		
		46 — 100 千克	101 — 300 千克	301 千克以上
马来西亚、菲律宾、新加坡、泰国	2070	46	42	37
韩国	2160	48	43	39
印度尼西亚	2565	57	51	47
澳大利亚	3105	69	63	59
奥地利、比利时、法国、德国、意大利、卢森堡、荷兰、葡萄牙、西班牙、瑞士、英国、美国	3375	75	70	68
捷克共和国、匈牙利、波兰	4230	94	90	85

备注：1. 每票包裹的实际重量和体积必须超过 45 千克，不足 45 千克按照起始资费计费。

2. 经济快递燃油附加费根据相关文件收取。

3.1999 年 5 月 15 日，调整寄达美国等 25 个国家及香港特别行政区的国际包裹资费，同时将寄往新加坡、加纳等国及香港特别行政区的包裹重量限制提高到 30 千克。

2002 年台湾包裹资费

表 4-38　　单位：元

计费单位	资费标准
起重 1 公斤	190.00
续重每 0.5 公斤	52.00

2004年国际港澳包裹业务资费

表4-39

寄达地	种类	1000克及1000克以下（人民币）	1000克以上续重每1000克或其零数（人民币）	最高限重（公斤）	包裹最大尺寸		普通包裹附寄回执	
					第一种	第二种	接受	不接受
阿富汗	航空	219.1	72.1	20	*	*	*	
	水陆路	160.5	27.5	20				
阿尔巴尼亚	航空	161.4	57.9	20	*		*	
	空运水陆路	135.6	32.1	20				
阿尔及利亚	航空	163.7	77.3	10	*		*	
	空运水陆路	126.3	39.9	10				
美国	航空	158.5	95	30		*		*
	空运水陆路	104.6	41.1	30				
	水陆路	83.5	20	30				
东萨摩亚	航空	160.7	95	20		*		*
	水陆路	83.5	20	20				
安道尔	航空	185.3	68.3	20	见法国			
	空运水陆路	149.1	32.1	20				
安哥拉	航空	203	106.6	20	*		*	
	水陆路	125.3	24.2	20				
安圭拉	航空	161.5	96.6	10		*		*
	空运水陆路	122.1	57.2	10				
安提瓜和巴布达	航空	170.5	105.6	20		*		*
	空运水陆路	122.1	57.2	20				
阿根廷	航空	249.8	138.5	20		*	*	
	空运水陆路	157.5	46.2	20				
亚美尼亚	航空	170.9	61.2	20		*		*
	空运水陆路	155.5	45.8	20				
阿松森岛	航空	192.9	123.3	20	*			*
	空运水陆路	102.1	37.2	20				
澳大利亚	航空	143.8	70	20		*		*
	空运水陆路	117.2	43.4	20				
	水陆路	88.8	15	20				

续表 4-39

寄达地	种类	1000 克及 1000 克以下（人民币）	1000 克以上续重每 1000 克或其零数（人民币）	最高限重（公斤）	包裹最大尺寸		普通包裹附寄回执	
					第一种	第二种	接受	不接受
奥地利	航空	153.8	60.4	20	*		*	
	空运水陆路	123.9	30.5	20				
	水陆路	116.1	22.7	20				
阿塞拜疆	航空	167.3	65	20	*		*	
	空运水陆路	152	49.7	20				
亚速尔群岛和马德拉群岛	航空	189.3	78.4	10	长度 1 米，长度和长度以外最大横周合计不超过 2 米			*
	空运水陆路	148	37.1	10				
巴哈马群岛	航空	169	93.7	30		*	*	
	空运水陆路	145	69.7	30				
巴林	航空	137.7	51.5	20		*	*	
	水陆路	108.5	17.6	20				
孟加拉国	航空	119.3	45.5	30	*			*
	水陆路	93.7	19.9	30				
巴巴多斯	航空	160.9	95.1	20		*	*	
	空运水陆路	124.8	59	20				
白俄罗斯	航空	134.8	56.3	20		*	*	
	空运水陆路	121.5	43	20				
比利时	航空	210.2	51.7	20	*			*
	空运水陆路	182.3	23.8	20				
	水陆路	164.2	5.7	20				
伯里兹	航空	174.4	99.4	20	*			*
	空运水陆路	143.8	68.8	20				
贝宁	航空	166.1	97.7	20	*		*	
	空运水陆路	121.4	53	20				
百慕大群岛	航空	192.1	93.3	20		*		*
	空运水陆路	159.4	60.6	20				
不丹	航空	135.9	45.5	20		*		*
	水陆路	118.4	23.2	20				
玻利维亚	航空	252.6	151.3	20	*		*	
	水陆路	133.5	32.2	20				
波黑	航空	167.4	75.8	20	*			*
	空运水陆路	131.2	39.6	20				

续表 4-39

寄达地	种类	1000克及1000克以下（人民币）	1000克以上续重每1000克或其零数（人民币）	最高限重（公斤）	包裹最大尺寸		普通包裹附寄回执	
					第一种	第二种	接受	不接受
博茨瓦纳	航空	211.7	115.3	20		*	*	
	空运水陆路	143.2	46.8	20				
巴西	航空	240.2	122.5	20		*	*	
	空运水陆路	158.1	45.2	30				
	水陆路	139.4	21.7	20				
文莱达鲁萨兰	航空	110.7	45.8	20		*	*	
	水陆路	82.9	18	20				
保加利亚	航空	144.2	58.5	20	*		*	
	空运水陆路	119	33.3	20				
布基纳法索	航空	196.8	106.7	20	*		*	
	空运水陆路	150.9	60.8	20				
布隆迪	航空	217.7	112	20	*		*	
	水陆路	136.7	26.3	20				
卡奔达	航空	203	106.6	20	*			*
	水陆路	124.9	23.8	20				
柬埔寨	航空	104.2	39.3	20		*	*	
	水陆路	83	18.1	20				
喀麦隆	航空	194.4	97.2	20	*		*	
	空运水陆路	155	57.8	20				
加拿大	航空	137.7	72	30		*		*
	空运水陆路	99.2	35.7	30				
	水陆路	86.2	22.7	30				
加那利群岛	航空	165.9	135	20	见西班牙			
	空运水陆路	126.1	95.2	20				
佛得角	航空	191.1	94.7	20		*	*	
	水陆路	120.3	23.9	20				
加罗林群岛，马里亚纳群岛	航空	160.7	95	20	见美国			
	水陆路	83.5	20	20				
开曼群岛（包括大开曼岛、小开曼岛、开曼布腊克岛）	航空	194.3	106	20		*		*
	水陆路	135.5	42.4	20				
中非共和国	航空	225.4	107.6	20	*	*	*	
	空运水陆路	173.1	55.3	20				
乍得	航空	195.7	105.3	20	*	*	*	

续表 4-39

寄达地	种类	1000 克及 1000 克以下（人民币）	1000 克以上续重每 1000 克或其零数（人民币）	最高限重（公斤）	包裹最大尺寸		普通包裹附寄回执	
					第一种	第二种	接受	不接受
智利	航空	214.5	129.2	20	*	*	*	
	空运水陆路	150.8	60.7	20				
圣诞岛	航空	141.4	70	20		*	*	
	水陆路	86.4	15	20				
科科斯群岛，洛德豪岛	航空	141.4	70	20		*	*	
	水陆路	86.4	15	20				
哥伦比亚	航空	212.7	137.6	20	*		*	
	空运水陆路	132.6	57.5	20				
科摩罗	航空	191.7	122.1	20	*		*	
	水陆路	137.1	67.5	20				
刚果民主共和国	航空	227.3	117.2	20		*	*	
	空运水陆路	175.1	60.9	20				
刚果共和国	航空	224	109.8	20	*		*	
	空运水陆路	148.3	63.1	20				
库克群岛	航空	150	73.8	20		*		*
	水陆路	107.3	18.8	20				
哥斯达黎加	航空	172.3	102.3	20	*		*	
	空运水陆路	115.5	45.5	20				
科特迪瓦	航空	196.3	98.5	20	*		*	
	空运水陆路	152.1	54.3	20				
克罗地亚	航空	155.1	70.4	30		*	*	
	空运水陆路	125	40.3	30				
古巴	航空	192.6	106.9	10	*		*	
	空运水陆路	130.1	39.7	20				
塞浦路斯	航空	156.8	75.9	30	*		*	
	水陆路	99.4	13.7	30				
捷克共和国	航空	157.2	71.5	15	*		*	
	空运水陆路	118.4	32.7	15				
	水陆路	107.8	22.1	15				
丹麦	航空	161.2	70.8	20	*		*	
	空运水陆路	121.3	30.9	20				
	水陆路	105.3	14.9	20				
	空运水陆路	145.3	54.9	20				

续表 4-39

寄达地	种类	1000 克及 1000 克以下（人民币）	1000 克以上续重每 1000 克或其零数（人民币）	最高限重（公斤）	包裹最大尺寸		普通包裹附寄回执	
					第一种	第二种	接受	不接受
吉布提	航空	176	91.5	20	长度 1.05 米，长度和长度以外最大横周不超 2 米		*	
	水陆路	105.5	16.3	20	*			
多米尼克	航空	161.1	96.2	20	*			*
	空运水陆路	144.7	79.8	20				
多米尼加共和国	航空	164.1	99.2	20	*		*	
	空运水陆路	113.7	48.8	20				
厄瓜多尔	航空	220.2	114.5	20	*			*
	空运水陆路	160.7	55	20				
埃及	航空	155.6	60.4	20	*		*	
	水陆路	119.4	19.4	20				
萨尔瓦多	航空	172.7	97.1	20		*	*	
	空运水陆路	129.3	53.7	20				
赤道几内亚	航空	158.5	93.6	20	*	*	*	
	水陆路	93.6	23.9	20				
厄立特里亚	航空	197.3	96.2	20	*		*	
	空运水陆路	158.5	57.4	30				
爱沙尼亚	航空	149.2	52.8	20	*		*	
	空运水陆路	137	40.6	20				
埃塞俄比亚	航空	155.2	95.1	20	*		*	
	水陆路	88	23.1	20				
法罗群岛	航空	161.2	70.8	20	*		*	
	空运水陆路	121.3	30.9	20				
	水陆路	105.3	14.9	20				
斐济	航空	135.5	74.8	20		*		
	水陆路	79.3	13.9	20				
芬兰	航空	203.9	79	20	*		*	
	空运水陆路	159.4	34.5	20				
	水陆路	145.5	20.6	20				
法国	航空	185.3	68.3	30	*		*	
	空运水陆路	149.1	32.1	30				
	水陆路	131	14	30				
法属圭亚那	航空	238	116.3	20	*		*	
	空运水陆路	179.8	58.1	20				
法属波利尼西亚，包括社会、土布艾、土阿莫土、马克萨斯、甘比尔巴斯群岛和腊帕岛等	航空	234	107.5	20	*		*	
	水陆路	143.4	21.7	20				

续表 4-39

寄达地	种类	1000 克及 1000 克以下（人民币）	1000 克以上续重每 1000 克或其零数（人民币）	最高限重（公斤）	包裹最大尺寸		普通包裹附寄回执	
					第一种	第二种	接受	不接受
加蓬	航空	199.7	104.5	20	*		*	
	空运水陆路	148	55.5	20				
冈比亚	航空	205.8	94.5	10		*	*	
	水陆路	151.7	35.7	10				
格鲁吉亚	航空	177.6	63.4	20	*		*	
	空运水陆路	166.8	52.6	20				
德国	航空	190.9	69.5	30	*		*	
	空运水陆路	154.7	33.3	30				
	水陆路	140.8	19.4	30				
加纳	航空	183.5	83.5	30	*		*	
	水陆路	124.7	20	10				
直布罗陀	航空	151.6	79	20	*		*	
	空运水陆路	114.5	41.9	20				
希腊	航空	133.5	59.7	20	*		*	
	空运水陆路	122.4	43.9	20				
格陵兰岛	航空	161.2	70.8	20	*		*	
	空运水陆路	121.3	30.9	20				
格林纳达	航空	163.5	97	20		*		*
	空运水陆路	131	64.5	20				
瓜德罗普岛	航空	229	107.3	20	*		*	
	空运水陆路	155.7	38.7	20				
危地马拉	航空	167.1	93.8	20		*	*	
	水陆路	94	20.7	20				
几内亚	航空	161.1	96.2	30	*		*	
	水陆路	69.7	9.6	20				
几内亚比绍	航空	243.8	89.1	30		*		*
	水陆路	177.9	23.2	20				
圭亚那	航空	146	81.4	10		*	*	
	空运水陆路	107.4	38	20				
海地	航空	184.1	119.2	20	*		*	
	水陆路	108.2	38.6	20				
夏威夷群岛、关岛	航空	160.7	95	20	见美国	*		
	水陆路	85.8	22.3	20				
洪都拉斯	航空	191.1	100.7	20	*		*	
	水陆路	116.2	25.8	20				
香港	航空	76.9	21	30	*			*
	水陆路	60.7	4.8	30				

续表 4-39

寄达地	种类	1000克及1000克以下（人民币）	1000克以上续重每1000克或其零数（人民币）	最高限重（公斤）	包裹最大尺寸		普通包裹附寄回执	
					第一种	第二种	接受	不接受
匈牙利	航空	145.1	57	20	*		*	
	空运水陆路	121.4	33.3	20				
	水陆路	106.5	18.4	20				
冰岛	航空	179.8	83.4	20	*		*	
	空运水陆路	140.5	44.1	20				
伊夫尼	航空	166.5	80.8	30	*			*
	水陆路	102.8	17.1	20				
印度	航空	155.6	57.7	20	*	*	*	
	水陆路	111.7	13.8	20				
印度尼西亚	航空	94.6	38.7	20		*	*	
	水陆路	66.5	10.6	20				
伊朗	航空	182.3	81.7	20		*		*
	水陆路	123.9	18.6	20				
伊拉克	航空	191.8	75.2	10	*		*	
爱尔兰	航空	162.2	72.4	20	*			*
	空运水陆路	124.1	34.3	20				
以色列	航空	192.2	95.8	20	*		*	
	水陆路	112.8	16.4	20				
意大利	航空	159.3	71.2	20	*		*	
	空运水陆路	121.2	33.1	20				
	水陆路	99.8	11.7	20				
牙买加	航空	164.6	99.7	20		*		*
	空运水陆路	116.4	51.5	20				
日本	航空	124.2	29.6	30	*		*	
	空运水陆路	110.9	16.3	30				
	水陆路	108	13.4	30				
约翰斯敦岛	航空	160.7	95	20	见美国			
	水陆路	83.5	20	20				
约旦	航空	157.3	71.6	30	*		*	
	水陆路	107.2	16.8	30				
哈萨克斯坦	航空	100.9	30.5	20	*		*	
	水陆路	82.8	12.4	20				
肯尼亚	航空	191.1	97.1	10	*		*	
	水陆路	102.4	17.7	20				
金门岛	航空	160.7	95	20	见美国			
	水陆路	85.8	22.3	20				
基里巴斯	航空	166.8	101.4	20	*		*	
	水陆路	83.1	17.7	20				

续表 4-39

寄达地	种类	1000 克及 1000 克以下（人民币）	1000 克以上续重每 1000 克或其零数（人民币）	最高限重（公斤）	包裹最大尺寸		普通包裹附寄回执	
					第一种	第二种	接受	不接受
朝鲜民主主义人民共和国	航空	143.7	24.8	20		*	*	
	水陆路	131.8	12.9	20				
韩国	航空	98.3	21.3	20	*		*	
	空运水陆路	96	19	20				
	水陆路	87.9	10.9	20				
科威特	航空	155.4	64.6	10		*		*
	水陆路	111.2	15.6	10				
吉尔吉斯斯坦	航空	108.2	28.5	20		*	*	
	水陆路	95.5	15.8	20				
老挝	航空	149.5	41.4	20	*	*	*	
	水陆路	138.1	30	20				
拉脱维亚	航空	127.4	54.8	20	长度 1.5 米，长度和长度以外最大横周不超 2 米		*	
	空运水陆路	114	41.4	20				
黎巴嫩	航空	141.1	55.4	10		*	*	
	空运水陆路	122.5	44	20				
莱索托	航空	218.6	117.5	20	*		*	
	水陆路	124.7	23.6	20				
利比里亚	航空	144.7	84.6	10		*	*	
	水陆路	88.5	23.6	20				
利比亚	航空	154.6	64.2	10		*	*	
	水陆路	115.5	20.3	10				
列支敦士登	航空	153.3	68.5	20	见瑞士			
	空运水陆路	117.2	32.4	20				
立陶宛	航空	148.7	52.3	20		*	*	
	空运水陆路	133.1	36.7	20				
卢森堡	航空	155.8	67.7	20	*		*	
	空运水陆路	120	31.9	20				
澳门	航空	108.9	28.7	20	*			*
	水陆路	90.2	10	20				
马其顿	航空	159.1	75.2	30		*	*	
	空运水陆路	125.8	41.9	30				
马达加斯加	航空	238.1	119.7	20	*			*
	水陆路	135.4	17	20				
马拉维	航空	221.5	121.5	20		*	*	
	水陆路	129.3	29.3	20				

续表 4-39

寄达地	种类	1000 克及 1000 克以下（人民币）	1000 克以上续重每 1000 克或其零数（人民币）	最高限重（公斤）	包裹最大尺寸		普通包裹附寄回执	
					第一种	第二种	接受	不接受
马来西亚	航空	82.6	26.7	20		*		*
	水陆路	67.9	12	20				
马尔代夫	航空	187.2	68.2	10	*		*	
	水陆路	145.3	26.3	10				
马里	航空	192.1	99.4	20	*		*	
	空运水陆路	151.8	59.1	20				
马耳他	航空	162.8	65.8	10		*	*	
	空运水陆路	148.3	46.6	20				
马尔维纳斯（福克兰）群岛，通达范围: SOUTH GEORGIA, BRITISH ANTARCTIC TERRITORY	航空	222.9	122.8	20		*	*	
	空运水陆路	139.7	39.6	20				
马绍尔群岛	航空	160.7	95	20	见美国			
	水陆路	83.5	20	20				
马提尼克岛	航空	229.7	108	20	*		*	
	空运水陆路	155.7	38.7	20				
毛里塔尼亚	航空	203.2	96.7	20	*		*	
	空运水陆路	171.6	58	20				
毛里求斯	航空	140	81.6	20		*	*	
	水陆路	78.7	15.5	20				
墨西哥	航空	172.4	90.5	20		*	*	
	水陆路	103.4	21.5	20				
中途岛，威克岛	航空	160.7	95	20	见美国			
	水陆路	85.8	22.3	20				
摩尔多瓦	航空	163	60.7	20	*		*	
	空运水陆路	152.4	50.1	20				
摩纳哥	航空	185.3	68.3	20	见法国			
	空运水陆路	149.1	32.1	20				
蒙古	航空	117.2	33.3	20	*		*	
	水陆路	99	15.1	20				
蒙特塞拉特岛	航空	170.8	105.9	20		*	*	
	空运水陆路	125.7	60.8	20				
摩洛哥	航空	166.5	80.8	20	*		*	
	水陆路	102.8	17.1	20				
莫桑比克	航空	247.6	121.3	20	*			*
	水陆路	150.2	23.9	20				

续表 4-39

寄达地	种类	1000克及1000克以下（人民币）	1000克以上续重每1000克或其零数（人民币）	最高限重（公斤）	包裹最大尺寸		普通包裹附寄回执	
					第一种	第二种	接受	不接受
塞内加尔	航空	189.1	96.9	20	*		*	
	空运水陆路	141.7	49.5	20				
塞舌耳	航空	171.2	98.6	20	*		*	
	水陆路	86	13.4	20				
塞拉利昂	航空	177.1	90.1	20	*		*	
	水陆路	126	34.3	20				
锡金	航空	163	65.1	20	*			*
	水陆路	111.7	13.8	20				
新加坡	航空	91	35.1	40	*		*	
	水陆路	66.8	10.9	40				
斯洛伐克	航空	149.1	72.3	15	*		*	
	空运水陆路	110.4	33.6	15				
斯洛文尼亚	航空	161.6	71.2	20	*		*	
	空运水陆路	129.2	38.8	20				
所罗门群岛	航空	169	99.4	20	见美国			
	水陆路	78.7	13.8	20				
南非	航空	210.2	117.1	20		*		*
	水陆路	110.9	17.8	20				
南乔治亚岛和南桑德维奇岛	航空	223.5	123.4	10	*			*
	空运水陆路	139.7	39.6	10				
西班牙	航空	166	72	20	*	*	*	
	空运水陆路	126.1	32.1	20				
斯里兰卡	航空	121.5	44.5	20		*	*	
	水陆路	103.8	22	20				
圣赫勒拿岛	航空	211.9	118.8	20	*			*
	空运水陆路	124.4	36.1	20				
圣基茨和尼维斯岛	航空	170.3	105.4	20		*	*	
	空运水陆路	145.9	63.7	20				
圣卢西亚	航空	185.2	107.1	20		*	*	
	空运水陆路	137.7	59.6	20				
圣皮埃尔和密克隆群岛	航空	215.4	88.9	20	*		*	
	水陆路	137.5	15.8	20				
圣文森特和格林纳丁斯	航空	188.2	104.7	20		*	*	
	空运水陆路	150.5	67	20				
苏丹	航空	197.5	73.1	20		*	*	
	水陆路	141.3	16.9	20				
苏里南	航空	172.7	107.8	20	*		*	
	空运水陆路	140.1	75.2	20				

续表 4-39

寄达地	种类	1000 克及 1000 克以下（人民币）	1000 克以上续重每 1000 克或其零数（人民币）	最高限重（公斤）	包裹最大尺寸		普通包裹附寄回执	
					第一种	第二种	接受	不接受
缅甸	航空	88.8	28.7	10		*		*
	水陆路	69.7	9.6	10				
纳米比亚	航空	283	181.3	20	*		*	
	水陆路	124.5	22.8	20				
瑙鲁	航空	160	95.1	20	*			*
	水陆路	84.9	20	20				
尼泊尔	航空	127.6	49.1	20	*		*	
	水陆路	82.7	8.9	20				
荷兰	航空	158.9	68.5	20	*		*	
	空运水陆路	122.8	32.4	20				
	水陆路	104.7	14.3	20				
荷属安的列斯群岛，包括库腊索、阿鲁巴、博内尔、圣马丁（北部属法国）、萨巴、圣尤斯特歇斯岛	航空	198.2	117.3	20	*		*	
	水陆路	146.7	65.8	20				
新喀里多尼亚岛	航空	206.4	79.9	20	*		*	
	水陆路	136.9	15.2	20				
新西兰	航空	171.1	101.5	20	*			*
	水陆路	116.4	18.8	20				
尼加拉瓜	航空	174	95.5	20	*			*
	空运水陆路	130.3	51.8	20				
尼日尔	航空	189.4	107.6	20	*		*	
	空运水陆路	140.1	58.3	20				
尼日利亚	航空	171.1	83	30	*		*	
	空运水陆路	144.6	51.8	30				
诺福克岛	航空	141.4	70	20	任何一边不超 1.05 米，长度和长度以外周长不超 1.3 米		*	
	水陆路	86.4	15	20				
挪威	航空	179.4	75.9	20	最长一边不超 1.2 米，其他边长不超 0.6 米		*	
	空运水陆路	138	34.5	20				
	水陆路	134.6	31.1	20				
阿曼	航空	150.8	54.4	30	*		*	
	水陆路	129.1	18.8	20				
东帝汶	航空	48.5	22.3	10		*		*
	水陆路	29.8	3.6	10				

续表 4-39

寄达地	种类	1000克及1000克以下（人民币）	1000克以上续重每1000克或其零数（人民币）	最高限重（公斤）	包裹最大尺寸		普通包裹附寄回执	
					第一种	第二种	接受	不接受
巴基斯坦	航空	136	50.3	20		*	*	
	水陆路	95.1	9.4	20				
巴拿马	航空	181	110.2	20	*		*	
	空运水陆路	130.2	54.6	20				
巴布亚新几内亚	航空	183.4	67.3	20		*	*	
	水陆路	130.5	14.4	20				
巴拉圭	航空	227.6	145.1	20	*			*
	空运水陆路	130.2	54.6	20				
秘鲁	航空	235.3	147	20	*			*
	空运水陆路	150.4	62.1	20				
菲律宾	航空	113.2	35.5	20		*	*	
	水陆路	95.2	17.5	20				
皮特克恩岛	航空	157.1	87.5	20	*			*
	水陆路	90.2	20.6	20				
波兰	航空	139.4	56.1	15	*		*	
	空运水陆路	117.8	34.5	15				
葡萄牙	航空	191	80.1	20	*			*
	空运水陆路	148	37.1	20				
波多黎各	航空	158.5	95	20	见美国			
	水陆路	83.5	20	20				
卡塔尔	航空	135.1	53.2	20	*		*	
	水陆路	97.7	15.8	20				
留尼汪岛	航空	240.7	119	20	*		*	
	水陆路	137.3	15.6	20				
罗马尼亚	航空	150.3	57.7	20	*		*	
	空运水陆路	128.2	35.6	20				
俄罗斯联邦	航空	170.2	59.3	20		*	*	
	空运水陆路	144.9	34	20				
卢旺达	航空	194.7	108.4	20	*		*	
	水陆路	113.7	22.7	20				
圣马力诺	航空	159.3	71.2	20	见意大利			
	空运水陆路	121.2	33.1	20				
圣多美和普林西比	航空	170.7	101.1	20	水陆路第一种。航空：长100厘米，宽、高均50厘米			
	水陆路	93.2	23.6	20				
沙特阿拉伯	航空	144.5	76.7	20	*			*
	水陆路	86.6	17	20				

续表 4-39

寄达地	种类	1000 克及1000 克以下（人民币）	1000 克以上续重每1000 克或其零数（人民币）	最高限重（公斤）	包裹最大尺寸		普通包裹附寄回执	
					第一种	第二种	接受	不接受
斯威士兰	航空	182.8	116	20	*		*	
	水陆路	89.4	22.6	20				
瑞典	航空	184.9	57.6	20	*		*	
	空运水陆路	161.8	34.5	20				
	水陆路	152.8	25.5	20				
瑞士	航空	161	68.8	30	*		*	
	空运水陆路	124.6	32.4	30				
	水陆路	115.2	23	30				
叙利亚	航空	128.7	54.9	20	*		*	
	水陆路	95.8	17.3	20				
塔吉克斯坦	航空	110	35.6	20	*		*	
	水陆路	92.2	17.8	20				
坦桑尼亚	航空	195.7	107.5	20	*		*	
	水陆路	105.1	16.9	20				
泰国	航空	83.7	27.8	20	*		*	
	水陆路	66.5	10.6	20				
多哥	航空	188.9	99.1	20	*		*	
	空运水陆路	145.7	55.9	20				
汤加	航空	161.4	91.8	20	*		*	
	水陆路	85.5	15.9	20				
特立尼达和多巴哥	航空	158.2	93.3	20	*			*
	空运水陆路	113.8	48.9	20				
特里斯坦达库尼亚群岛	航空	204.7	122.4	10	见香港			
	水陆路	107.5	25.2	10				
突尼斯	航空	145.2	80.3	20	*		*	
	空运水陆路	108.5	43.6	20				
土耳其	航空	158.9	82.1	20	*		*	
	空运水陆路	120.8	44	20				
土库曼斯坦	航空	120	33.1	20		*	*	
	水陆路	103	16.1	20				
特克斯和凯科斯群岛	航空	164.1	99.2	20		*		*
	水陆路	91	30.9	20				
图瓦卢	航空	162.3	92.7	20		*	*	
	水陆路	86	16.4	20				
乌干达	航空	179.1	94.6	10	*		*	
	水陆路	106	16.8	20				
乌克兰	航空	161.2	54.1	20		*	*	
	空运水陆路	147.1	40	20				

续表 4-39

寄达地	种类	1000克及1000克以下（人民币）	1000克以上续重每1000克或其零数（人民币）	最高限重（公斤）	包裹最大尺寸		普通包裹附寄回执	
					第一种	第二种	接受	不接受
阿拉伯联合酋长国，包括阿布扎比、迪拜、沙加阿治曼、乌姆盖万、富查伊拉、哈伊马角七个酋长国	航空	124.9	51.1	20	*		*	
	水陆路	94.1	15.6	20				
英国	航空	162.3	76.6	30	*			*
	空运水陆路	126.2	40.5	30				
	水陆路	108.1	22.4	30				
乌拉圭	航空	249.3	133.4	20		*		*
	空运水陆路	176.9	61	20				
乌兹别克斯坦	航空	127.3	20.8	20	*			*
	水陆路	124.9	18.4	20				
瓦努阿图	航空	152.6	83	20		*	*	
	水陆路	84.9	20	20				
梵蒂冈	航空	139.7	74.8	20		*	*	
	空运水陆路	101.7	36.8	20				
委内瑞拉	航空	200.6	107.8	20	*		*	
	空运水陆路	147.3	54.5	20				
越南社会主义共和国	航空	77.3	21.4	20	*		*	
	水陆路	60.7	4.8	20				
英属维尔京群岛	航空	168.4	103.5	20		*		*
	水陆路	119	54.1	20				
美属维尔京群岛	航空	160.7	95	20	见美国			
	水陆路	83.5	20	20				
瓦里斯和富图纳群岛	航空	220.9	94.4	20		*	*	
	水陆路	216	89.5	20				
西萨摩亚	航空	163.5	93.9	20		*	*	
	水陆路	86	16.4	20				
也门共和国	航空	166.5	92.7	10	*		*	
	水陆路	96.2	17.7	20				
南斯拉夫	航空	169.5	56.5	15		*	*	
	空运水陆路	145.4	32.4	15				
赞比亚	航空	212.1	120.5	20		*	*	
	水陆路	115.5	23.9	20				
津巴布韦	航空	213.8	111.5	20		*		*
	水陆路	127.6	25.3	20				

尼日尔通达包裹地区 Agadez,Diffa,Maradi,Niamey,Ta-hour,Zinder.

注：自 2004 年 7 月 1 日起，临时提高空运水陆路（SAL）包裹收寄资费，即现行每千克续重资费加收 10 元人民币，起重资费不变。“*”号表示执行项目。

2002年国际邮政汇兑资费

表 4-40

资费种类	计费标准	资费	币种	说明
汇票	每汇款100外币	3.00	外币	
	每笔汇款最低汇费	5.00	美元	
钞买汇卖差价				以外币现钞办理汇款时，钞买汇卖差价比照开户银行的标准收取
兑款回帖费	每件	5.00	人民币	除照收汇费外，再照此标准收取兑款回帖费
存局候领费	每件	2.30	人民币	收款人领取汇款时照此标准收费
展期签证费	每件	7.00	人民币	收款人在规定时间内申请兑付逾期的汇票时，照此标准收费
撤回汇款手续费	每件	7.00	人民币	汇款在通汇局尚未发出前，汇款人申请撤回时，照此标准收取手续费，然后将汇款、汇费、钞买汇卖差价一并退还
查询费	每件	免收		

2007年代理西联汇款资费

表 4-41

范 围	计费单位	发汇金额	收费标准
非洲以外国家	每笔	500.00美元以下	15美元
		500.01—1000.00美元	20美元
		1000.01—2000.00美元	25美元
		2000.01—5000.00美元	30美元
		5000.01—10000.00美元	40美元
		超过10,000.00美元时，每增加500.00美元或其零数	加收20.00美元
非洲国家	每笔	50.00美元以下	13美元
		50.01—100.00美元	14美元
		100.01—200.00美元	21美元
		200.01—300.00美元	27美元
		300.01—400.00美元	32美元
		400.01—500.00美元	37美元
		500.01—750.00美元	42美元
		750.01—1000.00美元	47美元
		1000.01—1250.00美元	55美元
		1250.01—1500.00美元	60美元
		1500.01—1750.00美元	70美元
		1750.01—2000.00美元	75美元
		2000.01—2500.00美元	85美元
		超过2500.00美元时，每增加500.00美元或其零数	加收20.00美元

欧元退税业务资费说明：每笔收取2.5欧元等值人民币，一张退税单为一笔

银邮国际汇款资费表（自 2007 年 11 月 22 日起执行）

表 4-42

<table>
<tr><th colspan="2">服务项目</th><th colspan="3">资费标准（人民币）</th></tr>
<tr><td rowspan="2">向境外汇款</td><td>汇款手续费</td><td>电讯费</td><td colspan="2">备注</td></tr>
<tr><td>按汇款本金的 0.8‰ 折合人民币收取。每笔最低 20 元，最高 200 元</td><td>每笔 70 元</td><td colspan="2">如客户持外币现钞或从外币现钞账户汇款，还需收取钞买汇卖差价费。钞买汇卖差价以交易日中国邮政储蓄银行公布的价格为准（目前八折优惠）。</td></tr>
<tr><td colspan="2">接收境外汇款</td><td colspan="3">免费</td></tr>
<tr><td rowspan="2">特殊业务</td><td>退汇改汇</td><td colspan="3">每笔 8 元</td></tr>
<tr><td>查询</td><td colspan="3">免费</td></tr>
<tr><td rowspan="2">附加服务</td><td>附言</td><td colspan="3">免费</td></tr>
<tr><td>收汇电话通知</td><td colspan="3"></td></tr>
</table>

邮政国际汇款及香港汇款资费

续表 4-43　　单位：元

<table>
<tr><th colspan="2">项目</th><th>计费单位</th><th colspan="2">资费标准</th></tr>
<tr><td rowspan="6">邮政国际</td><td rowspan="2">向境外汇款</td><td rowspan="2">每笔</td><td>汇费</td><td>按汇款本金的 1.0% 折合人民币收取。最低 50 元，最高 200 元</td></tr>
<tr><td>备注</td><td>如客户持外币现钞或从外币现钞账户汇款，还需收取钞买汇卖差价费。钞买汇卖差价以交易日中国邮政储蓄银行公布的价格为准</td></tr>
<tr><td>接收境外汇款</td><td>每笔</td><td colspan="2">免费</td></tr>
<tr><td>撤汇、改汇</td><td>每笔</td><td colspan="2">8 元</td></tr>
<tr><td>附言</td><td>每次</td><td colspan="2">免费</td></tr>
<tr><td>查询</td><td>每次</td><td colspan="2">免费</td></tr>
<tr><td rowspan="9">内地至香港</td><td>发汇金额在 100.00 美元以下</td><td rowspan="5">每笔</td><td colspan="2">40 元</td></tr>
<tr><td>发汇金额在 100.01 美元 -300.00 美元</td><td colspan="2">55 元</td></tr>
<tr><td>发汇金额在 300.01 美元 -600.00 美元</td><td colspan="2">70 元</td></tr>
<tr><td>发汇金额在 600.01 美元 -1000.00 美元</td><td colspan="2">85 元</td></tr>
<tr><td>发汇金额在 1000.01 美元 -2000.00 美元</td><td colspan="2">150 元</td></tr>
<tr><td>撤汇、改汇</td><td>每笔</td><td colspan="2">4.40 元</td></tr>
<tr><td>查询</td><td>每次</td><td colspan="2">免费</td></tr>
<tr><td>收汇</td><td>每笔</td><td colspan="2">免费</td></tr>
<tr><td>附言</td><td>每次</td><td colspan="2">免费</td></tr>
</table>

内蒙古自治区 2010 年邮政普遍服务营业场所（1501 处）

（一）呼和浩特市（114 处）

呼和浩特市城区（53）：如意小区支局、东门外支局、学府花园支局、新建西街支局、乌兰察布路支局、大台什路支局、南门外支局、昭乌达路支局、亚辰大厦支局、乌兰小区支局、大学东路支局、御园小区支局、呼伦南路支局、农科院支局、钢铁路支局、县府街支局、石西路支局、人民路支局、诺和木勒支局、石东路支局、海西路支局、步行街支局、战备路支局、公园南路支局、北门支局、同心支局、团结小区支局、火车站支局、联建小区支局、山水小区支局、海东路支局、新城支局、呼哈路支局、麻花板支局、正源小区支局、中山路支局、中山东路支局、内蒙古党委小区支局、毫沁营所、金桥支局、机场支局、维多利支局、医学院支局、通道北街支局、赛汉路支局、动力小区支局、锡林北路支局、车站东街支局、财经学院支局、中专路支局、如意支局，小南街支局

呼和浩特市辖区（10）：巴彦所、陶卜齐支局、炼油厂支局、太平庄支局、保合少所、南地支局、小黑河所、八拜所、昭君墓所、金川支局

土默特左旗（12）：陶思浩支局、善岱支局、瓦窑新村支局、人民路支局、人民路支局、八二八一所、金山所、金山学苑代办所、北什轴所、沙尔沁所、白庙子支局、毕克齐支局

托克托县(11)：永圣域所、伍什家所、新营子支局、五申所、乃只盖所、新建西街支局、云中路支局、新坪路支局、托电工业园区支局、古城所、中滩所

和林格尔(10)：大红城支局、羊群沟所、新店子支局、黑老窑所、董家营所、舍必崖所、新民街支局、盛乐经济园区内师大校区所、公喇嘛所、新华街支局

清水河（10）：城关支局、暖泉所、王桂窑支局、喇嘛湾支局、永安西街支局、城南支局、小庙子所、韭菜庄所、单台子所、窑沟所

武川县（8）：二份子支局、青山支局、西乌兰不浪支局、大兴昌支局、旧区支局、纳令沟代办所、哈乐支局、影视西街支局

（二）包头市（106 处）

包头市城区（58）：杨圪楞所、莎木佳支局、沙尔沁所、糖厂支局、毛其来一支局、站北路支局、西巴彦支局、通顺支局、鹿鸣苑支局、矿机小区支局、环城路支局、长胜街所、站南支局、河东所、和平路支局、新航路所、西阁外支局、工业路支局、麻池乡支局、六十一支局、幸福路二支局、团结大街二支局、振华支局、富强路支局、文化路支局、赛音道支局、富林路所、少先路三所、科学路所、青东路支局、民主路支局、幸福路支局、张家营子支局、阿吉拉代办所、哈业胡同所、民族东路支局、和平村所、黄河路所、团结大街一支局、民族西路二所、青年路所、乌兰道支局、白彦道支局、钢铁大街二所、三八路二所、南排道所、民族西路支局、甲尔坝所、阿尔丁南大街支局、林荫路支局、白云路支局、沼潭支局、阿尔丁南大街二所、阿北小区所、友谊大街三所、友谊大街一支局、少先路一支局、光彩街所、少先路二所

包头市辖区（11）：铁西所、民馨家园营业所、文明路支局、白云矿区矿山路支局、通阳道支局、石拐区环城路支局

土默特右旗(8)：毛岱所、大城西代办所、二十四所、将军尧所、双龙支局、美岱召支局、果园路支局、工业路支局、大北街支局、大西街支局

固阳县(15)：下湿壕所、红泥井所、银号所、新建所、西斗铺所、卜塔亥所、兴顺西所、公圣街支局、阿拉塔北街支局、阿拉塔南街支局

达尔罕茂明安联合旗(14)：红旗牧场所、白彦花所、查干敖包所、西河所、满都拉所、乌克忽洞所、希拉穆仁所、石宝所、查干哈达所、百灵庙支局

（三）呼伦贝尔市（179处）

呼伦贝尔市城区（13）： 西大街支局、学府路支局、胜利大街支局、东大街支局、伊敏街支局、加格达奇路支局、牙克石路支局、中央街支局、车站路支局、兴垦路代办所、健康路支局、兴安路支局、草市街支行

呼伦贝尔市辖区（3）：谢尔塔拉牧场所、哈克所、扎罗木得所

额尔古纳市（8）：中央街支局、莫尔道嘎支局、上库力支局、黑山头支局、三河支局、室韦代办所、苏沁代办所、恩和支局

鄂温克族自治旗（14）：伊敏河新源区支局、伊敏河滨河区支局、伊敏河五牧场所、中央街支局、大雁矿区支局、大雁前进支局、大雁北河支局、红花尔基所、巴彦嵯岗代办所、孟根楚鲁代办所、伊敏苏木代办所、巴音塔拉代办所、南辉河代办所、巴彦托海镇支行

陈巴尔虎旗（9）：中央街支局、宝日希勒支局、哈达图支局、完工所、浩特陶海代办所、鄂温克代办所、东乌珠尔代办所、西乌珠尔代办所、特泥河支局

扎兰屯市（20）：新开路支局、柴河支局、中和所、南木支局、中央中路支局、成吉思汗支局、浩饶山所、大河湾所、大河湾农场代办所、卧牛河支局、蘑菇气支局、哈多河所、洼堤所、关门山所、达斡尔所、萨马街所、站前街支局、石桥西街支局、高台子镇所、雅尔根楚所

根河市（10）：满归支局、牛耳河支局、金河支局、阿龙山支局、森工路所、光明路所、河西路所、金林代办所、达赖沟代办所、嘎拉牙代办所

满洲里市（10）：三道街支行、天桥东路支局、迎宾大街支局、五道街支行、扎赉诺尔矿区支局、扎赉诺尔中央街支局、扎赉诺尔局址支局、扎赉诺尔灵泉支局、海关路支局、扎赉诺尔车站所

阿荣旗（17）：那吉屯农场代支局、亚东镇支局、振兴路支局、阿伦大街东支局、霍尔奇支局、六合支局、太平庄支局、音河所、三岔河所、向阳峪所、得力其尔所、复兴代办所、查巴奇代办所、六合代办所、那克塔代办所、体育路支局、中央街支局

新巴尔虎左旗（11）：嵯岗支局、吉布胡郎图所、乌布尔宝力格代办所、新宝力格西代办所、甘珠尔代办所、诺们罕布日德代办所、新宝力格代办所、阿木古郎路支局、白音塔拉代办所、塔日根诺尔代办所、新宝力格东代办所

新巴尔虎右旗（6）：阿日哈沙特所、呼伦镇代办所、西庙所、贝尔代办所、克尔伦街支局、克尔伦代办所

鄂伦春自治旗（19）：中央街支局、大杨树支局、大杨树东代办所、甘河支局、小二沟支局、克一河支局、讷尔克气代办所、宜里代办所、古里乡代办所、托河代办所、大杨树煤矿代办所、东方红代办所、欧肯河代办所、索图罕代办所、乌鲁布铁所、托扎敏支局、库布春代办所、诺敏河代办所、古里农场代办所

牙克石市（18）：博克图支局、青松路支局、兴安西街支局、胜利街支局、兴安街支局、库都尔支局、伊图里河支局、图里河支局、煤田所、伊西支局、原林支局、乌奴尔支局、乌尔其汉支局、免渡河支局、塔尔气支局、绰源支局、巴林支局、新帐房代办所

莫力达瓦达斡尔族自治旗（21）：额尔河所、哈达阳代办所、红彦支局、巴彦代办所、巴彦农场代办所、甘河农场支局、奎勒河所、腾克所、登特科所、汉古尔河代办所、宝山所、杜拉尔所、阿尔拉代办所、库如奇所、西瓦尔图所、坤密尔堤代办所、塔温敖宝支局、卧罗河所、纳文西大街支局、布特哈路支局、纳文东大街支局

（四）兴安盟（102 处）

乌兰浩特市城区（11）：王爷庙支局、陵园路支局、乌兰东街支局、和平支局、洮河南路支局、矿泉中街支局、乌兰街支局、都林支局、新桥支局、山城支局、铁西支局

科尔沁右翼前旗（21）：索伦支局、索伦牧场代办所、德佰斯所、大石寨支局、哈拉黑支局、归流河支局、斯力很所、额尔格图所、呼和马场代办所、跃进牧场所、察尔森所、巴达仁贵代办所、阿力得尔所、树木沟所、巴拉格歹代办所、古迹所、俄体所、白辛所、太宁路所、太平站所、哈达那拉所

扎赉特旗（26）：神山街支局、乌塔其支局、五家户所、巴岱所、保安沼支局、乌兰格日勒所、阿尔本格勒所、新林支局、罕达罕所、绰勒所、巴彦扎拉嘎所、巴彦乌兰所、胡尔勒支局、阿拉达尔吐所、二龙山所、巴彦高勒支局、八一所、图牧吉所、图牧吉牧场所、巴达尔胡所、巴达尔胡农场所、小城子支局、音德尔路支局、团结路支局、通海路支局、中心街支局

突泉县（16）：新华路支局、宝石支局、学田支局、六户支局、太和支局、太东支局、水泉支局、杜尔基支局、九龙支局、哈拉沁支局、永安支局、溪柳所、太平所、三街支局、彩虹街支局、建设路支局

科尔沁右翼中旗（23）：巴彦街支局、西尔根所、布敦化铜矿代办所、布敦化所、西太本所、新佳木所、高力板支局、白音努拉所、白音茫哈所、铅矿所、代钦塔拉支局、二龙屯所、巴扎拉嘎支局、吐列毛都支局、西哲里木支局、吐列毛都农场所、扎木沁代办所、哈日努拉代办所、坤都冷所、杜尔基支局、站前支局、桥南支局、两支箭所

阿尔山市（5）：阿尔山支局、伊尔施支局、白狼局、五岔沟局、明水支局

（五）通辽市（141 处）

通辽市城区（17）：南顺大街站前支局、和平路支局、科尔沁大街支局、明仁大街支局、霍林河大街支局、民族大学代办所、东郊支局、平安支局、永安支局、金通支局、财校支局你、西门支局、综合楼支局、电厂支局、河西支局、开发区支局、希望代办所

科尔沁区（14）：育新支局、余粮堡支局、钱家店支局、大林支局、大罕所、角干所、庆和所、民主所、莫力庙所、清河所、木里图支局、丰田支局、双泡子支局、敖力布皋所

开鲁县（14）：建华支局、东风支局、大榆树支局、坤都岭所、和平所、小街基支局、东来支局、吉日嘎朗吐支局、麦新支局、新开大街支局、黑龙坝所、民族路支局、中心大街所、辽河大街支局

科尔沁左翼后旗（20）：茂道吐代办所、海斯改代办所、海力吐代办所、吉尔嘎朗支局、常胜所、散都代办所、公河来代办所、协尔苏所、欧里代办所、衙门营所、胜利农场所、浩坦代办所、向阳所、金宝屯支局、阿古拉代办所、伊胡塔所、朝鲁吐所、玛拉沁街支局、团结路支局、甘旗卡街支局

霍林郭勒市（3）：中心大街支局、振兴支局、沙尔呼热支局

库伦旗（14）：新区中心支局、中心街支局、兴源路支局、三家子所、先进所、白音花所、水泉代办所、扣河子所、六家子所、额勒顺所、芒汗所、哈尔稿所、哈达图支局、邮政楼支局

奈曼旗（22）：奈曼街支局、奈曼街储蓄二所、王府街支局、富康街支局、苇莲苏所、青龙山所、平安地所、明仁所、清河代办所、固日斑花所、义隆永所、土城子所、东沙日浩来所、黄花他拉所、治安支局、白音他拉所、八仙筒支局、东明支局、德胜所、白音昌所、黄花塔拉所、章古台代办所

科尔沁左翼中旗（16）：腰林毛都所、巴彦塔拉镇支局、花吐古拉支局、门达所、舍伯吐支局、宝龙山支局、架玛吐支局、珠日河所、珠日河所、珠日河所、希伯花支局、敖力布告所、幸福路支局、孝庄园代办所

扎鲁特旗（21）：黄山街支局、道老杜所、乌努格其所、乌力吉木仁所、嘎亥图所、查布嘎图所、巨日合支局、香山所、巴雅尔吐胡硕支局、联合屯所、毛都所、巴彦塔拉所、格日朝鲁所、阿日昆都楞所、哲北农场所、黄花山支局、伊合背所、太平山所、前德门所、工农所、购物中心支局

（六）赤峰市（278 处）

赤峰市城区（23）：木兰街支局、松山街支局、桥西支局、振兴街支局、海贝尔支局、二中支局、宝山路支局、玉龙支局、昭乌达路支局、三道街支局、哈达西街支局、钢铁街支局、建材路支局、大栅栏支局、东城支局、西城支局、学院支局、长青街支局、松洲路支局、站前支局、物流园区支局、农研支局、五三支局

赤峰市辖区（44）：牛营子代办所、碾坊代办所、孤山子代办所、大夫营子代办所、河南营子所、姜家营代办所、王府支局、大六份代办所、哈拉道口支局、初头朗支局、大庙支局、红花沟支局、老府支局、安庆支局、太平地支局、上官地支局、木头沟支局、碱厂所、关家营子所、岗子所、红庙子支局、猴头沟所、王家店支局、文钟支局、城子支局、大碾子代办所、水地所、当铺地支局、风水沟支局、白杨街支局、建昌营支局、元宝山矿支局、红庙矿支局、美丽河支局、古山支局、北环支局、商城支局、五家支局、西露天支局、纺织路支局、哈河街支局、山前支局、马蹄营子代办所、小五家代办所

宁城县(28)：布日嘎苏台代办所、榆树林子支局、八里罕支局、存金沟支局、八肯中支局、瓦房支局、汐子支局、大城子代办所、一肯中支局、五化支局、黑里河支局、小城子支局、利民街支局、铁西支局、大宁路支局、必斯营子支局、双庙支局、三座店支局、热水支局、西泉支局、山头支局、忙农支局、大明支局、二龙支局、头道营子支局、甸子支局、兴隆街支局、铁营子支局

敖汉旗（33）：敖音乌苏代办所、乌兰支局、下洼支局、新地代办所、羊场支局、古鲁板蒿支局、四道湾子支局、金厂沟梁支局、丰收支局、牛古吐支局、四家子支局、长胜支局、双庙支局、康家营子代办所、喇嘛蒿支局、新中街支局、新西街支局、广场支局、四德堂代办所、敖吉代办所、新窝铺支局、贝子府支局、强盛支局、宝国吐支局、木头营子支局、南塔子代办所、克力代代办所、王家营子代办所、大甸子代办所、林家地代办所、火箭桥支局、双井代办所、敖润苏木支局

喀喇沁旗(17)：十字街支局、十家代办所、四十家子代办所、永丰邮政所、龙山代办所、锦桥路支局、锦山大街支局、楼子店支局、乃林支局、西桥支局、南台子支局、小牛群支局、大牛群支局、土城子支局、牛营子支局、旺业甸支局、王爷府支局

翁牛特旗(33)：广德公支局、海拉苏代办所、杜家地所、乌丹路支局、全宁路支局、灯笼河代办所、高力罕代办所、高日苏代办所、亿合公代办所、桥头支局、格日僧代办所、新华路支局、梧桐花支局、示范牧场代办所、头段地代办所、庄头营子代办所、四道杖房代办所、布力彦代办所、五分地代办所、阿什罕代办所、毛山东代办所、海金山代办所、大兴代办所、白音套海代办所、解放营子支局、新苏莫代办所、红山支局、小营子代办所、山嘴子代办所、布力彦代办所、朝格温都代办所、头分地代办所、杨树沟门代办所

巴林右旗（21）：益和诺尔代办所、查干诺尔代办所、西拉沐沦代办所、朝阳代办所、巴彦汉代办所、沙布台代办所、大阪街支局、大阪街一支局、北市街支局、白塔子代办所、胡日哈代办所、巴彦琥硕代办所、幸福之路所、宝日勿苏代办所、羊场代办所、铁路支局、罕山路支局、巴彦塔拉代办所、益和诺尔所、岗根所、查干沐沦代办所

巴林左旗(20)：哈达英格所、白音沟所、白音乌拉所、白音敖包所、花加拉嘎所、隆昌支局、乌兰坝所、

三山所、契丹街支局、哈拉哈达支局、野猪沟所、浩尔吐支局、白音诺尔支局、碧流台支局、丰水山支局、杨家营子支局、临潢路支局、东河路支局、振兴大街支局、文化路支局

阿鲁科尔沁旗（27）：天山口支局、柴达木代办所、绿源支局、赛罕塔拉代办所、和平路支局、南桥汉林支局、巴彦包特支局、天缘支局、巴彦温都支局、扎嘎斯台支局、新民支局、双胜支局、乌兰哈达支局、铁北支局、巴拉奇如德支局、道德支局、罕苏木代办所、坤都代办所、巴彦诺尔代办所、绍根支局、先锋支局、巴彦花支局、东沙布台支局、巴彦宝力高代办所、白城子所、岗台所、煤矿代办所

林西县(11): 五十家子支局、新城子支局、金城街燕北小区支局、金城西街支局、官地支局、鸿雁支局、十二吐代办所、统布支局、饶州大街支局、新林镇支局、北效支局

克什克腾旗（21）：应昌路支局、土城子支局、乌兰布统捎转点、同兴支局、达日罕捎转点、达里所、新井代办所、书声代办所、新开地代办所、万合永代办所、芝瑞代办所、红山子代办所、经四街支局、广场支局、经六街支局、宇宙地支局、热水支局、广兴所、巴彦查干捎转点、浩来呼热代办所、渔场捎转点

（七）锡林郭勒盟（111 处）

锡林浩特市城区（7）：锡林街支局、振兴街支局、那达慕支局、额尔敦北路支局、华油街支局、杭盖路支局、煤矿代办所

锡林浩特市辖区(11): 白音库伦代办所、阿尔善油田代办所、达布希勒特代办所、白音宝力格代办所、白音锡勒代办所、桃林塔拉代办所、朝克乌拉代办所、毛灯牧场代办所、伊利勒特代办所、白音锡勒分场代办所、贝力克牧场代办所

二连浩特市（5）：迎宾路营业所、新华街营业所、前进路营业所、赛乌苏代办所、齐哈日格图代办所

阿巴嘎旗（9）：汉贝西街支局、查干淖尔代办所、洪格尔高勒代办所、青格力宝拉格代办所、玛尼图煤矿代办所、伊和高勒所、吉日嘎郎图所、白音图嘎代办所、那仁宝力格所

苏尼特左旗（9）：满达拉图镇邮储支行、洪格尔代办所、德力格尔罕代办所、赛汉高毕代办所、贝勒镇代办所、查干敖包代办所、巴彦淖尔代办所、满都街支局、巴彦乌拉代办所

苏尼特右旗（7）：赛罕街支局、都仁路支局、乌日根塔拉支局、朱日和支局、额仁淖尔代办所、赛汉乌力吉代办所、桑宝力格代办所

东乌珠穆沁旗（11）：雅日盖街支局、道特淖尔代办所、满都呼宝拉格代办所、呼热图淖尔代办所、额吉淖尔代办所、萨麦代办所、嘎达布其代办所、巴彦呼舒西街支局、乌拉盖牧场代办所、哈拉盖图代办所、贺斯格乌拉代办所

西乌珠穆沁旗（6）：罕乌拉东街支局、高日罕代办所、巴彦胡硕代办所、巴彦花镇所、浩勒图高勒代办所、吉音高勒代办所

太仆寺旗（13）：建设南街支局、东井子代办所、兴盛村代办所、千斤沟代办所、五面井代办所、红旗代办所、骆驼山代办所、永丰代办所、中河代办所、贡宝拉嘎代办所、幸福代办所、头支箭代办所、沙沟代办所

镶黄旗（4）：诺干宝力嘎支局、巴彦塔拉代办所、新宝拉格街支局、翁贡乌拉代办所

正镶白旗（5）：乌宁巴图西街支局、乌宁巴图东街支局、乌兰察布代办所、星耀镇代办所、伊和淖尔代办所

正蓝旗（11）：桑根达来支局、上都音高勒街支局、那日图代办所、赛音胡都嘎代办所、宝绍岱代办所、黑城子代办所、五一牧场代办所、哈毕日嘎镇支局、乃日音希日街代办所、贺日斯台代办所、乌日图代办所

多伦县（9）：诺尔路支局、城隍庙支局、上都河代办所、大河口代办所、一家河代办所、五号代办所、黑山嘴镇代办所、西干沟代办所、大北沟代办所

乌拉盖管理区（4）：巴音胡硕西街支局、哈拉盖图代办所、牧场代办所、贺斯格乌拉代办所

（八）乌兰察布市（146 处）

乌兰察布市城区（13）：文化小区支局、昱丰支局、虎山支局、重联支局、团结路北站支局、恩和路支局、怀远路支局、师专支局、解放路支局、工业区支局、桥西支局、榆树湾支局、公园路支局

察哈尔右翼前旗（9）：火车站支局、解放路支局、巴音塔拉所、玫瑰营支局、黄茂营支局、平地泉支局、煤窑所、兴华街支局、三岔口所

卓资县（14）：十八台支局、旗下营支局、后房子支局、新区营业厅、卓中支局、东街支局、三道营代办所、哈达图代办所、东河子代办所、八苏木代办所、大榆树代办所、保安代办所、红召代办所、梅力盖图代办所

化德县（9）：先锋街支局、长顺街支局、金三角支局、六十顷所、七号支局、朝阳代办所、白土卜子代办所、德包图代办所、公腊胡洞代办所

商都县（16）：屯垦队支局、大库伦支局、玻璃支局、生态广场支局、新安街支局、大黑沙土支局、十八顷支局、高勿素代办所、新风路邮政储蓄所、新北路邮政储蓄所、京蒙都山邮政储蓄所、卯都代办所、四台仿代办所、八股地代办所、章毛乌素代办所、二道洼代办所

兴和县（17）：新城支局、店子代办所、张皋代办所、东方支局、大库联支局、团结乡代办所、段家村所、五一代办所、钦宝音代办所、兴隆街支局、西街支局、二台子代办所、三瑞里代办所、大同夭代办所、高庙子委办所、鄂尔栋委办所、台基庙委办所

凉城县（10）：新华街支局、崞县窑所、永兴所、六苏木所、厂汉营支局、东环路支局、城关支局、麦胡图支局、天成支局、三苏木所

察哈尔右翼中旗（11）：旗局营业厅、乌素图所、大滩所、黄羊城所、金盆支局、工业路东街支局、东街支局、广益隆所、乌兰所、铁沙盖支局、库伦代办所

察哈尔右翼后旗（12）：车站支局、繁荣街支局、乌兰哈达支局、红格尔图支局、土牧尔台支局、朝阳支局、当郎忽洞支局、白音路支局、大陆号支局、贲红支局、锡勒支局、阿贵图代办所

四子王旗（23）：供济堂所、体育路支局、车站支局、新华街支局、东八号所、白音朝克图支局、白彦花所、红格尔苏木所、脑木更苏木所、白音花所、查干补力格所、吉尔嘎朗图所、库伦图镇所、忽鸡图镇所、朝克文都所、大井坡所、吉生太所、巨巾号所、西河子所、乌兰花乡所、江岸苏木所、卫井嘎查所、活佛滩所

丰镇市（12）：黑土台所、浑源窑支局、隆盛庄支局、永善庄支局、红砂坝所、三义泉支局、官屯堡所、北山支局、西巨墙支局、新丰华支局、文庙前街支局、城西支局

（九）鄂尔多斯市（124 处）

鄂尔多斯市城区（16）：鄂尔多斯东街支局、鄂托克西街支局、达拉特北路支局、准格尔北路支局、准格尔南路支局、乌审东街支局、宝日陶亥东街支局、绿洲家园支局、鄂尔多斯东街支局、鄂尔多斯大

街支局、伊金霍洛西街支局、富丽宫支局、达拉特南路支局、鄂托克东街支局、宏源新村支局、吉劳庆路代办所

东胜区辖区（4）：罕台所、泊江海所、柴登代办所、塔拉壕支局

达拉特旗（24）：吉格斯太所、白泥井所、王爱召所、西苑支局、金鹏路支局、电厂支局、商城支局、锡尼路支局、新华支局、中和西所、高头窑所、敖包梁代办所、乌兰所、昭君所、展旦召所、榆林子代办所、德胜泰代办所、四村所、盐店代办所、大树湾代办所、马场壕代办所、蓿亥图代办所、耳字壕代办所、解放滩所

准格尔旗（22）：布尔陶亥所、大路镇所、纳林所、龙口所、纳日松所、八一中路支局、育才街所、滨河南路支局、迎泽所、魏家峁所、通达路支局、准格尔召所、羊市塔所、暖水所、准格尔路支局、康乐所、白云所、海子塔所、柴登代办所、东孔兑所、酸刺沟酸　沟代办所

鄂托克前旗（6）：昂素所、上海庙所、城川所、沙日塔拉西街支局、新区支局、陶伦北路支局、

鄂托克旗（13）：碱柜所、查布所、蒙西支局、棋盘井西街支局、棋盘井东街金井商城支局、棋盘井利民街支局、三北羊场所、尔格图所、阿尔巴斯街支局、希林路支局、乌仁都西南街支局、乌仁都西北街支局、沙井支局

杭锦旗（9）：吉日嘎朗图代办所、独贵特拉所、呼和木独代办所、伊和乌素代办所、巴拉贡支局、百灵路支局、锡尼东路支局、阿斯尔支局、巴音乌素支局

乌审旗(11)：呼吉尔特所、图克所、纳林河所、乌兰陶勒盖所、达布察克路支局、巴音路支局、河南所、沙尔利格所、巴图湾代办所、纳林河第二净化厂代办所、查干淖所

伊金霍洛旗(19)：布连塔所、布尔台格矿代办所、布尔台格所、白石头支局、上湾支局、札萨克镇所、苏布尔嘎所、可汗路支局、站北支局、文明路支局、成陵所、红庆河所、纳林陶亥所、公尼召所、台格庙所、纳林希里所、松定霍洛代办所、李家塔代办所、石圪台代办所

（十）巴彦淖尔市（138 处）

巴彦淖尔市城区(18)：金川支局、西环支局、胜利路支局、团结路支局、解放西街支局、利民街支局、曙光支局、新华东街支局、北环支局、临陕路支局、东环支局（国际建材城）、先锋支局、建设路支局、新区支局、车站支局、东环支局（新华东街）、河套大街营业所、大厦支局

临河区（16）：狼山支局、新华支局、份子地所、八一所、双河镇所、白脑包镇所、丹达所、古城所、乌兰淖尔所、小召所、干召庙镇所、黄羊所、隆胜所、乌兰图克镇所、狼山农场所、临河农场所

五原县（17）：南街支局、国道支局、华阳支局、复兴所、民族所、什巴所、东街支局、广源支局、胜丰所、车站支局、银定图所、塔尔湖所、和胜所、建丰所、明星代办所、城南代办所、新公中镇代办所

磴口县（18）：公地代办所、协成支局、朝霞路支局、火车站支局、东风路支局、卫国镇支局、纳林套海所、广场支局、沙金套海代办所、巴音套海代办所、包尔盖代办所、补隆淖代办所、渡口代办所、小关井代办所、巴音毛道所、钢铁路支局、隆盛合支局、乌兰布和代办所

乌拉特前旗(23)：六中路所、综合楼所、苏独仑代办所、火车站支局、东门支局、东街支局、红卫路所、大楼支局、西小庙所、乌拉山支局、白彦花支局、中滩所、明安所、大佘太支局、新安支局、十四代办所、西小召支局、北圪堵所、长胜支局、小佘太所、树林所、公庙支局、坝头代办所

乌拉特中旗（18）：煤矿支局、水利大街支局、石兰计所、新忽热所、宏丰代办所、呼鲁斯太所、

乌兰大街支局、德岭山所、乌兰所、乌梁素太代办所、川井支局、乌加河支局、石哈河支局、教育路所、锦海支局、海流图支局、同和太代办所、邮政储汇中心

乌拉特后旗（5）：赛乌素支局、东升庙支局、获各琦支局、宝音图支局、炭窑口支局

杭锦后旗（23）：西环支局、大千支局、南环支局、中山支局、东环支局、杭后邮政局大楼支局、奋中支局、南小召乡所、太阳庙代办所、查干所、蛮会支局、联合代办所、大树湾所、团结镇所、头道桥所、三道桥所、二道桥所、黄河支局、召庙所、四支代办所、沙海所、塞东支局、太阳庙农场代办所

（十一）乌海市（31处）

乌海市（10）：公务素支局、拉僧庙支局、水泥厂支局、巴音陶亥所、千里山支局、新地支局、卡布其支局、老石旦支局、桥西支局、苏海图支局

乌海市辖区(21)：青山支局、广场支局、乌兰北路支局、狮城西街支局、狮城东街支局、新华西街支局、海拉南路支局、人民中路支局、人民南路支局、建设南路支局、新华街支局、火车站支局、三道坎支局、五虎山支局、四化村支局、解放北路支局、解放南路支局、海南广场路支局、巴彦乌素大街支局、海北大街支局、梁家沟支局

（十二）阿拉善盟（31处）

阿拉善左旗（18）：新华街支局、银巴路支局、南大街支局、新世纪广场支局、土尔扈特支局、额鲁特支局、吉兰泰支局、宗别立支局、乌斯太支局、古拉本支局、嘉尔嘎勒赛汉所、巴音木仁所、腾格里斯代办所、巴音诺尔公所、乌力吉代办所、温都尔勒图代办所、额尔克哈什哈所、腰坎支局

阿拉善右旗（6）：额日布盖路支局、孟根布拉格代办所、雅布赖支局、阿拉腾敖包所、莎日台所、阿拉腾朝格所

额济纳旗（7）：居延路支局、赛汉陶来所、温图高勒苏木所、巴彦陶来苏木所、巴彦宝格德苏木所、古日乃苏木所、苏泊淖尔所

编纂始末

2013 年 4 月，按照内蒙古自治区人民政府《关于加快推进全区第二轮修志工作的通知》要求，内蒙古自治区邮政管理局成立《内蒙古自治区志 · 邮政志（1991—2010）》（以下简称《邮政志》）编纂委员会，并设置《邮政志》编纂办公室，聘请张树旺拟订《邮政志》编写大纲，组织编写《邮政志》。与此同时，自治区邮政管理局对自治区邮政企业和快递企业提出具体要求，自治区邮政公司、邮政储蓄银行、邮政速递物流公司均按照要求落实了参加编写人员，各快递企业落实了联络人员。5 月初，将《邮政志》编写大纲初稿发自治区邮政管理局机关各处室、自治区邮政企业和各快递企业征求意见。整理反馈意见后，拟出《邮政志》编写篇目，报送内蒙古自治区人民政府地方志办公室审核同意。5 月下旬，《邮政志》编纂办公室组织召开编写《邮政志》座谈会，对《邮政志》篇目安排及具体规范进行说明。

2013 年 6 月，开始《邮政志》资料收集整理工作。年底，收集和初步分类整理 1991—1998 年邮电年鉴、2006—2010 年自治区邮政管理局档案资料、快递协会资料、自治区邮政公司提供的 1999—2006 年邮政年鉴。

2014 年，针对自治区域内快递企业存在的档案资料空白的现状，拟定调研提纲，采取当地走访、外地传真电话等方式收集资料，使《邮政志》对快递企业起始状况有初步的记述，为社会提供不可或缺的有价值信息。10 月，自治区邮政公司提供 2007—2009 年的年鉴图书。自治区邮电管理局和自治区邮政公司的年鉴内容丰富，历史脉络清晰；自治区邮政管理局的档案管理规范，文书资料完整，为《邮政志》编写工作提供了基础性的条件。年内，对现有分类资料按照《邮政志》篇目进行编辑。为确保《邮政志》内容的真实性、准确性、逻辑性、整体性，在编辑过程中整理出事件缺项、数据矛盾等一百多个问题，反馈到相关单位进行核实。

2015 年，在收集核实反馈资料的同时，编辑形成 120 多万字的《邮政志》草稿。

2016 年 1 月，自治区邮政公司提供了 2010 年的年鉴图书。3 月，编辑完成 100 多万字的初稿。4 月，组织召开《邮政志》（稿）初审座谈会，将《邮政志》（稿）电子文本发给自治区邮政管理局机关各处室、自治区邮政企业和各快递企业征求意见。6 月，在核实反馈意见的基础上对《邮政志》（稿）进行修改完善，完成《邮政志》评审稿。

2020 年 9 月，《邮政志》评审稿报送自治区人民政府地方志办公室。12 月，自治区政府地方志办公室组织评审委员会对《邮政志》送审稿进行了评审，认为《邮政志》稿较全面反映了时间断限内内蒙古自治区邮政事业发展改革的脉络，具有鲜明的行业和地域特色，指导思想正确，资料翔实丰富，行文朴实流畅；同时对篇目设置、地域名称规范、大事记内容精简、表格样式标准等提出修改意见。

2020 年 12 月 23 日，自治区政府地方志编委会审定，批准《内蒙古自治区志 · 邮政志》出版。

《邮政志》编纂工作自 2013 年 4 月启动至 2021 年 10 月出版 8 年多的时间里，自治区邮政企业认真组织力量，落实编写任务，确保志书编纂工作有序推进。编纂工作也得到各相关部门的积极支持和配合，在提供资料和查阅档案中给予诸多方便。自治区地方志办公室自始至终对编纂工作给予指导。对此，我们表示衷心的感谢。

由于《邮政志》记载年限正是国家邮政行业迅速变革发展时期，内蒙古自治区邮政作为行业整体的一部分，经历了邮电分营、政企分开、快递服务迅速崛起的一系列重要历史过程，其活动轨迹既有共同的时代性，又有地域的特征，为了严谨、翔实、系统地记录这个特殊历史阶段发生的重大变化过程，编纂人员在资料收集及编写中努力克服困难，坚持权威性、客观性、实用性的统一，认真履职完成编纂任务。由于快递企业普遍存在文书档案空白，以致形成快递企业初期活动内容记述的碎片化，故编纂成书后亦有遗憾之处，诚请读者给予批评指正。

《内蒙古自治区志·邮政志（1991—2010）》编纂委员会

二零二一年六月二十日